# Le Primatice: Peintre, Sculpteur Et Architecte Des Rois De France

## Louis Dimier

# LE PRIMATICE

## PEINTRE, SCULPTEUR ET ARCHITECTE

### DES ROIS DE FRANCE

---

ESSAI SUR LA VIE ET LES OUVRAGES DE CET ARTISTE

## SUIVI D'UN CATALOGUE RAISONNÉ DE SES DESSINS

ET DE SES COMPOSITIONS GRAVÉES

*Aonias raneravit opes grayhicaque poeii*
*Quæ non visa prius sed tantum audita poetis*
*Ante oculos spectanda dedit sacraria Phœbi.*

---

## THÈSE POUR LE DOCTORAT

PRÉSENTÉE À LA FACULTÉ DES LETTRES DE L'UNIVERSITÉ DE PARIS

PAR

## L. DIMIER

ÉGRÈLE DE L'UNIVERSITÉ

---

PARIS

ERNEST LEROUX, ÉDITEUR

28, RUE BONAPARTE, 28

1900

# LE PRIMATICE

PEINTRE, SCULPTEUR ET ARCHITECTE

DES ROIS DE FRANCE

qui sont le plus grand nombre, ont péri tout à fait. Je me
suis appliqué à en retrouver les restes dans les dessins,
tous plus ou moins tracés en vue de la peinture, et, par
des identifications certaines, à en rappareiller les débris.
Plusieurs choses permettaient d'assurer de telles identifications : des descriptions anciennes, quelques notes de
Mariette sur des estampes contemporaines, le texte même
des Comptes des Bâtiments. Bref, ce que personne n'avait
tenté, savoir d'éclairer l'un par l'autre l'examen des dessins,
la lecture de ces comptes et les témoignages de Vasari, j'ai
entrepris de le faire. Les résultats ont passé mon attente,
tant chacun de ces documents considéré à part semblait
borné, et tant leur rapprochement a tout à coup multiplié
leur importance.

Pour en tirer tout le secours qu'ils offraient, plusieurs
voyages ont été nécessaires, car il fallait voir moi-même les
dessins dont je parle. On en rencontre un peu dans toute
l'Europe. En Italie Florence et Parme, en Angleterre
Londres, Windsor et Chatsworth, en Allemagne Berlin,
Dresde et Francfort, puis les cabinets d'Amsterdam, de
Vienne, de Stockholm et de Saint-Pétersbourg m'ont fourni
les matériaux de cet ouvrage. Pour assurer le corps même
de mon histoire, j'ai visité Bologne, Rome et Mantoue. En
France, ma principale étude a été du Louvre et de Fontainebleau, mais Écouen, Chantilly, Ancy-le-Franc, Dijon,
Troyes, Chaumont, Joinville, Lyon et Chartres, ne m'étaient
pas moins indispensables. J'omets plusieurs autres voyages
qui, quoique de nécessité moindre, ont pourtant assuré
quelques points secondaires.

Mon premier dessein n'avait été que de dresser un catalogue des dessins du Primatice. J'ai vu dans ce travail se
recomposer peu à peu sous mes yeux des ouvrages qu'on

croyait à jamais perdus pour la critique. D'autres étaient depuis si longtemps disparus, qu'on ignorait même qu'ils eussent existé. J'en ai tenu tout à coup les dessins authentiquement reconnus dans mes mains. Je retrouvais leurs dates et leur histoire, et du catalogue entrepris sortait enfin une description exacte et un état minutieux et circonstancié de tout l'œuvre de mon artiste. La précision des détails que j'ai recueillis entre autres des Comptes des Bâtiments, me fait penser qu'on ne les a pas toujours étudiés avec l'attention désirable. M. Palustre, qui en a tiré des renseignements précieux pour l'histoire des édifices de Fontainebleau, semble n'avoir fait du reste qu'une lecture assez légère. M'y étant remis à mainte reprise, j'y ai trouvé des lumières toujours plus complètes et la réponse à plusieurs questions qu'on regardait comme insolubles.

Ainsi reconstituée la chronologie des ouvrages du Primatice, le récit de sa vie même se trouvait renouvelée et mon entreprise aboutissait à une nouvelle histoire de cette existence fameuse. On retrouvera dans le présent livre les trois étapes de cette entreprise, rangées dans l'ordre inverse de celui que je viens de dire. Le catalogue des dessins y vient en troisième lieu, augmenté d'un catalogue de ces estampes où les indications de Mariette m'ont fait trouver tant de secours. Devant se placent l'état exact et la chronologie des œuvres. Le récit fait la première partie de l'ouvrage, dont il représente comme la façade, étayée de matériaux et d'échafaudages, que je crois préférable d'avoir tenus à part et laissés derrière.

Bien des circonstances, outre ce qu'on vient de lire, favorisaient la reprise d'un tel récit. Nombre de découvertes partielles consignées soit dans la Renaissance des Arts de M. de Laborde, soit dans l'*Archivio storico dell'arte,* soit

çà et là dans d'autres ouvrages, éclairaient des points particuliers qui jetaient sur l'ensemble une lumière imprévue.
Quelques-uns de ces renseignements, jetés en passant par
les auteurs, ont permis de précieux rapprochements et
donné corps à des parties entières de cette histoire. Trois
épisodes fameux, dans ces recherches, sollicitaient mon
attention, ceux des rivalités de mon héros avec le Rosso,
avec Benvenuto Cellini et avec Philibert Delorme. Je les ai
repris tous trois sur nouveaux frais, ne voulant m'en fier
à personne du moindre détail de ces aventures. Sur chacun
de ces points j'ai obtenu des conclusions originales, qui
m'ont satisfait et que je crois justifiées.

J'aurais voulu que plus d'inédit vînt suppléer à ce qui
manque encore; mais les archives de Bologne persévéram-
ment fouillées par M. Malaguzzi, ont donné là dessus tout
ce qu'elles sauraient, ce qui se pouvait tirer de celles de la
maison de Gonzague est publié dans le livre du comte
d'Arco sur Jules Romain. Les Archives Nationales et la
Bibliothèque n'ont rien qui n'ait été ou publié ou du moins
signalé. J'y ai relu dans l'original tout le manuscrit de
Mariette, auquel les éditeurs de l'*Abécédario* ont laissé
enfouies, je ne sais comment, plusieurs notes extrêmement
utiles. Une révision des documents en partie publiés par
M. de Boislisle sur la sépulture des Valois, n'a pas été
moins nécessaire. Hors de là, je ne sache qu'un point où
l'inédit m'eût pu servir, c'est les archives de la maison de
Guise, qu'on me dit appartenir à M. le prince de Joinville
et être gardées à Twicknham. Mais tout ce que j'ai tenté
pour obtenir là dessus quelque renseignement précis est
demeuré sans résultat.

Au total, et quoique je ne laisse pas de me plaindre encore
de plusieurs points d'importance dérobés par l'avare his-

toire, j'ai trouvé mon sujet si riche et plein d'une moisson
si abondante, que je n'en puis du tout faire honneur à mes
seuls efforts. J'y reconnais principalement les conséquences
d'un heureux choix, que je ne dois point à moi-même, mais
aux lumières d'un maître de la critique de ce temps. M. Eugène Müntz regardait, il y a cinq ans, le classement des dessins du Primatice comme une des besognes qui importaient
le plus à l'histoire, et comme une matière à des conclusions
toutes nouvelles. Il m'encouragea à la tenter, et je n'ai pas
fait depuis un effort dans cette voie que je n'aie vu aussitôt
récompenser comme il l'avait prévu. Cet encouragement a
été suivi de conseils et d'une assistance que je ne saurais
jamais reconnaître comme elle le mérite.

A la seule histoire du Primatice ne s'est pas borné mon
dessein : ou plutôt une pareille histoire n'eût pas été complète sans un regard jeté sur toute celle de la Renaissance
en France. Les phases les plus importantes de celle-ci sont
contemporaines de mon héros. Quarante ans durant et
sous quatre règnes son influence s'est exercée chez nous
dans le domaine de tous les arts. Peintre, sculpteur, architecte, il a touché à tout, donné des modèles de toutes
choses. Le premier, au total, des artistes qui travaillaient
pour la couronne, et qu'on comprend ordinairement sous
le nom d'école de Fontainebleau, l'action que cette école
exerçait, fut plus d'aux trois quarts son action. On la voit
en œuvre dans un temps où l'art français, instruit déjà aux
pratiques venues d'Italie, n'avait point achevé encore le
développement qui se termine à la pleine Renaissance.
Elle continue de vivre après ce terme, de prospérer et de
s'étendre, et, dans ce qu'on regarde parfois comme le déclin
de cet âge, de pousser sa belle sève et des rameaux aussi
vigoureux que jamais. A ne considérer que ce rapproche-

ment dans le temps, on ne peut s'empêcher de supposer qu'une grande part dans notre Renaissance revient à Fontainebleau, partant au Primatice. Cet homme et cette chose sont liés dans l'histoire, et, à quelque conclusion qu'on vienne, on ne saurait étudier l'un sans l'autre.

Un tel accessoire du sujet n'a pas fait une petite partie de mes recherches. L'histoire de la Renaissance en France n'est point faite, ou si faiblement qu'on n'en peut tirer aucun secours. Pour la partie du règne de Charles VIII seulement, étudiée par M. Eugène Müntz, j'ai pu marcher sans embarras, confiant dans un guide qui ne trompe point. Du reste on n'a que des monographies, dont quelques-unes se rendent utiles, mais aucun inventaire de connaissances précises. Afin d'asseoir en ces matières les idées générales dont j'eus besoin, il m'a fallu examiner à part des points de détail écartés de mon sujet, et me composer une certitude, dont je ne puis apporter qu'en courant, dans une note, les preuves les plus importantes. C'est ainsi qu'on trouvera résumé l'aperçu général de l'administration des Bâtiments du Roi, l'état des débris subsistants de la chambre de Henri II à Fontainebleau, l'origine des vitraux de Psyché à Chantilly, l'histoire de la carrière de Lucas Penni, et nombre de choses du même genre, inédites encore, mais dont le cadre de cet ouvrage n'a pas souffert que je donne le détail.

Toutes ces petites découvertes et examens partiels ont concouru à me convaincre de l'extrême importance du Primatice dans l'histoire de la Renaissance française. L'influence de Fontainebleau et la sienne y a été décisive, quoique non pas universelle. J'ai trouvé qu'on fait à l'Italie de mauvaises chicanes là-dessus, et je crois un exposé des faits tout propre à lui rendre la place qu'elle tenait, avant

que des attaques étrangement passionnées eussent réussi
à obscurcir l'évidence. Peut-être, il est vrai, sommes-nous
à la veille de voir changer là-dessus l'opinion. Le distingué
conservateur des monuments de la sculpture au Louvre,
M. André Michel, a mis dans son histoire des arts à la
Renaissance au livre de MM. Lavisse et Rambaud, plus
d'une sage correction à des idées qui se croyaient naguère
encore définitivement établies. La critique sincère et le
grand savoir de feu M. Courajod lui-même, défenseur pourtant des traditions qu'on appelle nationales et ennemi de
l'italianisme, avoue que les artistes italiens qui parurent
en France à cette époque « n'étaient pas venu accomplir
sur les bords de la Seine un simple voyage d'agrément ».
Enfin le récent ouvrage de M. de Geymüller vient à propos pour apporter à plusieurs de mes conclusions en cette
matière le secours d'une autorité incontestée. Ce livre-ci
et tout ce qu'on vient de lire était écrit quand j'ai connu le
premier volume, seul paru encore. Ce qu'on y trouve va
bien au-delà de quelques corrections partielles aux doctrines dont M. Palustre s'est fait, dans sa Renaissance en
France, le dernier et le plus fameux interprète. L'érudition
la plus étendue et l'analyse la plus aiguë y fournissent des
conclusions entièrement contraires à ce qu'on avait pris,
sur la foi de ce dernier, pour le dernier mot de la science.
Au contraire, il s'y vérifie qu'en cela, comme en plusieurs
choses, *les opinions du peuple étaient très saines*, quoiqu'*elles ne le fussent pas dans sa tête*, de sorte que les
savants sur un pareil sujet ne doivent espérer autre chose
que de définir plus exactement qu'on n'avait fait, la manière
dont les leçons de l'Italie ont engendré chez nous la
Renaissance.

Après cela chacun sera toujours libre de juger selon ses

préférences le résultat d'une pareille influence. Quant à
moi je les trouve heureux, et c'est d'une plume allègre que
j'entreprends de mêler l'éloge de l'Italie à celui des Français, et cette histoire du Primatice à celle de l'art dans
mon pays.

————

# PREMIÈRE PARTIE

———

## LA VIE ET LES OUVRAGES DU PRIMATICE

# LA VIE ET LES OUVRAGES

# DU PRIMATICE

------

## CHAPITRE PREMIER

.

*1505 à 1532. Famille et naissance du Primatice. Ses premiers maîtres. Jules Romain et le Palais du Té. La Chambre de Phébus et Diane. Le Triomphe de l'empereur Sigismond. La chambre des Césars. Réputation du Primatice. Son départ de Mantoue. Ses voyages probables en Italie. Il a connu les ouvrages de Michel-Ange et du Corrège. Son passage à Modène.*

Les peintres qui s'expatrient sont sujets à être jugés soit avec trop de sévérité, soit avec trop de faveur. Transportés qu'ils sont de leur sphère naturelle, il manque à qui les envisage, la comparaison de leurs égaux. Combien, s'ils fussent restés chez eux, n'eussent obtenu qu'une brève mention de l'histoire, qui n'ont pas laissé de faire dans des cours étrangères, chez des nations où l'art florissait peu, des personnages d'importance ! Cette considération se présente naturellement, quand on s'entretient des artistes qui, sous le règne de François I<sup>er</sup>, ont porté d'Italie en France, des arts inconnus de nos ancêtres. Plusieurs se sont défiés de cette réputation au point de rabaisser sans mesure et sans discernement des hommes dont l'absence de rivaux fit, il est vrai, une partie de la gloire. Rosso, le Primatice, Rustici, Mathieu del Nassaro, La Robbia n'auraient certainement pas tenu dans l'Italie de la Renaissance la première place, ni exercé cette sorte de royauté qui fut leur partage chez nous. Cependant, il s'en faut que leurs mérites soient médiocres et que la fortune immense dont ils jouirent, n'ait récompensé que des talents de circonstance. Tout considéré, au contraire, ces artistes conservent dans l'histoire de l'art un rang éminent, qui les rend de dignes sujets d'étude pour les curieux de la beauté.

Le plus célèbre de tous naquit à Bologne, d'une famille que Vasari appelle noble [1]. On ne sait si les Primadizzi, nommés dans le parler de Florence Primaticci [2], d'où nous avons fait Primatice, ont compté d'autres artistes avant celui dont je commence l'histoire; mais le fait est qu'un François Primatice, orfèvre, vivait dans la même ville en 1459, un Jean Primatice, peintre en 1507 [3]. Celui-ci fut peut-être le père de notre artiste, qui porta ce même nom de Jean [4]. Ce qui fait hésiter à reconnaître François Primatice pour fils de peintre, c'est qu'il fut, au dire de Vasari [5], premièrement destiné au commerce. Sa naissance se place exactement dans les douze mois qui précédèrent le 20 février 1505 [6]. Comme le commerce lui plaisait peu, on l'en tira et le mit chez un peintre. Le premier de ses maîtres fut selon Malvasia [7], Innocent Francucci d'Imola, à qui succéda Barthélemy Bagnacavallo, disciple de Raphaël. Ces deux peintres étaient ce que Bologne possédait alors de plus illustre. La ville

1. *Opere*, t. VII, p. 406.

2. La première forme se trouve aux documents tirés de Mantoue par le comte d'Arco, *Giulio Romano*, Appendice, pp. VI et IX ; la seconde est la seule usitée par Vasari et Cellini.

3. Malaguzzi, *Nuovi documenti*, p. 371.

4. Testament du Primatice. Gaye, *Carteggio*, t. III, p. 552.

5. Pass. cit.

6. Le testament cité est daté de Saint-Germain-en-Laye au 20 février 1562, et le Primatice s'y dit âgé de cinquante-huit ans. Les biographes là-dessus ont porté sa naissance à l'année 1504. Mais il faut corriger cette date, celle du testament étant donnée suivant l'ancien style. C'est 1563 selon le nouveau, partant 1505 pour l'année de sa naissance.

7. *Felsina*, IIe partie, p. 152.

où les Carraches donnèrent depuis des enseignements écoutés de toute l'Europe, n'était alors qu'une pauvre école, médiocre-crement illustrée dans le passé par Francia, submergée, au temps que Primatice parut, dans l'imitation de l'école romaine. Le Bagnacavallo est connu pour un des imitateurs les plus exacts de Raphaël, et les tableaux d'Innocent d'Imola, qui se con-servent à Bologne, démontrent de lui la même chose.

Comme il arrive le plus souvent, ce n'est pas de ces premiers maîtres que le jeune homme prit le meilleur des talents qui devaient le distinguer plus tard. Une destinée plus favorable le fit bientôt passer en des mains plus habiles.

C'était peu d'années après la dispersion de l'atelier de Raphaël, d'où l'on peut dire, à l'imitation de Cicéron parlant de l'école d'Isocrate, que les savants artistes se répandirent dans le monde comme les Grecs hors du cheval de Troie. Le premier de tous, Jules Romain, retiré à Mantoue, commençait d'emplir cette ville et l'Italie du fracas de ses étonnants ouvrages. Après l'achèvement du Vatican, tous les regards se tournèrent vers les palais où Frédéric de Gonzague prodiguait les merveilles, riva-lisant avec les papes, moins d'éclat et de magnificence que d'imprévu, d'érudition et de grâce. Le Palais du Té, élevé aux portes de Mantoue en façon de résidence champêtre, fut le pre-mier de ces ouvrages. Jules y besogna depuis 1524 [1], fournissant les dessins pour toutes les parties, depuis l'architecturè jusqu'aux moindres ornements du dedans. C'est la coutume de cette sorte d'hommes animés du génie et, si l'on ose dire, possédés du démon de la décoration, de réunir sous eux de nombreux élèves et d'ordonner ces forces étrangères à l'exécution de leurs pensées. Mantoue, devenue la capitale de l'art et tout d'un coup peuplée d'artistes sortis de son sein, attirait encore ceux des autres villes, pressés de se former aux grandes entreprises sous une direction si excellente. Primatice se trouva du nombre, ainsi que Vasari le rapporte. C'est en 1526 [2] qu'on le vit à Mantoue, où il paraît

1. Arco, *ouv. cit.*, pp. 24 et 25. Cette date a été contestée.
2. Vasari dit (pass. cit.) qu'il resta six ans à Mantoue. Ce témoignage

qu'il se rendit bientôt un auxiliaire considérable. Il avait alors vingt et un ans.

Quoiqu'on trouve ailleurs qu'à Mantoue de précieux morceaux de Jules Romain, dont l'examen suffit à révéler des capacités extraordinaires, ceux qui n'ont point vu cette ville ignoreront toujours le plus fin de ses mérites et comme l'âme de son génie.

Ce qu'il y eut, en effet, de vraiment rare et peut-être d'unique dans cet homme, c'est le sentiment de l'antiquité, fruit de l'étude autant que d'un heureux naturel, dont ses plus belles productions témoignent. Jules n'a pas seulement emprunté, avec les formes des anciens, jusqu'aux idées de leurs poètes, il semble que pour inventer à son tour il ait su se faire ancien lui-même et qu'il se soit acquis leur manière de penser. Dans les histoires qu'il tire des auteurs de l'antiquité, ce n'est pas assez de dire qu'il s'en inspire et qu'il interprète leurs ouvrages, mais qu'il se rend comme leur rival, qu'il les continue et les recommence. Il est lui-même un autre Ovide, un autre Apulée, un autre Virgile. Au Palais du Té, la chambre de Psyché est pleine de traits que son auteur ne lui a point fournis, et qui sont en parfaite harmonie avec les inventions des anciens. La plus grande partie de ces peintures a malheureusement souffert du vandalisme et des restaurations : les fameuses compositions des Noces et de la Bacchanale veulent être aujourd'hui considérées dans les esquisses peintes de la main de Jules Romain que le Casino Albani renferme. Joignant à ces morceaux précieux les parties mieux conservées de cette chambre, la Pasiphaé, Vénus et Adonis, le Polyphème, et surtout le Bain de Mars et de Vénus, on peut prendre de l'élève préféré de Raphaël une idée digne de ses talents. Rien ne s'y rencontre de l'air sauvage et du coloris de brique qu'on lui reproche à tort, et qui sont le fait de ses restaurateurs. Pour la beauté des inventions et le grand style des moindres détails, ces peintures n'ont pas de rivales. Les

permet de calculer le temps de son arrivée sur celui de son départ, v. ci-dessous.

amours, les nymphes, les génies, les satyres y semblent transportés des bas-reliefs antiques, la nudité y a je ne sais quoi de
poétique et de divin, tout l'accessoire y est le fruit d'un goût où
la finesse supplée à la magnificence, les draperies s'arrangent
sans effort suivant les plus beaux plis de la statuaire antique : on
peut dire sans figure que la jeunesse éternelle de la Grèce et de
Rome se touche et se respire dans ces ouvrages. Douze lunettes
et vingt-quatre compartiments, auxquels l'histoire de Psyché se
répartit, couronnent ce rare ensemble, des plus ingénieuses
inventions de la peinture. Tout le monde connaît ce vieillard,
dont le corps à demi couvert par des rochers et la longue barbe
mêlée au flot que son urne épanche, rendent sensible aux yeux
le caractère de fleuve qu'il représente, et cette aimable invention
de l'Amour qui réveille Psyché en la piquant d'une flèche.

Et ce qui peut paraître incroyable, c'est que les inventions du
peintre en se multipliant ne cessent pas d'être rares. La chambre
voisine de Phaéton n'a pas moins de vingt-quatre petits sujets
mythologiques, sans compter les frises; trente-huit compositions
décorent celle du Zodiaque. Si l'on songe que ce n'est là encore
que le commencement et un tiers à peine des peintures que ce
palais du Té renferme, on demeure stupéfait qu'une telle fécondité ait réussi à éviter le convenu, la répétition et la formule.
Aucun artiste ne fut plus abondant, aucun ne se contenta moins
d'idées ordinaires et communes. Partout, dans ces innombrables
tableaux, on trouve l'exquis et l'imprévu, partout des formes
châtiées et nobles, partout le charme et l'élégance, un choix
rigoureux du détail, une action fine et naturelle.

Il est vrai qu'il y a dans ces peintures plus d'art que les
peintres grecs ou romains paraissent n'en avoir connu, au moins
des talents infiniment supérieurs à ce qui nous reste de leur
façon. Antiques par le sentiment, ces morceaux ne représentent
presque pas les ouvrages des anciens eux-mêmes. Mais quant
aux ornements, tel fut le génie de Jules et la force de ses médi-
tations, qu'on y retrouve, la parfaite image de ces beautés originales dont nos musées conservent les débris.

Ce qui distingue ce style, aujourd'hui mieux connu que jamais par les fouilles d'Herculanum et de Pompéi, c'est, dans un choix restreint de motifs, une indéfectible élégance, et dans des ordonnances excessivement simples, assez de charmes pour sauver la monotonie et la raideur. On représente volontiers cette simplicité comme un retranchement d'ornements superflus; je la définirais mieux un défaut de ressources et une pénurie de combinaisons. Plusieurs ont dit et répété qu'il n'y avait rien dans les anciens que d'aisément conçu et de naturel; tant s'en faut que dans le répertoire des ornements antiques on ne trouve aucune chose qui surprenne. Quelques-unes de leurs inventions sont extraordinaires, et l'air d'enfantillage les rend parfois comiques. Tout cela pourtant ne laisse pas d'être agréable, par l'ingénuité de la fantaisie et par l'absence de toute affectation dans l'imitation de la nature. Les anciens ignorèrent toujours ce qu'on nomme manière chez les modernes, et dont ceux-ci ont peine à se délivrer. Par là le goût ancien garde sur le goût moderne une supériorité éternelle, par là il mérite d'être dit plus pur, plus uni, plus délicat. Et c'est cette perfection de goût d'un art borné dans ses moyens, parfois bizarre dans ses inventions, qui fait ce caractère unique de la décoration des anciens.

Le Casino de la Grotte au palais du Té en est peut-être la plus heureuse imitation qui se puisse voir. De minuscules figures plaisamment conçues et dessinées s'y alignent à la file sur des contrefonds d'ocre ou de minium; d'autres feintes de relief, projettent une ombre grêle dans des niches exiguës. Dans la cour une frise de petits Atlas de relief règne au haut des murs, dont ils paraissent supporter le chaperon. Dans le palais même, trois cabinets sont décorés de ces fines arabesques empruntées aux grottes Esquilines, reste des Thermes de Titus.

La découverte en était récente, et l'atelier de Raphaël en avait fait aussitôt son profit. Trois de ses élèves, Jean d'Udine, Perrin del Vaga et Jules Romain, s'approprièrent si bien ces ornements qu'ils dessinaient du même style tout ce qu'on voulait. Mais ni Jean d'Udine ni Perrin n'en ont jamais tiré le parti que le troisième, copiste inspiré, en sut faire. Il ne se contenta pas de reproduire des rinceaux, des chèvrepieds et des chimères, ni de tendre à la voûte d'un cabinet, sur le modèle de la salle de la Tribune, une tente rayonnée peinte de pareils ornements ; on le vit dans un mélange hardi et vraiment original, multiplier et enrichir, sans sortir de l'imitation, ce qu'il empruntait des anciens.

L'antiquité n'a sans doute rien produit d'aussi brillant et d'aussi riche que la chambre de Phaéton ; pourtant l'exactitude du style ne saurait être plus parfaite. Quatre enfoncements en cul-de-four règnent sous le plafond et portent leurs retombées sur des harpies de stuc excellemment sculptées et tirées des chambres Esquilines. Mais les modèles ne sont que de peinture, et cette transformation est un exemple de la liberté de l'imitation. Ces enfoncements sont peints de six sujets chacun, carrément découpés et rangés sans recherche ; des bandes de stuc décorées avec profusion d'ornements simples rehaussés d'or, servent grossièrement de séparation. Une large frise, peinte de figures précieuses, porte ce naïf échafaudage. Dans l'ornement s'entremêlent des camées, des masques, des canéphores, des cygnes aux ailes éployées. L'illusion est complète, et dans cette solitude qui règne dans les abords de cette petite ville déchue, au milieu de cette immobilité et de ce silence, le visiteur croit parcourir la maison des champs de quelque riche Romain d'autrefois miraculeusement sauvée de la ruine. C'est une impression délicate, où l'imagination a sa part, et qui se mêle aux impressions physiques du bleu limpide du ciel et de l'odeur des menthes, que la brise souffle par les fenêtres. L'âme de l'antiquité vit sous ces voûtes mieux qu'aux fouilles du Palatin, mieux que dans Pompeï et dans Solunte. Et quand on songe à tant d'efforts tentés depuis en vain pour attraper cette ombre, on trouve à peine des mots pour peindre l'étonnement que cause un tel ensemble.

C'est à de pareils ouvrages que Primatice fut employé six ans durant, faisant métier à la fois de peintre et de stucateur [1]. Tout

1. Vasari, pass. cit.

2

s'y exécutait sur les dessins de Jules, qui ne maniait que peu le pinceau. A l'exemple de Raphaël, son maître, il se bornait à donner les cartons, à peindre quelques figures principales, et à retoucher le travail de ses élèves [1]. Pareillement pour le stuc, dans lequel il paraît que notre artiste se distingua. Le fait est que c'est aujourd'hui encore à Mantoue une mode de donner au Primatice tout ce qu'il y a d'ouvrages de cette matière datant de ces temps-là [2]. Mais on n'en peut retenir que deux, dont le premier en date est celui de la chambre de Phébus et Diane [3], l'une des premières décorées du palais.

Six carrés, huit ronds, douze bustes de ronde bosse et quatre frises en dessus de porte, chacune accompagnée de quatre satyres accouplés, composent cette décoration, au milieu de laquelle deux longs bas-reliefs figurent une contrefaçon de ceux qu'on tirait alors des sarcophages antiques pour orner les villas princières. Si le Primatice en est, comme il paraît, l'auteur, il sera permis d'en prendre une idée précise de l'éducation qu'il reçut de ses premiers travaux de Mantoue.

Le témoignage certain de Vasari garantit l'attribution du second [4] de ces ouvrages, exécuté dans les derniers temps de son séjour. C'est la double frise représentant le triomphe de l'empereur Sigismond, et sans doute aussi le reste des stucs qui complètent l'ornement de la chambre, parmi lesquels deux grandes figures couchées témoignent des talents les plus rares. Jean Baptiste Scultor, dit Mantouan, qui fut le père des fameux graveurs Adam et Diane, aida le Primatice dans cette besogne.

Il y a, dans le morceau dont je parle, un beau déploiement d'appareil guerrier varié par une érudition précieuse. On y voit toutes sortes d'armes, de costumes et d'emblèmes. L'infanterie, la cavalerie légère, les frondeurs, les archers à pied ou à cheval, les porte-étendards, les joueurs de flûte, de trompe et de cornet,

---

1. Vasari, *Op.*, t. V, p. 539.
2. V. II⁰ partie, art. LVII.
3. V. II⁰ partie, art. XLVIII.
4. V. II⁰ partie, art. XVII.

puis les prêtres menant le sacrifice, puis les chariots chargés de vivres avec les femmes et les enfants, y sont représentés sur les modèles fournis par la colonne Trajane ou d'après les auteurs anciens. Selon Tite-Live, les porteurs de javelot samnites avaient la jambe gauche armée de fer, et Végèce en donne pour raison qu'ils portaient cette jambe en avant pour lancer le trait. Les cavaliers Cataphractes, décrits par Ammien Marcellin, figurent, couverts de petites lames de fer, dans une carapace de dragon. L'enseigne des manipules, qui porte une main ouverte, paraît près de celle des cohortes, faite de disques en forme de boucliers. Le *clypeus*, l'écu, le bouclier dit *cetra* se reconnaissent. Le *draconarius signifer*, dont l'étendard en forme de dragon porte l'épouvante parmi les ennemis, se voit aux premiers rangs du cortège près des muletiers africains. L'empereur, précédé des licteurs, vient ensuite. On présente devant lui le globe, symbole de sa puissance, et derrière son casque et son glaive près du bouclier germain, où l'aigle à deux têtes est peinte.

Jules Romain avait le génie de ces scènes. Un poète latin moderne a dit que les Romains étaient plus romains dans ses ouvrages que dans leur histoire :

> *Quæque coronatis complevit bella triumphis*
> *Heroum fortuna potens casusque decoros*
> *Nobilius re ipsa antiqua pinxisse videtur.*

On trouve, en effet, dans celui-ci une ardeur de composition et comme un cliquetis apparent de glaives et de boucliers. Le mouvement vif et varié des figures, le crin des chevaux tordu d'une main hardie, les manteaux flottants, le hérissement des piques, les faisceaux, les cuirasses de laine ou de cuir moulées sur les poitrines robustes, les paquetages portés sur l'écu par les soldats nus qui passent le gué, les visages rasés à la romaine auprès des moustaches des Barbares, les figures de fleuves, Pô ou Mincio, que le cortège doit traverser, mêlés familièrement à cette foule, font une poésie guerrière, où sonnent des échos de l'Énéide.

Il serait difficile de prendre une idée propre du style du Primatice sur l'examen d'une pièce dont un autre a fourni le dessin. Le fait est qu'on y voit les marques d'une parfaite habileté et, dans un caractère tout romain, les traits d'une science et d'un goût admirables.

Quant à la peinture, le détail fourni par Vasari de l'exécution de la chambre de Psyché [1] ne laisse au Bolonais aucune place dans cette besogne. Le comte d'Arco, suivant en cela les anciens guides de Mantoue, lui attribue l'exécution de la salle des Césars [2]. Ce fut la dernière avant le départ du Primatice. On commença le palais par la gauche. Après la salle des Chevaux et de Psyché, vinrent celles du Zodiaque, puis de Phaéton. Le magnifique portique de David ne reçut de peintures que plus tard. On passa à la chambre des Stucs, puis à celle des Césars. La célèbre salle des Géants ne fut commencée que le 1er mars 1533 [3]. Le Primatice quitta Mantoue entre le 23 janvier et le 25 mars 1532 [4].

Le roi de France François Ier, qui voulait faire de Fontainebleau une maison rivale de celle des grands seigneurs d'Italie, recherchait partout des artistes. L'éclat que jetait Mantoue sous Jules Romain, ne pouvait manquer de l'attirer. S'étant adressé à ce dernier pour obtenir ce qu'il cherchait, Primatice fut choisi pour le satisfaire [5]. C'était le premier des élèves de Jules, et son salaire était supérieur à celui de tous les autres [6]. Employé en second par le conducteur de l'œuvre, il n'a pas laissé de correspondre en personne avec le maître pour qui les travaux s'exécutaient. C'est à lui que fut commandé, en juillet 1530, par le marquis de Mantoue lui-même, certain portrait de Cornélie, fille d'Isa-

---

1. *Op.*, t. V, p. 539.

2. Sur cette chambre, v. IIe partie, art. XLVII.

3. Ancien style 1532, Gaye, *Carteggio*, t. II, p. 255.

4. Vasari le fait partir en 1531, et son nom se trouve encore aux Comptes du Palais du Té (Arco, *ouvr. cit.*, app., p. IX) du 23 au 28 janvier de la même année. Vasari et les Comptes datent suivant l'ancien style de Florence, qui termine l'année au 25 mars. C'est donc avant ce 25 mars et après le 23 janvier 1531, nouveau style 1532, que le Primatice quitta Mantoue.

5. Vasari, *Op.*, t. VII, p. 407.

6. Les plus payés de ses compagnons recevaient 22 sous par jour et on lui en donnait 34. Arco, *ouv. cit.*, app., p. VII.

belle des Pepuli [1], dont il n'y a pas d'autres nouvelles. Cette réputation naissante fut la cause du choix qu'on fit de lui, et l'origine de la fortune, dont ce livre a pour but de rapporter le détail.

Primatice partit pour la France, chargé des enseignements de Jules Romain et instruit de sa méthode. Il savait la manière de conduire de grands ouvrages, et par quel art un peintre heureusement doué se rend présent à la fois dans toutes les branches de l'art. Témoin l'année 1530 des décorations que son maître dressa pour l'entrée de l'empereur Charles V dans cette ville [2], il avait pu connaître toute la gamme de cette ingérence universelle. Toutefois, dans des préliminaires où manquent tant de circonstances, dont le témoignage a péri, il s'en faut que tout ce qu'il faudrait savoir, ait été dit. Le seul examen des ouvrages que le Primatice exécuta plus tard, oblige d'imaginer dans ces premières années des événements dont on ne sait rien de précis.

L'influence de Jules Romain est évidente dans son style et l'on en sait à présent les causes. Mais deux autres demeurent sans raison apparente, desquelles il sera parlé plus à loisir : celle du Corrège et celle de Michel-Ange. Des maîtres aux mains de qui ce chapitre nous l'a fait voir, aucun n'a pu lui transmettre que des traditions purement romaines, auxquelles six ans d'apprentissage sous Jules Romain ont mis le sceau. Aucune éducation ne fut moins partagée, et l'on devrait croire, à ne consulter que les livres, qu'instruit de la sorte, le Primatice n'eût mêlé aux enseignements de cette école aucun élément étranger. Cependant ce qu'il tient de Florence est de nature à frapper tous les

---

1. La lettre du marquis de Mantoue à ce sujet est publiée dans Gaye, *ouv. cit.*, t. II, p. 220, dans Arco, *Delle arti e degli artefici di Mantova*, t. II, p. 109, et dans Bertolotti, *Artisti in relazione coi Gonzaga*, pp. 76 et 77. Comme l'artiste n'y est désigné que sous le nom de *Francesco Bologna scultore*, ces deux derniers auteurs ont proposé d'y reconnaître, au lieu du Primatice, François Caccianemici de Bologne. Mais on ne voit nulle part que cet artiste ait été employé à Mantoue, et son nom ne figure pas dans les listes publiées par le comte d'Arco.

2. Vasari, *Op.*, t. V, p. 547.

yeux, et l'influence de Parme, quoique moins souvent remarquée est certainement plus profonde encore.

On ne peut donc croire que Bologne et Mantoue aient limité son horizon, et il doit passer pour constant qu'avant de paraître en France, le Primatice visita d'autres parties de l'Italie. Lesquelles précisément, c'est ce qu'on ne peut dire. J'incline à croire qu'il connut Florence et peut-être la Chapelle Sixtine [1], et il est du reste incontestable qu'il vit les ouvrages du Corrège, alors répandus non seulement dans Parme, mais dans Reggio et dans Modène. Cette dernière ville est sur la route de Bologne à Mantoue, et il a bien fallu que notre artiste y passât l'année 1526, qu'il fut engagé sous Jules Romain. Vasari rapporte [2] que Jérôme de Carpi, à son arrivée dans Modène, se sentit saisi d'admiration pour les ouvrages du Corrège : c'est dire qu'on y pouvait étudier sa manière.

Au demeurant, Primatice était âgé de vingt-sept ans quand il partit pour la France. Il avait donc eu le temps de s'instruire à son gré et d'aller quérir entre temps hors de Mantoue, les enseignements qui lui convenaient. S'il a réellement peint la chambre des Césars et que les restaurations que cette chambre a subies, aient conservé quelque chose de la couleur de l'original, ce serait un témoignage que déjà il avait ce coloris clair, qui ne lui vint pas de Jules Romain, et qui le rapproche davantage des Parmesans et de Michel Ange.

Telle fut l'éducation qu'il prit en Italie, tel le mélange des talents et d'influences diverses, qui par un effet des circonstances, s'en allait faire la loi en France et fournir des modèles disputés aux artistes de ce pays.

---

1. Bumaldi, *Minervalia*, p. 253, ayant parlé du départ du Primatice pour la France, ajoute : *Bononiae vero et* Romae *antea suae famae fundamenta jecerat*. Mais je crois que c'est une parole en l'air.

Villot dit aussi que des documents conservés à Bologne font supposer qu'il y retourna avant son départ. M. Malaguzzi, qui remue en tout sens les archives de cette ville, m'assure qu'il n'existe rien de pareil.

2. *Op.*, t. VI, p. 470.

# CHAPITRE DEUXIÈME

*Les origines de la Renaissance en France. Les artistes du roi René. L'expédition d'Italie. Gaillon. Les imitateurs français de l'Italie. Michel Colombe. Immobilité de l'architecture. La peinture : Foucquet, Bourdichon, Perréal. Tableaux apportés d'Italie. Les peintres italiens en France. L'avènement de François I*er*. Son goût et ses tentatives. L'ornement et la statuaire de son temps. Clouet. La miniature. Les progrès de l'art en Italie. Projets du roi à Fontainebleau. Les nouveaux artistes engagés avant l'arrivée du Primatice.*

Au moment d'introduire à la cour de France, un homme qui devait y demeurer si longtemps et exercer sur les arts de notre pays une si grande influence, il est indispensable d'envisager l'état dans lequel ils se trouvaient alors.

C'est un point assez connu que la renaissance des formes antiques dans les arts, qui ne se fit sentir que tardivement en France, n'a cependant pas attendu les artistes de Fontainebleau ni même le règne de François I*er* pour y paraître. Dès les dernières année du quinzième siècle et sous le règne de Charles VIII, on en découvre les premiers signes. Ces sortes de transformations peuvent s'accomplir de trois manières : soit par un développement naturel d'éléments existants déjà, soit par une éducation nouvelle des ouvriers nationaux, soit par l'intervention d'artistes étrangers. C'est de cette troisième manière que l'art français fut transformé.

Il ne faut pas demander en effet si nos sculpteurs ont mis au jour de leur propre invention des formes et des motifs qui reproduisent parfaitement ceux que les Italiens employaient plus d'un demi-siècle avant eux. Davantage la perfection dans laquelle ces ornements se font voir tout à coup dans les monuments de notre pays, atteste l'importation d'un art achevé, non la forma-

tion lente d'une pratique nouvelle. C'est un trait capital de cette
transformation que les morceaux de style antique ou italien sont
infiniment mieux exécutés dans les ouvrages qui remontent à ces
premiers moments qu'ils n'ont été quelques années plus tard.
C'est que des mains étrangères ont d'abord été seules à pratiquer
ce nouveau style. Quand les Français s'y mirent ensuite, ils ne
purent aussitôt égaler leurs modèles. Ainsi s'explique encore le
disparate qu'on remarque dans tant de monuments de cette
époque, où des ouvriers italiens travaillaient auprès des nôtres,
sans souci d'accorder autrement leurs ouvrages. A Solesmes le
St-Sépulcre daté de 1496, montre, au milieu d'ornements tout
gothiques, deux pilastres d'arabesques parfaitement sculptées
dans le style des planches que le Vénitien Zoan Andréa publiait
alors. Ces pilastres sont certainement italiens, ainsi que les deux
soldats qui, de chaque côté de la porte, ne contrastent pas moins
par l'accoutrement et la tournure avec les autres figures du monument. C'est un contraste du même genre qui paraît dans le tombeau des enfants de Charles VIII à Saint-Gatien de Tours entre
l'ornement et la figure [1].

Quels artistes furent les premiers à porter d'Italie en France,
des traditions jusqu'alors inconnues? Il faut au moins compter
parmi eux ceux que le roi René fit travailler, et dont l'action put
s'exercer à la fois d'Aix, d'Angers et de Bar-le-Duc, qui furent
les trois capitales de ce prince. Les plus connus sont Pierre
Milan et François Laurana. De ce dernier est le tombeau de
Charles d'Anjou élevé dans la cathédrale du Mans en 1472 [2].

Aux artistes du roi René succéda la foule de ceux que le roi
Charles VIII ramena d'Italie. L'expédition de Charles VIII
fournit communément aux historiens le chapitre des origines de
la Renaissance dans notre pays. L'enchantement des seigneurs
français à la vue d'une civilisation dont la vie nationale ne leur
laissait pas même soupçonner l'éclat et l'élégance, a été décrit

1. M. Marcel Reymond, *Le buste de Charles VIII*, p. 251, place la date de
ce tombeau entre 1496 et 1498.
2. Date inscrite sur le tombeau.

tant de fois, qu'il suffira de le rappeler [1]. Des convoitises inconnues s'allumèrent [2]. On vit un sire de Balassat piller non pas seulement par instinct de soldat le palais des Médicis à Florence, et le roi lui-même donner l'exemple en faisant démonter et charger les portes de bronze de Castel-Nuovo à Naples [3]. Le buste de Charles VIII que le musée de Bargello conserve, est encore un témoignage de ce naissant amour des arts.

Bien que le mouvement de renouveau eût déjà commencé en France, il ne faut pas laisser de répéter que cette expédition en fut le principal auxiliaire. Il est vrai qu'on en a contesté l'importance afin de laisser plus de mérite aux Français dans l'œuvre de la Renaissance. « On a beaucoup parlé, écrit M. Palustre, des artistes italiens venus en France à la suite de l'expédition de Naples en 1495, mais parmi eux ne figurent guère que des jardiniers, des peintres, des orfèvres, des menuisiers et des faiseurs de hardes [4] ». La vérité est que les lettres patentes de janvier 1498 [5] pour le paiement de ces artistes, mentionnent quatre ouvriers du bâtiment : Joconde, le Boccador, Bernardin de Brescia et Luc Becjeame, et trois sculpteurs : Guido dit Paguenin, Jérôme Pacherot et Alphonse Damasse, auprès de deux orfèvres et d'un seul jardinier. Trois ans après, l'entreprise de Gaillon mettait en œuvre d'autres mains italiennes.

C'est la plus importante d'alors, et telle qu'il ne s'en vit point d'autre avant celle de Fontainebleau. Vingt-cinq ans avant François Iᵉʳ, le cardinal d'Amboise fit le dessein d'élever une maison comme les Italiens seuls en avaient alors, pourvue de loges, de terrasses et de portiques, revêtue d'ornements de marbre, embellie de fontaines et de statues.

Il est curieux de voir comme les pièces contenues aux Comptes du château de Gaillon ont été souvent interprétées. Quelques-

---

1. M. Müntz a fourni sur pièces authentiques une psychologie précieuse de ces sentiments, *Renaissance*, pp. 503-510.
2. Commines, chez M. Müntz, *ouvr. cit.*, p. 506.
3. Minieri Riccio, ibid., p. 511.
4. *Architecture de la Renaissance*, p. 147.
5. 1497 ancien style. Montaiglon, *État des gages etc.*, p. 100.

uns ont voulu n'y voir que des Français, pressés de contredire la
tradition qui attribuait à des Italiens tous ces ouvrages. Il est
certain qu'à ne dénombrer que les noms, les Italiens y tiennent
une place minime. Mais qui jamais s'avisa de prétendre qu'italiens aient été les maçons, terrassiers, couvreurs, serruriers,
charpentiers, plombiers, verriers, doreurs, dont les mentions
emplissent des registres de ce genre? Ce qui est attesté, c'est que
des ouvriers d'Italie y ont, à de rares exceptions près, fourni
tous les travaux de choix. Guido et Pacherot s'y retrouvent. Du
premier venaient les médaillons d'empereurs romains placés aux
murs de l'édifice [1]. Le second, avec Barthélemy Miénal et Jean
Chersaille, sculpta tout l'ornement de marbre [2]. Selon la
remarque de M. Courajod, cette matière était réservée aux seuls
praticiens d'outre-monts [3]. Les statues de de la chapelle, les bas-
reliefs de la cour furent faits par Antoine Juste Florentin [4]. Les
trois statues du roi Louis XII, du cardinal d'Amboise et de son
neveu, apportées de Milan, étaient l'œuvre de Laurent de Mu-
giano [5]. Il n'est pas jusqu'aux stalles de la chapelle, aujourd'hui
retirées à Saint-Denis, dont il ne faille attribuer les parfaites
arabesques et les *intarsiature* à Richard Guerpe ou Carpe précisément nommé en cet endroit [6], et dont le nom est évidemment
italien.

Pendant que ces choses se passaient à Gaillon, Guido plaçait
à Saint-Denis son fameux tombeau de Charles VIII [7], et les
Justes répandaient partout leurs productions. J'ai nommé Antoine, l'un d'eux. Son frère Jean sculpta en 1507 le tombeau de
Thomas James à Dol [8]. Établis l'un et l'autre à Tours, ils avaient

1. Deville, *Comptes de Gaillon*, p. 405.
2. *Ouv. cit.*, pp. 317, 318, 337, 358, 361.
3. *Journal de Lenoir*, t. II, p. 88.
4. *Ouv. cit.*, pp. 419, 420.
5. *Ouv. cit.*, p. 287. Le nom de l'artiste se lit sur la statue de Louis XII
conservée au Louvre.
6. *Ouv. cit.*, pp. 391-392.
7. Aujourd'hui détruit. Félibien l'a décrit, *Saint-Denis*, p. 553, ainsi que
quelques autres auteurs, et Marot l'a gravé.
8. Signé et daté.

fait de cette ville et de toute la région de la Loire un autre centre d'italianisme. L'hôtel d'Alluye à Blois reçut des médaillons d'empereurs entourés de fruits, et la fontaine du château, dont une partie se conserve au musée, l'autre dans l'église de Vendôme, fut sans nul doute un ouvrage des Italiens. Dans le même temps Jérôme de Fiésole et un autre italien, que les Comptes ne nomment pas, travaillent à Nantes au tombeau du duc François II (1502 à 1507) [1]. Puis ce sont les ouvrages importés d'Italie, comme le monument des parents de Louis XII (1506) exécuté par Michel d'Aria, Jérôme Viscardo de Milan, Donat di Battista, Benoît de Rovezzano, les deux derniers florentins [2].

Tant d'exemples dans tous les genres trouvaient déjà dans nos Français des imitateurs empressés. Les arabesques taillées dans la pierre à Gaillon ne démentent pas l'origine française que les comptes de ce château leur assignent [3]. Dans la façade qui se trouve à l'École des Beaux-Arts, en dépit de quelques parties où le gothique demeure sans mélange, les ordonnances et les motifs se plient déjà et s'accordent au ton des ornements nouveaux. Tout cela ne va pas sans lourdeur, et soit que l'ouvrier ait gâté des modèles à lui remis [4], soit qu'inventeur timide et court, il n'ait rendu qu'une faible idée des beaux morceaux que les Italiens composaient, il convient de regarder ces ouvrages plutôt comme un apprentissage que comme une besogne accomplie.

Les mêmes tâtonnements se découvrent dans la statuaire, où le style apporté d'Italie ne prévalut pas moins. Le célèbre Michel Colombe et son neveu Guillaume Regnault travaillaient depuis 1472 [5], dans quel style en ce temps-là, on ne peut le dire, puisque

1. Palustre, *Michel Colombe*, p. 417.
2. Tschudi, *Le tombeau des ducs d'Orléans*, p. 95.
3. *Ouv. cit.*, pp. 274, 405.
4. *Ouv. cit.*, pass. cit.
5. Benjamin Fillon, *Poitou et Vendée, Œuvre de Michel Colombe etc.*, p. 2, et Grandmaison, *Documents inédits*, p. 196. Le document, qui est de 1511, mentionne que depuis quarante ans cette collaboration se poursuit.

leur premier ouvrage connu est le tombeau du duc de Bretagne commencé en 1502 seulement. Bastien François gendre du second y besogna avec eux [1], et les figures de ce monument, dont des Italiens sculptaient l'ornement, sont l'œuvre commune de ces trois Français. Partout cependant, soit dans l'accoutrement, soit dans l'exécution des visages, l'imitation de l'Italie se découvre, principalement dans les quatre Vertus qui tiennent les angles. Le bas-relief du Saint-Georges, qui décora l'autel de la chapelle de Gaillon [2], atteste davantage encore cette influence.

On aurait donc tort de représenter Colombe comme le dernier auteur du progrès qui se fit alors dans les arts. Le principal emploi de ses rares talents fut de véhiculer l'influence italienne. C'était au demeurant le rôle de tous les habiles français d'alors, parmi lesquels on ne peut omettre de distinguer encore, dans des genres extrêmement différents, Perréal et Geoffroy Tory : le premier auteur de dessins de plusieurs édifices et tombeaux, le second, dont les inventions, portées par le livre et l'estampe, ont servi avec moins d'éclat, mais non pas d'efficacité, la transformation qui s'opérait.

Cette transformation touche moins l'architecture proprement dite et la conduite des édifices. On a demandé s'il fallait voir dans les maîtres maçons de Gaillon les vrais directeurs du bâtiment. Il se peut, ce que croit M. de Geymuller, que Joconde les ait assistés, mais s'il eût fait au-dessus d'eux fonction de véritable architecte, comment aurait-il rien laissé dans ce château du gothique qui s'y trouve ? Au contraire le disparate des parties italiennes et des parties françaises atteste assez dans ces morceaux l'incertaine conduite des maîtres de la pierre et l'absence d'une autorité supérieure [3]. Ces maîtres maçons étaient français. Les ouvriers du bâtiment qu'on fit venir en ce temps-là d'Italie ne semblent pas au moins avoir pris toute leur place, et dès lors opéré une révolution la plus considérable qu'ait enregistrée

1. Grandmaison, *ouv. cit.*, pass. cit.
2. Deville, *Gaillon*, p. 419.
3. Voir sur cette matière, chap. ix.

l'histoire de la Renaissance, et dont il paraît que les Français
ne se souciaient pas encore.

On voit bien qu'à son retour de Naples, et de passage à Lyon,
Charles VIII avait reçu des mains du cardinal de la Rovère, un
dessin de palais de Julien de San Gallo [1]. Un Simon Haieneuve
dit du Mans, qui vivait alors, est appelé par Geoffroy Tory
excellent en ordonnance d'architecture antique [2]. Dès 1512, le
même Geoffroy publiait une traduction française, sans figures
il est vrai, de l'Architecture de Léon Baptiste Albert. Même un
Français, Jean Pèlerin, mit au jour en 1505 un livre *De artifi-
ciali perspectiva* avec des planches. Tout cela ne paraît pas
avoir porté de fruits. Nos compatriotes, habitués à des édifices
où la symétrie ni les mesures n'étaient pas ce qui brille davantage, n'avaient point de curiosité pour cette ordonnance rigoureuse et pour ces justes proportions qu'on prisait alors en Italie.
La science qui s'acquérait dans ce pays à mesurer des colonnes
antiques, n'était pas désirée chez nous. On ne s'avisait pas de ce
côté des Alpes qu'il pût y avoir quelque profit à renfermer dans
un rapport exact les dimensions d'une porte ou d'un pilier. Les
amateurs les plus éclairés n'y avaient de goût qu'aux ornements,
dont on soutenait avec plus ou moins d'art des distributions
d'ailleurs indifférentes. Sans vouloir trop pousser ce point, il
demeure assez évident par la négligence de certaines symétries
élémentaires, par le défaut de suite qui se remarque dans une
multitude de bâtiments du Moyen-Age et de notre première
Renaissance, que la maçonnerie d'un édifice n'était guère autrement regardée en ce temps-là que comme une matière à décorer,
à qui l'ornement qu'on y plaçait, donnait tout son prix et tout
son caractère. C'est ce qui explique pourquoi, dans cette première période, les anciennes ordonnances gothiques se conservent, modifiées seulement dans la mesure stricte où il fallait
qu'elles le fussent pour recevoir la parure nouvelle.

1. Vasari, *Opere*, t. IV, p. 280.
2. Chez M. Müntz, *ouv. cit.*, p. 498.

En ce qui regarde la peinture, c'est un pareil défaut de progrès, quoique non pas tout à fait pour les mêmes causes. Des peintres italiens travaillèrent chez nous, mais n'y laissèrent point d'école. On aime à dire que les traditions nationales repoussaient sur ce point l'italianisme. Rien n'est pourtant si téméraire que d'arguer d'une tradition originale de peinture française à cette époque. Je ne remonte point jusqu'à l'école de Bourgogne, dont tous les artistes prétendus nationaux se sont trouvés enfin venir du Brabant, du Hainaut ou des Flandres. Mais Foucquet lui-même, quoique français, et doué de mérites singuliers, ne semble pas avoir réussi à fonder rien qui ressemble à une école. Au reste le renom croissant qui vient de nos jours à ce peintre, risque d'égarer la critique sur sa véritable importance. C'est trop attribuer à Foucquet que de rapporter à son influence le renouvellement de l'art français, comme on incline à le faire, et de voir en lui l'homme de la Renaissance. Foucquet visita l'Italie avant 1450, les Heures d'Étienne Chevalier sont de 1455, et le dyptique de Melun remontait aux environs de cette époque. En 1481 il avait cessé de vivre [1]. Or malgré tout le talent dont il fit preuve, malgré le style de ses architectures empruntées à la Renaissance italienne, avec toute la bonne volonté du monde, il paraît impossible de voir dans Foucquet autre chose qu'un pur gothique. Ni ces fonds ne doivent nous dérober le caractère de sa peinture, ni ce talent n'ouvre des voies nouvelles. Foucquet n'est pas plus le père de la Renaissance française que Van Eyck ou Memling ne le sont de la Renaissance dans les Flandres. Et il est vrai que cela se peut dire, mais dans un sens si général, qu'on n'y considère plus de ressemblance d'école ni de continuité de tradition. En ce sens, on dirait aussi bien que les Mystères de la Passion ont engendré la tragédie française.

Quant au mérite intrinsèque de ce peintre, il sera permis de le trouver surfait. Il y a beaucoup de finesse et de science dans les Heures d'Étienne Chevalier, mais le coloris en est violent

1. Grandmaison, *ouv. cit.*, p. 14.

et froid sans rien de cette agréable transparence, qui chez les
Flamands, par exemple, fait oublier l'extrême sècheresse de
l'exécution. Encore souscrira-t-on sans peine à l'admiration
qu'excitent ces petits ouvrages, mais pour les portraits de grande
taille, qu'ont-ils, je ne dis pas d'excellent, mais seulement de
supportable? Celui de Jouvenel des Ursins est d'un dessin rond
et vulgaire, d'une exécution plate et d'une couleur pesante.
Quant à l'expression si vantée, il me semble que la grimace n'y
sauve pas même la fadeur. Le Charles VII est encore plus faible
et barbare.

Davantage on ne saurait même dire si ces médiocres peintures
firent des élèves. Qu'est-ce que Folarton, Fourbault, Lefèvre,
Chiffelin, dont on nous prie de retenir les noms comme formant
dans la suite du siècle un simulacre d'école française [1]? Les
deux ou trois tableaux de Froment qu'on a pu retrouver pré-
viennent peu en faveur du reste. Marmion de Valenciennes
paraît dans le livre de M. Mantz, par une annexion rétrospective
en représentant de l'école française [2] : eût-il omis Martin Schoen
de Colmar si l'on ne nous avait repris l'Alsace?

Avançant toujours, nous trouvons Bourdichon et Perréal.
Mais du premier on n'a que des miniatures encore, les Grandes
Heures d'Anne de Bretagne, du second en peinture rien d'authentique. Je laisse les peintures anonymes, puisqu'en l'absence
d'attribution, il devient impossible de reconnaître une école,
dont aussi bien, faute d'œuvres, on ne peut marquer les caractères. Quelques uns raisonnent de ces choses comme s'il était
possible de déduire abstraitement le caractère du génie français
dans les arts. Une école ne saurait se définir de la sorte, mais
par un ensemble de pratiques que des ouvrages authentiques
seuls révèlent.

Le lecteur peut maintenant concevoir la vérité. Si la peinture
italienne ne jeta point alors de racines chez nous, ce n'est pas

1. Mantz, *Peinture française*, pp. 220, 223.
2. *Ouv. cit.*, p. 221.

que la place fut disputée, c'est que le sol était stérile. Le peu
d'empressement des amateurs répondait à cette disette d'artistes.
Même l'expédition d'Italie n'échauffa que peu le goût français
sur ce point. Dans le bagage rapporté par le roi se trouvaient il
est vrai des ouvrages de peinture [1], et quelques tableaux provenant de Naples furent conservés chez la reine Anne [2]. Le président Jean de Ganay, pour butin de son voyage, eut une mosaïque
de David Ghirlandaï [3]. Le fameux triptyque de Moulins, commandé par le sire de Beaujeu, le fut sans doute à quelque italien.
A Gaillon le cardinal d'Amboise conservait une Descente de
croix du Pérugin avec une Nativité de Solario [4]. En 1512
Hurault, évêque d'Autun, tira du couvent de Saint-Marc un
Mariage de Sainte-Catherine du frère Barthélemy [5]. Tout cela
est peu de chose en somme. La curiosité n'était pas née.

Ce qui mérite plus d'attention, ce sont les grands ouvrages
commandés dans le même temps à des artistes qu'on tirait d'Italie
et qui s'en retournaient ensuite. Benoît Ghirlandaï, frère de
David et de Dominique, qui fit, selon Vasari, un assez long séjour
en France pour s'y enrichir [6], vint sans doute dans un pareil
dessein. L'archevêque Louis d'Amboise fit peindre en 1513
dans sa cathédrale d'Albi, des fresques qu'on y voit encore,
et dont les auteurs s'appelaient Jules Violano, Paul Jules,
Lucrèce Cantora de Bologne, Ambroise Laurent de Modène,
Jean François Donela de Carpi, joint deux autres noms effacés
originaires de Bologne et de Lodi [7]. Mais il n'y eut rien en ce
genre de plus considérable que les peintures de la chapelle de
Gaillon, pour lesquelles on n'engagea pas moins qu'un premier
disciple de Léonard. Solario fit en 1508 le voyage de France à

---

1. Lalanne, *Transport d'œuvres d'art*, p. 306.
2. Leroux de Lincy, *Anne de Bretagne*, t. IV, pp. 153, 155, 157.
3. Dusommerard, *Catalogue du Musée de Cluny*, p. 375.
4. Deville, *Gaillon*, p. 540.
5. Villot, *Catalogue du Louvre*, II⁰ partie, p. 38.
6. *Ouv. cit.*, t. VI, p. 532.
7. Date et signatures en place.

cet effet [1]. Rien n'est resté de ses ouvrages, qui ne purent être
que fort importants. Un autre Italien, Jérôme Tourniol, peignit
en 1504 au même lieu une dépendance du château nommée la
maison de Lidieu [2].

Ce résumé de vingt années d'histoire fournit une idée de l'état
où l'avènement de François I<sup>er</sup> trouva les arts. Cet avènement ne
marque point une époque, comme on le donne quelquefois à
croire. Les changements que ce prince rêvait, voulaient du temps
pour s'accomplir. Ce qui fit se sentir de plus nouveau dans le personnage du jeune roi, ce fut précisément son goût pour la peinture, pour les tableaux, et en général pour les œuvres d'art qui,
ne se rapportant pas directement au bâtiment, relèvent moins
de l'amour du luxe et de l'état de maison que d'un sentiment
délicat de la beauté. A Gaillon, outre le meuble et la tenture, il
n'y eut que des curiosités d'orfèvrerie et des joyaux rares. François I<sup>er</sup> était né pour choisir et précieusement conserver dans un
palais, dont la magnificence dépassa tous les rêves du cardinal
d'Amboise, des tableaux de grands maîtres, des marbres antiques, des pierres gravées, des bronzes, et des chefs-d'œuvre de
tous les genres. En cela il fut vraiment l'égal des plus illustres
protecteurs des arts que l'Italie comptât parmi ses princes.

Le voyage qu'il fit en Italie après Marignan, et dont les premières étapes furent Milan, Pavie et Bologne, paraît avoir donné
l'essor aux dispositions qu'il portait en lui, et du reste le désigna
aux potentats comme aux artistes comme un amateur du premier
rang.

On voit en effet dès son retour les tableaux devenir à son
endroit un instrument de relations diplomatiques. Le Saint
Michel et la Notre Dame furent commandés pour lui à Raphaël
par Léon X, qui traitait avec la Cour de France. Le cardinal
Bibiena, ambassadeur du Saint-Siège, donna de sa part le por-

---

1. Deville, *ouv. cit.*, pp. 361-363, 418, 419.
2. *Ouv. cit.*, pp. 69, 124. M. Deville veut que ce soit un Français, mais
l'orthographe de son prénom *Géraulme*, évidemment transcrite de *Girolamo*,
interdit cette conclusion.

trait de la Vice-reine de Naples [1]. Charles VIII n'avait ramené
d'Italie que des *faiseurs de planchers* et des *tourneurs d'albâtre* [2].
Ce que François Ier vit d'abord et avant tout dans ce pays, ce
sont les peintres. Ce rapprochement vaut qu'on le retienne : il
faut qu'un vrai mécène chérisse la peinture, inspiratrice de tous
les autres arts. François Ier voulut ôter la Cène de Sainte-Marie-
des-Grâces du mur qui la portait, et la porter en France : il ne
renonça qu'à toute force à ce dessein impossible [3]. Léonard de
Vinci le suivit à retour [4], et peu après André del Sarte. Il semble
raisonnable, vu l'âge qu'eut le premier, de voir en lui plutôt un
conseiller du roi et un précepteur des choses de l'art, qu'un artiste
dont on attendît le renouvellement du royaume. Il fut delà les
monts comme son introducteur dans cette atmosphère, où rayon-
naient de Milan, de Florence et de Rome, les trois lumières de
l'Italie d'alors : Michel-Ange, Raphaël et lui-même. Trois autres
peintres l'accompagnèrent en France : Melzi, André Salaïno et
Baptiste de Villanis [5].

Quant aux projets de François Ier sur André del Sarte, on peut
dire que nous assistons par lui dès le début du règne, au premier
essai de l'entreprise qui ne réussit que plus tard. Quoiqu'on
prisât en lui le peintre, on ne l'avait pas fait venir uniquement
pour peindre, et au bout d'un an on le députa à Rome pour
rechercher des antiquités. On sait comment ce projet échoua.
André croqua l'argent et n'osa plus reparaître. Son élève Squazzella resta, et peignit un château de province que Vasari n'a pas
nommé [6].

Léonard de Vinci était mort peu après l'arrivée d'André.

---

1. Villot, *ouv. cité*, p. 240.
2. Montaiglon, *État des gages* etc., p. 100.
3. Vasari, *Op.*, t. VI, pp. 31, 32.
4. Selon Vasari, *Op.*, t. IV, pp. 47, 48, on le fit venir entre autres choses
pour peindre le carton de la Sainte-Anne.
5. Tous trois mentionnés au testament de Léonard. Montaiglon, *Le testament de L. de Vinci*, p. 792.
6. Vasari, *Op.*, t. V, pp. 57, 58. Laborde, *Renaissance*, p. 45 croit le reconnaître dans celui de Semblançay près de Troyes.

Toutes les dispositions du roi manquèrent à la fois, et les revers de la politique achevèrent de rompre ses desseins. La défaite de la Bicoque, la trahison du connétable de Bourbon, enfin le coup de grâce de Pavie marquent une période de catastrophes dans l'histoire des arts en France. Le retour du roi et des temps moins sombres, qui suivirent la captivité de Madrid, en renouent heureusement le fil. Le roi rentra dans son royaume au commencement de 1526. C'est en 1528 que les travaux de Fontainebleau commencent.

Les enseignements de l'Italie avaient continué de fleurir durant cet espace de quinze ans. Les arabesques florentines se multiplièrent à souhait sur les murailles du château de Blois, dont l'escalier célèbre et l'aile qui l'accompagne remontent au début du règne. Il est vrai que ce que les Français firent en ce genre, n'égala jamais les modèles pour la correction et le style. Du moins trouve-t-on dans celles-ci une souplesse, une variété, une grâce sans égales. Chambord, commencé dans les premières années du règne, ne montre pas moins de perfection dans le détail. Villers-Cotterets, Chenonceaux, Azay-le-Rideau, tous bâtis entre 1515 et 1528, font voir le même mérite à des degrés divers, et se présentent comme le résultat de la naturelle évolution du style institué à Gaillon.

La statuaire suivait avec honneur, encore soutenue à vrai dire des exemples de l'Italie. Le tombeau de Raoul de Lannoy à Folleville, œuvre des Milanais Antoine della Porta, Tamagnino et Paccio [1], est de cette époque, durant laquelle les Justes produisirent leur principal ouvrage, le monument de Louis XII à Saint-Denis. Autour de ces derniers, à Tours, on trouve sous François Iᵉʳ mieux que des efforts particuliers. Cette ville figure en 1520 comme un atelier officiel, auquel fut commis Babou de la Bourdaisière [2], et où des peintres, des sculpteurs, des tapissiers, des graveurs en pierre et des orfèvres étaient entretenus aux frais

---

1. Ces signatures sont inscrites sur le tombeau avec la date de 1524.
2. Grandmaison, *La tapisserie à Tours*, p. 235.

du roi [1]. Le tombeau des Poncher, œuvre de Regnault neveu
de Colombe, et de Challuau [2], fournit une idée des talents de
l'école de Tours. A Rouen le tombeau des cardinaux d'Amboise
est un brillant échantillon de ce que d'autres Français faisaient
dans le même style. En un mot une école française nouvelle de
sculpture et d'ornement s'était constituée des exemples de
l'étranger, et l'italianisme, désormais naturalisé dans notre pays,
poursuivait aux mains des artistes nationaux des destinées indé-
pendantes.

Quant à la peinture on ne saurait contester que rien n'égale
la détresse d'alors. Avant 1521, Bourdichon était mort [3], avant
1528, Perréal [4]. Ces maigres flambeaux étaient éteints. Ce qu'on
veut bien appeler du nom d'école française, avait cette fois
entièrement abdiqué, et la charge de la représenter vaque pour
cette partie de l'histoire. Nicolas Belin de Modène, Barthélemy
Guetty Florentin [5], font office de peintres du roi en ce temps-
là. Un troisième, Jamet Clouet, sert communément aux historiens de l'art à combler le vide dont je parle. Il est pourtant
certain qu'il n'était pas français [6]. On le croit flamand, sans
autres preuves il est vrai. M. Bouchot a de bonnes présomp-
tions qu'il est l'auteur d'une partie des crayons de Lord Carlisle
à Chantilly, et des miniatures peintes d'après ces crayons dans
le manuscrit de la Guerre Gallique [7]. Il est certain au moins que
ses ouvrages ont été du genre de ceux-là. Il ne peignait guère

---

1. M. Courajod, *Journal de Lenoir*, t. II, p. 93, a imprimé que l'hôtel de
Nesle avait servi dans cette période de quartier général aux artistes italiens,
et représenté une sorte d'atelier royal, ou après Guido, Benedetto, Montor-
soli et plus tard Jérôme della Robbia auraient habité. Tous les documents
sont muets là-dessus, et ce que raconte Cellini, qui se trouva logé dans
l'hôtel de Nesle, y est même contraire.

2. L. de Grandmaison, *Les auteurs du tombeau des Poncher*, etc., p. 89.

3. Grandmaison, *Documents*, pp. 56-58.

4. Charvet, *Jean Perréal*, pp. 231-232.

5. Bouchot, *Les Clouet*, p. 60. Laborde, *Renaissance*, pp. 196-198, 750,
751; *Comptes*, pp. 364, 367.

6. Témoin la renonciation du roi au droit d'aubaine sur ses biens.
Fréville, *Les trois Clouet*, p. 98.

7. *Ouv. cit.*, pp. 13, 14, 16.

que des portraits, et tous les talents de Jamet Clouet n'allèrent pas au-delà d'un mérite de finesse et d'exactitude. Son génie même le confinait dans ce genre, qui jouit dans la suite du siècle d'une vogue énorme.

Plus on examine et plus on est contraint d'avouer que la France, avant l'école de Fontainebleau, ne fixa chez elle que des faiseurs de miniature ou des artistes similaires. Il en est de fort belles, qui datent de cette époque, comme celle du Diodore de Sicile traduit par Antoine Macault, qui se trouve à Chantilly [1]. François Iᵉʳ s'y voit, entouré de ses trois fils et de sa maison. L'exécution n'y porte plus rien de gothique, ce qui montre que ces miniatures, françaises ou flamandes je ne sais, avaient dès lors entièrement rompu avec les traditions auxquelles Bourdichon appartint tout entier. Exécutées dix ans auparavant, les plumes rehaussées de Godefroy le Batave tiennent davantage de l'âge précédent. On ne connaît de ce peintre que son nom et les ouvrages qu'il a signé. Son manuscrit de la Guerre Gallique, où figurent en outre les portraits dont j'ai fait mention tout à l'heure, et ses Triomphes de Pétrarque surprennent par la finesse du goût et la grâce de l'exécution.

Flandre et miniature, tels sont les termes auxquels il semble bien que toutes les recherches qu'on fera d'une école française à cette époque, seront inexorablement renvoyées. La conclusion paraîtra naturelle. Miniature nous interdit de reprendre François Iᵉʳ d'avoir requis de nouveaux peintres pour des décorations à fresque, Flandre empêche qu'on ne lui reproche d'avoir dédaigné des Français.

Je ne veux point aborder ici une discussion métaphysique, dans laquelle proposant d'une part une idée du génie français, on demande si cette idée pouvait s'accorder avec les enseignements de ce qu'on se plaît à appeler l'Italie de la décadence. On dispute éloquemment de ces choses, mais avec peu de profit pour l'ordi-

1. Ce manuscrit est antérieur à l'année 1535, qu'il fut imprimé et la miniature gravée. L'âge des jeunes princes, fils du roi, qui y sont peints, en porte le temps à la fin de la période ici considérée.

naire, parce que les preuves n'y sont décisives qu'en apparence, et qu'on les accommode sans peine aux desseins les plus opposés. Au contraire, s'il est avéré que les peintres français manquaient, et qu'encore ce qui peignait en France, ne pouvait aucunement suffire à ce que le roi se proposait, quelle querelle est-ce qu'on lui cherche? Que reste-t-il, en face des faits certains qu'on vient de lire, des réclamations en faveur de nos traditions méconnues, des satires qu'on fait d'une mode envahissante qui ferma les yeux de ce siècle aux simples agréments de nos artistes natifs, de ces comparaisons tendancieuses entre le fracas des peintres italiens et la sincérité des nôtres? Il faudrait au moins qu'on fit voir quelque échantillon de ces traditions, de ces agréments, de cette sincérité, et que cet échantillon, recherché, comme on fait, tout le long des cent ans qui vont de la mort de Charles VIII à l'avènement de Henri IV, ne fut pas daté seulement du seizième siècle, mais de l'époque dont il s'agit. On sait ce que François Ier voulut faire : voilà ce qu'il avait à sa disposition. Décore-t-on des appartements, meuble-t-on des galeries avec des livres d'heures, avec des portraits de Clouet, avec les louables intentions de peintres supposés, dont tout le mérite, au dire de leurs apologistes, aurait été, s'ils eussent existé, de n'être ni brillants, ni savants, ni hardis, ni aisés, ni féconds, toutes vertus exécrables, s'il faut les en croire, et qui vouent à la réprobation les artistes qui les possédèrent avec le roi qui les prisa?

Ce qui s'essayait à Fontainebleau, était sans précédent en France, où les plus riches décorations intérieures n'avaient point encore montré ce faste, ni réclamé de pareilles ressources. Le concours de la peinture et de la sculpture, qui forçait celle-ci à rivaliser de souplesse, de grâce pittoresque et d'érudition avec sa voisine, rendaient inutiles à cette tâche les sculpteurs, à certains égards excellents, dont la France était alors pourvue.

Tandis que l'école instruite par Guido et les Justes fournissait dans notre pays une carrière d'un éclat doux et modéré, et que cette branche heureusement greffée poussait des fleurs si agréables, l'arbre sans rival d'où elle était issue, étonnait à nouveau le monde par le débordement d'une sève imprévue. L'Italie marchait à pas de géant dans le développement de son génie. En quelques années l'influence de Bramante et de sa dernière manière avait changé l'architecture. Avec l'entrée en scène de l'école romaine, un goût nouveau de l'antiquité se déclare et tous les arts sont transformés. C'est la seconde époque de la Renaissance, la seule que l'ancienne critique ait connue et célébrée. Aujourd'hui même on ne saurait nier qu'au prix des formes qui se révélèrent alors, celles de l'âge précédent ne semblent archaïques. Depuis le temps que François I<sup>er</sup> avait ramené avec lui Léonard, le Corrège avait paru, et la plus profonde révolution que l'art de peindre ait jamais subie, avait été soudain accomplie. Quelque chose de pareil s'était produit pour la sculpture par l'influence de Michel Ange et des élèves de Raphaël. Le maniement aisé et artiste du stuc avait encore servi cette transformation, et dégagé davantage le grand goût, que cherchaient les praticiens d'alors. Les Italiens fixés en France ne se trouvèrent pas moins que les Français en retard sur leur propre nation. Rien n'est plus éloigné des décorations du Palais du Té que le style des Justes. Pour égaler l'Italie, dont les progrès excitaient son envie, il fallut que le roi fît venir d'autres sculpteurs et d'autres peintres.

Ce furent d'abord des Florentins : le faïencier Jérôme della Robbia, qui parut en 1527 [1], les ouvriers du bronze Jean-François Rustici et son élève Laurent Naldini appelé en France Renaudin ou Regnauldin en 1528 [2], François Pellegrin peintre [3],

---

1. Laborde, *Renaissance*, p. 1020.
2. Vasari, *ouv. cit.*, t. VI, p. 619.
3. M. Palustre (*Renaissance*, p. 219, notes) écrit sans sourciller : « L'identification de Francisque Pellegrin avec l'artiste indiqué par Vasari sous le nom de François d'Orléans est absolument certaine. » La vérité est que Pellegrin est qualifié de Florentin au titre d'un livre que Mme Bury Palliser a transcrit dans son *Histoire de la dentelle*, p. 314. Ainsi se trouve confirmé ce qu'on pouvait soupçonner, premièrement sur le prénom de Francisque, adapté de *Francesco* et qui ne se rencontre dans les Comptes que pour les Italiens, en second lieu sur le fait de Vasari qui le nomme en deux endroits *Francesco Pellegrino* (t. VI, p. 619, t. V, p. 172). Dans l'un on le voit pré-

enfin le Rosso qui vint en 1531 [1]. Au 1er octobre de cette
année se trouvaient en outre gagés du roi de France François
Scibec de Carpi, sculpteur en bois, Dominique de Rota Vénitien, ouvrier en moresque, Jean Michel de Pantaléon, marque-
teur, Baptiste d'Auvergne, tireur d'or, Simon de Bari, sculpteur
en marbre, auxquels il faut joindre un Orsonvilliers et un André
de Gènes, ingénieurs [2]. J'ai nommé les nouveau venus, mais
le Primatice devait trouver en France d'autres compatriotes
encore. C'était Nicolas de Modène et Barthélemy Guetty dont
il a été parlé, le Boccador, architecte, qui continuait d'y vivre,
Squazzella [3], le dernier des Justes. Juste de Just fils d'Antoine,
alors en renom, et le fameux Mathieu del Nassaro de Vérone,
qui dès avant la captivité de Madrid avait mis au service du roi
ses talents de médailleur et de graveur en pierres dures [4].

Nassaro avait à Paris son moulin appelé la Gourdayne [5], on
avait établi Baptiste d'Auvergne à Tours [6] d'où il envoyait ses
produits, Rustici, logé au faubourg Saint-Germain fondait en
bronze une statue équestre du roi [7], Jérôme della Robbia dès
1529 décorait de sa poterie émaillée le château commencé de
Madrid au bois de Boulogne [8]. Le Boccador allait bientôt élever
l'hôtel de ville de Paris. Nous allons voir Renaudin, Juste de
Just, Pellegrin occupés ainsi que Modène à l'ornement du
château de Fontainebleau, où l'on doit penser que le Rosso
travailla dès son arrivée.

senter le sculpteur Rustici au roi et joindre sa recommandation à celle de
La Palla. Ces deux hommes étaient florentins. Pour François d'Orléans, je
crois que c'est François Carmoy.

1. V. p. 34, note 4.
2. Grandmaison, *Gages des peintres et sculpteurs*, p. 91.
3. Cellini mentionne sa présence en l'année 1537. *Vita*, p. 213.
4. Vasari, *Op.*, t. V, p. 376.
5. De La Tour, *Matteo dal Nassaro*, p. 524.
6. Laborde, *Comptes*, t. II, p. 404.
7. *Ibid.*, p. 201.
8. Laborde, *Renaissance*, p. 1030.

# CHAPITRE TROISIÈME

*1532 à 1540. Le Primatice à Fontainebleau. Ses premiers ouvrages. La chambre du Roi. Les stucs du Rosso. Le pavillon de Pomone. La porte Dorée. La chambre de la Reine. Les Italiens à Fontainebleau. Prédominance des Florentins et primauté du Rosso. Parallèle de ce peintre avec le Primatice. Leurs prétendues querelles. Leur collaboration. Autres travaux : la chambre sur la porte Dorée, la salle du Roi. Le pavillon des Poêles : la salle Haute, la galerie Basse. Les fêtes pour l'entrée de Charles V. Départ du Primatice pour Rome.*

Des gazons frais, de beaux arbres, des eaux claires, un jardin à la fois aligné et charmant, une terrasse de pierre élevée à l'entrée d'une forêt immense, un amas de constructions variées autant par le plan que par le style, embellies trois siècles durant par la main soigneuse et magnifique de souverains que retenait un site enchanteur : charme unique pour l'esprit et les yeux, un mélange de nature et d'art, où l'histoire, sévère ailleurs, semble rire et folâtrer, c'est Fontainebleau, la perle du Gatinais, résidence antique des Valois, qui trente ans y tinrent leur cour, premier séjour des pompes et des élégances par lesquelles la France commença de s'égaler à l'Italie et d'attirer sur elle les regards du monde. L'historien de nos arts ne saurait contempler ce lieu avec indifférence. Là les doctrines nouvelles s'établirent, là la Renaissance fut consommée, par la volonté impérieuse et la prodigieuse initiative de celui qu'on appelait le grand roi François, et que la tradition des livres a nommé le père des arts en France.

Il fit de Fontainebleau sa capitale. Au retour des incessants voyages que les rois faisaient alors par toute la France, c'est à Fontainebleau qu'il s'arrêtait. Il y avait mis ses trésors, et son cœur avec ses trésors. Quand il y allait, dit Ducerceau, il disait qu'il allait chez lui. Rien ne parut trop beau pour ce séjour de choix, aucune dépense ne coûta pour l'achever. Quatre ans après les travaux commencés, les artisans de toute sorte y abondaient, peignant et modelant, taillant le bois et la pierre, préparant le logis royal.

C'est à ce moment que Primatice parut et que se renoue mon récit.

Parti de Mantoue entre le 23 janvier 1532 et le 23 mars de la même année, notre homme ne put arriver à Fontainebleau fort après cette dernière date. Le roi était absent[1] et il fallut que le nouveau venu prît sa place sans être présenté à son maître.

Les documents contemporains sont muets sur les débuts du Primatice en France. En date seulement du 2 juillet 1533, nous le trouvons occupé aux décorations qui se faisaient pour la chambre du Roi[2]. Tout s'accorde à faire croire que ce fut là son premier ouvrage, commencé dès auparavant. Selon l'expression précise de Vasari[3], il avait été mandé en France à titre d'homme habile aux ouvrages de peinture et de stuc. L'un et l'autre tinrent une place égale dans l'ornement de Fontainebleau. Le même Vasari va plus loin et voudrait faire entendre que le Primatice fut le premier à pratiquer chez nous cette sorte d'ouvrages[4]. On se rapprochera davantage de la vraisemblance en rendant cette initiative au Rosso.

Celui-ci brille sur tous les Italiens qui précédèrent le Primatice en France, d'un éclat que le temps n'a point obscurci. Le roi l'avait tiré lui-même d'Italie et venait de le naturaliser,

---

1. Le Catalogue des Actes de François Iᵉʳ fait connaître que ce prince quitta Fontainebleau vers le 4 septembre 1531 pour n'y reparaître qu'en 1534 le 9 août (t. II, p. 80 à 789). Ce fut près de trois ans que les travaux s'y poursuivirent en son absence.

2. Pour tout ce qui sera dit de cette chambre v. IIᵉ partie, art. 1. Pour la situation des lieux v. le plan ci-contre.

3. *Ouv. cit.*, p. 407.

4. *E ancor che fosse andato l'anno passato al servizio del medesimo re il Rosso pittore fiorentino e vi avesse lavorate molte cose.,. nondimeno i primi stucchi chè si facessero in Francia e i primi lavori a fresco di qualche conto ebbero si dice principio dal Primaticcio.* Ibid.

quand le Primatice arriva [1]. Pendant que celui-ci travaillait à
la chambre du Roi, on le voit conduire de son côté l'entreprise
de la galerie appelée aujourd'hui de François Ier [2]. C'est une
erreur des guides du palais, hommes et livres, d'attribuer au
Primatice les bas-reliefs de stuc de cette galerie [3]. Ils sont du
Rosso comme les peintures. La chambre du Roi n'était autre
que la chambre de Saint Louis, premièrement destinée à Louise
de Savoie, et où François Ier se logea après la mort de sa mère.
Tout l'ornement en a péri et l'on n'en pourrait rien dire sans
quelques pièces infiniment précieuses, que j'ai heureusement
retrouvées. La principale est un dessin du maître, où se voit
la disposition des tableaux et des sculptures. Par là on peut
comparer le style du Rosso avec celui du Primatice et juger
lequel enseigna l'autre.

Tous les visiteurs de Fontainebleau ont gardé le souvenir du
mélange extraordinaire de peinture et d'ornements sculptés qui
se déploie dans la galerie. Le grand relief et l'abondance de ces
derniers, qui de tous côtés pressent les tableaux, dont ils
débordent par endroits les bordures, font un effet unique et
surprenant, dans lequel l'équilibre des deux arts serait rompu,
si le Rosso n'eût semé parmi les stucs de petits cartouches de
peinture, et placé derrière eux des fonds d'or chargés d'objets
peints au naturel. Par là l'union des deux parties ne saurait être
plus intime. Fresques et stucs semblent nés d'un seul jet,
paraissent comme sortis l'un de l'autre. Il s'en faut bien que la
chambre du Roi ait eu cette unité dans la magnificence. Il y a
dans la distribution une certaine raideur de symétrie, qui tient
peut-être au goût antique apporté de Mantoue et retenu des
enseignements de Jules Romain. L'invention y est pauvre et
bornée. Vingt figures de termes accouplées dans les angles et de
chaque côté des fenêtres, ayant entre eux des trophées suspendus à un masque de satyre, et en quatre endroits des enfants

---

1. Sur ces deux points, Fréville, *Lettres patentes*, etc., p. 114.
2. Depuis le 12 avril 1534, Laborde, *Comptes*, t. I, p. 89.
3. V. IIe partie, art. x.

qui portaient des devises, telle fut cette décoration. Nous sommes loin de la fougue et de la richesse du Florentin, qui renouvelle ses ordonnances à chacun des tableaux qu'il s'agit d'encadrer. A son exemple, il est vrai, le Primatice disposa de petits tableaux au-dessous des grands dans des cartouches, mais l'ornement de ces parties n'eut ni la variété, ni l'imprévu, ni le *ronflant* qu'on leur trouve dans la galerie. La séparation reste entière entre le relief et la peinture, environnée d'un large guillochis doré qui tient les gros ornements à distance.

Or, en dépit de toutes ces différences, il est certain que ces décorations furent inspirées l'une de l'autre, car on n'en voit nulle part de pareille. Primatice ne l'a point apportée de Mantoue, ni Rosso de Florence. Cette dernière ville n'a rien qui s'en rapproche, et les stucs du Palais du Té, qui sont de goût antique et de très bas relief, ne ressemblent aucunement aux nôtres. Cassiano del Pozzo, visitant Fontainebleau en 1625, appelait « coutume de France » [1] la mode de diviser les murs en deux parties par un lambris, au dessus duquel stucs et peintures s'alignent. Tout porte à croire que cette disposition prit naissance à Fontainebleau. Peut-être le goût particulier du roi y eut-il part. Ce qui ne paraît pas douteux c'est qu'au Rosso revient l'honneur de l'avoir réalisée le premier. Ce que le Primatice inventa pour la chambre du Roi, s'efforce visiblement de rendre quelque chose de ce qu'auprès de lui on exécutait avec une bien autre aisance et de bien autres ressources. Des deux manières qui se découvrent ici de remplir une même ordonnance générale, l'originale et l'autonome est certainement celle du Rosso. Il est donc raisonnable d'admettre que la galerie était en train quand le Primatice se présenta, et qu'on le pria de travailler dans le même genre, auquel son génie et son éducation apportèrent pourtant quelque différence.

Les histoires qu'on voyait de sa main dans les grands tableaux, se rattachaient au siège de Troie, et les petites représentaient la

---

1. *Journal*, p. 269.

fable de Proserpine. Le dessin dont j'ai parlé, montre un grand
tableau et un petit qui ne font ni l'un ni l'autre partie de ces
suites, et qui ne furent point exécutés. Au lieu des histoires de
Troie, peut-être notre artiste avait-il fait le projet de peindre la
fable de Psyché. Son dessin reproduit exactement une composition de Jules Romain pour celle-ci : Vénus assise avec
l'Amour regardant sur la terre. Pourquoi ce dessin fut changé,
il n'importe, mais on ne remarque pas sans intérêt cet empressement à se servir des propres inventions de son maître. Cet
exemple n'est point unique, et la chambre de la Reine [1], commencée peu après, en 1534, eut pour ornement de sa cheminée,
seul débris qui nous en demeure, une composition du même
Jules Romain, exécutée de stuc au Palais du Té. Ce sont les
Noces de Vénus et d'Adonis, dont on doit croire que le Primatice
avait gardé le dessin original, avec plusieurs autres, qui lui servirent d'exemples ainsi qu'à ses élèves.

Quant aux sujets qu'il avait peints aux murs de la chambre du
Roi, nous en connaissons quelque chose par trois copies au
crayon d'un Flamand, où se découvre un style assez formé déjà
pour faire croire que d'autres peintures furent exécutées avant
celles-là. Comme on ne voit cette chambre terminée qu'au
25 avril 1535, rien n'empêche que des ouvrages de moindre
importance aient été commencés entre temps. Je veux parler du
pavillon de Pomone et de la porte Dorée, pour lesquels le Primatice fit des dessins qui nous demeurent. On travaillait à la
porte Dorée au 13 avril 1535, et je crois le pavillon de Pomone
antérieur à ce temps-là.

Il faut imaginer le spectacle que présentait quand le Primatice arriva cette résidence de Fontainebleau. Depuis moins de
quatre ans les maçons y besognaient à raccoutrer l'ancien château. Dès les premiers devis mis en train, le roi avait souhaité
de s'agrandir et de pousser des bâtisses neuves sur le terrain des
religieux Mathurins ses voisins [2]. Au delà de l'ancienne enceinte

---

1. Pour tout ce qui sera dit de cette chambre, v. II⁰ partie, art. IV.
2. Guilbert, *Fontainebleau*, t. II, p. 262.

de la cour du Donjon, dont le portail rajeuni étalait aux
yeux sa loge à l'italienne, près des tourelles antiques qu'on
n'avait point ôtées, des galeries s'embranchaient sur des galeries [1]; une cour de cent cinquante mètres de long développait au couchant son aire immense, et des jardins réguliers
étaient plantés du côté qui regarde la forêt. On maçonnait
l'étang, on dressait les clôtures [2]. Dans ce vaste chantier, où
seuls les jardiniers coudoyaient les ouvriers de la pierre, enfin
parurent les peintres et les sculpteurs. On les mit aussitôt
aux chambres qui durent être regardées comme les plus
importantes. Mais en même temps on voulut que l'entrée du
château et les ornements du jardin, qui aussi bien réclamaient
peu de temps, parussent sans retard avec la magnificence
convenable.

Le pavillon de Pomone [3] était un petit édifice ouvert, qui faisait l'angle du mur d'enceinte de ce qui devint le jardin des
Pins. L'architecture de ce pavillon fut ce composite à la mode
du règne et relevé de têtes de cerfs et de chiens de chasse. Par
les deux portiques on apercevait le mur d'enceinte, qui formait les
deux autres faces, et sur lequel un art ingénieux avait feint, dans
deux compositions mythologiques, deux berceaux de treillage
qui reculaient la perspective. L'une de ces deux seulement étaient
du Primatice.

Quant à la porte Dorée, je ne parle ici que de la porte proprement dite [4], non du vestibule auquel elle donne accès, et que
les descriptions anciennes et modernes du palais ont accoutumé
de confondre avec elle. Les restaurateurs de 1835 ont replacé
aux côtés de cette porte d'après les estampes, les deux sujets
entièrement détruits de l'histoire d'Hercule chez Omphale. Dans
l'un le héros se laisse habiller en femme; dans l'autre des
figures qui personnifient le remords l'éveillent du sein des vo-

1. Laborde, *Comptes*, t. I, p. 67.
2. *Ibid.*, p. 54.
3. Pour tout ce qui sera dit de ce pavillon, v. II* partie, art. xiv.
4. Pour tout ce qui sera dit de cette porte, v. II* partie, art. xii.

luptés. On a de ces morceaux les propres dessins du maître, qui font connaître son style à cette époque.

Quoi qu'il y ait de l'agrément dans le premier, les attitudes, les airs de tête n'ont qu'une petite partie de la grâce corrégienne, que nous verrons se développer dans la suite. L'indication des formes cherche encore cette légèreté qui, dans la plupart des dessins du Primatice, fait une beauté inimitable. Les visages sont communs, la coiffure des femmes, la barbe d'Hercule n'ont point ces ressources d'élégance que pratiquèrent les Parmesans, et que l'école romaine n'a pas connues. Les draperies surtout sont à retenir. Parmi les jeunes gens nus qui préparent un festin sur la droite, celle du valet qui pose un plat, est d'une lourdeur et d'une médiocrité insupportable. La servante agenouillée qui sur le devant noue les sandales du héros, est mieux accommodée, et déjà on y sent, comme dans la tunique d'Hercule, un goût de ces plis flottants qui marquent la belle époque du maître. La jeune fille debout vue de dos est au contraire exactement drapée à la façon de l'antique et de Jules Romain. Le lit auprès a des plis contrariés d'un style différent. Enfin tout dans ce morceau nous fait voir le Primatice prisonnier encore des traditions romaines et cherchant à s'en affranchir. Je laisse ici le lavis et le coup de plume, qui ne sont pas moins différents de ce qu'il fit plus tard. L'autre dessin pour le même lieu montre un progrès sensible vers sa grande manière.

Ces début sont intéressants. On y assiste pour ainsi dire à la formation de ce talent, et à la fusion harmonieuse de doctrines différentes apportées d'Italie; on y voit s'unir et se disposer chez le disciple de Jules, les éléments d'un art moins rigide, plus plein de grâce et d'abandon, dont les traits paraissent déjà achevées dans les peintures de la chambre du Roi.

Quant aux stucs, ce qui me fait croire que ceux du pavillon de Pomone furent faits entre les stucs de la chambre du Roi et ceux de la chambre de la Reine, c'est que celle-ci témoigne d'un changement dans son style, qui s'y rapproche de celui du Rosso. Le Rosso eut précisément la direction du pavillon de Pomone.

Il était l'auteur d'un des tableaux : Vertumne inspirant de
l'amour à la Déesse des Jardins. Primatice avait peint les Jardins
de Vertumne, mais tous les stucs étaient du dessin du Rosso.
On peut les étudier dans une estampe de Fantose, que personne
jusqu'ici n'avait reconnue. En bas de chaque côté, s'y voyait
un satyre caressant une femme, deux termes étaient placés à
droite et à gauche, et huit figures d'enfant se mêlaient à des
guirlandes. Le Primatice a-t-il modelé les stucs dessinés par un
autre? Cela est possible. Le fait est que la cheminée de la
chambre de la Reine porte des cuirs, des têtes de bouc, des
mascarons et des guirlandes qui ressemblent infiniment plus aux
décorations de la galerie, qu'à ce que la chambre du Roi eut de
sa main. Deux chimères en occupent les angles, et dans le haut
sont quatre génies ailés avec des égipans sous la corniche. La
part qu'il prit au pavillon de Pomone, dut causer cette imitation.

Cette revue des premiers ouvrages de notre artiste, donne une
idée de l'activité qui régnait alors à Fontainebleau. Comme à
Mantoue, de nombreux ouvriers aidaient les maîtres principaux
dans l'exécution de leurs dessins. Ils formaient deux équipes
distinctes sous la direction de l'un et de l'autre. Sous le Primatice travaillèrent Renaudin pour les stucs, et Barthélemy de
Miniato pour les peintures; une seule fois paraît Nicolas de
Modène ; sous le Rosso, Pellegrin, Jean de Majoricy dit Jean
Antoine, Andre Seron, Juste de Just, Simon Leroy, Claude Badouin, Charles Dorigny, Josse Fouquet et Léonard Thiry [1]. Je
ne retiens ici que ceux qui, payés de vingt livres par mois [2],
viennent au premier rang et sans doute exercèrent une sorte de
seconde direction sur les autres.

Il ne sera pas inutile de remarquer que, des douze noms qu'on
vient de lire, sept appartiennent à des Italiens, ce sont Renaudin, Miniato [3], Nicolas de Modène, Pellegrin, Jean de Majoricy,

1. Laborde, Compte, t. I, pp. 89, 90, 93, 95, 97, 99-105, 107.
2. Léonard Thiry n'eut ces gages qu'à partir de 1538. Laborde, Comptes,
t. l, p. 133.
3. Il est dit Florentin dans les Comptes.

André Seron [1], Juste de Just ; deux à des Flamands : Fouquet et Thiry [2], et trois seulement à des Français : Leroy, Badouin et Dorigny [3]. C'est une proportion d'autant plus faible, qu'à la calculer à la rigueur, et comptant les ouvrages du Rosso pour moitié de ce qui se fit alors, dans lesquels les Français ne furent que pour un tiers, il ne leur revient qu'un sixième du tout.

Cette conclusion n'a rien qui doive surprendre, s'il est vrai que tout métier s'apprenne. Il faut imaginer quel changement ce dut être dans les habitudes des Français que la pratique d'un tel style et l'exécution de pareils morceaux. Rien de ce qui se faisait alors dans notre pays, n'y ressemblait. Le goût, les procédés, l'usage de ces sortes de décorations n'étaient pas seulement soupçonnés. Ce fut une importation aussi soudaine qu'imprévue. Ceux qui représentent nos compatriotes comme ayant fourni un principal appoint à des ouvrages dont nos Italiens n'auraient eu que la direction, n'ont pas bien réfléchi à cela. Il est vrai qu'on imagine chez eux une éducation si rapide, qu'en peu de temps ils auraient égalé les maîtres qu'on tirait à grands frais d'Italie. Parce que ces peintres n'apportaient, à ce qu'on dit, qu'un art de décadence, quelques auteurs ne leur ont accordé de mérite que des apparences, qui ne voulaient point un long apprentissage, et qu'il était aisé au premier venu de se donner. C'est là de ces sortes de raisonnements qu'on tient en dehors de l'expérience et de la connaissance précise des œuvres d'art. Ce qu'on appelle la pureté du goût, et qu'on a vu du reste des écoles rivales régler sur des principes très différents, ne préjuge pas autant qu'on s'imagine des capacités et de la science dépensées dans un morceau. Quand les élèves de David criblaient

---

1. Ces deux noms sont certainement transcrits de l'italien.
2. Les Comptes les font de cette nation.
3. Encore se peut-il que ceux-là soient adaptés de formes étrangères. C'est une cause de doute qu'on ne doit jamais omettre. Il est vrai que Vasari (*Op.*, t. V, p. 170), fait mention de Simon et Claude de Paris, qu'on reconnaîtra volontiers dans Claude Badouin et dans Simon Leroy. Mais que sera-ce que le Simon de Bari mentionné p. 32 ? Je laisse à dire s'il faut soupçonner Vasari d'avoir pris Bari pour Paris,

de boulettes l'Embarquement pour Cythère de Watteau, ils
avaient sans doute raison de réprouver le goût de ce tableau,
puisque le leur était différent, mais ce qui chez eux n'avait pas
d'excuse, c'est l'ignorance où ils s'entretenaient de toute la pratique, de tout l'acquis, de toute la culture variée dont un pareil
ouvrage fait preuve. Le dernier de l'atelier de David s'estimait
au-dessus de Watteau. C'était une erreur, que des gens per-
suadés du mauvais goût de ce peintre n'avaient cependant pas
le droit de commettre. On ne saurait prendre surtout trop de
précautions quand il s'agit des siècles d'art avancé, qui le plus
souvent au contraire, cachent beaucoup de science et de mérite
sous des apparences frivoles. La pédanterie consiste à ne pas
s'en apercevoir.

Des hommes comme le Primatice et le Rosso, arrivant d'Italie
chargés des enseignements de l'antique et de Michel Ange, pratiques à tracer l'architecture, rompus à de grandes entreprises
sous des maîtres comme Jules Romain, peuvent bien être repris
sur leur style et sur le choix de leur pinceau. C'est à faire à
débattre entre leurs partisans et ceux qui prisent un autre idéal.
Quant à les traiter d'hommes de peu de conséquence, qui n'eurent pour eux qu'une facilité vulgaire et les complaisances de la
mode, c'est simplement faire voir qu'on ne s'entend point à
juger les choses d'art, qu'on est incapable de goûter, en dehors
des jugements abstraits de l'intelligence, la qualité d'un dessin
ou d'une peinture.

« Malgré son grand dédain pour les artistes français, écrit un
auteur [1], le Rosso fut contraint par ordre du roi d'en prendre
un certain nombre à son service et de les admettre dans sa
colonie italienne. Leur éducation fut bientôt faite. Les pratiques d'atelier ne sont pas de grands mystères, et en quelques
années maître François d'Orléans, maître Simon de Paris,
maître Claude de Troyes, maître Laurent Picard [2] étaient aussi

---

1. Article de Vitet, *Histoire de l'art en France*, Paris, Sartorius, p. 99.
2. Il prend tous ces noms dans Vasari, hors Claude de Troyes, qu'il
invente, aussi bien que le commandement du roi.

bien en état de manier hardiment la brosse, de faire des muscles
outrés et de donner à leurs figures des poses théâtrales, que s'ils
eussent passé toute leur vie au-delà des monts. » Il faut dire
qu'aucune preuve n'appuie ce qu'il y a de matériel dans cette
assertion, puisqu'il ne reste pas d'ouvrages de ces Français et
que le titre de compatriotes est tout ce qui leur vaut ces éloges.
Ce qui paraîtra incroyable, c'est qu'à des gens sitôt façonnés
on n'ait pas laissé de préférer presque exclusivement des Italiens. Le fait est que ce qu'il y eut de Français alors employés
à Fontainebleau, outre qu'ils sont presque tous sculpteurs, ne
vient, hors ceux que j'ai dit, qu'en troisième rang, et comme
aides aux sous-ordres du Rosso et du Primatice. Même nous
devons croire que ceux qui passèrent ce niveau, ne purent au
commencement que suivre docilement leurs maîtres et qu'imiter ce que les autres faisaient.

Si donc on veut se faire une idée exacte des ateliers de Fontainebleau en ce temps-là, il faut considérer le Rosso et le
Primatice besognant au milieu d'Italiens comme eux, et les
Français réduits pour la plupart au rang d'auxiliaires sans
conséquence.

Autour de ce foyer principal, d'autres Italiens, que j'ai nommés, travaillaient. On ne peut douter que le Primatice n'ait
plus ou moins connu tous ces compatriotes, dont aussi bien les
talents trouvaient parfois à s'exercer près des siens. Nous savons
que La Robbia eut part à la décoration de la porte Dorée, et
Renaudin, qui modelait le stuc sous le Primatice, était le propre
élève de Rustici.

Davantage on devra remarquer que la plupart de ces Italiens
venaient de Florence comme le Rosso. Rosso, La Robbia,
Rustici, Juste de Just, Pellegrin, Miniato, Renaudin font un total
de sept artistes florentins, qui travaillaient alors pour le roi de
France : si bien qu'on pourrait appeler cette période la période
florentine de l'école de Fontainebleau. Comme il arrive aux
écoles déjà vieilles, Florence abondait en sujets de mérite, et l'on
puisait à pleines mains chez elle des peintres et des stucateurs.

Il est certain que cette prépondérance dut créer au Primatice une situation légèrement inférieure. Il est à peine besoin de rappeler ce qu'était dans l'Italie d'alors le patriotisme local. Dans cet état de rivalité, les artistes ne manquaient guère d'embrasser violemment les intérêts de leur école. Il est vrai que Bologne avait alors des peintres, mais non point encore de tradition propre, capable de la relever en face de Florence entichée de sa gloire. Ajoutez à cela que notre artiste était plus jeune que son rival. Dix ans d'âge les séparaient, et, tandis que le Florentin était au milieu de sa carrière, connu déjà par plusieurs grands ouvrages qu'il avait faits en Italie, Primatice commençait la sienne. Vasari rapporte du Rosso ce qu'il ne dit pas de ce dernier, que des tableaux de la galerie il ne fournissait que des dessins lavés, d'après lesquels ses élèves travaillaient [1]. Ce n'est pas qu'on doive douter que le Primatice ait fait à peu près de même, mais ce texte formel suppose une différence, et l'on peut croire au moins que cela ne fut que plus tard, et que dans ces commencements il peignait et modelait avec ceux qu'il avait sous ses ordres. C'est une chose au moins à retenir que le petit nombre des aides avec lesquels le Primatice débute, tandis que le Rosso paraît dès le commencement avec une équipe considérable. Je ne veux comparer que ces auxiliaires principaux dont il a été fait mention. Quelques-uns vinrent au Rosso plus tard, mais, à les prendre tous deux l'année 1535, l'un n'a sous lui que deux de ces artistes, l'autre n'en a pas moins de six [2].

Je ne crois pas qu'on puisse tirer grand chose pour ce parallèle, des gages que l'un et l'autre recevaient ; mais il n'en importe pas moins de définir leur situation à cet égard. Tous deux étaient au nombre des artistes que le roi entretenait avant

---

1. *Fece dipingere col suo disegno... faccendo esso tutti i disegni chè furono d'acquarella e di chiaroscuro* (*Op.*, t. V, p. 168).

2. Laborde, *Comptes*, t. I, pp. 89-91. En comptant à cette date les ouvriers de toute paie qui composent les deux équipes, on en trouve neuf sous Rosso et quatre seulement sous le Primatice.

tout d'appointements fixes qui les attachaient à son service.
Cellini conte, quand il vint en France, qu'outre le prix d'une
pareille pension, il fut convenu que tout ce qu'il ferait pour le
roi, lui serait payé en particulier [1]. Il est vrai que, selon ce
qu'il rapporte, ces paiements de surcroît se réglaient à forfait [2].
Au contraire les Comptes des Bâtiments font voir la plupart des
artistes qu'ils nomment, et en particulier Primatice et Rosso,
payés au mois de leurs ouvrages [3], De gages fixes ce dernier eut
1400 livres par an [4] et Primatice 600 seulement [5]. Il ne fut non
plus payé de ses travaux que la somme de 25 livres au mois [6],
tandis que Rosso en touchait 50 [7]. Je ne demanderais pas mieux
que de conclure avec M. Palustre, qu'on estimait l'un moitié
de l'autre, si je ne voyais que la paie du Primatice, même après
la mort du Rosso et dans le plus brillant moment de sa carrière,
où l'on ne peut douter que sa faveur n'ait au moins égalé celle
de ce dernier, ne laissa pas de demeurer à ce taux. D'autre part
les gages du sculpteur Rustici étaient de 1200 livres par an [8],
c'est avec ceux du Rosso les plus élevés qui se rencontrent. Or,
Rustici et Rosso vinrent des premiers en France. Ce rapprochement fait supposer que des différences d'époque, non d'estimation, ont causé ce déchet, et qu'à mesure que le nombre de
ses artistes augmentait et en général les dépenses de ses Bâtiments, le roi se voyait forcé de réduire leurs gages.

La primauté du Rosso durant cette première période ne s'en

1. *Vita*, p. 306.
2. *Ibid.*, p. 355. Son Jupiter d'argent fut estimé du roi sur vue du
modèle 2000 écus.
3. *Ouv. cit.*, t. I, pp. 98, 132, 197, etc.
4. *Ibid.*, t. II, p. 305. Laborde, *Renaissance*, p. 756, et Grandmaison,
*Gages des peintres et sculpteurs*, p. 90.
5. Laborde. *Comptes*, t. II, p. 366.
6. Pass. cit.
7. Pass. cit. Je ne sais si l'on a bien distingué jusqu'ici ces deux chefs
d'appointements, l'un fixe, l'autre capable de s'augmenter avec le nombre
des travaux différents que l'artiste parvenait à mener de front. M. de
Laborde (*Renaissance*, p. 763) semble ne connaître au Primatice, outre sa
pension, que les gratifications extraordinaires.
8. Laborde, *Comptes*, t. II, pp. 200, 210.

trouve pas moins établie. Et il est vrai qu'à la triple autorité de l'âge, de la réputation et de la situation acquise, se joignait chez lui celle du talent.

Ce peintre avait porté en France le prestige d'un pinceau plein de fougue et d'adresse et ces trésors d'érudition que Florence accumulait depuis trois siècles. Les murailles de Fontainebleau se couvrirent sous ses mains de scènes mythologiques, dont le poétique agrément revit pour nous dans les dessins du maître. Il avait un dessin savant et recherché, où se sentait le goût de Michel Ange, que tous les Florentins s'efforçaient de copier, un imprévu superbe dans les postures, un mouvement admirable dans la composition. Par malheur ni ses airs de tête, ni ses visages n'étaient point beaux. Dans la force et la variété et dans une certaine sorte d'élégance, il lui manquait la tendresse et la grâce. Le Primatice avait ce charme, et par là prend le pas sur lui. L'éducation qu'il tenait de Jules Romain, fit qu'il ne lui fut pas inférieur pour les inventions poétiques et pour cette belle tenue intellectuelle, qui distingue, par un heureux accord, toutes les productions de Fontainebleau. Mais le Primatice a soutenu cette érudition de mérites que ni son maître, ni son rival n'ont eus. Disciple du Corrège, il avait une douceur qui tenait à la fois aux choix des traits et des contours, et à la rondeur des ombres. Ce dernier artifice manquait entièrement au Rosso, dont la peinture est sèche et noire. L'un et l'autre ne sont pas exempts de manière, mais celle du Primatice paraît plus incessamment corrigée par l'étude de la nature. J'incline à croire que le Rosso peignait davantage de pratique, et que le génie chez lui suppléait plus souvent le modèle. Il a un tour de plume plus abstrait et des attitudes moins naturelles. Comme son rival, il cherche le contraste, et l'un et l'autre, si différents d'ailleurs, reproduisent les formes allongées et exagérées du Parmesan. Mais chez le Primatice une plénitude de formes, une rondeur des chairs, une finesse des attaches, ôtent entièrement l'air de dégingandé qui choque chez le Florentin. Le négligé de celui-ci paraît venir de fougue et d'emportement, celui de l'autre de facilité et de souplesse ; il y a de la dureté dans l'un, dans l'autre une molle abondance ; l'un et l'autre ont laissé quelques dessins médiocres : ceux du Rosso pèchent par le sauvage et la difformité, ceux du Primatice par la fadeur.

Mais ce qu'on ne saurait refuser au Rosso, et par où même il semble avoir surpassé son rival, c'est la singulière fécondité de son invention ornementale. A cet égard la galerie de François Ier demeure un éternel sujet d'admiration. Treize grands cartouches de stuc sur quinze [1] nous restent de ce magnifique ensemble, dont la richesse et la variété sont inexprimables. Ce qu'on voit là, en effet, ne ressemble à rien de ce qui s'est quelquefois pratiqué ailleurs. L'artiste n'a pas seulement varié de détails originaux une ordonnance uniforme dans l'ensemble. Dans le même espace à remplir, autour du même tableau qu'il s'agit d'encadrer, treize fois il a repris sur de nouveaux principes la distribution de ses ornements : tantôt creusant des niches dans la muraille, tantôt y ménageant de larges espaces à peindre. Ici des cuirs, des bas-reliefs, des guirlandes, des consoles, ailleurs de hautes figures dans une attique simple, auxquelles toute la décoration se résume. Tantôt il dispose des colonnes, tantôt un réseau de lignes rigides enferme des stucs plats empruntés des anciens. En plusieurs endroits on dirait qu'il n'a pu se rassasier de figures : quatre génies, quatre termes, deux statues ; en d'autres, à des cartouches jumeaux il adosse seulement de petits enfants. Tous les âges ont servi de modèle : garçonnets, enfants, jeunes gens, vieillards ; des philosophes, des soldats, des augures, des femmes, des génies, des satyres, debout, assis, volants, supportant les corniches, courant en frises sur la bordure des cadres, ou accroupis au-dessous ; toutes les imaginations de la fable, toutes les étrangetés de la fantaisie, toutes les suggestions de l'archéologie et de l'histoire sont

---

1. Celui qui fait le milieu du côté des appartements est du siècle dernier et copié sur celui d'en face. En cet endroit se trouvait l'entrée d'un cabinet décoré de deux grands cartouches qui sont détruits.

répandues en averse sur ces murs. Dans ce flot tumultueux et
charmant, autour de la figure humaine, les ornements se renou-
vellent sans fin. Les beaux fruits tressés en guirlandes, les
enroulements, les feuillages, les mufles de lion, les masques
tragiques, les bucranes, les salamandres, les masques adossés,
les coquilles, les gaines, les urnes, puis les animaux, oiseaux et
chiens composent une harmonie d'un genre inouï.

Ce fut la marque du Rosso dans ce palais, sa marque dans
l'école de Fontainebleau et chez tous ceux qui l'imitèrent. La
France du seizième siècle eut là une profusion d'inventions et
d'idées dont elle usa sans mesure, et il est certain que cette partie
de la Renaissance française échappe au Primatice. Non que les
stucs de ce dernier n'aient concouru à former le style des ornemanistes de Henri II, mais la marque du Rosso y demeure
imprimée et domine même chez plusieurs. Vasari nous apprend
qu'il dessina pour François Ier des salières, des vases, des
coquilles, tout un buffet, des mascarades et jusqu'à des capa-
raçons de cheval [1]. C'était un grand maître en ce genre, et son
rapide et éclatant passage fut marqué de traits vraiment illustres
et ineffaçables.

Chacun connaît l'histoire des rivalités violentes qui, selon la
plupart des biographes, le mirent aux prises avec le Primatice.
On a brodé ce thème de cent manières et le récit de ces querelles a fait chez les auteurs une fortune singulière. A voir la
façon dont ils s'y prennent, qui peut s'imaginer qu'elles fassent
le moindre doute? Tant s'en faut, qu'ils ont même cessé d'y
chercher des preuves, et ne mettent leur application qu'à en
accompagner le récit de toutes les considérations morales que
comporte un pareil sujet.

Des détails nouveaux ont paru, des histoires accessoires s'y
sont venu joindre. Champollion-Figeac a conté comme quoi, le
Rosso ayant peint Diane de Poitiers dans la galerie, la duchesse
d'Étampes, favorite du roi, l'en fit effacer par jalousie, et peindre

1. *Op.*, t. V, p. 170.

par le Primatice son propre portrait à la place. Étampes contre Poitiers, Primatice contre Rosso, c'était plus qu'il n'en faut pour plaire et pour convaincre. Tout un épisode du présent livre se rattachait à ces aventures. C'est le voyage du Primatice à Rome survenu en 1540, qui n'aurait pas eu d'autre cause. Son rival décida, à ce qu'on dit, François Ier à l'éloigner de la cour. On ajoute que le roi s'en plaignit bientôt. Querellé par lui en l'absence du Primatice, le Rosso ne put supporter de voir qu'on le lui préférât et s'empoisonna de désespoir : sur quoi le Bolonais put revenir.

La vérité est que nous ne savons pas du tout si Diane de Poitiers, dans sa faveur naissante, fut ou non l'amie du Rosso. L'histoire du portrait a été inventée de toutes pièces par des auteurs, de qui l'on eût pu s'attendre à plus de sérieux dans les recherches. Il est vrai que Boyvin a gravé une Diane au milieu des mêmes ornements qui, dans la galerie de François Ier, accompagnaient une Danaé du Primatice. Mais on ne voit ni que cette Diane ressemble à Diane de Poitiers, ni la Danaé à la duchesse d'Étampes. Encore moins peut-on assurer que le premier de ces sujets ait jamais été peint au lieu où nous voyons le second. Quand encore le dessein eût été de l'y peindre, la mort du Rosso, qui survint avant que la galerie ne fût achevée, suffirait à faire comprendre pourquoi ce dessein n'eût pas d'exécution [1].

Le reste offre plus de substance et remonte au comte Malvasia. Cet auteur a été le premier à rapporter quelque chose de l'inimitié du Primatice et du Rosso. C'est chez lui [2] qu'on a pris ce que j'ai dit plus haut du voyage de 1540 et de la mort du Florentin.

Lui-même assure ne rapporter ces faits que d'après les notes de Baldi et sur l'autorité du Guide et de l'Albane, qui les tenaient d'une lettre de Cachenemis de Bologne, lequel travailla à Fontainebleau. Mais ce second témoignage paraît trop détourné.

1. V. à ce sujet IIe partie, art. x.
2. *Felsina*, t. I, pp. 162, 163.

Non seulement la pièce originale nous manque, mais Malvasia lui-même ne l'a pas vue. Au contraire, il a connu lesdites notes de Baldi.

Qu'était-ce que Baldi ? Un peintre de Bologne du prénom de Bernardin, qui laissa plusieurs manuscrits. Il vivait à la fin du xvie siècle [1]. Je ne sais quelle foi cet auteur mérita, mais à ne le prendre qu'en général, nous devons bien moins considérer son témoignage que celui de Vasari, contemporain des événements qu'il rapporte, tandis que Baldi n'a vécu qu'un demi-siècle plus tard. De plus le rapport de Vasari a subi, dans le temps même qu'on put le contredire, l'épreuve de la publicité, au lieu que celui dont il s'agit ne fut imprimé qu'en 1678, date du livre de Malvasia, soit près de cent cinquante ans après l'événement. Or nulle part Vasari ne dit mot de la querelle du Primatice et du Rosso. La cause qu'il donne de la mort de ce dernier est entièrement différente. Elle vient, chez lui, du chagrin qu'il sentit d'avoir fait mettre à la torture Pellegrin, soupçonné de l'avoir dérobé. Pellegrin fut reconnu innocent, et se vengea par un pamphlet si piquant, que le Rosso se tua de désespoir. Et Vasari n'appuie pas seulement ce récit de l'autorité de son témoignage, mais dans sa première édition il a cité le texte d'une épitaphe latine que les Florentins firent au Rosso, et où cette mort se trouve expliquée de même sorte [2].

Ainsi corrigée la légende, on aura moins de peine à comprendre comment tout le temps des dix ans que le Rosso vécut à la cour de France, on lui voit conduire des ouvrages de concert avec le Primatice. J'ai montré comme pour leurs débuts ils firent ensemble le pavillon de Pomone ; on va voir la même chose pour d'autres entreprises jusqu'à la veille de la mort du Rosso. Il faut une manière d'accord pour travailler aux mêmes besognes et quelque estime réciproque. Au surplus je ne prétends point dire quels sentiments intimes animaient ces deux

1. Mazzucchelli, *Scrittori d'Italia*, p. 125.
2. Vasari, *Le Vite*, Florence, 155o, p. 815.

hommes à l'égard l'un de l'autre. Il est permis d'imaginer que le Rosso fut grand prôneur de Michel Ange, comme étaient tous les Florentins, et qu'il trouvait Jules Romain un peintre médiocre au prix ; mais cela ne ferait pas encore une guerre ouverte ni rien qui ressemble à ce qu'on a raconté.

Pour achever la liste des travaux exécutés alors sur la cour du Donjon, il faut ajouter la chambre sur la porte Dorée [1], commencée en 1536 et dont Primatice eut la charge, la salle du Roi [2], également son ouvrage, qui ne fut achevée qu'après son retour de Rome, la salle de la Reine [3], qu'on peut croire faite vers le même temps, mais dont nous ignorons l'auteur.

Ces dernières années avant le départ du Primatice et la mort du Rosso, virent surtout porter les soins du roi d'un autre côté du château. C'est vers 1535 [4] qu'un nouveau pavillon fut élevé au midi sur le bord de l'étang, dans une situation infiniment plus agréable que tout le reste. Hors que François Ier faisait dessein d'y placer des poèles « à la mode d'Allemagne », disent les vieilles descriptions, on ne sait pas à quel usage il destinait cette nouvelle construction. Elle forma sur la gauche une masse imposante, qui se trouva comme isolée et ne tint au reste que par son rez-de-chaussée. Entre les chambres du premier étage et la galerie, une terrasse s'étendait [5], qui donnait d'un côté sur la Grande Basse Cour, de l'autre sur la place où s'éleva depuis la fontaine.

Ce premier étage ne reçut point de peintures alors, mais seulement une salle du second [6] et devant le rez-de-chaussée

---

1. Pour tout ce qui se rapporte à cette chambre, v. IIe partie, art. vi.
2. Pour celle-ci, v. IIe partie, art. iii.
3. Pour celle-ci, v. IIe partie, art. xlvi.
4. V. IIe partie, Justification du plan.
5. V. IIe partie, ibid.
6. La salle du premier étage ne fut décorée que plus tard sous Henri II, *Comptes*, t. I, pp. 283-285, 371. C'est pourquoi je mets au second la salle nommée t. I, p. 134, et sous le nom de salle Haute, pp. 187, 195, 201. Le fait est que la salle du second étage du pavillon des Poèles conservait au temps du P. Dan un lambris chargé de salamandres (v. cet auteur, p. 129) qui la fait remonter à cette époque.

une galerie dont le mur trempait dans l'étang et dont la voûte formait une terrasse pour les appartements de dessus.

On ne sait presque rien des décorations exécutées pour la salle Haute, mais tout fait supposer qu'elles étaient du Rosso, et même que ce fut là le *pavillon* dont Vasari a fait mention dans la vie de ce peintre [1]. Pour la galerie Basse [2], il est constant que le Primatice y a travaillé comme lui. Même j'ai pu retrouver une partie des ouvrages de ce dernier. C'étaient douze figures de femmes dans les écoinçons de six arcades qui se faisaient face deux à deux de chaque côté de cette galerie. Elles représentèrent les neuf Muses et les trois Déesses Junon, Pallas et Vénus. Les dessins de ces figures en donnent une belle idée, mais il faut croire que de bien autres morceaux méritèrent les louanges que les anciens ont faites de cette galerie. Vasari ne balance point à dire qu'elle renfermait les plus beaux ouvrages du château.

C'est au milieu de ces derniers travaux que l'empereur Charles V parut à Fontainebleau. Il n'est pas de mon sujet de rapporter les causes de ce voyage, qui, aussi bien, se trouvent partout. François Ier voulut le recevoir dans sa résidence préférée. Ce prince magnifique recueillait le premier fruit public de ses efforts. Il put déployer aux yeux d'un rival que la politique favorisait, toutes les merveilles dont les arts naissants embellissaient sa cour.

Le château de Fontainebleau pouvait dès lors passer pour achevé. A l'intérieur, les chambres royales étaient finies de décorer, la galerie touchait à son terme, le portail avait sa parure, la chaussée de l'étang était refaite [3]. A gauche, le jardin de l'Étang, à droite le Grand Jardin, le jardin de la Conciergerie

---

1. *Op.*, t. V, p. 169. Le Rosso est nommé dans les Comptes aux environs de la salle dont je parle, t. I, pp. 133-134. De plus, le Pavillon de Vasari fut une salle du second étage et nous ne savons dans ces conditions que la salle Haute du pavillon des Poêles pour avoir été peinte et ornée de stucs comme il rapporte.

2. Pour tout ce qui sera dit de cette galerie, v. IIe partie, art. xi.

3. Laborde, *Comptes*, t. I, p. 54.

derrière ¹, environnaient dignement cette résidence royale. Son architecture n'était pas fort brillante. Le goût médiocre du maçon de Fontainebleau et un dessein évident d'épargne en rendent le détail mesquin et pauvre. Pourtant ce grand déploiement de bâtiments dans un site agreste et délicieux faisait une réelle magnificence. Deux cours, celle de l'Ovale et la Grande Basse Cour offraient à la foule des équipages et aux tournois un lieu commode. Les vastes proportions de la seconde la désignaient pour cet usage, pour lequel il est à croire que François Iᵉʳ la fit construire. La terrasse qui la dominait, faisait un lieu propice à contempler les jeux que le roi donnait à sa cour, et l'on y avait des appartements royaux un accès commode par la galerie.

Charles V fut logé, à ce qu'on dit, au pavillon des Poèles, dans le plus bel endroit du palais. Vasari nous a laissé le témoignage que les décorations ² faites à cette occasion furent l'œuvre du Primatice et du Rosso réunis. Il n'en reste ni de dessins ni d'estampes et nous sommes réduits sur ce point aux rapports des vieilles descriptions.

Quant l'empereur approcha du château, une troupe de personnes déguisées en dieux et déesses bocagères sortirent du bois et dansèrent un ballet rustique en sa présence. Il y eut là des sylvains et des hamadryades dont nous avons licence d'imaginer les bizarres et galants costumes. Toute l'érudition de l'époque tenait dans de pareilles mascarades. Toute cette mythologie se dispersa ensuite et parut se retirer dans le bois. A l'entrée de la chaussée se dressait un arc de triomphe tout orné de trophées. Le roi et l'empereur y étaient peints, accompagnés de la Paix et de la Concorde. Il y eut aussi dans la place vers l'étang, au lieu même où devait s'élever la fontaine, une grande colonne ornée et dorée, qui jetait des flammes à son sommet, et, par différents orifices ménagés dans la hauteur, des ruisseaux de vin et d'eau pure.

---

1. V. IIᵉ partie, Justification du plan.
2. Pour tout ce qui concerne ces décorations, v. IIᵉ partie, art. xxxiv.

Les Français virent en cette occasion un nouveau style d'entrées solennelles, comme ils avaient vus dix ans auparavant un nouveau style d'appartements. S'il est vrai que cet art de la rue se révèle à de plus nombreux spectateurs et pénètre plus que l'autre les couches populaires, nous n'en devrons pas faire moins d'état, au point de vue de l'histoire, que de celui-ci. Sans doute le Primatice se souvint de se qu'il vit faire à Jules Romain lors de l'entrée du même Charles V à Mantoue.

Ainsi presque plus rien ne manquait à ses travaux pour faire de lui l'artiste universel auquel son nom seul fait penser. La quantité de ses ouvrages était également considérable. Dans l'espace de huit ans nous voyons qu'il a mené sept entreprises différentes, qu'on peut évaluer, en réglant la moyenne des chambres sur celle du Roi, à une somme de quatre-vingts tableaux, joint une quantité innombrable de stucs [1].

Nous sommes à la fin de l'année 1539 [2]. Le 31 octobre 1540, notre artiste se trouvait à Rome. On ignore le temps de son départ, mais Vasari assure que le Rosso mourut en son absence l'année 1541 [3]. Le roi l'envoyait pour chercher des œuvres d'art et des antiquités. Il partit, comme on l'a pu voir, dans tout le bruit d'un renom grandissant. Il allait se trouver au retour seul de son mérite et de son importance, et maître désormais de toutes les entreprises qui se feraient à Fontainebleau.

1, M. Palustre a mal calculé quand il a dit (*Renaissance,* t. I, p. 229) que « le rôle du Primatice fut assez effacé jusqu'en 1541 », et qu'il ne fit alors autre chose qu'une partie de la chambre de la Reine. Le même auteur assure que le Primatice vint en France au plus tôt en janvier 1536, puis il ajoute : « Les documents ne font pas défaut, il s'agit seulement de savoir s'en servir. »

2, Vasari écrit 1540, et il est vrai que l'empereur ne fit son entrée à Paris qu'au 1er janvier de cette année. Mais Vasari, comptant suivant l'ancien style, devait mettre ce 1er janvier à l'année 1539. Les fêtes de Fontainebleau précédèrent cette entrée.

3. *Op.*, t. V, p. 170.

# CHAPITRE QUATRIÈME

J'ai dit que François Iᵉʳ fut le père de la curiosité en France. Chez personne avant lui, en effet, on ne vit dans ce pays cette ardeur et cette universalité de recherche qui font le véritable amateur. Ce n'est pas qu'il ait eu lui-même, ainsi qu'on vit d'autres grands personnages, les connaissances et l'adresse convenables pour découvrir les œuvres d'art ; mais il savait choisir ses instruments.

Un amateur de l'ancien style s'en remettait à quelque artiste du soin de fournir son cabinet. Il ne chargeait point de cette besogne un antiquaire ni des bureaux. Ces illustres protecteurs des arts attendaient de ceux qu'ils employaient bien davantage que des ouvrages de leur métier. Ils se faisaient de l'art comme une idée générale et unique. Ils voulaient, si l'on peut dire, qu'on décorât leur règne, et pour cette besogne vague et immense, il leur fallait quelqu'un qui en réglât tout l'appareil. Celui qu'ils choisissaient avait mission de tout faire, et l'une de ses attributions, chez ceux qui ambitionnaient d'avoir ce que nous appelons une collection, était de concourir à la former. L'achat des œuvres d'art relevait comme le reste, de cette sorte de surintendance : non qu'elle fût nécessairement centralisée dans une seule main ; mais, quand s'était trouvé celui qu'on voulait, c'était du moins à lui qu'on recourait de préférence.

La commission du Primatice ne doit donc pas être regardée comme le fait du hasard ou du caprice. Elle marque le commencement de sa plus grande fortune. Ce n'était pas, il est vrai, son premier voyage commandé. Au commencement de l'année 1534, tandis que s'exécutait la chambre du Roi, notre artiste en fit un en Flandre pour porter des cartons de tapisserie dont il surveilla l'exécution [1]. Mais ce dont on le chargeait cette fois était d'une bien autre importance.

Une quantité de marchands recherchaient alors pour le roi les objets précieux de tout genre. Pour ne citer que les étrangers, Riccio [2] et les Vézelier [3] à Anvers, Laporte [4] à Bruxelles, Lutna [5] à Milan, fournissaient, outre les tapisseries, des bijoux, des pièces d'orfévrerie, des pierres gravées. Tantôt on voit le roi traiter directement avec les auteurs de ces choses, tantôt des intermédiaires de rencontre, des artistes prennent part à ce trafic. Ici c'est un François de Lucques qui conclut le marché de la tenture de Scipion [6], là Nassaro qui fait avoir les tapisseries d'Actéon et d'Orphée [7]. Mais il ne paraît pas que personne ait joué à cet égard un rôle plus important que ce Jean Baptiste della Palla, dont le nom revient à toutes les pages de Vasari, et qui, selon

1. La mention originale de ce fait, portée parmi les rôles des acquits au comptant de François Ier, a été citée partout. M. Reiset seul (*Cat. des dessins du Louvre*, 1re partie, p, 241) en a inscrit la date, qui est du 27 janvier 1533, soit 1534 nouveau style. Voici ce texte une fois de plus : « A Francisque Boulogne, deux cents écus d'or au soleil pour un voyage qu'il va faire en Flandre, porter un petit patron de Scipion l'Africain pour la tapisserie que le roi fait faire à Bruxelles et en rapporter le grand patron de ladite histoire. » Il est assez évident que le Primatice ne fut pas déplacé pour accompagner seulement ce carton du Petit Scipion, mais, ainsi que dit M. Reiset, pour en surveiller l'exécution.

2. Laborde, *Comptes*, t. II, pp. 252, 375-377. *Renaissance*, p. 983.

3. Id., *Comptes*, t. II, pp. 247, 258, 384, 392, 393. *Renaissance*, p. 278. Ce nom est partout écrit Vézelier ou Vézelet. M. de Laborde, dans la table des *Comptes*, le restitue en Welzer; mais il n'est pas douteux que la forme originale de ce nom soit De Vezeleer, encore porté de nos jours dans le pays flamand.

4. Id., *Renaissance*, p. 982.

5. Id., *Comptes*, t. II, pp. 213, 227.

6. Le 9 juillet 1532. *Cat. des actes de François Ier*, t. II, p. 174.

7. Laborde, *Renaissance*, p. 980.

l'expression de cet auteur, dépouillait en ce temps-là Florence au profit du roi de France [1]. C'était une commission aussi vaste qu'expresse, dont il s'acquittait avec tant de zèle, que ses compatriotes en criaient au scandale, et que Marguerite Borgherini, noble Florentine, de qui il proposait d'acheter je ne sais quel précieux ouvrage, usa pour l'en repousser des derniers outrages, l'appelant valet des étrangers et presque traître à son pays [2]. C'est de La Palla que vint au roi un saint Sébastien du frère Barthélemy [3].

Les tableaux, en effet, marchaient d'un pas pareil. François I<sup>er</sup> en faisait chercher en Flandre [4]; il en tirait de toutes les parties de l'Italie. Le Piombo commença pour lui un saint Michel [5], et un portrait de Julie de Gonzague de ce peintre passa des mains du cardinal Hippolyte de Médicis dans les siennes [6]. Il eut du Salviati le portrait de l'Arétin [7], et du Bronzin un tableau allégorique de Vénus et de l'Amour [8] aujourd'hui ornement précieux de la Galerie Nationale de Londres. En 1536 il achète par l'intermédiaire du Rosso la fameuse Léda de Michel-Ange [9].

Les statues antiques pareillement commençaient à prendre le chemin de France. Il y avait à la Vigne Madame un Jupiter qu'on envoya à François I<sup>er</sup> [10], et un gentilhomme de Venise lui fit en 1531 présent d'une Vénus endormie [11]. Dans le temps même que le Primatice partait, le cardinal de Ferrare apporta d'Italie pour le roi un bronze de Fancelli et de Jacques Sansovino, d'après le célèbre Tireur d'Épine [12]. Quant aux statues de

1. *Op.*, t. V, p. 50.
2. *Ibid,* t. VII, pp. 262-263. Voy. en outre t. V, p. 27.
3. *Ibid.*, t. IV, p. 188.
4. Laborde, *Comptes*, t. II, p. 207.
5. Félibien, *Entretiens*, t. I, p. 442.
6. Vasari, *Op.* t. V, p. 379.
7. *Ibid*, t. VII, p. 19.
8. *Cat. of national Gallery*, p. 68.
9. Laborde, *Comptes*, t. I, p. 104.
10. Félibien, ouv. cit., t. I, p. 389.
11. Montaiglon, *Statue de Vénus*, p. 77.
12. Venturi, *L'Arte e gli Estensi*, pp. 28 et 29. J'ai publié les comptes

Michel-Ange, déjà le David du château de Bury avait pu faire envie au roi. Les Esclaves du tombeau de Jules II allaient bientôt paraître sur les façades d'Écouen. François Iᵉʳ se rendit, vers le temps où nous sommes, possesseur d'un Hercule du grand Florentin [1] dont on verra plus loin l'usage.

Tableaux, marbres, bronzes, statues antiques, tels sont les objets que le Primatice fut enfin chargé, après huit ans de séjour à la cour de France, d'aller chercher en Italie pour le roi. C'était ce qu'autrefois déjà on avait demandé d'André del Sarte. Une charte authentique [2] qui le fait voir à Rome à cette date du 31 octobre 1540, confirme le témoignage de Vasari là-dessus. Combien de temps il y fut, c'est ce qu'on ne saurait décider, et ce qu'il y fit outre sa commission, pas davantage. Le fait est seulement qu'il y connut Vignole, qui l'aida dans sa tâche et le suivit à son retour en France. A cette époque Vignole n'était pas encore devenu le premier homme de l'Italie. Agé de trente-trois ans seulement on n'avait vu de lui que la promesse de cet art sobre, précis et majestueux dont il illustra la Renaissance italienne après la mort des grands génies qui en avaient ouvert l'histoire. Vignole était de Bologne comme le Primatice. Chose admirable, cette ville allait, un demi-siècle avant les Carraches et avant même qu'une tradition originale se fût établie chez elle, conquérir une première fois l'Italie et la France par le moyen de ces deux excellents artistes.

Durant le temps, quel qu'il soit, que dura ce voyage, le Primatice ne rassembla pas moins de cent vingt-cinq statues, bustes et torses. Les médailles antiques dont les pièces authentiques font mention, et qui dans la langue du temps signifient *médaillons*, ne sont peut-être que des bas-reliefs [3]. Quant aux

originaux, *Le Tireur d'Épine fonte italienne de 1540*. Le bronze est aujourd'hui au Louvre : on y ignorait son origine.

1. Vasari, *Op.*, t. VII, p. 145.

2. Pour tout ce qui concerne ce voyage et ses résultats, v. IIᵉ partie, art. xviii.

3. Les médaillons de Gaillon sont désignés de la sorte dans les comptes de ce château.

tableaux nous ne savons rien de précis ; mais ce qui a rendu ce
voyage particulièrement célèbre, ce sont les creux que le Primatice fit prendre pour fondre en bronze, de plusieurs antiques
fameuses. Le Laocoon, le Tibre, l'Hercule Commode, la Vénus
de Gnide, l'Apollon, l'Ariane, deux Satyres du Palais Massimi,
deux Sphinx, le Cheval de Marc-Aurèle, les bas-reliefs de la
colonne Trajane furent moulés par ses soins pour le roi de
France, à qui les pièces les plus vantées d'alors allaient appartenir par ce moyen. C'est dans cette besogne qu'il s'associa
Vignole avec un autre ouvrier du bronze, François Ribon, que
cette seule circonstance a tiré de l'oubli, et qui l'acccompagna
aussi en France.

Je ne puis croire que ce retour ait eu lieu passé l'année 1542 [1]
et il se peut très bien que le Primatice ait devancé ce terme.
Cent trente-trois caisses toutes remplies d'objets d'art, remon-
tant le cours de la Seine, débarquèrent derrière lui à Valvins.
Cette fleur de belle antiquité toucha terre au milieu du Gatinais, et dans ce pesant bagage, aux cahots de la route royale, la
forêt de Bière vit passer l'enchantement de la cour et le renouvellement de l'art français.

C'est à partir de ce moment que Fontainebleau, selon la
célèbre expression de Vasari, fut changée en une nouvelle Rome.
Les marbres antiques furent aussitôt restaurés. Hubert Juliot,
sculpteur troyen, et l'un des plus habiles d'une famille célèbre
en fut chargé [2]. Nous ne savons quelles furent ces antiques et
aucun signe ne les désigne dans la quantité des morceaux qui
composaient les collections royales. Selon Sauval, la Diane à la
Biche fut apportée sous François Ier, mais elle fut portée à

---

1. Villot dit qu'on le trouve de retour au 8 août 1542. Cette date est
fausse. Villot l'a prise du résumé des registres d'Avon imprimée p. 766 de
la Renaissance de Laborde. Mais ce résumé fourmille de fautes. Le texte
même de ces registres, publié au même livre, ne renferme pas la date
ci-dessus, mais seulement (pp. 663-664) celle du 7 août 1543 que M. de
Laborde aura mal copiée.

2. Laborde, *Comptes*, t. I, p. 192.

Meudon [1], qui était à la duchesse d'Estampes. Les tableaux eurent bientôt leur asile.

Ce fut au rez-de-chaussée sous la galerie, dans une suite de six chambres voûtées, que François I<sup>er</sup> fit décorer (on ne peut dire à quelle époque précise) entre 1541 et 1547. Ces chambres servaient aux bains [2]. La principale, où se trouva le bain proprement dit, était précédée de deux autres qui servaient d'étuves et à d'autres soins de toilette, et suivie de trois chambres pour le repos. Rien n'y était plus propice qu'un tel lieu, aisé à chauffer durant l'hiver, frais l'été par l'effet des voûtes épaisses et de la terrasse qui l'ombrageait devant. La vue sur l'étang et les allées était la plus belle du château. Les tableaux du roi, dont plusieurs furent à lui bien avant le voyage qu'on vient de dire, prirent place aux murailles de ces chambres toutes décorées de stuc, dont je reparlerai, ainsi que des peintures que le Primatice y exécuta. Là parurent entre autres choses la Charité d'André del Sarte, la Vice-Reine de Naples de Raphaël, la Léda de Michel Ange, la Joconde de Léonard, une Madeleine du Titien, et tous les beaux ouvrages que notre Louvre doit à François I<sup>er</sup>, avec quelques-uns de surcroît malheureusement perdus depuis. Des salles de bain, chose à retenir, ont été le berceau de ce musée. Le plaisir des arts chez ce prince trouva place parmi les délassements physiques, et, comme pour attester la sincérité de son goût, la peinture paraît n'y avoir eu d'autre rôle que de fournir à la volupté.

Quatre des tableaux précieux que le roi posséda, avaient déjà

---

1. *Antiquités*, t. II, p. 43. Il est vrai que le même Sauval rapporte au même lieu que Barthélemy Prieur avait restauré cette statue, ce qui fait une contradiction, car on ne peut admettre qu'elle soit demeurée vingt ou trente ans sans être restaurée, ce qu'il faudrait pourtant, puisque Prieur n'a paru que sous Charles IX. Mais il faut remarquer que Sauval n'affirme pas de même sorte l'une et l'autre de ces deux choses. « J'assurerai, dit-il, qu'elle passa de Rome en France sous François I<sup>er</sup>, que d'abord elle fut placée au château de Meudon. » Au lieu qu'il ne mentionne Prieur que sur la foi d'une opinion commune.

2. Pour tout ce qui sera dit de l'appartement des Bains, voy. II<sup>e</sup> partie, art. VII.

reçu du Primatice des soins dont la mention trouve sa place ici. C'était avant le voyage de Rome[1]. Le saint Michel, la Notre-Dame, la Jeanne d'Aragon et la sainte Marguerite de Raphaël lui furent remis pour les nettoyer. Ce sont des besognes de gardien des tableaux du roi, mais d'un gardien qui ne s'entendait pas moins à leur composer un cadre digne de leurs mérites.

On commença de jeter en bronze les antiques dont on avait rapporté les moules. Ce fut, selon Vasari, le premier soin auquel le Primatice vaqua dès son retour. Le même auteur a loué extrêmement la beauté de leur exécution. On ne demande pas mieux que de souscrire à ces louanges en général. Mais quant à ce qu'il rapporte, qu'elles vinrent avec une peau si fine qu'il n'y fallut presque rien retoucher[2], ayant pris là-dessus l'avis d'un homme aussi considérable que pertinent en la matière, je suis contraint d'avouer que Vasari s'est trompé, et que les retouches sont extrêmes dans ces fontes comme dans toutes celles de cette époque. L'Ariane principalement est entièrement reprise, tout y trahit un jet manqué, et un accident du genre de ceux que les fondeurs nomment *sable abreuvé*, qui fait qu'il a fallu y tailler en plein cuivre comme on eût fait une figure de marbre.

Quoi qu'il en soit de ce point précis et au total, les artisans de ces figures s'en sont singulièrement tirés à leur honneur. L'erreur de quelques auteurs a été de le rapporter tout aux Français. Ils oublient que Vignole et Ribon avaient été tirés de Rome exprès pour ce travail. Il est vrai que les Comptes portent avec ceux-là les noms de deux de nos compatriotes, Pierre Beauchesne et Benoît Leboucher. Mais on a fait une confusion étrange en prenant ceux de plusieurs artistes employés soit à la réparation des cires, soit à retoucher les pièces fondues, pour des fondeurs. Pierre Bontemps, par exemple, n'était rien de tel, comme les pancartes du Louvre le déclarent par erreur[3]. Pas

---

1. Entre 1538 et 1540. Laborde, *Comptes*, t. I, pp. 135-136.
2. *Op.*, t. VII, p. 408.
3. Pas davantage Guillaume Durant, aussi inscrit aux mêmes pancartes. Il est vrai qu'il est nommé fondeur, mais il n'est mentionné que pour les

davantage Leroux dit Picard, ni Laurent Renaudin, dont il n'importe de retenir les noms que comme de sculpteurs employés à des besognes accessoires. Ce qui peut paraître étonnant, c'est que Barbet de Jouy ait omis de mentionner Vignole dans l'étude qu'il a fait de ces fontes, et qu'un artiste dont la part principale est garantie par la triple autorité de la tradition, de Vasari et des Comptes, ait été rayé des pancartes du Louvre.

Cinq des fontes de Vignole sont conservées dans ce musée, où l'on peut les admirer aujourd'hui. Ce sont l'Ariane, l'Apollon, la Vénus, l'Hercule et le Laocoon. Elles présentent au plus haut degré ces surfaces liées et coulantes qui sont un des charmes du bronze. Un morceau comme le Laocoon, où le modelé est très ressenti, reçoit par contraste de cette enveloppe un caractère admirable. Il faut ajouter la richesse de l'alliage, où le cuivre fut prodigué, si bien qu'exposés de longues années à la pluie, ces ouvrages ont reçu du temps une patine inimitable. Des traînées de vert éclatant, qui sillonnent le corps de tous ces dieux de bronze et qui partout en rompent les harmonies sourdes, ôtent entièrement l'idée d'une coulée uniforme, et font imaginer je ne sais qu'elle substance merveilleuse où toute la variété des croissances naturelles s'unirait à toute la rondeur d'une fonte.

Ces beaux ouvrages servirent à orner les jardins, en particulier celui de la Conciergerie, qui prit bientôt le nom de jardin de la Reine. Mais on ne sait pas quel fut à l'origine le détail de leur distribution. Un témoin ¹ nous fait voir à cette époque François Iᵉʳ et la duchesse d'Étampes les visitant dans leur nouveauté en compagnie du cardinal de Ferrare et du maréchal d'Annebaut. Le roi, qui donnait le bras à Mᵐᵉ d'Étampes, l'arrêta devant la Vénus, dont il lui fit remarquer les beautés, et comment elle avait le corps parfaitement bien fait. Cela était dit d'un certain ton. La favorite sourit et quitta le bras du roi pour rejoindre les autres dames dans une chambre où elles se chauf-

réparations, et l'exiguité de sa paie, qui est de douze livres, lui interdit de figurer nulle part.

1. Lettre citée IIᵉ partie, art. xviii.

faient. Le roi resta avec le cardinal, se prolongeant à discourir
sur le mérite de ces figures.

Ce serait ici le lieu de rapporter l'exposition qu'au témoignage de Cellini, le Primatice fit faire de ces fontes dans la
Galerie de Fontainebleau. Je n'aurais même là-dessus qu'à
citer cet auteur, s'il n'y avait en général assez de raisons qui
font suspecter ses rapports, et, sur ce point en particulier, de
quoi le démentir péremptoirement. Comme cet épisode tient à
la querelle qu'il eut avec le Primatice, il convient de reprendre
les choses d'un peu plus haut et de mettre au point toute cette
histoire.

Cellini vint en France en 1540, on ne sait précisément à
quelle époque. Les Comptes de Thomas Mosti [1] le font voir à
Paris au 31 octobre en compagnie du cardinal de Ferrare, qui fut
son introducteur près du roi. Celui-ci l'avait demandé pour des
ouvrages d'orfévrerie. Logé à Paris dans le petit hôtel de Nesle,
il fut aussitôt occupé à faire douze chandeliers d'argent de hauteur d'homme représentant les douze Grands Dieux. Une telle
besogne n'eût pas paru de nature à le mettre à jamais aux prises
avec le Primatice. Mais il est vrai que Cellini affecta bientôt
les grands ouvrages. Comme il avait la pratique du bronze, il fit
durant l'absence du roi, l'année 1541, quelques travaux en ce
genre de médiocre importance. Puis il paraît que, son envie
grandissant, il se prit à des besognes capables de le détourner
entièrement des propres ouvrages de son art.

C'était, selon des concordances certaines [2], entre le 13 février
et le 5 avril 1543. Le Primatice, étant à Fontainebleau, vit
entrer chez lui Cellini en fureur et lui reprochant d'avoir dérobé
les commandes qu'il tenait du roi [3].

---

1. Conservés aux Archives de Modène, fol. 57 rev. Le marquis Campori
dans ses *Notizie inedite* n'a fait de ce texte qu'une mention confuse.

2. Il allait pour y conférer de la frappe des monnaies avec le roi. C'était
après ses lettres de naturalisation, qui sont de juillet 1542. Selon le *Cat.
des actes de François I*[er], le roi ne fut à Fontainebleau que dans le délai
que je marque.

3. Cellini, *Vita*, p. 341.

Tous les lecteurs de Cellini connaissent le détail de cette fontaine qu'il eut dessein d'élever à la gloire du roi et pour l'ornement de Fontainebleau. Quatre escaliers, quatre figures de bronze devaient accompagner ce morceau, dont une statue colossale de François I$^{er}$ également de bronze et représenté en Mars, formait le couronnement. Les commentateurs n'en ont point dit le lieu [1]. C'était dans la place vers l'étang alors ouverte du côté du levant et qui, fermée depuis et tranformée, a pris le nom de cour de la Fontaine. C'était une mode de la Renaissance de placer des fontaines dans les cours intérieures. Fontainebleau après Blois, Gaillon et Nantouillet, devait recevoir cet ornement. Cellini conte qu'on agréa ses modèles et qu'il eut licence d'y vaquer. Mais quelle ne fut pas sa surprise, quand, arrivant à Fontainebleau, où le roi l'appelait, à ce qu'il dit, pour conférer de la frappe des monnaies, il apprend de La Fa, comptable du Petit-Nesle, que le Primatice avait commande du roi pour cette fontaine. M. Reiset écrit qu'il furent en contestation au sujet de la porte Dorée [2] : il n'en est pas question dans ses Mémoires [3].

Primatice ne parut point intimidé des grands éclats de son rival. Il le reçut avec affabilité et répondit à ses obsécrations que la commande était à lui et que le roi la lui avait donnée. Étonné par cette résistance, l'autre propose un accommodement, puis donnant cours à l'impétuosité de son humeur, menace de le tuer comme un chien. « J'étais, dit-il, plus près de faire que de remettre. » Ce grand carnage ne fut que de paroles. Le Primatice échappa au massacre, quoiqu'il n'eût pas cédé la fontaine [4].

Il est vrai que Cellini raconte qu'il la lui céda peu après [5].

---

1. M. Plon, *Cellini*, p. 212, s'est trompé en disant qu'elle était destinée aux jardins et la prenant pour la fontaine Bleau.

2. *Niccolo dell' Abbate*, p. 205.

3. Cellini, *Vita*, pp. 332, 342-346. Je souçonne M. Reiset d'avoir pris pour conformes les textes faussement cités par Castellan, *Fontainebleau*, p. 231, comme de Cellini, et où la porte est en effet mentionnée.

4. *Ouv. cit.*, pp. 341-343.

5. *Ibid.*, p. 346.

Mais une chose parfaitement certaine, c'est que celle qui fut réellement élevée, et qui paraît avoir duré jusqu'au règne de Henri IV, était l'œuvre du Primatice [1]. Le paiement s'en trouve fait à lui dans les Comptes. Ce paiement, par malheur daté à dix ans près, ne suffit pas à décider si Cellini a menti en effet, ou si l'ouvrage fut dévolu à son rival après son départ. Mon opinion n'en est pas moins faite, et je veux tirer de Cellini lui-même l'aveu de la vérité qu'il cache.

Ce qui frappe, quand on lit de près sa défense, c'est l'étrange tour qu'il prend pour réclamer son dû. Il avait, à ce qu'il dit, l'ordre du roi : que ne recourait-il donc au roi, lui demandant seulement ce qu'il fallait qu'il fît des modèles approuvés par lui, plutôt que de s'en aller pour tuer le Primatice, ce qui n'avançait rien ? Mais il était si loin de prendre un tel parti, qu'au Bolonais même il objecte tout autre chose que la commande qu'il eut du roi. Voici le début de son discours, dont il faut goûter la saveur dans l'original : « Quand un homme est un honnête homme, il fait les travaux qui sont à lui ; et qui se conduit autrement, il n'a plus le nom d'un honnête homme. Vous savez que le roi m'avait donné son grand colosse à faire, *de quoi on parle depuis dix-huit mois, et ni vous ni personne ne s'était avisé d'en rien dire, d'où vient que j'ai pris les peines que j'ai prises ;* et je me suis présenté au roi à qui mes modèles ont su plaire, *et il y a je ne sais combien de mois que je n'ai rien entendu dire là-dessus* [2]. » Qu'on prenne garde à la remarque que voici. S'il eut été en possession d'opposer à un caprice du roi une première volonté clairement exprimée, jamais il n'eût perdu son temps à arguer des peines qu'il a prises, sans que personne, dix-huit mois durant, les lui ait disputées, comme il dit. Ce n'est pas là la défense d'un premier occupant, mais d'un homme, qui, ayant pris sur soi d'entreprendre l'ouvrage, s'y crut assez autorisé parce que personne ne le lui défendait.

1. Pour tout ce qui concerne cette fontaine, voy. II<sup>e</sup> partie, art. xxxi.
2. Pass. cit.

Et de fait je vois bien qu'il raconte comment ses modèles furent montrés au roi, mais je n'en trouve nulle part la commande expresse. Tout ce qu'on peut produire là-dessus n'échappe point à l'équivoque, et cette équivoque est à retenir [1].

D'une part l'impossibilité de remarquer dans les Mémoires l'ordre précis du roi là-dessus, d'autre part une défense qui ne le suppose point : une troisième preuve achèvera l'argument ; c'est que François Ier, dans une grande scène de reproches qui précéda de peu le départ de Cellini, le reprenant tout en colère de faire pour lui trop de choses qu'il n'avait pas demandées, l'orfèvre, venant à la fontaine, répond : « Il est bien vrai que pour mon grand colosse, *je l'ai mené au point qu'il est avec l'argent de ma propre bourse*, parce qu'il m'a paru que vous un si grand roi et moi un pauvre artiste, je devais faire pour votre gloire et la mienne une statue comme les anciens n'en eurent jamais [2] » *Habemus confitentem reum* : la démonstration est faite. Cellini n'eut jamais commande de la fontaine, et les rôles, dans le récit qu'il fait de sa querelle avec le Primatice, ont été simplement retournés.

1. Les Mémoires rapportent seulement ce qui suit (p. 323) : » Ils se mirent à parler de *Fontaine Bleau* (Cellini l'écrit en deux mots). Mme d'Etampes dit à Sa Majesté qu'il devait me faire faire quelque chose pour orner *sa Fontaine Bleau*. Aussitôt le roi dit : C'est bien fait de parler comme vous faites et je veux qu'il soit maintenant décidé qu'on fera *là* quelque chose de beau, et se tournant vers moi, il demanda ce que je pensais qu'on pouvait faire pour *cette belle fontaine*... Sa Majesté dit son avis, puis il ajouta... que je lui fisse un modèle pour *cette sienne belle fontaine* du plus riche ornement que je pourrais, parce que *ce lieu* était le plus grand divertissement qu'il eût dans son royaume. Il y a équivoque évidemment sur *Fontàine Bleau* marquant la résidence royale et *Fontaine Bleau* signifiant une fontaine. Gœthe entendait du lieu le second Fontainebleau, qu'il a traduit par *dieser Lustort* (Sämmtliche Werke, t. XXII, p. 242). Roscoe, par *cette sienne belle fontaine* employé pour la seconde fois, comprend également la résidence, et traduit *his seat at Fontainebleau* (*Mémoirs*, p. 327). Enfin Leclanché, qui suit Gœthe sur le premier point, traduit littéralement le reste, accompagnant deux fois *cette belle fontaine* d'un *sic*, qui marque qu'il a peine à concevoir qu'il s'agisse de la fontaine même (*Mémoires*, p. 301). Je crois que l'étymologie de Fontainebleau a jeté l'italien dans cette équivoque, et que l'intention de Cellini n'est autre que de parler du lieu en général.

2. Ouv. cit., p. 366.

Depuis ce moment il n'y eut pas d'homme au monde plus persécuté que Cellini. J'ai raconté ailleurs [1] comment, dans le temps qu'il tentait ses premiers essais de bronze, cent quatre-vingts marcs d'argent remis pour ses travaux d'orfèvre, avaient disparu entre ses mains. Il travaillait encore à d'autres grandes pièces de bronze, qui devaient décorer la porte Dorée. Pressé d'une part de laisser ses grands ouvrages que le roi refusait de payer, d'autre part empêché de reprendre ceux de son métier par le défaut de métal qu'on lui refusait, mal en cour, poursuivi par le trésorier de Nesle, il ajoute à ces infortunes des persécutions imaginaires. Sa rancune, qui se prend à tout le monde, tombe principalement sur le Primatice, et sur la duchesse d'Étampes, dont ce dernier avait la faveur. A l'en croire, ses intérêts faisaient la division dans la cour, et tout le monde prenait parti. Les plus grands seigneurs trament sa perte, les événements les mieux expliqués d'ailleurs, n'ont d'autre fin que de lui nuire.

Le Primatice ne fit plus un pas qui ne tendit à ce dessein. Sans cesse conspirant avec sa protectrice, les antiques ramenés d'Italie prennent aux Mémoires de Cellini un tour de noirceur singulière. Qui eût cru que le désir du roi de meubler d'antiques son palais eût eu besoin, pour se déclarer, de la peur que cet orfèvre faisait aux gens ? Selon lui, on ne les alla quérir qu'afin de le rabaisser [2]. Ne pouvant mettre en comparaison de ses ouvrages les siens propres, le Primatice, dit-il, eut l'idée de se faire mouleur d'antiques.

Cette pensée est extravagante, et de plus contredite par les dates, puisque le voyage du Primatice fut entrepris avant l'arrivée de Cellini. Il se pourrait à toute force qu'il en eût fait un autre au commencement de l'année 1543 [3], mais une chose parfaitement certaine, c'est que les antiques furent recherchées dans celui de 1540.

Leur exposition dans la Galerie se rattache à la même inven-

1. *Benvenuto Cellini à la Cour de France.*
2. *Ouv. cit.*, p. 351.
3. Voy. IIe partie, art. xviii.

tion, que notre homme a suivi jusqu'au bout. Ne fallut-il pas bien que ces fontes aussitôt achevées parussent aux yeux de toute la cour en comparaison d'un Jupiter d'argent, son propre ouvrage, le seul des douze Dieux qu'il ait jamais terminé ? Je passe les mille circonstances que ses ennemis en cette occasion inventèrent pour son humiliation. Rien n'est plus universellement connu que l'épisode de la torche allumée par lui entre les doigts de son Jupiter, et dont cette statue fut éclairée si à propos, qu'elle effaça tout ce qu'on lui opposait. Mᵐᵉ d'Étampes avait voulu n'y mener le roi qu'à la nuit afin d'en mieux cacher le mérite. Cellini a omis de nous dire comment cette dame n'avait pas craint un effet pareil de l'obscurité pour les fontes de son protégé. Ainsi trompée dans son mauvais dessein, la défaite du Primatice fut reconnue par toute la cour, et le roi déclara que les antiques de bronze ne valaient pas le chandelier d'argent [1].

On aurait beau jeu de relever les invraisemblances de cette histoire, si des arguments très certains ne nous assuraient d'ailleurs de sa fausseté. Une recherche des dates est ici nécessaire.

L'exposition du Jupiter prend place au récit de Cellini entre deux visites du roi, dans l'une desquelles [2] on lui fait voir le colosse monté en plâtre, dans l'autre [3], rejetée quelque temps après et passé l'époque où François Iᵉʳ s'occupant de fortifier Paris, lui demanda là-dessus conseil à ce qu'il dit, se trouve la · scène de reproches que j'ai dit. Cette détermination est exacte, d'autant plus que l'ordre du récit n'est pas seulement ce que j'y considère, mais la liaison des événements. Dans la première de ces visites, le Jupiter nous est montré comme terminé dans l'atelier, dans la seconde il n'en est plus question. C'est dire que la remise de cette pièce n'a certainement été faite ni avant l'une, ni après l'autre. Il ne faut plus que dater ces deux visites. La première est remarquée comme récente dans un acte du 15 juil-

1. *Ouv. cit.*, pp. 358-360.
2. *Ouv. cit.*, p. 354.
3. *Ouv. cit.*, p. 364.

let 1544 [1], c'est-à-dire qu'elle eut lieu durant le séjour que le roi fit à Paris du 28 mai au 9 juillet [2]. L'autre ne peut être placée que dans un séjour qui s'étend du 21 au 28 novembre de la même année [3]. Le roi était venu en septembre du 10 au 17 pour les fortifications. Après cela on ne l'y revit plus de deux ans.

L'exposition du Jupiter et des antiques dans la galerie a donc dû se faire, si le récit n'en est point inventé, entre le 28 mai au plus tôt et le 28 novembre au plus tard de l'année 1544. Or pas une fois durant cet intervalle le roi et la cour ne furent à Fontainebleau. Le contrôle est direct et la preuve péremptoire. Cet épisode si populaire veut être rayé de l'histoire.

Je ne déciderai pas ce qu'il faut mettre à la place. Mon opinion est que ces rivalités, qui font chez le Florentin tant de tapage, ont tenu infiniment moins de place dans la carrière du Primatice. La fortune de ce dernier se trouva trop bien assise pour recevoir beaucoup d'embarras des attaques d'un nouveau venu. Il y a de l'extraordinaire dans la quantité de travaux qu'il exécutait alors pour le roi, et on ne peut douter qu'il ne fût en grande faveur. Bientôt Cellini dut partir, sous le coup d'une disgrâce royale que toute son éloquence n'a pu dissimuler [4]. C'était aux environs du 1er janvier 1545 [5].

La mort du Rosso survenue, comme j'ai dit, pendant le voyage du Primatice, avait débarrassé celui-ci non d'un ennemi mais d'un rival. Quand il reparut à la cour, sa situation se trouva changée. Tout du reste était préparé pour faire de lui le maître absolu des entreprises de Fontainebleau. Dès les dernières années qui précédèrent ce temps, on voit paraître, parmi quelques nouveaux venus, trois Bolonais, dont un de la première catégorie,

---

1. L'acte de restitution du Jeu de Paume de Nesle, *Ouv. cit.*, pp. 581-582.
2. *Cat. des Actes de François Ier*, t. IV, pp. 616-645.
3. *Ibid.*, t. IV, pp. 691-694.
4. *B. Cellini à la Cour de France.*
5. Il alla prendre congé du roi à Argentan. Les concordances du *Catalogue des Actes* (t. VI, pp. 747-750) datent cette démarche du 4 au 15 juin, et nous avons de lui une lettre à Baptiste Alemani datée de Lyon au 7 juillet. Cellini. *Vita*, éd. Tassi, t. II, p. 307, n. 2 Il quitta donc Paris dans cet intervalle.

Virgile Baron, et un autre qui devait tenir dans l'école une place des plus importantes, Antoine Fantuzzi, appelé en France Fantose [1] A partir de 1541 d'autres Bolonais se joignent à ceux-là : François Caccianemici et Jean-Baptiste Bagnacavallo [2], dits Cachenemis et Baignequeval, enfin l'architecte Serlio, qui se trouva l'un des plus importants d'alors. Ce sont, avec Vignole, six Bolonais du premier rang, qui durent presque tous figurer en satellites du Primatice, et furent engagés sans doute par son entremise. Ainsi peu à peu Fontainebleau se peuplait de ses compatriotes. Après la période florentine, c'est une période bolonaise dans laquelle nous sommes entrés. De Florentins on ne rencontre plus qu'un petit nombre. Plus tard tout ce qui se trouva en France de cette nation, subit sa direction et son autorité.

Dans cette espèce de changement de règne les biographes n'ont pas manqué d'imaginer des représailles. On a voulu que le Primatice, poursuivant sur les ouvrages du mort la querelle dont j'ai démenti l'histoire, en eût fait détruire une partie et gâté la Galerie, qui est le plus beau de tous. Il est vrai que Vasari rapporte que plusieurs chambres du Rosso avaient été détruites par le Primatice, mais afin, comme il dit, d'élever un plus grand bâtiment [3]. Ces changements de plan sont si fort dans les habitudes de l'ancien temps, et si communes les destructions qu'ils entraînent, qu'on aurait tort d'y chercher autre chose que le désir du roi de changer et de s'agrandir. Si, comme il est possible, il s'agit de parties que la salle de Bal a remplacées, on conçoit que le dessein d'élever un morceau de cette importance n'ait point fait de grâce [4].

Au contraire, quant à la Galerie [5], tout ce qu'on a raconté est de pure invention. Nulle part on ne rencontre les traces de la

---

1. Laborde, *Comptes*, t. I, pp. 132, 191.
2. *Ibid.*, p. 195.
3. *Ouv. cit.*, t. V, p. 170.
4. V. II* partie, art. VIII.
5. Pour tout ce qu'on va dire de cette galerie, v. II* partie, art. X.

dévastation dont il s'agit, ni davantage aucun mélange de la manière du Primatice parmi les ornements du Rosso. Tout y est d'une unité parfaite, sans aucune suppression ni retouche que fort postérieure. Guilbert a écrit que le Rosso avait mêlé ces ornements d'une grande quantité d'émaux, que le Primatice fit ôter [1]. Mais ces émaux ne sont que des imitations, et, comme on peut voir par quatre qui s'y trouvent toujours, de petits médaillons peints à fresque. Dans quel dessein eût-on fait disparaître ces ornements là de préférence? Vasari dit seulement que le Bolonais acheva la galerie, et il est certain qu'elle eut deux tableaux de sa main : la Danaé, peinte au milieu du mur sur la cour de la Fontaine, et dont il a été parlé, et dans la cabinet vis-à-vis une Sémélé, qu'on détruisit plus tard pour son obscénité. Il reste de toutes deux des gravures, et de la première un dessin du maître. Le style en est large et magnifique, et l'on voit que dès cette époque notre artiste se trouvait en pleine possession de sa manière.

Tout porte à croire qu'un autre ouvrage commencé par le Rosso, la salle Haute du pavillon des Poèles [2] fut également achevée par le Primatice.

En même temps qu'à l'époque de son plus grand crédit nous touchons à celle de ses plus beaux ouvrages, et de sa plus étonnante activité. Quand on considère le court espace qui s'étendit entre le retour du Primatice et l'année 1545, on demeure stupéfait du grand nombre des travaux que des documents incontestables obligent d'y faire tenir ensemble. Vasari, qui n'y eut que la peine de raconter, suppose que son héros n'entreprit quoi que ce soit avant d'avoir terminé les fontes. La vérité est qu'en ces trois ans il trouva moyen de conduire, outre ces fontes, outre la salle du roi, qui restait à finir, la chambre d'Alexandre, le vestibule de la porte Dorée, le cabinet du Roi et la grotte du jardin des Pins. Encore n'est-ce là que les ouvrages rigoureuse-

1. Guilbert, *Fontainebleau*, t. I, p. 87.
2. V. II* partie, art. xlv.

ment datés des années que je viens de dire. Si l'on y joint ceux qu'on sait prendre place avant la mort de François I<sup>er</sup>, c'est-à-dire avant 1547, on a de plus l'immense besogne des trois quarts de la galerie d'Ulysse, et tout l'appartement des Bains, sans compter les dessins qu'il fit pour la Fontaine, des travaux pour les particuliers et d'autres travaux accessoires. Il faut donner le détail de tout cela.

# CHAPITRE CINQUIÈME

*1540 à 1547 (suite). Les œuvres du Primatice jusqu'à la mort de François I<sup>er</sup> :*
*La chambre de Mme d'Étampes. La grotte du jardin des Pins. Le vestibule*
*de la porte Dorée. Le cabinet du Roi. L'appartement des Bains. Les aides*
*du Primatice. Italiens et Français. Le renouveau de l'architecture. Serlio.*
*L'hôtel de Ferrare. Le château d'Ancy-le-Franc. La Grotte et la Fontaine.*
*Le Primatice en province. Le Grand Ferrare, Chaalis, Polisy, Ancy-le-*
*Franc, Beauregard. Le Primatice abbé de Saint-Martin. Son personnage.*
*Ses portraits. Les dernières années du règne. Menus ouvrages. Nouveau*
*voyage à Rome.*

La chambre de la duchesse d'Étampes [1] à Fontainebleau, fait
un digne commencement à la revue que je propose. Elle était
terminée en 1543, et par elle nous assistons, au lendemain du
retour de Rome, au déploiement nouveau des plus riches talents
dont le Primatice ait jamais fait preuve.

L'amitié de notre artiste et de la favorite s'y est déclarée non
sans éclat. Elle est aussi nommée chambre d'Alexandre. On
entend de reste de quel Alexandre il s'agit et aussi de quelle Campaspe. M<sup>me</sup> d'Étampes ne pouvait refuser ce nom par où le roi
se voyait figurer dans un si glorieux personnage. Alexandre em-
brassait Campaspe, Alexandre offrait une couronne à Campaspe. Apelle n'eut garde de s'omettre lui-même. On le vit
représenté ses pinceaux à la main devant un chevalet, et occupé
à peindre les figures nues du héros et de sa maîtresse. La suite
de l'histoire n'y faisait faute, et un de ces sujets était Alexandre
mariant Campaspe à Apelle. Dans cette sorte d'allégories il
arrive que le même prête-nom ne signifie pas toujours une même
personne. Apelle, dans ce dernier épisode ne doit pas s'appeler
le Primatice. L'honneur d'être l'époux de la maîtresse royale

---

1. Pour tout ce qui sera dit de cette chambre, voy. II<sup>e</sup> partie, art. v.

revenait à un autre que lui. Ce cynisme d'allusion était dans les mœurs du temps, et je ne puis m'empêcher de croire que ce tableau, peint je crois en petit, glorifia l'union de Jean de Brosse avec la belle de Heilly procurée par le roi lui-même, qui le fit à cette occasion duc d'Étampes.

Tous ces sujets, qui témoignent chez le peintre d'un médiocre souci de l'honnêteté, font le plus grand honneur à son génie. On ne peut imaginer de poème allégorique mieux tourné ni plus galant en l'honneur du triomphe impur et insolent de la beauté. Partout une élégance souveraine, une dignité dans la composition, une grâce dans les détails, une variété dans les sujets étonne et subjugue. Au milieu de cette galanterie un tableau de Bucéphale dompté jette à propos une note de jeux et de tournois, tandis que la Timoclée épargnée par Alexandre rappelle avec non moins de bonheur l'humanité et la courtoisie dont se piquait le roi chevalier. On aurait tort au reste de chercher une suite d'allusions continues dans toutes les parties de cette décoration. C'était assez d'en placer quelques-unes dans une histoire où le vainqueur d'Arbelles figurait, il est vrai, plus en héros de roman qu'en conquérant.

Les stucs doivent passer pour un exemple du style définitif du maître. Toujours plus symétrique et moins abondant que le Rosso, inhabile à marier comme lui les fonds d'or aux ornements de relief et les médaillons peints à la sculpture, il rachète quelque chose de cette infériorité par la belle tenue et par les attitudes délicatement variées de vingt grandes figures de femmes, qui, debout sous la corniche, accompagnent ces peintures. Il y avait en ce temps-là six grands sujets seulement, deux carrés longs et quatre médaillons. Les enfants au-dessus de ces médaillons sont d'une beauté parfaite et charmante, et les guirlandes saillantes qui les accompagnent sont dans le style du Rosso, qu'elles égalent. Les têtes de bouc et les petits termes de satyres, conçus dans le même goût, ne sont pas moins excellents.

Ces ornements sont tout ce qui reste à admirer dans cette

chambre malencontreusement remaniée et refaite. Louis XV l'a transformée en cage d'escalier, et Abel de Pujol l'a repeinte sous Louis Philippe. Quelques sujets sont de son invention, et ceux qu'il a replacés, l'ont été au hasard. Une partie des dessins heureusement conservée, permet seule aujourd'hui d'en juger le mérite.

La chambre de M^me d'Étampes était à peine achevée, qu'on vit le Primatice donner ses soins à la grotte du jardin des Pins [1]. La décoration des jardins continuait d'aller de compagnie avec celle des appartements.

C'était une de ces grottes d'ancien style, qu'on appelle quelquefois nymphées, décorées d'ornements rustiques, où les bossages, la rocaille, les coquilles, disposées en dessins symétriques, marient à l'imprévu des substances naturelles, ce que l'architecture offre de plus régulier. Elle existe encore, fort déchue de son ancienne réputation, sur une petite cour aujourd'hui séparée de cet ancien jardin des Pins, à deux pas de l'endroit où fut le pavillon de Pomone. Ce curieux édifice forme, au rez-de-chaussée d'un pavillon construit de moëllon avec chainages de brique, seul reste des constructions que François I^er éleva de ce côté du palais, une voûte basse précédée de trois arcades rustiques, dont quatre Atlas et deux termes (l'un de ces derniers cachés ou disparus) supportaient l'entablement. La posture contrainte de ces Atlas, leurs proportions massives, jointes à la rudesse calculée de l'exécution, fait une beauté d'un genre particulier, aux promesses de laquelle les dedans ont cessé de répondre. Pourtant, toute dégradée qu'elle est et presque détruite, la décoration intérieure de cette grotte ne laisse pas d'intéresser encore. On ne l'a ni rebâtie ni repeinte, on n'y a pas taillé d'appartements, et l'abandon où elle achève de périr, sauve à cet unique morceau le maquillage et les restaurations impertinentes. Quand il a pénétré dans cet antique pavillon, sous cette voûte ravagée dont les ornements depuis quatre cents ans

1. Pour tout ce qui sera dit de cette grotte, voy. II^e partie, art. XIII.

s'émiettent et tombent sans qu'on ait rien fait pour en arrêter ni pour en précipiter la chute, le visiteur ne contemple pas sans quelque sorte de plaisir les derniers vestiges non retouchés des vieilles splendeurs de Fontainebleau.

Le Primatice avait peint à la voûte trois sujets, dont deux ronds et celui du milieu ovale. J'ai pu retrouver les dessins des premiers. Il représentaient Minerve et Junon sous des treilles en forme de coupoles. Des cristaux d'aragonite disposés en bordure forment alentour plusieurs compartiments, où divers oiseaux et poissons de stuc peint sont répartis sur un fond écaillé. Une partie des compartiments eurent des feuillages. Des feuillages encore couvraient le mur du fond.

On n'avait pas prévu cette grotte dans la construction du château, et le pavillon, bâti avant 1530, dut être soutenu pendant qu'on démolissait le rez-de-chaussée pour y introduire le bossage rustique qui la décore. Je ne saurais dire précisément qui suggéra l'idée de cette fantaisie. On ne doute pas qu'elle vienne d'un Italien, et tout ferait croire que ce fut du Primatice, s'il était avéré que la grotte du Palais du Té se trouva bâtie quand il quitta Mantoue. Quoique ces deux morceaux diffèrent fort, on y trouve néanmoins une pensée pareille, et rien n'est plus conforme au goût de Jules Romain que ce qu'on vit cette fois à Fontainebleau.

Un tel édifice ne servait à rien que de récréation galante. On ne s'y baignait pas, comme quelques-uns l'ont cru, fondant sur cette opinion cent romanesques aventures. On y venait pour prendre le frais, et quoiqu'il y ait de la hâte et de l'épargne dans les ornements qui demeurent, pourtant la dépense des peintures à fresque témoigne qu'on entendait faire de cet abri une partie principale des agréments du lieu.

Nous tenons dans ces peintures le plus ancien de tous les ouvrages que le Primatice ait faits pour décorer une voûte, et son premier essai de figures plafonnantes. Bientôt de nouvelles décorations allaient montrer ce qu'on pouvait attendre de lui en ce genre.

Sous le pavillon du Portail, en arrière de la porte Dorée s'étend une salle ' ouverte des deux côtés, par où la cour du Donjon communique avec la chaussée. Il eut charge du roi de décorer cette salle, qui se trouva terminée en 1544. Outre les quatre sujets dans les voussures, il y peignit à la voûte deux octogones pleins des plus beaux raccourcis qu'on puisse voir. Dans un l'Aurore sur son char paraît chasser les Songes funestes, dans l'autre Jupiter foudroyait les Titans. La mythologie tour à tour la plus martiale et la plus riante s'offrait aux regards au dessous de ces morceaux. Il y avait un Hercule combattant sur le vaisseau des Argonautes, un Paris blessé devant Troie, à côté d'une charmante composition de Junon visitant le sommeil, telle qu'Homère l'a rapportée. Ces peintures montrèrent sur celles de l'avant-porche toute la supériorité de dix ans de pratique et d'étude. Tout malheureusement en a été repeint et modifié par Picot, qui n'a pas seulement discerné les sujets ni connu les gravures. Il croyait ces ouvrages du Rosso. Heureusement les dessins qui nous restent, quoiqu'ils n'aient pas eux-mêmes tous échappé au maquillage, remettent l'amateur en possession de quelques-unes de ces beautés perdues.

Ainsi le Primatice poursuivait sa carrière, désormais maître de son talent, prêt à servir aux dessins les plus variés. La disposition de tous ces ouvrages est différente. Dans le vestibule de la porte Dorée il n'y eut pas d'ornements de stuc ; on trouve au cabinet du Roi ' un dessin plus original encore.

C'était quatre grandes armoires qu'il décora par en bas de camaïeux, et dans le haut de diverses figures qui représentaient les Vertus cardinales. Elles se faisaient face deux à deux sur les battants de chaque armoire. Des deux l'une n'était qu'allégorique, l'autre montrait quelque héros de l'antiquité en qui ces vertus avaient le plus brillé. Il ne reste plus rien de cette décoration. Cet ancien cabinet du Roi est devenu ce qu'on

---

1. Pour tout ce qui sera dit de ce vestibule, voy. II° partie, art. xii.
2. Pour tout ce qui sera dit de ce Cabinet, voy. II° partie, art. ii.

nomme la Salle du Conseil. Des vertus y paraissent encore, mais d'une autre sorte et de mains plus modernes. Tout dans cette pièce a été transformé. La cheminée portait, sous François Iᵉʳ, l'une des plus belles compositions qu'on vit jamais à Fontainebleau : c'était les Forges de Vulcain telles que les a décrites Virgile. Le tout était fini en 1545.

Telles sont les besognes que jusqu'en cette année-là le Primatice conduisit pour le roi. J'y joindrai pour la commodité la décoration de l'appartement des Bains [1], exécutée avant 1547. Cet ouvrage se faisait remarquer par la plus belle envolée mythologique, jointe à une fougue extrême d'exécution. Quoiqu'on doive croire que les six chambres qui composaient cet appartement, aient été décorées de peintures, du moins ne saurais-je rien fournir de précis qu'en ce qui concerne la salle de bain proprement dite. L'histoire de Calisto y était peinte dans quatre lunettes et un grand sujet à la voûte. Diane découvrant la grossesse de cette nymphe, et la même changée en ourse, avaient servi de motifs à des compositions où le piquant de l'invention et l'extrême abondance font un effet tout à fait imprévu. Dans aucune autre œuvre du maître on ne trouve les marques d'une facilité plus éclatante. De tels morceaux prouvent une possession entière et parfaite de soi-même et la force de produire comme en se jouant les plus difficiles merveilles de l'art.

Après tout ce qu'on vient de lire, il ne restera plus à parler que du plus considérable de tous ces ouvrages qui fut la galerie d'Ulysse.

Cette vaste activité suppose un nombre d'aides considérables. Aussi n'était-il plus question de mesurer au Primatice les auxiliaires. Il se trouva dès lors autant secondé que le Rosso l'avait jamais été, et dans une situation pareille à celle que Jules Romain tenait à Mantoue.

Un peuple d'artisans de tout genre, dont la liste est inscrite

---

1. Pour tout ce qui sera dit de cet appartement, voy. IIᵉ partie, art. vii.

aux Comptes des Bâtiments, exécutaient à l'envi ses dessins.
Tous ne valent pas qu'on les retienne, mais seulement ceux
que distingue la paie déjà remarquée de 20 livres par mois.
J'ai nommé ses compatriotes. Quoique Virgile Baron ne figure
qu'aux comptes de la chambre sur la porte Dorée, et que
Cachenemis et Bagnacavallo ne soient nommément désignés
que pour la grotte du jardin des Pins, il n'est pas douteux que
ces artistes n'aient été employés au reste. Lucas Penni, qu'on
appelait Romain, prit aussi part à ces travaux. Fantose, qui tint
une place principale dans la décoration de la galerie d'Ulysse,
porte, si l'on y joint Miniato, à six le nombre des peintres italiens qui besognèrent sous le Primatice. Il faut ajouter Renaudin pour les stucs et un nouveau venu, Dominique Ricoveri
ou Recouvre, dit del Barbiere, et en France Florentin : soit en
tout huit artistes, dont quatre Bolonais, trois Florentins et un
Romain. Léonard Thiry flamand, autrefois aide du Rosso,
continuait de travailler sous son successeur. Quant aux Français, ce sont, outre Badouin et Dorigny, un Michel Rochetel,
un Charles Carmoy, un Michel Rougemont et un Germain
Musnier pour la peinture, pour la sculpture Denis Mandereau,
François Carmoy, Pierre Bontemps, et Jean Leroux dit Picard :
en tout dix artistes de notre pays. Ces calculs feront juger de
l'importance que les Français avaient pris cette fois dans les
travaux de Fontainebleau. Durant cette nouvelle période ils
comptent pour un peu plus de moitié, et l'on doit conclure de
là que notre nation commençait à profiter de son apprentissage.

De ces Français nous savons peu de chose. Les Italiens sont
mieux connus. Virgile Baron fut élève de Laurent Costa Ferra-
rais [1], Bagnacavallo était le propre fils de Barthélemy Bagnacavallo [2], sous qui le Primatice étudia, Lucas Romain, le frère de

1. Malvasia, *ouv. cit.*, t. I. p. 60. Ce peintre enseigna à Bologne, et mourut en 1535. Bertolotti (*Artisti Lombardi*, pp. 114-115) avertit de le distinguer d'un Laurent Costa de Mantoue, qui vécut cinquante ans plus tard
et fut sans doute de sa famille.

2. *Vasari, Op.*, t. VII, p. 409.

Jean François Penni dit le Fattore et comme lui élève de
Raphaël [1]. Tous trois, aussi bien que Cachenemis et Fantose,
arrivaient de leur pays. Au contraire, Dominique Florentin,
dont le surnom indique la naissance, s'était établi et marié à
Troyes.

Pendant que travaillait à Fontainebleau toute cette pléiade
d'artistes, et qu'une fois de plus l'art italien transformait aux
mains de nos compatriotes l'ornement et la figure, l'architecture
commençait de sentir quelque chose d'un renouveau pareil.
Comme Primatice y fut mêlé, tous les motifs se trouvent d'en
faire ici l'histoire.

Il ne faut pas douter que François Ier n'ait eu touchant l'architecture les mêmes projets qu'il formait quant aux autres arts,
M. de Geymüller a fait connaitre un plan de château donné par
Léonard pour la France [2] qui doit remonter aux commencements
du règne. Davantage tout le monde a remarqué comment ç'avait
été sur l'intervention personnelle du roi qu'en 1532 la construction de l'Hôtel de Ville de Paris fut confiée au Boccador [3]. Quelles
raisons ont contrarié ces projets et si bien retardés, que le roi
mourut enfin avant d'en avoir vu de notables effets, je ne sais ;
mais depuis 1540 il est certain qu'on assiste à quelque chose de
plus qu'à des desseins en l'air et à des actes intermittents.

L'arrivée du Bolonais Serlio [4] marque une époque dans cette
histoire. C'était quasi une nouveauté qu'un pareil personnage.
Non que les édifices des dix dernières années n'eussent témoigné,
quand on les examine, de quelque intention générale de changement. Mais ils appartiennent à l'ancien système, suivant lequel
la besogne modeste du maître maçon eut surtout pour objet de
supporter les triomphants ouvrages du peintre et du sculpteur.
Au château de Madrid La Robbia ne fut employé qu'à décorer de
ses frises et de ses pilastres la maçonnerie dressée par un Fran-

---

1. *Vasari, Op.*, t. V, p. 171.
2. Geymüller, *Renaissance in Frankreich*, pp. 33, 48.
3. Tuetey, *Registres de l'hôtel de ville*, t. II, pp. 160, 164-165.
4. Laborde, *Comptes*, t. I, pp. 172-174.

çais. A Fontainebleau et à Saint-Germain, dont les dehors n'ont presque aucune parure, des Français firent seuls la besogne. Et cependant il ressort de ce rapprochement même, qu'un esprit nouveau commençait à naître. On ne confiait plus à nos compatriotes que des édifices sans ornements, et la sculpture architecturale, pour peu qu'elle eût d'importance, était ôtée aux mains qui firent Blois et Chambord. Davantage Fontainebleau même et Saint-Germain, par la nudité de leurs murailles, joint dans ce dernier la toiture en terrasse, à Fontainebleau la loge sur la porte Dorée, et les galeries basses sur la cour du Cheval Blanc, témoignent d'un désir du roi de se rapprocher de la manière italienne.

D'autres indices encore veulent être relevés. Je les trouve dans les livres publiés alors. En 1534 Rabelais, qui revenait d'Italie, fit imprimer une description de Rome antique du Milanais Marliani [1]. En 1539 la première idée de Vitruve qui ait vu le jour en français, parut, traduite de l'espagnol sous le nom de Raison d'Architecture antique [2]. Le public français ignorait encore Vitruve, dont il n'y ayait qu'une version italienne, que son auteur, Augustin Gallo, avait il est vrai dédiée à François Ier comme duc de Milan en 1521. On doit croire que Serlio, en arrivant en France, apporta son livre des Cinq Ordres [3], qu'il venait (l'année 1537) de dédier au duc de Ferrare. L'année même de sa venue, il adressa au roi une description de Rome et de l'Italie antique avec planches [4], qui ne put manquer d'exciter la curiosité universelle.

Il y avait joint plusieurs morceaux modernes, et nos Français

---

1. *Topographia antiquæ Romæ, ap. Gryphium, Lugduni.* Il n'y a pas d'édition de ce livre avant celle-là, et Rabelais en fut le premier éditeur. Il dit dans sa dédicace qu'il avait fait lui-même auparavant le dessein d'un ouvrage pareil, et qu'il s'était adjoint pour cette besogne Nicolas Leroy et Claude Chappuis.

2. *Extraite de Vitruve et autres anciens architecteurs.* L'auteur original, qui n'y est point nommé, avait dédié son livre à Alphonse de Fonséca, archevêque de Tolède.

3. C'est le premier paru de ses ouvrages, quoique dans ses œuvres rassemblées il ne figure que comme 4ᵉ livre.

4. C'est le 3ᵉ livre dans ses œuvres.

y apprenaient à connaitre, avec l'Arc de Titus, d'Ancone et de
Bénévent, avec la basilique de Constantin et le théâtre de Mar-
cellus, avec le Colisée et les Thermes de Caracalla, la coupole
de Saint-Pierre au Vatican, la Rotonde de Saint-Pierre in Mon-
torio, la Villa Madame, toute les plus belles inventions de Michel
Ange, de Bramante et de Raphaël. Si l'on y joint les excellents
dessins de tout genre, qui abondent dans le livre des Cinq Ordres,
on mesurera tout ce que le style des Lebreton et des Chambige
dut perdre par comparaison dans l'estime qui s'en pouvait faire.

L'homme qui se présentait avec de tels présents, n'avait pas
moins de soixante-cinq ans. Il arrivait de Venise, et l'on peut
supposer que la cour de Ferrare, toujours en relation d'amitié
politique et unie par les liens du sang avec celle de France, l'avait
recommandé chez nous. Nommé architecte de François Ier pour
Fontainebleau, il est pourtant certain qu'il ne prit presque
aucune part dans la construction de cette résidence, laquelle se
trouvait à peu près achevée. Ce qui s'en fit de son temps, c'est-
à-dire la salle de Bal, se fit sans lui selon son propre témoignage [1].
Tout ce qui semble, c'est qu'il a dessiné le plan intérieur du
cabinet du Roi, dont j'ai dit que Primatice fit les peintures. Mais
il éleva près du château pour le cardinal de Ferrare l'hôtel qui
porta son nom et dont la porte subsiste encore. En avril 1534 fut
le commencement de cet ouvrage, qui dura deux ans environ [2].

En même temps il faisait des élèves. Cette qualité fut celle de
Guillaume Philander, qui publia en 1544 des notes sur le Vitruve
de Gallo. Il est vrai que nous ne savons pas du tout si Philander fut autre chose qu'un commentateur d'architecture et s'il a
rien construit de ce style que Serlio lui enseigna. Chose à retenir
pourtant, le diocèse de Rodez dont Philander devint chanoine,
vit s'élever vers cette époque l'un des premiers édifices qu'on ait
construits en France dans la manière de Bramante : je veux
parler du château de Bournazel. Plus près de Paris et de Fon-

---

1. Livre VII, p. 95.
2. Venturi, *L'Arte e gli Estensi*, p. 30.

tainebleau un autre monument, auquel les mêmes raisons donnent une importance pareille, réclame quelques réflexions.

Le château d'Ancy-le-Franc en Bourgogne, fut élevé avant 1546 [1] par Antoine de Clermont Tonnerre, bientôt créé comte, et nommé par Henri II grand maître des eaux et forêts. Ce château et l'hôtel de Ferrare sont les plus anciens échantillons du nouveau style dans nos régions. On attribue communément Ancy-le-Franc au Primatice, sans preuve, mais non pas sans raison, ainsi que le dit M. Palustre. Cet auteur veut qu'il soit l'ouvrage d'un architecte français du temps de Henri II [2]. C'est en reculer l'exécution au delà de ce que des preuves certaines permettent. Mais le fait est qu'on ne saurait l'attribuer à aucun architecte français du temps de François Ier, hors qu'il fût tellement dressé à l'imitation des Italiens, que rien ne lui soit resté de Français que la naissance. Quel Français se fût avisé seul, ou même par l'étude de l'antique seulement, de disposer en quatre façades pareilles ce dorique nu sur ce toscan sévère? Lequel eût inventé ces quatre pavillons d'angle et ces lucarnes d'une correction si simple et d'une élégance si retenue? Qui, dans un temps où Philibert Delorme n'avait rien fait, avant la construction du château de Saint-Maur, qu'il avoue pour son premier ouvrage, a dirigé chez nous l'exécution de cet exquis corinthien de la cour, et de ces coquilles aux niches du premier étage, qui paraissent apportées de la Villa Madame?

Toute l'ordonnance de la cour est faite des fameuses travées rhytmiques de Bramante, dont le livre de Serlio offre plusieurs accommodations, une précisément conforme à celle qu'Ancy-le-Franc présente. Pareillement les divisions de plafond que Serlio popularisait en France, se trouvent employées dans ce château [3].

1. Au-dessus de la porte qui donne sur le jardin, à l'extérieur se lit la date de 1546. V. sur ce château, IIe partie, art. L.

2. *Architecture de la Renaissanee*, p. 224.

3. La cour eut en ce temps-là des niches au rez-de-chaussée aujourd'hui remplacées par des plaques de marbre (v. les *Excellents Bâtiments* de Ducerceau) ce qui la rend plus semblable encore à la planche de Serlio liv. IV, fol. 174 rev. Il ne s'en faut que de l'amortissement du premier

Que l'auteur soit qui l'on voudra, c'est un fait avéré qu'Ancy-le-Franc appartient tout entier au mouvement dont la présence de Serlio en France fournit le trait le plus important. La perfection avec laquelle les idées italiennes y sont suivies, révèle plus qu'une copie de hasard, elle prouve que l'architecte, s'il n'était italien, se trouva en mesure par une éducation que la France ne pouvait donner, d'appliquer ces idées comme eussent fait les Italiens eux-mêmes.

Trois architectes italiens se trouvaient alors en France, entretenus du roi à Fontainebleau. Que Primatice mérite ce nom, c'est ce que vingt preuves établiront. Il faut joindre Vignole, qui, selon Vasari [1], demeura deux ans dans notre pays et travailla de son art pour le roi, nous ne savons à quels ouvrages. Ainsi Fontainebleau, qui durant les dix premières années n'avait été qu'une école de sculpteurs et de peintres, devint vers ce temps-là quelque chose comme une école d'architecture. Un troisième écrit de Serlio y parut en 1545, comprenant ses traités de géométrie et de perspective [2]. Le maçon Lebreton, à qui dès l'origine la construction de tout le palais se trouva remise, continuait son office, mais déjà la conduite de fabriques plus légères passait à des mains plus habiles.

Deux morceaux presque contemporains, la Grotte et la Fontaine, en sont un témoignage. Quoique je ne puisse décider l'auteur de la première, encore n'en peut-on imaginer d'autre que Serlio, Vignole ou Primatice, et la fontaine est l'œuvre de ce dernier. La grotte introduisait en France le premier échantillon qu'on sache de ce rustique populaire à Florence, et dont

étage. Encore trouve-t-on les couronnements des fenêtres au-dessus d'une cheminée, fol. 158, dr. Pour les plafonds comparer celui de la chambre du Pastor Pido avec les planches du fol. 194 rev. et 196 dr. Les mêmes travées rhythmiques sont transportées fol 117 rev. du Jardin della Pigna, ouvrage original de Bramante. M. de Geymuller veut bien me faire remarquer plusieurs ressemblances de plan et d'élévation entre Ancy-le-Franc et le projet que Serlio nomme *Rosmarino*, liv. VII, pp. 211-217.

1. *Op.*, t. VII, p. 106.

2. C'est le 1er et le 2e livres dans ses œuvres.

Jules Romain fit un si bel usage au Palais du Té. La Fontaine eut, en guise de couronnement, l'Hercule de Michel-Ange dont j'ai parlé. Par l'emploi de quatre grandes figures de termes au milieu de chacune des quatre faces, par le rocher artificiel qui jetait de l'eau au milieu, par l'ordonnance simple de quatre piliers d'angle et d'un amortissement largement dessiné, elle fournissait un autre modèle que l'historien ne doit pas non plus négliger. Nous ne pouvons juger de ce morceau que par la petite copie qui se trouve dans l'estampe de Ducerceau. Aussi n'en dirai-je rien de plus, content d'avoir marqué la part du Primatice dans le mouvement qui commençait.

Sa réputation était alors fort étendue. Je voudrais rassembler ici le plus possible des témoignages de ce qu'on peut appeler son activité provinciale. Le sujet est fort mal connu, mais assez de points attestent son importance.

On ne sait si la faveur dont il jouissait près de M$^{me}$ d'Étampes, lui rapporta quelques travaux dans les châteaux privés de la favorite, soit à Meudon, soit à Challuau, soit à Valençay ; mais le cardinal de Ferrare l'employa. Pareillement Dinteville, évêque d'Auxerre, l'un des premiers mécènes du temps. Le comte de Clermont-Tonnerre, puis Jean Duthier, secrétaire d'État sous Henri II, figurent aussi dans cette liste. Par malheur le principal de tout cela n'est pas certain et l'on ne peut que proposer de fortes raisons d'y croire.

Ce qui concerne l'évêque d'Auxerre est établi. Il embellissait alors Polisy, dont presque rien ne subsiste, mais qui fut en son temps une résidence magnifique. Primatice s'y trouvait en 1544, en compagnie d'Hubert Juliot et de Dominique Florentin, sculpteurs, avec lesquels on ne peut douter qu'il travaillait à quelque ouvrage de son métier [1].

Pour le cardinal de Ferrare il avait peint, selon Guilbert, qui put voir encore ces peintures, dans le genre de la voûte de la galerie d'Ulysse, la salle des Bains de l'hôtel de ce cardinal à

---

[1]. Voy. II$^e$ partie, art. xxxvii bis.

Fontainebleau[1]. Cela fut aussitôt que Serlio l'eut achevé, qui
est le temps qui nous occupe. Le même cardinal de Ferrare a
fait peindre dans l'abbaye de Chaalis au diocèse de Senlis,
dont il eut la commende, la chapelle particulière de l'abbé[2].
M. Reiset, qui connut ces peintres avant la restauration que
M. Balze en a malheureusement faites, les attribuait au Primatice, et il est vrai que tout tend à confirmer ce fait. Le cardinal
de Ferrare eut Chaalis en 1541. C'est une raison de placer vers
le même temps ces ouvrages.

Félibien dit que les peintures de la chapelle du château de
Beauregard près Blois[3], qu'il donne au Primatice, furent
commencées sous François Ier. C'était la propriété de Jean Duthier, qui en poursuivit, dit-il, l'exécution jusque sous le règne
de Charles IX. Enfin une partie des fresques d'Ancy-le-Franc[4],
construit par Antoine de Clermont-Tonnerre, sont à mon sentiment de sa main. On est en droit de les rapporter ici, puisque
c'est en ce temps-là que le château fut élevé.

Les peintures de Beauregard ont disparu, comme celles de
l'hôtel de Ferrare ; mais Félibien en a conservé le détail, qui
fut d'une Descente de croix sur l'autel, de six Anges dans la
voûte, et de quatre sujets sur les murs. La chapelle de Chaalis
a une Annonciation, et dans la voûte dix Apôtres, quatre Évangélistes, quatre Pères de l'Église, et dix Anges qui portent les
instruments de la passion. Tout cela, important pour l'histoire,
demeure, pour des raisons diverses, d'un faible secours pour
l'étude du talent du Primatice. Au contraire les fresques d'Ancy-
le-Franc ont de quoi fournir, si l'authenticité s'en trouve
démontrée un jour, l'appoint le plus considérable à cette partie
de mon sujet. Je ne parle pas de celles du rez-de-chaussée, qui
décorent la salle dite de Diane, et qui certainement se sont pas
de lui, mais de la chambre des Arts au premier étage. Elle a

1. Voy. II⁰ partie, art. XLII.
2. Voy. II⁰ partie, art. XLI.
3. Voy. II⁰ partie, art. XLIV.
4. Voy. II⁰ partie, art. XXXVIII.

huit ovales couchés représentant lss sept Arts libéraux, et les
Muses dans un huitième, dont une restauration discrète a conservé les traits originaux. Au milieu de la quantité de dessins
qui nous restent du Primatice, ces morceaux seuls pourraient
donc donner une idée de la manière dont tous ces dessins se
trouvèrent exécutés. La Géométrie en particulier, aussi bien
peinte qu'heureusement composée, mérite toute l'attention des
connaisseurs.

Rien n'obligeait absolument, comme j'ai fait remarquer, de
placer à cette époque tous ces ouvrages, et peut-être on trouvera
qu'à la suite de ce qui ne peut du tout être mis ailleurs, ce
surcroît passe les forces d'un homme. Mais on ne peut guère
assigner de bornes à l'activité d'un peintre habile et entendu,
sous qui beaucoup de personnes travaillent, et qui sait ordonner sa besogne. De la Bourgogne à la Sologne et aux confins
de la Picardie, on peut croire que le Primatice a promené en
ce temps-là ses talents, dessinant, réglant, disposant, et laissant
en ces divers lieux des artistes formés à son style, chargés d'exécuter l'ouvrage. Lesquels, quand et combien de temps, je ne
saurais le dire, et ne propose au reste tout ceci que selon la
mesure de probabilité et de certitude dont le lecteur a pu juger
lui-même.

C'est vers ce temps que mon héros, qui déjà portait le titre de
valet de chambre du roi [1], reçut dans l'abbaye de Saint-Martin-
es-Aires de Troyes, une marque éclatante de la faveur royale [2].
Une procuration donnée par lui pour cet effet est du 15 décembre 1544 [3]. Ces bénéfices ecclésiastiques, dont le concordat de
1515 donnait au roi la disposition, venaient à point pour payer
des services auxquels l'Épargne ne pouvait suffire. C'est un trait
populaire de l'histoire de ce temps, que le grand nombre
d'artistes et gens de lettres commendataires d'abbayes. Le Rosso
eut une chanoinie de la Sainte-Chapelle de Paris, et Cellini fut

1. Laborde, *Comptes*, t. II, p. 366.
2. Vasari, *Op.*, t. VII, p. 409.
3. Archives de l'Aube.

sur le point de devenir pareillement abbé. Sans pouvoir dire combien d'argent Saint-Martin de Troyes rapportait, il est pourtant certain que la somme était considérable. C'était à la fois honneur et profit.

A partir de ce moment-là on ne connut plus à la cour de France ni Primadicis, ni Boulogne, qui sont les noms que jusqu'alors on avait donnés au Primatice, l'un adapté de Primadizzi, qui est la forme bolonaise de son nom, l'autre emprunté de sa ville natale[1]. Le roi et les courtisans n'eurent plus affaire qu'à M. de Saint-Martin, et il semble que ce changement achève de la naturaliser en France.

Il est certain qu'il s'y sentait établi, et qu'il y avait pris ses habitudes. Vasari dit[2] que le personnage du Primatice fut, à la Cour de France, moins d'un artiste que d'un grand seigneur. Il avait, selon le même auteur, des manières affables et courtoises et une bonté de cœur qui ralliait les suffrages. Le récit que Cellini a laissé[3] de la réception qui lui fut faite, quand il s'en alla pour le tuer, mérite d'être retenu.

« Je le trouvai, dit-il, à travailler dans sa chambre. Il me fit entrer, et d'un certain air d'affabilité lombarde, qu'il avait, me demanda quelle bonne affaire était cause de ma visite. A quoi je répondis : Une très bonne affaire en effet, et une affaire d'importance. Voilà mon homme qui commande à ses valets d'apporter à boire, et qui dit : Avant de nous entretenir, je veux que nous buvions ensemble, comme c'est la coutume de France. » Ce petit tableau nous fait entrer dans l'intérieur du Primatice. Il nous peint sa politesse et sa bonne grâce, et témoigne qu'en présence de ses compatriotes, il lui plaisait de se parer des menues habitudes françaises.

On possède deux portraits du Primatice : l'un placé par Vasari

---

1. Quelques biographes ont cru faire preuve d'exactitude en l'appelant le Bologna d'après Cellini. Mais celui-ci ne fait que traduire en italien le nom de Boulogne qu'on lui donnait en France.

2. *Op.* t. VII, p. 414.

3. Pass. cit.

en tête de la vie de ce peintre, l'autre au crayon de sa propre main, conservé dans la collection Albertine à Vienne [1]. On ne peut pas douter que le premier n'ait été gravé sur un dessin de Barthélemy Passerotto de Bologne, que Vasari dit qu'il possédait [2]. L'un et l'autre de ces portraits le représentent dans un âge avancé et avec peu de charme dans les traits. Je n'en conclurai rien quant à son caractère, à cause de l'incertitude qui règne toujours dans de pareilles dissertations. Mais il n'en est pas moins précieux de pouvoir placer sous nos yeux la figure de cet homme illustre.

J'ai mené mon héros jusqu'en 1545, temps auquel il atteignit au plus haut degré de la réputation et de la fortune. Ces dernières années du règne de François Ier furent sa période la plus brillante. Le crédit y marche de pair avec la production. Le Primatice est partout, et partout recueille le fruit de ses peines. Il est vrai qu'en plus de tout ce que j'ai décrit, en plus de la grande entreprise dont il reste encore à parler, d'autres ouvrages furent certainement exécutés, dont aucune trace ne demeure. Je ne parle pas des modèles qu'il donna aux ouvriers des différentes industries, qui feront un chapitre à part, mais des propres ouvrages de son art, distribués çà et là suivant qu'on le requérait, et qui sont comme les miettes d'une si glorieuse carrière.

En 1546 on demande au Primatice un dessin de la bataille de Marignan pour le duc de Ferrare, qui la voulait faire peindre dans sa maison de campagne de Copraro. François Ier s'entremit pour l'avoir, et deux lettres, l'une du duc au cardinal son frère, l'autre du cardinal au duc nous entretiennent de ce dessein [3].

Ailleurs il fournit, pour une porte du château, qu'on doit croire la porte Dorée, le modèle d'une figure de femme à fondre en bronze [4].

---

1. N° 142 du catalogue ci-après.
2. *Op.* t. VII, pp. 423-424.
3. Venturi, *Un disegno del Primaticcio*, etc., p. 158. Les lettres en question sont datées du 11 septembre et du 16 octobre.
4. Sur cette figure, voy. IIe partie, art. xx.

Enfin ce sont les tableaux de chevalet, qu'on ne peut douter qu'il ait produits, et dont pas un ne nous est resté. Je suppose que l'Enlèvement d'Europe [1], dont nous avons le dessin et une étude, dut être parmi ces ouvrages, qui périrent sans doute en grand nombre dans les destructions que la reine Anne d'Autriche, choquée de la licence des sujets, ordonna durant sa régence.

Même de nouvelles missions pour un nouveau voyage ne manquèrent pas à son activité. Le 9 février 1546, le Primatice était de nouveau à Rome et demandait à Michel-Ange la permission de mouler sa Notre-Dame de Pitié et son Christ de la Minerve. Une lettre de la main du roi au Florentin nous fait connaître ces détails. Des ouvrages du maître aussi devaient être achetés. On ne connaît pas la suite de cette commission, sinon que la Notre-Dame fut jetée en plâtre [2], et figura dans la chapelle haute de la cour du Donjon.

Le roi mourut le 31 mars de l'année suivante. Le Primatice revint avant ce terme [3] et partant pu revoir son maître. Cette mort ferme la deuxième période de son séjour à la cour de France. Il perdait en François Ier le plus facile des protecteurs, le mécène le plus éclairé, le monarque le plus libéral dont l'histoire des arts ait gardé le souvenir. Ce qui reste à dire donnera la pleine mesure de ce que son règne avait produit d'œuvres extraordinaires et laissait de promesses pour l'avenir.

---

1. Sur cet ouvrage, voy. IIe partie, art. xvii bis.
2. Sur ce moulage, voy. IIe partie, art. xix.
3. Cela est assuré par la date des lettres citées p. 89, note 3. La deuxième tient un langage qui suppose le Primatice en France.

# CHAPITRE SIXIÈME

*La galerie d'Ulysse et l'apogée du Primatice. Définition de son talent. Influence du Corrège. Les figures plafonnantes. Grâce des contours et des draperies. Le clair-obscur. Qu'il n'en a connu qu'une partie. Influence de Michel-Ange. Son anatomie. L'allongement de ses figures. Influence de Jules Romain. L'expression poétique. Son interprétation de la pensée homérique. Accord de ces mérites avec les goûts de la société d'alors. Son obscénité. Jugement d'ensemble.*

Lorsque François I$^{er}$ mourut, le plus grand ouvrage du Primatice et le plus considérable à tous égards qu'il ait fait, était aux trois quarts achevé. Je parle de la galerie d'Ulysse [1], commencée après 1540, et menée si vigoureusement qu'en moins de sept ans toutes les murailles et la moitié de la voûte se trouvèrent peintes.

Je l'ai réservée pour en traiter à l'aise, comme le point culminant de cette histoire, auquel il convient de s'arrêter. De ce sommet, comme d'un poste commode, il sera possible d'apercevoir ce qui ailleurs ne se découvre qu'en partie, et de comprendre la force et la portée de ce beau génie, sa signification au milieu de la société qu'il embellit, ses origines, son influence. Devant, derrière, s'étendra sous nos yeux la longue histoire de l'art français, et l'Italie, qui de loin s'en laisse apercevoir, fournira à ce tableau ses traits principaux et définitifs.

La galerie d'Ulysse, aujourd'hui démolie, était située dans la cour du Cheval Blanc, sur laquelle elle donnait d'une part, tandis qu'elle prenait vue de l'autre sur le jardin des Pins. Elle fut élevée dès les premiers temps et resta dix ans sans ornements. Ce ne fut qu'après la mort du Rosso qu'on songea à la décorer.

---

1. Pour tout ce qui sera dit de cette galerie, voy. II$^e$ partie, art. IX.

Le Primatice en fut chargé et dirigea sur cet ouvrage tout ce qu'il avait d'ouvriers excellents, dont j'ai donné les noms. Dans une si glorieuse entreprise, il ne parut vouloir travailler qu'à sa mode, et il abandonna le mélange de stuc et de peinture tel que l'avait pratiquée le Rosso et lui-même en d'autres endroits. Le relief fut moindre et l'ornement plus petit. Ce que nous savons des stucs de la voûte fait songer au Palais du Té plus qu'à la galerie de François I<sup>er</sup>. Dans cette voûte, outre les histoires, une profusion d'ornements peints s'étala, de ce style qu'on n'avait pas encore vu en France, et qui depuis vingt ans, sous le nom de grotesques, avait la vogue en Italie.

Pour prendre une idée exacte de cette galerie, il faut se représenter, sur une largeur moyenne égale à celle de la galerie de François I<sup>er</sup>, une longueur vraiment démesurée. C'était toute la longueur de la cour du Cheval Blanc, soit cent cinquante mètres environ. Ce fut donc là moins un ensemble dont toutes les parties se soutinssent et se fissent sentir d'un seul coup, qu'une succession de quinze travées décorées chacune pour elle-même, et qu'on examinait à part. Ces travées étaient comparties à la voûte, selon huit systèmes différents, de tableaux, dont le nombre varia de cinq à neuf, hors celui du milieu qui n'en portait que trois. Le système de celle-ci était unique ; celui des autres se répétait en symétrie jusqu'aux extrémités. Tel fut le cadre vaste et magnifique qui reçut, avec cinquante-huit sujets de l'histoire d'Ulysse sur les murailles, quatre-vingt-quatorze morceaux mythologiques dans les compartiments de la voûte. Les quatre Saisons aux deux bouts de la galerie, cinq cheminées, dont une faisait le fond et les quatre autres étaient aux murs latéraux, joint une lunette au-dessus de l'entrée, qui représenta Charles IX recevant la reddition du Havre, portaient à cent soixante et une le nombre de toutes ces peintures.

Ces chiffres ont plus d'éloquence que toutes les amplifications. Ils obligent d'imaginer de telles ressources, des facultés d'invention si variées, une activité si extraordinaire, que l'esprit demeure confondu. Du reste, on aurait tort de croire qu'un effet

d'agréable et facile abondance ait rendu, dans cette excessive
fécondité, la perfection moins nécessaire. Le lieu ne se prêtait
pas à cette sorte d'illusion. Cette galerie n'avait d'extrême que
sa longueur, le reste de ses proportions étaient médiocres. Les
figures étaient petites et se voyaient de près. Les travaux d'Ulysse
ne portaient que huit pieds sur six, et la plupart des tableaux de
la voûte étaient encore moins grands. Les ornements y tenaient
une place principale, et, tout considéré, l'idée la plus convenable qu'on puisse prendre de cet ensemble, est d'une assez
grande ressemblance avec les Loges de Raphaël. Je ne parle que
de la distribution.

Pour les compositions peintes sur les murailles, le Primatice
avait suivi l'Odyssée. Dans la voûte son imagination s'était
donné carrière. Les grands sujets de chaque compartiment y
représentaient, dans des postures toutes plus imprévues et plus
agréables les unes que les autres, les principaux dieux de la fable
qu'Homère mêle à son récit, mais sans dessein suivi de peindre
ce qu'il rapporte. Le reste des histoires portait la plus grande
variété de sujets.

Pour faire concevoir le style de toutes ces peintures, il sera
nécessaire de reprendre les choses où je les ai laissées quand j'ai
décrit celles de la porte Dorée. J'y ai fait voir, dans l'exécution
et dans ce qu'on peut appeler le matériel de l'art, la persistante
influence de Jules Romain. Cette influence paraît diminuée dans
les peintures de la chambre du Roi. A partir de la galerie Basse
on la voit céder entièrement devant une influence plus forte,
définitivement triomphante dans toute la période dont je viens
d'achever l'histoire et que j'ai déjà nommée, celle du Corrège.
La galerie d'Ulysse en est le plus éclatant témoignage.

L'apparition des figures plafonnantes dans les ouvrages du
Primatice a été remarquée chemin faisant. La voûte de cette
galerie en fit voir une profusion, dans des raccourcis si auda-
cieux, qu'on n'a jamais été plus loin en ce genre. C'était une
conquête récente de l'art. Avant Jules Romain et le Corrège les
peintres se bornaient à suspendre au plafond, comme on eût

fait des tapisseries, des compositions disposées selon la perspective commune. La chambre de Psyché au Palais du Té et les
célèbres coupoles de Parme furent les premières idées du nouveau genre, et ces essais sont d'admirables chefs-d'œuvre. Mais
quoique Jules Romain ait connu le plus grand style de cette
sorte d'ouvrages, il y a cependant montré moins de souplesse
que le Corrège, dont la manière tenait plus de Michel-Ange, et
dont la ligne onduleuse et liante se prêtait à toutes les har-
diesses. Ces ressources furent celles du Primatice. Sur le fond
de ciel dont il perce ses voûtes, il distribue les membres de ses
figures suivant une perspective si extraordinaire, qu'il ne faudrait pas songer à la comprendre sur le trait seulement de la
peinture. Cependant le lavis du maître met en place tous ces
membres épars et fait de cet apparent chaos quelque chose de si
agréable et de si juste, qu'il semble vraiment que dans le ciel
ouvert on voit se relever les formes et s'étager les personnages.
Le sujet du milieu de la galerie d'Ulysse représenta les Heures
formant une ronde et se tenant par la main, qui montaient toutes
droites dans la voûte [1]. Le Parnasse [2], peint dans un octogone,
et l'Olympe [3] pareillement composé de personnages rangés en
cercle, faisaient une espèce d'ordonnance où les raccourcis sont
le plus forts parce qu'elle exige le point de vue au milieu de la
peinture. Jules Romain n'a disposé de la sorte dans la chambre
de Psyché que son Olympe, dont on admire l'effet surprenant.
C'est la perspective des coupoles, à laquelle le Corrège a satisfait
avec tant d'art, qu'il n'y a pas chez lui de surprise, mais du
plaisir. Le Primatice mérite le même éloge. Je suis frappé de la
façon dont les anges qui soutinrent l'étoile des Mages dans la
voûte de la chapelle de Guise [4], rappellent par l'élégante confusion de leurs jambes, ceux que tout le monde a remarqués
autour de l'Assomption de Parme.

1. Dessin n° 215.
2. Dessin n° 138.
3. Dessin n° 24.
4. Dessin n° 127.

Ce goût des figures plafonnantes se fait même sentir chez le Primatice, comme chez le Corrège, jusque dans les tableaux ordinaires, dont ce dernier a inventé soit de relever ou d'abaisser le point de vue, soit de renverser les attitudes, afin de procurer par de légers raccourcis une perspective plus agréable. Le Primatice aime à placer sur le devant de ses tableaux des personnages à mi-corps, qu'on voit un peu d'en dessus, et par delà lesquels le sujet se distribue. Dans la chambre d'Alexandre le Festin[1], et dans la galerie la moitié des compositions de l'histoire d'Ulysse portent cette piquante disposition.

Enfin, tout son goût de dessiner témoigne, par des ressemblances singulières, de l'étude qu'il avait faite du maître parmesan. Le contour large et flottant des figures, les attitudes contrastées, la grâce aisée des airs de tête, le charme des enfants potelés et frisés, qui, partout mêlés à ces dieux, portant leurs armes et leurs emblèmes, accompagnant les quatre Fleuves du monde[2] ou les Muses, semblent la postérité de ceux qui, dans la Danaé du palais Borghèse, jouent avec les flèches de l'Amour, le grand goût des amples draperies sont autant de marques incontestables des origines de son talent. Ces draperies, au lieu de serrer les formes et de se répandre en petits plis alentour, sont largement ployées et écartées du corps, ce qui donne une légèreté extrême, parce qu'elles paraissent prêtes à céder sous la main. Les Muses de la galerie Basse[3] sont déjà parfaitement drapées dans ce style ; mais rien n'égale la liberté dont on vit flotter, à la voûte de la galerie d'Ulysse, les robes de tous ces dieux et de toutes ces déesses. Le goût de l'antique n'en est point absent, mais avec quelle intelligence et quelle ampleur on l'interprète! Quelle supériorité, à ne considérer que le style, sur le goût florentin et même romain, dans cet air de mollesse naturelle, dans ce je ne sais quoi de lâche, de jeté, de coulant, qui, sans tyranniser le goût, se concilie doucement la raison!

1. Dessin n° 57.
2. Dessins n° 20, 122 et 123.
3. Dessins n° 40-48 et 235.

Toutes ces choses furent dans le Corrège de grandes nouveautés, et si durables, qu'elles marquent entre l'ancienne peinture et celle qu'on pratiqua depuis, une différence à laquelle nous n'avons pas cessé d'être sensibles. Le Primatice participa de ce renouvellement de l'art; il n'est cependant pas contestable qu'il en a manqué le principal.

Je veux parler de la science du clair obscur, apportée par le maître parmesan comme la première et la plus féconde de ces nouveautés. On sait ce qu'emporte le sens complet de ce mot. C'est une subordination dans les différentes lumières d'un tableau, calculées de manière à soutenir une lumière principale par un accord qu'on nomme effet.

Quand on interroge les dessins du Primatice, même les mieux terminés et ombrés, on n'y trouve rien de semblable. A cet égard il n'est aucunement en avance sur Jules Romain et Michel-Ange. Dans la composition dite par Guilbert des Antipodes [1] à la voûte de la galerie d'Ulysse, se trouve un croissant de lune, qui dut être en peinture tout pareil à celui que Jules Romain a représenté dans la composition de Diane et Endymion au casino de la Grotte à Mantoue. Cette blancheur vive n'y a nulle relation au reste, ne s'accompagne d'aucune de ces clartés secondaires et soigneusement dégradées qui seules eussent été capables de la faire paraître une lumière véritable aux yeux, et de consommer une illusion, dont le Corrège enseigna le secret. Les peintures d'Ancy-le-Franc s'accordent à ces réflexions, ainsi qu'une copie en couleur de la Junon chez le Sommeil du vestibule de la porte Dorée, qui se trouve dans la collection Albertine à Vienne et celle d'une partie du Concert de la salle de Bal, qui est au Louvre.

Dans ces morceaux, qui seuls aujourd'hui se prêtent à un examen de cette sorte, on découvre un coloris clair, dont l'harmonie dut tenir principalement à l'échantillonnage des couleurs locales, au lieu qu'elle a sa cause chez le Corrège précisément dans le

---

1. Dessin n° 8.

clair obscur. C'est à peu près le mérite de Raphaël dans sa composition de la Justice au Vatican, et de Michel Ange à la voûte
de la Sixtine, avec toutefois quelque chose de plus que je vais
dire.

Dans l'exécution des parties, le Primatice a pratiqué une
délicatesse et une fine dégradation des ombres, qui tiennent à ce
clair-obscur du Corrège. Dans la Géométrie d'Ancy-le-Franc, le
corps de l'homme qui se penche un compas à la main, est modelé avec une douceur et une perfection extraordinaire. Et ce
fondu n'emporte pas cet air de métal poli qui fut l'écueil de Léonard. La liberté de la main demeure entière dans une exécution
si exacte. On peut le mieux admirer cet art de ménager les tran-
sitions de la lumière à l'ombre dans la Mascarade de Persépolis ¹, autrefois peinte dans la chambre d'Alexandre. La lumière
des flambeaux éclaire cette composition, où ce que les Italiens
nomment *morbidesse* des chairs, est imité de façon si parfaite,
qu'on ne peut rien voir de plus beau. On croirait ce dessin de la
main de Prud'hon et ce rapprochement en dit assez. C'est cette
beauté de modelé qui fait le caractère inimitable de tous les
dessins du Primatice. Le bistre et la sanguine lavée y ont des
nuances fluides qui, près des rehauts de blanc, font un effet
admirable. Les lumières rasantes au tournant des reliefs, le
fuyant des ombres en raccourci sont imités jusqu'à l'illusion.
Les molles ondulations de la chair et de l'étoffe semblent sou-
lever le papier.

Tout ceci compose une manière où la grâce et la facilité
dominent, où tout concourt à un pareil effet d'agrément et
d'abondance riante. Je voudrais qu'on remarquât ce qu'un certain usage de ces qualités parmesanes engendra chez le Primatice de ressemblance avec ses fameux compatriotes à qui le
Corrège ne fut pas moins familier. Çà et là des postures et
des airs de tête, une certaine facilité de dessin et de style rap-
prochent, à de rares intervalles il est vrai, l'abbé de Saint-Martin

1. Dessin n° 56.

des Carraches, et découvrent d'une manière imprévue sa parenté bolonaise [1]. C'est un trait qui vaut qu'on le retienne. Au demeurant, personne ne conteste qu'aux caractères que je viens de marquer, l'étude de Michel-Ange en ait joint plusieurs autres, dont il sera maintenant question.

Que le Primatice ait retenu et copié les ouvrages du Florentin, cela même est établi par des figures empruntées de ce maître, qu'on trouve chez lui. Un dessin du Primatice à Chatsworth [2] a été pris par quelques amateurs pour une première pensée de l'Adam de la Sixtine, et dans le Banquet des Dieux [3] autrefois peint à la voûte de la galerie d'Ulysse, une figure d'homme couchée à terre reproduit presque parfaitement l'Adonis de Michel-Ange. L'anatomie du Primatice procède évidemment de celle de ce dernier. C'est le même détail des formes, le même art de révéler, au travers de l'enveloppe, les muscles et l'ossature. Même je crois que l'allongement qu'on remarque dans les figures du Primatice et qui constitue le caractère le plus populaire de sa manière, doit être rapportée à la même origine.

On l'a expliqué quelquefois par l'imitation du Parmesan. Il est vrai qu'à ce dernier revient d'avoir donné les échantillons les plus excessifs de ce style, dont il mérite d'être considéré comme le type achevé. Mais ce ne peut être une raison de l'en regarder comme l'inventeur. Ce caractère ne fut pas plus le propre du Parmesan que du Primatice. On le trouve pareillement chez le Rosso et chez Benvenuto Cellini. Il est vrai qu'on a réuni ces derniers avec le Primatice sous le nom général d'école de Fontainebleau. Mais comment Benvenuto, qui demeura cinq ans à peine en France et apportait de chez lui un style tout fait, méritera-t-il

---

1. J'en rapporterai ici cette conséquence. Le Musée Britannique conserve un dessin d'un rameur vu en buste, que M. Colvin, frappé de la ressemblance qu'il offre avec plusieurs figures des tableaux gravés par Van Thulden, m'a fait voir en me demandant si je ne croyais pas qu'il fût du Primatice. Or cette figure appartient à un sujet d'Ulysse et des Syrènes d'Annibal Carrache, comme je l'ai depuis reconnu.

2. Dessin n° 240.

3. Dessin n° 116.

d'être considéré comme faisant partie de cette école ? Et quant au
Rosso et au Primatice, le goût de chacun n'était pas moins formé
quand ils se trouvèrent en présence. Il paraît plus juste de regarder ce style comme une sorte de mode ou comme une conta-
gion qui se répandit alors un peu partout. Je le trouve chez un
Bolonais comme le Primatice, chez des Florentins comme le
Rosso et Benvenuto Cellini, chez un Romain comme Lucas
Penni, chez un Parmesan comme le Parmesan, chez le Bronzin,
chez d'autres encore. Je pense que chacun l'hérita de son côté, et
ce qui me confirme dans cette opinion, c'est que cet allongement des formes prend selon les hommes et les écoles un caractère parfaitement différent. Mince et sec chez Lucas Penni,
dégingandé chez le Rosso, potelé chez le Primatice, mol et
coulant chez le Parmesan, ce sont autant de différentes manières
dont aucune ne procède de l'autre. Il est vrai que toutes, si l'on
y veut bien regarder procèdent d'un modèle commun, lequel
n'est autre que Michel-Ange.

Il n'est pas impossible de trouver chez le maître lui-même
des exemples de cette exagération. Au Bargello le groupe dénommé la Victoire, et, dans un genre moins extrême, la Sibylle
Libique, qui, le genou ployé, se retourne pour tourner les pages
de son livre à la voûte de la Sixtine, montrent déjà en acte le
canon des formes du Primatice. Mais sans rechercher ces exceptions, peut être ne sera-t-il pas malaisé de comprendre comment
Michel-Ange, par le détail qu'il donne de la forme humaine et en
particulier de ses attaches, devait engager ses disciples, moyen-
nant une faible exagération de cette sorte de découpage, qu'ils
ne s'entendaient pas comme lui à recoudre, dans ce dégingandé
et dans cet allongement. Par une conséquence naturelle, quoique
peut-être imprévue, la robustesse et la grandiosité de son style
devait engendrer cette tendance à la désarticulation.

Un hasard heureux a voulu que ces dispositions rencon-
trassent, entre plusieurs, un génie aimable et tout porté à la
tendresse et à la grâce. On vit alors ce qu'il y a de sauvage dans
de pareilles façons, s'apprivoiser et s'assouplir. Comme tous les

copistes de Michel-Ange, le Primatice est un maniéré, mais d'une espèce particulière, sa manière étant composée d'éléments contraires, qui, à défaut d'un parfait naturel, rencontrent cependant une sorte d'équilibre.

J'ajoute que cette manière ne le possède pas au point de le voir s'y abandonner entièrement, et qu'il ne cesse de la corriger par l'imitation de la nature. Presque jamais chez lui le dessin ne tourne à la formule, ne manque de ce prix qui s'attache aux impressions nées de la vision des choses; et, quoique son œil prête aux objets trop de raffinement et de recherche, il est du moins toujours ouvert. Nous en avons la preuve dans le grand nombre d'études d'après nature qui restent de ses compositions. Ce qu'on en possède pour la voûte de la galerie d'Ulysse [1], n'est pas même du principal, ce qui donne à penser que tout, jusqu'aux petits sujets, y fut étudié de cette sorte.

Pour toutes ces raisons l'on peut dire que son style paraît unique. Il a des formes allongées, mais en même temps rebondies et nerveuses, une entière précision dans un air relâché, beaucoup de science malgré ses apparences faciles, une variété réelle d'ordonnances et de postures, point de convenu ni de répétition en dépit de l'arbitraire du style, une tenue parfaite sous ses grâces frivoles.

Il faut à présent définir ce qu'il y a de poétique et de pensé dans sa manière, par où on le trouvera cette fois parfait disciple de Jules Romain. Ce sera la fin de ce propos.

Tous les peintres n'ont pas connu l'art d'introduire dans leurs ouvrages les inventions de la poésie. Ce n'est pas assez pour cela que les talents soient grands, il les faut d'une certaine sorte. Ceux qui n'ont été tournés qu'à la parfaite imitation de la solidité des objets, et par lesquels il faut convenir que la peinture a fait ses plus grands progrès, Léonard, Titien, Corrège, Rubens ont peu connu ce raffinement. L'amour de représenter avant tout et de rendre au naturel la couleur et le relief des choses, a possédé

1. Dessin n° 95.

cette sorte de peintres. Au contraire le contour est ce qu'il y a
dans l'art de plus immatériel et de plus voisin de la pensée. Ceux
qui cherchent l'esprit des formes et le langage des attitudes,
peuvent s'instruire chez les poètes et dérober leurs imaginations. Michel-Ange, Raphaël, Annibal Carrache ont su cueillir
cette fleur précieuse, dont cependant le parfum le plus subtil ne
se respire que chez trois peintres, qu'il est juste de rapprocher
par là : Jules Romain, Poussin, le Primatice.

On peut dire que chez eux le sentiment poétique prend un
corps, et se fait posture et contour. Peinture poétique aujour-
d'hui signifie peinture indécise, où l'imagination vagabonde :
ce mot marquait autrefois tout le contraire, car poésie pour nos
ancêtres voulait dire précision, par où l'imagination était occupée
et retenue. Rien ne pourra mieux faire entendre ce mérite qu'un
examen de la manière dont le Primatice, peignant l'histoire
d'Ulysse, interpréta la pensée d'Homère. Nous l'avons tout
entière gravée par Van Thulden, et, ce qui vaut mieux, une
grande partie des dessins du maître conservés à Stockholm et à
Vienne.

Je n'étonnerai personne en disant que le poète n'a pas partout
été étroitement suivi. De menus détails du récit s'y trouvent
changés ou transposés. Mais qu'Ulysse abordant dans l'île des
Cyclopes, rencontre Polyphème aux champs au lieu de visiter sa
grotte en son absence [1], ou que Mercure envoyé chez Calypso,
au lieu de lui parler seule, trouve Ulysse dans ses bras [2], ce sont
là des licences négligeables. La plupart au moins des plus fameux
épisodes y sont suivis et représentés à souhait. L'exactitude est
même plus grande qu'on ne supposerait, grâce à la liberté de faire
tenir plusieurs épisodes sur les différents plans d'un même
tableau, artifice qu'on bannit depuis comme contraire à la vraisemblance, et que ces peintres de la Renaissance avaient hérité
des artistes peu raffinés du Moyen-Age. Ainsi l'épopée se déroule

---

1. 9ᵉ composition. *Odyssée*, liv. IX, v. 182.
2. 28ᵉ composition. *Od.*. liv., XII, v. 445 et V, 1 à 270.

dans une série bornée de tableaux majestueux, sans rien perdre de son agrément romanesque et de sa variété. Dans un même cadre Ulysse paraît, assis d'un côté à la table de Circé, refusant les mets et redemandant ses compagnons, tandis que de l'autre Mercure l'arrête familièrement et lui présente le *moly*; au fond l'enchanteresse tombe à ses pieds et en haut d'un escalier l'introduit dans son lit [1].

On demandera sans doute s'il n'y a pas entre l'art recherché que j'ai décrit et la simplicité d'Homère un disparate inconciliable. Ce disparate choque moins qu'on pense, par la raison premièrement qu'Homère est loin de représenter, en dépit de son antiquité, la limitation d'un poète primitif. Il a des ressources infinies, et mon avis est que les *quatrocentistes* eussent été très insuffisants à peindre ses inventions. En second lieu le canon des formes et le goût du dessin importent quant à la conformité de l'inspiration, moins que l'esprit de la composition. Or, maniéré dans son dessin, le Primatice ne l'est ni dans son ordonnance, ni dans son choix des accessoires. Il n'étale ni pompe exagérée, ni magnificence indiscrète, et cette sobriété fait un accord parfait avec son auteur. Il a là-dessus la retenue de cette Renaissance italienne, où des architectes du premier rang, contents d'une exacte observance des proportions et des ordres antiques, paraient d'un simple rang de pilastres et d'une corniche, les plus riches villas des princes de leur pays. Chez lui comme chez Homère, on est surpris et charmé de voir représenter dans un style si perfectionné, des mœurs presque barbares. Ni les coupes où boivent les convives, ni leurs sièges, ni les vaisseaux d'Ulysse, ni les couronnes royales, ni les autels pour les sacrifices, ni les portiques des palais, ni les jardins de Laërte n'ont rien de cette complication et de cette parure, qu'on n'eût pas manqué au siècle suivant de leur donner.

Il est vrai qu'on peut regretter que toutes ces choses n'aient pas chez lui un caractère plus singulier, tel qu'ils l'eussent reçu

---

1. 19ᵉ composition, *Od.*, liv. X, v. 277 à 387.

de l'érudition d'un Jules. Primatice n'était pas versé comme son maître dans les antiquités grecques et romaines. Même il néglige de tirer de son auteur les indications de circonstance. Aux mains d'Alcinoüs percé de la flèche d'Ulysse, il met une coupe de forme commune, au lieu de la coupe d'or à deux anses, ἄλεισον ἄμφωτον, que marque le poète [1]. De simples tiges fixées en terre portent les anneaux à travers lesquels Ulysse, ayant bandé l'arc fameux, pousse sa flèche.

> πελέκεων οὐκ ἤμβροτε πάντων
> Πρώτης στειλείης [2].

Son sentiment de l'antiquité va de ce côté sans précision ni recherche.

En revanche, ce qu'il y a de direct, de familier, d'incivilisé dans l'action des personnages d'Homère, est rendu à la perfection. On y voit des mâchoires qui mangent, des poings qui frappent, des bouches qui crient, représentées avec cette franchise de geste et d'accent, qui dans les œuvres des anciens fait une si frappante beauté. Je ne puis voir sans émotion, autour des victimes immolées par Ulysse [3], le mouvement d'avidité brutale dont la foule des morts s'empresse pour boire leur sang.

> Αἱ δ' ἀγέροντο
> ,Ψυχαὶ ὑπ' ἐξ' Ἐρέβευς νεκύων κττστεθνειώτων
> Νύμφαι τ' ἠΐθεοί τε...

Ce que la sombre beauté de ce morceau emprunte de l'imagination du lecteur, le Primatice l'a fixé et réalisé dans sa peinture. Ici le peintre devient, au pied de la lettre, un commentateur du poète, en représentant au naturel ce que le langage n'exprime qu'à peine.

> Οἱ πολλοὶ περὶ βόθρον ἐφοίτων ἄλλοθεν ἄλλως
> θεσπεσίῃ ἰαχῇ....

---

1. 40ᵉ composition, *Od.*, liv. XXII, v. 9, 10.
2. 39ᵉ composition, *Od.*, liv. XXI, v. 421, 422.
3. 21ᵉ composition, *Od.*, liv. XI, v. 36 à 50.

Ἦμην, οὐδ' εἰών νεκύων ἀμεντ,νὰ κάρηνα
Αἵματος ἄσσον ἴμεν πρὶν Τειρεσίαο πύθεσθαι.

Dans le tableau suivant paraît Tirésias, le visage au ras de terre, humant le sang des victimes.

Mais rien n'égale la violence sauvage dont le meurtre d'Agamemnon et de Cassandre était représenté dans cette galerie[1]. Tout ce que le récit d'Homère a de plus effrayant, y était peint. On y touchait du doigt ces métaphores sanglantes :

Περὶ δ' ἄλλοι ἑταῖροι
Νωλεμέως κτείνοντο σύες ὡς αργιόδοντες
Οἵ ῥά τ' ἐν ἀφνειοῦ ἀνδρὸς μέγα δυναμενοιο
Ἢ γάμῳ ἢ ἐράνῳ.

C'était, dans le vrai du détail, le désordre du festin bouleversé.

Ὡς ἀμφὶ κρητῆρα τραπέζας τε πλ,θούσας
Κείμεθ' ἐνὶ μεγάρῳ · δάπεδον δ' ἅπαν αἵματι θῦεν.

Egisthe levait son poignard au-dessus d'Agamemnon renversé, tandis que Clytemnestre s'acharnait sur Cassandre. Couronne en tête, on la voyait qui se ruait à cette boucherie.

Οἰκτροτάτην δ' ἤχουσα ὄπα Πριάμοιο θυγατρός
Κασσάνδρης · τὴν κτεῖνε Κλυταιμνήστρη δολόμητις
Αμφ' ἐμοί · αὐτὰρ ἐγὼ ποτὶ γαίη χεῖρας ἀείρων
Βάλλον 'αποθνήσκων περὶ φασγάνῳ.

Tel est le style dont le Primatice représenta les scènes historiques du poète.

Ses scènes mythologiques ne sont pas moins parfaites. Il y a introduit les dieux avec la même franchise qu'Homère. Minerve dans Ithaque, Mercure dans Ogigye, les Syrènes, Neptune figurèrent aux murs de la galerie d'Ulysse, au milieu des hommes qu'ils gouvernent et des éléments qu'ils déchaînent, avec les propres attitudes que la muse d'Ionie leur a données.

---

1. 8ᵉ composition. *Od.*, liv. XI, v. 411 à 423.

Entre plusieurs tempêtes, il a peint celle que souffrent les vaisseaux d'Ulysse au départ du pays des Ciconiens [1]. Par une liberté qui marque assez la pratique de son auteur, il a transporté dans cette tempête les traits de celle que Neptune en personne lui suscite après qu'il eut quitté Circé [2]. Le dieu porté sur quatre chevaux marins, et de son trident soulevant les vagues, se montre au devant de la scène.

> Ὣς εἰπὼν σύναγεν νεφέλας ἐτάραξε δὲ πόντον
> Χερσὶ τρίαιναν ἑλών.

Du haut du ciel, voilé d'une épaisse noirceur, les vents personnifiés tombent en manière de projectiles :

> Πάσας δ' ὀρόθυνεν ἀέλλας
> Παντοίων ἀνέμων · σὺν δὲ νεφέεσσι κάλυψε
> Γαῖαν ὁμοῦ καὶ πόντον · ὀρώρει δ' οὐρανόθεν νύξ.
> Σὺν δ' Εὖρός τε Νότος τ' ἔπεσε Ζέφυρός τε δυσαὴς,
> Καὶ Βορέης αἰθρηγενέτης μέγα κῦμα κυλίνδων.

La vague énorme roulée par l'ouragan ne se voit pas chez le Primatice. Ces traits échappent à sa manière, où l'absence de clair-obscur ne permet de reculer qu'insuffisamment l'horizon. En revanche tout ce qu'il y a de saisissant dans cette mythologie s'y étale. La confusion des éléments y reçoit un pressant symbole de la violence des attitudes, et ces formes humaines agitées au milieu des nuages et de l'eau, font une impression des plus fortes et des plus conformes à son modèle. L'un de ces vents paraît se précipiter d'une impétuosité si grande, que sa tête vient au ras des flots, et que le mythe d'une haleine humaine agitant la surface des eaux, en prend une évidence presque palpable. Le pauvre Ulysse et ses vaisseaux disparaît presque derrière toutes ces divinités; on l'aperçoit à peine, levant les yeux au ciel pour se plaindre. Ὢ μοι ἐγὼ δειλός. Comme chez Homère, le pouvoir géant des dieux se révèle par la place qu'ils tiennent dans la pein-

---

1. 3ᵉ composition, *Od.*, liv. IX, v. 67 à 73. Le Primatice l'avance d'un rang et la place au tableau qui précède l'arrivée d'Ulysse dans ce pays.
2. *Od.*, liv. V, v. 283 à 312.

ture. On voit de ses yeux l'Océan et le sort des matelots livrés au mouvement familier du trident dans les mains de Neptune.

J'en ai dit assez pour faire entendre ce que c'est que ce sentiment poétique dans la peinture. Il tient à la savante recherche des attitudes, à des symboles simples et directs, à l'expressive variété du détail, propre de la plume plus que du pinceau, à un certain tour d'imagination prompte à se représenter l'abstrait et le difficile, au goût de l'antiquité méditée et comprise.

Je ne laisse pas de croire que les antiquaires pourraient glaner dans ces ouvrages d'utiles interprétations. Un détail que ne porte point Homère, mais qui n'en est pas moins connu, c'est le geste qu'on rapporte que faisaient les femmes grecques, de caresser la barbe des hommes en témoignage d'affection vive. Ce rapport authentique étonne, et l'on ne sait comment l'imaginer. Primatice l'a peint dans le Retour d'Ulysse, où l'on voit Pénélope faire ce mouvement [1]. Et l'invention en est si naturelle, si pleine à la fois de charme et de vraisemblance, qu'il semble l'avoir vu plutôt que retrouvé. C'est ce que j'appelle non plus commenter les anciens, mais penser à leur mode et se rendre leur semblable.

Par là le peintre cesse de n'être que peintre, il participe de ce qu'il y a de plus relevé, de plus subtil et de plus insaisissable dans l'exercice de l'imagination. Par là on peut dire que le nôtre fut véritablement l'homme du temps et de la société pour laquelle il produisit tant de belles choses.

Il fut le peintre des humanistes, comme on a dit de Poussin qu'il fut le peintre des gens d'esprit. L'amour des lettres anciennes portait alors son influence bien au-delà du cercle étroit de quelques érudits. Ceux d'entre eux qui vivaient à la cour, en avaient insinué le goût parmi les cavaliers et les dames. De quel air on vit, dans ce palais renouvelé, la suite de ces brillantes peintures, et tout à coup parlant aux yeux les mêmes fables, que la poésie seule avait retracées jusque là ! Elles naissaient au milieu des étangs et des bois, parmi ces *délicieux déserts* que le

1. 46ᵉ composition.

rival fatigué d'Autriche et d'Angleterre avait ornés pour son repos. Qui dira la volupté fine engendrée de ce mélange d'art et de nature pour ces esprits, qu'illuminait, dans toute la grâce de ses commencements, le soleil de la Renaissance? On crut voir revivre l'ancien Olympe. La belle science ingénue, la culture riche et délicate se promenèrent au milieu de tout cela, comme dans un décor à leur image. Aujourd'hui encore et malgré les ruines accumulées, Fontainebleau raconte quelque chose de ces temps dont l'abbé de Saint-Martin avait fixé l'ingénieux caprice. Ce qui reste des ornements déchus y ressuscite dans l'âme du visiteur le mélange de sentiments rares qui remplit cette époque érudite et galante, quand l'idéal, dit un auteur [1], était d'emporter le monde dans un rêve des Hespérides, et que les maîtresses des rois se confondaient avec les astres. « Le soleil fait briller les peintures, le ciel bleu continue indéfiniment l'outremer des cintres, et du fond des bois, dont les cimes vaporeuses emplissent l'horizon, il semble venir un écho des hallalis poussés dans les trompes d'ivoire, et des ballets mythologiques assemblant sous le feuillage des princesses et des seigneurs travestis en nymphes et en sylvains. »

Heureux si ce paganisme eût eu des bornes et si une licence excessive n'eût trop souvent déshonoré cet admirable effort de l'art. Il ne faut pas que les mœurs perdent jamais leurs droits, et l'on ne saurait assez flétrir les outrageantes obscénités, dont trop de témoignages nous restent. Je ne parle pas seulement de l'abus des figures nues dans des sujets libres d'eux-mêmes, tels qu'on en voit encore dans la chambre d'Alexandre, voire de certains écarts passés alors en habitude, et dont la fréquence donne à croire que personne ne s'en offensait. D'autres morceaux n'ont d'excuse d'aucune sorte, et l'on n'en peut dire autre chose sinon que Primatice fut en cela un digne disciple de Jules Romain, à qui l'Arétin commanda pour accompagner ses sonnets, des figures célèbres par leur infamie.

1. Flaubert, *L'éducation sentimentale.*

Il est à présent inutile de décrire plus en détail les tableaux de la voûte de la galerie d'Ulysse. Je ne ferais qu'y répéter ce que j'ai dit du style mythologique du maître. Passant de l'allégorie à la fable et de la fiction à l'histoire, le Primatice, dans une série de peintures qui n'avaient de lien que sa fantaisie, semble y avoir épuisé tout le champ de l'invention poétique. Ou plutôt c'est une sorte d'ouvrage à la façon des Métamorphoses, où les épisodes, tour à tour piquants graves ou terribles, forment un tout par l'admirable unité du style et l'intérêt ingénieusement renouvelé.

Telle est la figure de ce talent, sur lequel un jugement d'ensemble peut maintenant être porté. Trop éloigné de la simplicité naturelle, apanage de ses modèles, pour être mis au premier rang, dépourvu comme il est de la classique sévérité d'un Jules, de la science grave et profonde d'un Michel-Ange, de l'air de grâce naïve et de la vérité d'un Corrège, dans un degré moindre il est vrai il a cependant réuni quelques-uns des plus rares mérites de ces trois hommes. Il a de l'ornement et de la majesté, une habitude de formes séduisantes, la prestesse du pinceau, le négligé heureux, la beauté des visages et le précieux de l'invention. Sa veine n'est pas moins exquise qu'abondante. Dans de grands ouvrages tels que la galerie d'Ulysse, il paraît un de ces triomphants poètes, en qui une sûreté d'instinct en même temps qu'une pratique consommée enfante sans relâche des merveilles. On ne sait ce qu'il faut le plus admirer ou de la beauté de leur génie ou de la facilité de leur main. Ils gardent l'allure de gens qui ne feraient que jouer, et rien n'est si sérieux que leur science ni si relevé que le goût dont ils font preuve. On les voit fournir sans effort et comme de pratique les plus heureuses couleurs et le style le plus fort. Maîtres absolus de leur instrument, ils en tirent comme à volonté ce qu'il y a de moins appris dans l'art. Génies de second rang, mais dans le commerce desquels on oublie de plus hauts mérites, dont le défaut ne se sent que par comparaison, et dont, même en les critiquant, on subit le triomphant prestige.

# CHAPITRE SEPTIÈME

Les talents dont on vient de voir que le Primatice fut pourvu, sont de ceux qui réclament, en même temps que de vastes entreprises, des applications variées. Assez de témoignages assurent que cette variété ne leur manqua point. Ce qu'on appelait naguère l'art industriel, et qu'on appelle aujourd'hui volontiers d'un nouveau nom les arts mineurs, leur a fourni précisément un champ, qu'il nous faut à présent parcourir.

Ce que j'ai dit des décorations publiques peut être répété ici. Un style ne devient populaire que par l'influence qu'il exerce dans ce domaine, moins abstrait et plus accessible à tous, parce qu'il se compose d'objets d'usage et dont chacun se croit plus en mesure de juger. Tel se récuse devant un tableau, qui n'aura point de honte de dire son avis d'une poterie ou d'une tenture. Au demeurant l'art est décor, et on peut dire qu'un style n'a fait ses preuves, qu'autant qu'il réussit dans ces applications communes. Les plus grands peintres du passé ne les ont pas dédaignées. Celui dont nous faisons l'histoire, prend rang dans cette famille d'artistes à qui nulle branche des industries d'art ne devait rester étrangère. Il est vrai que ce qu'on sait là-dessus de précis est court. Le voici avec les réflexions qu'il suggère.

On n'a pas su jusqu'ici que le Primatice eût fourni des dessins pour les émailleurs de Limoges. Le fait est cependant certain, car j'ai pu restituer au maître une série de pièces d'émail fameuse. C'est la suite, longtemps anonyme, des Douze Apôtres [1],

---

1. Sur ces émaux, v. IIe partie, art. xxxvii.

auxquels, depuis M. de Laborde, on a donné Rochetel pour
auteur. François Iᵉʳ les commanda en 1547 au célèbre Léonard
Limousin. Il est vrai que Rochetel a fourni les patrons mis en
couleur au point pour l'émailleur, mais lui-même travaillait
dans cette occasion sur des dessins, dont tous n'ont pas péri, et
qui sont de la main du Primatice. On a vu plus haut que ce
Rochetel exécutait à fresque les dessins du maître. Ce même rôle
d'auxiliaire fut le sien dans cette affaire. Pour quel usage la
commande en fut faite on ne sait. Ils étaient avant la Révolution, dans la chapelle du château d'Anet, où on doit croire
qu'Henri II les plaça. Ils sont à présent conservés dans l'église
de Saint-Père à Chartres.

Tout est dit sur ce magnifique ouvrage, où, quoique l'ouvrier
n'ait qu'insuffisamment gardé la perfection de l'original, la grandeur et l'élégance du style ne laissent pas de se faire jour. Sans
doute ce sont les premières pièces que Léonard Limousin ait
exécutées dans le nouveau genre, mettant au service des doctrines qui triomphaient à Fontainebleau, un art longuement perfectionné et dont la carrière était glorieuse. Il paraît que le succès
de ces morceaux fut grand, puisque bientôt et sous le règne
d'Henri II, on commença d'en tirer de nouveaux exemplaires,
où des portraits de personnages du temps remplacèrent les
visages de fantaisie. Il n'en reste, de cette série, que deux pièces,
conservées dans la galerie d'Apollon au Louvre : le Saint Thomas
et le Saint Paul, représentés sous les traits de François Iᵉʳ et de
Galiot de Genouilhac.

Ce n'est plus rien dire de rare aujourd'hui, que de parler de la
fabrique de tapisseries qui s'entretint à Fontainebleau durant la
plus grande partie du xviᵉ siècle.

François n'aima les tapisseries autant que Louis XIV lui-même.
Mais il y avait longtemps, à l'époque où nous sommes, que la
fabrication française avait cessé de compter dans le monde.
Bruxelles était alors l'atelier où les commandes affluaient de tous
les points de l'Europe. C'est à Bruxelles que fut tissée la tenture
vaticane des Actes des Apôtres. C'est à Bruxelles que le roi de

France se fournit d'abord comme tout le monde. Ses commandes furent considérables. De 1528 à 1539, dans l'espace d'un peu plus de dix ans, on le voit se rendre acquéreur de plus de trente tentures ou chambres ¹, dont la plupart se tenaient entre cinq et douze pièces, dessinées par Raphaël, par Jules Romain et par d'autres maîtres encore. Il faut croire que le roi finit par se lasser de chercher hors de chez lui ce dont il faisait si grand usage. Selon Sauval, il fonda enfin la manufacture de Fontainebleau, qu'il mit sous la conduite de Babou de la Bourdaisière ².

Le même auteur ajoute que le Primatice a fourni des dessins pour cette manufacture, dont un fort petit nombre d'ouvrages sont aujourd'hui reconnus. Ce sont des compositions d'arabesques, au milieu desquelles des sujets occupent une place de médiocre importance. Le fond est uni et de couleur sombre. L'invention de l'ornement est parfaite. Dans quatre au moins de ces morceaux je n'hésite pas à reconnaître le dessin du Primatice ³. C'est la tapisserie de Flore, celle de Cybèle, celle de Bacchus et celle de Neptune, les deux premières conservées aux Gobelins, les deux dernières propriété du musée des Tissus de Lyon.

Tout porte à croire que ces quatre morceaux ont fait partie d'une même tenture des Dieux arabesques. Toutes portent dans un ovale couché la figure d'un de ces dieux accompagnée de figures accessoires et d'attributs, le reste n'étant que d'arabesques, où s'entremêlent parfois de petites figures. Je suis en doute si le sujet de Cybèle est aussi le fait du Primatice, mais ce point nous est de peu. Ce que je voudrais remarquer ici c'est le style de ces ornements, que tous les auteurs jusqu'ici ont rapporté à Ducer-

---

1. Je le calcule au moyen des mentions de tapisseries relevées dans les Acquits au comptant, Laborde, *Comptes*, t. II, pp. 967, 978-984, de celles que Félibien cite t. I, p. 136 de ses Entretiens, et aussi d'un inventaire de 1660 rapporté par M. Reiset, *Dessins du Louvre*, 1ʳᵉ partie, pp. 242-247, joint celles que C. del Pozzo a décrites, *Journal*, pp. 260. 261, 273.

2. *Antiquités de Paris*, t. II, p. 505.

3. Sur ces tapisseries, v. II* partie, art. xxxix.

ceau, et qu'il faut rendre au Primatice. C'est un point des plus
importants dans l'histoire de l'art au seizième siècle.

De l'aveu même de Ducerceau, une partie de ses Grands Arabesques fut copiées de celles qui se trouvaient à Fontainebleau.
Or nous pouvons dire en quel endroit se trouvaient ces originaux. C'était dans la galerie d'Ulysse. Même j'ai pu réussir à
marquer dans une pièce de ce fameux recueil, la copie d'un compartiment de la voûte de cette galerie [1]. Cette identification, qui
vient à point pour donner un corps à la déclaration générale de
Ducerceau, découvre en outre quelques-uns des éléments dont
se compose ce qu'un auteur appelle le « style bien français » de
cet artiste. En réalité et sans contester tout ce qu'il apporte
d'agréablement original dans l'exécution de ses planches, il est
parfaitement établi que la plupart de ses compositions lui
venaient d'ailleurs que de lui-même. Sur cinquante-six pièces
que contient le recueil des Petits Arabesques, j'en puis rendre
vingt à leur auteur véritable. Une telle proportion empêche
qu'on ne parle d'un style d'arabesque propre à Ducerceau, ou
que du moins l'on espère établir sur la considération de ce style,
sa paternité dans quelque ouvrage. Le style de Ducerceau est
tantôt celui d'Énée Vico, d'Augustin Vénitien ou de Nicoletto
de Modène, tantôt comme ici celui du Primatice, qu'il a copié.
En conséquence il conviendra de retenir l'estampe de Ducerceau
dont il s'agit, et la rapprochant de la tenture des Dieux arabesques de Fontainebleau, qui s'accorde parfaitement à son
style, d'en faire le fond d'une étude de la manière du Primatice
en ce genre.

On sait que les quinze travées de la voûte de la galerie d'Ulysse
étaient couvertes de pareils ornements. Notre artiste en tenait de
Jules Romain la pratique, lequel l'avait reçue de Raphaël. Le
succès de ce genre, immense en Italie, ne devait pas être moindre
en France, où il est certain que la galerie d'Ulysse en offrit le
premier spectacle. C'était avant que n'eût paru le premier recueil

1. V. IIIᵉ partie, catalogue des estampes.

de Ducerceau. On les y vit dans une profusion telle, qu'ils n'avaient pas cessé deux siècles plus tard de faire à cet égard l'admiration universelle. La voûte n'en portait pas seule, mais aussi les murailles au-dessous des tableaux et dans les embrasures des fenêtres. A l'époque ou nous sommes restés, le Bolonais Fantose en dirigeait l'exécution sous la conduite du Primatice. Il semble que cet artiste ait tenu sous son maître à peu près le même rôle qu'aux Loges du Vatican Jean d'Udine sous Raphaël. C'est à Primatice et Fantose que les Français se trouvèrent redevables de l'importation de cette invention. Il est naturel qu'on les ait suivis dans ce qui se fit du même genre, et que la Couronne ait commandé au Primatice les compositions d'arabesques qui se tissèrent à Fontainebleau.

J'ai dit avec quelle liberté Jules Romain avait copié les chambres Esquilines. Le Primatice n'a pas tiré des enseignements de son maître une pratique moins originale. Cette pratique est bien près de représenter la plus grande perfection du genre. Comparé à ces devanciers tant du Vatican que de Mantoue, il est incontestable que l'ornement de ce maître y est en général mieux digéré et plus agréable. L'imitation de la nature, qui gâte ces fantaisies quand elle est trop fidèle, y fait preuve de plus de discrétion. Les motifs y sont moins volontiers tirés d'objets solides et de relief, qui ne vont pas sans pesanteur. La grecque y est employée de plusieurs façons ingénieuses et ces bandes plates, dont la régide armature relève la délicatesse, du reste. Les fabriques plus gracieuses y sont portées sur des tiges aiguës. Partout des glands et d'autres menus objets pendent aux extrémités des guirlandes et des draperies légères; l'hippogryphe et la chimère classique revêtent mille aspects imprévus, et quoique le caprice y semble maître, un goût admirable de l'antiquité perce dans ces ornements rajeunis. Les Satyres qu'on y voit en façon de termes, toutes les figures de caprice, diversement tronquées et dénaturées, y sont ce qu'on peut imaginer de plus plaisant et de plus habile. A se restreindre au champ de la tapisserie, il n'y a pas même de comparaison à faire entre ces pièces de Fontainebleau et celles qu'un peu plus tard, on tissait à Florence dans un genre analogue sur les dessins du Bacchiacca, tant elles les surpassent au premier coup d'œil par la belle tenue et par la fantaisie spirituelle.

Les morceaux dont je viens de parler sont probablement tous de Henri II, mais comme il n'y a pas de doute que dès le règne de François I*ᵉʳ* le Primatice en ait fourni de semblables, en l'absence de pièces plus anciennes il a fallu parler de celles-là pour achever le tableau de cette époque.

Au reste et quoique je n'en aie point de preuves, je suis assuré d'être suivi de tous ceux qui se rendent à certaines vraisemblances impérieuses, si je dis que le Primatice dut exercer sur les tapisseries de Fontainebleau, en ce qui regardait l'art et le goût, une espèce de surveillance et de direction supérieure, quoiqu'il s'y soit tissé bien autre chose encore que des ouvrages de sa façon. Badouin, qu'on voit besogner à raison de vingt livres dans cette manufacture [1], a-t-il travaillé en particulier sur ses dessins, je ne saurais le dire.

Mais il faut encore porter plus loin l'ingérence du Primatice. Le Musée de Cluny possède une boîte plate et carrée que l'on croit être un corporalier [2], sur le couvercle duquel est brodé un Christ descendu de la Croix. L'ouvrage est d'une perfection rare. L'épaisseur de la boîte a sur ces quatre faces des anges portant dans des écussons les emblèmes de la passion. On n'y trouve d'autre indication ni de possesseur, ni d'artiste, mais je suis parfaitement assuré que le dessin est du Primatice. Je consigne cette attribution qui jointe à ce qui précède, fournira quelque idée du grand nombre des arts auxquels il a dû toucher.

Un artiste de cette importance ne donne des modèles aux brodeurs, qu'après en avoir premièrement fourni à plusieurs sortes d'ouvriers. Ce que je viens d'en exposer, montre de quoi il était capable, et comment son génie lui permit autant qu'il le

1. Laborde, *Comptes*, t, I, pp. 190, 204.
2. Sur ce corporalier, v. II*ᵉ* partie, art. XL.

voulut d'être à tout, de décorer tout, de prodiguer des dessins
de toutes choses. On a touché déjà dans l'entrée de Charles V
le chapitre des fêtes publiques et des décorations de la rue. Des
réflexions plus précises, soutenues de documents importants,
seront produites en leur temps sur cette matière.

Je voudrais joindre ici à tous ces arts la gravure, qu'une tradition, à laquelle je ne crois pas, a mis au nombre des talents du
Primatice. Malvasia dit formellement qu'il a gravé [1], mais le
témoignage de cet auteur ne rend pas la chose plus croyable.
Outre qu'il parle cent cinquante ans après l'évènement, il est
contraint d'avouer lui-même que les estampes qu'il cite, ne sont
pas du Primatice, mais seulement gravées d'après ses compositions. Rien davantage ne prouve que la célèbre estampe connue
sous le nom des Deux Femmes romaines [2], et que Bartsch lui
attribue, soit de sa main.

Ce qui est de certain, c'est que l'exemple de ses peintures a
formé, avec celles du Rosso, toute une génération de graveurs,
dont les productions prirent promptement cours, et se montrèrent bientôt en Italie, comme Vasari en témoigne [3]. Elles
composent ce que les amateurs appellent l'école de Fontainebleau. Plusieurs sont l'œuvre d'artistes que j'ai déjà nommés.
Dominique Florentin et Fantose ont gravé quelques planches
d'après le Primatice. Il y en a aussi d'un anonyme qui signe du
monogramme F. G., que Mariette appelait Guido Ruggieri, et
que M. Herbet propose de reconnaître pour François Gentil
sculpteur troyen. Mais tous ces artistes ne tiennent encore que
peu de chose de son style. Mignon s'en rapproche davantage.
Boyvin, dont on ne possède d'après lui qu'une seule pièce, est
tout entier l'élève du Rosso. Le plus conforme à notre artiste, et
le premier au demeurant des graveurs de Fontainebleau,
l'homme à qui revient nécessairement une place d'honneur dans
une histoire de la vie du Primatice, est le fameux graveur au

1. *Ouv. cit.*, t. I, pp. 79, 80.
2. Voy. IIIᵉ partie, catalogue des estampes.
3. *Ouv. cit.*, t. V, pp. 433-434.

monogramme L. D. sur lequel aussi bien tout renseignement manque.

On l'a tour à tour appelé Léon Davent et Léonard Thiry : il faut renoncer à ces inventions [1]. Tout ce qu'on peut savoir, vient de la date de ses ouvrages, qui prouve qu'il a vécu au moins jusqu'en 1556 [2]. Près de cinquante planches gravées d'après le Primatice, portent sa marque. Il maniait tour à tour le burin et l'eau forte, et ces instruments rendent sous sa main le style du maître avec une exactitude si grande, qu'on doit croire qu'il y fut formé par ce dernier.

En effet son originalité est extrême au milieu des écoles contemporaines : on le voit à égale distance des Italiens et des Allemands. Rien ne ressemble moins à sa manière que celle dont l'exemple de Marc-Antoine avait popularisé la pratique. Qui voudra comparer l'une et l'autre, n'aura qu'à mettre auprès des planches que Georges Mantouan a gravées d'après le Primatice, les propres ouvrages de notre graveur. Je n'oppose ici que style à style, ou si l'on veut école à école. Autant d'un côté se montre de rigueur parfois sèche, autant de l'autre on trouve d'agréable abandon ; autant dans le style émané de Marc-Antoine il y a de correction et de prudence, autant le maître de Fontainebleau étale de verve galante et de souple vivacité. Or s'il est vrai que les ouvrages de l'art se fassent d'autant plus chérir qu'avec un soin plus attentif et une plus scrupuleuse surveillance, de cela même on sait mieux leur sauver l'apparence, on devra louer comme un mérite nouveau la taille libre et largement croisée, l'exécution brève et légère, le flou et l'inachevé qui, chez le graveur du Primatice, vont sans préjudice de l'exactitude.

Le maître au monogramme L. D. est au Primatice ce que Marc-Antoine fut à Raphaël, ce que Jean Pesne fut à Poussin. Je veux dire que si ces peintres eussent eux-mêmes gravés, il ne s'y seraient pas pris d'autre sorte que ces auxiliaires de

---

1. Herbet, *Œuvre de L. D.*, pp. 59-65, 67-69.
2. *Ibid.*, p. 65.

leur renommée. Ces graveurs ont été comme leur ombre
et ne paraissent être nés que pour multiplier leurs œuvres.

L'estampe qui représente un sacrifice au dieu Terme, marque
l'extrême de la manière que j'ai décrite. Elle est conçue en façon
de bas-relief antique, et la négligence affectée de l'instrument
s'accorde si bien à cet air d'antiquité, que pour rien trouver de
comparable à cet égard, il faut aller jusqu'aux Travaux d'Hercule
de Poussin, l'œuvre peut être la plus antique de style que l'art
moderne ait jamais produite.

Le tableau que j'ai promis, est maintenant achevé. Tout ce
qui précède de mon récit en a préparé les couleurs ; ce qui suit y
trouvera son explication. En dépit de l'abondance du détail,
qu'on ne pouvait négliger sans tomber dans le vague et dans
l'incertitude, il me semble que la matière même y fournit assez
d'unité pour permettre d'en ramasser aisément les traits. Le personnage de François I<sup>er</sup> y prime de toute la hauteur d'un protec-
teur vraiment inspiré des arts, sous une figure un peu différente
il est vrai de ce que, depuis Lenoir, on s'est habitué à imaginer
de ce monarque, le faisant trôner au milieu d'une école française,
qui bâtissait Blois et Chambord. Comme il avait pris l'Italie
pour modèle, c'est d'Italiens que François I<sup>er</sup> s'entoura. Italiens
furent ses peintres et ses décorateurs, italiens même ses architectes, italiens ses orfèvres, ses faïenciers, ses graveurs en pierres
fines, italiens ses auxiliaires dans la recherche de toute sorte
d'œuvres d'art. Le peu que fournissait la France aux desseins
dont j'ai rapporté les effets, l'obligeait à rechercher ces étrangers.
François I<sup>er</sup> voulait fonder, et les mérites de son règne sont
ceux que comportent des commencements, je dis des commencements si sûrs, que ceux qui vinrent ensuite, trouvant la route
ouverte, n'eurent plus qu'à se montrer dignes d'un si admirable
initiateur. Pour organiser tant d'éléments, qu'au prix d'une
recherche incessante et d'une persévérance incroyable il rassem-
blait autour de lui, il lui fallait un homme qui lui servît de tout.
Dès le vivant du Rosso la commission de Rome montre qu'on
jugeait le Primatice plus propre que celui-ci à un emploi si

général. Le Rosso mort, tout s'arrangea comme du fait d'un événement prévu. Le palais du roi s'emplit de chefs-d'œuvre, l'activité du Primatice tripla, les inventions les plus nouvelles surgirent, l'architecture commença de renaître, les industries d'art se rajeunirent, un style se dessina, suivant lequel toutes choses furent réformées.

Le prestige et l'effort soutenu d'un même homme intervenant sur tous les points, servirent puissamment à ce succès. Ce qu'il y apportait du sien, avait tout ce qu'il faut pour plaire, n'étant pas de ces artistes qui ne conviennent qu'aux connaisseurs, et possédant, parmi plusieurs sortes de mérite, celui de charmer encore les ignorants. Dans cette heureuse rencontre des projets d'un mécène et des facultés d'un artiste, on vit naître de grandes et belles choses. Un accord si rare produisit des résultats inestimables, dont l'éclat, grandissant sous le règne de Henri II, et déclinant à peine sous ses successeurs, illumine de ses derniers feux jusqu'aux premières années du siècle qui vit régner Lebrun et Louis XIV.

———————

# CHAPITRE HUITIÈME

*L'école de Fontainebleau. Les maîtres : Primatice, Rosso, Lucas Penni. Les petites influences. Les ouvrages de Jules Romain. Les autres Italiens. Les collections royales. Les disciples. La peinture : Les cheminées d'Écouen, Geoffroy Dumoutier. La sculpture : Goujon, Bontemps, Perret. L'ornement. Les gravures de Fantose, leur influence. La province. Dominique Florentin et l'école de Troyes. Sambin. Léonard Thiry et les Flandres. Les ornements de Fontainebleau à Venise.*

Le moment est venu de parler de la fameuse école de Fontainebleau. Quoique tous les historiens de l'art aient communément employé ce terme, ou peut-être à cause de cela, on ne peut se passer de le définir.

De fait un examen exact des choses établit qu'on en a trop souvent abusé. Si par le mot d'école, en effet, on veut entendre une unité de tradition et de doctrine, rien ne serait si faux qu'une pareille expression appliquée à ceux qui l'ont fondée. Il est certain qu'en ce sens, ni Rosso, ni le Primatice n'appartiennent à l'école de Fontainebleau, mais le premier à l'école florentine, le second principalement à la parmesane. Même les artistes qui les aidèrent et qui sortaient tout formés d'Italie, Miniato, Pellegrin et Renaudin Florentins, celui-ci élève de Rustici, Virgile Baron de Laurent Costa, Jean Baptiste Bagnacavallo de Barthélemy son père, Cachenemis, Fantose, Lucas Penni, le menuisier François Scibec de Carpi, ne doivent pas plus être compris dans une telle dénomination. École si l'on veut, à condition de ne signifier rien de plus qu'un atelier, où des hommes d'éducation diverse, rassemblés par hasard, ont mêlé leurs travaux. Qu'on se garde d'imaginer dans le Fontainebleau de la Renaissance, un accord et une fusion pareille à celle qui se vit aux Gobelins sous Louis XIV. C'est qu'il y avait alors une école française, qui

n'avait pas attendu la primauté de Lebrun pour exister. C'était
un peuple déjà formé, qui dans celui-ci trouva son roi. Fontainebleau n'eut que des troupes de circonstance, levées de tout
côté, à qui Primatice et Rosso n'ont commandé que parce qu'on
ne s'y put passer de maître.

Encore y trouvons-nous le pouvoir partagé, et l'on connaîtrait
sans doute bien d'autre dissidences si des œuvres originales et
distinctes nous restaient de tous ceux qui travaillèrent sous eux [1].
On peut en prendre l'idée par les dessins fort nombreux qui nous
demeurent de Lucas Penni, et aussi par d'autres, dont j'ignore
l'auteur, et dont il sera ici question pour la première fois [2].

Vasari a écrit de Lucas qu'il se retira en Angleterre, d'où il
envoyait des dessins pour les graveurs [3]. Il est probable que cela
fut sous le règne de Henri II, mais sa Marche au Calvaire [4],
datée de 1544, atteste que dans le temps même qu'il peignait la
galerie d'Ulysse avec les autres aides du Primatice, il faisait
graver de ces estampes, par Boyvin, par le maître au monogramme L. D. et par d'autres qui sont anonymes. Le style de
Lucas imite légèrement le Primatice dans les indications des
formes, et il a dans les figures cet allongement dont j'ai parlé,
mais tout le principal est romain et pris de l'atelier de Raphaël,
dont il fit partie avec son frère. Je crois que deux dessins du
Louvre représentant l'histoire de Diane et d'Orion, incontestablement de la main de Lucas Penni, étaient destinés à des tapisseries [5]. Ces tapisseries, jointes à ces estampes, feraient une

1. Par exemple les sculptures de Laurent Renaudin au jubé de Saint-
Germain-l'Auxerrois, v. ci-dessous.

2. V. IIIᵉ partie, appendice aux dessins.

3. *Op.*, t. IV, p. 647.

4. Au t. I des Anonymes de Fontainebleau au cabinet des Estampes. Le
dessin de la composition est au Louvre.

5. Nᵒˢ 8741 et 8742. Je n'ai de raison que le genre de la composition, où
de petites figures sont dispersées dans beaucoup d'espace. Au surplus celle
où Apollon perce Orion, est reproduite dans un petit émail du même musée
du Louvre, Cat. Darcel, nᵒ 394, sauf plusieurs modifications commandées
par la forme différente. Il est visible par là que le dessin ne fut pas fait pour
l'émailleur, et qu'il n'a pas laissé de servir pour quelque ouvrage qui le mit
en cours, et d'après lequel l'émailleur l'a copié. Cet ouvrage n'est pas une

branche séparée d'assez grande importance près de celles du Primatice et du Rosso.

Quant à l'artiste inconnu dont j'ai parlé, et qui est peut-être Bagnacavallo le jeune, son talent n'est pas moins remarquable, et il faut avouer qu'il a plus d'agrément que celui de Lucas Penni. Je ne connais de lui que trois dessins, qui peut-être se rapportaient à une suite de l'histoire d'Énée.

Je ne mets pas en compte les broutilles : le style particulier dont Fantose, qui n'a rien gravé d'original, fait preuve dans l'interprétation de ses modèles, les six planches d'arabesques gravées par Dominique Florentin dans un genre différent de celles de la galerie d'Ulysse, les boiseries dont Scibec emplit le Palais de Fontainebleau, et dont le dessin, connu par celles de la galerie de François Ier [1], fait une petite école à part.

Tout cela vient de Fontainebleau sans se ressembler le moins du monde. Ce sont autant d'exemples indépendants rapprochés seulement par le lieu. Comme ils s'étendirent à tous les arts, notre pays en put tirer une instruction universelle. L'architecture même y trouva des modèles et la gravure en acquit une pratique qu'on ne soupçonnait point auparavant. Mais l'ornement et la figure en ont été principalement renouvelés. Le dessin des stucs du Rosso se reconnaît dans les inventions innombrables dont on se servit alors pour décorer toute chose. Les arabesques du Primatice n'y tinrent pas une place moins importante. De tout côté se répandit ce goût des figures allongées, où se découvre la recherche tantôt de la grâce parmesane, tantôt de l'élégance plus sèche des Florentins. Ces éléments composent chez les disciples une manière d'unité, par laquelle l'emploi du mot d'école tend

---

gravure, puisque cette copie n'est pas en contrepartie. Il faut que ce soit une tapisserie ou une peinture.

1. Cette attribution est garantie par un texte des Comptes des Bâtiments, que M. de Champeaux a dû connaître, car il a donné avant moi ces lambris à Scibec, dans son Histoire de la Peinture décorative, et dans celle du Meuble : « A Nicolas Picart, commis au paiement des édifices de Fontainebleau, pour délivrer à Francisque Cybec menuisier, sur le fait des lambris de la grande galerie dudit lieu, 1000 liv. » t. II, p. 36.

à se justifier davantage. J'ajoute qu'il n'y faut pas omettre
l'expression violente et même terrible, effet de l'influence romaine, exercée soit par Lucas Penni, soit par Bagnacavallo, soit
principalement, comme je crois, par les ouvrages de Jules
Romain.

 On ne s'attendait pas peut-être de trouver ici mention de Jules.
C'est un fait cependant que l'esprit de ce maître a plané sur
toute la Renaissance française : ce qui doit cesser d'étonner, si
l'ont fait réflexion aux dessins de sa main que j'ai dit que le Primatice avait apportés de Mantoue [1]. C'étaient la plupart des
préparations pour le Palais du Té, partant des œuvres d'une
excellence rare, qui, présentées et commentées par le plus brillant
élève du maître, durent faire un fruit singulier parmi les peintres,
entre les mains desquels ils circulaient. Nous trouvons qu'ils
s'en sont servis de plus d'une sorte. Un grand nombre d'estampes
issues des graveurs de Fontainebleau, reproduisent des compositions de Jules. J'en compte neuf au monogramme L. D. [2] dix-
neuf de Fantose [3] et plusieurs anonymes. Il est vrai que d'autres
maîtres encore ont exercé de Fontainebleau leur influence par
l'intermédiaire de ces graveurs. Dominique Florentin a gravé
des parties du Jugement dernier de Michel-Ange, et quatre pièces
de Fantose sont reproduites du Parmesan.

Au reste il ne paraît pas que les rapports de François Ier et de
Jules Romain se soient bornés aux négociations qui avaient attiré
le Primatice en France. Le roi ne perdait guère de vue l'Italie,
et la réputation du maître de Mantoue était immense alors
comme héritier de Raphaël et représentant de l'école romaine,
la dernière venue et la plus à la mode. Comme de grandes
fresques ne pouvaient s'exporter, il envoyait de sa main les cartons que François Ier donnait à tisser en Flandre. J'ai dit comment ceux du Petit Scipion y furent portés par le Primatice lui-
même, et rapporté le Grand Scipion en 1534. Ce dernier

1. V. p. 37.
2. Herbet. *Œuvre de L. D.* pp. 86, 87.
3. Id. *Fantuzi*, pp. 285-287.

comprenait les Batailles et les Triomphes, et ne comptait pas moins de vingt-deux pièces. Félibien n'a pas signalé [1] moins de onze tentures du garde-meuble, en tout quatre-vingt-dix pièces, de Jules Romain, dont on doit croire que la plupart avaient été commandées en ce temps-là pour la couronne. Qu'on juge de l'action qu'une telle quantité de compositions riches et magnifiques devait avoir dans notre pays [2].

Je ne sais jusqu'à quel point il convient de mettre à part des influences venues de Fontainebleau, celle que les autres Italiens employés par François Ier développaient à la même époque : Rustici avec sa statue équestre du roi, La Robbia et sa faïence peinte du bois de Boulogne, Cellini avec ses grands bronzes [3] et des pièces d'orfèvrerie, l'auteur anonyme de la statue funèbre d'Albert Pie prince de Carpi [4], Nassaro avec ses pierres gravées et, selon le témoignage formel de Vasari [5], ses dessins pour la tapisserie. D'autres artistes encore, comme le Tribolo [6], sculpteur florentin, comme François Mini et Benoît del Bene, peintres de la même nation [7], sont à joindre à cette liste. A joindre aussi sont les modèles qu'offraient les collections royales : aux murs de l'appartement des Bains les plus

1. Pass. cit.
2. Aux tapisseries de Jules Romain il conviendrait de joindre celles de Raphaël (v. Félibien, *Entretiens*, t. I, p. 244 et Laborde, *Comptes*, t. II, p. 372) avec le fameux meuble dit du sacre, qui n'était que la chambre de François Ier, dont l'inventaire, relevé par M. de Laborde, *Renaissance*, pp. 994-1000, comprenait quatre fauteuils, dix-huit pliants, un tapis de table, un écran, un dais et un lit, qui à lui tout seul ne porta pas moins de quarante-cinq sujets, brodés sur les dessins de Raphaël, dit-on. Un seul est conservé au musée de Cluny sous le n° 6345.
3. Outre la Diane au repos et les Victoires fondues pour la porte Dorée, il y eut encore les Satyres et le Mars, dont il laissa les plâtres.
4. Elle date de 1535. L'auteur était certainement florentin. Peut-être sera-t-elle l'ouvrage de Rustici ou de Renaudin.
5. *Op.* t. V, p. 378.
6. Une lettre de Nicolas Martelli à Cellini le nomme comme ayant logé chez ce dernier au Petit-Nesle. Ce fut avant le 1er septembre 1543. Cellini, éd. Tassi, t. II, p. 212, note 2.
7. Ils apportèrent la Léda de Michel-Ange. Vasari. *Op.* t. V, p. 131 et VII, p. 202. Cet auteur affirme que Mini demeura en France, t. VI, p. 620, et que Benoît y a fait plusieurs beaux ouvrages t. V, p. 131.

rares chefs-d'œuvre de la peinture d'alors [1], dans les jardins alentour l'antique et Michel-Ange, au haut du pavillon de Saint-Louis tout ce que contint d'objets précieux, où l'art surpassait la matière, ce fameux cabinet des Bagues, l'orgueil et la richesse de Fontainebleau [2].

La résidence royale fut vraiment une école, où tous les Français qui n'allèrent pas en Italie pouvaient s'instruire et s'instruisirent en effet. Je voudrais le montrer rapidement, et commencerai par la peinture.

C'est ici le moindre résultat des influences de Fontainebleau. Non qu'il faille plus qu'auparavant supposer alors des résistances : la vérité est que l'art de peindre avait peine à s'établir chez nous. La veine flamande des Clouet continuait d'enchanter la cour dans les portraits. Nous sommes venus au temps que François, le second du nom et qui fut le plus célèbre, commençait de paraître, et que la vogue se déclarait pour lui. D'autres Flamands et des Hollandais travaillèrent alors dans le même genre pour le roi [3]. Si bien que de ce côté je ne trouve qu'un seul Français, Bouteloup, lequel n'a pas laissé de paraître dans l'atelier de Fontainebleau [4]. Dans tous les autres genres l'Italie et Fontainebleau règnent sans partage, jusque dans les plus petits ouvrages, où l'influence flamande triomphait auparavant :

1. Voy. p. 60 et II° partie, art. VII.

2. Quant à l'existence de ce cabinet, v. II° partie, art. I. Ce qui s'y trouvait, transporté sous Charles IX, et fondu pour aider les finances royales, est à peine soupçonné aujourd'hui. Il est seulement à croire qu'il contenait la salière d'or de Cellini, un brûle parfum de Raphaël supporté par trois cariatides que Marc-Antoine a gravé, des pierres gravées de Nassaro, et sans doute un exemplaire de choix de la médaille de Cérizoles, que M. de la Tour a restituée à cet artiste, *ouv. cit.* pp. 548-551, ainsi que d'une médaille de Cellini, que tout le monde connaît.

3. Corneille natif de la Haye, dit de Lyon, Pierre Foulon, qui sans doute s'exerça dans le même genre que Benjamin son fils, Josse van Cleet d'Anvers, et aussi Jean Schorel, qui ne vint jamais en France, mais envoyait de Hollande ses ouvrages. Guicciardini, *Pays-Bas*, p. 132.

4. Laborde, *Comptes*, t. I, p. 133. Pour cette raison je lui attribuerais volontiers le Henri II de Chantilly faussement donné au Primatice, v. II° partie, art. LV.

livres d'heures [1] et toutes autres pièces du même genre [2], miniatures [3], estampes en bois [4]. Parmi celles-ci le célèbre frontispice du Polyphile français est d'un style qui pourrait presque le faire attribuer au Primatice lui-même.

Je glisserai sur cette foule de peintures anonymes, dispersées partout sous la mention aussi vague que mal établie d'école de Fontainebleau [5], et dont les meilleures, qui ne sont pas des chefs-d'œuvre, sont la Diane avec l'Amour du Louvre autrefois au musée de Cluny et la Toilette d'une Dame de même provenance. La Diane chasseresse de la Grande Galerie est au-dessous du mauvais et je n'y connais l'influence d'aucun peintre. Il importe ici de faire court, et je ne veux m'arrêter qu'à deux sources, comme dispensant de toutes les autres : d'une part les dessins et estampes conservées sous le nom de Geoffroy Dumoûtier, d'autre part les peintures à fresque dont le magnifique château d'Ecouen fut décoré des fondements au faîte.

Ces peintures sont un échantillon infiniment précieux des grands ouvrages qui se firent au seizième siècle sous l'influence directe de Fontainebleau, et dont les chambres d'Ancy le Franc et la galerie de l'Énéide à Oiron [6] sont d'autres exemples. On s'étonne que pas un des historiens de la peinture en France

1. Celui de Henri II à la Bibliothèque.
2. Les plumes rehaussées du manuscrit des Troades d'Euripide à Chantilly. Le Livre de Fortune (de 1568) qu'on attribue à Jean Cousin.
3. Le portrait de François I<sup>er</sup> en Minerve au Cabinet des Estampes. Ce portrait est certainement du règne de Henri II.
4. Le recueil Edg5 du Cabinet des Estampes.
5. J'en sais aux musées de Rouen, de Lille, à Saint-Pantaléon de Troyes et dans l'église de Pont-sur-Yonne. D'autres ne sont pas même du xvi<sup>e</sup> siècle français, quoiqu'on n'ait pas hésité quelquefois à les donner au Primatice lui-même.
6. Ouvrage présumé de Noël Jallier. B. Fillon, *Art de terre*, p. 76. C'est un des rares ouvrages de ce temps auquel un nom français soit joint. Je n'en sais d'autre que l'Incrédulité de saint Thomas de Léonard Limousin au musée de Limoges ; étant sans renseignement sur ce qui se fit au château de Monceaux-en-Brie, où M. Lhuillier, *Château de Monceaux*, p. 254, affirme, sans donner de référence, que Dumoûtier (Geoffroy sans doute) et un peintre du nom de Saget avaient peint des arabesques.

n'ait voulu décrire celles d'Ecouen [1]. Tout y est inspiré des décorations de la résidence royale. Les gros ornements de stuç y sont reproduits autour des peintures ; mais il faut croire que ces grands seigneurs ne purent en assumer l'extrême dépense, et la coutume paraît avoir été générale de les représenter en trompe-l'œil.

Cinq cheminées offrent encore, après les ruines qu'on a laissées s'accumuler dans ce château [2], matière à un examen fructueux. Deux appartiennent à l'imitation exclusive du Primatice : celle du dortoir des Isolements et celle de la salle de l'Intendante. Le sujet de la première, vulgairement dénommé Coriolan chez les Volsques, est Abigaïl aux pieds de David, celui de la seconde Saül sacrifiant avant la bataille. Autour de celle-ci deux génies, quatre enfants, un Atlas arabesque mettent cette variété piquante que j'ai décrite et vantée. Sur la frise est un petit sujet dans un cartouche. Une pareille disposition se retrouve dans les trois autres cheminées, dont deux décorent la salle du Connétable. Celles-ci ont l'ornement le plus compliqué de toutes. Dans l'une, où le goût du Primatice se reconnaît en dépit du mélange, est représenté Jacob chez Laban dans un paysage. Deux figures assises et deux autres en camaïeu forment, parmi le ronflant des cuirs, un ensemble des plus agréables ; l'autre, d'un style plus neutre, a pour sujet un paysage encore avec Ésaü à la chasse. La cheminée du dortoir Bleu a de part et d'autre du tableau principal, deux grandes figures de Mars et de Minerve dessinées dans la matière violente du Rosso.

Voilà donc ce qui se fit en France sous l'influence des artistes

1. M. le chanoine Gallet en a dressé un petit inventaire, *Peintures murales au château d'Écouen.*

2. Les peintures y sont cachées par des volets qu'on ouvre comme des battants d'armoire. Comme cela n'arrive que rarement, on s'habitue à traiter ce bois comme une muraille ordinaire. On le perce pour le passage des tuyaux de poêles, on y appuie des planchers d'entresol, sans autre souci de ce qu'il recouvre, et qui demeure enseveli. La moitié des peintures qu'on pouvait voir il y a dix ans dans ce château, sont invisibles aujourd'hui. Il a fallu se hâter de les étudier avant que tout ait disparu.

que j'ai dit, et, pour ainsi parler, la seconde mouture de Fontainebleau. J'incline à voir là-dedans la main des Français et peut-être de ces Badouin, Carmoy, Musnier, Rochetel, qui figurent avec honneur aux Comptes des Bâtiments. En tout cas on ne saurait supposer à ceux-là un talent supérieur à ce qui paraît par ces ouvrages. Commandées par le Connétable, qui n'employait rien moins que Goujon à ses sculptures, il est parfaitement incroyable que ces peintures l'aient été à de moindres personnages que ceux qui tenaient dans Fontainebleau un premier rang après le Primatice. Or on peut juger à l'effet de la médiocrité de ce premier rang, et quelle distance il y eût du maître aux disciples.

La pratique de l'ornement est ce qu'elles offrent de meilleur, et, dans ce qui tient du Primatice, le choix des attitudes et des accessoires sent, il est vrai, une excellente manière ; le coloris y est plus clair et la touche mieux appliquée. Mais en général le pinceau est extrêmement faible et va par endroits jusqu'à la grossièreté. Ce sont des peintures de pratique, peintures de commerce et de bâtiment, œuvres de sous-ordres qui ne présentent que des vertus d'école et rien de cette finesse et de cette dernière main, qui dénotent un artiste digne au moins de ses modèles.

Les ouvrages de Geoffroy Dumoûtier servirent à ceci de commentaire et d'explication.

Ce peintre, le plus ancien d'une famille célèbre, a imité à la fois le Primatice et le Rosso [1], et l'on saisit dans le travail tantôt de sa plume, tantôt de sa pointe, la manière précise dont les Français réalisèrent cette imitation. L'instrument y est en même temps violent et faible, emporté d'un feu apparent, d'où sort une espèce de variété, mais la monotonie est au fond, et une roideur déplaisante causée par l'ignorance des règles du dessin. Au total, et malgré un brillant de surface, l'impression d'insuffisance est extrême. Le style appris écrase visiblement l'élève, quoiqu'il ne

---

1. Il ne paraît qu'une fois à Fontainebleau, Laborde, *Comptes*, t. I, p. 137.

s'en tire pas sans adresse. Il me semble qu'on touche du doigt dans ces morceaux, l'excessive disproportion qu'il y eut entre les maîtres tirés d'Italie et les talents des Français.

J'imagine sans peine les peintres d'Écouen exécutant sur les dessins et sous la direction de ces maîtres des œuvres excellentes, dont on voit qu'ils ont possédé la pratique la plus matérielle; mais il faut que tous ces artistes n'aient pas été capables de s'élever au-dessus de ce rôle d'instruments. Dans ce qu'ils accomplissaient seuls, toute leur faiblesse s'est étalée.

Il est vrai qu'ils ont peut-être suffi à la pratique des arts industriels, dans lesquels l'intérêt qui se prend à la matière, aide à faire illusion. Il y a au Louvre un dessin de vitrail de Dumoûtier, et Félibien [1] mentionne formellement Badouin comme ayant fait les dessins de quelques vitres de la Sainte Chapelle de Vincennes. Je ne sais si celles-là ont été conservées dans ce qui nous reste de ces vitres, où se découvre l'influence du Rosso et aussi de l'école romaine. Kramm [2] cite deux dessins de Léonard Thiry faits également pour des vitraux. Antoine Caron, qui fut un sectateur étroit du Primatice, a donné des modèles aux verriers de Beauvais [3].

Je me crois bien fondé dans toute cette étude à n'écrire qu'en passant le nom de Jean Cousin, qu'on a parfois posé en rival de l'Italie et en représentant de l'école française. Le nom de cet artiste occupe infiniment plus de place chez les historiens de l'art que lui-même ne paraît en avoir tenu de son temps. Je crois que le surnom de *Michel-Ange français* a fait sa fortune dans la postérité, et ce surnom lui vint apparemment de ceux qui n'examinaient son Jugement dernier que dans la gravure de Pierre de

1. *Ouv. cit*, t. I, p. 204. L'attribution à Jean Cousin doit être entièrement rejetée.

2. *Vlaamsche Konstschilders*, p. 1624.

3. Pour Saint-Laurent et pour l'église des Cordeliers. Denis Simon, qui décrit ces ouvrages, *Supplément*, pp. 117 et 120, ajoute que ces vitraux étaient peints par Engrand Leprince, chose impossible, car ce dernier mourut en 1530 et l'on ne peut faire naître Caron fort avant 1521.

Jode. Trois estampes ' et les planches d'un livre de Perspective composent, avec ce tableau, tout son œuvre authentique, duquel au demeurant on a peine à tirer autre chose que l'idée d'un imitateur sans génie de Fontainebleau.

La difficulté de trouver aucune œuvre de peinture faite sous François Iᵉʳ avant le temps où toutes celles dont je viens de parler ont paru, m'a obligé de remettre à comparer l'état des arts dans ces différentes époques. Le chapitre de la sculpture va réparer cette omission, en faisant voir après combien d'attente l'ancien style a cédé devant le nouveau.

C'est en effet un préjugé entièrement dépourvu de fondement, que celui qui représente les arts renouvelés aux mains des Français dès le règne de François Iᵉʳ. Le nom de *père des arts*, qu'on donne à ce monarque, a peut-être égaré les historiens là-desssus. Non que je prétende lui ôter ce nom : tant s'en faut, et je remarque au contraire que, comme les fils succèdent à leur père, ou du moins ne fleurissent et ne se développent qu'au déclin de de la vie de ceux-ci, il est juste d'attendre la fin du règne pour célébrer le renouveau de l'art français. Les commencements de Henri II en virent l'épanouissement complet. Ce fut, à parler exactement, le temps de la Renaissance française, ou, si l'on veut, de cette seconde Renaissance, qui fait chez nous pendant à celle de Bramante et de Raphaël, venant après celle de Charles VIII, comme celle-ci succéda en Italie à la Renaissance florentine. Il est remarquable que l'ancienne critique, qui en matière de lettres rattacha volontiers Marot et Villon aux poètes de l'âge suivant, ne laissait pas d'appeler gothiques les édifices bâtis sous François Iᵉʳ, tandis qu'en déclarant de nos jours que Marot est le dernier poète du Moyen-Age, on a pris l'habitude de placer de son temps la renaissance des arts.

Il ne faut pas disputer des mots, et tout dépend de l'impor-

---

1. Le Serpent d'airain, les Forges de Vulcain et la Nativité. Ce sont les seules dont on puisse assurer qu'il a donné les dessins. L'attribution de l'*Ève première Pandore* de Sens n'est aucunement garantie. Celle du Livre de Fortune est douteuse.

tance qu'on trouve à l'un et à l'autre des deux mouvements que
je viens de dire. Selon qu'on accordera plus à celui-ci qu'à
celui-là, on reculera ou avancera d'un demi-siècle ce nom de
Renaissance. L'erreur serait de le placer entre deux et de se
laisser tromper à la précoce perfection des ouvrages de Fontainebleau.

Tandis que cette espèce de colonie d'artistes, subitement transportée chez nous, fournissait au commandement du roi ce qu'il
n'eût obtenu des nôtres qu'après de longues années d'apprentissage, l'art national continuait de s'avancer dans les mêmes
chemins où je l'ai fait voir engagé. Rien mieux que Fontainebleau même ne peut nous renseigner sur son état. La porte égyptienne sur le jardin de Diane, celle de la grande vis dans la cour
du Donjon, témoignent des mêmes pratiques empreintes de
timidité et de routine, mal rachetées par une grâce frêle, dont le
siècle ne devait pas se contenter longtemps. Il manque à ces
figures d'enfants si vantées, l'aisance, l'envolée, l'ampleur, la
liberté de l'outil et de la pensée. Qui voudra connaître la différence qu'il y eut, durant le règne de François Ier, entre les Italiens et nos artistes, n'a qu'à regarder la cheminée de la chambre
de la Reine. Sur des colonnettes courtes et grosses, couronnées
de chapiteaux de cet ordre que Serlio ne savait comment définir [1],
repose le manteau paré de faunes et de chimères, que j'ai décrit
en son rang. Cet agrément mythologique, cette facilité, cette
grâce, sont évidemment d'un autre monde et si fort en avance
sur le reste, qu'on s'étonne que quinze ans aient suffi à combler
ce grand intervalle.

Il est vrai que tous les artistes français n'ont pas marché en
cela d'un pas égal. Un parmi eux a devancé les autres de tout
l'élan d'un génie vraiment extraordinaire, c'est Jean Goujon, à
qui il appartient d'avoir le premier profité de ces nouveaux exemples de l'Italie.

On l'a nommé le Corrège de la sculpture, et il est certain que

---

1. Pass. cit.

ses parentés sont parmesanes. Avant de travailler à Paris, comme
je dirai tout à l'heure, avec des auxiliaires de Fontainebleau, il
ne faut pas douter que l'étude des maîtres sur les lieux-mêmes
lui avait révélé son génie. Sa ressemblance avec le Primatice
éclate dans les figures qu'il a gravées en 1548 pour le Vitruve de
Martin. On la remarque par toute son œuvre. Mêmes proportions, même élégance, même art de contourner les membres et
de compliquer les attitudes en demeurant dans la nature; mêmes
contours fermes sans sècheresse, ondulants sans papillottage,
même sentiment inattendu de l'antique. Jean Goujon est reconnu
partout pour le plus grand sculpteur du siècle, il est le premier
des artistes français qui se puisse comparer sans déchéance à ses
modèles. On ne se lasse pas d'admirer le goût délicat de ses
figures, la science accomplie et discrète, la grâce exquise et vraiment supérieure, l'invention aisée naturelle et riante qui paraît
dans tout ce qu'il a touché. L'avènement de Henri II marque sa
pleine maturité avec l'hôtel Carnavalet, la fontaine des Innocents, la cour du Louvre et ce château d'Anet, joyau de la
Renaissance française, où l'on vit les leçons de Fontainebleau se
mêler à d'autres, dont je parlerai bientôt.

Au prix de l'immense progrès que révèlent de pareilles œuvres,
je trouve du retard dans les figures du tombeau de François Ier,
sculptées au commencement du règne par Pierre Bontemps,
qui travailla à Fontainebleau. Il est vrai qu'elles ont de la dignité
et de la proportion, mais rien n'est si froid que leur attitude et si
mécanique que leur action. Toute la rigidité du marbre habite
en elles, et les personnages agenouillés y paraissent aussi morts
que ceux qui gisent dessous. Ceux-là ont de la sècheresse et un
tatillonnage de dessin qui rend l'ensemble mesquin et pauvre,
malgré le mérite considérable qui se révèle à l'examen. Les
figures décoratives de bas-relief, qui sont du même Bontemps et
d'Ambroise Perret, sont meilleures sans être parfaites. Pour
parler d'un autre monument qui n'est aujourd'hui guère moins
célèbre, je ne conteste pas le mérite de l'expression dans la statue
de Chabot, dont on fait tant d'éloges, mais je ne puis en même

temps m'empêcher de remarquer que le dessin de cettè figure est bon sans être exquis, et que l'exécution n'en est ni belle, ni cou-lante, ni agréable.

Du côté de l'ornement la transformation fut bien plus rapide et générale. Je trouve aux portes de Saint-Maclou de Rouen le premier exemple des ornements nouveaux exécutés par un Fran-çais. C'est en 1541 [1], six ans avant la mort de François Ier, dix ans après l'après l'arrivée du Rosso à Fontainebleau. Quoique Gou-jon n'ait mis dans ce premier ouvrage qu'une petite partie de ses talents, le mérite de cette initiative est trop beau pour qu'on songe à le mesurer. De 1542 à 1546 il travaille au jubé de Saint-Germain-l'Auxerrois [2] avec deux artistes de Fontainebleau, Simon Leroy et Laurent Renaudin. Peu après il est à Écouen, où on lui attribue non sans toute vraisemblance, l'admirable autel de la chapelle [3]. Or, que tout l'ornement et les panneaux de grotesques des portes de Saint-Maclou de Rouen, que les termes et les cartouches qui figurent sur l'autel d'Écouen, re-lèvent directement des stucs de Fontainebleau, cela n'est pas du tout contestable.

Sitôt après la mort de François Ier, Pierre Bontemps sculpta dans le même goût plus déclaré encore, pour l'abbaye de Hautes-Bruyères, l'urne aujourd'hui conservée à Saint-Denis, où reposa le cœur du roi. Le tombeau de Chabot, qui fut aux Célestins, reproduisait exactement l'ordonnance d'un grand cartouche de Fontainebleau.

Dès 1543 Fantose avait gravé une partie des compartiments de stuc de la galerie du Rosso, avec plusieurs autres planches qui reproduisent sans doute des morceaux disparus, comme les orne-ments du pavillon de Pomone. Autour des histoires qu'il livrait aux graveurs, Lucas Penni a dessiné quelques cartouches de fantaisie dans le goût de ces mêmes ornements. Le succès des

1. Deville, *Tombeaux de Rouen*, p. 126, note 1.
2. Laborde, *Comptes*, t. II, pp. 282, 283.
3. Sculpté probablement en 1546, entre les boiseries et les vitraux de la même chapelle.

estampes de Fantose fut considérable, à en juger par les contrefaçons qui ne tardèrent pas à paraître. Une quantité de petites
pièces, que l'on conserve sous le nom de Ducerceau, les reproduisent de cent manières. La cheminée de la chambre de la Reine
se trouve parmi ces petits morceaux. D'autres graveurs s'en
inspiraient, et, démembrant ces compositions, en tiraient des ordonnances nouvelles. Un nombre incalculable d'estampes de ce
style est sorti de ces copies et de ces altérations variées, où les ins-
tincts de paresse et de lucre eux-mêmes servaient l'esprit d'invention. Les artistes et les gens de métier copiaient si bien toutes ces
estampes, que le plus grand nombre en a été détruit à force de
les étudier. Aussi en retrouve-t-on de toutes parts les lambeaux :
en peinture, en sculpture, en gravure, dans le bois et dans la
pierre, sur des vitraux comme ceux de l'église d'Écouen [1], sur des
émaux comme au portrait du connétable de Montmorency [2], un
peu plus tard dans les faïences de Palissy. C'est une influence si
subtile et si générale qu'elle se glisse jusque dans des ordonnances d'un esprit entièrement différent, comme aux cheminées
de Wideville [3]. Les ornemanistes français en gardèrent longtemps
l'habitude, et à cet égard le mot d'école de Fontainebleau emporte
un sens aussi complet que possible et se laisse employer sans
explication.

Ce que je viens de dire explique en partie la diffusion qui se fit
des exemples de Fontainebleau en province et hors du cercle de
la cour. Il faut joindre l'initiative des grands seigneurs, qui
dans leurs terres n'avaient rien tant à cœur que d'imiter ce qu'ils
voyaient chez le roi. On en a déjà vu quelques effets, et, outre
les imitations plus grossières, le Primatice en personne mandé
en différents endroits du royaume. Ce chapitre-là même n'est
pas fini. Nous le verrons bientôt à Joinville en Vallage, pour des
ouvrages de la plus grande importance. Davantage les différentes

1. Un fragment est au musée de Cluny, daté de 1545.
2. Au Louvre. Cat. Darcel, n° 330. Les Satyres à droite et gauche sont pris
de la galerie de François Iᵉʳ.
3. Château entre Grignon et Poissy.

villes où là plupart des artisans qui avaient travaillé à Fontainebleau, se retirèrent, durent recevoir par eux cette influence. Un
grand nombre d'entre eux, établis en province, où ils étaient nés,
ne firent à la cour que le séjour qu'il fallait pour profiter d'une
besogne fructueuse, et rentrèrent ensuite dans leur patrie. Il y
aurait donc un très grand intérêt à la connaître pour chacun
d'eux. Voici ce que j'en ai pu recueillir.

Les Dumoûtier étaient de Rouen [1], les Carmoy d'Orléans [2],
ainsi qu'un Pierre Loisonnier [3] sculpteur, qui paraît sur les
mêmes listes. Bouteloup fut de Blois, les Justes de Tours ainsi
que Jean Challuau [4]. Pierre Godary, qu'on voit besogner sous
le Rosso, était de Saint-Mihiel et le propre gendre du célèbre
Léger Richier [5]. Un Christophe Levieil était de Sens [6], un Nicolas Lassus de Châlons [7], ainsi qu'un nommé Jean de Châlons.
Il y a aussi un Jean de Bourges et un Martin de Chartres [8], dont
le nom fait connaître l'origine. Antoine Caron était de Beauvais. On ne sait quelle ville vit naître Jean Leroux, de qui le
surnom de Picart indique au moins en gros la patrie. Enfin les
Juliot étaient de Troyes, ainsi que les Cochin, Colin, Blampi-
gnon, Cordonnier, Hallins et Pottier [9], au milieu desquels vivait
établi le fameux Dominique Florentin. Comme il faut aux con-

---

1. Dans la Chronologie Rouennaise de Guillaume de la Marc, citée par
M. Le Breton, *Un carrelage* etc, p. 381, on lit : *Galfridus de Monasterio
pietor regis.*

2. Dans une variante au V⁰ livre de Rabelais citée par M. de Laborde,
*Renaissance*, p. 551, on trouve : « Charles Charmois Aurelian. »

3. D'après une créance de 1521 concernant les travaux de Notre-Dame de
Cléry citée par M. Jarry, *Construction de Chambord*, p. 95.

4. Il dut être frère, fils ou neveu de Guillaume Chaleveau, mentionné
comme de Tours dans un document publié par M. Guiffrey, *Artistes et tombiers*, p. 18.

5. Cela est attesté par des minutes de notaire publiées par M. le pasteur
Bonnet, *Un grand artiste protestant*, p. 176-177. M. le pasteur Dannreuther
a bien voulu me communiquer une pièce des archives du département de
la Meuse, qui marque qu'en 1549 il était retourné chez lui et se trouvait à
Bar-le-Duc.

6. Laborde. *Comptes*, t. I, p. 136.

7. *Ibid.*

8. *Ibid.*

9. Babeau, *Dominique Florentin*, p. 111.

clusions que j'envisage, autre chose encore que cës constata-
tións, je ne prendrai pas droit d'affirmer que Rouen, Orléans,
Tours, Saint-Mihiel, Blois, Beauvais, Châlons, Bourges et
Chartres soient devenus par là des foyers d'italianisme, mais
quant à Troyes la chose est avérée, et l'on peut même recomposer dans cette ville la physionomie d'une école provinciale gravitant dans l'orbite de Fontainebleau, et dont l'histoire, qui peut servir de type, achèvera fort à propos ce
chapitre.

J'ai fait voir dans ce qui précède le Primatice à Polisy, et
nous le trouverons bientôt à Joinville. Ni l'un ni l'autre n'est
fort éloigné de Troyes, où il ne faut pas douter que ses intérêts
ne l'aient plus ou moins appelé, depuis qu'il eut été fait abbé de
Saint-Martin. Son abbaye subsiste encore dans cette ville, à
l'écart des rues fréquentées, vers les promenades des bords de
Seine. Tout ce pays fut donc accoutumé à lui, et l'école qui s'y
forma sous l'influence de Dominique Florentin, l'eut pour ainsi
dire pour parrain.

Troyes se vante d'être la Florence de la France. La grande
quantité d'œuvres d'art qui remontent à la Renaissance y est en
effet une chose particulière. La tradition les attribue de tout
temps à un compagnonnage célèbre, celui de Dominique et
d'un François Gentil, réputé élève du Primatice, dont le renom
dans le pays n'est pas moindre. Mais c'est un de ces artistes
mythiques dont les textes parlent peu, et dont les œuvres certaines font entièrement défaut. Celles qu'on lui attribue[1] sont
de styles et d'époques différents. Du reste les pièces authentiques qui font mention soit de Dominique soit de Gentil, ne
donnent aucunement la preuve d'une collaboration aussi constante. Nous laisserons donc là Gentil pour ne parler que du
Florentin. Tout porte à croire qu'il fut à Troyes avant de

---

1. Les Saints Crépin et Crépinien de Saint-Pantaléon, les deux *Ecce Homo*
de Saint-Nicolas, le Baptême de Saint-Augustin à la cathédrale, un tombeau daté de 1570 à Saint-Nizier, un pareil dans la cathédrale de Châlons,
un Christ à Saint-Martin de Langres.

paraître à Fontainebleau [1]. Il ne laissa pas l'un pour l'autre. Les artistes voyageaient alors avec une facilité qui étonne. Celui-ci dans ces dix ans paraît avoir partagé ses soins entre la cour et sa ville d'adoption, avec la même aisance qu'on ferait aujourd'hui. Quoique résidant en province, il suivait les travaux qui se faisaient pour le roi, et, comme la suite de cette histoire le fera voir, pour d'autres grands seigneurs qui touchaient de près au trône. En 1549 on le voit conduire son fameux jubé de la collégiale Saint-Étienne, dont il ne reste plus que des débris. Il était alors le premier homme de Troyes et le représentant par excellence de l'art italien dans cette ville.

Le plus célèbre avant lui des sculpteurs troyens fut Jacques Juliot, auteur du retable de Larrivour et de quelques autres morceaux que ce modèle doit lui faire attribuer [2]. Cet artiste travaillait depuis 1511, et ne mourut qu'en 1567. Si l'on prend ses ouvrages, en même temps que le fameux retable de Saint-Jean [3], une des gloires de Troyes, pour type de ce qui s'y faisait alors, on aura l'idée de gens fort habiles, touchés de la première Renaissance italienne, maniant avec légèreté le ciseau, dessinant bien, drapant avec grâce, ordonnant avec monotonie et froideur. Le style de Dominique au contraire est libre, hardi et pittoresque. Il cherche le mouvement et le grand goût du contour. A ne l'étudier que dans ce qui reste de son jubé de Saint-Étienne, qui est deux statues de la Foi et de la Charité et quatre bas-reliefs de l'histoire du saint [4], on lui trouve une recherche

---

1. C'est l'opinion de M. Babeau et de M. Herbet. Le fait est qu'on ne le voit paraître pour la première fois à Fontainebleau (1538-1540) qu'en compagnie de plusieurs Troyens, que j'ai nommés. Sa première mention authentique à Troyes est de 1541, v. Babeau, *ouv. cit.* p. 111.

2. Ce retable fort mutilé est au musée de Troyes. V. sur son authenticité Babeau, *Jacques Juliot*, p. 103. Le bas-relief de Saint Joachim à l'église Saint-Nicolas est absolument du même style.

3. Je ne puis croire avec M. Babeau, *Jacques Juliot*, p. 105-107, que ce retable soit aussi de Jacques Juliot. Il est du reste à retenir que le milieu seul, qui représente la Cène, a quelque chose de vraiment excellent. Les côtés sont bien inférieurs et de style différent. Il est de 1530, *ouv. cit.* p. 96.

4. Visibles les statues à Saint-Pantaléon de Troyes, les bas-reliefs dans l'église de Bar-sur-Seine.

d'élégance qui vient du Primatice, avec un fracas florentin, qui marque l'étude du Rosso. La première de ces influences se sent davantage dans les bas-reliefs, disposés d'une manière grande et fournis partout de contrastes aussi agréables qu'imprévus. Mais le modelé n'y est pas selon le goût parmesan, il a plus de fougue affectée et de coup de main, avec des cassures dans les étoffes d'ailleurs lâches et étalées.

L'influence de cet artiste supplanta entièrement celle de Juliot dans Troyes et tous ses environs. A Saint-Pantaléon le Saint Jacques, le Saint Jean-Baptiste, le Saint Sébastien, le Saint Pierre, le Saint Joseph, le Saint Philippe, la Rencontre sous la porte Dorée, à Saint-Nizier Saint Marc et Saint Joseph, à Saint-André-les-Troyes le Saint André, s'ils ne sont pas de Dominique lui-même, sont les ouvrages de gens qui le copiaient de fort près. Le Saint Julien et l'*Ecce Homo* de Saint-Nizier, le Saint Nicolas et la Notre-Dame de Pitié de Saint-Pantaléon, révèlent des copistes moins exacts. Il me semble que parmi ces morceaux et quelques uns de ceux que l'on donne à Gentil, il ne faudrait pas rechercher que les œuvres de ce dernier, mais celles des principaux artistes qui florissaient alors à Troyes et qui avaient accompagné Dominique à Fontainebleau. La famille de Jacques Juliot faisait une partie de cette génération, principalement représentée par Hubert Juliot [1].

Le renouvellement que je rapporte ne s'étendit pas seulement à la figure, mais à l'ornement et à l'architecture, et tout cela dans un temps si court, qu'on ne voit nulle part rien de semblable.

L'église de Saint-André-les-Troyes offre le spectacle palpable de cette merveilleuse rapidité. A l'intérieur un retable d'ancien style, que M. Babeau donne au vieux Juliot, environné des mille colifichets et de ces découpures que prodiguèrent les Français sous François Ier, porte en évidence la date de 1541. Au

1. Babeau, *Jacques Juliot*, p. 101. Hubert Juliot répara les antiques de Fontainebleau (v. p. 59) et fut à Polisy avec le Primatice.

portail daté de 1549, c'est-à-dire de huit ans plus tard, c'est l'art du temps de Henri II qui se présente sans transition et surgit pour ainsi dire tout armé. Mille détails y sont pris de Fontainebleau. Les guirlandes en particulier qui contournent le cintre des deux portes, semblent détachées des murs de ce palais. On croit dans cette comparaison assister comme à la conquête soudaine de cette contrée par la nouvelle école. Une tradition constante attribue ce portail à Dominique, et en effet cette prompte métamorphose ne s'explique que par l'intervention d'un des premiers artistes de Fontainebleau. Si Dominique n'en est l'auteur, il faut que ce soit au moins un maçon formé sur ses exemples ou sur ses leçons, comme Jademet et Thiédot, auteurs du portail de Saint-Pierre-les-Tertres [1], ou Gérard Fauchot, qui fit celui de Saint-Nicolas à Troyes. Auquel de ces noms faut-il inscrire l'admirable portail de Saint-Nizier, celui de Creney, celui de Laubressel ? Morceaux vraiment uniques, et dont la province ne nous offre nulle part peut être l'équivalent, monuments inestimables de cette petite école à propos émanée de la grande, pour attester sa puissance et sa fécondité [2].

Il faut aller encore plus avant. Le sculpteur dijonnais Sambin, en qui l'influence de Fontainebleau n'est pas contestable, épousa la fille d'un sculpteur de Troyes : de sorte que c'est peut-être par l'école troyenne qu'il faudrait rattacher la bourguignonne de la Renaissance à celle dont je fais l'histoire [3]. Davantage Sambin n'était point de Dijon, mais de Gray dans la Franche-Comté [4]. Par lui l'école de Fontainebleau passe ses frontières naturelles et pénètre sur les terres de l'Empereur. Ceci n'est point du tout une vaine remarque, puisque Sambin a exercé

1. On trouve leurs noms sur les débris de ce portail avec la date de 1557.
2. Je ne fais pas mention des vitraux que Grosley dit que Dominique a peints, parce que je n'en trouve aucun dans Troyes, pas même celui de Saint Jacques chassant les Sarrazins, à Saint-Pantaléon, que retient M. Babeau, où sa manière se reconnaisse.
3. C'était l'opinion de M. Castan, *L'architecteur Hugues Sambin*, p. 223.
4. Document des archives de Dijon communiqué à M. Gauthiez, qui n'a mentionné que le fait. *La chapelle de G. de Visemal*, p. 403.

son art dans cette province, et travaillé pour la ville de Besançon[1] et pour les Gauthiot d'Ancier, illustre famille de ce pays[2].

Elle les passait encore dans le même temps du fait de Léonard Thiry, nourri à Fontainebleau et disciple étroit du Rosso, qui était retourné à Anvers sa ville natale, et y mourut en 1550[3]. Au demeurant rien n'est plus assuré que l'influence des décorations de Fontainebleau sur les ornemanistes des Flandres. Des morceaux comme la cheminée de Pierre Coucke d'Alost à l'Hôtel de Ville d'Anvers, comme la grille du tabernacle de l'église Saint-Jacques à Louvain, de Jean Veldeneer, en sont de certains témoignages. Ni les planches d'arabesques de Corneille Floris, ni surtout l'œuvre de Vredeman de Vriese n'auraient été ce qu'ils sont, sans Fontainebleau. Le livre des Cartouches de ce dernier vit le jour à Anvers en 1555. On sait quel fut le renom de cet artiste et le crédit de ses inventions. Si bien qu'il n'est pas exagéré de dire que dans ce qu'on a depuis regardé comme la marque du goût flamand dans l'ornement, et à quoi les artistes de notre pays n'ont pas laissé depuis de recourir, les stucs du Rosso et du Primatice ont part d'auteur.

Enfin ce qui paraîtra plus extraordinaire, c'est que l'influence de Fontainebleau a reflué jusqu'en Italie même. Nous tenons de ce fait à la fois le témoignage et l'explication. J'ai cité déjà Vasari au sujet des estampes que les Italiens commencèrent à voir venir de France aussitôt après la mort du Rosso[4]. Il y en avait d'après ce maître, d'après le Primatice et d'après Lucas Penni. Mais il n'a pas parlé d'une suite contrefaite par les Italiens mêmes, sur celles que Fantose grava d'après les stucs du Rosso[5]. Le Schiavon en était l'auteur, et cette contrefaçon d'un

---

1. L'Hôtel de Ville est de son dessin.
2. Un buffet de la façon de Sambin au musée de Besançon, porte leurs armes. Castan, *Cat. du musée de Besançon*, n° 1096.
3. Préface des Fragments antiques en douze planches gravées d'après lui par Ducerceau. Le style de Léonard nous est connu par les deux suites des Seize Dieux et de Jason, que Boyvin a gravés.
4. *Op.* t. V, pp. 433-434.
5. Herbet, *Fantuzi*, p. 268-269.

Vénitien eut des effets immédiats dans Venise. Ainsi s'explique la ressemblance frappante de la cheminée de Scamozzi au Palais Ducal avec les ornements de Fontainebleau, ainsi la présence au haut de l'escalier des Géants d'un cartouche de style pareil, où se trouve mentionné le passage de Henri III dans la ville.

Ce curieux rapprochement termine mon sujet. Ce sont là des limites extrêmes après lesquelles il n'y a plus rien. L'historien de François I<sup>er</sup> et de ses efforts d'encouragement des arts, y trouve un motif d'éloges qu'il ne devra pas dédaigner. Il est beau qu'à peine fondée en France, cette école ait trouvé jusque dans le pays de ses origines, des émules aussi illustres. Je dois maintenant passer à d'autres réflexions, et abordant le règne de Henri II, achever le tableau commencé du renouvellement des arts en France, par le récit de l'entrée en scène du plus grand des rivaux du Primatice, je veux dire Philibert Delorme.

# CHAPITRE NEUVIÈME

*1547 à 1559. Philibert Delorme. Sa charge de directeur des Bâtiments. Quelle révolution elle accompagne. Comment on peut dire que Serlio l'avait précédé. Suite des livres d'architecture publiés en France. Le château de Saint-Maur. Décroissance de l'atelier de Fontainebleau. Ses causes. Le nouveau style. L'école française. Les ouvrages qu'elle produit en dehors de l'influence de Fontainebleau. Rivalité du Primatice et de Delorme. Qu'on l'a exagérée. L'architecture du temps de Henri II.*

Les commencements du règne de Henri II sont signalés dans l'histoire de l'art en France par un événement considérable. Le 3 avril 1548 l'architecte Philibert Delorme fut commis par le nouveau roi à la direction de ses bâtiments. Comme il ne paraît pas que jusqu'ici on ait suffisamment connu l'importance de cette commission, je m'arrêterai à la faire voir. Aussi bien les réflexions qu'elle suggère sont nécessaires pour la suite de cette histoire.

Il faut revenir sur la pratique qu'on tint jusqu'à ce jour en France dans la conduite des édifices. On ne risquera pas de se tromper en partant de ce principe qu'absolument parlant, il ne s'y voyait pas d'architecte. Entendez par ce mot un homme qui fût chargé de tirer les plans selon la volonté du seigneur, et de faire entendre par un dessin précis et rigoureux cette volonté aux maîtres des œuvres. M. Palustre a cru que tel fut le rôle des maîtres maçons mentionnés aux Comptes des Bâtiments. Il prodigue le nom d'architecte aux Lebreton et aux Chambiges. C'est chez lui une inexactitude, non seulement de nom, mais de chose. Ces gens n'étaient que des maçons. Mais est-ce à dire que ces maçons travaillaient sous des architectes dont les noms restent à découvrir ? Voilà ce que je ne crois pas du tout.

Telle est cependant l'opinion qui, succédant à celle que M. Palustre a répandue, tend à prévaloir aujourd'hui. Selon ce point de vue, la plupart des comptes que nous possédons, doivent être tenus pour incomplets, parce qu'en nommant les hommes qui placèrent les pierres, ils omettent ceux qui donnèrent les dessins. On en conclut que les vrais auteurs des édifices du temps sont inconnus, pendant qu'on en sait les maçons [1].

Je fais à cela deux objections. Premièrement comment expliquer un silence aussi général, et que les noms de ces architectes, s'ils existent, fassent ainsi défaut partout? Davantage il est des documents conçus de telle sorte et dans des termes tels, qu'ils n'omettent pas seulement le nom de l'architecte, mais qu'ils démontrent son absence. C'est le cas des pièces qui regardent Fontainebleau. Les ordonnances pour la construction de ce château portent que le roi veut « les édifices être faits selon et ainsi qu'il a devisé et donné à entendre à son valet de chambre ordinaire Florimond de Champeverne » [2]. Au devis même le détail des ornements d'une porte est décrit *selon l'ordonnance* de ce même personnage [3]. Il est clair qu'en tout ceci Champeverne tient la place de l'architecte, je veux dire que si quelque architecte eût été chargé de l'ordonnance du château de Fontainebleau, c'est son nom, non celui de Champeverne qu'on trouverait en ces endroits-là. Cela est si vrai qu'il ne tiendrait qu'à nous de prendre Champeverne ainsi placé, pour un architecte, si nous ne savions d'ailleurs qu'il ne fut que contrôleur. C'en

---

1. « On peut être certain, écrit M. Charvet, que François I⁰ʳ a remis à divers maîtres d'œuvres pour être exécutés des *pourtraits* qu'il avait fait dessiner par toutes sortes d'artistes pour les palais si différents de style, de Chambord, de Madrid, de Saint-Germain et de Fontainebleau, et nous en sommes encore à chercher qui les a imaginés. » *Édifices de Brou*, p. 257. Le même auteur, dans un récent mémoire sur l'Architecture pendant les XVIᵉ, XVIIᵉ et XVIIIᵉ siècles, écrit encore, p. 268 : « Le système du *pourtrait* préalable employé au XVIᵉ siècle. » Il est vrai qu'il refuse le nom d'architecte aux donneurs de pourtraits. Au contraire M. de Geymüller le leur maintient.

2. Laborde, *Comptes*, t. I, p. 6.

3. *Ibid.*, p. 29.

est assez pour démontrer que l'entreprise de Fontainebleau n'a point été conduite avec d'autres éléments que ce que le roi et le contrôleur dictait [1], joint l'interprétation du maçon, comme il faut croire.

Que les maîtres maçons n'aient pu en bâtissant se passer de quelque sorte de dessins, je l'accorde : mais ces dessins ont pu n'être, selon le cas, que des ordonnances générales, des vues plutôt que des dessins réguliers, voire des plans grossièrement tirés et tels que, sans être du métier, les seigneurs qui faisaient bâtir, en pouvaient tracer de leur main.

A qui dira que ceci n'est que des suppositions, je répondrai par des témoignages capables d'arrêter là-dessus la certitude. Ils sont de Philibert Delorme. Cet auteur parle des gens qui font bâtir : « Et si par fortune, dit-il, ils demandaient à quelques-uns l'avis de leur délibération et entreprise, c'était à un maître maçon, ou à un maître charpentier, comme on a accoutumé de faire, ou bien à quelque peintre, quelque notaire [2] ». D'architecte point, au moins en général. On conçoit que des plans donnés par des notaires, voire par des peintres, j'entends qui n'étaient que peintres, devaient laisser au maçon une bien autre initiative que le tracé d'un architecte n'en laisse aux entrepreneurs qui travaillent sous lui. Autant de ceux que les seigneurs arrêtaient. Que François Ier ait été fort exact dans l'expression de ses volontés, et que le dernier détail du devis de Fontainebleau soit le résultat de ses conférences avec le seigneur de Champeverne, je le veux ; mais, eût-il poussé cette ingérence jusqu'au point où Catherine de Médicis poussa plus tard la sienne aux Tuileries, qu'il n'en serait encore l'auteur que par figure, puisque Philibert Delorme ne laisse pas d'être tenu pour l'auteur des Tuileries. La reine mère lui commandait toutes

---

1. J'interprète de même sorte ce texte concernant Chambord : « Comme nous avons puis naguère ordonné faire construire, bâtir et édifier un bel et somptueux édifice ou lieu et place de Chambord, en notre comté de Blois, *selon l'ordonnance et devis que nous en avons fait...* » Jarry, *ouv. cit.*, p. 80.

2. *Architecture*, fol. 6, dr.

choses « sauf les ornements, symétries et mesures, pour lesquels elle me fait, dit-il, cette grâce et honneur de s'en fier à
moi [1] ». Le plus délicat mérite d'un édifice réside tout justement
dans ces ornements, symétries et mesures. Il ne faut pas douter
qu'à Fontainebleau cette partie ne soit le fait de Lebreton, et
que les maîtres maçons n'aient usurpé en ce temps-là ce point
au moins de la besogne des architectes. D'autre part le contrôleur ou le seigneur plus ou moins conseillé apportait au plan,
comme on peut supposer, ce qui regarde la disposition plus
générale des bâtiments. Et si quelque chose demeurait où ni
l'intelligence du maître, ni la pratique du maçon ne put suppléer les capacités d'un architecte, il arrivait que ce point restait
sans provision, et que l'ouvrage imparfaitement réglé se poursuivait comme il pouvait : « Et qui pis est, continue notre
auteur, ils s'arrêtent pour toutes choses à un seul plan de l'œuvre
qu'on veut faire, étant figuré par ledit maître maçon ou bien
par quelque autre, qui y procédera comme il l'entend, et peut-
être bien à l'aventure [2] ». La tâche d'un architecte eût été justement de régler d'avance sur le papier le dernier détail de ce qui
doit se faire, et de ne mettre pierre sur pierre que par un dessin exact et calculé. Dans cet ancien système au contraire, on
jugeait les choses à l'effet et l'on ne prenait par provision que
des mesures très générales, à quoi un plan d'ensemble suffisait.

Dans la conduite des édifices d'alors on voit donc que tout ce
qui touche l'art, était le fait du maître maçon, et qu'il n'en faut
pas chercher d'autre. Serlio, parlant de la voûte qu'on devait
mettre au-dessus de la salle de bal de Fontainebleau, représente
le *maçon* comme ayant *ordonné* cette voûte [3]. Il est vrai qu'on
a pris ce mot de maçon comme un nom d'injure que cet Italien
donnait à l'architecte du château. Ce nom de maçon était son
propre nom, et désigne ici Lebreton dans le propre exercice de
sa charge. Preuve certaine que les maçons ordonnaient l'ouvrage,

---

1. *Architecture*, fol. 155, rev.
2. *Ibid.*, fol. 6, dr.
3. *Il muratore ché aveva ordinato tal cosa.* Tutte l'opere, liv. VII, p. 95.

et que, s'il faut cesser d'appeler, avec M. Palustre, Lebreton l'architecte de Fontainebleau, il faut continuer avec lui de dire qu'il en était l'auteur. Cette différence de langage importe, puisqu'elle signifie que Lebreton et les autres, simples maçons encore qu'ordonnateurs, manquaient de plusieurs capacités, qui depuis ont été le propre des architectes et dont on se passait alors.

Quant au résultat de pareilles pratiques, il est devenu délicat de l'apprécier. Les édifices du temps de François I$^{er}$ ont été depuis soixante ans vantés avec une persévérance qui ôte sur ce point la liberté. En face d'un pareil accord de l'opinion, il ne reste à celui qui n'en juge point de même, qu'à déclarer sur ce point sa pensée, sans prétendre l'imposer aux autres. Ce n'est pas que les autorités lui manquent, mais elles sont anciennes, et en matière d'autorité, comme on sait, les contemporaines sont toujours les meilleures [1]. Il est au moins une chose qu'on peut assurer. C'est qu'en opposant, comme on l'a fait, Philibert Delorme aux Italiens, et le rapprochant, par une solidarité nationale, des maîtres maçons de l'époque précédente, on a faussé toute cette partie de l'histoire [2].

Il ne s'agit pas ici d'appréciation mais de textes. On a voulu que les plaintes dont Philibert Delorme remplit ses livres d'architecture, se soient adressées au Primatice, au Rosso, en un mot à ce qu'on a appelé, par une transposition de termes imprévue, « la coterie ultramontaine ». Ultramontain appelle gallican, que plusieurs critiques ne se sont pas interdit. Sous leur plume Philibert Delorme est devenu un gallican.

On néglige de nous dire si le maçon Lebreton était aussi un

1. Ceci était écrit quand ont paru les lignes suivantes de M. Charvet, *Architecture etc.*, p. 290 : « Nous craignons qu'on n'ait un peu exagéré au sujet de Lebreton, comme pour d'autres maçons du temps, lorsqu'on est allé jusqu'à les qualifier de « grands architectes » du xvi$^e$ siècle. Nous ne leur refusons pas une forte part de mérite; toutefois nous entendons qu'on distingue parmi les rangs surtout au point de vue artistique et qu'on les laisse bien au-dessous de Serlio, de Philibert Delorme et de Lescot. »

2. Par exemple, M. Vachon dans son Philibert Delorme.

gallican, et si les bâtiments de Fontainebleau portaient l'empreinte gallicane; mais, s'il est vrai, il faut avouer que de terribles discordes travaillaient ce gallicanisme et que l'un des partis passait à l'ennemi. Si Philibert Delorme aima la nation italienne, c'est une question qui n'importe pas ici, et quant à ses rapports avec le Primatice ils seront examinés bientôt. Mais il suffit de le lire avec quelque attention, pour connaître que les fâcheries lui vinrent moins de concurrents qui voulaient prendre sa place, que des gens à qui il eut affaire, et qui le trouvaient incommode.

« Du commencement, écrit-il [1], que j'eus la charge des bâtiments, en faisant faire les toisés, au lieu que les ouvriers espéraient qu'il leur fût dû, tant à Fontainebleau, Villers-Cotterets, Saint-Germain et autres, que le maçon de Fontainebleau, maître Jean [2] Lebreton, devaient dix mille livres pour avoir plus reçu qu'ils n'avaient fait d'œuvre, et si y avait plus de quatrevingt mille livres d'œuvre qui ne valait rien, et plusieurs autres mauvais ménages qui étaient aux autres maisons : que j'ai remontré plusieurs fois et osé les larciner. » Les Comptes des Bâtiments sont pleins [3] du témoignage des vérifications conduites par le nouveau commissaire, dont sa commission porte l'ordre [4]. Il résulte de tout ceci que les traverses que Philibert Delorme endura dans sa charge, furent principalement d'ordre administratif. C'est qu'il faisait des fonctions nouvelles, introduisant dans la conduite des bâtiments la compétence d'un architecte, dont on se passait auparavant. Architecte il fut en effet, non à la façon des Trinqueau, des Lebreton et des Chambiges, mais au

---

1. *Instruction*, p. 51.
2. Erreur pour *Gilles.*
3. T. I, pp. 210, 224, 228, 283.
4. « Pour ce que nous voulons savoir et entendre comme le feu roi a été servi en ses bâtiments, nous vous avons commis et député pour les faire vérifier et toiser, savoir et vérifier si les ouvrages ont été bien et duement et loyaument faits, *s'il n'y a point eu aucunes malversations et abus tant à la conduite des ouvrages que toisage d'iceux,* et en ce faisant, contraindre par toutes voies et manières les maçons et charpentiers de faire leur devoir et réparer leurs fautes. » Laborde, *Comptes,* I, p. 165.

sens véritable du mot, et d'une manière qu'il a pris soin de définir et de distinguer lui-même. Les maîtres d'œuvre et surtout les maçons, qui ne recevaient avant lui de contrôle que de gens ignorants du métier, ne purent le traiter qu'en ennemi. Les contrôleurs, accoutumés à décider dans le conseil du prince sans rencontrer de résistance dans une capacité supérieure, affectèrent de ne prendre conseil de lui [1], tandis que d'un autre côté ils rançonnaient les ouvriers [2]. Les régisseurs, concierges, maîtres d'hôtel des maisons royales apportèrent de leur part tous les obstacles qu'ils purent à l'exercice de sa charge [3].

On peut croire qu'un caractère, qui dans ses écrits se découvre fier et intraitable, lui suscita quelques-uns de ces embarras; mais la principale cause en fut évidemment la nouveauté de sa commission. Entre les officiers des Bâtiments d'une part et les maîtres des œuvres de l'autre, l'architecte parut comme un fâcheux, contre qui mille persécutions sortirent de terre et les embûches se dressèrent d'elles-mêmes.

Une autre raison le séparait de ces maçons, dont on voudrait le faire héritier, c'est le mépris qu'il faisait de leurs talents. Ce qu'on appelait de son temps, à ce qu'il paraît, *mode française,* et qui n'est que le style par eux suivi, est représenté par lui comme « barbare » [4], comme abandonné de ceux « qui ont quelque soupçon de la vraie architecture » [5], comme dépourvu de mesure et de raison [6]. Ceci ne regarde que le goût en général. Si l'on demande quel cas il faisait des mérites particuliers, voici son témoignage de ce qu'il trouva à Fontainebleau à son entrée en charge. La grande salle de Bal tombait [7], et même la galerie [8];

---

1. *Architecture,* fol. 328, dr.
2. *Ibid.*
3. *Ibid.,* fol. 13, dr.
4. *Ibid.,* fol. 142, rev. et *Instruction,* p. 54.
5. *Architecture,* fol. 107, dr.
6. *Ibid.,* fol. 260, dr.
7. *Instruction,* p. 54.
8. *Ibid.*

le pavillon des Poèles ne valait rien [1] et il pleuvait dans la chapelle [2] par la faute du constructeur.

Au contraire, ce que M. Vachon cite de lui contre les Italiens, n'est point exact [3], et un passage qu'on ne saurait trop remarquer montre des dispositions entièrement différentes. Il concerne Serlio. « C'est lui, dit-il, qui a donné aux Français par ses livres et dessins, la connaissance des édifices antiques et autres belles inventions [4]. La véritable lutte ne fut donc pas du tout entre l'italianisme et la vieille pratique française médiocrement entamée jusque là par les premiers efforts de la Renaissance, mais entre les disciples de l'antiquité soit français, soit italiens, rompus à une discipline nouvelle, portant non sans orgueil ce nom grec d'architectes, et les maîtres maçons, artisans de pratique, accoutumés à travailler sans maître, se défendant contre des nouveautés, dont la plus dangereuse à leurs yeux fut certainement la toise du vérificateur.

Ce qui vient d'être dit, a de quoi éclairer l'histoire jusqu'ici obscure et contradictoire du séjour de Serlio à Fontainebleau. Si j'en comprends bien le sens, elle pourra désormais servir de préface au grand changement que je rapporte.

Le nom de cet architecte tenait une grande place dans toutes les anciennes descriptions de Fontainebleau. Les vieux auteurs ont imprimé que la cour Ovale et celle du Cheval Blanc étaient son ouvrage. Il est pourtant certain qu'il ne fut auteur de pas une

1. *Architecture*, fol. 324, dr.

2. *Ibid.*, fol. 300, dr.

3. Ces citations consistent en deux textes. L'un (*Arch.*, fol. 27, dr.) mentionne principalement les marbres, que l'on a tort en France de préférer venant d'Italie. Il est vrai qu'il ajoute en général que les Français prisent injustement les ouvrages des étrangers plus que les leurs. Mais il est assez clair que par ces derniers il entend les siens propres et non aucuns autres. Dans l'autre passage (*ouvr. cit.*, fol. 21, rev.) c'est M. Vachon (*Ph. Delorme*, p. 60) qui introduit les Italiens. Il n'en est pas question chez Philibert Delorme. Aussi bien, après tout ce qu'on vient ne lire, comment soutenir cette autre affirmation du même auteur : « De retour dans son pays Philibert Delorme apportait aux traditions des vieilles écoles un appoint précieux de connaissances nouvelles *sans songer à renier ces traditions.* » (*ouvr. cit.*, p. 61).

4. *Architecture*, fol. 202, rev.

sёule partie du palais, non pas même de la salle de Bal, édifiée pourtant de son temps. Cette exclusion a de quoi surprendre, et l'inutilité d'un homme qu'on avait fait venir de si loin, qui d'ailleurs tint parmi les artistes du roi la place importante que j'ai dit, est une chose qui ne se conçoit pas.

M. Palustre porte allègrement cette contradiction. Ce qui selon lui serait tout à fait incroyable, c'est qu'on eût employé à des édifices français des architectes fournis par l'Italie, « parce qu'ils eussent importé, dit-il, leur manière au lieu d'adopter la nôtre [1]. » Ce dernier point est hors de doute. Mais n'est-ce pas ce qu'on attendait d'eux? Si François Ier avait tant fait que tirer Serlio de Venise, ce ne fut pas sans doute dans le dessein de lui favoriser l'étude de l'architecture française. Quelle apparence d'arguer d'un disparate entre l'art italien et nos mœurs, dans un temps où la cour, à qui Serlio eut à faire, affectait ce disparate? M. Palustre voudrait qu'on eût exclu comme italien un homme que tout exprès on était allé quérir en Italie. Au demeurant le langage même de sa commission le nomme architecte « au fait de nosdits édifices et bâtiments à Fontainebleau », et spécifie de plus qu'il y doit résider, ce qui marque qu'on voulait qu'il y fît quelque chose, non pas qu'il y jouît d'un « titre honorifique ». C'est une expression du même auteur.

L'épisode de la construction de la salle de Bal veut être ici considéré. En effet j'ose dire qu'il fournit comme une ouverture naturelle à l'histoire des arts sous Henri II. Les commencements de cet édifice remontaient à l'ancien règne, et c'est dans le temps même qu'on en menait l'entreprise, que le régime des bâtiments du roi changea. Serlio lui même en a laissé le récit, et ce qu'il en rapporte, est tout propre à mettre sur le chemin de l'explication que nous cherchons.

« La partie de dessus, dit-il, était décidée de faire en voûte, et les piédouches et consoles de pierre étaient déjà posés, quand là-dessus survint un homme d'autorité et de meilleur jugement que

[1]. *Architecture de la Renaissance*, p. 138.

le maçon qui avait ordonné la chose. Il fit ôter ces consoles de pierre et y ordonna un plafond de bois. Quant à moi qui était sur les lieux et y avais ma résidence, aux gages du grand roi François, on ne m'en demanda pas le moindre conseil [1]. » Tout ce morceau ne peut être bien compris qu'après les explications qui précèdent. C'est qu'on y voit précisément en acte tout ce que j'ai rapporté de la conduite des édifices dans l'ancien et dans le nouveau régime. D'une part l'ancien s'y représente avec ce maçon, qui n'est autre que Lebreton, jouant le rôle d'ordonnateur; d'autre part le nouveau avec Philibert Delorme, désigné par l'homme d'autorité [2], qui, survenant tout à coup, range le maçon sous ses lois. En tiers paraît Serlio lui-même, architecte appointé du roi sous l'ancien règne, et qui ne s'en vit pas moins rebuté du maçon. Ainsi ce que put Delorme sous Henri II, fut sous François Ier impossible à Serlio. Soumis par l'un, le maçon resta vainqueur de l'autre. Cette différence de succès a besoin d'une explication. Nous tenons ici le fil de cette histoire et il importe de ne le pas lâcher.

Il faut connaître quel fut dans ses grands traits le régime des bâtiments du roi [3]. Au dessus des maîtres d'œuvres était placé, comme on vu, un contrôleur, qui fut au commencement Florimond de Champeverne, chargé des devis, de la surveillance et du contrôle [4]. Mais là ne se bornait pas l'affaire, et des commissaires appointés avaient en outre pour office d'ordonner la dépense et de faire les prix et marchés. Trois personnages en 1528 occupent conjointement cette charge : Labarre d'Étampes, Neufville de Villeroy, Balzac d'Entragues [5]. En 1535 [6] Villeroy

---

1. *Tutte l'opere*, liv. VII, p. 95.

2. Le sens de cette désignation n'a jamais fait de doute, mais il était réservé à M. Herbet d'en fournir la preuve incontestable dans son Philibert Delorme à Fontainebleau.

3. C'est la première fois qu'une pareille esquisse est donnée : mon sujet ne me laissait pas la place de la traiter avec plus de détail.

4. Laborde, *Comptes*, t. I, p. 6-8, 10, 12, 14, 29, 50, etc.

5. *Ibid.*, p. 3, 6, 7, 23.

6. Anc. st. 1534. *Ibid.*, p. 50, 51, 55, 56, etc. Entre temps Entragues avait disparu.

paraît seul. En 1536 ¹ Babou de la Bourdaisière lui est adjoint
sous le titre, employé pour la première fois, de surintendant
des Bâtiments. Champeverne mourut en 1531 ², remplacé dans
sa charge de contrôleur par Paule et Deshôtels ³. Celui-ci reste
seul en 1535 ⁴, de sorte qu'à l'époque où nous sommes la surintendance des Bâtiments est exercée par Villeroy et la Bourdaisière, tandis que Deshôtels en a le contrôle.

Les cadres de cette administration étaient donc exactement
remplis quand, le 27 décembre 1541, François I⁰ʳ nomma Serlio
son architecte à Fontainebleau. Il faut que des raisons de goût,
non d'administration l'y aient conduit. Or qu'en devait-il arriver?
Qu'on se reporte à ce qui a été dit plus haut. C'était la première
fois qu'un architecte en titre apparaissait dans un régime où
aucune place ne vaquait pour lui. C'est dire que cet architecte
dut s'y trouver comme de trop, et aussi bien rien n'empêchait le
système de continuer à fonctionner sans lui. Les ordonnateurs
ordonnèrent, les contrôleurs contrôlèrent, les maîtres maçons
maçonnèrent, le trésorier paya, sans que l'architecte trouvât où
s'introduire. C'est que les termes de sa nomination ne lui confé-
raient aucune situation effective et réelle. Sans lui les marchés
se faisaient, sans lui on visait les quittances, on toisait sans lui
l'œuvre achevé. La volonté du roi, à vrai dire, était qu'il
ordonnât les plans et tint sa place entre les métiers et les
bureaux, mais cette place on avait négligé de la lui faire. Absent
le plus souvent de Fontainebleau, et toujours en voyage ou en
guerre, François I⁰ʳ ne put assurer au Bolonais l'exercice régulier de la charge dont il l'avait investi. Et la preuve que ces
résistances eurent la cause que je rapporte, c'est le moyen que
prit son successeur pour en triompher à la fin. D'où vient en
effet que Philibert Delorme put soumettre les mêmes personnages qui s'étaient moqué de Serlio, c'est qu'Henri II lui

1. Anc. st. 1535. *Ibid.*, p. 15, 16, 110, 112, etc.
2. *Ibid.*, p. 119.
3. *Ibid.*, p. 12.
4. *Ibid.*, p. 119.

donna place dans l'administration même, et lui remît la surintendance, savoir la propre charge qu'occupèrent Villeroy et
Babou de la Bourdaisière.

L'architecture entra de force dans les bureaux. Pour la première fois un architecte fit les marchés, ordonna les dépenses.
Même il tenait quelque chose du contrôleur, puisque les toisés
de vérification sont rapportés comme faits par lui, en présence
il est vrai de Deshôtels, demeuré sous lui à son poste. Ce fut
une espèce d'état de siège décrété par le nouveau roi, à l'effet de
briser des résistances qui menaçaient de s'éterniser.

Si l'histoire rapportait qu'ainsi appointé, Delorme ne trouva
dans sa charge que des concours dévoués et une obéissance
empressée, on pourrait se demander comment la volonté du roi
n'avait pas suffi à Serlio pour lui en assurer tout autant ; mais
quand on repasse les résistances, les persécutions, les traverses,
les délations qui, dans une place si haute et dans une autorité
si absolue, contrarièrent le nouveau commissaire, on cesse de
s'étonner que, dépourvues de sanction, les attributions de Serlio soient demeurées à peu près lettre morte. Outre qu'il était
âgé, de bonne composition, et le premier à essayer ce rôle.

Tant de pratique, tant de science, une expérience si belle
furent inutiles au roi de France. J'ai dit quelle fut pourtant sa
part dans la renaissance de l'architecture française. L'année
même que François Ier mourut, paraissait son livre des Temples
en français, traduit par Martin ¹. Il jouissait alors d'une grande
réputation. Les deux premiers artistes français du temps,
Delorme et Goujon, ont laissé de lui le même éloge. Ses
ouvrages, dit le second, parlant de l'architecture antique, ont
été « le commencement de mettre telles doctrines en lumière au
royaume ² ».

Nous sommes parvenus au terme où ces commencements
portèrent enfin leurs fruits définitifs. Le même Martin qui tra-
duisait Serlio, secrétaire du fameux cardinal de Lénoncourt,

1. C'est le cinquième paru et le 5ᵉ dans son œuvre.
2. *Vitruve*, trad. Martin, p. 347.

multipliait à cette époque ce genre d'ouvrages. En 1547 il publia le premier Vitruve français avec une dédicace au nouveau roi. Une traduction de Léon-Baptiste Albert, qu'il acheva presque aussitôt, ne vit le jour qu'en 1554. Il était dit que des Français consommeraient ce mouvement, où j'ai fait voir que Vignole et le Primatice avaient eu part. En effet ce n'est pas de ces Italiens que notre architecture de la Renaissance reçut sa marque dernière, mais de Philibert Delorme.

Et ce n'est pas seulement sa qualité de Français que je relève, mais la formation de son talent, complètement indépendante des enseignements de Fontainebleau. Négligeant les éléments de l'art ainsi transportés chez les Français, il les était allé quérir lui-même au-delà des monts. Son séjour à Rome, tout rempli de l'étude attentive des monuments antiques, lui composa ce style universellement admiré, dont lui-même a répété [1] et dont Jean Goujon confirme [2] que le premier échantillon fut le château de Saint-Maur, construit vers 1546 pour le cardinal du Bellay. Il est vrai qu'il n'avait encore en ce temps-là nuls rapports avec la cour. Des fonctions qui faisaient de lui l'architecte universel des bâtiments de la couronne, jetèrent tout à coup dans Fontainebleau une rivalité sans précédent, que le Primatice dut être des premiers à sentir.

Tout semble avoir contribué alors à la décroissance de l'atelier dont il était le chef. Un grand nombre d'Italiens avaient quitté la cour. Bagnacavallo regagna l'Italie aux environs de 1546 [3], sans doute aussi Cachenemis et Fantose [4]. Je soupçonne que ce fut dans le même temps que Lucas Penni passa en Angleterre [5]. Miniato se pendit en 1548 [6]. Rustici fut congé-

1. *Architecture*, fol. 142, rev., fol. 260, dr., et *Instruction*, p. 54.

2. *Vitruve*, trad. Martin, pass. cit.

3. On le voit travailler à Rome sous Vasari vers ce temps-là. Vasari, *Op.* t. VII, p. 681.

4. Ils cessent de paraître dans les Comptes passé la période de 1541-1550.

5. V. p. 120. Il vivait encore en 1562, comme le prouve l'inscription d'une estampe, v. III° partie, Étude préliminaire.

6. *Nouv. Arch. de l'Art Français*, an. 1876, p. 100.

dié [1]. En 1550 Serlio avait quitté Fontainebleau et se trouvait à Lyon [2]. Il semble qu'il n'y soit revenu que pour y mourir, entre 1554 et 1557 [3]. La Robbia lui-même abandonna le château du Bois de Boulogne et se retira à Florence [4].

Il ne tiendrait qu'à moi d'étaler des raisons morales de tout ceci, et, dans un tableau de complaisance, de peindre, en face des artistes français accaparant le nouveau règne, la colonie italienne en déroute. Une chose m'en empêche, c'est qu'on ne voit pas du tout que le Primatice fût tombé en disgrâce durant la période qui commence, ni que d'autres Italiens y aient cessé de prendre le chemin de France.

La vérité est que des raisons diverses ont causé tous ces événements. Je crois volontiers que les architectes, comme Serlio et la Robbia ont fui devant Philibert Delorme, dont l'autorité ne pouvait évidemment s'exercer en même temps que la leur. Quant au départ des autres, il n'eût pas d'autre cause sinon que le temps de la grande production étant, comme il paraît, fini pour la peinture, ce grand nombre d'aides devenait inutile. Si l'on demande pourquoi cette production prit fin, j'en alléguerai plusieurs raisons. La première, c'est qu'il est naturel, après une production aussi extrême que celle que j'ai rapportée, de voir cet art se reposer. Ce déploiement d'excessive magnificence, cette profusion, cet éclat, cette dépense, à laquelle le feu roi s'était plu, ne devait point se soutenir après lui. Aussi bien quinze ans de pareils travaux avaient rempli Fontainebleau de sorte qu'il n'y restait presque plus rien à faire. Puis Fontainebleau, sans être délaissé, cessa de tenir le premier rang dans la prédilection royale. Cette résidence de choix de François Ier vit

---

1. Vasari, *Op.* t. VI, pp. 619, 620. Pierre Strozzi le prit à sa charge. Il mourut à Tours en 1554. *Ibid.*, note.

2. Strada dans la préface du VIIe livre de cet architecte, dit qu'il en a reçu le manuscrit de Serlio lui-même à Lyon en 1550. Une preuve qu'il y séjourna et qu'il y était encore l'année suivante, c'est que son VIe livre, celui des Portes, est daté de 1551 dans cette ville.

3. Charvet, *Serlio*, p. 37.

4. En 1553 selon Vasari, *Op.* t. II, p. 183.

son prestige diminuer sous son fils. Le nouveau roi préféra à tout le reste Anet [1], propriété de Diane de Poitiers, duchesse de Valentinois, qui remplaçait la duchesse d'Étampes dans la faveur royale.

Enfin un nouveau style de décoration eut la vogue, où les stucs et les peintures d'autrefois cédèrent à des lambris sculptés et à des cheminées de marbre ornés par Philibert Delorme de pilastres et d'autres divisions telles que les architectes en inventent. Les sculpteurs Bontemps et Perret y servaient. L'ancien plafond de la chambre du Roi [2] disposée en ce temps-là au pavillon des Poèles, et au Louvre ce qu'on voit encore des appartements de Henri II, permet de prendre une idée de ce genre.

Ainsi la dépense royale diminua, et de ce qui restait une partie devint le prix d'une sorte de travaux dont seuls profitaient Philibert Delorme et ceux qu'il formait à son style.

Ce style fut le propre des ouvriers français, en qui les leçons d'un si grand maître se mêlèrent aux influences de Fontainebleau. De son côté Lescot, qui jouit au Louvre d'un régime indépendant de la direction générale, déploya des talents qui montrent à quel point de perfection se tenait la nouvelle école. A partir de ce moment les Italiens qui demeurèrent en France, eurent à compter avec des hommes qu'ils étaient obligés de regarder comme leurs égaux. On se passa d'eux pour de grands ouvrages comme le château d'Anet et le tombeau de François Ier à Saint-Denis. Ce dernier point est considérable, si l'on songe que celui de Louis XII, après celui de Charles VIII, avaient été remis à des mains italiennes. Même ceux de nos compatriotes qui ne voyagèrent point en Italie, se sentirent assez forts pour tirer à eux seuls parti des enseignements qui leur venaient par les estampes.

1. « Il était plus curieux de savoir ce que l'on y faisait qu'en ses maisons et se courrouçait à moi quand je n'y allais pas assez souvent. » Ph. Delorme, *Instruction*, p. 57.

2. Ce plafond, où Anne d'Autriche a fait depuis placer ses devises au lieu de celles de Henri II, se voit à présent dans l'ancienne antichambre des reines mères.

Toute une partie de la Renaissance française, outre l'architecture, échappe par là à Fontainebleau. Je crois les boiseries et les vitres de la chapelle d'Écouen le fruit d'une pareille imitation. Pour les vitraux de l'histoire de Psyché, datés de 1545, ils ont été tirés par le verrier de la suite d'estampes gravée par le maître au Dé [1]. Des morceaux comme les carrelages sortis de l'atelier d'Abaquesne de Rouen [2], appartiennent à ces dissidences [3]. Le recueil des Petits Arabesques, gravé par Ducerceau en 1550, le fut, comme j'ai dit, en partie d'après Enée Vico, Augustin Vénitien, Antoine de Bresse et Nicoletto de Modène [4].

Si donc le rang que tenait le Primatice en France paraît désormais diminué, c'est moins en soi que par comparaison et du fait d'une génération d'artistes partie instruite sur ses exemples, partie formée ailleurs, qui prit sa place auprès de lui. Je ne vois pas d'ailleurs que personne ait eu dessein de le rabaisser, et conçois mal le caractère aigu qu'on a quelquefois voulu donner à la rivalité de Philibert Delorme et de lui.

Il est vrai que sitôt la mort de Henri II, on le vit remplacer celui-ci à la surintendance des Bâtiments. Mais je dirai quelles raisons précises obligent de supposer à cette petite révolution de palais d'autres origines que les intrigues du Primatice. Ce qu'on allègue de plus, n'est que des contresens. Rien n'est si faux que de représenter le nouveau directeur des Bâtiments du roi, comme persécuté durant tout ce règne par les Italiens de Fontainebleau. Il est vrai qu'il se plaint de la coutume ignorante qui faisait ne demander conseil en bâtissant qu'à des char-

---

1. Il a seulement dédoublé une partie de ces compositions, rallongées d'ailleurs par lui en hauteur. Dans celle de Psyché descendant aux Enfers, il a substitué les Parques du Rosso à celles que l'estampe lui fournissait.

2. Les carreaux d'Écouen et ceux de la Bastie d'Urfé ont été authentiquement rendus à cette fabrication, mais il n'est pas douteux que ceux de Polisy, datés de 1545, en soient aussi.

3. J'ai toutefois peine à croire que les deux compositions d'Écouen qui sont aujourd'hui à Chantilly, ne soient pas de dessin italien.

4. V. II⁰ partie, art. xxxix.

pentiers, à des maçons, à des notaires et à des peintres [1], et qu'il est revenu plusieurs fois sur ceux qui imposaient aux yeux par leurs « pourtraits bien peinturés [2] ». On a voulu que ces satires contre les peintres et l'art de peindre tombassent sur le Primatice. Tant s'en faut, et le sens n'est pas du tout celui-là. Il ne faut pour s'en apercevoir qu'un peu d'attention à ses paroles.

En effet les peintres dont il s'agit ici, sont moins des artistes que des exécutants, qui mettent leur talent au service de tant de conseillers ignorants, « faiseurs de dessins, dit-il, dont la plupart n'en sauraient bien tracer ni décrire aucun, si ce n'est par le moyen des peintres, qui les savent bien plutôt laver, farder, ombrager et colorer, que bien faire et ordonner avec toutes leurs mesures [3]. » Apparemment, s'il eût voulu marquer un homme comme celui dont nous faisons l'histoire, il eût trouvé d'autres termes que ceux-là. Le Primatice a su l'architecture autant qu'architecte du monde. Outre peintre et sculpteur, cette branche de l'art lui était si propre, que son portrait gravé au livre de Vasari, se montre accompagné d'une part des attributs du peintre, de l'autre des outils du maçon. Je conviens qu'il était peintre avant d'être architecte, comme Raphaël et Jules Romain. Mais quelle folie de supposer qu'un ennemi de cette sorte d'hommes allât jamais leur reprocher de bien soigner leur aquarelle ! De sacrifier la correction au pittoresque, de rechercher la pompe et l'agrément au détriment du sérieux des règles, à la bonne heure : tout cela dépassant fort le point de vue du lavis auquel on voit notre homme justement s'attacher. « Après que les maîtres maçons, continue-t-il [4], ont fait entendre ce qu'ils peuvent aux peintres pour en faire leurs pourtraits, lesdits peintres se promettent incontinent être grands architectes, ainsi que nous avons dit, et sont si présomptueux qu'ils veulent entreprendre les œuvres de maçonnerie, comme aussi font

1. Pass. cit.
2. Pourtraits, c'est-à-dire plans ou projets. *Architecture.* fol. 10, rev.
3. *Ibid.*, fol, 21, rev.
4. *Ibid.*, fol. 22, dr.

aucuns menuisiers et tailleurs d'images. » Ce dont Delorme se
plaint, c'est très exactement d'une conspiration du maître maçon
et du peintre contre l'architecte, l'un fournissant sa courte expérience, l'autre sa spécieuse adresse. Il n'est pas dit du tout que
le peintre y apporte un brillant faux dans les pensées, mais dans
le lavis une parure trompeuse. C'est que le maître maçon ne
s'entend point à laver, et que plusieurs architectes lavent sans
agrément [1]. « Les autres sont comme perroquets, car ils
savent bien parler, mais ils ne connaissent pas ce qu'ils
disent [2]. » Et c'est une chose intolérable à ses yeux, que ceux qui
ont la pratique du pinceau et le maniement des couleurs,
balancent dans l'esprit des gens celui qui, dessinant avec moins
d'agrément, sait la portée de ce qu'il trace. En un mot qu'on
mette dans ces passages, décorateur au lieu de peintre, ils n'offri-
ront plus aucun sens. C'est une preuve palpable de ce que
j'avance.

De quel œil, après cela, ces deux hommes se sont vus, c'est ce
que rien ne détermine. Il est permis de croire que l'un ne vit
pas sans déplaisir l'attention, jusque là arrêtée sur Fontainebleau, se partager en des lieux où d'autres que lui se rendaient
utiles. Je ne doute guère non plus que Delorme, entêté comme
il fut des mérites de l'architecture, n'ait regardé cette grande
fortune et cette autorité d'un peintre comme une espèce d'usur-
pation. Mais on ne saurait affirmer qu'à cela des haines de personne se soient jointes. Pas davantage on n'y voit le dessein
d'une résistance nationale à l'étranger; et quant à porter ce
différend sur le terrain abstrait des doctrines, et de la symbo-
lique nationale, il est à peine besoin de remarquer qu'un tel propos n'eût pas même eu de sens pour les esprits de ce temps-là.

Tels sont les changements qu'apportèrent à l'état des arts
dans notre pays l'avènement de Henri II. Telle est, si je puis
dire, la nouvelle atmosphère au milieu de laquelle Primatice
poursuivit dès lors sa carrière.

1. *Architecture*, fol, 10, rev.
2. *Ibid.*, fol. 22, dr.

Ce que fut la nouvelle architecture on le sait. Un abîme la sépare de l'ancienne. Le souci des proportions, chose inconnue jusqu'alors, commença. On soupçonna le pouvoir des mesures et le prix des rapports exacts. On apprit que tout le mérite de l'art ne consistait point à charger au hasard de la fantaisie, des murailles percées selon les nécessités les plus grossières de l'habitation et de l'usage, d'ornements de caprice partout renouvelés. L'architecture antique connue et méditée enseigna la symétrie, la règle, la belle discipline des ordres romains. Cette sorte de composite qu'on avait mis partout, céda à des formes définies et distinguées les unes des autres. Les ouvertures larges et basses, *grandi e nane,* selon l'expression de Cellini, se relevèrent, et acquirent enfin cette correction et cette élégance que l'Italie seule avait connue. Entre Blois, Chambord, Villers-Cotterets d'une part, et Anet, le Louvre et les façades d'Ecouen de l'autre, tout un monde a passé. Il est fâcheux qu'on trouve partout des choses si différentes réunies sous un même nom et dans des explications communes, qu'on rapporte en général à l'architecture de la Renaissance. Le temps et le style les séparent, j'ajoute et le régime sous lequel elles s'élevèrent, puisque cette révolution du goût n'alla pas sans une réforme de l'administration. Ainsi l'histoire des charges se confond avec l'histoire de l'art, comme l'histoire des lois avec celle des peuples.

# CHAPITRE DIXIÈME

*1547 à 1559 (suite). Le Primatice sous Henri II. La salle de Bàl. Niccolo. Le Primatice et les Guises. Le Tombeau des Guises. Léger Richier. La Grotte de Meudon. Ponce. Suite de la galerie d'Ulysse. Roger de Rogery. Les tapisseries de Fontainebleau. Salviati. Fontana. Paris Bordone. Le rôle de Nicolo. Ses ouvrages. Son talent. Le Primatice à la cour. Sa famille. Ses neveux en France. Sa générosité envers les artistes.*

Quelqu'un a dit que le règne de Henri II, comparé à celui de François I<sup>er</sup>, représentait à peu près ce que fut à l'égard de Jules II, le pontificat de Léon X. S'il est difficile de semer, c'est encore une science que de savoir recueillir, et l'on ne doit pas douter que l'heureux succès de la Renaissance ne tienne à l'esprit de suite et à la clairvoyance du roi dont nous avons abordé le règne, presque autant qu'à la grandeur de vues et au beau feu dont son père fut animé. Ce que j'ai rapporté au chapitre précédent, marque de la part de ce monarque une initiative assez féconde, et quand on met ensuite en compte la faveur dont jouirent les artistes d'Anet, avec la protection continuée à l'atelier de Fontainebleau, on se réjouit de penser que les arts n'avaient point fait dans la personne de François I<sup>er</sup>, une perte qui fût irréparable.

Le grand ouvrage de ces commencements fut la salle de Bal de Fontainebleau [1], entreprise, comme j'ai dit, sous l'ancien règne, et dont la décoration intérieure doit être placée entre les années 1551 et 1556. Cette salle, d'extraordinaire grandeur, s'éleva sur les ruines d'une galerie qu'on avait d'abord édifiée entre la porte Dorée et les chapelles sur la cour du Donjon. Je me demande si c'est de cette partie que Vasari a parlé, quand il

---

1. Pour tout ce qui sera dit de cette salle, voy. II<sup>e</sup> partie, art. VIII.

a dit que le Primatice avait détruit des décorations du Rosso, pour élever à la place un plus grand bâtiment [1].

Ce nom de salle de Bal veut être expliqué. Il sert à distinguer cette sorte de salle de ce qu'on appelait communément salle, et qui, avec chambre et cabinet, paraît avoir constitué le logement d'un grand à cette époque. La salle de Bal de Fontainebleau fut proprement la salle royale [2], où le bal se donna, en même temps que toutes les autres réunions de la cour. La vie de cour créait de ces nouveaux besoins. Celle des Valois dut promptement sentir la nécessité d'un pareil lieu d'assemblée, dont la galerie des Glaces à Versailles a figuré chez nous le dernier et le plus éclatant exemple. Le projet d'une telle construction parut donc comme le couronnement des desseins de François Ier, et, quoiqu'elle n'ait été achevée et du tout peinte que sous son successeur, elle est demeurée le plus populaire des échantillons de l'art dont son règne a vu le triomphe.

Le Primatice paraît y avoir procédé de concert avec Philibert Delorme. En supprimant le projet de Lebreton et remplaçant la voûte par un plafond, le nouvel architecte changeait les dispositions du peintre, et faisait passer ses ouvrages de la voûte aux murailles, qui ne fut pas une place moins favorable. Cela faisait un genre de décoration assez conforme à ce qui se rencontre de la même époque en Italie, où de grandes histoires s'alignaient bout à bout sur les murs, et des caissons de bois régnaient au-dessus. Le dessin de toute la boiserie revint à Delorme ainsi que la cheminée, où, comme pour marquer l'accord des deux artistes, on le vit emprunter en guise de cariatides, les deux Satyres que le Primatice avait fondus dix ans auparavant dans les creux rapportés de Rome [3].

N'était la galerie d'Ulysse, la salle de Bal serait ce que le Pri-

---

1. *Op.*, t. V, p. 170.
2. « Une basilique, j'entends une grande salle royale, que nous appelons salle de Bal. » Ph. Delorme, *Architecture*, fol. 236, rev.
3. L'identité de ces satyres a été fourni par M. Bourges, *Les satyres de la galerie de Henri II*, p. 16.

matice aurait exécuté de plus important à Fontainebleau. Et il est vrai que, si elle cède à celle-là pour le nombre des peintures, elle la passe de loin par les dimensions. Nulle part le Bolonais n'a couvert de pareilles surfaces. Huit grands sujets remplis de figures de toute sorte, s'étendirent dans l'entre-deux de dix immenses fenêtres; un neuvième était au-dessus de la tribune des musiciens. Tout cela fut excellemment peint, composé dans le plus grand goût, et soutenu d'ornements et de figures parfaites. Des sujets plus petits de deux ou trois figures, au nombre de quatre autour de la cheminée et de cinquante dans l'embrasure des fenêtres, achevèrent ce pompeux ouvrage, vraiment surprenant pour le temps. Le xviie et le xviiie siècle, où la peinture fut bien plus répandue en France qu'elle n'était alors, ont vu peu d'entreprises aussi considérables.

Cette salle oblige d'introduire ici l'un des plus fameux noms de l'école de Fontainebleau, celui de Niccolo dell' Abbate, qu'on appela Messer Niccolo, et qui pour son début en France, eut charge de l'exécuter sur les dessins du Primatice.

La légende, qui ne connait point de dates, a fait de cet artiste un auxiliaire unique et universel du Bolonais. Ce ne sont pas seulement les anciennes descriptions qui pour chacun des ouvrages de peinture de Fontainebleau, mêlent régulièrement leurs noms. M. Reiset lui-même n'a pas cru pouvoir mieux faire, dans la recherche des ouvrages de Niccolo, que de présenter confusément tous ceux qu'on sait du Primatice, en ajoutant en général qu'il y avait « contribué pour une large part. » Mais la critique n'en est pas réduite à des conclusions aussi vagues. On sait le temps précis de l'arrivée de Niccolo en France. Un témoin [1] a marqué en date du 25 mai 1552, qu'il s'y trouvait depuis peu. En dehors de tout examen des œuvres, il s'ensuit très nécessairement que Niccolo n'a pris part à l'exécution d'aucune des choses que j'ai rapportées jusqu'ici, et que la salle de Bal fut son premier ouvrage. Il ne faut pas non plus dire, comme fait M. Rei-

1. Lancillotto, cité par Tiraboschi, *Pittori di Modena*, p. 17.

set, que ce que le Primatice a fait sans Niccolo, a été exécuté de sa main [1], puisqu'il eut avant celui-là d'autres pareils auxiliaires. Enfin Niccolo ne s'est pas borné à peindre les inventions du Primatice, sans rien faire ailleurs de lui-même. Comme on s'est tenu à cette erreur, et que d'ailleurs on a pensé qu'un si célèbre nom réclamait davantage qu'une modeste collaboration, on n'a presque pas hésité à ôter au Primatice quelque partie de ses ouvrages pour en donner l'honneur à Niccolo [2]. Or le vague qu'on se plaît à répandre sur une telle collaboration, est entièrement dissipé par l'examen des dessins qui ont servi pour ces travaux, et qui sont tous du Primatice.

Au total l'idée fausse qu'on s'est faite et qu'on se fait encore de Niccolo, part de trois faux principes que voici : Niccolo a exécuté tous ou presque tous les ouvrages que le Primatice dirigeait; Niccolo n'a presque pas exécuté d'autres ouvrages; avant l'arrivée de Niccolo le Primatice procédait lui-même à l'exécution de ses dessins.

Or rien de tout cela n'est vrai, et Niccolo ne doit pas conserver dans l'histoire une si extraordinaire figure. Niccolo n'a fait dans la salle de Bal et ailleurs que ce qu'avant lui Miniato, Lucas et les autres avaient fait. Si l'on allègue que le Primatice, à mesure qu'il avançait dans la carrière, dut se décharger davantage sur ce nouveau collaborateur qu'il n'avait fait sur les autres, il faut convenir que cela n'est pas allé jusqu'à lui remettre le soin des dessins mêmes. Au reste on peut dire exactement quelle part d'initiative revint à Niccolo dans les peintures de la salle de Bal. C'est qu'on ne voit pas que pour les embrasures, les sujets aient été entièrement arrêtés par le Primatice, mais seulement la figure,

---

1. V. II<sup>e</sup> partie, art. IV.

2. Après avoir cité le marché par lequel Niccolo s'engage à achever la galerie d'Ulysse « de toutes histoires, figures et grotesques qui lui seront ordonnées par l'abbé de Saint Martin; ces derniers mots, dit M. Reiset, indiquent plutôt une direction supérieure qu'une coopération de chaque instant. » (*ouvr. cit.*, p. 197). Et encore : « Il nous semblerait peu sage d'affirmer que Nicolo n'eut aucune part à l'invention des célèbres décorations de Fontainebleau. » *Ibid.*

de sorte que les accessoires étaient laissés à l'invention .de
Niccolo. Après vingt ans de travaux multipliés et dans une situation si haute, telle est la part que cet infatigable artiste abandon-
nait enfin à des sous-ordres.

Ainsi achevée, cette salle a fait longtemps l'admiration de
tous les visiteurs de Fontainebleau. On ne se lassait pas d'y contempler cette foule pressée de figures mythologiques, dont les
principales paraissaient portées sur les consoles destinées premièrement à soutenir la voûte, et qu'on n'ôta pas, comme le dit
Serlio. On y voyait Cérès figurant l'Été entourée de moisson-
neurs, et l'Automne sous l'emblème de Bacchus. Celui-ci paraissait à table, élevant sa coupe dans un mouvement plein de mollesse et d'abandon. En face de lui Ariane était assise, et tout
autour d'eux des Faunes et des Satyres faisaient régner par toute
cette scène, les images d'une voluptueuse ivresse. Deux figures
d'hommes, sur le devant, menaient des lions et des léopards.
L'activité, la peine, les durs travaux contrastaient dans l'autre
tableau avec cette peinture du plaisir. Tout s'empressait autour
de Cérès. Drapées de longs vêtements de travail, des femmes
coupaient les javelles, que des jeunes gens chargeaient en gerbes
sur leurs épaules. L'un d'eux, qui portait un sac, allongeait son
bras dans un mouvement si naturel, qu'on croyait le voir plier
sous le poids. Mais ce qu'il y avait de plus beau, c'était deux
grandes figures assises aux retombées des arcades, tracées d'un
trait coulant et léger, qui contemplaient ce labeur champêtre.
Près de Bacchus, Apollon trôna sur le Parnasse, environnné des
Muses, tandis qu'en face Vénus contragnait Vulcain à forger des
traits pour l'Amour. Le Primatice y avait peint les soufflets de
la forge et tout l'attirail poétique dans une simplicité frappante.
Plus loin Phaéton suppliait le dieu du soleil, et de l'autre côté
trois déesses dansaient aux regards des dieux assemblés. Au
fond se voyait l'histoire de Philémon et de Baucis et la Discorde
en train de brouiller les dieux.

Il y a soixante ans ce bel ensemble ne présentait plus que des
ruines. Aujourd'hui les ruines mêmes ont péri, non par un der-

nier coup du temps, mais par l'impertinence des hommes et par
la faute de ceux qui l'ont prétendu restaurer. Il est tout à fait
impossible de reconnaître dans les peintures dont M. Alaux a
recouvert ces murailles, le moindre trait du Primatice. La comparaison des dessins suffit à décider ce point, et la substitution
qu'on n'a pas craint de faire de l'encaustique à la fresque, peut
faire juger de l'exactitude dans la restauration des couleurs. Les
amis du peintre n'ont pu mieux faire que de louer de son temps
cet ouvrage, dont on peut dire maintenant librement son avis.
Il est certain que le résultat est aussi détestable qu'on le puisse
imaginer. L'offensante crudité des tons, l'inintelligence absolue
des proportions et des contours, l'extrême grossièreté du pinceau
ont fait de ce brillant ouvrage un ridicule amas, une confusion
sans nom, un chaos d'attitudes difformes, de membres estro-
piés, de gesticulations et de désarticulations extravagantes, de
chairs rougeaudes et de draperies blafardes. Le visiteur lève
des regards inquiets vers ces déplaisantes caricatures. C'est le
plus bel ouvrage du Primatice, lui dit-on : on l'a restauré sous
Louis-Philippe.

La diminution que j'ai dit qui se fit sentir dans les commandes royales, ne pouvait manquer de faire à notre artiste des
loisirs comme il n'en avait point connu depuis son arrivée en
France. D'illustres et puissants amateurs se trouvèrent à propos
pour les employer.

En ce temps-là grandissait près du trône cette famille, dont la
prodigieuse fortune devait en moins d'un demi-siècle, jeter son
ombre jusque sur le trône même. A mille qualités brillantes, qui
semblaient les avoir marqués pour exercer le rang suprême, les
Guises joignaient l'amour des arts et l'ostentation d'une magnificence presque royale. Longtemps avant que la mort de Henri II
les eût mis en possession des réalités du pouvoir, on leur en vit
étaler tout le faste. Leurs alliances avec la maison de France
leur donnaient un rang unique dans la cour. François et
Charles, dont l'un fut duc de Guise, et l'autre le cardinal de
Lorraine, étaient beaux-frères du roi d'Écosse, qui par un pre-

mier mariage l'avait été du roi lui-même; et par son propre mariage avec une princesse d'Este, François, devenu par alliance petit-fils de Louis XII et cousin germain du roi, avait serré des liens encore plus étroits avec le trône.

C'est à l'occasion de ce mariage qu'on voit le Primatice servir pour la première fois les princes lorrains, et fournir le premier chapitre d'une histoire que personne n'a écrite, celle des rapports de ce peintre avec la maison de Guise.

Jérôme de Carpi, élève du Corrège, était le peintre en titre de la cour de Ferrare. Il peignit, avec la princesse Anne, qui devenait duchesse de Guise, tous les enfants du duc Hercule, et envoya ces portraits en France. Ils furent adressés au Primatice, qui se trouva chargé de les remettre à la reine. C'était en 1549[1].

Depuis lors on s'aperçoit que notre artiste fut employé constamment par les Guises, et qu'il en recevait des commandes aussi nombreuses et aussi importantes que de la maison de France elle-même, soit à Paris, soit à Meudon, soit à Joinville, qui fut la terre de la famille. Les splendeurs de l'hôtel de Guise, qui s'éleva rue Sainte-Avoye, ne viennent qu'un peu plus tard, mais dès le temps où nous sommes, les maisons de Meudon et de Dampierre étaient l'objet des soins et de la dépense du cardinal de Lorraine. Ce furent, avec celle d'Anet, les plus considérées d'alors. A Joinville, je ne sais qui construisit le château, mais le pavillon du Grand Jardin, bâti en 1546, montre dans une façon générale ancienne, des traits et même une ordonnance qui appartiennent au nouveau style.

C'est dans cette résidence que mourut, le 12 avril 1550, le premier duc de Guise, Claude, père de tous ces princes. Antoinette de Bourbon, sa veuve, éleva pour contenir ses restes, dans la chapelle Saint-Laurent au château, un monument superbe, tel que seules jusque là les familles souveraines en avait eu[2]. On

---

1, Venturi, *Ritratti di Girolamo da Carpi*, etc. La lettre d'Alvarotto au duc de Ferrare qui mentionne ce fait est du 3 janvier 1549, anc. st. 1548.

2. Pour tout ce qui sera dit de ce mausolée, voy. II° partie, art. xxi.

chargea le Primatice des dessins, dont une partie heureusement conservée, atteste aujourd'hui ce fait.

Ce tombeau, qu'on nomma le tombeau des Guises, parce qu'il reçut plus tard, avec le corps du duc François, celui d'un fils du Balafré, vint à point pour faire se mesurer le Primatice et Delorme, qui dressait dans le même temps le tombeau de François I<sup>er</sup>. C'était la première fois que le Bolonais avait à diriger les ouvriers du marbre, et le premier en date des monuments funèbres qu'on lui verra bientôt conduire. Je ne traiterai pas ici plus au long la comparaison de ces deux manières. Il suffira de remarquer que l'architecte du roi conçut son mausolée en architecte, et que Primatice conçut le sien en peintre. Je veux dire qu'il y a su mettre infiniment plus de grâce et de liberté. Le tombeau occupa, comme il paraît, toute une petite chapelle, dont on avait fermé l'entrée d'une galerie, que quatre cariatides, représentant des Vertus, supportaient sur leurs têtes « enrichies, dit un contemporain ¹, de feuilles d'acanthe et de branche-ursine ». Sur cette galerie le duc et la duchesse étaient représentés priants. Au fond de la chapelle, sur un sarcophage de pierre, au-dessous d'un œil-de-bœuf accosté de deux génies, qui portaient des torches renversées, paraissaient leurs cadavres. Cette chambre funéraire était voûtée, avec d'autres Vertus dans les lunettes et des bas-reliefs au long des murs. On comptait en tout huit statues, six figures de demi-bosse, et, avec ceux qui décorèrent le sarcophage, sept bas-reliefs sculptés dans le plus grand style.

Ces bas-reliefs, dont deux sont au musée de Chaumont, et ce qui reste des trois autres, chez M. Peyre, architecte à Paris, montrent avec quelle perfection singulière le Primatice s'était acquitté de sa tâche. On ne saurait douter que lui-même n'ait été à Joinville pour y disposer tout cet ouvrage, et c'est une chose prouvée que, non content de donner des dessins de l'ensemble, il a fourni pour l'exécution des études d'après

---

1. Le poète Belleau, v. art. cit.

nature. Mais quant aux morceaux dont je parle, je crois qu'ils
ont reçu de lui bien davantage, et, s'il ne les a pas sculptés lui-
même, jusqu'à des modèles de terre que l'ouvrier n'eut qu'à
copier, tant il y a de conformité avec son style jusque dans
l'esprit du dessin et dans le modelé des figures. Les deux morceaux de la Justice et de la Charité du duc de Guise ont une
ressemblance si saisissante avec les sanguines et les plumes
lavées de notre artiste, que ces bas-reliefs en représentent
comme une transposition mécanique, à ce point qu'on peut très
exactement les regarder comme des exemples de son talent pour
la sculpture : la main qui les fit, n'y ayant pu avoir que la peine
de tenir l'outil. Qui ce fut je ne saurais le dire.

Trois sculpteurs au moins concoururent au tombeau des
Guises : un Italien, Dominique Florentin, un Français, Leroux
dit Picard, et un Lorrain, qui ne fut rien moins que le fameux
Léger Richier, auteur du Saint Sépulcre de Saint-Mihiel. Les
deux premiers venaient de Fontainebleau et les Guises les
avaient pris de la cour comme le Primatice ; au contraire ils
tenaient de famille et de leur qualité de princes lorrains le troisième, qui venait de sculpter à Pont-à-Mousson le tombeau de
Philippe de Gueldres, propre mère du duc Claude.

On ne saurait guère imaginer de rencontre plus intéressante
que celle-là, et il me semble que les rapports du plus grand des
sculpteurs provinciaux de l'ancienne école, avec l'école de Fontainebleau, sont tout propres à fournir un curieux chapitre de
la vie de Léger Richier, quand le détail en sera mieux établi.
Aussi bien il avait connu dès auparavant le Primatice autrement
que de réputation, par Godary, son gendre, qui besogna de stuc
à la galerie du Rosso. Par malheur je ne saurais même dire
comment dans l'occasion les traditions extrêmement différentes
de Fontainebleau et de Saint-Mihiel s'accommodèrent. Les
débris du tombeau, barbarement mutilés, nous demeurent sans
attribution que collective. Il est vrai qu'il ne faut pas beaucoup
de peine pour s'assurer que les deux Vertus qui restent sont de
Dominique Florentin. S'il est permis de deviner, je proposerai

Picard pour les bas-reliefs que j'ai dits, comme un homme, qui, n'ayant reçu de formation qu'à Fontainebleau, dut être plus sujet que les autres à reproduire sans altération la manière du maître.

Ainsi se poursuit l'histoire de l'influence de l'école de Fontainebleau en province. Cette fois elle y paraît transportée en personne, sur ces confins de la Champagne, du Bassigny et du Barrois, où travaillaient à point des sculpteurs de renom : outre ceux de Troyes et de Saint-Mihiel, les Jacques, qui maintiennent dans Reims l'honneur de la sculpture provinciale à cette époque.

Les ouvriers du tombeau de Joinville avaient à peine fini cet ouvrage que le propre fils du duc défunt les réclama pour d'autres besognes. La dernière quittance du tombeau, datée de fin septembre 1552, montre ces ouvriers à Meudon chez l'archevêque de Reims, qui fut depuis le cardinal de Lorraine.

Celui-ci venait d'acheter ce château de la duchesse d'Étampes[1]. La résidence d'une maîtresse royale se trouva peu ornée au prix de ce qu'il souhaitait. Sans délai et avec toute l'ardeur de la jeunesse, car il n'avait encore que vingt-six ans, il mit les ouvriers après ce morceau fameux qui porta le nom de Grotte de Meudon[2], dont tous les écrivains du temps ont parlé comme d'une merveille, et qui longtemps après qu'on l'eût détruite, durait encore dans la mémoire des Français.

C'était une sorte de palais, avec moins de logement que de déploiement de galeries et d'escaliers, qui faisaient à l'extérieur un effet magnifique. Les vieux auteurs ont imprimé que Philibert Delorme en était l'architecte. Il paraît certain qu'il travailla à Meudon[3], et il serait piquant que deux hommes qu'on pré-

---

1. Il est certain que le château qu'on a pu voir jusqu'au commencement de ce siècle, et qui occupait le milieu de la terrasse, était déjà bâti. Selon Lebas de Courmont, trad. de Vasari, deux cartels sur une tour du château portaient les dates de 1539 et de 1540. t. I, p. 20, note.

2. Pour tout ce qui sera dit de cette Grotte, v. II* partie, art. xv.

3. Cela ressort d'un passage de Bernard Palissy, où Meudon et Delorme ne sont, il est vrai, désignés que par voie d'allusion ; mais c'est d'eux que Gobet a expliqué le passage dans son édition de 1777, et tout le monde a reçu cette interprétation. Il est vrai qu'il n'est question en cet endroit que des jardins. Palissy, *Œuvres*, p. 138.

sente comme ennemis, eussent travaillé de concert chez les
Guises, comme chez le roi. Car ce dont on ne doute pas, c'est
que le Primatice en a fourni la décoration intérieure.

Vasari a laissé de cette décoration une description des plus
pompeuses, mais dépourvue de précision, d'après laquelle rien
n'empêcherait d'imaginer une infinité de chambres toutes
ornées de peintures, et un second Fontainebleau dans cette
Grotte de Meudon. Deux au moins de ces chambres sont certaines : l'une dans le pavillon principal, avait dans son plafond
de nombreux sujets à fresque, offrant des raccourcis tous plus
hardis les uns que les autres, dans autant de caissons compartis. Au dessous se trouvait la grotte proprement dite, décorée
dans un style pareil à celui de la grotte du Jardin des Pins,
qu'elle éclipsa d'abord. Elle en différait de plusieurs façons et
principalement par l'émail dont elle était recouverte et par un
pavé de mosaïque. Soutenue d'un ordre rustique, ses murailles,
décorées d'arabesques et de compartiments de coquillages
mêlés de coraux, portaient des fontaines de stuc, qui faisaient
un ornement unique. La voûte était chargée des mêmes reliefs
de stuc. Pour les peintures, tout porte à croire que Niccolo fut
employé, et pour les stucs, outre Dominique et Picart, le Primatice eut un nouvel auxiliaire fraîchement débarqué de Florence, c'est Ponzio, demeuré célèbre dans l'histoire de la Renaissance française, sous le nom de maître Ponce. Sous ce règne
comme sous le précédent, l'école de Fontainebleau continuait de
se recruter, et les artistes qui vinrent à cette époque, moins
nombreux, comptent parmi les plus célèbres.

Quels sculpteurs avaient fait les statues qui décorèrent l'intérieur de cette grotte ? On n'en sait rien, sinon qu'un Jacques
d'Angoulème y avait envoyé de Rome une statue figurant
l'Automne. A droite et à gauche de l'entrée se voyaient Pallas et
Bacchus.

Ainsi ces ornements variés et toute cette décoration de stuc,
bannis, comme il semble, des appartements, et dont Fontainebleau avait cessé de voir paraître de nouveaux exemples, se

développait à Meudon dans toute sa magnificence, et cette partie de l'art, loin de chômer, enfantait son plus riche ouvrage. De nouveau et plus que jamais le Primatice dirigeait à Meudon une équipe de peintres et de sculpteurs, mêlant comme autrefois le stuc et la fresque, appelant au secours la fantaisie, la recherche des matériaux rares, devançant Palissy dans cet emploi des faïences, confiant aux métiers les plus divers, risquant dans des mosaïques les grâces fuyantes de son dessin et le poétique de ses inventions.

Rien ne permet de décider si ses travaux ont été bornés à la Grotte ou s'il fut employé dans le château même, où le cardinal de Lorraine avait fait des embellissements [1].

Il faut revenir maintenant à Fontainebleau et achever de rapporter ce que le Primatice y fit alors. La galerie d'Ulysse se poursuivait. La seconde moitié de sa voûte fut achevée dans ce règne de douze ans. J'ai dit que six années sous François Ier avaient suffi à trois fois plus de besogne. Si vivement poussé d'abord, il semble que cet ouvrage soit devenu dans la suite comme une sorte de labeur éternel, que les Valois même ne purent achever, car la dernière main y fut mise par Henri IV. On y employa Niccolo et sans doute aussi un Bolonais que le Primatice fit venir, du nom de Ruggieri, et appelé Roger de Rogery en France. Vasari le mentionne comme un des premiers aides du Primatice après Niccolo [2]. Il se trouvait à Fontainebleau en 1557 [3].

La manufacture des tapisseries, passée ainsi que les Bâtiments sous la conduite de Philibert Delorme, continuait de produire des ouvrages de la plus grande perfection. Ceux que j'ai étudiés sont de cette époque. Niccolo y prit, comme aux peintures à fresque, une part importante sous le Primatice. Ce fut lui qui

---

1. Dulaure écrit dans son *Guide des Amateurs*, p. 137 : « De nos jours même on y voit des peintures de ce temps-là et les chiffres de Henri II et de ses enfants dans les principales pièces des appartements. »

2. *Op.* t. VII, p. 410.

3. Exactement le 2 juillet selon les Registres d'Avon. Laborde. *Renaissance*, p. 665-666.

traça les poncifs et peut-être dessina le sujet principal de la tapisserie de Cybèle. Même il fournit des inventions de son chef,
comme le prouve un dessin de tapisserie conservé au Louvre [1],
que je n'hésite pas à lui rendre.

Parmi les étrangers qui parurent alors en France, il faut aussi
nommer le Florentin Salviati, un des fameux artistes de l'Italie,
qui vint en 1554 [2]. Le cardinal de Lorraine l'engagea, sur la pré-
sentation du Primatice sans doute, et le fit travailler à Dampierre, où il ne paraît pas qu'on ait essayé moins de belles choses
qu'à Meudon. On ne sait rien de plus de ces travaux. Mais quoiqu'il eût peint en outre quelques tableaux pour différents particuliers, les avantages d'un pareil accueil ne purent le fixer en
France. Il ne put, dit Vasari, s'entendre avec ses compatriotes
et retourna au bout de vingt mois dans son pays. C'est peu de
temps après, à ce qui semble [3], que le Primatice tira de Bologne
Prosper Fontana, ami de Vignole et de lui, qui, par malheur
étant tombé malade, dut repartir presque aussitôt. Un autre
artiste, ami du Primatice, Laurent Sabbattini de Bologne, ne fut
empêché de le rejoindre en France que par ses charges de famille et le grand nombre de ses enfants [4]. Comme on ne doit
omettre dans une pareille étude aucun des artistes italiens qui
parurent alors en France, j'ajouterai Paris Bordone Vénitien,
dont le voyage a été placé à des dates très différentes par les
auteurs, mais qui n'a pu certainement venir avant l'époque de
Henri II [5]. Il peignit en France, dit Vasari, nombre de portraits
pour la cour et plusieurs tableaux pour la maison de Guise.

1. C'est le n° 1596 dans le Supplément de M. de Tauzia, tour à tour mis
au nom d'École du Primatice et d'École de Fontainebleau.

2. Vasari, *Op.*, t. VII, p. 33.

3. *Non ha molto*, écrit Vasari dans sa seconde édition, qui est de 1568.
*Op.*, t. VII, p. 410.

4. *Ibid.*, p. 415.

5. Federici, *Memorie Trevigiane*, t. II, pp. 41-42, le fait venir en 1559,
appelé par Francois II. Vasari donne la date de 1538, mais ce qu'il ajoute,
qu'il travailla pour le cardinal de Lorraine, oblige de corriger cette date
puisque ce cardinal n'avait que douze ans alors. Au contraire les tableaux
que le même auteur rapporte qu'il peignit pour les Guises, portent ce voyage
au temps de la faveur de ceux-ci, soit au plus tôt depuis 1550.

Tout ceci veut être rappelé pour confirmer ce que j'ai dit, que le règne de Henri II fut à sa façon, pour mon héros, une époque de gloire et de crédit. En dépit de tous les contretemps, les artistes nouveau venus composaient au Primatice une cour, moins nombreuse il est vrai, mais plus choisie que celle de la période précédente.

La présence de Niccolo fait époque dans l'histoire de l'école de Fontainebleau. Ce fut le premier peintre italien de mérite qui ait pu passer pour un disciple, non pour un auxiliaire seulement du Primatice. Quoiqu'il eût quarante ans quand il vint, il était de Modène et d'éducation parmesane, ce qui le préparait aux leçons de ce dernier. Comme il s'établissait en France, et que des travaux de quelque temps n'étaient pas ce qui l'y attirait, il se mit à peindre et à dessiner de son chef une foule d'ouvrages originaux. Le nombre en fut considérable, si l'on en juge par la quantité de dessins de sa main visiblement destinés à d'importantes décorations. On a quelquefois compté Niccolo sur le même rang que Rosso et le Primatice, et marqué au nom de chacun d'eux, trois époques égales dans cette histoire. C'est figurer trop grossièrement les choses, et priser cet artiste au-delà de son mérite. Mais il est vrai que par lui l'atelier de Fontainebleau multiplia ses productions, désormais uniformément empreintes de la manière du Primatice. Ce même règne de Henri II, qui vit auprès du Bolonais les rivalités que j'ai dit, l'assura lui-même dans son domaine mieux qu'il n'avait jamais été.

Les fameux émaux de la Sainte-Chapelle [1], exécutés par Niccolo au lendemain de son arrivée en France, les dessins que celui-ci donna pour la tapisserie peuvent être étroitement comptés dans son école. Ainsi en fut-il des tableaux que le nouveau venu peignit entre autres dans la chambre du Roi que Delorme érigeait au pavillon des Poêles. Il décora dans ce même temps près de Fontainebleau la chapelle du château de Fleury en Bière [2], dont

---

1. Au Louvre, Cat. Darcel, n° 282-327.
2. On l'a attribuée au Primatice, de qui elle n'est certainement pas. V. II° partie. art. LIII. Comme il n'en subsiste qu'une partie, on ne saurait pas,

le principal subsiste encore. Davantage un tableau du Louvre connu sous le faux nom de Continence de Scipion, et qu'on conserve sous le nom d'école de Fontainebleau, est évidemment de sa main [1].

Quelques réserves qu'il convienne de faire dans l'éloge de tous ces ouvrages, je ne songe nullement à les dédaigner. Niccolo fut de cette espèce d'artistes qui font beaucoup pour la gloire d'une école, parce qu'avec des pensées communes, ils ont un tour de main aisé et spirituel, propre à multiplier sans fin les échantillons d'un même style, et à donner comme la monnaie des maîtres. Tout ce qui dans le Primatice est invention rare, pensée profonde, trait de race ou de nature, prend sous sa plume un tour populaire et banal, mais où se lit comme la promesse d'une extraordinaire fécondité. C'est comme une essence fine dont il tire cent mélanges. Partout le même parfum se respire sans cesser de plaire, tant à cause de sa vertu originale que de la facile abondance qui rachète cet abaissement. Les grâces de Niccolo sont apprises et son dessin est convenu, mais quelle sûreté et quelle adresse! quelle promptitude à reproduire ces contrastes, à jeter ces raccourcis, à marquer ces contours ductiles, qu'il semble qu'on voit naître sous sa main, tant la plume a de mouvement et d'aisance. A ne considérer que le contentement des yeux et les exigences du décor, le déchet que marque cette sorte de talents, n'est pas loin d'être balancé par la facilité qu'ils donnent. Incapables, s'ils se trouvent à la tête d'une école, d'imprimer à l'art qu'une décadence rapide, rien ne se rend si pré-

---

sans les estampes que Garnier en a tirées, que la figure de Saint Côme y fut peinte. Cette figure détermine le temps de ces peintures, parce qu'il a fallu qu'elles fussent faites sous Côme Clausse, secrétaire des Finances sous Henri II et propriétaire de ce château, qui mourut en 1558.

1. On n'a jamais pu omettre cette attribution que parce qu'on a considéré cette manière de dessiner comme le caractère commun de toute l'école. Je puis prouver qu'elle n'appartient qu'à Niccolo, et le coloris de ce tableau est exactement le même que de l'Enlèvement de Proserpine à Stafford-House, autrefois dans la collection du duc d'Orléans au Palais-Royal. On ignorait au Louvre la provenance du tableau susdit. Il vient du château de Richelieu. Grandmaison, *Musée de Tours*, p. 565.

cieux quand ils viennent en second. Auxiliaires parfaits, ouvriers impayables de tout ce qui relève de l'art industriel, ils donnent sans compter parce qu'ils enfantent sans peine, et contribuent à répandre le bon goût, qu'ils seraient incapables d'inventer ni de soutenir.

J'ajoute que Niccolo portait à Fontainebleau un art que le Primatice n'a sans doute pas connu, celui de peindre le paysage. Son Enlèvement de Proserpine à Stafford-House de Londres, est admirable dans cette partie, visiblement inspirée de Venise quant à la touche et à l'exécution des feuillages.

Après ce que je viens d'exposer, on ne s'étonnera pas que des marques précises de la faveur royale aient continué d'accompagner la carrière dont je fais l'histoire. Le Primatice avait gardé son rang au milieu de la cour. Lors de l'entrée de Henri II à Paris, ce fut lui qui marquait aux courtisans leurs places dans les maisons placées sur le parcours du roi [1]. Je crois que c'est en ce temps-là aussi qu'il faut placer le principal des bienfaits que Vasari rapporte qu'il fit à sa famille. Le fait est que les lettres de naturalité qu'il obtint pour ses neveux, datent de 1552 [2].

La mention conservée de ce document, les nomme Paul-Émile et Lucie. Tous deux portent le nom de Primatice, et nous savons que le premier était fils de Raphaël, frère de notre artiste, demeuré à Bologne avec ses filles, qui s'y marièrent. Le testament du Primatice [3] fait voir à ce frère deux fils et deux filles. Ces deux dernières furent dotées par leur oncle de mille écus chacune et logées à ses frais. L'une, Constance, avait épousé un Jean-Baptiste Beccadelli, l'autre Claude, un Antoine

---

1. Le 15 juin 1549. Venturi, *Il Primaticcio in Francia.* Cet auteur dit par erreur qu'il s'agissait de l'entrée de François II.

2. 1551 anc. st. Voici le texte du document, signalé par M. de Boislisle :

« Autres lettres de naturalité sans aussi payer finances, à Paul Émile et Lucie Primedice, natifs de Boulogne la Grâce en Italie, et neveux de Francisque Primadice, abbé de Saint-Martin de Troyes, dit Boulogne, le 29ᵉ jour de mars 1551, avant Pâques. » Bibl. nat., ms. fr. 5128, p. 118.

3. V. p. 4, note 4.

Anselmi de Bologne [1]. Les deux fils sont Paul-Émile et Jean. Il faut croire que Lucie fit le troisième. Apparemment ce n'est que plus tard que Jean, ainsi que Galeotti le rapporte [2], vint en France; mais ce qu'on verra de lui ne permet pas de douter qu'il ait obtenu la naturalité comme ses frères.

Comme le Primatice ne fut jamais marié, il est naturel que son affection se soit tout entière attachée à ces collatéraux. Ses neveux dès lors l'entourèrent et virent, par l'effet de son crédit, attirer sur leurs têtes des faveurs que d'autres demandent pour leurs enfants. Vasari a fort loué sa libéralité, et ce qu'on sait de précis permet d'imaginer le reste.

Elle allait avec ce personnage de grand seigneur qu'on voit bien qu'il joua toute sa vie. Sa famille n'était pas seule à en recevoir des marques; elle s'étendait jusqu'aux artistes, qui, dit cet auteur, « le nommaient leur père [3] ». Il avait prêté à Prosper Fontana, pour faire les frais de son voyage en France, une somme d'argent, que, voyant ce voyage inutile, il lui remit généreusement. Affable et accueillant toujours, il fit au Salviati mille amitiés quand il parut [4]. Tout en un mot continue de marquer en lui ce caractère d'homme aisé à vivre, à qui un heureux naturel et la facilité de la fortune tenaient sans cesse ouverts le cœur et la bourse.

Peut-être ces qualités précieuses n'ont-elles pas été étrangères aux événements que je vais raconter, par lesquels on vit le Primatice recevoir, aussitôt la mort de Henri II, la succession de Philibert Delorme à la direction des bâtiments du roi.

---

1. Une partie de ces détails est fournie ou répétée dans Vasari, *Op.* t. VII, p. 414.
2. *Uomini illustri*, p. 99.
3. *Op.* t. VII, p. 415.
4. *Ibid.*

# CHAPITRE ONZIÈME

*1559 à 1563. Mort de Henri II. Le Primatice surintendant des Bâtiments. Pourquoi Delorme quitta cette charge. Rôle que le Primatice y tint. Qu'il est l'auteur des édifices élevés sous sa surintendance. Sa commission aux bâtiments de la reine mère. Le mécénat de Catherine de Médicis. Les Triomphes de Chenonceaux. La Mascarade de Stockholm. Les Sépultures royales. L'atelier de Nesle. Le tombeau de François I<sup>er</sup> achevé. Les trois Grâces de Pilon. Commencement du tombeau des Valois et du monument du cœur de François II. Ouvrages d'architecture du Primatice : La cour du Cheval Blanc. La Mi-Voie. La Treille. L'atelier de Nesle à Fontainebleau. Saint-Germain. La Muette. Vincennes. Le Bois de Boulogne. Ouvrages de peinture : La galerie d'Ulysse. La chapelle de Guise.*

Ce n'est pas l'un des moindres sujets d'étonnement que nous ait ménagés cette histoire, ni l'une des moindres preuves des talents extraordinaires du Primatice, que le changement d'occupation qui marqua la dernière partie de sa carrière, tel qu'après avoir été durant trente ans peintre et stucateur infatigable, on le retrouve pour finir architecte et ordonnateur émérite des ouvrages de bronze et de marbre dressés par les derniers Valois.

Le coup de lance de Montgomery termina, avec la vie du roi, la carrière administrative de son architecte préféré. Cet événement survint le 10 juillet 1559. Le 12 juillet, deux jours plus tard, le gouvernement de François II donnait au Primatice sa charge de surintendant des Bâtiments [1]. Il y a de l'éloquence dans ces dates. Le plus naturel est d'y voir l'indice d'une situation préparée et d'intrigues, qui n'attendaient plus que la mort du roi pour aboutir. Je vais dire quelles raisons obligent d'adoucir cette explication.

---

1. Laborde, *Comptes*, t, I, p. 333.

Premièrement on ne saurait du tout considérer ce changement comme une disgrâce de Philibert Delorme : cela est un fait absolument certain. La mort de Henri II avait rendu Catherine maîtresse du royaume, et cette disgrâce n'eût pu venir que d'elle. Or elle était si loin de vouloir se passer des services de Delorme, que c'est à lui qu'elle confia en ce temps-là et les Tuileries et Saint-Maur, qui étaient de ses bâtiments particuliers. Palissy l'appelle dans cette nouvelle période « monsieur l'architecte de la reine, qui avait gagné une autorité et commandement sur tous les artisans de ladite dame [1]. » Ce ne sont pas là de petits propos, et ce temps semble même avoir été celui de sa plus brillante fortune. C'est alors et non auparavant que coururent tous ces mauvais mots qui témoignent l'envie qu'on lui portait, alors que Ronsard l'affubla du nom de Truelle encrossée, que le même Palissy le raille de se faire appeler « dieu des maçons et des architectes [2]. » De telles attaques ne vont qu'à des gens bien placés, et tout ceci oblige de conclure que Philibert Delorme ne perdit, par la mort du roi, que des fonctions administratives et une ingérence générale.

Pour quelle raison? Il ne sera pas impossible d'en tirer quelque aveu de lui-même. Il y a dans ses livres d'architecture des mots qui veulent être pesés.

« Il faut, dit-il entre autres choses, que l'architecte ne manie jamais autre argent que le sien et ne soit comptable à personne du monde, comme j'ai toujours voulu faire et m'en suis bien trouvé... *Il sera aussi très bon qu'il n'ordonne pas les deniers s'il est possible et ne fasse les marchés des œuvres* [3]. » Je regarde ceci comme extrêmement important. En effet la charge de surintendant, telle que Delorme l'exerça durant le règne de Henri II, consiste, dans les termes, à ordonner les deniers et à faire les marchés des œuvres. Force est de conclure que c'est contre son gré que lui-même exerça cette charge, non pas peut-

1. *Ouv. cit.*, p. 146.
2. *Ibid.*, p. 138.
3. *Architecture*, fol. 12, rev.

être au commencement, au moins dans une partie et sur la fin
du règne. Qui pouvait en ce cas, dira-t-on, l'y retenir? Évidemment le consentement donné, et le dévouement à la personne
du roi. Les marques de ce dévouement sont répandues par tout
son livre. J'ai dit une partie des dégoûts qu'il eut à surmonter.
Mais outre ceux qui lui venaient des maîtres d'œuvres, il paraît
que les officiers de l'Épargne lui en causèrent de plus fâcheux,
car il conseille de surcroît aux architectes de prendre garde « au
trésorier contrôleur et autres qui distribuent les deniers ¹ ».
Comme il surveillait les autres, et leur faisait au besoin rendre
gorge, on travailla à le rendre lui-même suspect « comme si,
dit-il, ² je déroberais les deniers et faisais mon profit de toutes
choses. » Les métiers, obligés de céder devant lui, prirent leur
revanche par les bureaux. Delorme fut mis en mesure de produire, outre les comptes de sa charge, jusqu'à un état de sa
propre fortune, « étant accusé de plusieurs infamies, dont j'ai
été, dit-il, trouvé innocent : et m'a-t-on fait coter tout ce que
j'ai jamais acquis ³. » La fameuse Instruction, qui s'adresse, il
est vrai, non à la Chambre des Comptes, mais à l'opinion, est
un témoignage de ces faits.

Or nous ne savons quand ces comptes furent rendus, et il se
peut que ce soit après la mort du roi. Mais on ne saurait au
moins expliquer son départ par la seule raison de se justifier,
puisqu'il est sûr qu'il se justifia et que ce départ n'en fut pas
moins définitif. Que les accusations dont il était victime, aient
été cause qu'on l'eût suspendu quelque temps, cela est raisonnable ⁴; mais s'il partit et fut remplacé, comme on voit, c'est
preuve qu'il a voulu partir, s'offrant peut-être lui-même à
répondre de tout et se débarrassant de fonctions qu'il se repen-

1. *Architecture*, fol. 12 rev.
2. *Ibid.*, fol. 229, rev.
3. *Instruction*, p. 58.
4. On peut voir dans les Comptes, t. I, p. 236, que le trésorier Picard
obligé au commencement du règne de Henri II, de rendre compte de sa ges-
tion, et remplacé pendant ce temps dans sa charge, la reprit peu après sur
le fait de son innocence reconnue.

tait d'avoir prises. Son roi mort, rien ne l'y retenait plus, et l'on
conçoit que sa démission ait accompagné cet événement.

Maintenant je ne fais pas difficulté d'avouer que le Primatice
se tenait prêt à prendre sa place, et que les protections qu'il
avait, l'y aidèrent. Le fait est qu'il compte parmi les Italiens que
l'avènement de Catherine de Médicis fit monter aux premières
charges du royaume. Il convient de joindre la faveur des Guises,
qui devenaient alors tout puissants. Mais comme il a fallu rayer
de l'histoire une hostilité déclarée de lui et de Philibert
Delorme, il n'y eut pas davantage, en ce changement de règne,
d'assaut découvert à une place convoitée, ni d'écrasement de
l'un au profit de l'autre. Je me fais du Primatice l'idée d'un
homme en qui l'ambition n'altéra point la bonne grâce, et qui
sut éviter l'odieux de ces triomphes. Qui tentera de réunir les
traits de caractère épars dans toute cette histoire, imaginera
chez lui plus d'adresse que d'intrigue, et un art naturel de parvenir, plutôt qu'une application constante et une âpre poursuite
de la fortune. Il fut je crois de ces hommes que nous voyons
paraître, en qui des dehors séduisants, une affabilité non
apprise, une envie naturelle de plaire à tout le monde, couvrent
un fond très avisé et un instinct très sûr de ce qu'il faut faire et
omettre. Ce serait trop peut-être de les accuser de ruse : ils sont
seulement débarrassés d'une espèce de délicatesse, dont leurs
manières donnent il est vrai l'illusion. Diplomates souriants, ils
montent avec aisance et d'un pas modéré les derniers échelons
de la fortune, les mains toujours ouvertes, l'accueil toujours
facile. Ceux qui loin d'eux dénigrent leur chance, ne sauraient
leur tenir rigueur après qu'ils les ont approchés. Leur plus
grand triomphe est de désarmer l'envie et de fondre la mauvaise
humeur. Que leur reprocher en effet, qu'un bonheur trop constant, une civilité trop égale, une présence trop universelle en
tous endroits où quelque chose se donne, une aptitude trop
générale à recueillir les successions, à envahir doucement les
places? Gens aimables, en somme, et à qui on ne peut refuser
une sorte d'estime, puisque le principal de leur blâme est d'être

trop bien faits pour la société, trop capables d'y plaire et de retirer les avantages qu'elle donne.

Le Primatice avait tout ce qu'il fallait pour venir à bout, dans sa nouvelle charge, de plusieurs résistances et obstacles où la dureté de Delorme s'était brisée. A juger l'un sur ses propres écrits, l'autre sur ce que Vasari et Cellini fournissent [1], rien ne fut si différent que leurs caractères. Au règne de la rigueur et de l'inflexibilité succéda celui de l'habileté, de la courtoisie et de la souplesse. Ces talents réussirent, il n'en faut pas douter, puisqu'on voit qu'après sa mort la surintendance retourna à de simples officiers de la couronne, et qui n'étaient point archi-tectes [2]. C'était la fin de l'état de siège établi depuis Henri II, preuve que la place était enfin soumise. Au Primatice revient la gloire d'avoir consommé cette difficile réforme, et définitive-ment réduit les maîtres d'œuvre à la discrétion des architectes. Il est vrai que plusieurs choses aidaient à ce succès. Deux archi-tectes déjà, en s'y usant eux-mêmes, avaient usé les résistances. Après Serlio, après Delorme, les difficultés ne pouvaient être aussi grandes. Les maçons que celui-ci trouva en possession, se trouvaient alors remplacés. A Lebreton, mort peu avant, en 1553 [3], Castoret avait succédé, qui, n'ayant jamais connu d'autre régime, passant sous les ordres du Primatice, ne faisait que changer de maître. La douceur de ce dernier faisait sans doute merveille, venant après les rigueurs du précédent règne, et nous pouvons imaginer les résultats d'une pareille union de talents précieux et de circonstances favorables.

Personne encore n'a remarqué ce qu'emporte à l'égard de l'art, le fait de la commission qu'il eut. Le commun des biographes n'en retient que la partie d'administration. Ils ne font pas réflexion que, comme Philibert Delorme fut l'architecte de tous les bâtiments qui s'exécutèrent pour le roi au temps de sa surintendance, il n'y a nul moyen de feindre que le Primatice

1. V. pp. 88 et 176.
2. V. ci-dessous chap. xii.
3. Anc. st. 1552. Laborde, *Comptes*, t. I, p. 272.

n'ait pas été pareillement l'auteur de tout ce qui se fit durant la sienne. Rien n'est plus assuré que cette conclusion.

M. Palustre a résumé le principal de l'histoire du château de Fontainebleau dans les noms de trois architectes : Lebreton, Chambiges et Castoret [1]. Cette triade a causé dans le temps de la surprise, et je ne sais si l'on est bien revenu de n'avoir pas vu paraître Philibert Delorme dans ce total. Il est arrivé que ce grand nom a paru de moindre importance dans cette chasse à des inconnus. Passe pour Lebreton, passe pour Chambiges, mais Pierre Girard dit Castoret mérite de servir d'exemple des plus décevantes découvertes que la critique ait jamais faites. Je ne reviens point sur le détail de la réforme que j'ai dit que le Primatice acheva. Cette réforme a pour résultat d'ôter aux maîtres maçons à partir de ce moment la qualité d'auteurs des édifices qu'on leur voit construire. Au moins personne ne peut douter que cette qualité ne revienne à Philibert Delorme pour tout ce que ces maçons ont fait aux bâtiments royaux durant le règne de Henri II, puisque lui-même par tout son livre en parle comme de son propre ouvrage. Pour que Girard dit Castoret fût tenu pour l'auteur de ce qui se fit ensuite, il faudrait admettre que, Henri II mort et Delorme remplacé, on revint, Catherine de Médicis régnante, simplement à l'ancien système. Castoret ne porte dans les Comptes d'autre nom que celui de maçon. Aux yeux de l'historien de la Renaissance en France, un maître maçon de 1560 a fait, sous les ordres du Primatice, exactement la même chose que son pareil aurait pu faire en 1536 sous les ordres de La Bourdaisière et de Villeroy. Cette confusion d'époque a de quoi surprendre, et l'on ne voit pas, de fait, pourquoi la critique s'est arrêtée en si beau chemin. Il y avait là de quoi corriger toute l'histoire de l'art français en remplaçant, selon les temps, les Mansart, les Perrault, les Cotte, les Oppenord par les maçons qui travaillèrent sous eux, et que les comptes ne laissent pas de mentionner fidèlement.

1. *Renaissance*. t. I, pp. 226-228.

A coup sûr ces noms de maçons ne seraient pas plus étonnés de cette soudaine apothéose que n'a été celui de Castoret. Tant que Castoret travailla sous Delorme [1], l'obscurité de son métier le couvre, si du moins l'on ne veut pas prétendre que Delorme s'est vanté d'être l'auteur responsable d'ouvrages qui revenaient à lui. Le Primatice vient-il en charge, aussitôt Castoret prend rang parmi les grands noms de ce siècle entre Lescot et Bullant.

C'est ici que tout ce que j'ai remarqué précédemment sur cette question [2] se rend indispensable à mon sujet. Maçon fut Castoret sous Philibert Delorme pour exécuter ses volontés; à qui fera-t-on croire qu'il ait tiré des plans, gardant aux Comptes ce même nom de maçon, parce que la surintendance avait passé en d'autres mains. Si l'on objecte qu'il n'est fait nulle mention qu'il ait alors suivi les plans d'un autre, je réponds que cela n'est pas dit davantage pour le temps où nous savons fort bien qu'il exécutait ceux de Philibert Delorme. Que Castoret soit donc rayé de l'histoire, et rendu à une obscurité plus convenable à ses talents.

Quant à demander qui doit prendre sa place, les même arguments le décident. On a vu ce que la charge de surintendant était devenue, passant de Babou de la Bourdaisière à Philibert Delorme. Or nous avons dans les termes mêmes de la commission du Primatice, la preuve qu'elle lui fut transmise sans aucunement changer de caractère. Nous confiant, ainsi parle cette commission, en la « diligence et grande expérience en l'art d'architecture dont il a fait plusieurs fois grandes preuves en divers bâtiments »; sur quoi la surintendance lui est remise « en la propre forme et manière qu'a ci-devant faite et ordonnée maître Philibert Delorme [3] ». Comme donc on n'a jamais contesté que

1. Laborde, *Comptes*, t. I, pp. 209, 244, 282, 322, 343, 370.
2. Voy. pp. 141-145.
3. Ouvr. cit., pass. cit. Le texte des Comptes joint à Philibert Delorme son frère Jean Delorme, que j'omets pour faire court. Voici la raison de cette addition, insuffisamment expliquée par ceux qui ont écrit de cette matière. Nommé dès 1553 *maitre général des œuvres de maçonnerie*, en remplacement de Lebreton, Jean Delorme partagea depuis 1557 les gages laissés vacants par

tout ce qui fut fait sous ce dernier, lui doive être attribué, on ne devra pas contester désormais que ce qui se fit sous le Primatice, ne soit le témoignage authentique des talents d'architecte jusqu'ici peu étudiés de ce maître.

Mais ce n'est pas seulement les bâtiments du roi qu'il faut considérer ici. Le 21 janvier 1560 la reine mère lui confia les siens propres par le fait d'une commission pareille [1], de sorte que notre artiste se trouva tout d'un coup le plus occupé des architectes d'alors. Il est vrai qu'il faut excepter de ses soins le Louvre, confié à Lescot et de tout temps soustrait à la direction générale, ainsi que Saint-Maur et les Tuileries remis à Philibert Delorme.

Ces dix dernières années de son existence s'écoulèrent, comme on voit, dans un comble de gloire. Le roi, la reine mère et les Guises, c'était tout ce qui faisait peindre et bâtir en ce temps-là, et de ces trois côtés Primatice tenait un premier rang. Je n'évaluerai point l'argent qu'il recueillait. Outre abbé de Saint Martin, ses titres étaient de conseiller et aumônier du roi [2]. Sa charge montait pour les bâtiments de la couronne à douze cents, pour ceux de Catherine à six cents livres [3], ce qui fait un total de dix-huit cent livres par an. Le reste, tant d'occasion que de fixe, nous échappe.

Cette dernière période se partage entre le court règne de Fran-

---

la mort du contrôleur Deshôtels, avec Bullant, qui prenait la place de ce dernier. La raison de ce surcroît de paie est qu'il eut mission de suppléer son frère entre temps et en son absence, car c'est une chose à retenir qu'il eut encore cette charge, Laborde, *Comptes*, t. I, pp. 272, 340. Cette triple situation de maître général des œuvres, appointé sur les gages du contrôle et délégué à la surintendance, a égaré plusieurs fois la critique, en particulier M. Charvet, *Architecture*, p. 292. Il y aurait un livre à écrire sur l'administration des bâtiments royaux, sur les changements petits et grands qu'elle subit, et en particulier sur la surintendance de Delorme, dont les projets semblent avoir dépassé ce qui fut en effet réalisé et subsista. Cette charge de maître général des œuvres, qui ne paraît pas avoir duré, en est peut-être une preuve.

1. Publiée par M. de Boislisle, *La sépulture des Valois*, pp. 244-245.

2. Il porte ces titres dans le testament que Gaye a publié, et aux Comptes des Bàtiments, t. II, pp. 13, 38, 94, 191. Quant à celui de prieur de Brétigny, que Villot lui donne, j'avoue ne l'avoir trouvé nulle part.

3. Passages cités.

çois II et les neuf premières années de celui de Charles IX. Il est à
peine besoin de remarquer que ces princes enfants ne comptaient
pour rien dans les affaires. En ces temps-là le roi ne logea guère
chez lui, mais chez sa mère. Fontainebleau fut délaissé : Ducerceau nous en a laissé le témoignage [1]. Chenonceaux, Monceaux
et Saint-Maur devinrent tout à coup les endroits les plus fré-
quentés de la cour. Fontainebleau, avec Saint-Germain, Vincennes, le bois de Boulogne, durent seuls, soit à leur récent
renom, soit à leur antique prestige, de ne pas périr tout à fait.
Puis une nouvelle direction se fit sentir dans les arts. Catherine
reprit à sa mode l'œuvre des rois français ses prédécesseurs. Sans
rien brusquer, sans disgrâcier personne, sans rejeter aucun des
talents admirables qui dans cette maturité de la Renaissance
embellissaient notre pays, on la vit donner ses soins à des monuments de sculpture d'une splendeur encore insoupçonnée. Médicis et douée pour les beaux-arts d'un discernement singulier,
ambitieuse en France de la même renommée dont le nom de sa
famille brillait en Italie, la décoration et l'ornement prit tout à
coup par elle un essor admirable, où se réalisèrent toutes les
promesses que j'ai fait voir contenues au tombeau des Guises.

La sculpture et l'architecture des ouvrages royaux remise cette
fois à un homme en qui le talent de peindre primait tous les
autres, il sembla que l'esprit même de l'Italie, ce qu'il y a de plus
délicat dans son génie, de plus libre et de plus magnifique dans
ses inventions, eût été transporté chez nous.

Le premier éclat de ces grâces nouvelles parut dans les décorations exécutées sous le nom ordinaire alors de *Triomphes*, au
château de Chenonceaux pour l'entrée de la reine et du roi François II [2]. C'était le 31 mars 1560, moins d'un an après la mort
tragique du feu roi. Catherine venait d'obliger la duchesse de
Valentinois à lui céder Chenonceaux pour Chaumont, et c'était

---

1. « Depuis la mort du feu roi François (c'est François II), le lieu n'a plus
été si habité ne fréquenté, qui sera cause qu'il ira avec le temps en ruine. »
*Excellents bâtiments*, t. II, Fontainebleau.

2. Pour tout ce qui regarde ces décorations, v. IIe partie, art. xxxv.

le premier séjour qu'elle faisait dans sa nouvelle maison.

On en remplit les avenues de cyprès et de devises funèbres, de colonnes brisées, d'autels penchants, où se lisaient des vers célébrant la tristesse de la reine. Près de ces douloureux emblêmes, les ordinaires allégories à la louange des princes, et les membres accoutumés d'architecture étaient disposés dans un ensemble des plus ingénieux et des plus riches. Le Primatice, chargé de cette entreprise, avait dressé devant l'entrée un arc de triomphe d'ordre toscan environné de lierre, et un peu plus loin deux fontaines, où des termes sur une base rustique, jetaient de l'eau au-dessus du nombril, par un mufle de lion doré. Leur tête, qui sortait de l'entablement de la gaine, portrait des lauriers, du lierre, de grands roseaux et des bouquets de fleurs. Je passe les obélisques, les autels, les feux de couleur et les feux d'artifice. La terrasse du château parut tout embellie de ces ornements. Au bout, à droite et à gauche d'un deuxième arc de triomphe, dessiné d'ordre corinthien, notre artiste avait disposé deux Naïades épanchant du vin de leur urnes et d'un cor qu'elles tenaient. Sur le fronton du côté du château se lisait cette allusion érudite à la prudence royale :

Πάντα ἰδών Διὸς ὀφθαλμὸς καὶ πάντα νοῆσας.

Par delà cet arc, contre la face du pont-levis une grande figure peinte représentait la Renommée. Le pont-levis en s'abaissant la fit s'incliner devant le roi, qui pouvait lire sur une tablette qu'elle portait ce vers :

Baissant le chef à ta seule grandeur.

Passé le pont-levis, c'étaient d'autres allégories encore, une Victoire et une Renommée sur deux autels. Au haut d'un balcon parut Pallas elle-même, récitant un quatrain à la louange des personnes royales, dont elle répandit aussitôt des copies imprimées au milieu de fleurs et de couronnes de toute sorte.

Ces fêtes paraissent être les premières que le Primatice ait dirigées depuis l'entrée de l'Empereur à Fontainebleau, qui eut lieu vingt ans auparavant.

Longtemps j'ai cru ne pouvoir fournir sur cette sorte d'ouvrages de mon héros, que des paroles. Il est vrai que les Triomphes de Chenonceaux, aussi bien que les fêtes de l'entrée de Charles V, ne sont encore connues que par des descriptions ; mais dans la mascarade dont les dessins sont aujourd'hui conservés à Stockholm [1], nous avons tout ce qu'il faut pour prendre une idée très précise du genre. Je ne sais à quelle occasion elle fut faite, mais il faut que ce soit dans le temps où nous sommes parvenus.

Toutes sortes de figures y formaient un cortège des plus galants. Le caractère de ces inventions est, au milieu d'arrangements variés et diversement ingénieux, un certain fond de simplicité vraie, qui se rend sensible par la frugalité des garnitures et des ornements. Quoique ces accoutrements fussent riches, ils l'étaient par la disposition et la matière plus que par aucunes broderies ni bordures. Nous sommes loin ici de ce qui se vit plus tard sous l'influence de Bérain et de Gillot. Alors des formes architecturales ou plus ou moins empruntées du mobilier, envahirent l'art du costumier, non sans profit, il faut en convenir, mais l'ancienne mythologie y perdit de son piquant et de sa grâce.

On ne connut plus de Satyres comme celui que le Primatice a dessiné, le torse habillé de pampre, le visage couvert du masque antique et les jambes fourrées d'une peau de chèvre. Ces satyres portaient des plats et sans doute servaient quelque festin comme ceux de Jules Romain dans les fresques de Psyché. On les trouve faits comme à point pour habiter ces lieux mythologiques engendrés des mêmes imaginations, dont on ornait alors les jardins ; et rien ne fait mieux comprendre ce goût que d'imaginer de telles figures dans le décor de la grotte du Jardin des Pins. Le Sphinx d'Égypte paraissait dans ce cortège, mâtiné de grec,

---

1, Pour cette mascarade, v. II° partie, art. xxxvi.

comme on l'imaginait alors, debout sur ses pieds de derrière
avec deux rangs de mamelles pendantes ; Saturne avec quatre
yeux et quatre ailes, tel que les Phéniciens l'on peint ; l'Amour
en tournure d'adolescent, couvert d'une simple chemise, un
long carquois à son côté et portant au-dessus de sa tête un phénix sur le bûcher ; Apollon environné d'un zodiaque, où les
signes figuraient en or sur un fond de satin blanc. Les chars
n'étaient pas moins magnifiques. On y voyait ceux des trois
déesses Junon, Pallas et Vénus, chargés de chanteurs et de
musiciens, et celui d'un triomphateur que traînaient des
esclaves enchaînés.

Les draperies, les coiffures, parmi les bizarreries que de
pareilles inventions réclament, ne laissaient pas de témoigner
d'un goût profond et éclairé de l'antique. Les divers ornements
des casques, les têtes de lion fixées soit aux genoux soit à la
chaussure, les grands manteaux aux plis amples et flottants, les
couronnes, les accessoires et instruments de tout genre, ont
cette bonne grâce et cet agrément qui vient chez le Primatice à
la fois de science et de souplesse d'esprit. Ce qui reste du Rosso
en ce genre est loin d'être aussi plaisant. Les inventions de ce
dernier intéressent par leurs complications et étonnent par leurs
ressources ; celles du Primatice sont une caresse pour l'imagination, la fantaisie y est badine et l'érudition sans pédanterie.
Dans ce domaine intermédiaire entre l'invention pure et la
mythologie ingénieusement mêlées pour l'ornement des cours,
il corrige à propos l'un par l'autre le pittoresque poétique et le
falbala d'opéra. Il semble qu'on ait devant les yeux non les
dieux des anciens eux-mêmes, mais les figures de réjouissance
que les anciens eussent tiré de ces dieux, et autant de personnages échappés à la fameuse Mascarade de Persépolis, par lui
peinte dans la chambre de la Duchesse d'Étampes.

Cette peinture offrait jusqu'ici un aperçu de ce dont le Primatice fut capable dans cette partie de l'art : la mascarade de
Stockholm nous fait tenir l'effet de ces promesses. Elle n'a ni
moins de hardiesse, ni moins d'esprit, ni moins de cet air d'anti-

quité, qui, sur les murs de Fontainebleau, faisait cadrer la première au récit de Plutarque et aux autres histoires de la vie d'Alexandre.

A la commission des bâtiments du roi se trouva attachée dès le précédent règne celle des sépultures royales. Primatice en eut la charge comme du reste, et précisément dans un temps où cette partie prenait une importance sans précédent. Du vivant du feu roi elle n'avait été que du tombeau de son père, dressé dans Saint-Denis par Philibert Delorme. Outre cet ouvrage, qui n'était point achevé, notre homme se vit tout d'un coup chargé d'une sépulture dont Catherine voulait faire le tombeau commun de toute sa famille. C'était une rotonde magnifique dessinée en hors-d'œuvre au flanc gauche de l'église de Saint-Denis, et qui devait contenir le mausolée du roi et de la reine avec celui de ses quatre fils [1]. Le monument élevé pour porter le cœur du roi défunt fut aussi de son dessin, et la mort du jeune roi François II, survenue le 5 décembre 1560, fut cause qu'il eut bientôt commande d'un monument pareil pour ce prince.

Dans ce labeur nouveau et considérable, on trouve le Primatice aidé de sept sculpteurs, qui composent en cette fin de sa carrière, comme une nouvelle école autour de lui. Dominique Florentin et Picart, ses auxiliaires du tombeau des Guises, y ont leur place ; puis vient son aide de la première heure aux stucs de Fontainebleau, Renaudin ; Ponce, qui travailla sous lui la même matière à Meudon, Jérôme della Robbia revenu de Florence [2], un Français nouveau venu, Frémin Roussel, enfin le célèbre Germain Pilon, qui commençait alors sa carrrière. A tous ces noms il convient de joindre celui de Benoît Leboucher, qui désormais sans le secours de Vignole conduisait les fontes de l'atelier. La perfection de ce qui nous est resté, atteste l'excellence de son art.

---

1. Pour tout ce qui sera dit de cet édifice, v. II⁰ partie, art. xxvi.
2. Laborde, *Comptes*, t. II, p. 55.

Tous ces sculpteurs travaillaient à Paris dans le grand hôtel de Nesle [1], qui devint un nouveau foyer des influences de Fontainebleau. Ce fut une école séparée et jumelle de celle qui, représentée seulement par des peintres, Niccolo et Roger de Rogery, continuait de se recruter, comme je ferai voir. Jamais on ne vit l'influence du Primatice se distribuer d'une manière plus symétrique et plus égale dans chacune des branches de l'art. Ses peintres d'une part, ses sculpteurs de l'autre, en troisième ses maîtres maçons travaillaient à l'exécution de dessins toujours rares et parfaits.

Par un retour de l'histoire qu'il faut remarquer, de nouveau dans le Grand-Nesle Florence dominait comme aux premiers jours des ateliers de Fontainebleau. Dominique, La Robbia. Renaudin et Ponce en maintenaient la prépondérance, quoique tous enrôlés cette fois sous la bannière parmesane ; leurs compagnons français n'en connaissaient point d'autre.

Cet atelier de Nesle recueillait la succession de l'hôtel d'Étampes, où Delorme avait réuni les ouvriers employés par lui au tombeau de François Ier [2]. Pilon et Ponce y avaient été engagés dans les dernières années de sa commission. Leur part dans cet ouvrage, que personne n'a pu définir, fut de seize figures d'enfants dont l'un et l'autre en avait sculpté huit, qui devaient reposer à l'aplomb de chaque colonne sur l'entablement du tombeau. On pourra s'étonner que Delorme n'ait pas mis la dernière main à un ouvrage presque achevé. Ce sont les mœurs d'alors, et un témoignage de plus de la prépondérance qu'eurent en ce temps là les répartitions administratives.

Le Primatice [3] a-t-il pensé que les sculptures de Pilon et de Ponce allaient mal auprès de celles de Bontemps et de Perret? Ou plutôt, comme je crois, ces figures lui ont elles paru plus propres à encombrer ce tombeau qu'à l'embellir. Le fait est que,

---

1. Sur l'atelier de Nesle en général, voy. IIe partie, art. cit.

2. V. *ibid*.

3. Pour ce qui regarde la part du Primatice dans ce tombeau, v. IIe partie, art. xxi bis.

quoiqu'elles fussent achevées, il ne voulut pas s'en servir et
les conserva dans les magasins, se bornant apparemment, quand
il entra en charge, à les faire porter d'Étampes en Nesle. Hors
de là rien ne fut changé au dessin de son prédécesseur, et son
intervention dans cet ouvrage, fort courte au demeurant, ne
mérite pas qu'on s'y arrête davantage.

Germain Pilon n'était encore auteur que de ces huit figures
d'enfants, quand il entra dans l'atelier de Nesle. L'échantillon
qui nous en demeure témoigne de la précocité de ses admirables
talents. C'est le premier en date de ses ouvrages connus, et l'on
y remarque la frappante influence non pas seulement de Fontainebleau, mais du Primatice dans ce qu'il a de plus original.
La cheminée de Villeroy, dont on le croit auteur, et qui fut
faite un peu plus tard [1], révèle la même imitation. Mais elle se
montre bien plus établie dans les ouvrages de la partie plus
avancée de sa carrière, comme le Birague, le Saint François et
la Notre-Dame de Pitié. Depuis qu'il fut devenu l'auxiliaire du
Primatice, Pilon s'attacha si étroitement à sa manière, qu'il en
est comme le reflet en sculpture. Il fait dans ces derniers dix
ans comme un pendant à Niccolo, le meilleur des peintres du
maître, comme il était le meilleur de ses sculpteurs. Ces deux
artistes, en qui se résume l'histoire de l'art sous Charles IX,
le montrent tout entier soumis au Bolonais. Ils ont même entre
eux des ressemblances qu'ils ne tiennent pas de leur maître commun, mais de l'interprétation qu'ils faisaient de sa manière : de
sorte que dans quelques-uns de ses ouvrages comme les Vertus
de bronze du tombeau d'Henri II, Pilon fait penser à Niccolo
encore plus qu'au Primatice. Il faut ajouter des élégances
robustes qui sont en lui comme la marque des Florentins de
l'hôtel de Nesle.

Pour ses débuts il dut exécuter avec Dominique Florentin le

---

1. Cassiano del Porzo, chez Palustre, *Renaissance*, t. II, p. 46, rapporte
que le buste de François II était placé au-dessus de la porte d'entrée du château de Villeroy, preuve qu'il ne fut pas construit avant le règne de ce
prince.

fameux monument des Grâces qui dans l'église des Célestins
porta le cœur de Henri II [1]. Dominique fit le modèle du piédestal et de l'urne, qui l'un et l'autre devaient être exécutés de
bronze. Le Primatice paraît avoir pris l'idée de ce monument, du
brûle-parfum que Raphaël avait dessiné pour François Ier [2], où
se voit la même disposition de trois figures adossées en triangle
portant un vase sur leur tête. Les ornements du socle rappellent
les stucs de la cheminée de la Reine à Fontainebleau. Je ne sais
comment il se fait que ce socle est de marbre. C'est un changement dans l'entreprise, dont les Comptes ne portent point de
mention, ce qui fait qu'on ne peut assurer tout à fait que le piédestal que nous voyons, est de Dominique. Quant à la rare exécution de l'agréable groupe des trois Grâces, il sera superflu de
la louer une fois de plus, et les éloges qu'on en a fait cent fois,
dispensent d'en dire ici davantage. L'ouvrage, en train dès 1560,
fut terminé avant 1563. Ce fut la première achevée des sépultures royales auxquelles le Primatice donna ses soins.

En 1561 besognaient les ouvriers de celle de Catherine et de
son époux. On débuta par le mausolée principal [3]. Ce grand
ouvrage, qui ne porta pas moins de deux gisants de marbre,
deux priants de bronze, quatre Vertus de même métal, quatre
bas reliefs de marbre, des masques et plusieurs autres ornements, fut partagé entre tous les sculpteurs de Nesle, travaillant
sur les dessins du maître. Les deux gisants échurent à La Robbia et à Pilon. Ce dernier eut la reine et le premier le roi. Dominique fut chargé de faire le modèle pour le roi priant. Laurent
Renaudin dut faire de cire ceux de plusieurs bas-reliefs de
bronze. Ponce fut choisi pour deux des figures de Vertus, Roussel pour un bas-relief. Je laisse les sculpteurs d'ornements.
Ainsi conçue, la collaboration de ces artistes d'origine diverse
devait enfanter quelque chose de singulièrement curieux et ins-

---

1. Pour tout ce qui sera dit de cet ouvrage, v. II⁰ partie, art. xxiii.
2. V. p. 124, note 2.
3. Pour tout ce qui sera dit du tombeau de Henri II, v. II⁰ partie,
art. xxiv.

tructif, et peut-être un pareil ouvrage entrepris en pleine Renaissance, à la façon dont plus tard les élèves du Bernin, et en France nos sculpteurs ont travaillé sur les dessins de Lebrun, eût-il été quelque chose d'unique au monde.

A peine cette besogne se trouva mise en train, qu'il fallut procéder à l'érection d'un monument nouveau pour contenir dans Orléans le cœur du roi François II [1], qui venait de mourir. Jérôme della Robbia encore, Picard et Roussel y furent commis. Primatice fit le dessin d'une colonne qui portait un ange à fondre en cuivre tenant une couronne entre ses mains. Cette colonne était semée de flammes par allusion à la devise du défunt : *Lumen rectis*. Autour, dans les trois angles d'un piédestal de même forme que celui des Grâces, trois figures étaient assises : par devant un ange en posture d'écrire sur des tablettes qu'il tenait, à droite et à gauche des enfants sur des têtes de mort et tenant des torches renversées. La Robbia prit les enfants pour lui, et Roussel l'ange. Picard dut exécuter tout le modèle du monument. En 1563 paraissent les premiers paiements de cet ouvrage.

Pendant que l'œuvre des sépultures royales se poursuivait de la sorte à Paris, un peu partout dans les résidences tant du roi que de la reine mère, le Primatice travaillait de son métier d'architecte. Des morceaux de première importance prennent place dans ces commencements.

Un des premiers auxquels il semble que Catherine ait voulu donner ses soins, fut la Grande Basse Cour de Fontainebleau. Ce lieu, pour délaissé qu'il fut, ne laissait pas de jeter encore dans son déclin quelque splendeur. La reine mère y avait repris dans le pavillon des Poêles le logis préparé pour son époux. Il faut croire qu'elle ne s'y déplaisait pas, car elle l'acheva et l'embellit. Entre le pavillon des Poêles et la Galerie régnait depuis trente ans une terrasse, qui, passant devant le pignon de celle-ci, se terminait aux bâtiments qui masquent la chapelle de

---

1. Pour tout ce qui sera dit de ce monument, v. II⁰ partie, art. xxii.

la Trinité. Le pavillon après celui des Poêles se levait comme une tour au devant de cette terrasse; sons le précédent règne, Philibert Delorme avait construit au droit de la Galerie l'escalier appelé Fer-à-cheval qui donnait accès du côté de la cour; et quoiqu'une sorte de symétrie se trouvât préparée par tous ces divers membres, l'aspect qu'ils présentaient était alors des plus irréguliers. Comme cette terrasse confinait aux appartements de la reine, les raisons de symétrie se trouvèrent apparemment d'accord avec des nécessités d'agrandissement. On bâtit un premier étage avec un galetas sur tout ce rez-de-chaussée [1], et devant la Galerie un pavillon qui, placé au milieu des quatre autres derrière l'escalier du Fer-à-cheval, devint le morceau principal de la façade ainsi constituée. Toute cette partie porte aujourd'hui encore des caractères qui la distinguent. Depuis la gauche du pavillon central jusqu'au bâtiment qui plus tard a pris la place du pavillon des Poêles, règne un système de construction entièrement différent de celui auquel il fait suite. C'est Primatice auprès de Lebreton. Un dorique simple de pilastres accouplés orne le premier étage, et des lucarnes qui portent des frontons en anse de panier sur des consoles, se dressent sur le devant des toits. L'ancien pavillon qui, de la sorte, se trouva couper cette aile neuve, a été mis d'accord avec le reste quant au premier étage sous Louis XIII. Le nouvel édifice fut achevé entre 1560 et 1565.

Par malheur ce qu'on voit à présent n'est plus qu'une copie de ce qui fut. Le pavillon des Peintures a été rebâti entièrement : on n'en a conservé que les pierres sculptées, qui furent remises en place. La partie de droite entre l'autre pavillon et celui des Poêles remonte au règne de Louis-Philippe. Le mur de façade primitif était en arrière de celui qui paraît à présent, et qui fut élevé pour augmenter les appartements d'une petite terrasse qui restait par devant, et qui est devenue la galerie des Assiettes.

---

1. Sur cet édifice, v. II⁰ partie, art. xxvii.

D'autres embellissements se firent dans la même cour. Sur le noyau de la vis qui flanquait le pavillon des Poèles, dut prendre place une statue de bois [1], et sans doute en pendant du côté de la chapelle, un autre sur la tour de l'horloge. Au milieu de la cour la reine fit placer le plâtre du cheval de Marc-Aurèle, qui depuis vingt ans attendait d'être employé. La cour prit de ce cheval le nom qu'elle a gardé et conserve encore de nos jours.

En même temps des ouvrages plus légers et d'un caractère nouveau prirent place sous l'inspiration de la Florentine, au milieu des jardins de François Ier. Ce furent la Treille [2], élevée dans le jardin de la Reine contre la Galerie, et le petit bâtiment qu'on appela la Mi-Voie [3]. Ce dernier était dans le parc, vers le milieu et sur la gauche du grand canal creusé depuis. Elle eut trois corps d'hôtel séparés par un petit parterre et deux pièces d'eau. C'était la laiterie de la reine et le premier en date dans les maisons royales, de ces édifices mi-mondains mi-champêtres, dont les laiteries de Rambouillet et de la Malmaison auront été la dernière expression. Ailleurs ces fantaisies se sont appelées Brimborion, le Taudis, Trianon. A Gaillon le cardinal de Bourbon fit bâtir, sans doute vers le même temps, le petit logis nommé la Maison Blanche ; à Joinville le premier duc de Guise avait élevé le Grand Jardin. Quant à la Treille, c'était un de ces morceaux comme on en voit dans les recueils gravés d'alors, et qui formaient au milieu des jardins de la Renaissance, partout compartis de barrières et disposés en bizarres figures, de véritables édifices avec pilastres, fenêtres, portes cintrées, voûtées en berceau, en coupole, en dôme carré, en côtes de melon, faisant parfois le tour du jardin suivant des formes aussi ingénieuses qu'agréables. Celle-ci fut d'un seul corps avec vingt-quatre colonnes et plusieurs statues mythologiques, le tout de bois et de lattes portant divers membres

---

1. Laborde. *Comptes*, t. II, p. 66. J'ai fourni l'interprétation du texte, *Logis royaux*, pp. 39-40 du tirage à part.
2. Pour tout ce qui regarde la Treille, v. IIe partie, art. XXXII.
3. Pour tout ce qui regarde la Mi-Voie, v. IIe partie, art. XXIX.

d'architecture, des masques et des feuillages de pâte de carton, qu'on enduisit de résine, avant de peindre le tout en vert.

Toute la sculpture que ces divers ouvrages réclamaient, fut confiée aux mêmes artistes que j'ai dit qui travaillèrent aux sépultures royales. Par un renversement auquel ce qu'on a déjà lu prépare, on voit dans cet article Fontainebleau devenu tributaire de l'atelier de Nesle. Roussel, Renaudin, Dominique et Pilon travaillèrent de concert à l'ornement de la Treille, en même temps qu'un Charles Padouan, qui tient un rang plus inférieur. Il travaillait aux ornements, tandis que ceux de Nesle vaquaient aux figures, et qu'Ambroise Perret, un des sculpteurs de Philibert Delorme, engagé pour cet ouvrage, taillait les colonnes.

Mais de tous ces sculpteurs un semble avoir tenu près du Primatice une place particulière, ne cessant de figurer pour toutes ces besognes en l'absence même de ses compagnons, c'est Roussel. Roussel n'est connu que par les Comptes des Bâtiments du Roi. Les anciens biographes l'ont ignoré, et dans le naufrage de son nom, ce qui restait de lui fut donné à Pilon. Élève direct du Primatice, on le voit, durant ces dix années, où se place tout ce qu'on sait de son existence, l'assister de son art dans tous les édifices qu'il conduisait. De lui sur la Cour du Cheval Blanc furent quatre enfants aux côtés d'un fronton, qui couronne encore le pavillon des Peintures, de lui la Cybèle destinée à l'amortissement de la vis de celui des Poëles, de lui sans doute aussi les masques placés de profil à chaque lucarne du nouveau bâtiment. A la Mi-Voie lui seul a travaillé : il l'orna d'un Zodiaque en plâtre, de trois bas-reliefs de stuc et de plusieurs masques [1]. Les enfants au pavillon des Peintures sont son ouvrage le plus considérable, et méritent la plus scrupuleuse attention. Deux sont assis en bas et deux autres, à genoux sur le faîte, jouent avec la couronne impériale, que les Valois se

---

1. Laborde, *Comptes*, t. II, p. 66.

donnaient depuis François Ier. En fait de sculpture monumentale on ne saurait rien voir de meilleur.

La Treille et la Mi-Voie étaient achevées en 1562. A cette époque on trouve que le Primatice venait d'élever une galerie [1] au château de Saint-Germain-en-Laye, avec un pavillon nommé de la Chancellerie. L'année suivante ce sont des terrasses au même lieu. A la Muette de Saint-Germain [2] vers le même temps se présentent des travaux de maçonnerie dont j'ignore la nature. A Vincennes, de 1562 à 1565, d'autres travaux [3] se poursuivent dans la chapelle et pour le logis des personnes royales, au demeurant peu de chose de part et d'autre. Chez la reine mère on ne sait d'intervention certaine du Primatice qu'à Monceaux [4], non pas, il est vrai, en matière de bâtir. Au château du Bois de Boulogne, où La Robbia avait reparu après la retraite de Philibert Delorme, je ne crois pas qu'on puisse distinguer son intervention de ce que le Florentin dut apporter de son chef, mais il est vrai que tout manque pour résoudre ce point.

Tels furent les premiers effets de la commission d'architecture du Primatice. Je ne saurais fermer ce chapitre sans parler de ce ce qu'il fit de son métier de peintre, qu'il pratiqua jusqu'à la fin.

Les décorations de Fontainebleau n'étaient pas tout à fait achevées. Les appartements de la reine mère réclamaient quelques ornements, auxquels Niccolo et deux nouveaux venus, l'un français, Renou dit Fondet, l'autre italien, Mazerin [5], travaillèrent. Au second étage du pavillon des Poèles Roger de Rogery peignait les Travaux d'Hercule en treize pièces sans doute aussi vers cette époque [6]. Le cabinet des Bagues, au haut de la Grosse Tour, reçut de Niccolo quatre grands paysages [7].

1. V. IIe partie, art. XXIII.
2. V. IIe partie, art. XXIII bis.
3. V. IIe partie, art. XXIII ter.
4. V. IIe partie, art. LVIII.
5. Laborde, *Comptes*, t. II, pp. 51, 52. La forme du nom de Mazerin dit assez sa nation.
6. Dan, *Trésor des merveilles*, pp. 129-131.
7. Laborde, *Comptes*, t. II, p. 51. Sur l'identité de ce cabinet, v. IIe partie, art. 1.

Rien ne permet de croire que toutes ces besognes aient été exécutées sur les dessins du Primatice. Seule la galerie d'Ulysse, toujours en train, continuait d'exercer ses talents [1]. Encore y a-t-il lieu de croire que, la majeure partie de ce qui restait à faire n'étant que des dessins d'arabesques, il put se reposer du détail sur Niccolo, qui y travaillait sous lui et recueillait ainsi la succession de Fantose. Le bout de cette galerie, cinq tableaux sur les cheminées et les ornements aux murailles, furent entrepris dans cette dernière période. C'était peu et ce peu ne fut pas même achevé, tant on y mit de négligence.

Le Primatice rachetait ailleurs quelque chose de cette lenteur si, comme je crois, c'est en ce temps-là qu'il peignit la chapelle de l'hôtel de Guise à Paris. Les Guises venaient de se rendre acquéreurs de tout le terrain repris plus tard par les Soubise et les Rohan, et que les rues des Archives, des Francs Bourgeois, la vieille rue du Temple et la rue des Quatre Fils délimitent encore aujourd'hui. Ils construisirent sur ce terrain une vaste résidence, dont la chapelle ne devait pas être le moindre ornement. Comme pour mieux marquer les rapports que j'ai dit qui l'attachèrent aux Guises, il appartient à cette famille d'avoir commandé le dernier grand ouvrage de peinture que le Primatice ait fourni.

Sa manière était alors montée à un comble d'élégance et de hardiesse. Il inventa pour cette chapelle une machine unique de son espèce, où le plafond, les voussures et le tableau d'autel, réunis dans un même dessin, composèrent un seul sujet. Une telle ordonnance diffère excessivement des caissons compartis de Meudon et des divisions multipliées de la voûte de la galerie d'Ulysse. Le Père éternel sous un dais, porté au centre de la composition, eut derrière soi la Trinité figurée par trois jeunes filles, et devant, les anges, dont une partie montrait du doigt l'étoile des Mages, l'autre annonçait aux bergers la naissance du Sauveur. Un d'eux désignait l'Enfant Jésus peint au-dessus de

---

1. Sur cet ouvrage, v. II⁰ partie, art. ix.

l'autel dans sa crèche, entouré de la sainte Vierge, de saint Joseph et des Mages prosternés, dont le cortège se déroulait magnifiquement des deux côtés de cette chapelle. Je puis heureusement fournir de cette partie une copie, que Diepenbeek, élève de Rubens, en a faite. On y voit des dispositions, imitées de l'antique et admirables, de valets tenant des chevaux qui se cabrent, un bagage ingénieux et varié, des chameaux et des éléphants, diverses figures de rois d'une majesté parfaite, et par une piquante confusion d'époques, celle du duc François de Guise en costume du temps, portant une couronne sur son chapeau, venant en tête d'un des cortèges et présentant un vase d'or.

Quatre tableaux ornèrent les murs, et deux figures de Prophètes à l'entrée. Rien ne garantit que Niccolo ait exécuté ces peintures quoique le fait n'ait rien que de vraisemblable, et les anciens l'ont mentionné.

# CHAPITRE DOUZIÈME

*1563 à 1570. Le voyage du Primatice à Bologne. Mariage de son neveu Jean. Les destinées de l'atelier de Nesle. Mort de La Robbia. Achèvement du monument de François II. Qu'il n'y a qu'un Ponce. Mort de Renaudin et de Dominique. Les autres sculpteurs cèdent la place à Pilon. Achèvement du tombeau de Henri II. Le maître-autel de Saint-Denis. Derniers travaux du Primatice à Fontainebleau. L'aile de la Belle Cheminée. L'entrée du pont dans la cour du Cheval Blanc. Deux tableaux dans la chambre d'Alexandre. Préparatifs pour la sépulture des Valois. Mort du Primatice. Ses successeurs. Sa postérité. Jugement de ses talents d'architecte.*

C'est au milieu de tous ces travaux que le Primatice, après avoir fait son testament, entreprit un voyage dont les causes sont inconnues et partit pour Bologne, sa ville natale.

Outre les motifs qui le déterminèrent, on ignore la plupart des incidents qui l'ont pu signaler [1]. Tout ce qu'on peut dire, c'est qu'il eut lieu entre le 20 février 1563 et le 25 octobre de la même année [2]. Il rencontra à Bologne Vasari, qui peut-être fit là pour la première fois sa connaissance. Quoi qu'il en soit, il le vit en ami plutôt qu'en confrère, ce qui mérite d'être noté, si l'on considère que Vasari était florentin, compatriote du Rosso

1. Nous n'en connaissons rien que par Vasari, qui mentionne en passant d'avoir vu le Primatice à Bologne en 1563. « *Passando io l'anno 1563 per Bologna, gli raccomandai per questo conto Prospero* ». *Op.* t. VII, p. 414. Le testament publié par Gaye, *Carteggio*, t. III. p. 552, et déjà plusieurs fois cité, se trouve expliqué par le fait de ce voyage. Pour ce que dit Villot, que durant cette absence la direction de tous les ouvrages du Primatice fut remise à Niccolo, cela ne repose sur aucune preuve.

2. Du 20 février 1563 (1562 anc. st.) et de Saint-Germain-en-Laye est daté le testament que je viens de dire. D'autre part les Registres d'Avon mentionnent la présence du Primatice au 25 octobre suivant. Laborde, *Renaissance*, p. 672. Villot a fait deux testaments d'un seul, quand il dit qu'un est daté de Saint-Germain et que l'autre fut laissé par lui à Bologne. La pièce datée de Saint-Germain est en effet conservée à Bologne. Pour le troisième testament qu'il mentionne, je n'en trouve de nouvelles nulle part.

et de Cellini, l'un rival, l'autre ennemi du Primatice. L'abord caressant de ce dernier fut plus fort que le ferment de toutes les rivalités locales, et l'on peut voir aux louanges que Vasari a faites du Bolonais, aux dessins qu'il dit qu'il tenait de sa main, aux mille détails qu'évidemment il a recueillis de sa bouche, quelle cordialité régnait entre eux. C'est à cette occasion que, lui ayant fait connaître les embarras de Fontana, Primatice lui remit la dette dont j'ai parlé « avant, dit Vasari, que j'eusse quitté Bologne. »

Le Primatice revint à point en France pour assister au mariage de son neveu Jean Primatice, avec Marie Morelet du Museau. Ce neveu, dont j'ai dit que les frères furent naturalisés sous le règne précédent, paraît avoir été le plus favorisé de la famille. Le testament de 1563 le dit marié et établi en France, sans envie de rapatrier [1]. Comme Galeotti [2] place le mariage dont je parle, l'année 1564, il faut, si cet auteur est exact, que Jean Primatice ait été veuf dans l'intervalle, et il est vrai qu'il épousait une veuve. La fille de Morelet du Museau, gros personnage de cette cour [3], avait été mariée en premières noces à René Bouvery, maître des Requêtes, sorti de charge en 1558 [4]. Le neveu de notre artiste reçut en l'épousant, de la munificence royale deux baronnies situées l'une en Bretagne, l'autre au diocèse de Meaux [5], dont le revenu dut être considérable.

1. « *Giovanni è maritato in Francia e non ha animo di ripattriare.* » *Ouv. cit.*, p. 553.

2. *Ouv. cit.* pass. cit. Malvasia qui transcrit t. I, p. 161 le passage de Galeotti, a fait une faute d'impression et changé cette date en 1546.

3. Un personnage de ce nom, que je crois être lui-même, fut envoyé à la Diète de Spire, le 27 décembre 1541, comme ambassadeur de France. *Actes de François I^er*, t. IV, p. 270. Aussi mentionné dans un paiement fait au vieux Clouet. Laborde, *Renaissance*, p. 571. N'est-ce pas lui encore que M. Charvet mentionne (Jean Perréal, p. 112) sous le nom de Meurtelet du Museau, avec la charge d'argentier de François I^er ? Il avait épousé Marie Briçonnet et était mort au 20 janvier 1542. *Actes de François I^er*, t. IV, p. 278.

4. Blanchard, *Maîtres des Requêtes*, p. 276. Cet auteur parle aussi du second époux de la dame, qu'il nomme par erreur *François Primadisy* pour Jean. En revanche c'est de lui que j'apprends le nom exact et complet de l'épouse, que Galeotti apelle simplement *Maria Musò*.

5. *Marca Ferreria* et *San Giovanni di due Gemelli*, selon l'auteur italien.

Cet accroissement de la famille du Primatice s'accorde à ce que j'ai fait voir, et montre jusqu'au bout sa fortune grandissante. A défaut des enfants qu'il n'eut point, on lui voit dans le nouveau seigneur une postérité adoptive, qui devait continuer son nom. Le 13 août 1565 un fils naquit de cette union [1], qui se nomma François comme son oncle. Avant de mourir le Primatice put se voir revivre dans un futur baron français, né dans ce pays dont l'habitude et le succès lui avaient fait une seconde patrie.

Ce qui reste à dire de sa carrière ne tient qu'un petit nombre de pages. Les destinées de l'atelier de Nesle en font la principale matière.

On a pu remarquer que plusieurs des artistes qui le composaient, ayant travaillé en France depuis le commencement de cette histoire, n'étaient guère plus jeunes que le Primatice, alors âgé de soixante ans. Jérôme della Robbia mourut le premier, le 4 août 1566 [2], laissant plusieurs besognes inachevées. C'était une statue couchée de la reine, sculptée d'un grand style, qui, comme j'ai marqué, devait figurer près de celle du roi sur leur sarcophage commun. Quant aux enfants qu'il avait dû faire pour le monument du Cœur de François II, j'incline à croire qu'ils n'étaient pas même commencés.

Le dessin de ce dernier monument se trouva rompu par cette mort. Ainsi diminué d'un ouvrier, l'atelier, que pressaient d'autres besognes, se trouva moins en mesure encore de suppléer ce qu'il laissait à faire. Le Primatice recourut aux figures d'enfants retirées par lui du tombeau de François Ier, et les appliqua à cet ouvrage. Mais comme ils passaient la dimension qui se trouva marquée à ceux de La Robbia, la figure d'ange de Frémin Roussel, devenue trop petite pour figurer auprès, fut

---

Le second est la traduction de Saint-Jean-les-deux-Jumeaux, que je trouve mentionné, Lhuillier, *Château de Monceaux*, p. 266. Le premier, que je ne m'entends pas à traduire, lui fit porter *d'argent à six cotices ondées de pourpre*. Galeotti a gravé ces armes et Malvasia les reproduit.

1. Galeotti, pass. cit.
2. V. IIe partie, art. xxii.

retirée dans les magasins et toute l'ordonnance fut changée. Trois de ces figures d'enfants, prises parmi celles de Ponce, occupèrent les trois angles du piédestal autour de la colonne déjà dressée. Celui-ci fut chargé de placer son ouvrage, en lieu extrêmement différent de celui qu'il avait prévu.

Ainsi s'acheva en 1567 ce monument, qui n'a reçu que plus tard les inscriptions qu'il porte, qui n'alla point à Orléans, pour lequel il avait été destiné, mais dans la chapelle des Célestins, et qu'on admire aujourd'hui à Saint-Denis. Les enfants qui l'accompagnent, mal connus jusqu'ici, devront désormais passer pour l'œuvre très authentique, la seule connue, du Ponce Jacquio que les Comptes des Bâtiments mentionnent. C'est ici l'occasion de remarquer une erreur dont la réfutation importe à l'histoire de l'atelier de Nesle.

L'ancienne critique ignora Ponce Jacquio et ne connut que maître Ponce, un maître Ponce légendaire, à qui elle attribuait toute chose, à la manière dont il y a cinquante ans on donnait tout à Jean Goujon. La moderne considère deux hommes dans ces deux noms. Je ne sais à cette distinction vieille d'un siècle, que deux causes : la première est le nom de Paul Ponce Trébati, qu'on a donné à maître Ponce, et qui le sépare de Jacquio, la seconde qu'on le tenait pour l'auteur du tombeau de Louis XII, et des stucs qui se firent à Fontainebleau sous François Ier, ce qui oblige à le distinguer d'un homme qui travailla sous Charles IX. Ces deux raisons ont cessé d'exister. Chacun nomme aujourd'hui les véritables auteurs du tombeau de Louis XII, qui ne sont aucune sorte de Ponce, et les stucs de Fontainebleau sont l'œuvre de tout autre que ce nom-là. Davantage personne ne se sert plus de Paul ni de Trébati pour désigner un personnage qui ne s'est augmenté de ces noms que cent cinquante ou deux cents ans après sa mort [1]. Rien ne dis-

---

1. *Paul* ne se trouve ni dans Sauval, ni dans aucun auteur du temps. Mariette le rapporte comme douteux. Il ne s'établit que dans Brice et Piganiol, lesquels ignorent encore *Trébati*. Celui-ci ne paraît pas avant Dargenville.

tingue donc plus du Ponce de la légende, le Ponce Jacquio des
Comptes, hors qu'on eût quelque part une pièce authentique qui
déclarât deux hommes de ce même nom. Mais voilà ce qui fait
tout justement défaut. Authentiquement la moderne critique ne
connaît qu'un Ponce, tout comme l'ancienne. Qui donc empê-
chera ces deux Ponce, que personne ne vit jamais ensemble, de
faire un seul et même Ponce [1]? Car puisque maître Ponce ne
s'appela par Trébati, rien ne s'oppose à ce qu'il se soit appelé
Jacquio.

Mais je crois que quelques auteurs ont tenu à Trébati afin de
conserver Jacquio. C'est que Trébati chez eux demeure à l'Italie,
tandis que Jacquio revient à la France. Cela fait un maître
Ponce mythique, dont il n'est de trace authentique nulle part,
et à qui tout ouvrage se laisse contester, et un Ponce réel, en qui
la France hérite de toute la gloire de l'autre [2]. Par malheur on
est encore à dire les raisons qui peuvent faire croire que Ponce
Jacquio soit français. Ponce ni Jacquio ne sont des noms de
notre pays, et le premier qui distingua ces deux artistes par la
nation, n'a pas trop bien songé à ce qu'il disait. Or c'est le
même qui voulait qu'ils fussent deux, et c'est Lenoir, lequel,
sans alléguer de raison que sa fantaisie, écrit tranquillement
dans une note de son catalogue : *Il ne faut pas* confondre
Ponce Jacquiau avec Paul Ponce auteur du tombeau de
Louis XII [3]. Et distribuant l'état civil comme il conféra l'existence, il place dans sa table, Ponce Jacquio avec cette mention
décisive : « Sculpteur français [4]. » L'opinion que je réfute n'a
pas d'autre garant. Ces affirmations ont suffi. Sur ce point
comme sur plusieurs autres, la critique moderne n'a pas eu
trop de honte de se donner Lenoir pour maître.

---

1. Je laisse le Guillaume Ponce, architecte, qui vécut sous Henri IV et
que rien ne mêle à ce récit.

2. Afin de mieux assurer cette conquête, M. Palustre écrit Jacquiaud et
non Jacquio, mais l'un n'est pas plus français que l'autre. Faut-il y voir
une transcription de *Giacchio*?

3. *Musée des Monuments Français*, t. III, p. 89.

4. *Ibid.* t. V, p. 335.

Qu'il soit permis après un siècle de rétablir la vérité. L'attribution authentique des enfants du monument de François II à
Ponce Jacquio, en fournit à propos l'occasion. Les anciens
donnaient ces enfants à maître Ponce [1]. Avouons qu'ils ne se
trompaient pas : maître Ponce et Ponce Jacquio ne font qu'un.
J'ai dit que le Ponzio Florentin de Vasari était encore la même
personne, et je crois inutile de prouver que ce ne fut pas là un
troisième Ponce.

Après La Robbia se fut au tour de Laurent Renaudin de disparaître. Il mourut peu après 1566 [2]. On ne sait quand mourut
Dominique Florentin, mais le fait est qu'on ne le trouve plus
aux Comptes de Nesle ni ailleurs après 1565 [3]. Ainsi peu à peu
l'atelier se vidait de ses artistes les plus habiles. La collaboration qu'on avait établie pour le monument de Henri II, se
voyait remise de jour en jour à un plus petit nombre d'ouvriers.
Les Florentins, décimés par la mort, laissaient derrière eux le
Primatice en face de Ponce et de trois sculpteurs français.
Notre nation l'emporta, moins encore du fait de ces décès successifs qu'à cause du renom grandissant et désormais capable
d'éclipser tous les autres, qui venait à Germain Pilon.

Ce sculpteur hérita tour à tour de la Catherine gisante de La
Robbia, dont l'ouvrage ne fut point placé, du Henri II priant
de Dominique ; les bas-reliefs de bronze commis à Renaudin
furent par lui exécutés de marbre. Pour qu'il fût chargé de tout
l'ouvrage, il ne restait plus qu'à lui remettre, avec le bas-relief
que Roussel devait faire, les deux figures de bronze confiées à
Ponce. Comment ces artistes y renoncèrent je ne sais, mais le
fait est qu'enfin tout revint à Pilon. Distribué d'abord entre
huit personnes, le tombeau de Henri II ne fut en effet exécuté
que par deux hommes, dont la collaboration suffit à illustrer

1. Piganiol, *Paris*, t. IV, p. 199, Dargenville, p. 221. Sauval, t. I, p. 461.
2. La dernière mention de cet artiste est en effet de 1566. Laborde,
*Comptes*, t. II, p. 128; et dans la période allant de 1568 à 1570, des sommes
sont attribuées à Madeleine Cotillon, sa veuve. *Ibid.*, p. 183.
3. Dernière mention *ouv. cit.*, t. II, p. 120. M. Babeau n'en sait nulle
part de postérieure, *Dominique Florentin*, p. 129.

les dernières pages de cette histoire : Primatice et Germain
Pilon. Je me figure qu'entre eux la besogne fut partagée plus
comme entre des égaux que comme entre un maître et son aide.
Il est certain que le détail de plusieurs figures et même leur
attitude fut de l'invention de Pilon. Mais cette invention est si
conforme à celle du Primatice lui-même, qu'il serait tout à fait
impossible de rechercher par l'examen de l'ouvrage, la part de
chacun à cet égard. L'accord le plus admirable, la plus étroite
unité de style règne dans ce morceau. Ni Primatice lui-même,
armé du ciseau du sculpteur, n'eût réalisé quelque chose de
plus ressemblant à ses pensées, ni Pilon, s'il eût su l'art d'architecture et de disposer les ensembles, n'eût imaginé rien de
plus favorable à présenter ses rares ouvrages. Précieux par la
perfection des parties, rare et exquis par l'ordonnance, le tombeau de Henri II mérite d'être compté parmi les plus fameux
chefs-d'œuvres de l'art. Il est chez nous un témoignage de ce
que purent en cette fin de la Renaissance les efforts de l'art
français unis à ceux de l'art italien, et de ce que l'un avait
appris de l'autre.

Il faudrait, pour mesurer ce point, examiner l'un après
l'autre le dessin du tombeau des Guises, et celui de chacun des
ouvrages qui sortirent de l'atelier de Nesle, comparer le groupe
des trois Grâces et la colonne de François II à l'urne de Hautes-
Bruyères sculptée par Bontemps. Mais outre qu'un pareil
détail est fastidieux à rapporter, nous tenons dans la comparaison du tombeau de Henri II avec celui de François Ier, une
matière la plus favorable qui soit, aux réflexions dont il s'agit.

Le premier a la forme d'un arc de triomphe. Il porte trois
arcades, dont une grande et deux petites, réparties de huit
colonnes cannelées d'ordre ionique disposées de façon rigoureuse. Il n'y a que deux façades, et les côtés, engagés dans les
piliers de l'église, ne présentent aucun spectacle aux yeux. Sous
la voûte du milieu, qui ne reçoit de jour que par les extrémités,
règne une obscurité où plongent les corps gisants. Cinq priants
d'attitude semblable s'alignent sur l'impériale. Un bas-relief

continu règne sur le stylobate, des figures volantes forment les
écoinçons, le berceau de la voûte est tout orné de figures. Au
contraire le Primatice s'est gardé de requérir les peines des
sculpteurs pour des ouvrages qu'on ne voit point. Toutes les
parties chez lui baignent dans la lumière, l'intérieur est ouvert
des deux parts, mais, parce que son plafond est moins visible
que le reste, il n'y a placé d'autre ornement que de quatre
masques et d'un écusson.

Il a redouté l'amas d'architecture et la triple ordonnance du
Français. La baie qui s'ouvre sur les façades, allégée par deux
ressauts d'une saillie extrême, que deux colonnes fort dégagées
supportent, s'appuie à des statues de bronze élégamment
dressées en pan coupé, et qui donnent la magnificence. Les
images des défunts, étendus sur un stylobate simple et bas, sont
de toute part accessibles aux yeux. Il n'y a que deux figures sur
l'impériale, dont l'artiste italien a varié la posture. Le socle
comparti a reçu tour à tour des bas-reliefs encadrés et des
masques. Enfin au lieu des cintres larges et sombres et disposés comme des portails, les ouvertures carrées en façon de
fenêtres s'accordent à la grâce de l'ensemble. Encore le Primatice a-t-il voulu qu'elles fussent ornées de surcroît d'un amortissement cintré reposant sur la corniche. Le lumineux éclat du
marbre blanc qui a servi pour cet ouvrage, le reflet sombre des
bronzes qui en réchauffe l'aspect, la belle saillie des piédestaux, le détaché des colonnes, la judicieuse richesse des ornements, l'abondance et la variété des jours donnent à l'ensemble
un air d'aisance, de profusion légère, de grâce dégagée et sou-
riante, qui manque entièrement au projet de Delorme. Celui-ci,
il est vrai, semble parfait en son genre, à cause qu'aucun détail
n'y est négligé, mais il ne faut pas mettre auprès l'œuvre rivale.
De l'une à l'autre paraît la différence qui sépare la sagesse,
l'exactitude et la conduite, de l'invention et du génie.

J'ajoute que les deux gisants de ce tombeau sont peut-être ce
que Pilon a fait de plus admirable. La figure du roi paraît
d'abord presque un ouvrage de Michel-Ange, tant il a d'accent

dans le modelé et de grandiosité dans la posture. Nous sommes loin des froides productions de Bontemps, de ce naturalisme mesquin et laid, qu'on loue en général, mais dont les exemples se soutiennent mal en face des vrais chefs-d'œuvre de l'art. Personne évidemment ne voudrait assurer que ces sèches copies de la nature sont le style propre des effigies funèbres. Un corps mort n'est jamais qu'un corps mort, et si un Christ au tombeau, un Adonis mourant se représentent en perfection de la façon que Michel-Ange l'a fait, on ne voit pas pourquoi un défunt couché sur son tombeau dût être figuré autrement. Les figures dont je parle révèlent cet art nouveau, où la vérité de l'imitation se fait jour par un autre chemin que ces minuties de peau ridée, de bouche rentrante, de narines pincées, de ventre recousu, où l'horrible confine au grotesque, et à qui l'air de rudesse barbare n'ôte pas la gaucherie et l'enfantillage, plus convenable au demeurant à la pratique du mouleur en cire qu'à l'art du statuaire.

Ce superbe ouvrage fut achevé avant la mort du Primatice. Mais là ne se bornaient pas les projets de Catherine. La rotonde qu'elle voulait voir élevée, devait contenir les tombeaux de ses quatre fils. L'édifice lui-même et ces tombeaux avaient de quoi occuper de longues années encore Pilon et le Primatice. Davantage elle avait résolu de parer le maître-autel dans l'église de l'abbaye, de colonnes de marbre et de statues [1]. Notre artiste mourut que ces ouvrages étaient à peine commencés.

Il venait de mettre la main dans Fontainebleau à la construction d'une d'une aile nouvelle, celle qui ferme la cour de la Fontaine du côté de la chaussée de Maintenon, nommée quelquefois aile de la Belle Cheminée [2]. Cette partie du palais subsiste à peu près intacte. Elle n'offre une façade régulière que du côté de la cour de la Fontaine. De cette façade ont seulement disparu les statues de pierre de Saint-Leu, que Roussel, de nouveau requis pour cet ouvrage, avait placées sur la corniche, représentant la Religion et

---

1. V. sur cet ouvrage, II<sup>e</sup> partie, art. xxv.
2. Sur cet édifice, v. II<sup>e</sup> partie, art. xxviii.

la Justice, en même temps que plusieurs bronzes. Au bas des deux rampes d'escalier, qui de part et d'autre cotoient cette façade, prirent place, je crois dès ce temps-là, deux Sphinx, qui n'étaient autres que les pièces fondues dans les creux rapportés de Rome. Dans les niches au-dessus deux Sylvains de bronze, dont je ne sais rien d'ailleurs, complétaient cette décoration. Toute cette architecture est du même style que l'aile sur la cour du Cheval Blanc, et présente en outre les traits d'original qui manquent à celle-ci. De toute manière il convient d'y voir un principal échantillon des talents du Primatice en ce genre, car il y fut plus libre que de l'autre côté, où l'ordonnance et l'étendue de son ouvrage étaient comme marquées d'avance.

C'est sans doute aussi vers le même temps qu'un fossé ayant été creusé tout autour du château, lequel passait devant le Fer-à-cheval, il construisit à la tête d'un pont jeté sur ce fossé à droite, un petit édifice ' aujourd'hui démoli, mais dont quelques débris subsistent. On les a employés plus tard à l'ornement de la porte dite Baptistère, qui fait l'entrée de la cour Ovale au levant. Le premier ordre de cette porte est composé de ces débris transportés, qui sont l'œuvre du Primatice. C'est un rustique de style grandiose et de proportions parfaites.

Ces nouvelles constructions de Fontainebleau eurent un effet inattendu, ce fut d'exiger à nouveau l'emploi de ses talents de peintre. L'aile de la Belle Cheminée aveugla du côté de l'étang la chambre de M^me d'Étampes. Il fallut maçonner deux fenêtres et peindre deux sujets nouveaux '. Ce furent les dernières peintures du Primatice. Niccolo les exécuta. Elle représentèrent, en pendant d'une Femme nue qui converse avec Alexandre, ce héros faisant serrer précieusement les ouvrages d'Homère. C'était un souvenir du sujet peint au Vatican par Raphaël, et que Marc Antoine a gravé '.

1. Sur ce morceau, v. II* partie, art. xxx.
2. Sur ces ouvrages, v. II* partie. art. v.
3. Concernant le séjour du Primatice à Fontainebleau dans ces dernières années, je consigne ici quelques dates tirées des registres d'Avon et qui ne

Tous ces travaux divers prennent rang entre 1568 et 1570. En même temps le Primatice faisait porter à Saint-Denis les matériaux en partie taillés dont il voulait bâtir la sépulture des Valois. Les plans étaient tracés, les marbres prêts, et le principal morceau, qui était le tombeau de Henri II, n'attendait plus que de prendre place au milieu de la rotonde magnifique, sous la voûte italienne que la fille des Médicis rêvait pour elle dans Saint-Denis.

Le 2 mars 1570 le Primatice vivait encore, car nous le trouvons aux Registres d'Avon [1]. Le 14 septembre suivant il était mort, et on lui nommait un successeur à la direction des édifices de Fontainebleau [2].

Ce successeur fut Tristan de Rostaing. Quinze jours plus tard, le 1er octobre, le reste de la surintendance était commis au baron depuis maréchal de Retz [3]. L'année suivante, en date du 3 août, Bullant devenait à sa place architecte de Fontainebleau, et le 2 octobre 1572, de la sépulture des Valois [4]. Il ne laissait après lui en France, comme il paraît, avec son neveu Jean, bientôt enlevé prématurément, et dont la femme convola en troisièmes noces avec un René Martineau de Faye [5], que son petit-neveu François, qui vivait encore en 1590, héritier des titres et de la fortune de son père [6]. Le Primatice mourut à soixante-cinq ans. Il était depuis quarante ans au service des rois de France, et sous quatre règnes successifs, avait vu durer son crédit et sa fortune s'accroître. Il disparaissait en pleine gloire, aussi établi que jamais dans la faveur royale, au milieu d'importants travaux, que ruinait cette mort imprévue.

---

servent aucun point de mon récit. Cet artiste s'y trouva le 4 septembre 1565, le 6 juin 1568, le 15 novembre 1569. Laborde, *Renaissance*, pp. 673-675.

1. 1569 anc. st., *Renaissance*, p. 674.

2. Laborde, *Comptes*, t. I, p. xxxii. V. IIᵉ partie, art. xxvi, le commentaire de ce texte et des suivants.

3. *Ibid.*

4. *Ibid.*, p. xxxiii.

5. Blanchard, *ouvr. cit.*, pas. cit., v. aussi, Lhuillier, *Monceaux*, p. 266, une mention de la dame et de son troisième époux à l'année 1597.

6. Galeotti, dont le livre est de 1590, écrit : « *Francesco al presente barone di dette castella.* »

Le monument des Valois fut cependant élevé, mais avec de si grands retards, que ce ne fut pas même par Bullant, mais par Baptiste Ducerceau, devenu lui troisième conducteur de l'œuvre à l'extrême fin du règne de Henri III. Hors le tombeau de Henri II et de Catherine placé dans le milieu suivant ce qu'on avait projeté, les monuments que notre artiste avait dessein d'y mettre n'y vinrent jamais. Germain Pilon n'a pas laissé d'exécuter pour cet effet quelques commandes, mais il ne paraît pas que les marbres par lui taillés, aient été portés seulement à Saint-Denis. Par une espèce de dérision du sort, Saint-Denis ne reçut que le rebut de l'atelier de Nesle et les marbres hors de service; le reste, recueilli par Pilon, attendit dans son atelier des Étuves le jour de paraître, qui ne vint jamais. L'hôtel de Nesle fut vendu en 1572 au duc de Nevers, et par là se termine l'histoire de l'école de sculpture des sépultures royales. Dans le même temps la mort de Niccolo représente, du côté des peintres, un événement du même genre : tant la disparition du maître fut comme le signal de la fin de l'école.

Quant à l'édifice même de la sépulture des Valois, qui a été depuis démoli, nous le connaissons par les estampes. Je n'ose affirmer que l'honneur en doive revenir au Primatice, et laisse à décider si Ducerceau n'a pas voulu quitter les anciens plans pour y en substituer de sa façon. Au moment de juger les talents d'architecte que notre artiste a déployés dans cette période de dix ans, et certainement aussi en d'autres temps, je préfère m'en tenir à des ouvrages qui ne soulèvent aucune espèce de doute.

Au milieu des édifices que les architectes français élevaient alors, les bâtiments de Fontainebleau se distinguent par un style unique. C'est presque tout ce qui reste en France de ce genre avec le château d'Ancy-le-Franc. Un tel style ne tient rien de celui que Delorme, Lescot, Bullant et tous les autres pratiquèrent, et qui avec plus d'ornement et une recherche plus piquante, témoigne aussi d'un goût moins pur. Depuis la Renaissance romaine ce style était celui de l'Italie. L'exactitude des propor-

tions et l'emploi réduit de quelques ornements châtiés, en font
tout le prix, qu'on ne doit pas contester. M. Molinier appelle
l'ordre dorique dont j'ai parlé, un « dorique de pacotille¹. » Mais
il n'y a pas plus de raison de traiter ainsi ce qui se voit à Fontainebleau, que ce qui paraît soit dans la cour Saint-Damase au
Vatican, soit au Palais du Té, soit dans les planches d'architecture de Serlio, de Vignole ou de Scamozzi. Cette parfaite
simplicité vient de Bramante et de Raphaël, et il sera permis de
la juger excessive, non pas d'y méconnaître toute espèce de
mérite. Il me semble que l'effort des gens de goût doit tendre au
contraire à se rendre sensible aux sobres agréments de ce genre
d'architecture. En dépit des mutilations subies par les édifices
de Fontainebleau, un œil habitué à la nudité des plans de
Jules Romain, de Péruzzi ou de quelque autre de ceux que j'ai
dits, ne laissera pas de reconnaître dans la partie de la cour de
la Fontaine. les traits subsistants d'une œuvre de maître. La
beauté des profils, la grâce des proportions, l'ingénieuse délicatesse de quelques ornements, témoignage de ressources exquises
dans cette apparente sécheresse, enfin la majesté de l'ordonnance ne manquent guère de frapper le visiteur attentif et de
distinguer à ses yeux cette façade de toutes les autres parties du
château. Oserai-je dire qu'il y a quelque soupçon de barbarie
dans le décri qu'on en voudrait faire, et comme un refus de
goûter une harmonie simple et des perfections sans fracas.

Il n'y a pas jusqu'à l'appareil de la construction qui n'importe
et jusqu'à la main du maçon travaillant à de pareils morceaux
sous la surveillance et correction de l'architecte. Ces maçons de
Fontainebleau durent être des hommes fort habiles, ayant été
dressés par Philibert Delorme. Il les avait « façonnés petit à
petit et de longue main, ne leur celant jamais rien, et sur tout ce
qui se présentait les avertissant et les enseignant amiablement². »
Il y a tout lieu de croire que ce témoignage se rapporte à Cas-

---

1. *Architectes de Fontainebleau*, p. 137.
2. *Architecture*, fol. 125, dr.

toret, qui, continuant de bâtir sous le Primatice, édifia les parties dont je parle. Cette remarque ne sera pas inutile pour empêcher de considérer dans un examen de cette sorte, l'aile rebâtie sur la cour du Cheval Blanc. Aussi bien des architectures excessivement simples perdent plus que d'autres à ces réflections. Il n'y a pas besoin de demander ce que deviendrait le Parthénon, si on en remplaçait les colonnes par du neuf. Or ce n'est point exagérer de dire que les ouvrages qui sortaient des mains de ces artistes italiens de la Renaissance, se font priser principalement par une certaine fleur d'exécution, et que la beauté du ciseau y tient lieu de la parure absente.

# CONCLUSION

Une période de vingt ans sépare les commencements du règne de Henri II du point où s'arrête cette histoire. Une autre pareille période s'étend entre ce point et le règne de Henri IV, marqué par la floraison de ce qu'on appelle quelquefois la seconde école de Fontainebleau. Il reste, pour conclure cet ouvrage, à rapporter en peu de mots les destinées de l'art français durant tout ce temps.

J'ai laissé ce sujet au moment où s'élevaient en face des influences italiennes, les influences dont se constitua, sous la conduite de Philibert Delorme, une espèce d'école rivale, qu'on pourrait appeler l'école d'Anet, à cause que ce château fut son œuvre la plus exclusive et la plus brillante. Elle répandait un style d'ornement plus rigide, plus semblable, venant d'un tel lieu, à des membres d'architecture. A mesure que le siècle s'écoule, ces deux styles différents se mêlent, en même temps que l'apport du Primatice y prend de plus en plus d'importance. La maturité de l'art français n'eut pas pour effet de ruiner l'influence de ce maître, mais au contraire de lui fournir des interprètes mieux appropriés. Ce que dans cet art on trouve d'original, n'empêcha pas cette influence de croître, et dans un domaine constamment étendu, le Primatice et Delorme régnèrent chacun de sa part sur des provinces plus vastes que jamais.

L'architecture revint tout entière au second. L'Italie perdit ce terrain. Serlio et le Primatice n'eurent que la gloire de commencer. Les exemples venus d'Ancy-le-Franc cédèrent devant ceux de Saint-Maur. Mais partout ailleurs le Primatice fut roi. Émaux, vignettes, vitraux, faïence, meuble, orfèvrerie montrent en cette fin du siècle, dans le mélange ornemental que je viens

de dire, l'influence de Fontainebleau présente et dominante.
Palissy composa de ce style les encadrements de ses plats, Léonard Limousin les arabesques variées dont il accompagnait ses précieux ouvrages, Briot l'ornement de ses étains. La pointe spirituelle de Ducerceau répandit partout les inventions que notre artiste avait prodiguées dans les arabesques de Fontainebleau [1]. Un autre graveur et le plus exquis des artistes français d'alors, Étienne Delaune [2], appartient tout entier à l'influence du Primatice. La grâce fine de ses petites figures et le goût parfait de ses ornements, où se découvre une grandeur de style qui manque à de plus grands ouvrages, sont un fruit des exemples du maître bolonais.

Primatice régna dans les fêtes publiques comme il régnait dans ce domaine. Les deux entrées de Charles IX dans Paris, l'une en 1561, l'autre dix ans après au lendemain de sa mort, furent décorées l'une et l'autre de la main de Pilon [3], auquel dans la seconde Niccolo se trouva joint. Pilon encore en 1573 décora avec Antoine Caron l'entrée de Henri III, élu roi de Pologne [4].

Sur la sculpture son action n'eut point de bornes. Celle que Delorme paraît avoir exercée quelque temps, ne dura pas. Bontemps, Perret et Chanterel disparurent devant le prestige de l'atelier de Nesle. Dans Anet même Goujon avait fait régner les élégances parmesanes, et quand il eut quitté la France, tout eut bientôt fait de se fondre dans la gloire naissante de Germain Pilon.

Je ne vois pas que du côté des peintres son influence ait été moins entière, mais la médiocrité de ceux-ci est loin de lui faire

---

1. Les Grands Arabesques, où se trouvent de telles imitations sont de 1566.

2. La première qu'on puisse dater de ses estampes, est de 1560.

3. Ul. Robert, *Quittances*, p. 9, et Douet d'Arcq, *Devis et marchés*, p. 587. Il y a de la seconde un recueil gravé, sous le titre de Recueil de ce qui a été fait à la joyeuse Entrée de Charles IX roi de France en sa bonne ville de Paris, 4° Paris, 1572.

4. Laborde, *Renaissance*, p. 791.

le même honneur. Seul Niccolo, un Italien aussi, et peut-être Roger de Rogery soutint le renom de cette école. Le plus habile des Français d'alors, Caron, qui travaillait à Fontainebleau dès le règne de François Ier, a laissé dans quelques pièces de l'histoire d'Artémise un échantillon de son ignorance et de la pauvreté de son génie [1]. Un recueil de cette importance consacré à la gloire de Catherine de Médicis, nous dispense de citer le peu de noms qui surnage dans l'absence presque totale des œuvres. Il prouve que depuis Geoffroy Dumoûtier, l'art chez les Français n'avait pas fait de progrès. Dans les applications industrielles seulement il se soutenait. Elles sont, comme j'ai dit, moins exigeantes. Il se peut que cette histoire d'Artémise, dessinée pour la tapisserie, ait donné des tentures passables. De leur côté les émailleurs copiaient assidument les estampes qui se trouvaient alors répandues. Lucas Penni, le Rosso, Jules Romain et Raphaël ont été leurs principaux modèles. Ceux du Primatice au contraire ont eu peu de vogue dans cette partie [2].

Ce néant de notre école de peinture en cette époque dernière de la Renaissance ne manquera pas d'être expliqué par plusieurs en disant que l'ingérence italienne avait tari la veine française; mais, après ce qu'on a vu au cours de cette histoire, il sera difficile de soutenir cette opinion. Une pareille veine ne se montrant pas plus avant la venue des Italiens qu'après, il me semble qu'on conclut plus vraisemblablement en disant que les Français n'avaient que peu de dispositions pour cet art, tellement que les mêmes exemples, qui partout chez eux portèrent des fruits, ne purent les instruire de celui-là.

Il ne faut pas davantage montrer la tradition française échappant aux influences de Fontainebleau et se confinant dans le

---

1. Le recueil de ces dessins est au cabinet des Estampes. Sur l'attribution à Caron, v. Laborde, *Renaissance*, p. 789.

2. Je ne sache d'après lui qu'une Diane au musée de Cluny n° 4596, et dans son style une série de la Passion au même musée qui tient beaucoup de Niccolo, n°⁵ 4617 et suivants. Dans le genre de Palissy une faïence du Louvre est aussi d'après le Primatice : elle représente Jupiter et Calisto, d'après l'estampe, cataloguée ci-dessous n° 74.

genre d'ouvrages dont les Clouet avaient fourni les modèles. L'insuffisance des artistes français qui ont imité le Primatice, devient dans ce point de vue le plus beau témoignage de la fidélité et de la force de notre école. Les Quesnel Pierre et Francois, Benjamin Foulon, Decourt, Gourdelle, qui fleurirent vers cette époque dans le genre des petit portraits, figurent autant de gloires nationales, qu'on loue d'avoir su résister à l'étranger envahisseur. Je ne songe point à rabaisser le mérite de François Clouet [1], mais je rappelle que ce qu'on nomme une tradition française, est purement une tradition flamande, puisque les Clouet et Corneille de Lyon en sont les fondateurs et les représentants les plus fameux. Il est vrai que ces Flamands réussirent à fonder chez nous une école française, dont les générations se succédèrent ensuite avec assez de régularité; mais il n'en est pas plus permis de préférer, au point de vue soit de l'antiquité, soit de la nationalité, les traditions de cette école aux traditions de Fontainebleau, les unes et les autres étrangères et du reste contemporaines.

Quant à représenter les unes en défense contre les autres, cela se pourrait peut-être si les genres n'étaient aussi totalement différents. A entendre dire que les Clouet se sont gardés des influences parmesanes, il semble qu'on entende louer Massé d'avoir résisté à Lebrun, ou Hall d'avoir protesté contre David. Les auteurs des peintures à l'huile conservées sous la rubrique assez large d'école des Clouet, ne faisaient guère plus que continuer la tradition des miniaturistes. Ceux des crayons ne songeaient qu'à composer ces recueils de portraits des personnes de la société d'alors, dont plusieurs ont passé jusqu'à nous. Quelques-unes de ces pièces servaient aux émailleurs et de préparations pour la peinture. Les plus petites miniatures ont servi de bijoux. Ainsi tournés vers des usages spéciaux, dans lesquels ils avaient la vogue, il est tout naturel que ce petit genre ait poursuivi des des-

1. Auteur authentique de la petite Catherine de Médicis de Vienne et suffisamment présumé des dessins du recueil Lécurieux et de plusieurs peintures tirées de ces dessins. V. Bouchot, *Les Clouet.*

tinées à part, et que cette veine, d'ailleurs mince, ait coulé sans
mélange. Convient-il d'en tirer de la gloire? Assurément non,
s'il est avéré qu'entre Clouet et Corneille d'une part, Rosso et le
Primatice de l'autre, l'enseignement le plus vaste et le plus difficile
n'était pas celui des premiers. Si le peu de Français qu'on voit
dès cette époque se distinguer dans la peinture se rattachent à
cette école des petits portraits uniformes plutôt qu'à celle des
grandes inventions et des décorations brillantes, comment s'empêcher de conclure à la faiblesse de ces artistes?

Personne au demeurant ne conteste qu'il y a une peinture
moderne, parfaitement différente de celle que pratiquèrent les
peintres appelés primitifs. Or les traditions de cette peinture,
qui en d'autres pays ont pris leurs commencements sur la fin
du xv⁰ siècle ou dans le milieu du xvi⁰, ne se sont établies en
France qu'avec Vouet. On tend aujourd'hui à reculer de cent
cinquante ans ces origines, et à faire de Foucquet le père de la
peinture moderne en France. A ce père il ne manque que des
enfants. Et je ne mets pas même ici en cause cette disposition,
maîtresse selon moi d'erreur et de confusion, qu'on a à reculer
jusque chez les gothiques les origines de la Renaissance. Je
demande seulement qu'on me montre l'école que Foucquet
aurait instruite. La vérité est que la peinture française a brûlé
l'étape de la Renaissance, et qu'elle n'a pas même eu son Ronsard. Elle est sortie de terre tout armée, dans le propre équi-
page d'une victoire de Malherbe, pour couronner le berceau de
Louis XIII.

La seule tradition qu'on puisse à grand peine faire remonter
au commencement du siècle que j'achève, est celle qui se rattache à Clouet. N'oublions pas toutefois que l'héritage n'en a
pas été porté au-delà du règne de Louis XIII et des derniers
Dumoûtier. Mais enfin un exercice si réduit, quoique glorieux,
n'épuise pas tout le champ de la peinture. Des portraits d'émail,
des crayons, de petits visages à l'huile ne composent point une
école, ne suffisent pas à remplir le sens qu'on donne à ce mot.
Deux siècles d'art florissant ont prouvé que la France était

faite pour montrer au monde d'autres talents. Ces talents-là n'avaient point commencé de paraître avant l'école de Fontainebleau, et on ne les vit se révéler avec suite et fécondité qu'un demi-siècle après la mort du Primatice. C'est donc bien gratuitement qu'on a représenté ces Italiens comme ayant détourné de ses voies une école qui n'était pas formée, et qui ne se forma qu'après eux, non pas même sous leur influence directe, mais sous le patronage de leur souvenir.

Ici se place un épisode qu'on ne peut omettre en terminant une telle histoire, celui de l'influence prolongée de Fontainebleau sur les peintres des Flandres. J'ai parlé déjà de l'ornement, et à cette occasion, du retour de Léonard Thiry à Anvers. Tout tend à prouver que Fontainebleau a été en ce temps-là pour les Pays-Bas l'Italie de ceux qui ne purent passer les monts [1]. Ce trait, dont l'importance n'échappera à personne, est attesté par des faits très précis. Après Thiry, Tiregent et quelques autres que l'on voit travailler sous François I⁰ʳ à Fontainebleau, la fin du siècle en attira de nouveaux qui s'instruisirent des innombrables fresques laissées par Primatice et Rosso. En 1566 cinq jeunes Flamands, Aper Fransen, Jérôme Franck, Jean De Maeyer, Denis d'Utrecht et Corneille Ketel, s'y étaient comme établis, au dire de Van Mander [2], pour se perfectionner dans leur art. A ce témoignage écrit, il convient de joindre celui des monuments. Corneille de Harlem, Lambert Van Noort, le graveur Antoine Wierix, Zustris marquent dans leurs ouvrages à des degrés divers l'influence des mêmes maîtres. Mais chez aucun je ne la trouve plus évidente que chez Frans Floris et chez Spranger. Le renom que le premier obtint dans

---

1. C'est l'opinion de M. Hymans, en partie fondée sur le témoignage ci-dessous rapporté de Van Mander, dont j'ai profité grâce à lui.

2. Van Mander, *Schilderboek*, fol. 190, rev., col. 1. Le même, trad. Hymans, t. II, pp. 147-148. La preuve que ces jeunes gens se trouvaient là à titre d'étudiants, non d'artisans gagés, ressort de ce fait que l'auteur dit savoir qu'à l'arrivée de la cour, il leur fallut quitter le château. Du reste leur séjour y fut assez long, puisqu'on trouve Jean De Maeyer aux Registres d'Avon encore en 1569. Laborde, *Renaissance*, p. 674.

son pays, fait de lui un assez glorieux élève, et la brillante
carrière du second, devenu peintre en titre de l'empereur
Rodolphe II, fournirait à ce sujet un illustre chapitre. Il s'était
établi dans Prague, d'où ses modèles, répandus par le burin de
Goltzius, inondèrent l'Allemagne. Il eut dans Van Aaken un
élève, qui maintient jusque fort avant dans le xvii° siècle, à
cette extrémité de l'Europe, une sorte de lointaine postérité à
l'école de Fontainebleau.

Le mouvement dans les Flandres fut tel, que la seconde école
de Fontainebleau fut en grande partie composée non plus d'Italiens, mais de Flamands. Moins de trente ans après la mort du
Primatice, Fontainebleau plus brillant que jamais, abritait à
nouveau, par les soins de Henri IV, une école de peintres, qui
rivalisait avec l'ancienne, non de mérite, mais d'abondance.
Jean D'Hoey de Leyde, Ambroise Dubois d'Anvers, Josse de
Voltigeant pareillement issu des Flandres [1], y paraissaient
avec Michelin, Maugras, Garnier, Guillaume Dumée, Fréminet et Dubreuil. Dubois et Fréminet primèrent dans cette école,
et il est vrai que le second tient surtout son art de Florence,
mais Dubois est exclusivement un élève du Primatice. Dans sa
voûte de la galerie de Diane il avait donné comme un pendant
magnifique et longtemps célébré, de la galerie d'Ulysse [2].

Chose singulière, cette seconde école de Fontainebleau,
quoique florissant à la veille de l'avènement de Vouet et de
Blanchard, n'a nullement engendré notre école française. De
bonne heure murée dans la résidence royale et comme oubliée
dans ce lieu, elle ne laissa pas de s'y prolonger fort avant dans
le xvii° siècle et d'y poursuivre des destinées de plus en plus
médiocres. Les peintres que j'ai nommés, demeurèrent là, y
mêlèrent leurs familles et leurs fils y vécurent. Tout le long du
règne de Louis XIII, des D'Hoey, des Dubois, des Voltigeant
continuent de prêter des talents déclinants à l'entretien et à

---

1. D'Hoey et Dubois sont assez connus. Voltigeant se trouve dans Guilbert, t. I, p. 154 et suiv. et dans Laborde, *Renaissance*, p. 877.
2. Il en reste de fines aquarelles au livre de croquis de Percier.

l'embellissement de la résidence royale. Jusque sous la régence d'Anne d'Autriche on les trouve, tous unis par des cousinages et cultivant les diverses branches de l'art. Les graveurs Garnier et Betou, auxquels on doit d'avoir conservé tant de compositions du Primatice, étaient nés et furent élevés au milieu de cette école provinciale, et dans laquelle achevaient de s'éteindre les restes d'un foyer qui avait éclairé la France. Il en est de l'école de Fontainebleau dans cet âge avancé de notre histoire, comme de ces villes jadis fameuses et capitales d'empires florissants, dont quelque bourgade marque aujourd'hui la place, comme si, en dépit du tour de roue de l'histoire, tant de gloire n'avait pu périr tout à fait.

Avec Étienne Delaune, mort en 1583, Pilon en 1590, Roger de Rogery en 1597, Caron en 1599, avait disparu la postérité directe et immédiate du Primatice. Avec la fin du règne de Henri IV le prestige de cette seconde postérité cessa. C'est ici l'extrême fin de cette histoire, dont il ne faut plus que considérer les conclusions plus générales.

Je veux parler de la direction qu'un pareil homme imprima aux arts dans notre pays. Ce qu'on a lu plus haut des ouvrages de l'atelier de Nesle comparés à ceux dont Philibert Delorme avait dirigé l'exécution, aura préparé ce qu'on va lire.

Il n'y a rien de si funeste aux beaux-arts que quand la direction générale en tombe aux mains des architectes. Je n'en veux alléguer de preuve que l'exemple de notre propre siècle, où la décoration, qui est le principal de l'art, a réellement cessé d'exister, depuis qu'une révolution, contemporaine de la révolution politique, a fait tomber à Percier et Fontaine un commandement jusque là dévolu aux peintres et aux sculpteurs. Le style du premier Empire, monstrueux à quelques égards, est né de ce renversement, auquel les doctrines de ce temps-ci n'ont pas cessé d'être conformes. En regard il ne faut que placer les âges héroïques de la décoration : celui de Lebrun, celui de Rubens, celui de Raphaël et de Jules. Ces peintres ont régné sur toutes les branches des arts de leur temps. Aussi peu embarrassés du métier d'architecte que du leur propre, ils dirigeaient jusqu'aux maçons et donnaient des dessins à tous les corps d'états. Ce fut la pratique constante de l'Italie, et l'un des signes ou peut-être des causes de sa supériorité dans les arts.

Le mérite soudain révélé de Philibert Delorme risqua d'établir en France dès le règne de Henri II la dictature des architectes. Les peintres français n'avaient rien qui fût capable d'entrer en lutte avec un aussi rare génie, et les sculpteurs, dont ordinairement le rôle est de servir l'un ou l'autre, n'eussent pas manqué de s'attacher à sa gloire. Il est vrai que Goujon, qui sut l'architecture, eût fait peut-être échec à cette puissance. Le peu qu'on sait de cet artiste, empêche de tirer là-dessus des conclusions rigoureuses. Mais rien n'est moins douteux que les prétentions de Delorme. Nous les sentons assez à lire ce qu'il écrivait, et les ouvrages qu'il a conduits, en font toucher du doigt la nature. Par bonheur le Primatice avait encore devant lui vingt ans de vie à cette époque, et dans la concurrence qui tout de suite s'engagea entre Anet et Fontainebleau, le dernier mot lui est resté. Le mérite de Henri II fut de ne sacrifier point l'un à l'autre, celui de Catherine de rétablir le second dans les bornes légitimes de son empire. Notre pays, grâce à ce partage, n'évita pas seulement le danger que j'ai dit, mais encore, comme ce fut le cas des Flandres, celui d'une influence exagérée des peintres sur l'architecture. Nous profitâmes ainsi de deux manières. Les Lescot, les Bullant, les Ducerceau, en gardant leur indépendance, ne s'ingérèrent point ailleurs, et cette réserve eut sur toute notre école l'influence la plus salutaire. Tant ces commencements importent.

Le xviie et le xviiie siècle ont inventé pour les différents usages auxquels on emploie la sculpture, des formes extrêmement variées et d'une liberté sans égale. Là même où la Renaissance n'avait su que mettre en ordre des colonnes ou des pilastres doriques, ioniques ou corinthiens, avec leurs piédestaux, leurs frises et leurs corniches modifiés seulement dans quelques détails, on vit depuis le règne de Louis XIII jusqu'à

la fin de Louis XV, se succéder des figures diversement ingénieuses, mais toutes également éloignées des ordonnances
d'architecture. Les artistes cessèrent de croire en ces temps-là
qu'une horloge, une chaire à prêcher, un lit, une crédence, un
tombeau dussent emprunter les formes qui conviennent pour
une maison de pierre. On sentit que de légers édifices de bois
inventés pour parer les chambres, que des fabriques réduites,
élevées non au grand air, mais dans le pourpris des églises,
que des pièces plus légères et plus réduites encore devaient être
traitées à leur mode, et non selon le type plus ou moins accom-
modé des façades d'un palais ou d'un temple. Colonnes et
pilastres disparurent. On vit naître ces modèles propres aux
meubles, aux cheminées, aux reliquaires, aux pièces d'orfévrerie, qui, de Lepautre à Meissonnier, se sont maintenus si différents de ceux qui continuaient de servir aux architectes. La
révolution que j'ai dit, opéra précisément à la fin du siècle dernier le renversement de ce progrès. Ce que j'appelle progrès fut
taxé de mauvais goût. Le bon goût depuis ce temps voulut
qu'une commode, un miroir, un simple coffret à bijoux éta-
lassent des façades de temples, et l'on voit jusqu'à des serrures
du temps, dont l'ornement est d'un ordre dorique avec corniche
et entablement.

On prétendit par cette affectation revenir à l'antiquité, et
cette prétention n'était pas sans fondement. En matière d'ornement les anciens étaient pauvres, aussi bien les Romains que
les Grecs. Que l'on compare les Thermes de Titus aux arabesques de Raphaël, et surtout de Ducerceau, de Bérain et
d'Audran, et le mobilier de Pompéi à celui de la galerie d'Apollon, on sera frappé de cette remarque. L'antiquité est restée à
cet égard dans une espèce d'enfance. Quoiqu'on ne se lasse pas
d'admirer dans leurs meubles et dans leurs ustensiles, la grâce
concise de certaines inventions, la sobre élégance des parties,
parfois l'exécution exquise, tout cela ne doit pas nous dérober
l'extrême indigence du fond, on dirait presque sa misère, si ce
mot n'emportait un blâme que des modèles si parfaits ne

méritent point. Cette pauvreté se pardonne chez les originaux : elle est choquante et parfois ridicule dans les copies qu'en ont tirées la Révolution et l'Empire.

Les premiers artistes de la Renaissance se trouvaient justement dans le cas de ces néo-classiques des derniers temps, hors que ceux-ci ne rêvaient que de prolonger leur esclavage, et que ceux-là s'efforçaient d'en sortir. Les uns, dans cette idée que les arts avaient dit il y a dix-neuf siècles leur dernier mot, ne permettaient que des copies ; les autres, imitateurs passionnés des anciens, voulaient poursuivre leurs conquêtes et accroître leur héritage. Cet accroissement et ces conquêtes ne pouvaient se faire que par les peintres. Aux peintres seuls appartient en effet et la variété dans l'imagination, et la souplesse dans les doctrines, et l'expérience de l'effet, et la connaissance générale des formes naturelles, conseillères d'audace et de nouveauté.

Jamais sous un autre qu'un peintre, les arts n'eussent pris chez nous à la Renaissance le bel essor qu'on leur vit prendre. Jamais ces ouvrages mitoyens d'architecture et de sculpture tels que l'atelier de Nesle en produisit, n'eussent mêlé si agréablement et de si près, pour le plus grand profit de l'un et de l'autre de ces deux arts, les chapiteaux et les corniches aux bas-reliefs, aux masques et aux draperies. Jamais architecte n'eût placé sur la tête de trois figures de marbre, une urne de bronze posant sur leurs cheveux sans le secours d'aucun chapiteau ni abaque ; jamais sous lui trois corps souplement enlacés, couverts d'étoffes lâches et négligées, n'eussent composé tout seuls un monument ; jamais colonne d'ordre bizarre et délicieux, fantastiquement semée de flammes de la base au faîte, n'eût figuré aux yeux la devise d'un roi dont elle portait le cœur à son sommet. Ces inventions, ces ressources, cette liberté, ce goût grand, dégagé de l'étroit canon des genres, sont d'un peintre et d'un peintre seul. Ce fut la bonne fortune de ce siècle, comme de celui de Louis XIV, de dépendre d'un peintre habile, capable du tout de la décoration. Le rôle du Primatice fut celui de Lebrun, mais son règne fut plus long encore.

Après cela je confesse que les siècles suivants ont connu une liberté de formes autrement grande, et qu'à ne prendre que les tombeaux, ce qu'on vit de la main de Girardon, de Coysevox, de Lemoyne ou de Slodtz, et en Italie de la façon du Bernin et de ses élèves, passe à cet égard de loin le chef-d'œuvre de Saint-Denis. L'apogée de l'art décoratif n'a été il est vrai atteinte qu'en ces temps-là, au prix, chacun le reconnaît, d'une certaine finesse et du mérite du détail.

Pour ramener à ce propos la peinture, il est trop évident que quant au mérite de la distribution générale, on ne saurait comparer la salle de Bal de Fontainebleau à la galerie d'Apollon, à celle des Glaces de Versailles, aux chambres du Palais Pitti à Florence. Cette abondance de figures nues étalées au long des murailles, sans repos que de maigres moulures feintes et des cartouches parcimonieux, a paru monotone à tous les gens de goût, en dépît des grâces du dessin et de la richesse des inventions. C'étaient les façons de ce temps-là, depuis remplacées avec profit. Déjà dans la galerie de Diane à Fontainebleau, Dubois montra un art de divisions infiniment plus agréable que ce qu'on vit jamais dans l'époque précédente. Le Primatice ne saurait être exempt d'un reproche aussi général. Qu'il suffise de remarquer que tout ce qu'un homme de sa sorte et de sa fonction pouvait être de son temps, il le fut, et que notre pays en eut tout l'avantage.

Ces remarques se rendent d'autant plus nécessaires, qu'on voit aujourd'hui plus mépriser les mérites que je viens de définir. Ce que nos anciens appelaient le *grand goût* ne fut jamais, je crois, si décrié. Ce qui plaît aujourd'hui dans les arts, c'est la conscience et la minutie, décorées du nom de sincérité. Le souci d'étonner et de plaire, longtemps réputé le principal de ces choses, indispose la critique moderne. Un aspect terne et froid la prévient au contraire favorablement, comme le fracas prévenait l'ancienne. Ce sont deux erreurs égales. On peut dire posément et froidement des sottises, comme on en peut dire avec emphase. S'il est des brillants faux, il est de fausses gra-

vités, et des simplicîtés dont le vrai nom est misère. Si l'on
conçoit que l'enflure vide dégoûte, combien plus encore doit
déplaire le vide sans dehors ni parure. Simplicité, sobriété ne
sont point en soi des vertus. Simples et sobres sont naturellement des gens dépourvus d'invention et d'esprit. On ne prise
de telles qualités que réunies à facilité et à abondance ; ce sont
des éléments négatifs de l'art, qui ne sauraient valoir tout seuls.
Même on ne doit les louer que là où elles sont nécessaires et
retranchent des ornements superflus. C'est pédanterie de vanter
sous le nom de tenue et de caractère la trivialité et la routine, de
présenter des insuffisances comme un suprême effort de l'art.

Une telle sorte d'apologie des écoles anciennes et de l'ignorance des premiers temps, engage dans un mépris injuste de
tout progrès dans les beaux-arts. Elle fausse l'histoire, en
déplace les époques et fournit à la pratique les conclusions les
plus extravagantes et les plus dangereuses.

Les belles inventions du Primatice, son génie poétique et sa
grâce abondante ont trouvé, durant les deux derniers siècles, de
constants admirateurs chez les juges les plus difficiles. On
venait alors à Fontainebleau pour étudier le maître Bolonais,
comme on allait à Parme étudier le Corrège, ou Tintoret et
Véronèse à Venise. Quand Rubens parut en France pour le
soin de la galerie du Luxembourg, il fit du Primatice l'objet de
son attention particulière. Successeur illustre en ceci des Flamands dont j'ai parlé, il copia et recopia ses ouvrages et en retint
des parties, qui se retrouvent dans les siens propres. Van Thulden
son élève en dessina plusieurs, et grava d'après le Primatice
toute l'histoire d'Ulysse. Un autre élève de Rubens, Diepenbeek
a fait aussi de pareilles copies. Poussin lui-même déclarait les
peintures de la galerie d'Ulysse les plus propres qu'il y eût à
former un jeune peintre. Mignard en faisait un cas pareil, et
Lemoyne les louait sans fin, dit Mariette, disant qu'il n'y avait
pas en France de morceaux mieux exécutés. Guilbert rapporte
qu'Audran et le fameux Bérain ont formé leur style d'arabesques sur celles de la galerie d'Ulysse. Cette longue admira-

tion des siècles n'a pris fin qu'avec les destructions commencées par Louis XV, et que Louis-Philippe consomma.

Seuls aujourd'hui les dessins du maître et quelques rares monuments nous restent de cette gloire obscurcie. L'accès en est rendu par là moins facile et moins populaire. Il y faut du soin et de la recherche. Mais le vrai amateur sait encore le chemin qui mène au temple à demi-déserté. En dépit des broussailles et de l'ombre accumulées, la lampe n'a point cessé d'y brûler, entretenue durant ce siècle même par des visiteurs de choix. J'ai voulu rendre ce chemin plus agréable et le débarrasser des épines qui l'encombrent. On ne peut refaire ce que le temps a défait, mais la main de l'histoire pare ces ruines. Elle fait fleurir au creux des pierres rompues quelques liserons, par où l'esprit se détourne d'envisager des pertes irréparables. Nous possédons moins d'ouvrages du maître et nous savons sur lui plus de choses; le récit de son existence s'achève. Ce sont les récompenses d'une époque tardive, et, dans un pèlerinage d'automne, de quoi consoler du printemps.

FIN DE LA PREMIÈRE PARTIE.

# JUGEMENTS ET TÉMOIGNAGES

## DE

## PLUSIEURS ARTISTES, ÉCRIVAINS ET AMATEURS

## SUR LE PRIMATICE

————

Vasari, *Opere*, t. VII, p. 413.

*Quanto al disegno il Primaticcio è stato e è eccellentissimo, come si può vedere in una carta di sua mano dipinta delle cose del cielo, la quale è nel nostro libro, e fu da lui stesso mandata a me, chè la tengo in amor suo e perchè è di tutta perfeʒione, carissima.*

Annibal Carrache. Malvasia, *Felsina*, t. I, p. 159.

*Chi farsi un buon pittore cerca et desia,*
*Il disegno di Roma abbia alla mano,*
*La mossa coll' ombrar veneʒiano,*
*Et il degno colorir di Lombardia,*

*Di Michel Angelo la terribil via,*
*Il vero natural di Tiʒiano,*
*Del Corregio lo stil puro e sovrano,*
*E di un Raffel la giusta simmetria,*

*Del Tibaldi il decoro e il fondamento*
*Del dotto Primaticcio l'inventare...*

Félibien, *Entretiens*, t. I, pp. 524-525.

On peut dire que le Primatice et Messer Nicolo ont été les premiers qui ont apporté en France le goût romain et la belle idée de la peinture et de la sculpture antiques. Comme le Primatice était fort pratique à dessiner, il fit un si grand nombre de dessins et avait sous lui tant d'habiles gens, qu'il parut en France une infinité d'ouvrages d'un meilleur goût que ceux qu'on avait vus auparavant.

DE PILES, *Cours de peinture*, p. 494.

*Notes comparatives tirées de la* Balance *de cet auteur.*

|  | Composition. | dessin | coloris | expression. |
|---|---|---|---|---|
| Corrège | 13 | 13 | 15 | 12 |
| Jules Romain | 15 | 16 | 4 | 14 |
| Michel Ange | 8 | 17 | 4 | 8 |
| Poussin | 15 | 17 | 6 | 15 |
| Primatice | 15 | 14 | 6 | 10 |

RUBENS.

*Quoiqu'on n'ait pas de jugement écrit de ce peintre sur le Primatice, le fait d'avoir copié plusieurs tableaux de la galerie d'Ulysse et jusqu'à trois fois de sa main le même plafond du maître, aujourd'hui détruit, marque de sa part une estime qui a obligé de le placer dans cette revue.*

POUSSIN, Mariette, *Abécédario*, t. IV, p. 212.

Nicolas Poussin disait qu'il ne connaissait rien de plus propre que la suite des sujets de la galerie d'Ulysse à former un peintre et à échauffer son génie.

MIGNARD, AUDRAN, BÉRAIN. Guilbert, *Fontainebleau*, t. II, p. 27.

La voûte de la galerie d'Ulysse est chargée et enrichie de ce qu'il y a de plus parfaits dessins en Europe, et dignes d'être à jamais conservés, si l'avis des connaisseurs et l'estime des plus grands maîtres, qui se sont fait honneur d'en être les copistes, pouvaient avoir quelque crédit sur les amateurs de la nouveauté. C'est une chose avouée de tout le monde que Mignard, Audran et les plus grands maitres sont venus étudier ces dessins et se sont formés sur ces originaux; que, si l'on en veut croire les critiques, ils ont servi de modèles aux excellents ouvrages du savant Bérain et surpassent infiniment ceux de Raphaël.

LEMOYNE, Mariette, *Abécédario*, t. VI, p. 297.

Je me souviens d'avoir accompagné dans la galerie d'Ulysse le célèbre François Lemoyne, et j'ai été témoin des éloges sans fin qu'il croyait devoir donner à un ouvrage le mieux exécuté, selon lui, que nous eussions.

MARIETTE, *Abécédario*, t. IV, pp. 209-210; VI, p. 295.

Le Primatice compose très bien. L'on retrouve dans sa manière un disciple de Jules Romain, qui, ayant travaillé sous le Corrège (*erreur de fait*), sait modérer par un caractère gracieux les saillies impétueuses de Jules.

Le milieu de la voûte de la galerie d'Ulysse était marqué par deux grandes et magnifiques compositions que le Corrège aurait voulu avoir faites.

REYNOLDS, *Discourses*, t. I, p. 396.

*Primaticcio did not coldly imitate, but caught something of the fire that animates the works of Michael Angelo.*

M. REISET, *Niccolo dell' Abbate*, p. 194.

Niccolo et le Primatice, par leurs beaux ouvrages, par leurs longs travaux sur cette terre de France, par l'influence toute puissante qu'ils ont exercée sur les artistes de notre pays, ont droit à toute notre considération et à tout notre respect, et nous devons nous enorgueillir de cette magnifique hospitalité qui leur a été offerte par les rois de France et qui leur a donné droit de cité parmi nous. Le Primatice se rattache directement à l'école romaine : ses principes et ceux de son célèbre collaborateur étaient précisément l'opposé de ceux des maladroits imitateurs du grand Michel-Ange. Les exemples qu'ils ont donné aux artistes français, étaient ceux d'un goût élégant et élevé, et n'auraient produit que de bons fruits, s'ils avaient été fidèlement suivis.

FEU M. LE MARQUIS DE CHENNEVIÈRES. *Les dessins des maîtres anciens à l'École des Beaux-Arts*, pp. 525-526.

Ce serait vraiment l'œuvre d'un photographe patriote de former des dessins du Primatice le recueil le plus complet possible, car cet homme a tenu tant de place dans notre seizième siècle, que celui qui réunirait en une belle publication les innombrables compositions

de ce maître inépuisable, les inventions de toute sorte qui servirent de modèles aux peintres et aux sculpteurs qu'il dirigeait à la
cour de France, et qui ne furent égalées que par la fécondité de
Lebrun, nous ferait revivre, dans son expression la plus imaginative,
la plus variée et la plus haute, notre Renaissance française tout
entière.

# DEUXIÈME PARTIE

———

## CHRONOLOGIE ET DESCRIPTION RAISONNÉE
## DES OUVRAGES DU PRIMATICE

# AVERTISSEMENT

---

Ce qu'on va lire est divisé en cinq parties, selon le degré de certitude dans l'attribution des différents ouvrages. On y trouvera ɪ) ceux dont l'attribution au Primatice est certaine, ɪɪ) ceux dont l'attribution ne repose que sur des considérations de style : ceux-ci rangés en deux catégories, selon *a*) que l'attribution me paraît indubitable, ou *b*) que moi-même je n'ai pu m'en convaincre tout à fait ; ɪɪɪ) viennent les ouvrages attribués sur des témoignages qui ne sont que considérables, ɪᴠ) ceux dont l'attribution n'est que proposée ; ᴠ) regarde les attributions fausses.

Je n'ai pas cru utile de réfuter toutes les attributions de ce genre qui courent le monde, quelques-unes étant confinées dans des catalogues de province ou dans des ouvrages sans crédit, par là ne risquant de tromper personne. Je me suis limité à celles qui, quoique anciennes, n'en sont pas moins tenaces, ou qui, quoique peu connues, ont été présentées dans des recueils de mérite, et avec un appareil de preuves capable de faire impression. Les classes ɪɪ) ɪɪɪ) ɪᴠ) enferment des ouvrages que je ne donne nullement pour certains, et que, sans la nécessité de tout dire, je ne tiendrais pas même à retenir, hors ɪɪ *a*), je veux dire ceux à l'égard desquels, quoiqu'incapable d'imposer au lecteur ma certitude, je ne conserve pourtant point de doute.

Les certitudes garanties dans la première catégorie, reposent premièrement sur quatre preuves : le témoignage de Vasari, celui des Comptes des Bâtiments du Roi, la mention du Primatice

(*Bologna*) sur une estampe contemporaine, l'authenticité d'un dessin. J'estime que les certitudes qui résultent de la considération du style, incommunicables presque partout ailleurs, se peuvent imposer quand il s'agit de dessins. Comme il est d'ailleurs assez certain que le Primatice n'a point copié à Fontainebleau les ouvrages de personne, il s'ensuit qu'un dessin de lui garantit l'attribution de la peinture. Pour les ouvrages d'architecture et de sculpture j'ai introduit une cinquième preuve qui tient à des considérations délicates, quoique non moins certaines, sur la nature des fonctions du Primatice à la surintendance des bâtiments du roi, I<sup>re</sup> partie, pp. 181-184. Hors la garantie de ces cinq preuves, je n'ai conservé aucun ouvrage dans cette première division.

Elle n'a pas laissé d'être abondamment pourvue, et je l'ai divisée elle-même pour la clarté en cinq chapitres, selon la nature des travaux : 1) peinture et stuc, 2) bronze et marbre, 3) architecture, 4) fêtes et décorations, 5) applications à l'industrie. Deux importantes familles d'ouvrages ont réclamé en outre une division spéciale : parmi les peintures et stucs ceux qui formèrent la décoration de Fontainebleau, parmi les bronzes et marbres les morceaux exécutés dans l'atelier de Nesle. Ce sont deux parts considérables dans la carrière du Primatice, dont la seconde a fourni cinq articles, et la première quatorze à cette partie de mon livre. L'une et l'autre requéraient des éclaircissements particuliers. J'ai dû premièrement dresser un plan de Fontainebleau sous François I<sup>er</sup>, qui manquait encore aux recherches des érudits. Il a fallu accompagner ce plan d'une justification minutieuse, dans laquelle j'espère qu'on trouvera les garanties que j'ai souhaitées. J'ai pu mettre ce plan et sa justification en tête des articles qui regardent Fontainebleau, comme une préface toute naturelle. Au contraire l'histoire générale de l'atelier de Nesle, qu'il importait de connaître pour goûter quelques-unes de mes preuves, n'a pu tenir une pareille place, parce qu'elle est tellement mêlée et confondue avec l'histoire de la sépulture des Valois, qu'il m'a fallu les laisser ensemble. J'ai remédié autant que j'ai pu à cette inégalité de plan, en rapprochant des articles de l'atelier de Nesle, qui termine le chapitre des Bronzes et Marbres, celui de ladite sépulture, qui ouvre le chapitre de l'Architecture.

Autant que possible j'ai rangé ce que j'avais à dire sur chaque ouvrage sous cinq chefs : α) l'identité du morceau étudié, β) sa date, γ) le détail de l'ouvrage, δ) les motifs de son attribution avec le nom, pour chacun, des auxiliaires employés par le Primatice, ε) sa destinée postérieure brièvement indiquée et son histoire dans les siècles suivants. Ce qui n'a pu être ainsi rangé, prend place dans une note supplémentaire. Cette division assez rigoureusement gardée au chapitre de la peinture, a subi ailleurs des corrections nombreuses et diverses, dont le lecteur comprendra les causes. La destinée postérieure des ouvrages et les collaborateurs du Primatice se trouvent, pour les peintures et stucs de Fontainebleau, réunis en un seul chapitre à la fin, pour sauver des répétitions, qui sans cela se rendaient inévitables. Quelques articles n'ont point de divisions du tout. En général, je ne les ai gardées que quand elles servaient à mon dessein, et j'ai toujours préféré la rapidité et la clarté à l'ordre apparent de l'écriture.

J'ose croire que les résultats de cette enquête apporteront quelque satisfaction à la curiosité des érudits. M. Reiset est le seul qui, dans son Niccolo dell' Abbate, ait essayé quelque chose en ce genre; mais, soit qu'il n'ait voulu qu'ouvrir le chemin à d'autres, soit que son attention portée sur Niccolo, l'ait détourné d'éclaircir autant qu'il eût fallu ce qu'il rapporte du Primatice, ses conclusions demeurent fort incomplètes et par endroits même inexactes. A ne compter que les ouvrages exécutés au palais de Fontainebleau, M. Reiset n'en a mentionné que huit, et l'on en trouvera ici quatorze. La chambre de la Reine, la chambre sur la porte Dorée, la salle du Roi, la grotte du Jardin des Pins, l'appartement des Bains, le cabinet du Roi sont omis par lui, et aussi la chambre du Roi, que je ne compte pas, parce qu'elle ne fait qu'un avec la chambre de Saint Louis, qu'il décrit. Les dates qu'il a données, sont souvént fausses, et l'identification soit des dessins, soit des estampes n'est faite chez lui que pour un très petit nombre, en passant et au hasard.

Ces identifications, qu'on trouvera dans ma troisième partie, m'ont permis dans celle-ci de constituer des descriptions exactes des ouvrages du maître, et d'en composer pour chacun un tableau, auquel se lit la place qu'occupa chaque peinture, sa forme, son sujet, les estampes qui la reproduisent, les dessins originaux, dessins d'ensemble et études, qui ont servi à l'exécuter, enfin les copies anciennes qui s'en rencontrent. Estampes, dessins et copies sont mentionnés par un simple numéro renvoyant aux différents catalogues qui composent la troisième partie.

Il est à peine besoin de remarquer que pour tenir lieu de la peinture absente, les dessins du maître sont au premier rang. Viennent ensuite les estampes du temps, dont les plus fidèles quant au style sont celles du maître au monogramme L. D. Le monogramme F. G. et les marques de Fantose et de Dominique Florentin sont les meilleures après celles-là. Les deux derniers tiennent trop de la manière du Rosso, Georges Mantouan trop de celle de Raphaël. Le monogramme J. V. est une marque postérieure, qui ne cache pas le nom d'un habile homme. Au dix-septième siècle le seul bon maître est Ferdinand. Garnier est le plus souvent médiocre, et Betou est exécrable. Van Thulden a gravé le Primatice avec trop de souvenirs de Rubens, et dans les copies de celui-ci le caractère flamand chasse entièrement celui de l'original. Dans l'échelle de ces reproductions, il convient de mettre au dernier rang les morceaux restaurés tels que nous le voyons aujourd'hui. Les peintres de Louis-Philippe ayant entièrement recouvert ces peintures, elles ne sauraient plus passer que pour des copies, auxquelles même on ne doit pas entièrement se fier. Au reste leur mérite est si bas, que je n'en fais même pas mention dans le tableau dont il s'agit. Celles d'Alaux dans la salle de Bal, grossièrement refaites sur les estampes à demi informes de Betou, ont de quoi faire honte à toute une époque.

M. Reiset doutait que l'on put faire beaucoup de progrès dans

ces identifications, à cause des anciennes descriptions, qui sont
« fort vagues et pauvres de détails ». J'en ai pourtant tiré les
moyens, pour la seule voûte de la galerie d'Ulysse, de reconnaître de façon certaine plus d'un tiers des quatre-vingt-quatorze
morceaux dont elle était composée, joint le dessin des arabesques qui faisaient le fond de toute une travée de cette voûte.
Ainsi, en y joignant les figures, je puis reconstituer cette travée.
D'autres bonnes fortunes m'ont mis aux mains de quoi reconstituer trois autres ensembles : un panneau de la chambre du Roi,
ceux du pavillon de Pomone, et la voûte de la grotte du Jardin
des Pins. Dans ces quatre restaurations l'ornement se joint aux
figures et permet une parfaite exactitude. De tels rappareillages,
qui sont difficiles à cause de l'extrême rareté des dessins d'ornement et en général de toute sorte de source faisant connaître
cette partie, ont été la récompense la plus délicate de mes recherches, dont elles demeurent le témoignage le plus palpable.

Quant au reste, on trouvera ici pour la première fois une
liste certaine des œuvres d'architecture du Primatice, avec les
émaux de Chartres et le tombeau des Guises mis à son nom. Je
propose également le premier essai sérieux de restauration de ce
tombeau.

Pour les dates, qu'il n'était pas moins nécessaire d'établir
rigoureusement, les Comptes des Bâtiments ont fourni le principal. Une erreur qu'il était facile d'éviter, venait de la différence
des styles. Je rappelle que l'année fut comptée à partir de Pâques
jusqu'en 1580, de sorte que tout ce qui précède Pâques depuis
le 1ᵉʳ janvier doit pour ce temps-là être porté au suivant millé-
sime. La lecture d'éminents écrivains m'a convaincu que, s'il
était aisé de connaître cette règle en général, il était peut-être plus
difficile de ne point faillir à l'appliquer.

J'ajoute pour finir que dans toutes ces parties j'ai cherché à
réduire la part de réfutation le plus possible, et que j'ai resserré
l'indispensable dans les termes les plus courts que j'ai trouvés,
étant en cela de l'avis de P. L. Courier, qu' « on instruit bien
peu le lecteur en lui apprenant qu'un homme s'est trompé ». Les

preuves positives, quand elles sont établies, réfutent assez d'elles-mêmes la contradiction, pour qu'il soit inutile d'y joindre que quelques mots.

---

# CHRONOLOGIE ET DESCRIPTION RAISONNÉE

# OUVRAGES DU PRIMATICE

———

———

## PEINTURE ET STUC

### A FONTAINEBLEAU

*Justification préliminaire*
*du plan de Fontainebleau sous François I*[er].

Trois sources principales ont servi à dresser le plan ci-joint : le plan que Ducerceau a donné de Fontainebleau en 1570, que parurent ses Excellents Bâtiments, les diverses indications de lieu inscrites aux Comptes des Bâtiments, en particulier au devis de 1528[1], pièce capitale de ces Comptes, enfin l'état présent du château.

Le plan de Ducerceau est celui que je donne sous le nom de plan de Fontainebleau sous Charles IX, sauf quelques rectifications de murailles, changements et accommodations au tracé plus exact du plan moderne, lequel a servi de type pour les deux autres, sauf encore les mentions d'affectation de lieux, dont l'original ne contient pas une seule. Prenant donc en main ce second plan, et suivant les explications que je vais donner, chacun pourra contrôler l'exactitude de mon plan du château sous François Ier.

1. Ce devis va de la p. 25 à la p. 50 du tome I.

Je pars de la partie nommée portail au midi de la cour du Donjon, et parcours, en prenant par la gauche, toute la suite des bâtiments qui font le tour de cette cour. Ce portail n'est autre que ce qu'on nomme aujourd'hui la porte Dorée, et à qui je donne cet ancien nom d'accord avec le devis de 1528, où la description s'en trouve faite dans le dernier détail, *Comptes*, t. I, pp. 25 à 27. Dans l'angle intérieur des bâtiments afférents à ce portail se trouve la vis mentionnée « ronde hors d'œuvre » p. 27 du même devis. Je la figure hors œuvre, mais carrée, d'accord avec la forme que les murs ont aujourd'hui encore, et qui n'ont pu être changés, vu qu'ils conservent leurs anciens ornements, ce qui prouve que le devis sur ce point n'a pas été suivi. Le plan de Ducerceau figure cette vis dans œuvre, je dirai plus loin quels changements expliquent cette contradiction.

Ensuite des bâtiments du portail, paraissent au devis, p. 30, « deux corps d'hôtel » allant jusqu'à la « Grosse Vieille Tour ». Cette dernière est la tour ou pavillon de Saint-Louis. Pour compter entre la porte Dorée et cette tour deux corps d'hôtel, il faut admettre que chaque tournant du bâtiment commence un nouveau corps d'hôtel. On ne voit bien, dans le plan de Ducerceau, ce premier tournant qu'à l'intérieur. Par dehors la salle de la Belle Cheminée, qui s'embranche sur ces bâtiments, en change entièrement la figure. Mais l'aile de la Belle Cheminée n'a été construite qu'en 1570. C'est elle en effet qu'il faut reconnaître dans ce qui suit, inscrit à cette année-là des Comptes, t. II, p. 179.

ANNÉE 1570. « A François Roussel sculpteur (somme ordonnée) pour ouvrage de sculpture d'une figure de pierre de Saint-Leu d'Esserent, représentant la religion catholique, apostolique et romaine, grande de six pieds et tenant de la main gauche une église, qu'il aurait fait pour le roi, laquelle aurait été posée sur la corniche du *corps de logis neuf entre la cour de la Fontaine et la chaussée de son château de Fontainebleau.* »

L'identité du bâtiment ne fait pas de doute. Il est vrai que M. Molinier veut qu'il n'y ait eu de neuf en ce temps-là qu'une façade plaquée du côté de la fontaine [1], de sorte que le bâtiment lui-même eût existé auparavant. Cela ne s'appelle pas, il me

---

1. *Architectes de Fontainebleau*, p. 136. M. Molinier cite mal ce texte, supposant qu'il n'est dit autre chose sinon qu'on « édifia de neuf ». Mais il y a *corps de logis* neuf.

semble, interpréter mais contredire, et il faut, comme je fais, suivre ici M. Palustre [1], qui remarque en outre que la petite vue ancienne du château conservée dans la galerie de François Ier [2], ne montre en effet pas ces bâtiments. Je remarque qu'elle montre de plus dans l'angle extérieur de l'enceinte, une tourelle mentionnée p. 38 du devis, sous le nom de « vieille tournelle qui est à l'endroit du coude sur la place vers l'Étang ». J'ai figuré cette tourelle et nommé place vers l'Étang ce qui est devenu la cour de la Fontaine.

Vient la Grosse Vieille Tour ou pavillon de Saint-Louis, et contre la saillie qu'elle fait sur le corps d'hôtel précédent, un quart-de-rond, dont il faut justifier la place, à cause de son importance dans les distributions intérieures. Voici les textes d'où je le tire :

« En l'angle dessus dit de la Grosse Vieille Tour, à l'endroit du premier étage d'au-dessus du rez de chaussée, faut faire et ériger un demi-rond en forme d'allée en saillie hors œuvre pour entrer dudit corps d'hôtel de Madame en ses chambres dedans icelle tour. » T. I, p. 35.

Ce demi rond était sur la cour Ovale :

« ... Le cul-de-lampe de pierre de taille de grès qui sera érigé en l'angle de ladite Grosse Vieille Tour en saillie sur la cour dudit château pour porter le demi-rond, dont ci-devant audit devis est fait mention. » T. I, p. 47.

L' « angle dessus-dit » rappelé dans le premier de ces textes, est défini un peu plus haut :

« Faut faire et ériger une grande baie d'huisserie pour entrer au rez-de-chaussée de ladite tour joignant l'angle et encognure d'icelle tour, où de présent y en a une vieille. » T. I, p. 33.

Cette porte n'existe plus, mais Pfnor et Champollion-Figeac en ont connu les restes. « A l'angle au-dessous de la demi-tourelle qui flanque le côté sud de la façade, écrivent ces auteurs parlant de la façade du pavillon de Saint-Louis sur la cour Ovale,

1. *Renaissance*, t. II, p. 182.
2. Sous le premier tableau en face les fenêtres du côté de la chambre de Saint-Louis. Castellan l'a gravée dans son ouvrage, p. 108, pl. xviii; pareillement Champollion-Figeac, Atlas, pl. v.

on a vu les restes d'une ancienne porte de style ogival encastrée dans le mur ; elle fut remplacée, de l'ordre de François Iᵉʳ, par une porte historiée et blasonnée, dont les montants ont été conservés. Elle conduisait au rez-de-chaussée, qui n'a que très nouvellement sa belle entrée par le milieu de la cour. » I, p. 4. Ce témoignage place le demi-rond en cul-de-lampe du devis précisément là où je l'ai marqué [1]. Ducerceau l'a indiqué, et la tourelle qu'on voit à présent en ce même endroit et qui contient une vis, est faite en partie de ce demi-rond, qu'on a prolongé au-dessous du cul-de-lampe jusqu'au sol.

Il faisait, dit le devis, communiquer *les chambres* de Madame qui étaient dans la tour, avec le corps d'hôtel de Madame. Ceci a été, pour Champollion-Figeac, l'occasion d'erreurs redoublées, que je ne puis omettre de rapporter. Outre qu'il croit que Madame désigne la reine, il a pris les chambres de Madame pour des chambres quelconques à elles appartenant, et n'osant pas les mettre au premier étage de la Grosse Tour, qui ne contint jamais qu'une pièce, il les a mises au-dessus et en a fait des chambres du service de la reine. Dans ce système le demi-rond contient nécessairement une vis pour passer du premier étage du corps d'hôtel voisin au premier étage de la Grosse Tour, « tout cela, ajoute-t-il par scrupule, minutieusement expliqué dans le devis [2] ». Voici ce qu'il faut remarquer là-dessus.

Premièrement, quoi qu'il y ait à présent une vis dans la tourelle faite de ce demi-rond, le devis de 1528 ne fait en cet endroit nulle mention d'une vis, mais seulement d'une « allée ». Le demi-rond n'a donc pas servi à monter d'un étage dans l'autre, mais à passer de plain pied de la Grosse Tour au bâtiment voisin. En second lieu le nom de chambre a dans la langue du temps un sens précis. Il se distingue de salle et de cabinet, qui composent avec chambre un logis complet. Il est vrai qu'en ce sens Madame n'a pu avoir plusieurs chambres, et il est vrai aussi que la Grosse Tour n'a contenu qu'une pièce. Or la difficulté de ce pluriel sera levée, si l'on fait réflexion que ce n'est là qu'une façon de parler, et qu'il faut entendre ces chambres, comme plus loin des cabinets, d'une seule chambre

1. Je pense qu'on ne fera pas de difficulté sur ce demi-rond que j'interprète pour un quart-de-rond. Cette façon de parler est naturelle. Champollion et Pfnor parlant de la tourelle que nous voyons, l'appellent une demi-tourelle quoique ce n'en soit bien certainement qu'un quart.

2. Pfnor et Champollion, t. I, p. 4.

et d'un seul cabinet. Troisièmement Madame ne désigne pas la reine, par la raison que François I^er était veuf à cette époque de Claude de France, morte en 1524, et non remarié encore, ce qui n'eut lieu qu'en 1530. Du reste il n'y a pas d'exemple que, parlant d'une reine dans une pièce régulière, on l'ait jamais appelée Madame. Il est au contraire certain que Madame désigne ici Louise de Savoie, qui ne fut jamais reine, mais seulement comtesse d'Angoulême.

Toutes ces réflexions m'assurent qu'il a fallu marquer comme j'ai fait, du nom de chambre de Louise de Savoie, la chambre de la Grosse Tour. J'ai pris dans l'embrasure de la fenêtre sans être autrement sûr du fait, la communication par le demi-rond, et appelé salle de Louise de Savoie, la pièce qu'il fait communiquer, et qui, dans les termes du devis, est du corps d'hôtel de Madame. Comme le cabinet, on va le voir, fut de l'autre côté, je ne vois que la salle à mettre par là.

Je continue par « trois corps d'hôtel qui sont outre ladite vieille tour jusques au pavillon qui sera édifié pour le logis de Messieurs les Enfants » p. 31. Comptant comme plus haut ces corps d'hôtel selon les coudes du bâtiment, je les trouve au complet dans la partie septentrionale de la cour, réservant toutefois la dernière chambre, qui fait le pavillon des Enfants. Quoique aucune saillie ni coude ne distingue cette partie sur le plan, les vues cavalières de Ducerceau montrent en cet endroit un bâtiment plus élevé d'un étage, qui constitue par conséquent ce qu'on appelle un pavillon. Champollion a mis le pavillon des Enfants joignant la Grosse Vieille Tour au lieu où j'ai écrit : Salle du Roi 1528. Je ne sais s'il a lu seulement qu'il y avait trois corps d'hôtel entre la Grosse Tour et ce pavillon, mais il est certain que le mot de pavillon ne lui a pas échappé, car, ne pouvant le faire cadrer avec sa supposition, étant certain par les vues de Ducerceau qu'il n'y eut pas de pavillon en cet endroit, il l'a corrigé en celui d'appartement [1]. Tout ceci, qui n'a guère d'excuse, a déjà été réfuté par M. Palustre, Renaissance, t. I, p. 192-193.

Le plan de Ducerceau fait voir les deux premiers des corps d'hôtel susdits doublés dans toute leur longueur. Ils ne l'étaient pas au temps de François I^er, comme il suit de ce passage du P.-Dan : « Il est bon de remarquer que ces départements (du

1. Pfnor et Champollion, t. I, p. 7.

roi et de la reine, auxquels cette partie servait du temps de cet écrivain) en leur édifice sont doubles, ayant deux corps de bâtiment qui se joignent et communiquent l'un à l'autre, dont l'édifice qui est du côté de la cour du Donjon est de François I<sup>er</sup>, et celui qui est du côté du jardin de la Reine est de Charles IX, *ainsi qu'il apparaît de ce même côté au dehors par ses chiffres posés entre deux bustes de bronze* » p 146. Une pièce pourtant fait exception, nommée dans le plan moderne salle du Conseil, et qui était au temps de Guilbert le premier cabinet du Roi. Cet auteur y a relevé dans le plafond les chiffres de François I<sup>er</sup>, t. I, p. 119. Ce témoignage s'accorde parfaitement avec ces textes du devis :

« Faut faire et ériger un petit édifice pour servir de cabinets pour le logis de Madame, dont partie sera enclavée dedans œuvre, et l'autre partie hors œuvre sur le jardin. » T. I, p. 36.

«... Les cabinets qui seront faits pour Madame en saillie sur le jardin dudit château joignant la Grosse Vieille Tour. » T. I, p. 47.

Sur le jardin et joignant la Vieille Tour ne peut être que la pièce que je viens de dire, et que, la conservant pour cette raison seule de toute l'aile annexe marquée dans Ducerceau, j'appelle cabinet de Louise de Savoie. Cette situation certaine du cabinet est, comme j'ai dit, ce qui m'oblige à regarder la pièce de l'autre côté comme la salle. Contre le cabinet j'ai marqué la vis mentionnée p. 37 « en la grande angle sur ledit jardin », et qui servait à y monter.

J'ai figuré en chacun des tournants de l'enceinte, les « vieilles tournelles étant par dehors œuvre au pourtour des vieils corps d'hôtel », dont il est question pp. 37 et 38. On a vu qu'il y en eut une du côté de la place vers l'Étang, et le plan de Ducerceau en conserve deux autres. Je n'en ai suppléé qu'une, qu'il a fallu certainement démolir, quand on doubla de ce côté les bâtiments sous Charles IX, comme il est dit plus haut.

Il conviendra maintenant de parler de l'escalier, mais je crois auparavant nécessaire de donner l'explication d'un texte, que ni Champollion, ni M. Palustre, ni M. Molinier n'ont entendu. Le voici :

« En l'angle et triangle qui est devant ladite vis dudit pavillon de Mesditssieurs les Enfants, sur et en la cour dudit château, joignant ledit pavillon de ladite masure où sera ladite grande salle du Guet, à l'endroit où sera la porte et entrée d'icelle salle, faut faire et ériger un perron en forme d'une terrasse, tant pour ôter la difformité dudit triangle que pour servir à couvrir le devant desdites entrées tant de la grande salle que de ladite vis dudit logis de Mesditssieurs les Enfants, et sur laquelle terrasse on pourra aller et venir d'icelui pavillon de Mesditssieurs les Enfants. Et sera ledit perron garni de quatre colonnes rondes portant piédestal base et chapiteau, et sur lesdites quatre colonnes ériger deux arceaux et une voûte plate en forme de parquets ravalés, et sur ladite voûte paver ladite grande terrasse et faire l'appui et gardefou de ladite terrasse » t. I, p. 38-39.

Tous les susdits auteurs ont assuré que le morceau ainsi décrit ne se voyait plus au plan de Ducerceau ; de plus ils ont voulu en reconnaître les débris transportés et rappareillés, dans le portique dit de Serlio, qui subsiste sur la cour Ovale, à peu près à l'endroit où Ducerceau a marqué l'escalier.

Champollion, qui mettait le pavillon des Enfants où j'ai dit, dans le premier corps de logis après la Grosse Tour, s'est imaginé que la difformité dont il est question au devis, n'était que le biais de ce bâtiment, et je ne sais comment il conclut que le portique de Serlio, plaqué tel quel en cet endroit, eût ôté cette difformité. En conséquence, ayant fait mesurer par Pfnor le plus sérieusement du monde la longueur de ce portique, parce qu'elle est précisément égale à la façade de ce qu'il prend pour le pavillon des Enfants, il donne pour parfaitement certain que le perron décrit dans les Comptes est le portique de Serlio, qu'on a seulement changé de place dans la suite.

Or, après ce qu'on a dit de la place qui revient au pavillon des Enfants, tout ce raisonnement et ces mesures tombent par terre. En effet on ne voit pas du tout comment le portique de Serlio aurait pu se caser dans l'endroit où fut réellement ce pavillon. M. Palustre n'a donc eu garde de retenir ces conclusions telles quelles. Pourtant il en conserve quelque chose et continue de mêler le même portique avec le perron dont il s'agit. Pourquoi ? C'est qu'on regarde le portique de Serlio comme étant le même qui dans Ducerceau fait l'entrée de l'escalier sur la cour du Donjon, et M. Palustre compte qu'il s'agit également d'un escalier dans le texte que nous examinons. « Le devis, dit-il, parle d'un escalier à construire *dedans le triangle...* [1] » et il cite les termes qu'on vient de lire. M. Moli-

---

1. *Ouv. cité*, t. I, p. 194.

nier a cru la même chose. Selon M. Palustre donc ce texte fait
mention de l'escalier qu'on édifia d'abord au château de Fontainebleau. Comme cet escalier ne se trouve point au plan de
Ducerceau, et que le même plan en montre un autre ailleurs, il
croit conclure exactement en disant que le second fut fait avec
les débris du premier. Chez lui encore le perron du devis fournit des matériaux au portique de Serlio. Même il croit trouver
de ceci une confirmation dans les Comptes. La voici, tirée des
écritures de l'année 1550.

« Gilles Le Breton, maître maçon des bâtiments du roi à Fontainebleau, confesse avoir fait marché et convenant à Neufville seigneur de Villeroy et Babou seigneur de la Bourdaisière [1], de faire
tous et chacun les ouvrages de maçonnerie et taille qu'il convient
faire *pour le rechangement du grand escalier* et autres, contenus au
devis ci-devant écrit, et ce outre le convenu [2] et marché fait à raison
dudit grand escalier et de la chapelle dudit château daté du samedi
5° d'août 1531, et pour ce faire sera tenu ledit Breton faire toutes les
démolitions et rétablissements qu'il conviendra pour ce faire, desquelles démolitions il remettra en œuvre tout ce qui pourra servir
auxdits ouvrages, et le reste il sera tenu serrer et mettre en tas en la
cour dudit château au profit du roi... fait et passé le 10° de mars 1540.

« De l'ordonnance de maître Philibert Delorme, nous (suivent plusieurs noms d'experts) avons vu visité les ouvrages de maçonnerie et
taille de l'édifice fait de neuf audit Fontainebleau, auquel il y a deux
chapelles l'une basse et l'autre haute, et aussi le grand escalier fait de
neuf audit château par maître Gilles Le Breton, assavoir si ledit
édifice desdites deux chapelles et ledit grand escalier ont été et sont
bien et dûment faits et parfaits. » T. I, p. 210-211.

Ce rechangement du grand escalier, dont ce texte fait mention,
signifie, selon M. Palustre, qu'on a changé de place l'escalier
primitivement construit dans le triangle que fait le pavillon des
Enfants avec la salle du Guet, et qu'on l'a porté dans l'endroit où
le plan de Ducerceau le fait voir. M. Molinier n'est pas tout à
fait de cet avis. Il veut croire qu'il s'agit ici d'un simple réta-
blissement de la vis située près de la Porte Dorée. Et il ajoute :
« Décidée dans le devis de 1528, puis dans un nouveau devis de
1531, non achevée en 1540, elle n'aurait été terminée qu'en

---

1. Je supprime, dans ces pièces officielles, tout ce grand nombre de
paroles mentionnant des dignités, et en général un détail inutile à mon
sujet.
2. Le texte dit *contenu* par erreur.

1550, alors que Philibert Delorme était architecte de Fontaine-bleau [1]. » Je vais montrer à quel point toute cette interprétation s'écarte de la vérité.

Quand Philibert Delorme vint en charge, voulant faire rendre gorge aux maçons et aux maîtres d'œuvres qui trompèrent François Ier, en particulier à Lebreton, maçon de Fontainebleau [2], il entreprit de faire toiser et vérifier tous ses travaux. Le texte qu'on vient de lire, n'est pas autre chose qu'un témoignage de ce fait. Il nous apprend que les chapelles sur la cour du Donjon et le grand escalier furent ainsi vérifiés en 1550. Il ne signifie donc pas du tout qu'ils n'ont été terminés que cette année-là. Davantage au procès-verbal de cette vérification figure copie d'une pièce passée en 1540, et qui est précisément le marché de cet ouvrage, non pas il est vrai proprement de la construction des chapelles et du grand escalier, mais du rechangement de ce dernier. Ce rechangement, décidé en 1540, ne signifie pas davantage que l'escalier n'était pas achevé alors, mais qu'on le défit pour le refaire. En effet, dans le marché de 1540 se trouve un rappel du premier devis de cet escalier et des chapelles dressé en 1531. Tout ceci, quand on y veut regarder, est aussi clair que possible. Après le devis de 1528, un devis que nous n'avons pas, régla en 1531 la construction d'un escalier, et des chapelles sur la cour Ovale. L'escalier fut démoli et rebâti en 1540. En 1550 Philibert Delorme fit vérifier, en même temps que les chapelles une fois faites, l'escalier fait et refait.

Quant à croire que cet escalier est la vis près de la porte Dorée, M. Palustre eut raison de remarquer [3] que dans l'usage constant de cette époque une vis s'appelle une vis et un escalier un escalier. Aussi bien le devis de la vis est de 1528, et non pas de 1531 comme celui de l'escalier en question. Cet escalier rechangé, appelé grand escalier, est donc certainement celui qu'on voit à la place que j'ai dit sur le plan de Ducerceau.

Maintenant je ne vois pas du tout pourquoi M. Palustre veut que ce rechangement signifie un changement de place. Il me semble au contraire que ce mot signifie plus volontiers une reconstitution ou réparation au même lieu, soit que les montées

1. *Ouv. cit.*, p. 137.
2. V. Ire partie, p. 146.
3. *Architectes de Fontainebleau*, p. 53, 54.

17

fussent jugées incommodes, soit que l'œuvre mal faite ne tînt pas, comme il advint, au témoignage de Delorme, de plusieurs parties du château [1]. Tout le détail du texte de 1550 me paraît exprimer parfaitement ce point. Ici se place l'erreur de fond dont ni M. Palustre, ni M. Molinier ne semblent s'être aperçus et dont la réfutation doit dénouer tout cet embarras. Ces auteurs ont tous deux vu mention d'un escalier au devis de 1528; or ce devis ne porte rien de pareil. En effet, perron ne veut dire un escalier que dans un langage plus moderne. Il signifie en ce temps-là un massif de pierre [2], et dans le cas donné, c'est une terrasse. L'auteur de la Renaissance en France, suivant sa pointe, a cru que ce perron ne se voyait plus au plan de Ducerceau, et confirmé par là son opinion que la démolition ordonnée au texte cité, était celle de ce perron, « déjà condamné, dit-il, en 1531 [3] ». Mais si le devis de 1531 eût eu pour objet de remplacer un escalier déjà existant, comment ce devis n'est-il pas mentionné comme le devis d'un rechangement? Au contraire, il n'est question de rechangement qu'au marché de 1540, preuve qu'en 1531 on édifiait pour la première fois cet escalier. Toutes ces conclusions s'accordent parfaitement entre elles. Pas d'escalier au devis de 1528, un escalier en 1531, cet escalier rechangé en 1540. Quant au perron de 1528, qu'on veut prendre pour un escalier et qu'on fait condamner dès 1531, sous prétexte qu'un rechangement d'escalier prend place en 1540, il ne fut réellement ni condamné ni démoli, mais a subsisté jusque sous Henri IV, qu'on rectifia et agrandit la cour. On reconnaît ce perron dans le plan de Ducerceau aux colonnes qui passent en ligne droite devant le renfoncement du pavillon des Enfants et ferment le triangle épargné entre ce pavillon et la salle du Guet. Ces colonnes font suite à celles qui, depuis la porte Dorée, soutinrent dès ce temps-là tout autour de la cour les petites galeries qui s'y voient encore, et que les Comptes mentionnent, t. I, p. 190. Comme je donnais le plan du premier étage, je n'ai pas marqué de colonnes, mais par un simple trait le contour de ces galeries, auxquelles le perron vient s'ajuster.

Tout ceci me permet de placer mon escalier sans ôter le perron dont il s'agit, représenté conformément au devis de 1528. Ducer-

---

1. V. Iʳᵉ partie, pp. 147-148.
2. Ainsi le massif de la Fontaine est appelé un perron, p. 198 des Comptes.
3. *Architectes de Fontainebleau*, p. 54.

ceau m'a fourni la place de cet escalier qui, comme je crois, même avant son rechangement n'en a jamais eu d'autre. Comme il y a eu sous Henri IV un changement de plan et rectification de ce côté de la cour, je ne saurais dire si le portique de Serlio est effectivement le portique que Ducerceau marque au devant de son escalier, et qu'il a fallu déplacer dans une telle rectification. J'incline à croire qu'alors quelque changement y fut fait ; mais ce dont je suis bien sûr, c'est que ce portique ne contient rien du perron décrit au devis de 1528, ni le tout, comme voulait Champollion, ni partie, comme l'a cru M. Palustre.

Castellan [1] assure que le coude des bâtiments à l'endroit de l'escalier, est une erreur de Ducerceau et qu'ils ont toujours été droits. C'est impossible, et parce que tout dans le plan de Ducerceau s'accorde à ce coude, les dimensions de la salle du Guet et le reste, et parce qu'il a mis à cet endroit une tourelle comme il y en eut à tous ces coudes et à ces coudes seulement, et parce que le devis de 1528 compte fort exactement trois corps de bâtiment, c'est-à-dire deux coudes, entre la Grosse Tour et le pavillon des Enfants.

Vient à présent la salle du Guet, décrite pp. 39 et 40 du devis, dont « le premier étage d'au-dessus du rez-de-chaussée sera un grand galetas sous le comble ». Ce détail fait connaître dans les vues de Ducerceau la salle du Guet dans l'ovale où je la place.

Les chapelles, qui suivent en revenant vers la porte Dorée, ne figurent pas au devis de 1528, où leur place est seulement réservée, p. 41. On a vu qu'elles ont été construites peu après, en 1531. Elles sont deux l'une sur l'autre, celle de Saint-Saturnin au rez-de-chaussée et la chapelle Haute au premier étage.

Enfin, entre ces chapelles et le portail, est le bâtiment des Offices, p. 41, dont « l'étage d'au-dessus, dit le devis, sera appliqué à galerie ». C'est en ce lieu que dans le plan de Ducerceau la salle de Bal prend place. Mais la salle de Bal ne fut faite qu'à la fin du règne de François Ier [2]. La galerie alors résolue, et qui fut réellement construite, puisqu'un texte t. I, p. 71, la mentionne comme mise en usage, n'avait selon le devis que 18 pieds de largeur, soit 6 mètres environ comme la galerie de François Ier. La salle de Bal eut le double. Ceci explique, ainsi que j'ai promis, que la vis de la porte Dorée, aujourd'hui au niveau du bâtiment

1. *Ouv. cit.*, pp. 138-140.
2. V. ci-dessous, art. VIII.

voisin, ait fait en ce temps-là saillie sur ce bâtiment, et que le devis l'ait pu dire hors d'œuvre.

Il ne faut plus que justifier les noms d'appartement du Roi imposés aux deux corps d'hôtel qui viennent après la Grosse Tour. Voici le texte qui m'y détermine :

« Faut ériger une petite montée en forme de rampant par dehors œuvre contre et autour de l'une desdites tournelles qui servira de cabinet à la garde-robe du Roi, pour descendre de ladite garde-robe dudit sieur en sondit jardin. » T. I, p. 38.

Nous avons déjà rencontré ce jardin, qui, appelé partout jardin tout court, était certainement le seul du château dans ces commencements. La tourelle dont il s'agit, ne peut donc être que l'une des deux premières à compter depuis la Grosse Tour. La garde-robe du Roi a donc été l'une des trois pièces contenues aux deux corps d'hôtel après cette tour. Ces trois pièces ont donc fait l'appartement du roi. Je mets la chambre au milieu, comme il convient, et la garde-robe ou cabinet du côté de l'escalier, parce qu'il est certain que la reine, qui prit ce logis plus tard, eut sa garde-robe en cet endroit. Ce n'est ici qu'une probabilité, à laquelle je m'arrête faute de mieux. Reste la salle pour l'autre côté.

Ceci pour la cour du Donjon.

La galerie dite aujourd'hui de François I<sup>er</sup> est décrite pp. 43 et 44 du devis. Cette description porte en son milieu deux cabinets, dont on est obligé de croire qu'un seulement a été construit, car des stucs et peintures du temps de François I<sup>er</sup> [1] tiennent, à l'intérieur de la galerie, la place de l'entrée qu'il aurait dû avoir. L'autre cabinet, connu de Dan, de Guilbert et de Mariette, a subsisté jusqu'à la fin du xviii<sup>e</sup> siècle [2]. Je place au devant de cette galerie la terrasse qui, selon Dan, p. 36, ne fut à cette époque qu'un simple pont de bois.

Selon les termes du devis, la galerie traverse un chemin, dont on fut obligé de ménager le passage au rez-de-chaussée des bâtiments, p. 44. Ce chemin dut séparer le terrain du roi de celui des religieux Mathurins, qui s'étendait du côté de ce qui fut la cour du Cheval Blanc. Cela ressort d'une pièce publiée par Guilbert, t. II, p. 262, datée de septembre 1529, par laquelle le

1. C'est la Danaé et les ornements qui l'accompagnent.
2. V. ci-dessous, art. x.

roi achète de ces religieux « la moitié du lieu où est de présent située la Grande Galerie ». Le chemin subsista-t-il après cette acquisition ? C'est l'opinion de M. Palustre, qui le reconnaît de nouveau sous le nom de rue Neuve, dans un texte des Comptes, t. I, p. 130, période de 1538 à 1540. Il se peut que cette interprétation soit bonne, mais j'aime mieux quant à moi dire que je n'entends pas ce texte. Dans le doute, comme dans l'impossibilité de tracer exactement ce chemin, je me suis dispensé de l'indiquer.

Quant aux bâtiments sur la cour du Cheval Blanc, appelée en ce temps-là Grande Basse Cour, son nom de basse cour de l'abbaye s'accorde à ce que je viens de dire, pour établir qu'elle appartenait en 1528 aux religieux. Je ne me fais aucune idée de la forme qu'elle avait de leur temps, et des édifices qui s'y trouvèrent alors. François I$^{er}$ y édifia premièrement un rez-de-chaussée, que j'ai marqué *terrasse* entre la galerie et l'étang. Je suis ici M. Palustre, qui reconnaît ce rez-de-chaussée dans le « corps d'hôtel entre la basse-cour de ladite abbaye et les prés » mentionné t. I, p. 49, dans l' « édifice en la basse cour de devant le château à l'opposite de l'étang contre et joignant le pan de mur de la grande galerie » p. 58, et dans une mention pareille p. 78. Au premier de ces trois textes, qui est une annexe au devis de 1528, ce rez-de-chaussée porte un galetas ; dans le second, daté de 1535 (1534 anc. st.), il est couvert en terrasse, ainsi qu'au troisième, daté de la même année. Le projet fut donc changé en cours d'exécution. Pour quelle raison, je crois pouvoir le dire. Guilbert a écrit que le pavillon des Poêles, dont il est question t. I, p. 134 des Comptes, fut élevé en 1545. D'autre part, il y fait loger l'empereur Charles V en 1540 (Guilbert, *Fontainebleau,* t. II, pp. 1-2). Piganiol (*Paris et environs,* t. IX, p. 219) l'a repris de ces dates contradictoires ; mais à cause justement de cette contradiction, je crois à une erreur de plume, et que cet auteur a voulu dire 1535. Et voici comme je le prouve. La terrasse dont on vient de parler, mit la galerie en communication avec le pavillon des Poêles. Si en 1528 on ne projetait encore qu'un galetas sur ce rez-de-chaussée, c'est que le pavillon des Poêles n'était ni bâti, ni prévu. Au contraire si en 1535 ce galetas fait place à une terrasse, c'est que l'érection du pavillon des Poêles dut réclamer cette modification.

Aussi bien ce pavillon nouveau se trouve mentionné à la période de 1538-1540, sous le nom de « pavillon naguère fait de neuf près l'étang dudit lieu », p. 134. Celui-ci, des années suivantes, rapporte une galerie attenante :

« A Francisque Scibecq dit de Carpi, menuisier italien (somme ordonnée) pour les ouvrages de lambris de menuiserie qu'il a faits de neuf pour le roi en sondit château de Fontainebleau au pourtour des murs de la galerie Basse voûtée [1] et couverte en terrasse étant contre ledit grand pavillon sur ledit étang : fait et passé le 25 février 1541. » T. I, p. 186-187.

J'ai figuré ce pavillon et la galerie Basse d'après Ducerceau, Israël Sylvestre, Rigaud, Aveline et les autres graveurs qui, jusque dans le règne de Louis XV, en ont pu reproduire l'aspect; et j'ai conservé la vis qui se trouve dans l'angle sur la grande basse-cour. Cette vis était indispensable, avant que le premier étage des bâtiments auprès ne fût bâti, pour donner accès aux étages supérieurs de ce pavillon.

C'est seulement en 1560 que le premier étage au-dessus de cette terrasse fut fait, comme en témoigne le texte suivant expliqué déjà par M. Palustre :

« A Pierre Girard dit Castoret, maître maçon, pour ouvrages de maçonnerie par lui faits pour la construction du grand édifice commencé à bâtir et édifier de neuf entre la Grande Basse Cour et la cour où est la fontaine dudit château. » T. II, p. 29-30.

Le pavillon au droit de la galerie, appelé pavillon des Peintures, n'existait pas non plus sous François Ier, puisqu'aux textes de 1565 (t. II, p. 120 et 125) il est remarqué comme « bâti de neuf ». Auparavant, la grande galerie se terminait contre cette terrasse par un simple « pan de mur » (v. ci-dessus) et « pignon » (t. I, p. 46). L'escalier qui, dans le plan de Ducerceau, donne accès du pavé de la cour en cet endroit, étant de Philibert Delorme (*Architecture*, fol. 124, rev.) et partant construit sous Henri II, a été rayé de mon plan.

Toute l'aile nord du côté de la chapelle fut élevée dans ces premiers temps, comme il résulte du style de la construction, et de l'ordonnance brusquement changée à partir du point où je l'ai fait cesser. M. Palustre croit même qu'un texte, auquel j'ai renvoyé plus haut (t. I, p. 130) désigne cette partie du château.

1. Le texte dit *galerie, basse voûte et couverte...*, mais c'est une erreur évidente.

Je ne suis pas assez sûr de cette interprétation pour m'en servir, mais ce que je viens de dire suffira. D'un autre côté, le pavillon qui vient immédiatement avant le pavillon des Poêles, doit être gardé dans le plan que je propose, quoique appuyé seulement à un rez-de-chaussée. Il est en effet différent par le style des bâtiments élevés derrière, et tout semblable à ce qui se fit par les soins de Lebreton sous François Iᵉʳ. Seul le premier étage porte un dorique de pilastres accouplés, comme les bâtiments qui l'accompagnent. Mais on peut voir aujourd'hui encore, par la couleur même des matériaux, qu'il eut d'abord dans les angles et entre les fenêtres, des pilastres pareils à ceux du pavillon en symétrie. On les a supprimés, mais le grès dont ils furent faits, continue de trancher en ces endroits sur le fond de la maçonnerie. Afin qu'on ne doute point de ce rhabillage, en voici le témoignage authentique, pris des Comptes du Château au temps de Louis XIII. Il est en date du 28 mars 1639.

« Au pavillon ensuite du pavillon des Poêles à côté du grand perron, a été fait en la face de devant les quatre chapiteaux doriques... architraves, frises et corniches. » Molinier, *Comptes de Fontainebleau*, p. 291.

Je ne joindrai à ceci qu'une observation : c'est que le pavillon dont je parle, ayant reçu, je ne sais pourquoi, de Pfnor et de Champollion le nom de pavillon des Poêles, porte aujourd'hui officiellement ce nom, pour la plus grande confusion des recherches que les érudits entreprennent sur la topographie du château.

Du reste de la Grande Basse Cour on ne voit dans mon plan que l'amorce de la galerie d'Ulysse, construite sur un devis de 1527 avec l'aile qui fermait la cour du côté du couchant, aujourd'hui remplacée par une grille. C'est en effet ces deux galeries qu'il faut reconnaître, comme le veut M. Palustre, dans les « deux corps d'hôtel et galeries à jour en forme d'équerre étant au bout dudit corps d'hôtel assis en la basse-cour de l'abbaye » (t. I, p. 67) : ce dernier corps d'hôtel étant le rez-de-chaussée couvert en terrasse, dont j'ai parlé plus haut.

Suit une justification des noms que j'ai donnés à tous les alentours du château.

La place vers l'Étang m'est fournie par un texte déjà cité t. I, p. 38, le jardin de la Conciergerie par une mention de la p. 133, où le cabinet de la Galerie est désigné comme formant

une tour « du côté de la Conciergerie » ; la rue par un passage
de la p. 32, le Grand Jardin par plusieurs passages, entre
autres pp. 71 et 79, le jardin de la Fontaine par une mention de
la p. 67.

Les mentions d'affectation de lieu non expliquées dans ce qui
précède, le seront au détail des ouvrages qui vont suivre.

---

## ARTICLE I. — LA CHAMBRE DU ROI
### 1533 à 1535.

IDENTITÉ — Personne encore n'a marqué le lieu de cette
chambre, que les Comptes des Bâtiments du Roi mentionnent
presque partout sans la situer. On l'a connue pourtant, quoique
non pas sous ce nom, car c'est la même que la chambre de
Saint-Louis. En voici la preuve dans le texte suivant tiré des
Comptes, t. II, p. 195 :

« A Nicolas l'Abbati peintre (somme ordonnée) pour en la chambre
où était le trésor des Bagues au-dessus de la chambre du Roi, quatre
grands paysages. »

Pour apprendre de façon certaine où se trouva la chambre du
Roi, il ne faut que situer ce trésor des Bagues. Une heureuse
rencontre veut qu'on le reconnaisse dans un cabinet que le
P. Dan a décrit p. 84 de son Trésor des Merveilles : « Ce cabinet, dit-il, est par dedans en forme de dôme carré, où aux
quatre coins par le haut sont quatre grands tableaux de paysage,
que l'on tient être du sieur de Saint-Martin. » Le P. Dan donne
au Primatice ce que les Comptes donnent à Nicolo. Hors ce
point, qui ne fait pas une difficulté, on voit assez que les
Comptes et le P. Dan ont décrit le même cabinet. C'était au
temps de ce dernier le cabinet des Curiosités. Il servit dans les
commencements à loger les pièces d'orfèvrerie, les pierres précieuses et les bijoux du roi, qui dans la langue du temps s'appelaient bagues. Il occupait, selon le même auteur, l'étage supérieur
de la Grosse Tour. La chambre du Roi, placée dessous, doit
donc être reconnue dans la chambre de Saint-Louis.

Ce qui peut servir à le confirmer, c'est la mention de certains termes de stuc, qu'on trouve aux Comptes des Bâtiments aux endroits où la chambre du Roi est nommée. On verra plus loin que la chambre de Saint-Louis eut de ces termes, ce qui fait un trait distinctif, car on ne connaît point de termes dans l'ornement des autres chambres.

Ma justification du plan a établi qu'aux termes du devis de 1528, la chambre de Saint-Louis faisait la chambre de Louise de Savoie ou de Madame. Le nom de chambre du Roi se lit pour la première fois à l'année 1534. Dans l'intervalle Madame était morte (1531), et il faut croire qu'en conséquence François I$^{er}$ prit la place de sa mère dans cette chambre. Une mention de 1533 (v. ci-dessous, texte 1) l'appelle seulement chambre de la Grosse Tour. Sans doute le changement d'emploi a été cause qu'on l'appela de la sorte dans le temps où, l'ancien nom n'étant Plus en usage, le nouveau n'était pas encore établi.

Une autre désignation qu'il faut noter est celle de *vecchia sala*, qui se trouve dans Vasari, Op. t. VII, p. 411, et dans laquelle on doit reconnaître cette même chambre.

DATE. — Voici les textes qui·servent à la dater :

1) « A Nicolas Belin dit Modesne peintre (somme ordonnée) pour avoir vaqué avec Francisque de Primadicis dit de Boulogne peintre, aux ouvrages de stuc et peinture encommencés à faire pour le roi en la chambre de la Grosse Tour de sondit château *depuis le 2$^e$ de juillet 1533* jusques au dernier de novembre. » T. I, p. 94.

2) » A Léon Bochet peintre (somme ordonnée) pour un mois trois jours qu'il a vaqué depuis le dernier jour de décembre 1533 jusques au 2$^e$ de février ensuivant à dorer les termes et ouvrages de stuc. » T. I, p. 88.

3) « A Claude Duval peintre (somme ordonnée) le 18$^e$ du mois de juin 1534, pour quarante-trois journées ouvrables qu'il a vaqué à dorer les termes et autres ouvrages de stuc qu'un nommé Boulogne et autres imagers avaient faits. » P. 88.

4) « A Barthélemy Diminyato, peintre florentin (somme ordonnée) pour neuf mois entiers qu'il a vaqué à besogner pour le roi es ouvrages de stuc depuis le 10$^e$ de février 1533 *jusques au 24$^e$ de mars 1534.* » p. 89.

5) » A Laurent Regnauldin aussi peintre florentin (somme ordonnée) pour huit mois quinze jours qu'il a vaqué es ouvrages de stuc es chambres du Roi et de la Reine depuis le 15$^e$ jour d'avril 1534 jusqu'au 24$^e$ de mars ensuivant. » P. 89.

6) « Claude Duval et Gilles de Saulty, peintres et doreurs d'images, confessent avoir fait marcher de nettoyer et dorer tous les termes de

stuc de la chambre du roi, fait et passé le samedi 24 avril 1535. »
P. 92.

Les textes 2, 3 et 4 ne contiennent pas mention expresse de
la chambre du Roi; ils sont seulement rangés sous une rubrique
commune à plusieurs ouvrages, que voici : « *Ouvrages de peinture, de stuc et dorure faits tant es chambres du roi et de la
reine, qu'aussi à la grande galerie du château dudit Fontainebleau.* » Si je les requiers en particulier pour la chambre du
Roi, c'est premièrement que les termes que j'ai dit qui se trouvaient dans cette chambre, sont rapportés dans 2) et 3). Quant
à 4), comme on voit partout ailleurs Miniato travailler avec Renaudin sous le Primatice, il est à croire qu'il en fut de même ici.

Il s'agit de corriger les dates d'accord avec le nouveau style.
L'année 1534 commença le 5 avril, 1535 le 28 mars (*Actes de
François I<sup>er</sup>*, t. II, p. 594, t. III, p. 1). Il faut donc lire dans le
texte 4), 10 février 1534 et 24 mars 1535. Ainsi les travaux de
cette chambre sont comptés du 2 juillet 1533 au 24 mars 1535.
Le 24 avril suivant on faisait marché de la dorure des stucs, ce
qui marque l'ouvrage entièrement terminé.

DÉTAIL DE L'OUVRAGE. — *Les Peintures.* — La liste des peintures que contenait cette chambre est fournie par Dan, p. 83-84,
et par Guilbert, t. I, p. 102-112. Un supplément d'information
vient d'une lettre du rentoileur Picault publiée par M. Engerand, *Inventaire de Bailly*, pp. 624-628. Cette pièce et la description de Guilbert joignent quelques indications de la place
qu'elles occupaient.

Le tableau n° 1 (v. ci-dessous) des murailles est dit par Guilbert « près le cabinet du Roi ».

Le n° 3 par Guilbert « entre la cheminée et la croisée, en face
du premier », et par Picault « entre la porte de l'antichambre
du Roi et la croisée. »

Le n° 5 par Guilbert « près de l'escalier ». C'est évidemment
la vis qui, dès le temps de Guilbert, occupait le demi-rond sur la
cour du Donjon. Picault dit « près de l'escalier et de la croisée ».

Le n° 13 par Guilbert et par Picault « sur la porte de la galerie des Réformés », qui est la galerie de François I<sup>er</sup>.

Le n° 15 par Guilbert et par Picault « entre la cheminée et
la croisée ».

Le n° 17 « sur la cheminée ».

Restent les n<sup>os</sup> 7 et 10 dont le même auteur ne dit point la place. Les autres étaient dessus et dessous ces grands tableaux. Comme l'état des lieux a été modifié, il a fallu recourir à un plan du temps de Guilbert, soit de 1729, que conserve le cabinet des Estampes (Topographie). Ce plan montre la chambre de Saint-Louis fermée du côté de la chambre Ovale et du côté de l'ancienne salle du Roi, avec laquelle elle communique à présent. Deux petites portes seulement percent ce mur aux extrémités, mais je crois qu'elles étaient dans le lambris, et que les peintures trouvaient place au-dessus, comme il est dit ci-dessus pour la porte allant dans la galerie. Il faut donc compter dans cette chambre, percée de deux grandes baies vis-à-vis, deux tableaux à droite et à gauche de la fenêtre, sans doute 3 et 5, deux autres en face, sans doute 1 et 13, deux côte à côte sur le mur plein du côté de la salle du Roi, sans doute 7 et 10, un en face sur la cheminée et un auprès sur la muraille à droite, sans doute 17 et 15.

Pour le plafond, je rapporte les peintures qui s'y voyaient au temps de Guilbert, hors le milieu, qui de son temps était repeint. Mais cet auteur n'en a pas moins fourni la description de ce qui s'y trouvait auparavant. Cependant, il n'assure pas que ce plafond remontât à François Ier, et je ne le consigne à l'œuvre du Primatice que sous réserve et faute d'en savoir davantage.

| LIEU | FORME | SUJETS | DESSINS | ÉTUDES | GRAVURES | COPIES |
|---|---|---|---|---|---|---|
| 1 Plafond milieu | | La Paix. | | | | · |
| 2 « coin S. O. | | Le Pont de Taillebourg. | | | | |
| 3 « coin N. O. | | St Louis recevant des hommages. | | | | |
| 4 « coin N. E. | | St Louis chassant les Sarrasins. | | | | |
| 5 « coin S. E. | | Prise de Carthage. | | | | |
| 1 Murailles. | Grand tableau | Paris visitant Ménélas et Hélène. | | | | 10 |
| 2 *Pour le détail* | Cartouche | Cérès et Cyané. | | | | * |
| 3 *v. ci-dessus* | Grand tableau | L'enlèvement d'Hélène. | | | | |
| 4 | Cartouche | Les Syrènes changées en oiseaux. | | | | * |
| 5 | Grand tableau | Ménélas pleurant Hélène. | | | | 8 |
| 6 | Cartouche | Encelade foudroyé. | | | | |
| 7 | Grand tableau | La folie feinte d'Ulysse. | | | | |
| 8 | Cart. d'en bas | Les compagnes de Proserpine s'opposent à son enlèvement. | | | | * |

| LIEU | FORME | SUJETS | DESSINS | ÉTUDES | GRAVURES | COPIES |
|------|-------|--------|---------|--------|----------|--------|
| 9 | Cart. d'en haut | Mort d'Adonis. | | | | |
| 10 | Grand tableau | Agamemnon élu roi des rois. | | | | |
| 11 | Cart. d'en bas | Pluton enlève Proserpine. | | | • | |
| 12 | « d'en haut | Mercure conduit les Mânes aux Enfers. | | | | |
| 13 | Grand tableau | Ulysse et les Grecs sacrifiant. | | | | |
| 14 | Cartouche | Stellion changé en lézard. | | | • | |
| 15 | Grand tableau | Achille chez les filles de Lycomède. | | | | 9 |
| 16 | Cartouche | Ascalaphe changé en hibou. | | | • | |
| 17 | Cheminée | Thétis chez Vulcain. | | | | |

J'ai marqué d'une astérisque, dans la colonne des gravures, des compositions que M. Herbet, *Œuvre de L. D.*, p. 73-74, propose de reconnaître dans une série d'estampes au monogramme L. D. d'après Léonard Thiry. Il est vrai que cette série se compose de douze estampes, et qu'il n'y a ici que six sujets. Mais ils conviennent d'ailleurs si bien, qu'on a peine à rejeter tout à fait cette supposition. Il faudrait admettre que les six autres ont été soit ajoutés par le graveur, soit peints dans une chambre voisine, la salle du Roi par exemple. Quant à supposer que la moitié de cette suite ait péri entre le règne de François Ier et le P. Dan, qui, comme j'ai dit, est conforme dans sa description à Guilbert, cela est impossible, v. ci-dessous, note. Si M. Herbet a raison, ce sera autant de parties de cette décoration que le Primatice aurait fait faire à Léonard Thiry.

Pour l'identification proposée par M. Reiset du n° 12, et par M. Herbet du n° 15, v. n° *2 du catalogue des copies, et 51 de celui des estampes.

*Les stucs.* — Guilbert rapporte que les tableaux étaient ornés de « bordures de stuc et de vingt grandes figures termes, qui supportent des corbeilles de fruits et font l'entresuite des peintures. » Ayant décrit le n° 8, il ajoute : « Des enfants de stuc et de relief soutiennent aux côtés de ce tableau des cartouches où on lit à gauche : *Tartara quid cessant?* [à droite] *Agitur pars tertia mundi.* » Après le n° 11 : « Aux côtés sur des cartouches soutenus par des enfants de relief, on lit ces paroles à gauche : *Non potes invitæ Cereris gener esse*. A droite : *Roganda non rapienda fuit.* »

Là se bornent toutes les sources de renseignements qu'on eut jusqu'ici de cette partie. J'y en joins deux de première importance, savoir les estampes cataloguées ci-après 143-146, et le dessin n° 1.

Ces pièces obligent de considérer les vingt termes susdits comme accouplés dans les angles et aux côtés des tableaux et des fenêtres, à peu près comme sont les vingt figures de femmes de la chambre d'Alexandre. Entre les couples des angles pendait un simple cordon de fruits, entre les autres des trophées d'armes étaient suspendus à des masques. Je ne saurais distinguer par des noms les termes que la gravure nous conserve, hors ceux que Mariette nomme la Terre et la Nature n° 143. Il est remarquable que ceux-là portent des corbeilles d'une forme différente du reste, et qu'un autre n'a pas de bras n° 146. Cela dut tenir à des détails de distribution qui échappent. Pour les enfants supportant des cartouches, ils ont été certainement dans le bas, au dessous des termes, de chaque côté du petit tableau.

ATTRIBUTION. — Les textes 1 et 3 mentionnent explicitement l'attribution au Primatice, nommé dans le second Boulogne. Cette attribution est assez confirmée par le caractère de dessin qui paraît dans les copies 8, 9, 10, à travers l'interprétation du copiste. Pour le plafond v. ci-dessus *Détail*.

*Note.* Il est certain que le premier projet du Primatice pour cette chambre n'a pas été les sujets du Siège de Troie qui s'y trouvaient. Le n° 1 montre au grand tableau un sujet de l'histoire de Psyché ou peut-être de Proserpine, la composition qu'il reproduit pouvant parfaitement s'appliquer au vers cité par Guilbert :

*Tartara quid cessant? Agitur pars tertia mundi,*

par lequel Vénus reproche à l'Amour que Pluton seul n'a pas subi son joug. Il se peut que cette histoire, primitivement destinée aux grands tableaux, ait été reléguée ensuite dans les petits. Le petit sujet dans le dessin mentionné, n'est pas plus conforme à ce qui s'exécuta.

Pour les changements qu'a pu subir la décoration de cette

chambre par l'effet de percées nouvelles, entre le règne de François Iᵉʳ et le P. Dan, je ne vois rien que la percée en face de la
fenêtre, servant de porte chez Guilbert et de fenêtre chez Dan,
qui, n'étant pas au plan de Ducerceau, ait pu causer quelque destruction, parce qu'elle dépasse, en effet, le lambris et va jusqu'au
plafond. Cela ne ferait qu'un seul grand tableau, avec un ou
deux petits, au plus.

## ARTICLE II. — LE CABINET DU ROI
### 1541 à 1545.

Identité. — J'ai montré qu'en 1528 le cabinet de Louise de Savoie se trouvait dans la chambre que les guides nomment aujourd'hui salle du Conseil. Il était naturel qu'en prenant pour sa
chambre, la chambre de sa mère défunte, le roi ait fait son
cabinet dans celui de cette princesse. Voici les preuves qu'il en
fut ainsi.

Le P. Dan a décrit sous le nom de premier cabinet du Roi, la
susdite salle du Conseil, dans les termes que voici : « Le reste
de ce lieu est couvert d'un lambris doré, et de peintures, qui
couvrent plusieurs grandes armoires pratiquées dans l'épaisseur
du mur, sur lesquelles sont peintes plusieurs figures représentant
la Force, la Prudence, la Tempérance, la Justice et autres vertus
morales » p. 143. Or précisément ces Vertus sont rapportées
aux Comptes des Bâtiments comme ayant décoré le cabinet du
Roi.

« A Barthélemy Diminyato et Germain Musnier peintres (somme
ordonnée) pour la façon de quatre tableaux qu'ils sont tenus faire
sur les ouvrages de menuiserie des fermetures des armoires dudit
cabinet du Roi, en chacun desquels quatre tableaux ils sont tenus faire
une grande figure et par bas une petite histoire de blanc et noir et
autres enrichements. » T. I, p. 202.

Vient ensuite le détail de ces peintures et d'autres pareilles, où
paraissent la Tempérance, la Justice, la Force (p. 203) et la Prudence (p. 204), chacune ayant en pendant une autre figure, dont
deux sont nommées : César et Ulysse, et une décrite : *un roi qui
se fait tirer d'un œil.* Il est donc certain que le P. Dan et les

Comptes décrivent dans ces passages une seule et même chambre. Le cabinet de François I^er fut donc, au temps que les décorations s'y firent, dans la salle du Conseil.

DATE. — Les textes auxquels je renvoie ci-dessus, sont tous à la période des Comptes qui va de 1541 (n. st.) à 1550. De plus comme ils mentionnent la collaboration du Bagnacavallo, qui n'était plus en France après 1545 (v. p. 153, n. 3), on ne saurait les placer plus tard que cette époque. Ainsi les travaux de ce cabinet prennent date entre 1541 et 1545.

DÉTAIL DE L'OUVRAGE. — Voici, d'après le P. Dan, le reste de la décoration de ce lieu : « Ce qu'il y a de plus considérable, sont deux tableaux posés sur la cheminée, qui est d'un beau marbre : l'un où sont plusieurs cyclopes et forgerons qui battent sur l'enclume avec Vulcain, et l'autre une histoire représentant Joseph comme ses frères le sont venus visiter en Égypte, et sont ces deux tableaux du sieur de Saint Martin » (pass. cit.). Les mêmes peintures sont mentionnées dans l'Inventaire de Bailly (éd. Engerand, p. 216) avec la fausse attribution à Niccolo. Les dimensions données les font de même largeur et les Forges de Vulcain un peu plus basses que l'autre. On doit croire que ces compositions partageaient la cheminée, le Joseph et ses frères au-dessus. Quant aux armoires, les textes ci-dessus cités rapportent sur chacune la figure d'un héros antique en face d'une figure de vertu. César figure avec la Force, Ulysse avec la Prudence, le roi qui se fait tirer d'un œil et qui est certainement Zaleucus, avec la Justice. J'imagine que la Tempérance eut en pendant la figure de Scipion.

Je ne sais rien du camaïeu, « petite histoire de blanc et de noir », ni des « autres enrichissements » qui complétaient cette décoration.

| LIEU | FORME | SUJETS | DESSINS | ÉTUDES | GRAVURES | COPIES |
|---|---|---|---|---|---|---|
| 1 Chem. en haut | En longueur | Joseph visité par ses frères. | | | | |
| 2 » en bas | » | La Forge de Vulcain. | 21 | | 69 | |
| 3 1ʳᵉ armoire | En hauteur | La Tempérance. | | | | |
| 4 » | » | Scipion ? | | | | |
| 5 2ᵉ armoire | » | La Justice. | 37 | | | |
| 6 » | » | Zaleucus. | 27 | | | |
| 7 3ᵉ armoire | » | La Force. | | | | |
| 8 » | » | César. | | | | |
| 9 4ᵉ armoire | » | La Prudence. | | | | |
| 10 » | » | Ulysse. | 118 | 82 | | |

*Autant de camaïeux.*

Pour l'identification proposée par Mariette de la décoration des armoires, v. nᵒˢ 88 à 94 du catalogue d'estampes ci-après.

ATTRIBUTION. — La mention *Bol.* sur l'estampe 69, gravée d'après le tableau nᵒ 2, garantit l'ouvrage au Primatice. Les cinq dessins conservés de cette chambre s'accordent à ce témoignage.

## ARTICLE III. — LA SALLE DU ROI
### 1538 à 1542 ?

IDENTITÉ. — Pour déterminer le lieu de cette salle, il faut premièrement retenir que les Comptes des Bâtiments la nomment, t. I, p. 197, « salle du roi près de sa chambre », et t. II, p. 96, « salle du roi au Donjon », c'est-à-dire sur la cour du Donjon. Ainsi rapprochées ces deux mentions obligent de limiter nos recherches à la chambre Ovale ou salon Louis XIII, et à celle qui, de l'autre côté de la chambre de Saint-Louis, ne porte plus aujourd'hui de nom particulier, quoiqu'on la nomme encore parfois salle du Buffet. Or c'est celle-là qui fut la salle du Roi.

En effet, la première n'avait point alors de communication à la chambre de Saint-Louis, elle n'a donc pas pu faire partie du même appartement, à moins qu'on ne voulût regarder comme suffisante la communication par le balcon. Au contraire la chambre dont je parle, communiquait par le demi-rond, qu'on a vu construire tout exprès. Aux termes du devis de 1528, c'est précisément de ce côté que s'étendait le logis de Louise de Savoie. J'ai montré qu'on n'y pouvait mettre que la salle, dont ce devis ne fait il est vrai nulle mention. La salle du Roi, peinte et décorée de stuc, n'a pu non plus être qu'en cet endroit.

DATE. — Je trouve ces ouvrages payés une première fois, t. I, p. 134 des Comptes, à la période qui va de 1538 à 1540. Je les revois en deux articles, pp. 190 et 197, de la période qui va de 1541 à 1550. Si donc, partant de 1538, je ne les fais aller que jusqu'en 1542, c'est parce qu'il n'est pas probable qu'ils aient duré plus de trois ou quatre ans.

Guilbert, t. II, p. 48, l'a crue à tort bâtie sous Charles IX.

ATTRIBUTION. — L'attribution au Primatice repose sur le texte de la p. 197 des Comptes, auquel j'ai renvoyé deux fois :

« A maître Francisque de Primadicis dit de Boulogne (somme ordonnée) pour avoir vaqué es ouvrages de peinture et stuc en ladite salle du Roi près de sa chambre. »

## ARTICLE IV. — CHAMBRE DE LA REINE
### 1534 à 1537.

IDENTITÉ. — Loin de connaître le lieu précis de cette chambre, nous ne saurions pas même en général où fut l'appartement de la Reine, si nous n'avions que les Comptes de M. de Laborde pour nous instruire. Il est vrai que le premier logis du roi, laissé vide quand il eut pris celui de sa mère, avait des chances d'échoir à la nouvelle reine, Éléonore d'Autriche, épousée en 1530, étant avec ce dernier le seul appartement royal en ce temps-là. Il est vrai encore que c'est dans ce premier logis du roi que les reines avaient plus tard et au XVIIe siècle leur résidence. Mais tout cela ne ferait pas une certitude, sans une pièce publiée par M. Herbet dans son Philibert Delorme à Fontaine-

18

bleau. C'est le devis d'un cabinet bâti par ce dernier « contre le logis de la reine par dehors œuvre en saillie sur le jardin de la Conciergerie ». La pièce est de 1548, et témoigne qu'à cette époque le logis de la reine était bien où je dis, puisqu'il n'y eut d'appartement sur ledit jardin que celui-là. Je mets au milieu la chambre de la Reine, comme j'y ai mis la chambre du Roi. Je place la garde-robe d'après la suite du texte, qui fait voir le cabinet s'étendant « depuis la joue de la croisée de ladite garde-robe de ladite dame jusques à la joue de la fenêtre de la tour ronde ». Il faut que ce soit la tour à l'endroit de l'escalier, car, qui voudrait mettre le nouveau cabinet de l'autre côté et vers le cabinet du Roi, il eût en ce cas rejoint ce dernier, de quoi la pièce citée ferait mention. Il est évident que ce nouveau cabinet n'est autre chose que le cabinet depuis dénommé de Clorinde. Ainsi la garde-robe touchait à l'escalier, et le salon de Louis XIII n'a pu faire que la salle.

Je ne puis omettre de rapporter ici les inventions de Champollion-Figeac au sujet de cette chambre de la Reine, qu'il a reconnue dans la chambre d'Alexandre (Pfnor et Champollion, t. II, p. 6), voici pourquoi. Les Comptes appellent corps d'hôtel de Madame celui que le demi-rond mettait en communication avec la chambre de Saint-Louis. Comme par Madame Champollion entend la reine, il a cherché de ce côté sa chambre, et n'y trouvant de décorations que dans la chambre d'Alexandre, il s'est arrêté, faute de mieux, à celle-là. Par malheur, la chambre d'Alexandre est appelée par les Comptes chambre de Mme d'Étampes. Il a donc fallu reléguer cette favorite, et inventer que dans ces premiers temps elle avait son logis ailleurs. Une autre difficulté à laquelle Champollion n'a pas même songé, c'est que la chambre d'Alexandre n'est pas dans ce corps d'hôtel dit de Madame, mais dans le suivant, si bien que cette explication viole la lettre des textes, autant que l'esprit.

Il est vrai que mon raisonnement s'arrête à 1548, mais, comme rien ne permet de croire qu'on eût alors changé les dispositions du précédent règne, je n'hésite pas à étendre autant qu'il est besoin mes conclusions.

DATE. — Je prends au texte 4 de l'article ci-dessus concernant la chambre du Roi, ma première date de la chambre de la Reine, quoiqu'elle n'y soit pas déclarée. Ce texte est seulement compris sous une rubrique commune qui la mentionne. Mais on ne peut séparer Miniato de Renaudin, et les mêmes raisons qui m'ont fait retenir ce texte pour la chambre du Roi, m'y font retourner pour celle de la Reine. Ensuite de ce texte s'en placent un fort grand nombre tout au long des années 1535, 1536 et 1537, depuis la p. 91 jusqu'à la p. 115 du t. I des Comptes. Le dernier est ainsi conçu :

« A Jean Quenet peintre (somme ordonnée) pour avoir vaqué esdits ouvrages de la chambre de la Reine, peinture et dorure, durant le mois d'avril 1537 et vingt journées au mois de mai 1537. »

Du 10 février 1534 au 20 mai 1537 courent donc les comptes de cette chambre, dont la dorure finale n'est enfin consignée qu'à la période de 1541 à 1550, p. 189.

DÉTAIL DE L'OUVRAGE. — *Les peintures.* — Toute description ancienne fait défaut ainsi que tout détail dans les Comptes. On ne peut que retenir les morceaux conservés, qui se réduisent à une cheminée. On l'a repeinte, mais les aquarelles de Percier permettent d'en contrôler pour une partie l'exactitude. Le sujet principal a perdu une figure de Pan vu en buste au milieu ; le reste est conforme.

| | LIEU | FORME | SUJETS | DESSINS | ÉTUDES | GRAVURES | COPIES |
|---|---|---|---|---|---|---|---|
| 1 | Chem. mil. | rond | Les noces de Vénus et d'Adonis. | Louv. 3485 | | | |
| 2 | Aut. du cad. | écoinçon | | | | | |
| 3 | | » | Quatre figures d'enfants. | | | | |
| 4 | | » | | | | | |
| 5 | | » | | | | | |

*Le reste inconnu.*

*Les stucs.* — Il est inutile de les décrire, hors un camée oblong sur la frise, lequel représente une scène militaire romaine. De plus l'aquarelle de Percier montre sous le manteau de cette cheminée un long bas-relief représentant une bataille, qui a disparu.

Tout ce morceau est gravé n° 141 du catalogue d'estampes ci-après.

ATTRIBUTION. — Sous la rubrique *Autres peintres et imagers qui ont besogné en ladite chambre de la Reine*, on lit, t. I, p. 98 des Comptes :

« A Francisque de Primadicis, conducteur et deviseur desdits ouvrages de stuc et peinture (somme ordonnée) pour avoir vaqué à conduire lesdits ouvrages pendant le mois d'avril. »

Aux pages suivantes le nom du Primatice continue de venir en queue de chaque article, qui paraît avoir été la place des artistes directeurs, car dans les travaux que le Rosso dirigeait, le nom de ce dernier est mis de même.

*Note.* Il faut remarquer que le n° 1, quoique ordonné par le Primatice et peint sous sa direction, n'est pas néanmoins de son dessin. Le dessin mentionné en regard est en effet de Jules Romain, et a servi au palais du Té pour un stuc dans la salle d'Apollon et Diane. J'ai reconnu ce stuc non sans surprise lors de mon voyage à Mantoue, et ne m'attendais guère plus à trouver au retour le dessin de Jules Romain dans les cartons du Louvre. Ce dessin est entièrement conforme au stuc, qui est carré. Pour l'adapter au rond de la cheminée il a fallu supprimer un génie, qui couronne Adonis sur la droite. Quant au Pan, on a vu ci-dessus que la suppression est le fait du restaurateur.

M. Reiset, dans son *Niccolo dell' Abbate,* p. 196, a cité cette peinture comme la seule qui fût entièrement de la main du Primatice, parce qu'elle fut faite avant l'arrivée de Niccolo. J'ai dit ailleurs que cela n'est pas une raison et que Miniato a fait à cette époque ce que Niccolo fit plus tard. Mais n'est-il pas curieux de remarquer que ce morceau n'est pas même du dessin du maître, de sorte que ce qu'on voulait qui fût tout entier du Primatice, est en réalité peint par Miniato sur un dessin de Jules Romain ?

## ARTICLE V. — CHAMBRE DE LA DUCHESSE D'ÉTAMPES

### 1541 à 1544 et 1570.

Identité. — Cette chambre est communément reconnue dans la chambre dite aussi d'Alexandre, aujourd'hui servant de cage d'escalier, qui est entre la salle des Gardes et celle du Bal dans le corps de bâtiment près de la porte Dorée. Cette identification vient de Mariette (*Abéc.*, t. VI, p. 297), et le fondement certain s'en trouve dans un texte des Comptes, t, II, p. 195, où l'on voit « des tableaux de la vie et gestes d'Alexandre en la chambre appelée de M^me d'Étampes au Donjon dudit château ». J'ai remarqué déjà que *au Donjon* signifie sur la cour du Donjon, où donne en effet cette chambre.

Il n'y aurait rien à remarquer davantage, sans ce qu'admet Champollion-Figeac, que la célèbre favorite eut d'abord son logis dans une autre partie du château. J'ai dit qu'il met la reine dans la présente chambre. M^me d'Étampes, selon quelques auteurs, aurait eu la sienne au-dessus de la grotte du Jardin des Pins. Cette supposition est extravagante, parce que la grotte du Jardin des Pins se trouve à l'écart de toutes les parties habitées du château. La chambre au-dessus était resserrée entre la galerie d'Ulysse d'une part et des bâtiments de service de l'autre. Pour y parvenir depuis les appartements du roi, il fallait en ce temps-là, après avoir passé la galerie de François I^er, traverser à ciel ouvert toute la terrasse qui s'étendait entre celle-ci et le pavillon des Poêles, enfin franchir les cent cinquante mètres environ qui faisaient la longueur de la galerie d'Ulysse. Il n'y a pas d'exemple d'une pareille relégation.

J'ai cherché l'origine de cette imagination, et je la trouve dans un texte cité par Guilbert, t. II, p. 97. Le roi Jacques V d'Écosse y est censé parler à Henri II, et y nomme la grotte du Jardin des Pins « cette magnifique grotte que le roi votre père a fait faire à l'appartement de la duchesse d'Étampes ». Tout le passage, que plusieurs graves auteurs n'ont pas craint d'alléguer ailleurs encore en témoignage (v. ci-dessous), est tiré du Journal Amoureux de M^me de Villedieu, t. X, p. 398. Or cet ouvrage, qui n'est qu'une série de romans, imprimés en 1721, mérite tout juste autant la créance des érudits que le Siècle de Louis XIV de Dumas père ou les Confessions de Marion Delorme de Mirecourt.

Date. — Il y a quelque difficulté sur la date de cet ouvrage, causée par l'extrême écart des temps auxquels on voit y travailler. Trois mentions s'en rencontrent premièrement à la période des Comptes qui va de 1541 à 1550 :

« Aux peintres et imagers ci-dessus dénommés (somme ordonnée) pour ouvrages de peinture qui ont vaqué et faits en la chambre de madame d'Étampes. » T. I, p. 201.

« Aux dessus dits peintres et imagers (somme ordonnée) pour avoir vaqué es ouvrages de peinture et stuc et dorure de ladite chambre de M$^{me}$ d'Étampes. » *Ibid.*

« A Pierre Patin et Guyon Le Doulx peintres (somme ordonnée) pour ouvrages de dorure par eux faits audit Fontainebleau au lambris de dessus la chambre de madame d'Étampes. » T. I, p. 189.

On serait en droit, sur la foi de ces passages, de dater du règne de François I$^{er}$ la décoration de cette chambre, si l'on n'en trouvait vers 1570, par un rappel encore inexpliqué, une nouvelle et dernière mention :

« A Nicolas L'Abatti peintre (somme ordonnée) pour avoir fait des tableaux de la vie et gestes d'Alexandre en la chambre appelée de madame d'Étampes au Donjon dudit château. » T. II, p. 195.

Mariette, qui n'a retenu que ce seul texte, date la chambre de 1570 (pass. cit.). M. Reiset (*ouv. cit.*, p. 203) l'a suivi en déclarant qu'il ignorait ses autorités : il n'a pas connu le dernier texte des Comptes, non plus que les autres, à ce qui paraît. Mais à défaut de témoignage écrit, la seule inspection des décorations subsistantes n'en obligeait pas moins de revenir pour les dates au règne de François I$^{er}$, car sur le cadre des deux plus grands tableaux de cette chambre, se voit l'emblème de la Salamandre. M. Palustre a pensé accorder la difficulté, en supposant que le texte de 1570 ne marquait autre chose qu'une restauration, qu'il assimile à celle de Louis-Philippe (*Renaissance*, t. I, p. 220, n. 4). Par malheur, la lettre du passage ne souffre pas du tout cette explication.

Voici celle que je donne pour certaine.

La chambre de la duchesse d'Étampes compte aujourd'hui huit compositions peintes. Mais six seulement furent exécutées à l'origine et sous le règne de François I<sup>er</sup>. C'étaient les deux plus grands tableaux peints aux murs latéraux, et les quatres médaillons qui les accompagnent. Les deux tableaux du fond vis-à-vis les fenêtres, n'ont pas été faits en ce temps-là, par l'excellente raison que la place qu'ils occupaient était tenue par deux autres fenêtres. J'ai établi, en décrivant le plan du château sous François I<sup>er</sup> que l'aile de la Belle Cheminée n'existait pas à cette époque : ce qui fait que la chambre de M<sup>me</sup> d'Étampes donnait d'un côté sur la cour Ovale, de l'autre sur la place vers l'Étang. C'en serait assez pour supposer deux fenêtres de ce côté comme de l'autre. Mais je n'ai pas même besoin de plaider la vraisemblance, car la petite vue du château de la galerie de François I<sup>er</sup> montre, par le dehors, les deux fenêtres dont je parle, et fournit sur ce point une entière certitude. Il ne faut plus que remarquer le temps où l'aile de la Belle Cheminée, qu'on bâtissait, obligea de murer ces fenêtres, contre lesquelles le plan montre qu'elle venait buter. C'est aux Comptes qui vont de 1568 à 1570 (v. ci-dessous). Or précisément à cette époque vient le texte qui cause tout l'embarras. Nicolo y est payé pour avoir fait des tableaux de la vie et gestes d'Alexandre. Qu'était-ce que ces tableaux, sinon les deux du fond, peints dans les fenêtres qu'il a fallu murer ? La concordance des dates est décisive là-dessus et résout la difficulté.

Quant au temps précis où fut faite la première décoration, un document permet de le serrer d'assez près. C'est l'estampe cataloguée ci-après sous le n° 140, copie d'une partie des stucs de cette chambre, et qui porte la date de 1544. Tout fait croire que quand on prit cette copie, l'ouvrage était terminé. De 1541 à 1544 s'étend donc le principal des travaux de cette chambre, auquel un supplément de peinture s'ajouta en 1570.

DÉTAIL DE L'OUVRAGE. — *Les Peintures.* — Ce détail ne va pas sans diverses sortes de difficultés, que les auteurs et faiseurs de guides n'ont essayé de résoudre qu'en passant et au hasard. Quatre sources veulent être ici considérées : 1° la description que Dan a donnée de cette chambre, *ouv. cit.*, p. 107-108 ; celle de Guilbert, t. II, p. 54-56, est conforme ; 2° l'énumération que Mariette a faite, t. VI, p. 297 de *l'Abécédario*, des peintures qu'elle contenait ; 3° celles que le même Mariette mentionne, au cours de ses catalogues d'estampes, comme ayant appartenu à cette chambre ; 4º l'état actuel.

1º Description du P. Dan. « Là sont encore quelques tableaux peints à frais par le sieur Nicolo du dessin du sieur de Saint Martin. Ils sont tous ornés de bordures de stuc avec plusieurs figures de femmes grandes comme le naturel, où en ces tableaux sont représentées quelques actions mémorables d'Alexandre le Grand. En l'un se voit comme il dompte son cheval Bucéphale, en l'autre comme il se dompte lui-même, donnant en mariage à Apelle Campaspé, une de ses dames les plus favories. Puis en un autre, qui est sur la cheminée, est dépeinte l'histoire de Thalestris, reine des Amazones, qui vint trouver Alexandre sur le grand récit qu'elle avait appris des faits tout héroïques de ce prince. Là se voit encore l'estime qu'il faisait du poète Homère, lorsque pour tout butin de plusieurs richesses, qu'il se pouvait promettre de toutes ses conquêtes, il se contente des œuvres et poésies de ce prince des poètes grecs, lesquels au même temps il renferma dans un cabinet ou petit coffre trouvé parmi les meubles de Darius. »

2º Description de Mariette. « Il y a encore une chambre dans le château de Fontainebleau, qui subsiste, et qu'on nommait la chambre de Madame d'Étampes parce qu'elle l'a habitée. Quelques-uns de ses tableaux ont été gravés, entre autres celui de dessus la cheminée qui est l'entrevue d'Alexandre et de Thalestris, reine des Amazones. Cette estampe est de Guido Ruggeri, selon Malvasia qui en fait mention. Domenico Barbieri Florentin a gravé un Festin, et d'autres élèves du Primatice ont gravé le Mariage d'Alexandre et de Campaspe, une Mascarade, Alexandre domptant Bucéphale, et ce prince cédant sa maîtresse à Apelle. Ces deux derniers tableaux sont les dessus-deporte de cette chambre, qui n'est pas éloignée de la salle de Bal. »

3º Peintures signalées par Mariette à propos d'estampes.

« Apelle peignant Campaspe, maîtresse d'Alexandre, et en devenant amoureux. Peint à Fontainebleau dans la Chambre qu'on nomme la Chambre d'Alexandre. » *Ouv. cit.*, t. IV, pp. 213-214; *ms.*, nº 11.

« Une Assemblée d'hommes et de femmes assis deux à deux et chaque groupe près d'une table particulière; ils sont servis par des officiers qui leur apportent de quoi faire le repas. Gravé au burin par Dominique del Barbiere Florentin. Peint dans la chambre d'Alexandre à Fontainebleau. » p. 214.

« Un Ballet, où l'on voit sur le devant, d'un côté deux jeunes gens qui attachent des grelots à leurs jambes, et de l'autre un groupe d'autres jeunes gens nus dont le premier porte un flambeau. Gravé à l'eau-forte par un anonyme. Peint dans la chambre d'Alexandre à Fontainebleau, » *ibid.*

« Alexandre faisant épouser Campaspe à Apelle ; tous deux sont debout devant ce prince, Apelle se prépare à mettre un anneau au doigt de Campaspe. Gravé à l'eau-forte, sans marque, je crois par Fantuzzi, d'après un tableau de la chambre d'Alexandre. Ms. cit., n° 13.

4° État actuel. Il importe de distinguer dans les renseignements fournis de cette quatrième façon. Une partie seulement mérite d'être retenue pour authentique. En effet, repeinte sous Louis-Philippe, voici d'après un témoignage contemporain, l'état que présentait cette chambre avant toute restauration. « Les peintures étaient en grande partie détruites. Le tableau de gauche en descendant l'escalier n'existait plus, l'enduit était tombé et avait été remplacé par du mortier ordinaire : il en était de même des deux médaillons qui accompagnent ce tableau. Quant à ceux qui sont à droite et au fond, il ne restait plus que de légères parties de peinture ; on apercevait seulement éparses quelques couleurs nuancées, pâles et noircies par le temps, mais le trait était conservé presque partout. » Jamin, *Fontainebleau*, p. 31-32.

Les sujets de ces tableaux de droite et du fond, repeints sur le trait conservé, veulent donc être seuls mentionnés. Les voici :

Alexandre domptant Bucéphale.

Alexandre offrant une couronne à Campaspe.

Timoclée devant Alexandre.

Alexandre faisant serrer les livres d'Homère.

Une femme nue avec Alexandre (sujet inconnu).

En possession de ces quatre sources certaines, il ne faut plus que les rappareiller.

1. Le sujet d'Alexandre offrant une couronne à Campaspe n'est connu que par l'état actuel. Il est peint dans un carré long, qui fait le milieu du mur de droite.

2. Celui d'Alexandre domptant Bucéphale, est mentionné par Dan et par Mariette, description, et connu par l'état actuel. Il est peint dans un médaillon à droite de Campaspe couronnée.

3. Timoclée devant Alexandre n'est connu que par l'état

actuel. Il est peint dans le médaillon à gauche de la Campaspe et en pendant du précédent.

4. Alexandre faisant serrer les livres d'Homère est mentionné dans le P. Dan et connu par l'état actuel. Il est peint au mur du fond vis-à-vis des fenêtres dans un carré.

5. Le sujet d'une Femme nue avec Alexandre n'est connu que par l'état actuel. Il est peint au même mur du fond dans un carré pareil.

6. L'Entrevue d'Alexandre et de Thalestris est nommée par Dan et dans la description de Mariette. Elle était de forme carrée, comme en témoigne l'estampe que ce dernier signale et dont il a encore fait mention t. V, p. 147.

7. *Apelle peignant Campaspe et en devenant amoureux*, signalé par Mariette dans ses notes est une composition ovale, comme en témoigne l'estampe au monogramme J. V. à laquelle il se réfère. C'est la même composition qu'il nomme dans sa description, *Alexandre cédant sa maitresse à Apelle*. Il place en effet celle-ci en dessus-de-porte, et il n'y a dans la chambre d'Alexandre au-dessus des portes que des ovales. Le sujet est en réalité Apelle devant son chevalet, peignant Campaspe et Alexandre, qui posent nus devant lui. Les noms que lui donne Mariette, ne reposent que sur une interprétation discutable du geste que fait Alexandre. Cette interprétation est celle du P. Dan dans ce passage : « En l'autre, comme il se dompte lui-même, donnant en mariage à Apelle Campaspe. »

8. Le Festin est marqué dans la description de Mariette, et dans ses notes : « Une assemblée d'hommes et de femmes... » Il est connu par l'estampe dont il parle, et avait la forme d'un carré long.

9. La Mascarade de la description de Mariette est la même chose que le Ballet des notes, connu par l'estampe, et qui est en forme de carré.

10. *Alexandre faisant épouser Campaspe à Apelle*, des notes de Mariette, est connu par l'estampe. Je l'identifie avec ce que le même auteur nomme dans sa description *Mariage d'Alexandre et de Campaspe*. Ma raison est qu'il dit que ce dernier est gravé, et qu'il est d'ailleurs impossible de fournir une estampe qui réponde dans les termes à un pareil signalement. Or la mémoire des yeux est chez un amateur plus croyable que l'exactitude des termes. Il faut donc corriger ceux-ci afin de justifier celle-là, et lire *Mariage d'Apelle et de Campaspe*. Dans

cette histoire d'Apelle, de Campaspe et d'Alexandre, il n'est pas
du tout invraisemblable que ces noms aient été confondus, et
nous avons au n° 104 du catalogue d'estampes ci-après, un
autre exemple de bredouillage.

Ces dix numéros épuisent toute la somme des sujets rapportés aux sources précédentes. Il ne faut plus maintenant que dire
la place où ils furent peints.

L'état actuel de la chambre comporte huit places : deux
carrés longs qui se font vis-à-vis aux murs latéraux, quatre
médaillons aussi en vis-à-vis, de chaque côté de ces derniers, et
deux carrés au fond. Un carré long, deux médaillons et deux
carrés sont authentiquement occupés par les n^{os} 1 à 5. Restent à
remplir au mur de gauche un carré long et deux médaillons.
Dans un des médaillons en face du Bucéphale dompté (n° 2), la
restauration a placé Alexandre peignant Campaspe (n° 7). Cela
paraît conforme au texte de Mariette, qui met ce sujet en dessus
de porte, et le rapporte, ainsi que Dan, comme un pendant de
l'autre. Dans l'autre médaillon on a peint un sujet de l'invention
du restaurateur, Alexandre tranchant le nœud gordien. La
vérité est qu'aucun de ceux qui demeurent à placer des descriptions ci-dessus, soient 6, 8, 9, 10, n'ayant la forme d'un médaillon, ne pouvait prendre place en cet endroit. Enfin, dans le
carré long entre deux, paraît le Festin, que rien ne désignait
pour cette place. Au contraire le plan de Ducerceau et celui de
1726 au Cabinet des Estampes, montrent la cheminée en cet endroit, laquelle portait, selon Dan et Mariette, le sujet d'Alexandre
et de Thalestris. Elle fut apparemment détruite et toute cette
partie remaniée, quand la chambre fut changée en cage d'escalier. Ainsi s'explique que l'enduit en cet endroit eût été remplacé par du mortier ordinaire.

Ces certitudes acquises, il reste : 1° un vide à combler ;
2° trois tableaux à loger, n^{os} 8, 9 et 10, et cette besogne n'est pas
facile.

Poirson a cru en venir à bout (Essai etc., p. 49-50) en supposant que la Mascarade avait été peinte à la place du Nœud
Gordien. J'ai dit que cela n'était pas possible à cause de la
forme de ce sujet. Il a de plus imaginé que le sujet n° 5 était la
Thalestris que Mariette mentionne. Même il n'hésite pas à
placer, conformément à cette supposition, la cheminée en cet
endroit, qui n'est pourtant qu'une encoignure. Les guides du
palais ont admis une disposition si extravagante, démentie du

reste par l'estampe que Mariette a décrite, et qui n'est pas du tout le sujet que l'on désigne. Le même Poirson a ignoré celui du Mariage d'Apelle, et par cette omission achevé son système.

M. Reiset a proposé (*ouv. cit.*, p. 103) de mettre au plafond les trois tableaux de surcroît, à quoi deux raisons s'opposent. Premièrement ces tableaux ne sont pas faits pour cette place; les figures n'y plafonnent pas et ce serait un cas unique dans l'œuvre du Primatice de grandes compositions peintes dans un plafond selon la perspective ordinaire. En second lieu l'un des textes plus haut cités des Comptes mentionne le « lambris de dessus la chambre de Mme d'Étampes », preuve que le plafond n'y fut pas de peinture, mais de caissons, comme dans la galerie de François Ier.

J'avoue que les documents me manquent pour résoudre absolument une difficulté si bizarre. Toutefois je ne crois pas qu'on soit réduit à imaginer l'impossible. Voici ce qu'on peut supposer conformément à d'autres exemples. La cheminée du cabinet du Roi eut deux tableaux l'un sur l'autre. Quelques tableaux de la galerie de François Ier étaient accompagnés au-dessous d'un plus petit dans un cartouche. Deux autres dans la chambre du Roi portaient même deux petits sujets de ce genre, l'un placé dessous, l'autre dessus. Je placerais donc les sujets 8, 9, 10, réduits en petites dimensions, au-dessus et au-dessous de la Thalestris sur la cheminée, et de la Campaspe couronnée vis-à-vis. Les traces de cette disposition auraient péri d'une part avec la cheminée elle-même, de l'autre par un effet du dessein nouveau, qui, faisant de cette chambre une cage d'escalier, ne pouvait plus s'accommoder de petits sujets ainsi suspendus sur le vide.

Pour le médaillon à pourvoir, n° 5 ci-dessous, un dessin retrouvé fournit le nécessaire.

| | LIEU | FORME | SUJETS | DESSINS | ÉTUDES | GRAVURES | COPIES |
|---|---|---|---|---|---|---|---|
| 1 | Chem. grand tab. | en long | Alexandre et Thalestris. | 60 | | 68 | |
| 2 | » cartouche ? | » | Le Festin d'Alexandre. | 57 | | 56 | |
| 3 | » cartouche ? | » | La Mascarade de Persépolis. | 56 | | 137 | |
| 4 | A gauche | ov. deb. | Apelle peignant Alexandre et Campaspe. | 241 | | 12 | |
| 5 | A droite | » | Alexandre embrassant Campaspe. | 156 | | | |
| 6 | En f. de la chem. | en long | Campaspe couronnée. | | 87.73 | | |
| 7 | » cartouche ? | » | Alexandre mariant Campaspe à Apelle. | | | 49 | |
| 8 | A droite | ov. deb. | Bucéphale dompté. | | | 10 | |
| 9 | A gauche | » | Timoclée devant Alexandre. | | | 11 | |
| 10 | Au fond à gau. | en long | Une femme nue avec Alexandre. | | 72 | 86 | |
| 11 | » à droite | » | Alexandre faisant serrer les livres d'Homère. | | | | |

*Les stucs.* — Il est inutile de décrire cette partie de la décoration, qui est encore en place et conforme à l'état primitif, hors des modifications dans l'endroit où était la cheminée, et vis-à-vis aussi sans doute (v. ci-dessus). Les ornements autour du n° 4 du tableau ci-dessus sont copiés librement dans la gravure que j'ai dit, n° 140 du catalogue ci-après. La préparation pour cette gravure, faussement attribuée au Rosso, est décrite, sous le nom supposé de Miniato, à la fin du catalogue des dessins.

ATTRIBUTION.— M. Palustre a voulu que le Rosso fût l'auteur de cette décoration (*Renaissance*, t. I, p. 220), se fondant sur un texte mal interprété de Vasari. Cet auteur après avoir décrit les stucs et ornements de la galerie de François I<sup>er</sup>, ajoute : « *E dopo in un vano grande fece dipingere* (il s'agit du Rosso) *con suo disegno (se bene ho inteso il vero) circa ventiquattro storie a fresco de' fatti d'Alessandro magno.* » (Op., t. V, p. 168). Il est clair que cette phrase ne fait qu'achever la description, d'ailleurs inexacte, de la galerie, passant aux sujets peints dans les cartouches. M. Palustre a cru que *E dopo* commençait la description d'une autre salle, qu'il reconnaît, à cause de l'histoire d'Alexandre, dans la chambre de la duchesse d'Étampes. La vérité est que Vasari a mal connu la galerie dont il parle, et qu'il a mis, non sans avouer son incertitude, des histoires d'Alexandre au nombre de vingt-quatre là où ne furent jamais que des allégories à la vie (à ce qu'on croit) de François I<sup>er</sup> au nombre de quinze. De la chambre de M<sup>me</sup> d'Étampes il n'en a fait mention nulle part. Le Rosso était mort quand elle fut entreprise : c'est du reste un point incontestable.

Les estampes 11 et 12 portent en toutes lettres *Bologna*, les n<sup>os</sup> 10, 56 et 68 la seule mention *Bol.* garantissant ainsi l'attribution au Primatice, que les dessins confirment absolument.


## ARTICLE VI. — CHAMBRE SUR LA PORTE DORÉE

### 1536 à 1540.

IDENTITÉ. — Le nom de cette chambre, nommée chambre sur le Portail, et dont les mentions vont de la p. 103 à la p. 133 du tome I des Comptes, indique assez sa place. Je ne puis dire à qui elle servit.

DATE. — La première de ces mentions est d'août 1536; la dernière prend place dans la période de 1538 à 1540.

DÉTAIL DE L'OUVRAGE. — Je ne puis remplir cet article que de suppositions tout à fait incertaines. Il faut seulement remarquer que Cassiano del Pozzo a vu dans l'appartement qu'occupait en 1625 la princesse de Conti à Fontainebleau, une salle « *dipinta a quadrotti ripartiti con festoni e statue di stucco affresco con istorie favolose, fra le quali la principale era degl' Amori di Marte e Venere scoperti dal Sole* » (*Journal*, p. 26). Il ajoute que cet appartement était à l'étage de la salle de Bal, ce qui semble indiquer qu'on y accédait par la vis joignant la porte Dorée. De son côté le P. Dan nous apprend (p. 49) que les quatre pavillons aux quatre coins du jardin du Roi, dont le bâtiment de la porte Dorée était l'un, étaient offerts en logement par le roi à différents princes et seigneurs. Il y a donc quelque raison de se demander si la chambre sur la porte Dorée n'était pas comprise dans cet appartement de la princesse de Conti, et si elle ne fit pas par hasard la salle que C. del Pozzo a décrite. De plus le dessin que je joins ci-dessous convient au sujet que cet auteur rapporte.

| LIEU | FORME | SUJET | DESSINS | ÉTUDES | GRAVURES | COPIES |
|---|---|---|---|---|---|---|
| | Carré ? | Le Soleil découvrant les amours de Mars et de Vénus ? | 145 ? | | | |
| | | *Le reste inconnu.* | | | | |

ATTRIBUTION.—Les rubriques communes où la chambre sur le Portail est mentionnée (depuis la p. 103) avec celle de la reine, portent le Primatice en queue de liste sans distinction d'un ouvrage et de l'autre. Aux pp. 115 et 132 il est marqué distinctement pour la chambre sur le Portail.

## ARTICLE VII. — APPARTEMENT DES BAINS
### 1541 à 1547.

IDENTITÉ. — Cet appartement, qui n'existait plus au temps de Guilbert, est décrit avec assez de détail par trois auteurs, qui sont Cassiano del Pozzo, *Journal*, p. 260-275, le P. Dan, *Trésor des merveilles*, p. 95-98, et Goelnitz, *Ulysses*, p. 353. Tous trois s'accordent à le mettre au-dessous de la galerie de François I<sup>er</sup>. Il consistait en six chambres, donnant d'une part sur la place vers l'Étang, de l'autre sur le jardin de la Conciergerie.

DISTRIBUTION. —Le P. Dan, qui commence sa description par le côté de la chapelle, énumère successivement :

« Un cabinet voûté qui sert d'étuves chaudes,

« Une salle voûtée qui sert encore d'étuves,

« Une autre salle où le bain est au milieu,

« Une troisième salle,

« Une quatrième salle,

« Une cinquième salle, laquelle porte le nom de salle de la Conférence. »

C. del Pozzo entame sa description par l'autre bout, « *per il giardino dov'è l'uccelleria* », c'est le jardin de la Reine ou de la Conciergerie. Il nomme :

« *Un salotto commodo,*

« *Due camere,*

« *Il bagno,*

« *Un picciol camerino.*

« *Un più piccolo.* »

Goelnitz, marchant dans le même sens, signale :

« *Camera consiliorum*, la chambre du Conseil,

« La chambre des Étuves,

« Les étuves sèches *sudoribus provocandis*,

« *Adhuc aliæ pro tondendis capillis et radenda barba* ».

Pour rappareiller la description de C. del Pozzo avec celle de Dan, il suffit de reprendre l'une à l'envers de l'autre, puisqu'elles mentionnent un même nombre de chambres. Rapprochant de celles-là la troisième, voici ce que je crois qu'on peut arrêter pour la distribution de cet appartement :

1. Cabinet afférant aux étuves, sans doute ce que Goelnitz dit avoir servi *pro tondendis capillis et radenda barba*.

2. Salle voûtée servant d'étuves, sans doute les étuves sèches *sudoribus provocandis* de Goelnitz.

3. Salle du bain, appelée par Goelnitz chambre des Étuves.

4, 5, 6. Chambres de repos, dont la dernière, dite salle de la Conférence, figure dans Goelnitz sous le nom de *Camera consiliorum*.

De leur côté les Comptes des Bâtiments mentionnent dans cet appartement des Bains :

Une salle, pp. 190, 197, 201, 202,

Trois chambres, pp. 197, 199, 284,

         dont une chambre Rouge, p. 200,

Les étuves, qu'il faut probablement mettre à part, p. 197.

Je suppose que la salle est la salle de bain, n° 3, les trois chambres les n<sup>os</sup> 4, 5, 6, et les étuves les n<sup>os</sup> 1, 2. Je ne sais ce que fut en particulier la chambre Rouge.

Détail de la décoration. — Dan fait mention de plusieurs peintures, qui décoraient de son temps ces différentes pièces. Mais il n'en nomme aucune dans les salles 1 et 2. Je reviendrai plus loin sur le n° 3. Les trois dernières portent plus de détail, mais le même auteur les représente comme refaites sous Henri IV. La quatrième montrait parmi ses ornements cette inscription : *Henricus Quartus Galliarum Cæsar augustissimus restauravit*, et ailleurs ses chiffres et ses devises. Les mêmes chiffres paraissaient dans la cinquième et aussi dans la sixième, « dont l'honneur, ajoute Dan, en est dû à Henri le Grand pour ce qui est de ses tableaux et de ses enrichissements. » Je ne saurais donc accorder à M. Herbet (*Fantuzi*, p. 283) que les peintures décrites dans cette sixième chambre aient été de la décoration primitive.

Voici pourtant de quoi nous rendre précieuse la description sommaire du P. Dan. C. del Pozzo donne la sienne après celle de la chambre des Peintures, où se conservaient de son temps les tableaux de la collection royale. Il ajoute, en achevant l'appartement des Bains : « *Le copie chè in dette stanze si vedono, si son poste quando si levorno gli originali acciò non finissero d'andare a male essendosi assai guasti per rispetto dell' umido chè avevan patito, onde restono come sopra si è detto senza cornice essendosene valse a queste copie.* » *ouv. cit.*, p. 270. Il est constant par ce texte : 1° que l'appartement des Bains contenait, depuis le règne de Henri IV qui l'avait fait restaurer, des copies des tableaux de la collection royale retirés dans la chambre des Peintures ; 2° que ces copies tenaient la place des originaux retirés, partant que du temps des Valois les propres tableaux de la collection royale ornaient l'appartement des Bains. D'un certain nombre de ces tableaux on peut assurer nommément qu'ils ont tenu cette place. Ce sont ceux dont copie fut faite en ce temps-là, soit qu'on reconnaisse ces copies dans la description du P. Dan, soit qu'on les retrouve chez Guilbert, t. I, p. 153-159, parce qu'elles furent retirées à leur tour dans le cabinet des Empereurs, quand fut détruit plus tard l'appartement des Bains. C'était :

La Sainte Marguerite de Raphaël,
La Vice-reine de Naples du même,
La Sainte Élisabeth d'André del Sarte,
La Joconde de Léonard,
La Vierge aux Rochers du même,
La Belle Ferronière du même,
Une Madeleine du Titien,

19

Une Lèda de Léonard  1),
Une Judith du Rosso  2),
Le Saint Jean-Baptiste de Léonard  3),
Un Enlèvement de Proserpine du même  4),
La Charité d'André del Sarte  5),
Un Gaston de Foix du Pontormo  6).

Copie des six derniers est signalée par Dan, du 1) dans la quatrième salle, des 2) et 3) dans la cinquième salle, des 4) 5) 6) dans la sixième.

Des copies de la Notre-Dame de Raphaël et de la Visitation du Piombo se trouvent chez Guilbert avec les autres dans le cabinet des Empereurs. Je n'en omets pas moins ces tableaux, parce que les copies ne figurèrent jamais dans l'appartement des Bains, mais aux maîtres-autels des chapelles sur la cour du Donjon. Henri IV les y avait fait placer en même temps que les autres aux Étuves, preuve que c'est en ces endroits-là que François Ier avait employé les originaux.

Venons à la troisième salle, qui était celle du Bain.

« La salle de ce bain, dit Dan, est belle et bien peinte, où se voient en sa voûte plusieurs figures représentant diverses fictions des anciens. Autour de cette salle sont cinq grands tableaux dont les sujets conviennent au lieu, car au premier sont représentés les dieux des eaux, Neptune, Triton et plusieurs nymphes et divinités que les poètes feignent présider sur cet élément. Aux autres se voient les Amours de Jupiter et de Calisto, et sont ces peintures du sieur Dupérat, peintre français qui a été autrefois en estime. »

Voici la description de C. del Pozzo : « *È detta camera involta con certi spigoloni dorati attorno; nelle lunette di essa vi sono dipinte di mano dicon del Primaticcio, le favole dell' innamoramento di Giove e Calisto. 1) Appare l'innamorato in forma di Diana, e per far accorger il pittor dell' inganno, da banda fa spuntar da piè della finta Diana l'aquila, e sotto il piede una maschera. Si vede in un altro 2) il bagno e la gravidanza, in un altro 3) la fuga d'essa e persecuzione di Giunone e cambiamento in orsa con la caccia in quella forma del proprio figlio cacciatore, e nella vòlta 4) si vede posta tra segni celesti. Vi sono ancora 5) alcune altre pitture di mostri marini.* »

Ces deux textes sont en discord au sujet des histoires de Jupiter et de Calisto, joint les Divinités marines. Dan les appelle « cinq grands tableaux autour de la salle » et Cassiano del Pozzo des lunettes, qu'il dénombre quatre à les bien compter. La voûte fait chez lui le cinquième sujet. De plus Dan les donne à Dupérac, et Pozzo au Primatice, sur la foi de l'opinion il est vrai. L'examen des dessins, dont j'ai retrouvé une partie, me permet heureusement de trancher la difficulté. Je reconnais dans le n° 114 de mon catalogue le sujet 3) de C. del Pozzo, et rapareille le 2) des numéros 11 et 164. Or, ces dessins sont 1° en forme de lunettes, 2° de la main du Primatice. Le témoignage de l'auteur italien se trouve de la sorte vérifié.

Voici comment j'explique l'erreur du P. Dan. Selon son propre témoignage la quatrième chambre avait au mur des tableaux représentant des ruines de bâtiments, et la cinquième des paysages. Il n'est pas trop invraisemblable de supposer dans les *spigoloni* de la salle de Bain, mentionnés par Pozzo, des décorations du même genre, dans lequel nous savons de reste que Dupérac s'est exercé sous Henri IV. Des tableaux de Dupérac au mur, la fable de Calisto en quatre lunettes et une voûte, soit cinq sujets, au plafond de la salle: telles sont les deux choses différentes que le P. Dan aura confondues, ne retenant pour la voûte que « diverses fictions des anciens », et faisant passer Calisto dans les tableaux peints par Dupérac.

Selon le plan de Ducerceau, la salle s'étendait en longueur dans le sens du bâtiment. Il a donc fallu que les lunettes plus allongées fussent selon ce sens, et les plus ramassées en travers. Cette réflexion permet un commencement de distribution.

| | LIEU | FORME | SUJETS | DESSINS | ÉTUDES | GRAVURES | COPIES |
|---|---|---|---|---|---|---|---|
| 1 | En long | Lun. allongée | Jupiter sous la forme de Diane et Calisto. | | | 74 | |
| 2 | » | » | Diane découvrant la grossesse de Calisto. | 11.164 | | | |
| 3 | En travers | Lun. ramassée | Calisto changée en ourse par Junon. | 114 | | | |
| 4 | » | » | Neptune, Triton et autres dieux marins. | | | | |
| 5 | Voûte | | Calisto placée entre les astres. | | | | |

C'est tout ce que je saurais fournir touchant les peintures de l'appartement des Bains. Qu'ailleurs le Primatice ait peint d'autres morceaux de sa façon pour accompagner les tableaux de maîtres qui s'y trouvaient, on peut le supposer de reste. Mariette, dont le témoignage en cela ne saurait faire une certitude, signale les estampes 9 et 79 comme tirées de l'appartement des Bains. J'ai peine à croire que le dessin 17, qui est en forme de lunette, n'en ait pas été également.

*Les stucs et les ornements.* — On n'en sait rien avant le règne de Henri IV, qui refit les trois dernières chambres (v. ci-dessus) et pareillement la salle de Bain, s'il est vrai qu'elle a contenu des tableaux de Dupérac. Je réserve les deux premières, qui peut-être avaient conservé leurs stucs du temps de François Iᵉʳ.

De la première Dan ne dit autre chose sinon qu'elle était enrichie « de plusieurs basses-tailles et peintures ».

De la deuxième qu'elle était enrichie « de diverses peintures de moresques, grotesques et arabesques et de plusieurs basses-tailles. »

DATE. — Il y a aux Comptes des Bâtiments six mentions de cet appartement sous le nom de *salle* et *chambres des Étuves*, t. I, p. 190, 197, 199, 200, 201, 202. Toutes se trouvent à la période de 1541 à 1550. J'ai du reste peine à croire que cet ouvrage se soit prolongé sous Henri II, soit après 1547.

ATTRIBUTION. — V. ci-dessus ce qui concerne les peintures décrites dans le tableau. La mention que voici assure en général l'attribution au Primatice :

« A maître Francisque de Primadicis dit de Boulogne, peintre ordinaire du roi (somme ordonnée) pour avoir vaqué es ouvrages de peinture de stuc en la salle, chambres et étuves étant sous la grande galerie dudit château. » *Comptes*, t. I, p. 197.

## ARTICLE VIII. — LA SALLE DE BAL
### 1552 à 1556.

DATE. — Serlio a conté liv. VII, p. 95 comment dans le temps que cette salle se bâtissait, le premier dessein qu'on avait fait d'une voûte, fut changé en celui d'un plafond par certain *homme d'importance*, dans lequel tout le monde a reconnu Philibert Delorme. Comme celui-ci vint à la direction des Bâtiments le 3 avril 1548, il était facile d'en conclure que la salle de Bal fut couverte peu après cette époque, et partant achevée vers le même temps. M. Herbet a confirmé ces conclusions en publiant le devis de la charpenterie de cette salle *Philibert Delorme à Fontainebleau*. En voici le titre :

« C'est le devis des ouvrages de charpenterie qu'il convient faire pour le roi notre sire en son château de Fontainebleau pour faire et ériger deux salles l'une sur l'autre de quinze toises de long et cinq toises de largeur par dedans œuvre, encommencées entre la chapelle et le pavillon du Portail dudit château... le 12ᵉ jour de juillet de l'an 1548. »

Il est clair par la position marquée, que les bâtiments dont il s'agit, prenaient la place de la galerie à droite de la porte Dorée, que le devis de 1528 mentionne, partant que c'est la salle de Bal qu'il faut entendre.

La maçonnerie de cette salle est rapportée t. I, p. 209 des Comptes, période de 1541 à 1550. La dorure de sa cheminée fait aux mêmes Comptes t. I, p, 284, l'objet d'un marché daté du 16 mars 1555, n. st. 1556, celle de sa porte paraît en 1558 *ibid*. p. 374 ; enfin en 1559 des fêtes y sont données pour les noces de Madame sœur du roi, pp. 389-390. Il ressort de ces différents textes que les travaux de décoration étaient déjà finis au 16 mars 1556 et qu'ils n'avaient pu commencer avant les environs de 1550, peut-être un peu plus tard.

DÉTAIL DE L'OUVRAGE. — *Les Peintures.* — Elles sont rapportées au complet par Dan, pp. 101 à 107, par Guilbert, t. II, pp. 59-67, et gravées par Betou, dont les planches ont aidé à leur restauration. En voici la suite en commençant par la gauche et revenant du fond jusqu'à l'entrée.

| | LIEU | FORME | SUJETS | DESSINS | ÉTUDES | GRAVURES | COPIES |
|---|---|---|---|---|---|---|---|
| | | | *Aux murs latéraux* | | | | |
| 1 | Gr. suj. ent. les fen. | Pendentif | Bacchanale. | 125 | | * | |
| 2 | A gauche | » | Le Parnasse. | | | * | |
| 3 | » | » | Les trois Déesses dansant en présence des Dieux. | | | * | |
| 4 | » | » | La Discorde aux noces de Thétis et de Pélée. | | | * | |
| 5 | A droite | » | Philémon et Baucis. | | | * | |
| 6 | » | » | Phaéton suppliant le Soleil. | | | * | |
| 7 | » | » | Vulcain forgeant des traits pour l'Amour. | | | * | |
| 8 | » | » | Cérès et la moisson. | 124 | | * | |

*Entre ces grands sujets à la clef de chaque cintre sont deux* Enfants qvi portent les armes de Henri II.

| | LIEU | FORME | SUJETS | DESSINS | ÉTUDES | GRAVURES | COPIES |
|---|---|---|---|---|---|---|---|
| 1 | Aux 4 coins à gauche | Écoinçon | Figure d'homme supportant une guirlande. | | | * | |
| 2 | » | » | » | | | * | |
| 3 | à droite | » | » | | | * | |
| 4 | » | » | » | | | * | |
| 1 | Sous l. gr. suj. | Carré | Trophée d'armes. | | | * | |
| 2 | à gauche | » | » | | | * | |
| 3 | » | » | » | | | * | |
| 4 | » | » | » | | | * | |
| 5 | à droite | » | » | | | * | |
| 6 | » | » | » | | | * | |
| 7 | » | » | » | | | * | |
| 8 | » | » | » | | | * | |

| | LIEU | FORME | SUJETS | DESSINS | ÉTUDES | GRAVURES | COPIES |
|---|---|---|---|---|---|---|---|
| | | | *Dans les embrasures* | | | | |
| 1 | 1re croisée | En long | Neptune. | | | * | |
| 2 | | » | Pomone et des enfants. | | | * | |
| 3 | | En haut. | Un Amour. | | | * | |
| 4 | | En long | Bacchus. | | | * | |
| 5 | | » | Thétis. | | | * | |
| 6 | 2e croisée | » | Jupiter tenant son foudre. | | | * | |
| 7 | | » | Caron et une autre figure. | 32 | | * | |
| 8 | | En haut. | Mars. | | | * | |
| 9 | | En long | Un vieillard et un jeune homme. | | | * | |

| LIEU | FORME | SUJETS | DESSINS | ÉTUDES | GRAVURES | COPIES |
|------|-------|--------|---------|--------|----------|--------|
| 10 | | En long | Junon. | | | * | |
| 11 | 3° croisée | » | Pan. | | | * | |
| 12 | | » | Momus tenant un flambeau. | | | * | |
| 13 | | En haut. | L'abondance. | | | * | |
| 14 | | En long | Esculape. | | | * | |
| 15 | | » | Cérès tenant une corne d'abondance. | | | * | |
| 16 | 4° croisée | » | Hercule couché. | | | * | |
| 17 | | » | Caron et Cerbère. | | | * | |
| 18 | | En haut. | Un vieillard endormi. | | | * | |
| 19 | | En long | Saturne et Minerve. | | | * | |
| 20 | | » | Déjanire tenant la tunique de Nessus. | | | * | |
| 21 | 5° croisée | » | Adonis au repos. | | | * | |
| 22 | | » | Deux vieillards assis. | | | * | |
| 23 | | En haut. | Un Amour. | | | * | |
| 24 | | En long | La Vigilance. | | | * | |
| 25 | | » | Minerve. | | | » | |
| 26 | 6° croisée | » | Vénus et Cupidon. | | | * | |
| 27 | | » | Narcisse. | | | * | |
| 28 | | En haut. | L'aigle enlevant Ganymède. | | | * | |
| 29 | | En long | Bellone. | | | * | |
| 30 | | » | Mars endormi. | 90 | | * | |
| 31 | 7° croisée | » | Une Naïade. | 29 | | * | |
| 32 | | » | Amphion. | | | * | |
| 33 | | En haut. | Un Vieillard tenant un filet. | | | » | |
| 34 | | En long | Un jeune homme, un vieillard et un lion. | | | * | |
| 35 | | » | Neptune. | 92 | | * | |
| 36 | 8° croisée | » | Hébé. | | | * | |
| 37 | | » | Deux vieillards à demi levés. | | | * | |
| 38 | | En haut. | Janus. | | | * | |
| 39 | | En long | Nymphes et Naïades. | | | * | |
| 40 | | » | Bacchus. | | | * | |
| 41 | 9° croisée | » | Cybèle. | | | * | |
| 42 | | » | Mars et Vénus. | | | * | |
| 43 | | En haut. | L'Hyménée. | | | * | |
| 44 | | En long | Cupidon endormi et une nymphe. | 28 | | * | |
| 45 | | » | Saturne. | 89 | | * | |
| 46 | 10° croisée | » | Flore. | | | * | |

| LIEU | FORME | SUJETS | DESSINS | ÉTUDES | GRAVURES | COPIES |
|------|-------|--------|---------|--------|----------|--------|
| 47 | En long | Morphée et le Sommeil. | | | • | |
| 48 | En haut. | Jupiter sur son trône. | 31 | | • | |
| 49 | En long | Deux vieillards près du feu. | | | • | |
| 50 | » | Vulcain. | 88 | | • | |

### Aux murs transversaux

| LIEU | FORME | SUJETS | DESSINS | ÉTUDES | GRAVURES | COPIES |
|------|-------|--------|---------|--------|----------|--------|
| 1 Gr suj. sur la tribune | Lunette | Un concert. | 226.159 | 78 | • | •₁ |
| 1 Pet. suj, aux côt.d. la chem. | En long | Diane au repos. | 147 | | • | |
| 2 à gauche | En haut. | Gentilhomme tuant un loup cervier. | | | • | |
| 3 à droite | En long | Diane dans un char attelé de dragons. | 146 | | •80 | |
| 4 » | En haut. | Hercule et le sanglier d'Érymanthe. | | | • | |
| 1 Aux 4 coins | Écoinçon | La Justice, camaïeu. | | | | |
| 2 | » | La Force        id. | | | | |
| 3 | » | La Prudence     id. | | | | |
| 4 | » | La Tempérance   id. | | | | |

J'ai marqué d'une astérisque dans la colonne des gravures les compositions que Betou a gravées. C'est presque toutes.

*Les Stucs.* — Ils consistent en de petits ornements qui font le tour de plusieurs tableaux dans les embrasures des fenêtres. Le reste des morceaux sculptés de cette salle, dépendant de l'architecture, est de Philibert Delorme et du maçon Lebreton.

ATTRIBUTION. — Vasari lui-même a nommé le Primatice comme l'auteur de cette décoration : « *Una sala detta del ballo condotta con i disegni dell' abbate* » Op., t. VII p. 411. *L'abbate*, c'est-à-dire l'abbé de Saint-Martin. Personne n'a jamais contesté cette attribution, que les dessins confirment admirablement.

*Note.* Le même Vasari, à la vie du Rosso, dit qu'une grande partie des ouvrages de ce peintre ont été détruits après la mort du Primatice « *chè in quel luogo ha fatta nuova e maggior fabbrica.* » T . V, p. 170. Comme je ne vois de démolitions opérées qu'au seul endroit où la salle de Bal s'éleva, je me demande si ce n'est pas elle qu'il faut entendre par ce nouvel et plus grand édifice, auquel cas il faudrait chercher dans la galerie qu'elle remplaça, les ouvrages détruits du Rosso.

## ARTICLE IX. — LA GALERIE D'ULYSSE
### 1541 a 1570.

DATE. — Les dates de ce grand et magnifique ouvrage sont connues 1° par les mentions des Comptes, 2° par les chiffres et devises que Guilbert rapporte avoir figuré aux différents endroits de cette galerie.

La période 1541 à 1550 des Comptes des Bâtiments présente en deux endroits les passages que voici, chacun suivi d'un grand nombre d'autres noms rapportés au même ouvrage :

« A Antoine Fantose peintre (somme ordonnée) pour ouvrages de peinture qu'il a faits et pour avoir vaqué aux patrons et pourtraits en façon de grotesque pour servir aux autres peintres besognant aux ouvrages de peinture de la Grande Galerie étant en la Grande Basse Cour dudit château. » T. I, p. 191.

La mention de la Grande Basse Cour, qui est la cour du Cheval Blanc, vient ici pour distinguer cette galerie de la galerie de François Ier, appelée aussi Grande Galerie. Champollion-Figeac les a confondues, *Fontainebleau*, pp. 33, 156. Ainsi désignée une première fois, le rappel de la galerie d'Ulysse a lieu sans tant de précautions.

« A Macé Hauré, imager (somme ordonnée), pour avoir vaqué aux ouvrages de ladite Grande Galerie. » P. 194.

La période d'octobre 1559 au 31 mai 1560 contient ce qui suit :

« Nicolas de l'Abbey, maître peintre, confesse avoir fait marché et convenant avec messire Francisque Primadicis dit de Boulogne, abbé commendataire de Saint-Martin-es-Aires de Troyes, commissaire général ordonné et député sur le fait de ses édifices et bâtiments, de faire et parfaire en la grande galerie de son château et Basse Cour dudit Fontainebleau les ouvrages de peinture (suit le détail). » T. II, p. 3.

D'autres mentions de la galerie se trouvent à l'année 1560 p. 31, 1561 p. 48, 1562 p. 66, 1567 p. 129, 1570 p. 195.

De 1541 à 1570 courent donc les travaux de cette galerie : c'est un espace d'environ trente ans. Il est remarquable que le plus long des ouvrages de Fontainebleau, a jusqu'ici passé pour un des plus rapidement achevés. La faute en revient, je crois, à M. Reiset, qui, n'ayant remarqué de texte qui s'y rapporte, qu'aux Comptes de 1559-1560 et de 1561, déclare formellement que Niccolo peignit cette galerie de 1559 à 1561. M. de Champeaux lui-même dans son excellente Histoire de la Peinture décorative, s'est laissé prendre à cette apparence, et a écrit que trois ans avaient suffi pour achever cet ouvrage considérable (p. 168).

Quant aux rapports de Guilbert ils offrent de quoi distinguer plusieurs parties selon les époques différentes. « Il faut se déterminer, écrit cet auteur, à dire que ce roi (François Ier) fit faire les tableaux de l'histoire d'Ulysse et commencer les compartiments de la voûte jusque vers le milieu, comme il paraît par les Salamandres et sa devise, que Henri II les continua en partie, et que Charles IX fit mettre la dernière main pendant et depuis sa minorité à ce qui était resté imparfait. » T. II, p. 15. A ces renseignements il faut joindre celui que fournit un des dessins auxquels il est renvoyé ci-dessous. C'est le n° 137 représentant le sujet principal du xiiie compartiment de la voûte de cette galerie, et qui porte le chiffre de Henri II.

Ainsi les tableaux peints sur les murailles et les six ou sept premiers compartiments de la voûte furent peints entre 1541 et 1547;

la suite de ces compartiments au moins jusqu'au xiiie, entre 1547 et 1559;

enfin le reste de la galerie entre 1559 et 1570. Ce reste comprenait d'après le texte cité de 1559-1560 : « 1) les grotesques en forme de frises qui sont dessous les tableaux entre les croisées de ladite galerie, 2) et au dedans de l'embrasement de chacune fenêtre de ladite galerie les enrichements en grotesque à la hauteur de ladite frise seulement, 3) onze fenêtres peintes et trophées frise à grotesque, 4) cinq tableaux sur les cinq cheminées de ladite galerie, 5) achever le bout de la galerie de toutes histoires, figures et grotesques. »

Je remarque cependant que tout n'était pas fini en 1570, que mourut le Primatice, car Guilbert rapporte, t. II, p. 24, que la lunette qui faisait le bout de la galerie était peinte par Ambroise Dubois, partant sous Henri IV. Mais cette partie échappe à mon sujet.

DÉTAIL DE L'OUVRAGE. — Les documents écrits sont au nombre de trois : 1° la description du P. Dan, pp. 111-117, qui ne donne le détail que des tableaux peints sur les murailles, avec un seul compartiment de la voûte, celui du milieu, 2° la description de Mariette *ouvr. cit.*, t. VI, pp. 293-297, qui ne rapporte que la voûte, 3° celle de Guilbert t. II, pp. 14-35, qui décrit la voûte et les murs. Une quatrième source est le recueil des tableaux peints sur les murailles, avec un texte explicatif, dont voici le titre : « Les travaux d'Ulysse, dessinés par le sieur de Saint-Martin dans la maison royale de Fontainebleau, gravés par Théodore van Thulden, Paris 1633. »

## Les Murailles de la Galerie d'Ulysse.

De tous ces témoignages il ressort que cinquante-huit sujets de l'histoire d'Ulysse étaient peints au long de cette galerie, selon quelle disposition on l'ignore. Je donne ci-dessous les dimensions approximatives de ces tableaux, cotés huit pieds de large par Guilbert. J'ai pris ce chiffre, soit 2 m. 75 environ, pour le plus grand nombre, que les estampes nous représentent égaux. Les autres sont calculés sur la proportion que ces mêmes estampes nous révèlent. Au reste les vues de Ducerceau, qui montrent du côté du Cheval Blanc, le mur de cette galerie percé d'un nombre excessif de fenêtres, donnent à croire que les peintures étaient plus nombreuses de l'autre côté, qui n'a sur le jardin qu'un nombre de jours raisonnable. Il faut ajouter les cinq cheminées peintes, mentionnées au texte de 1559-1560, art. 4. De ces cinq cheminées l'une, nommée par Dan, p. 117, et Guilbert, p. 24, tenait le bout de la galerie. Les quatre autres se répartissaient sans doute au nombre de deux contre chacun des murs latéraux. Enfin les trophées marqués au même texte, doivent être reconnus, pour une partie au moins, dans les estampes 147-162 du catalogue ci-après. Ils posaient sur le lambris d'appui, sans qu'on puisse autrement marquer comment ils tenaient leur place près des tableaux de l'histoire d'Ulysse.

Les deux bouts de la galerie étaient tenus, l'un par la porte, l'autre, comme j'ai dit, par une cheminée. Au côté de cette porte d'une part, et de cette cheminée de l'autre, les quatre Saisons étaient peintes, au témoignage de Dan et Guilbert.

| | LIEU | DIMENSION | | SUJETS | DESSINS | ÉTUDES | GRAVURES | COPIES |
|---|---|---|---|---|---|---|---|---|
| | | H. | L. | | | | | |
| 1 | Murs latér. | 2m. | 2 75 | Embarquement des Grecs. | 168 | | • | |
| 2 | | » | » | Ulysse sacrifiant. | 169 | | • | |
| 3 | | » | » | Neptune excitant la tempête contre Ulysse. | 131 | | • | |
| 4 | | » | » | Ulysse défait par les Cyconiens. | | | • | |
| 5 | | » | » | Ulysse chez les Lotophages: | 170 | | • | 6 |
| 6 | | » | » | Ulysse chez les Cyclopes. | 172 | | • | |
| 7 | | » | 1 70 | Retour d'Agamemnon. | | | • | |
| 8 | | » | 3 50 | Meurtre d'Agamemnon et de Cassandre. | 174 | | • | 11 |
| 9 | | » | 2 75 | Polyphème gardant les troupeaux. | 173 | | • | |
| 10 | | » | » | Ulysse crève l'œil du géant. | | | • | |
| 11 | | » | » | Ulysse et ses compagnons sous les moutons de Polyphème. | 171 | | • | |
| 12 | | » | » | Polyphème jetant les rochers contre Ulysse. | | | • | |
| 13 | | » | » | Ulysse reçoit d'Éole l'outre des vents. | | | • | |
| 14 | | » | » | Le Zéphyre pousse le vaisseau d'Ulysse. | | | • | |
| 15 | | » | 1 30 | Navigation d'Ulysse. | | | • | |
| 16 | | » | 3 50 | Les compagnons d'Ulysse ouvrent l'outre des vents. | | | • | |
| 17 | | » | 2 75 | Ulysse chez les Lestrigons. | | | • | |
| 18 | | » | » | Ulysse aborde dans l'île de Circé. | | | • | |
| 19 | | » | » | Ulysse se garantit des charmes de Circé. | | | • | |
| 20 | | » | » | Ulysse quitte Circé. | | | • | |
| 21 | | » | » | Arrivée d'Ulysse aux Enfers. | | | • | |
| 22 | | » | » | Ulysse sacrifie les boucs noirs. | 155 | | • | |
| 23 | | » | 1 30 | Tirésias buvant le sang des victimes. | | | • | |
| 24 | | » | 4 70 | Ulysse s'entretient avec Hercule. | | | • | •2 |
| 25 | | » | 2 75 | Ulysse brûlant le corps d'Elpenor. | | | • | |
| 26 | | » | » | Ulysse et les Syrènes. | 152 | | • | |
| 27 | | « | » | Les compagnons d'Ulysse et les bœufs du soleil. | 153 | | • | 3 |
| 28 | | » | » | Ulysse tiré des bras de Calypso par Mercure. | | | • | |
| 29 | | « | » | Ulysse prend congé d'Alcinoûs. | 175 | | • | |

| | LIEU | DIMENSION | SUJETS | DESSINS | ÉTUDES | GRAVURES | COPIES |
|---|---|---|---|---|---|---|---|
| | | H.   L. | | | | | |
| 30 | Murs latér. | 2m. 2 75 | Ulysse endormi porté dans son pays. | | | 77* | |
| 31 | | »   » | Minerve éveille Ulysse. | | | • | |
| 32 | | »   » | Minerve se montre à lui sous les traits de Télémaque. | | | • | |
| 33 | | »   » | Ulysse s'entretient avec Eumée. | | | • | |
| 24 | | »   » | Ulysse reconnu par son chien. | | | 75. | |
| 35 | | »   » | Ulysse reçoit l'aumône d'une de ses servantes. | | | • | |
| 36 | | »   » | Ulysse en mendiant à la porte de sa maison. | 176 | | • | |
| 37 | | »   » | Combat d'Ulysse et du mendiant Irus. | 177 | | • | |
| 38 | | »   » | Minerve l'engage à demander l'arc. | | | • | |
| 39 | | »   » | Ulysse tirant l'arc. | 178 | | • | |
| 40 | | »   » | Ulysse perce Antinoüs. | 154 | | 76. | |
| 41 | | »   » | Ulysse se venge des prétendants. | | | • | |
| 42 | | »   » | Ulysse condamne à mort les servantes. | 179 | | • | |
| 43 | | »   » | Ulysse lavant ses mains. | 180 | | • | |
| 44 | | »   » | Euryclée avertit les serviteurs du retour d'Ulysse. | | | • | |
| 45 | | »   » | Minerve embellit Ulysse. | 181 | | • | |
| 46 | | »   » | Embrassements de Pénélope et d'Ulysse. | 182 | | • | |
| 47 | | »   » | Ulysse et Pénélope au lit. | | | • | |
| 48 | | »   » | Ulysse au lit raconte ses aventures. | | | • | |
| 49 | | »   » | Pénélope doute si Ulysse est son mari. | | | • | |
| 50 | | »   » | Minerve le rassure. | | | • | |
| 51 | | »   » | Ulysse et Télémaque s'en vont chez Laerte. | | | • | |
| 52 | | »   » | Ulysse donne ses armes à Eumée. | 183 | | • | |
| 53 | | »   » | Ulysse s'entretient avec son père. | | | • | |
| 54 | | »   » | Les parents d'Ulysse viennent le saluer. | 184 | | • | |
| 55 | | »   » | Les corps des prétendants enlevés. | 158 | | • | |
| 56 | | »   » | Le peuple d'Ithaque soulevé. | 185 | | • | |
| 57 | | »   » | Soumission des rebelles avec l'aide de Minerve. | 186 | | • | |
| 58 | | »   » | Ulysse reçoit les hommages de ses sujets. | | | | |

| LIEU | FORME | SUJETS | DESSINS | ÉTUDES | GRAVURES | COPIES |
|---|---|---|---|---|---|---|
| 1 Cheminées | | Sujet inconnu. | | | | |
| 2 | | » | | | | |
| 3 | | » | | | | |
| 4 | | » | | | | |
| 5 | | » | | | | |
| 1 A. côt. d. l. porte | | Flore ou le Printemps. | | | | |
| 2     » | | Cérès ou l'Été. | | | | |
| 3 d. l. chem. au fond | | Bacchus ou l'Automne. | | | | |
| 4     » | | Saturne ou l'Hiver. | | | | |
| 1 Lun. sur la porte | | La Reddition du Hâvre. | | | | |
| 1 Sous le lambris | Carré | Trophées et attributs. | | | 147 | |
| 2 | » | » | | | 148 | |
| 3 | » | » | | | 149 | |
| 4 | » | » | | | 150 | |
| 5 | Carré long | » | | | 151 | |
| 6 | » | » | | | 152 | |
| 7 | » | » | | | 153 | |
| 8 | » | » | | | 154 | |
| 9 | » | » | | | 155 | |
| 10 | » | » | | | 156 | |
| 11 | » | » | | | 157 | |
| 12 | » | » | | | 158 | |
| 13 | » | » | | | 159 | |
| 14 | » | » | | | 160 | |
| 15 | » | » | | | 161 | |
| 16 | » | » | | | 162 | |

Les astérisques dans la colonne des gravures marquent les planches de Van Thulden au recueil cité plus haut.

*Les ornements.* — Le texte de 1559-1560 porte 1) et 2) un faux lambris d'arabesques tout au long de cette galerie et jusque dans l'embrasure des fenêtres. Quant à l'article 3) je l'entends trop mal pour en rien tirer. Le faux lambris dont il s'agit, avait été repeint sous Henri IV, comme en témoigne Guilbert. « Si l'on voit (dans cette galerie), dit ce dernier, les chiffres de

Henri IV, ce n'est que parce qu'il l'a fait rétablir par Louis Dubreuil, et orner sur le mur d'un faux lambris, peint en grisaille, chargé de camaïeux et différents ornements. » Et les devises qu'il rapporte sont en effet de ce roi.

## La Voûte de la Galerie d'Ulysse.

Elle était divisée en quinze compartiments, quoique Guilbert dise quatorze : mais c'est une faute évidente, puisque lui-même n'a pas laissé d'en énumérer quinze. Chacun de ces compartiments portait un tableau principal environné de tableaux de moindre importance selon des dispositions et des figures qui variaient d'un compartiment à l'autre. Après qu'il a décrit la première partie de cette voûte et la travée du milieu, Mariette ajoute, pass. cit., p. 295 : « Les mêmes compartiments qu'on a vu régner dans la voûte depuis l'entrée de la galerie jusqu'au point du milieu, suivaient dans le même ordre. » Il y avait donc à cet égard une symétrie entre les deux moitiés de la galerie, le premier compartiment portant les mêmes divisions que le quinzième, le deuxième que le quatorzième, et ainsi de suite. A cause de cela je ne sépare pas dans le tableau suivant chacune de ces travées de la travée symétrique, ne requérant par là, pour les sujets qui la composent, qu'une seule mention du lieu et de la forme. Les sujets ont été relevés dans les descriptions que j'ai dit, en préférant toujours la mention de Mariette à celle de Guilbert quand elles diffèrent, quelquefois rectifiant ces mentions sur les estampes ou dessins reconnus.

## COMPARTIMENT XVᵉ — Iᵉ

| COPIES | GRAVURES | ÉTUDES | DESSINS | SUJETS | N° | LIEU | FORME | SUJETS | DESSINS | ÉTUDES | GRAVURES | COPIES |
|---|---|---|---|---|---|---|---|---|---|---|---|---|
| 1 | 84 |  | 24 | L'Olympe. | 1 | Milieu | Carré | Flore. |  |  |  |  |
|  |  |  |  | Junon et Cybèle. | 2 | Vers le jardin | Carré long | Femme et enfants. |  |  |  |  |
|  |  |  |  | Mars et Saturne. | 3 | » | » | » |  |  |  |  |
|  |  |  | 167 | Mercure et Bacchus. | 4 | Vers la cour | » | » |  |  |  |  |
|  |  |  |  | Diane et Cérès. | 5 | » | » | » |  |  |  |  |
|  |  |  |  | Amour au carquois. | 6 | Devant |  | Sujet inconnu. |  |  |  |  |
|  |  |  |  | Amour au casque. | 7 | Derrière |  | » |  |  |  |  |

## COMPARTIMENT XIVᵉ — IIᵉ

| COPIES | GRAVURES | ÉTUDES | DESSINS | SUJETS | N° | LIEU | FORME | SUJETS | DESSINS | ÉTUDES | GRAVURES | COPIES |
|---|---|---|---|---|---|---|---|---|---|---|---|---|
|  | 124 |  | 117 | Neptune apaise la tempête. | 1 | Milieu | Octogone | Le Parnasse et Jupiter. | 138 |  |  |  |
|  |  |  |  | Vulcain. | 2 | Vers le jardin | En hauteur | Sacrifice d'un enfant. |  |  |  |  |
|  |  |  |  | Éole. | 3 | » | » | Sacrifice d'un cheval. |  |  |  |  |
|  |  |  | 15 | Bellone. | 4 | Vers la cour | » | Sacrifice d'un bélier. |  |  |  |  |
|  |  |  | 19 | Mercure. | 5 | » | » | Sacrifice d'un taureau. |  |  |  |  |
|  | 96? |  | 129 | Vertumne et Pomone. | 6 | Devant | Ov. couché | Diane et Apollon ? | 128? |  | 98 ? |  |
|  |  |  | 148? | Vénus et Cupidon. | 7 | Derrière | » | L'Amour et Psyché ? |  |  | 97 ? |  |

COMPARTIMENT XIII•

| N° | LIEU | FORME | SUJETS | DESSINS | ÉTUDES | GRAVURES | COPIES |
|---|---|---|---|---|---|---|---|
| 1 | Milieu | En croix | Minerve chez Jupiter. | 137 | | | |
| 2 | Côté jardin | Ov. couché. | Nymphes et Naïades | 13? | | | |
| 3 | » | » | » | | | | |
| 4 | Côté cour | » | » | | | | |
| 5 | » | » | » | | | | |

COMPARTIMENT XII•

| N° | LIEU | FORME | SUJETS | DESSINS | ÉTUDES | GRAVURES | COPIES |
|---|---|---|---|---|---|---|---|
| 1 | Milieu | Octogone | Bellone portée par deux Génies. | 165 | | | |
| 2 | Côté jardin | Rect. cintré | La Charité Romaine. | 121 | | | |
| 3 | » | » | Mars et Vénus. | 157 | | | |
| 4 | Côté cour | » | Pyrrhus immolant Polyxène. | | | 104 | |
| 5 | » | » | Polymnestor tuant Polydore. | | | | |
| 6 | Devant | » | Sujet inconnu. | | | | |
| 7 | Derrière | Ov. couché | » | | | | |

III•

| SUJETS | DESSINS | ÉTUDES | GRAVURES | COPIES |
|---|---|---|---|---|
| Junon descendant du ciel. | 8 | | | |
| Les Grâces. | | | 65 | |
| Hercule et Pan. | | | 63 | |
| Nymphes et Amour. | | | 64 | |
| Bacchus et Saturne. | | | 66 | |

IV•

| SUJETS | DESSINS | ÉTUDES | GRAVURES | COPIES |
|---|---|---|---|---|
| Vénus et les Parques. | 115 | | 60 | |
| Érato. | | 95 | 62 | |
| Apollon et Pan. | | | 59 | |
| Calliope. | | | 61 | |
| Terpsichore. | | | | |
| La France victorieuse. | 139 | | | |
| La France fertile. | | | | |

**V•** COMPARTIMENT — **XI•** COMPARTIMENT

| No. | SUJETS | LIEU | | FORME | SUJETS | DESSINS | ÉTUDES | GRAVURES | COPIES |
|---|---|---|---|---|---|---|---|---|---|
| | Diane, Apollon, Minerve et l'Amour. | Milieu | 1 | | Neptune créant le cheval. | 7 | | | |
| | Le Printemps. | Vers l.jardin | 2 | A pans coup. | Bacchus. | | | 101 | |
| | L'Été. | » | 3 | » | Cérès. | | | 100 | |
| | L'Hiver. | Vers la cour | 4 | » | Flore. | | | 99 | |
| | L'Automne. | » | 5 | » | Saturne. | | | 102 | |

**VI•** COMPARTIMENT — **X•** COMPARTIMENT

| No. | SUJETS | LIEU | | FORME | SUJETS | DESSINS | ÉTUDES | GRAVURES | COPIES |
|---|---|---|---|---|---|---|---|---|---|
| 216 | Jupiter Neptune et Pluton. | Milieu | 1 | Rect. cintré | Les Heures environnant le Soleil. | 10 | | | .3 |
| 217 | Apollon et Pégase. | Vers l.jardin | 2 | Rect. à ressauts | Le Nil. | 123 | | 83 | |
| | Diane. | » | 3 | » | Le Gange. | 20 | | | |
| | Vénus. | Vers la cour | 4 | » | La Plata. | 122 | | | |
| | Mercure. | » | 5 | » | Le Danube. | | | | |

## VII• COMPARTIMENT — IX•

| DESSINS | ÉTUDES | GRAVURES | COPIES | SUJETS (VII•) | LIEU | N° | FORME | SUJETS (IX•) | DESSINS | ÉTUDES | GRAVURES | COPIES |
|---|---|---|---|---|---|---|---|---|---|---|---|---|
| 144 | | | 19? | Apollon dans le signe du Lion. | Milieu | 1 | Hexagone | Triomphe de Minerve. | 95 | | 1 | |
| | | | | Orphée. | Vers l. jardin | 2 | | La Religion. | | | | |
| | | | | Latone, Diane et Apollon. | » | 3 | | La Bonté. | | | | |
| | | | | Diane et Pan. | Vers la cour | 4 | | La Charité. | | | | |
| | | | | Esculape. | » | 5 | | La Prudence. | | | | |
| | | | | Niobé suppliant Diane. | Vers l. jardin | 6 | Médaillon | Les Romains contre les Sabins. | 215 | | | |
| | | | | Apollon tuant le Pithon. | » | 7 | » | Romulus bâtit un temple à Jupiter. | | | | |
| | | | | Apollon et Diane tuant les enfants de Niobé. | Vers la cour | 8 | » | L'enlèvement des Sabines. | 116 | | | |
| | | | | Io gardée par Argus. | » | 9 | » | Triomphe de Romulus. | | | | |

## VIII• COMPARTIMENT

| N° | LIEU | FORME | SUJETS |
|---|---|---|---|
| 1 | Au milieu | Ovale debout | La Danse des Heures. |
| 2 | Vers le jardin | Carré long | Apollon et les Muses sur le Parnasse. |
| 3 | Vers la cour | » | Le Festin des Dieux. |

*Les ornements.*—Selon Guilbert toutes ces compositions étaient enfermées dans des bordures dorées et « variées par une prodigieuse quantité d'excellents moresques, grotesques, arabesques, et enrichies de différents ornements en or et couleur, d'oiseaux, animaux sauvages, bas-reliefs, et de nombre de camaïeux historiés dans l'entresuite des tableaux, et sur les bandes des compartiments, éclairés par de petites croisées que forment des figures d'hommes, femmes, satyres et termes de relief, surmontés de festons de fruits et accompagnés en quelques endroits de figures de lions, tigres, léopards, trophées d'armes et autres ornements en si grand nombre, que les yeux suffisent à peine pour admirer des trésors, que les plus parfaits éloges ne peuvent tout au plus qu'indiquer ». Le même auteur signale de plus « des dindons qui sont peints, dit-il, en plusieurs endroits de cette galerie ».

L'estampe 142 du catalogue ci-après fait revivre heureusement à nos yeux quelque chose de cette décoration. Elle reproduit la composition d'ornement qui faisait le fond du X^e compartiment. On y voit la place d'une des petites croisées dont le texte ci-dessus fait mention, remplie de figures pour éviter le blanc. Ces jours, pratiqués dans la voûte au-dessus des grandes fenêtres, pour l'éclairage des parties hautes, se voient au dehors dans les vues anciennes du château.

ATTRIBUTION. — La tradition constante et le témoignage de Vasari ont fait que personne n'a contesté la galerie d'Ulysse au Primatice. Voici comment cet auteur s'exprime : « (Niccolo dell' Abbate) *ha dipinto nella gran galleria pur con i disegni dell' abbate* (Primatice) *sessanta storie della vita e fatti d'Ulisse... La vólta similmente di questa galleria è tutta lavorata di stucchi e di pitture fatte con molta diligenţa dai sopradetti.* » Op. t. VII, p. 411. Le caractère des dessins s'accorde parfaitement à ce témoignage.

## ARTICLE X. — ACHÈVEMENT DE LA GALERIE DE FRANÇOIS I^er

### 1542.

Cette galerie est presque tout entière l'œuvre du Rosso, qui y a vaqué depuis 1531 et jusqu'à sa mort. Les travaux qu'il y exécuta sont rapportés depuis la p. 88 jusqu'à la p. 134 du t. I des Comptes. Les stucs étaient son fait autant que les peintures. Cela ressort des deux passages suivants, l'un des commencements, l'autre de la fin de ces Comptes :

« A maître Roux de Roux, conducteur desdits ouvrages *de stuc* et peinture dudit lieu (somme ordonnée), pour avoir vaqué à deviser et conduit les dits ouvrages » p. 98.

« A maître Roux de Roux peintre, maître conducteur des ouvrages de stuc et de peinture de ladite grande galerie (somme ordonnée) » p. 134.

Le maître Roux était chef d'une équipe qui travaillait à cette galerie. Une autre équipe, conduite par Primatice, besognait durant le même temps aux chambres du Roi, de la Reine, sur le Portail et à la porte Dorée. Le Primatice était donc tenu à distance de tous ouvrages dans cette galerie, et je ne sais comment la légende introduite dans ce siècle-ci a pu durer, selon laquelle, tandis que Rosso vaquait aux peintures, notre artiste aurait exécuté les stucs. C'est un partage que les textes démentent.

Mais c'est un fait également constant qu'après la mort du Rosso, le Primatice fut chargé d'achever cette galerie. Vasari en porte témoignage en ces termes : « *Ciò fatto* (il s'agit des fontes de Fontainebleau), *fû commesso al Primaticcio che desse fine alla galleria chè il Rosso aveva lasciata imperfetta, onde messovi la mano, la diede in poco tempo finita con tanti stucchi e pitture quanto in altro luogo sian state fatte giammai.* » Op. t. VII, p. 408. Les Comptes sont muets sur cette intervention, mais Dan, p. 90, et Guilbert, t. I p. 86, nomment le tableau de Danaé, peint au milieu de la galerie, comme l'ouvrage du Primatice. Mariette, *ouvr. cit.*, t. IV, p. 216, a fait mention du dessin 130 et confirmé par le caractère de ce dessin l'attribution de ces auteurs. Un autre tableau peint dans le cabinet qui s'ouvrait en face du côté du jardin, et connu par l'estampe 5, fut certainement aussi du Primatice. C'est tout ce qu'on peut dire pour la peinture.

| LIEU | FORME | SUJETS | DESSINS | ÉTUDES | GRAVURES | COPIES |
|------|-------|--------|---------|--------|----------|--------|
| 1 4ᵉ tabl. v. la cour | ovale couché | Jupiter et Danaé. | 13o | | 4 | |
| 2 Dans le cabinet | » | Jupiter et Sémélé. | | | 5 | |

Quant aux stucs il est tout à fait impossible de faire dans ce
qui nous reste la moindre part au Primatice. La plus grande
unité de style règne dans toutes ces sculptures, et le caractère propre au Rosso y perce dans le moindre détail. Du reste
il faut remarquer que le texte de Vasari ne porte pas qu'il
ait touché aux stucs, mais seulement en général qu'il acheva
cette galerie, laquelle se trouva ornée d'une abondance de stucs
et de peintures. Cette abondance n'était pas le fait du Primatice, et Leclanché, qui traduit le passage en disant que cet
artiste « enrichit la galerie d'une incroyable multitude de stucs
et de peintures » (t. IX, p. 182), fait une espèce de contresens.

Date. — Vasari place cette besogne après les fontes de Fontainebleau, lesquelles furent achevées à la fin de 1543 (v. ci-dessous). Mais à cause du grand nombre d'ouvrages que le Primatice exécuta entre son retour d'Italie et les années 1544 et
1545, on est obligé de croire qu'il mit tout en train dès son
retour, qui ne put venir plus tard que 1542.

*Note.* Le sujet de la Danaé a servi de matière à toutes sortes
de fables, dont l'origine est une planche de Boyvin (Robert
Dumesnil, 18) où parmi les mêmes ornements de stuc qui environnent cette composition, figure une Diane étendue avec les
attributs de la Nymphe de Fontainebleau. L'estampe porte le
nom du Rosso et l'inscription suivante :

*« O Phidias, o Apelles, quidquamne ornatius
vestris temporibus excogitari potuit ea sculptura
cujus hic picturam cernitis
quam Franciscus primus Francorum rex potentissimus
bonarum artium ac litterarum pater*

*sub Dianæ a venatu conquiescentis atque urnam*
*Fontisbellaquæ effundentis*
*statua*
*domi sua inchoatam reliquit.* »

De plus il existe une peinture à l'huile entièrement conforme
à cette estampe, et portant la même inscription.

Voici les conséquences que Champollion-Figeac (*Fontaine-*
*bleau*, pp. 148-149) a tirées de ces documents, plus ou moins
acceptées par Barbet de Jouy, *La Diane de Fontainebleau*, et par
Gatteaux *Vues de Fontainebleau*, t. II, fol. 40. Le Rosso avait
peint, selon ces auteurs, la Diane gravée sur l'estampe, au lieu
et place où se trouve la Danaé, et Primatice l'en effaça pour y
mettre son propre ouvrage. Qui le lui permit et l'y poussa?
Mme d'Étampes, selon Champollion-Figeac, en haine de Diane
de Poitiers dès ce temps-là maîtresse du dauphin, et dont le
Rosso avait reproduit les traits dans son tableau. Cet artiste,
mortifié d'un tel coup, prit sa revanche en peignant à l'huile le
morceau que j'ai dit, où la Diane se trouve reproduite au milieu
des stucs faits pour elle, et y joignant cette inscription, qui,
selon le même auteur, sert de garant à toute l'histoire.

Par malheur l'inscription, bien loin d'en dire si long, ne dit
pas même des choses qui s'accordent à ce qu'on prétend, et
davantage elle est si obscure, qu'après de longs efforts pour la
comprendre, je renonce enfin à l'expliquer.

Si la Diane dont elle fait mention, est celle que présente la gravure, il faut admettre que *statua* signifie une figure peinte, et
que *sub* est employé pour alentour. Mais ces entorses de traduction nous mènent-elles où l'on prétend? Rien moins. *Inchoa-*
*tam* se rapporte à *sculptura* : c'est donc les stucs qu'on se plaint
qui soient restés inachevés. Puis *inchoatam reliquit* ne veut pas
dire qu'on ait substitué un autre ouvrage, mais presque le contraire. Si *statua Dianæ* doit s'entendre de quelque autre morceau, *sous* lequel ce que peint l'estampe a figuré en sculpture, ce
qui est le sens littéral et seul justifié par la grammaire, la chose
se comprend encore moins, et du reste cesse d'avoir rapport à la
galerie.

Peut-être sera-t-on moins surpris de rencontrer ces obscurités,
si l'on fait réflexion que le tableau à l'huile n'est point du tout,
comme on le prétend, un original, mais une copie faite sur
l'estampe. La preuve en est que la partie des stucs est peinte

dans ce tableau non en camaïeu, comme il convient, mais au naturel, comme le sujet du milieu. Évidemment cela ne pouvait arriver à quelqu'un qui eût connu les stucs et la peinture ainsi reproduite. L'incompréhensible inscription n'est donc pas du Rosso, mais de Boyvin qui la mit sur l'estampe ou de quelque autre qui peut fort bien l'y avoir ajoutée plus tard, sans bien savoir ce qu'il disait. Par là on peut se croire dispensé d'en rechercher davantage le sens.

Quant à la part que prennent les favorites royales dans cette histoire, comme Champollion n'en a jamais allégué de preuves que sa fantaisie, il sera superflu de la réfuter. Mais il faut mettre en garde la critique contre une apparence de rigueur que cet auteur donne à tout cela en fournissant jusqu'à la date de l'aventure. C'était, à ce qu'il dit, en 1537, et Claude Badouin peignit le morceau, dessiné par le Primatice. Voici le texte dont on s'autorise (*Comptes*, t. I, p. 115):

« A Claude Badouin (somme ordonnée) pour avoir fait un grand pourtrait pour l'un des tableaux qu'il convenait faire en l'un des parquets contre les murs dedans la Grande Galerie du château. »

C'est tout, et je laisse à dire si l'on a droit, au seul jugé, de trouver dans un pareil texte le moindre rapport à ce qui précède.

Les peintres Alaux et Couder, par une interprétation légèrement différente des documents dont j'ai parlé, ont repeint la Diane du Rosso en vis-à-vis de la Danaé, dans un ovale aujourd'hui environné des mêmes ornements de stuc. Mais l'ancien état des lieux s'oppose à cette restauration, puisque là se trouvait l'entrée du Cabinet et que ces ornements ne sont qu'une copie moderne de ceux d'en face, v. Herbet, *Œuvre de L. D.* p. 73.

Reste à dire comment il se fait qu'on trouve une Diane gravée au milieu des ornements qui accompagnent la Danaé. A cela on peut alléguer soit la fantaisie du graveur (Herbet, *ibid.*) soit, ce que je croirais plus volontiers, que Rosso eut en effet quelque dessein de peindre cette figure en cet endroit-là, et que, dans le temps qu'il s'y préparait, Boyvin fut chargé de graver le tout. Les stucs seuls furent achevés et les deux médaillons en imitation d'émaux qui surmontent le grand tableau. Le Rosso mort dans l'intervalle, il n'y avait pas d'apparence qu'un autre donnât ses soins à l'exécution de sa pensée.

## ARTICLE XI. — LA GALERIE BASSE
### 1539 à 1542.

IDENTITÉ. — V. le plan et sa justification.

DATE. — Le texte cité p. 254 marque la date extrême de cet ouvrage, car les boiseries sont ce qui se posait en dernier, soit le 25 février 1542 n. st. Comme il n'a pu durer moins de deux ou trois ans, force est d'en placer le commencement vers 1539. Selon le texte qui va suivre du P. Dan, où le Rosso se trouve rapporté comme y ayant pris part, il a fallu du reste que l'ouvrage fût en train avant la mort de ce dernier survenue en 1540.

DÉTAIL DE L'OUVRAGE. — Elle est composée, dit Dan (p. 131), qui l'appelle salle du Conseil, de vingt colonnes cannelées avec leurs bases et chapiteaux, le tout qui porte les arcades et cintres de ladite terrasse... Ce qui s'y voyait de plus remarquable, c'était plusieurs tableaux à frais, les uns du sieur Rousse, et les autres du sieur de Saint Martin, ensemble leurs bordures de stuc et quelques figures de relief, qui servaient d'ornements, que les injures du temps ont presque entièrement ruinés. » Les estampes de Ducerceau, d'Israël, de Rigaud, d'Aveline, etc., la montrent divisée en cinq travées, dont les trois du milieu sont percées de fenêtres du côté de l'étang.

| | LIEU | FORME | SUJETS | DESSINS | ÉTUDES | GRAVURES | COPIES |
|---|---|---|---|---|---|---|---|
| 1 | Demi-tympans des arcades autour des fenêtres | écoinçon | Junon. | 45 | | 16 | |
| 2 | | » | Vénus. | 44 | | 17 | |
| 3 | | » | Pallas. | 49 | | 18 | |
| 4 | | » | Calliope. | 43 | | 19 | |
| 5 | | » | Terpsichore. | 41 | | 20 | |
| 6 | | » | Erato. | | | 21 | |
| 7 | | » | Polymnie. | 46 | | 22 | |
| 8 | | » | Uranie. | 40 | | 23 | |
| 9 | | » | Clio. | 42 | | 24 | |
| 10 | | » | Euterpe. | 235 | | 25 | |
| 11 | | » | Thalie. | 48 | | 26 | |
| 12 | | » | Melpomène. | 47 | | 27 | |

*Le reste inconnu.*

Je ne sais des stucs rien de plus que ce que le texte plus haut cité rapporte.

ATTRIBUTION.—La participation du Primatice, consignée dans le P. Dan, est affirmée par Vasari, qui, ayant dit que la Galerie d'Ulysse fut décorée *con i disegni dell' abbate*, ajoute : « *Siccome è anco una bassa galleria chè è sopra lo stagno, la quale è bellissima, e meglio e di più bell' opera che tutto il rimanente di quel luogo.* » Op. t. VII, p. 411. Les dessins s'accordent à ces témoignages.

## ARTICLE XII. — LA PORTE DORÉE
### 1535 à 1541 et 1544.

DATE. — Cette porte se compose de deux parties, dont tous les auteurs ont cru qu'on avait achevé la décoration d'un seul coup : le portique proprement dit à l'extérieur, et la chambre ou vestibule, qui par derrière fait un passage à la cour du Donjon.

M. Reiset, qui ne paraît pas avoir soupçonné qu'il y eût là dessus des textes, date toute cette partie du château par un détour des plus incertains (*Niccolo*, pp. 2o5-2o6) : « Nous savons, dit-il, par les Mémoires de Cellini, que ce dernier avait entrepris la décoration de ce vestibule... Il est certain qu'il quitta la France dans les premiers jours de 1545. Il est donc à croire que le Primatice dut s'emparer sans tarder du travail. » Outre qu'on ne voit pas du tout, le travail de Cellini étant de bronze et celui du Primatice de peinture, pourquoi il était nécessaire que l'un livrât la place à l'autre, voici des témoignages précis :

1) « A Barthélemy de Miniato peintre florentin (somme ordonnée) pour avoir travaillé esdits ouvrages de stuc faits en la chambre de la Reine *et au portail de l'entrée dudit château* depuis le 13ᵉ d'avril 1535 jusqu'au 22ᵉ d'août ensuivant. » *Comptes*, t. I, p. 91.

2) « A Henri Tison peintre (somme ordonnée) pour deux mois entiers qu'il a travaillé es portail et entrée dudit château depuis le 22ᵉ de juin 1535 jusqu'au 22ᵉ d'août ensuivant. » *Ibid.*

3) ANNÉES 1541-155o « A Gérard Michel peintre (somme ordonnée) pour ouvrages de peinture que le roi a ordonnés être faits en la salle où soulait être le portail et entrée dudit château sous la voûte dudit grand pavillon devant la chaussée dudit étang. » T. I, p. 199.

Les textes 1) et 2), qui regardent le portique, en placent donc l'exécution du 13 avril au 22 août 1535. Le texte 3) oblige de mettre le vestibule après 1541. Comme l'estampe 48, consignée au tableau ci-dessous, porte la date de 1544, preuve que l'ouvrage était fait à cette époque, c'est de 1541 à 1544 qu'il convient de dater ce vestibule.

Cette différence d'époque trouve une confirmation intéressante dans la différence de style entre les dessins conservés.

DÉTAIL DE L'OUVRAGE.— Les peintures restaurées du portique ne sauraient nous servir de guide, celle du vestibule au contraire. Voici en effet ce que dit Jamin des unes et des autres : « L'enduit ou le mortier sur lequel s'applique la peinture était entier dans la première partie du portique (c'est le vestibule) en sorte que le trait a été retrouvé presque partout. Dans la seconde (le portique) les deux tableaux de droite et de gauche avaient entièrement disparu. » *Fontainebleau*, p. 28.

Pour ces derniers tableaux, que la gravure nous a conservés, on connaît en outre leur situation par les aquarelles de Percier, qui portent la mention de leurs places.

| | LIEU | FORME | SUJETS | DESSINS | ÉTUDES | GRAVURES | COPIES |
|---|---|---|---|---|---|---|---|
| | | | **PORTIQUE** | | | | |
| 1 | A gauche | Carré long | Hercule habillé en femme par Omphale. | 151 | | 1 | |
| 2 | A droite | » | Le réveil d'Hercule. | 238 | | 2 | |
| | | | **VESTIBULE** | | | | |
| 1 | Voûte mil. | Octogone | Jupiter foudroyant les Titans. | | | | |
| 2 | » | » | L'Aurore chassant les Songes funestes. | 242 54 | | | |
| 3 | Vouss à gche. | Carré long | Tithon et l'Aurore ? | | | 48 | |
| 4 | » | » | Hercule sur le vaisseau des Argonautes. | 161 | | 3 | |
| 5 | » à droite | » | Paris blessé sous les murs de Troie. | 55 | | 70 | |
| 6 | » | » | Junon chez le Sommeil. | 134 | 100' | 85 | 5 |

Le n° 6 a été repeint, lors de la restauration, en Diane et **Endymion**. Du Sommeil représenté par un vieillard, on a fait une figure de jeune homme, et divers attributs ont été supprimés. Pareillement au n° 2 du vestibule une figure a demi effacée, et dont on n'a pas su rappareiller les membres (Poirson, *ouv. cit.*, p. 36), a été supprimée, et dans le n° 5 une brèche aux murailles de la ville est de l'invention du restaurateur.

*Les ornements.*— Le tympan de cette porte offre deux Muses de relief assises aux côtés d'une Salamandre environnée d'une guirlande en couronne. Cette Salamandre est refaite (Castellan, *ouv. cit.*, p. 227, note), mais une pareille y était anciennement (Guilbert, *ouv. cit.*, t. I, p. 36). Il faudrait donc croire que ces ornements remontent à François I<sup>er</sup> et sont contemporains des peintures. Toutefois, je suis trop incertain de leur style, et n'y reconnais pas assez le dessin du Primatice, pour les inscrire ici comme son ouvrage. Les Comptes font mention en 1537 d'une couronne de faïence peinte, œuvre de La Robbia, pour figurer en cet endroit (t. I, p. 112). A-t-elle été jamais placée, et l'a-t-on ôtée pour mettre ce que nous voyons?

ATTRIBUTION.— Jamin (*ouv. cit.*, p. 28) et Milanesi (Vasari, Op., t. V, p. 169, notes) ont fait honneur de toutes ces peintures au Rosso. Elles sont certainement du Primatice. Cela est premièrement établi pour le portique, par les Comptes des Bâtiments. Il est vrai que le nom de cet artiste n'est pas mentionné aux textes plus haut cités. Mais ceux qu'on y trouve sont des hommes qui partout travaillent sur ses dessins, et la chambre de la Reine qui s'y trouve jointe est authentiquement son ouvrage. Quant au vestibule la mention *Bologna inventor* sur la gravure du sujet n° 4, *Bologna* sur celle du 3 et *Bol.* sur celle du 5 garantit la même attribution. Il est vrai qu'il existe de la gravure du 4 une copie par Goltzius avec la lettre *Roux invent*. Mais cela ne prouve autre chose sinon que la confusion en cette matière est assez ancienne. Sur tout ceci il faut joindre les dessins, dont le caractère, tant au portique qu'au vestibule, est incontestablement du Primatice.

# ARTICLE XIII. — LA GROTTE DU JARDIN DES PINS

## vers 1543.

Cette grotte existe encore, sur une petite cour à présent séparée de l'ancien jardin d'où elle tira son nom, à l'extrémité des bâtiments qui ont remplacé la galerie d'Ulysse.

DATE. — M. Palustre l'a datée d'avant 1540 (*Renaissance*, t. I, p. 221) sur trois preuves qu'il importe de détruire.

1º Les deux galeries dont elle fait l'angle, savoir la galerie d'Ulysse et l'autre remplacée maintenant par la grille à l'entrée de la cour du Cheval Blanc, avaient été construites en 1527, (v. p. 255). Or il n'y a pas moyen, selon M. Palustre, de regarder la grotte comme postérieure, parce que l'appareil de sa décoration fait partie de la maçonnerie même, au lieu que, venant seulement après, elle n'eût pu être qu'un placage.

2º Il y eut au premier étage du pavillon de la Grotte, selon le témoignage de Dan, dit M. Palustre, des peintures du Rosso, preuve que ce pavillon, partant la grotte elle-même, remontait avant la mort de ce peintre, survenue en 1541.

3º Mᵐᵉ de Villedieu, dans un morceau déjà cité, p. 269, fait rapporter au roi Jacques V d'Écosse une aventure à lui arrivée dans cette grotte peu avant son mariage avec Madeleine de France, lequel eut lieu en 1527.

Je réfute ces arguments dans l'ordre inverse.

1º Le témoignage de Mᵐᵉ de Villedieu ne prouve rien, et cette dame n'ayant pensé écrire et n'ayant écrit que des romans, ne doit point être consultée sur ces matières.

2º Le passage du P. Dan, cité par M. Palustre, et tiré de la p. 178 du Trésor des Merveilles ne se rapporte pas à la Grotte, mais au pavillon de Pomone. Le P. Dan n'a pas parlé de la Grotte, et Castellan (p. 324) avait déjà remarqué ce silence. M. Palustre en a repris Castellan, sans se douter que c'était lui qui se trompait. Il n'est du reste nullement question de premier étage en cet endroit du Trésor des Merveilles, et c'est M. Palustre qui, ne pouvant mettre dans la grotte même les peintures qu'il trouve rapportées, les met au-dessus.

3° La première preuve alléguée est la seule qui soit juste au fond. Je veux dire qu'en effet l'appareil de la grotte n'est point plaqué, et que le pavillon dont elle fait partie remonte à 1527. Mais la conclusion qu'on en tire n'est juste qu'à une condition, c'est qu'on soit assuré d'ailleurs que le pavillon n'a pas été repris en sous œuvre et son rez-de-chaussée refait tandis qu'on soutenait le reste. Or c'est précisément ce qui est arrivé. Cela paraît assez aux entaillures qu'ont subies toutes les parties de l'architecture, pour y loger l'appareil de la grotte. Les cordons de brique et les pilastres y sont coupés d'une manière qui serait incompréhensible sans l'explication que je propose, et dont voici maintenant les preuves positives. Je les tire des Comptes des Bâtiments :

« A Antoine Jacquet dit Grenoble (somme ordonnée) pour avoir fait deux modèles de terre, l'un pour le devant de la voûte du pavillon faisant le coin de la Grande Basse Cour sur le jardin du clos de l'étang dudit lieu. » T. I, p. 202.

Le jardin du clos de l'Étang est le même que le jardin des Pins ; la Grande Basse Cour est la cour du Cheval Blanc. Deux pavillons seulement faisaient et font encore le coin de la cour du Cheval Blanc et donnaient en même temps sur le jardin de l'Étang : le pavillon des Poêles du côté de la cour de la Fontaine, appelé encore dans les Comptes grand pavillon sur l'Étang, pavillon de l'Étang, et dont il n'est pas question ici, l'autre qui elle est le pavillon de la Grotte. C'est de celui-ci qu'il s'agit, et le modèle de terre fait par Grenoble est évidemment celui des Atlas qui portent la façade de cette grotte.

Or le texte cité est compris dans la période qui va de 1541 à 1550. Toute l'argumentation de M. Palustre tombe devant ce fait positif. Davantage la suite du même texte mentionne au compte de Grenoble, des travaux pour les figures qu'on moulait en bronze d'après l'antique. Celles-ci furent terminées en 1543 (v. ci-dessous). C'est donc vers 1543 qu'il faut placer l'entreprise de la grotte.

Détail de l'ouvrage. — Les débris conservés de l'ornement intérieur ont été décrits par Castellan, *ouv. cit.* pp. 309-314, avec plusieurs erreurs et encore plus d'omissions, aussi par Guilbert, t. II, p. 95-96, avec plus d'insuffisance encore. Cet ornement est d'une voûte compartie de caissons par le moyen de cordons d'aragonite (que Guilbert appelle talc et cristal de roche), lesquels sont les uns peints à fresque, les autres décorés de stuc. Un ovale et deux ronds avaient des sujets, comme il paraît par les débris de peinture qui subsistent dans l'ovale et dans un des ronds.

| | LIEU | FORME | SUJETS | DESSINS | ÉTUDES | GRAVURES | COPIES |
|---|---|---|---|---|---|---|---|
| 1 | Milieu | Ovale | Sujet inconnu (*fragment subsistant d'une figure volante d'enfant tenant une banderolle sur un fond sombre.* | | | | |
| 2 | A gauche | Rond | Minerve sous une treille. | 39 | | | |
| 3 | A droite | Rond | Junon sous une treille. | 38 | | | |

*Les ornements.* — Le reste des compartiments peints n'est que de feuillages. Quelques dessous subsistants prouvent que le mur du fond était aussi peint de feuillages.

Les autres représentèrent des animaux de stuc peint, dont le plus grand nombre se reconnaît encore. Ce sont :

Deux cygnes,
Deux hérons,
Deux poules,
Deux canards,
Deux carpes,
Deux dauphins,
Un chien. Ce dernier est le seul qui subsiste de quatre compartiments qui durent être semblables.

ATTRIBUTION. — Les dessins que j'ai pu identifier sont du Primatice, et partant tout l'ouvrage, au moins la décoration intérieure.

*Note.* Le texte cité de M<sup>me</sup> de Villedieu a été cause que la tradition s'est établie chez les auteurs que cette grotte servait aux bains. Cette opinion est aussi solide que son origine. Les bains n'étaient pas dans cette grotte, mais dans l'appartement que j'ai décrit. François I<sup>er</sup> ne se baignait pas plus dans la grotte du jardin des Pins qu'à Versailles Louis XIV dans celle d'Apollon.

## ARTICLE XIV. — LE PAVILLON DE POMONE
### 1532 à 1535.

IDENTITÉ. — Voici l'état que fournit Guilbert de ce pavillon : « Le corps de bâtiment que l'on voit dans l'angle septentrional de ce Jardin (des Pins) près de la galerie d'Ulysse, porte le nom de Vertumne et de Pomone, parce que les amours de ce dieu et de cette déesse sont représentés en deux tableaux à fresque du dessin de Saint-Martin, sous un pavillon carré soutenu par quatre pilastres de gresserie d'ordre composite, couronné de frises corniches et chapiteaux aux chiffres de François I<sup>er</sup>, qui l'a fait construire et orner de plusieurs têtes de divers animaux et chiens de chasse d'une parfaite beauté » (t. II, pp. 33-34). Il est aussi mentionné par Dan, *ouv. cit.* p. 178, et par Mariette, *Abéc.* t. IV, pp. 216-217, et nommé au plan de Fontainebleau de 1682, auquel il figure dans l'angle extrême du jardin des Pins du côté du couchant et appuyé au mur d'enceinte qui en formait deux des côtés. Israël l'a gravé dans une vue de la grotte du Jardin des Pins.

DATE. — Je ne saurais le dater que par le style de la composition que le Primatice y avait peinte, laquelle je crois qu'il faut placer avant celles du portique de la porte Dorée, c'est-à-dire avant le 13 avril 1535.

DÉTAIL DE L'OUVRAGE. — Les deux tableaux présentent l'un et l'autre, parmi plusieurs accessoires, une tonnelle fuyant en perspective. Dans le n° 1 elle est à droite et fuit vers la gauche; dans le 2 à gauche et fuit vers la droite. Ces deux tableaux se trouvaient peints en retour d'équerre sur les murs mêmes de l'enceinte du parc ; les deux autres faces du pavillon, parallèles à ces murs, étaient ouvertes. Selon qu'on arrivait d'un côté ou de l'autre on jouissait de la perspective de l'un ou de l'autre tableau. Il est clair que dans chacun la tonnelle devait être à l'opposé de l'encognure, il a donc fallu que leur place fût celle que j'indique ci-dessous.

| LIEU | FORME | SUJETS | DESSINS | ÉTUDES | GRAVURES | COPIES |
|---|---|---|---|---|---|---|
| 1 Vers la cour | ovale couché | Les Jardins de Vertumne. | 59 | | 14 | |
| 2 Vers la rue | » | Les Amours de Vertumne et de Pomone. | » | | • | |

Le n° 2 s'identifie par le témoignage de Mariette (*Abéc.* t. IV, p. 217) avec une estampe de Fantose, Bartsch, 62 des anonymes, Herbet, *Fantuʒi*, 37, et par ce moyen avec le dessin 99 de la collection His de la Salle au Louvre.

*Les stucs.*— On n'avait rien su jusqu'à présent de cette partie, que je retrouve dans une estampe de Fantose cataloguée n° 140 aux anonymes de Bartsch. J'en fais l'identification par la comparaison de celle que Fantose a tirée du sujet n° 2, où se trouve, fort aisée à reconnaître, une petite partie de cette décoration, savoir quatre masques et deux guirlandes. De plus une aile des petits enfants qui se voient dans l'estampe en question, se retrouve dans le dessin His de la Salle n° 99, du Louvre, cidessus mentionné comme celui de la peinture.

Que ces stucs aient été du Rosso, on n'en peut douter : 1° par leur style ; 2° parce que c'est dans un dessin du Rosso qu'on les trouve tracés en partie. Au contraire celui du Primatice porte seulement indiquée la place des guirlandes, preuve qu'il travaillait sous le Rosso dans cet ouvrage. « Les ornements, dit Mariette, qui environnent ces deux sujets sont les mêmes. » *Abéc.* t. IV, p. 216.

ATTRIBUTION.— Ce dessin est certainement du Rosso, quoique Mariette ait écrit à propos de l'estampe (pass. cit ) : « M. Crozat en a ce me semble un dessin qui est du Primatice. » Je suis assuré que Mariette a voulu parler du dessin 129 de mon catalogue, qui représente en effet le même sujet, mais traité d'une manière différente, par le Primatice, et destiné à la galerie d'Ulysse.

Quant au dessin du n° 1, il est bien certainement du Primatice. Guilbert a donc raison pour une partie seulement dans l'attribution qu'il fait ci-dessus de ces peintures. Pareillement Dan qui les donne toutes deux au Rosso.

## ARTICLE XIV bis. — AUTRES OUVRAGES PEINTS A FONTAINEBLEAU

La preuve que les compositions suivantes furent peintes à fresque à Fontainebleau, est que la mention de cette résidence se trouve sur les estampes qui nous les font connaître, et qu'on n'y aurait rien ajouté de pareil, si c'eussent été des peintures transportables. Le seul n° 6 ne porte pas cette mention, mais je ne l'en range pas moins ici, parce qu'il parait être un pendant du 5, qui la porte.

| | LIEU | FORME | SUJETS | DESSINS | ÉTUDES | GRAVURES | COPIES |
|---|---|---|---|---|---|---|---|
| 1 | | En long | Hommes chargeant un chameau de bagage. | 136 | | 13 | |
| 2 | | » | Diane au milieu de chiens et de bêtes sauvages. | | | 31 | |
| 3 | | Cintré | Rébecca et Éliézer. | | | 32 | |
| 4 | | Triangle | Calisto placée entre les astres. | 23 | | 72 | |
| 5 | | En long | Jupiter et Antiope. | 162 | | 67 | |
| 6 | | » | Nymphe mutilant un Satyre. | 150 | | 7 | |

*Note complémentaire sur les ouvrages de Fontainebleau.*

LES AUXILIAIRES DU PRIMATICE. — Je crois inutile de distinguer dans les Comptes des Bâtiments les auxiliaires pour chaque ouvrage, pour deux raisons, l'une que cette distinction est en soi de petite importance, l'autre qu'il n'est pas du tout sûr que des noms mentionnés pour un seul ouvrage, n'aient pas encore servi pour d'autres, encore que les Comptes n'en disent rien. Il a donc paru préférable de donner un état de l'équipe qui travailla sous le Primatice, avec les changements que le temps y apporta.

Outre cette division suivant les temps, deux autres sont encore à garder, d'accord avec l'importance des hommes et d'accord avec leur profession. En l'absence d'autres renseignements, je juge de leur importance d'après la somme qu'on leur payait. Je forme une première catégorie du nom de ceux qui reçurent 20 livres, une seconde de ceux qui en reçurent 15, une troisième pour 12 et 13 livres, une quatrième pour 11 et au-dessous. Davantage je n'ai pas conservé les noms des doreurs dans ces listes.

Sous la rubrique de peintres j'ai rangé ceux que je crois qui travaillèrent aux peintures, sous celle de sculpteurs les ouvriers du stuc. Ce départ est bien moins facile à faire qu'il ne semble, la pratique des Comptes m'ayant appris 1° qu'il ne faut pas s'en fier à l'expression plusieurs fois répétée d'« avoir vaqué esdits ouvrages de stuc » pour reconnaître un sculpteur. En effet les décorations de Fontainebleau sont naturellement appelées « ouvrages de stuc et de peinture », et cette expression devient une formule que le comptable écrit par habitude et qu'il abrège par distraction. Avoir vaqué *esdits ouvrages de stuc et de peinture*, avoir vaqué *esdits ouvrages de stuc* ne signifie donc qu'en général avoir pris part à ces travaux, aussi bien la seconde expression que la première. 2° Il ne faut pas prendre partout le nom de peintre trop à la lettre. Supporta-t-il en ce temps-là un sens général, qui l'a fait appliquer aux sculpteurs aussi bien qu'aux peintres proprement dits, ou est-ce une négligence du scribe? Le fait est qu'au moins dans les premiers Comptes et jusqu'en 1538, la plus grande inconséquence règne sur ce point, et s'il est vrai qu'imager désigne infailliblement un sculpteur, on ne peut s'assurer que celui de peintre signifie ce que nous entendons par là. En général, les raisons de décider devront être tirées d'ailleurs. J'appelle douteux ceux pour lesquels ces raisons ont manqué.

| Peintres | AVANT 1538 | Sculpteurs |

### 1re catégorie

| | |
|---|---|
| Barthélemy de Miniato | Laurent Renaudin |
| Nicolas de Modène (douteux) | |

### 2e catégorie

| | |
|---|---|
| Jean Rondelet (douteux) | Louis Lerambert |
| | Pierre Dambry dit le Marbreux |
| | Pierre Bontemps |
| | Nicolas Quenet |
| | François Carmoy |
| | René Giffart |
| | Pierre Courcinault |
| | Nicolas Henrion |

### 3e catégorie

Henri Tison

### 4e catégorie

| | |
|---|---|
| Jean Prunier | Jean Challuau |
| Jean Quenet (douteux) | |

### DE 1538 A 1540

### 1re catégorie

| | |
|---|---|
| Barthélemy de Miniato | Laurent Renaudin |
| Claude Badouin | François Carmoy |
| Virgile Baron | Juste de Just |

| Peintres | 2ᵉ *catégorie* | Sculpteurs |
|---|---|---|
| | | Pierre Bontemps |
| | | Jean Leroux dit Picart |

*4ᶜ catégorie*

Jean Baron,
Antoine Fantose.

### DE 1541 A 1550

---

### Iʳᵉ *Catégorie*

| | |
|---|---|
| Barthélemy de Miniato | Laurent Renaudin |
| Fantose | Dominique Florentin |
| Lucas Penni | François Carmoy |
| Jean-Baptiste Bagnacavallo | Leroux dit Picard |
| François Cachenemis | |
| Claude Badouin | |
| Michel Rochetel | |
| Germain Musnier | |

### 2ᵉ *Catégorie*

| | |
|---|---|
| Gombard Fresnon | Antoine Jacquet dit Grenoble |
| | Louis Lerambert |
| | Jean Challuau |
| | Guillaume Tranchelion |
| | Guillaume Léger |
| | Pierre Loisonnier |
| | Luc Blanche |

### 3ᵉ *Catégorie*

| | |
|---|---|
| Louis Bachot | Pasquier Bernard |
| Jacques Renou | Macé Hauré |
| Antoine Chevalier | Nicaise Lejeune |
| Antoine Caron | Jean de Chalons |
| Claude Martin | Jean Blanchard |
| François de Valence | Jean Bourgeois |

| Peintres | Sculpteurs |
|---|---|
| Simon Descôtés | Thomas Dambry |
| Éloi Lemanier | Mathieu Mahiet |
| Claude Lambert | |

## 4ᵉ Catégorie

| | |
|---|---|
| Adrien Quenard | Jacques Crocy |
| Fleureau Ubechux | Jean Langlois |
| Gérard Michel | Pierre Guillemot |
| Jean Sanson | Pierre Bourricart |
| | Laurent Bioulle |

### DEPUIS 1552 ET 1556

Niccolo dell' Abbate
Roger de Rogery

Tous ces noms hors les deux derniers ont été relevés depuis la page 88 jusqu'à 204 du tome I des Comptes. Tous sont nommément appliqués à quelqu'un des précédents ouvrages. Niccolo dell' Abbate est mentionné aux parties postérieures des Comptes, et si j'y joins Roger de Rogery, c'est sur le témoignage de Vasari. Il paraît bien aux Comptes des Bâtiments, mais sans mention expresse d'avoir travaillé à aucun ouvrage du Primatice.

Comme les parties auxquelles ont besogné tout ces gens ne sont presque nulle part désignées, il suffira d'ajouter peu de chose.

Pour la galerie d'Ulysse, Fantose faisait les *patrons*, sans doute les poncifs des arabesques de la voûte, t. I, 191.

Pour le cabinet du Roi (t. I, pp. 203, 204) Miniato peignit César et la Force, Bagnacavallo Ulysse et la Prudence, Musnier Scipion(?) et la Tempérance, Rochetel Zaleucus et la Justice. De plus il paraît par l'intervention de Serlio dans cette partie des Comptes, qu'il avait fourni le dessin des armoires, auxquelles les peintres François et Jean Pottier semblent avoir appliqué quelque dessin de son invention. Pour la grotte du Jardin des Pins, Dominique Florentin et Picart ont exécuté les stucs : c'est l'interprétation qu'il faut faire d'un texte (t. I, p. 195) où ces artistes sont mentionnés.

Quant à Niccolo, il a été, selon le témoignage de Vasari, Op ,

t. VII, p. 411, l'auxiliaire du Primatice pour la salle de Bal et pour la galerie d'Ulysse, au moins ce qui s'en fit de son temps, et d'après les Comptes pour deux tableaux de la chambre d'Alexandre, t. II, p. 195.

DESTINÉE POSTÉRIEURE DE CES OUVRAGES. — Fontainebleau, délaissé de bonne heure, subit depuis la mort de François II jusqu'à Henri IV, les rigueurs d'une décadence que seuls les séjours passagers de la cour tempéraient. L'abandon des guerres civiles augmenta cette destruction et les restaurations de Henri IV n'épargnèrent point ce qui restait de plusieurs décorations ruinées.

Ce prince fit repeindre la salle Haute dn pavillon des Poéles par Dubreuil (Dan, *ouv. cit.*, p. 130) et refaire entièrement les trois chambres de repos de l'appartement des Bains (*ibid.*, pp. 97, 98). Au temps du P. Dan, soit en 1642, il n'était déjà plus question des décorations ni de la salle du Roi, ni de la chambre sur la Porte Dorée. Celle de la Reine se trouva sans doute dès ce temps-là réduite à la cheminée que nous voyons, et dont le P. Dan ne parle même pas. Louis XIV détruisit l'appartement des Bains en 1697 (Guilbert, t. I, p. 72) et changea entièrement les peintures du cabinet du Roi en 1713 (*ibid.*, p. 121). De plus il ôta le tableau du cabinet de la Galerie (Mariette, *Abéc.*, t. IV, p. 216) et celui de la cheminée dans la chambre de Saint-Louis (Guilbert, t. I, p. 111). Sous Louis XV, la lamentable destruction de la galerie d'Ulysse, survenue en 1738, enveloppe de son fracas des destructions moindres, celle de la galerie Basse et de la salle Haute au pavillon des Poéles, entraînées dans la ruine de ce pavillon. C'est sous ce règne que disparut encore le cabinet de la Galerie et que fut supprimée la cheminée de la chambre d'Alexandre transformée en cage d'escalier. En 1757, la décoration de la chambre de Saint-Louis fut supprimée et la plupart de ses fresques levées des murailles par Picault (Engerand, *Inventaire de Bailly*, p. 625). Sans doute ces débris conservés ont péri. Entre le temps de Guilbert et le commencement de ce siècle a disparu le pavillon de Pomone. Seules restaient la galerie de François Iᵉʳ, la salle de Bal, la chambre de Mᵐᵉ d'Étampes mutilée, la porte Dorée et la Grotte en débris. Le roi Louis-Philippe acheva d'un seul coup en 1835 la ruine de toutes les peintures en ordonnant de tout refaire. Picot repeignit la porte Dorée, Abel de Pujol la chambre de la Duchesse d'Étampes,

Alaux la salle de Bal et Couder la galerie de François Iᵉʳ.
Celle-ci a été depuis une deuxième fois repeinte par Brisset.

---

## ARTICLE XV. — LA GROTTE DE MEUDON
### depuis 1552.

Comme je ne puis apporter rien de définitif à la description de
cet ouvrage, je crois utile de donner une revue d'autant plus
scrupuleuse de tous les textes qui s'y rapportent.

1. Vasari, Op., t. VII, p. 411-412.

« *A Medone ha fatto il medesimo abbate Primaticcio infiniti ornamenti al cardinale di Lorena in un suo grandissimo palazzo chiamato
la grotta, che a somiglianti degli antichi così fatti edificii potrebbe
chiamarsi il terme, per la infinità e grandezza delle logge scale e camere
pubbliche e private chè vi sono. E per tacere l'altre particolarità è
bellissima una stanza chiamata il padiglione per essere tutta adorna
con partimenti di cornici ché hanno la veduta di sotto in sù, piena di
molte figure ché scortano nel medesimo modo e sono bellissime. Di sotto
è poi uno stanza grande con alcune fontane lavorate di stucchi e piene
di figure tutte tonde e di spartimenti di conchiglie e altre cose mari-
time e naturali. E la vòlta è similmente tutta lavorata di stucchi otti-
mamente per man di Domenico del Barbiere, pittore fiorentino... Nel
medesimo luogo ha lavorato ancora molte figure di stucco pur tonde uno
scultore similmente di nostri paesi chiamato Ponzio.* »

2. Sur une ancienne estampe imprimée par J. Mariette et
représentant la Grotte de Meudon.

« En dedans elle était embellie d'un grand nombre de peintures de
Messer Niccolo, qui ne s'y voient plus, aussi bien que plusieurs
bustes et statues antiques avec des fontaines, et surtout un pave-
ment à la mosaïque presque le seul que l'on ait vu en France, qui a
été ruiné comme tout le reste. L'architecture est rustique. »

3. Ronsard, Troisième Églogue (Œuvres, t. I, p. 806-807).

« ... La Grotte que Charlot a fait creuser si belle,
Pour être des neuf Sœursla demeure éternelle...
Pour venir habiter son *bel antre émaillé*,
Dans le creux de la terre en un roc entaillé... »

*(Il s'agit de deux bergers)*

Eux dévots arrivés au devant de la porte,
Saluèrent *Pallas qui la Gorgone porte,*
*Et le petit Bacchus qui dans ses doigts marbrins*
*Tient un pampre chargé de grappes de raisins...*
Ils furent ébahis de voir le partiment,
En un lieu si désert, d'un si beau bâtiment,
Le plan, le frontispice et les *piliers rustiques*
Qui effacent l'honneur des colonnes antiques,
De voir que l'édifice avait *portrait les murs*
*D'arabesque* si belle en des rochers si durs ;
De voir les cabinets, les chambres et les salles,
Les terrasses, festons, guillochis et ovales,
Et l'émail bigarré qui ressemble aux couleurs
Des prés, quand la saison les diapre de fleurs. »

4. Devis dialogué d'une Grotte pour la Reine Mère, attribué à Palissy (Berty, *Vieux Paris,* t. II, p. 42).

« La reine mère m'a donné charge entendre si vous sauriez lui donner quelque devis d'une grotte qu'elle a voulu construire, laquelle grotte elle prétend édifier, enrichir et orner de plusieurs jaspes étranges, et de marbres, porphyres, corails et diverses coquilles, en la forme et manière de celle que Mgr le cardinal de Lorraine a fait construire à Meudon.

« — S'il plait à la reine me commander lui faire service à telle chose, je lui donnerai la plus rare invention de grotte que jusqu'ici ait été inventée, et si ne sera en rien semblable à celle de Meudon... Les enrichissements en dedans de celle de Meudon sont cimentés et plaqués, rapportés de diverses pièces. »

5. Blaise de Vigenère, Tableaux de Philostrate, éd. de 1614, p. 855.

« De lui (Jacques d'Angoulème) est un Automne de marbre qu'on peut voir dans la Grotte de Meudon, si au moins il y est encore, car je l'y ai vu autrefois, ayant été fait à Rome, autant prisé que nulle autre statue moderne. »

6. Goelnitz, *Ulysses*, p. 170-171. (Ce passage a été purement et simplement traduit par Zeiller en légende de sa planche de la Grotte de Meudon. *Topographia Galliæ* 4°, Francfort, 1655.)

« *Intus Grotta elegantis structuræ improviso adventantes adspergens.*

*Conclavia marmoreis statuis ornata. Ibi Parisii in marmoreo speculo ad caminum ostenduntur. Hic e marmore Julius Cæsar, Octavius Tiberius, Caligula, Nero, Otto, Aristoteles, Demosthenes, Cicero videntur. Omnia olim elegantiora priusquam Gallia intestinis bellis mota et hic furiarum vestigia posuit. »*

7. Lebeuf, Histoire du diocèse de Paris, p. 234-235.

« Dans la Grotte (de Meudon) était l'inscription : *Quieti* et *Musis Henrici II Galliæ PR. PP. PPS.* »

8. Dubreuil, Antiquités de Paris, supplément, p. 90.

« Au bout de ce jardin (de Meudon) il y a un escalier fait en jour, par lequel on entre dans une petite galerie, qui conduit à de très antiques ruines de thermes, où se voient encore partie de vieux cabinets, de petits lieux voûtés de pierre, des escaliers, qui fait juger avoir été autrefois un lieu de thermes ou étuves. Au-dessus dudit escalier est le bois de haute futaie. »

9. De Lebas de Courmont, Trad. de Vasari, t. I, p. 16-17, note.

« En messidor an VIII, on voyait la grande terrasse devant le château neuf, soutenu par des voûtes parallèles de trente-sept toises de long sur sept de profondeur, dont une extrémité des arceaux vient s'appuyer sur des arceaux placés au centre, lesquels règnent d'un bout à l'autre desdites voûtes. La façade extérieure est composée de quinze arcades en pierre et en brique, dont les trois du milieu et les trois des extrémités font saillie. Point de doute que ce ne soit l'ancien emplacement de cette Grotte. »

De la comparaison de tous ces témoignages il ressort qu'il y eut confusion sur le mot de grotte, tantôt signifiant un palais (texte 1) et tantôt signifiant une grotte proprement dite (textes 2, 3, 4). Le nom de grotte donné au palais, se retrouve dans plusieurs auteurs français qui l'ont mentionnée, comme Piganiol et Dargenville.

Ce palais est connu par les estampes de Marot et celles de la Topographie de Zeiller. Ce sont les débris de ses étages inférieurs que le texte 9 décrit. Je ne sais si ces débris doivent être rappareillés avec ce que le texte 8 présente, mais il paraît certain par ce dernier qu'il y eut en sus du reste dans ce palais, un appartement des Bains, qui lui valut le nom de Thermes, que

Vasari rapporte. Je n'en dirai pas davantage, n'ayant là-dessus rien d'assuré. Le texte 6 me paraît se référer à tout l'ensemble de l'édifice et décrire les statues dispersées dans les chambres et les vestibules.

Tous ces points réservés, il reste que le palais dit de la Grotte à Meudon, contint deux chambres principales : une chambre Haute décrite en 1) et la grotte proprement dite décrite en 1) 2) 3) 4) 5) 7).

*La chambre Haute.*— Située d'après Vasari au-dessus de cette dernière, et ornée dans son plafond de caissons peints de figures dont les raccourcis se faisaient remarquer. L'auteur italien l'appelle un pavillon, par une désignation qui demeure obscure. Peut-être est-ce que la voûte de cette chambre entrait dans le toit de l'édifice et qu'elle en épousait la forme.

*La Grotte proprement dite.* — A l'étage inférieur.

1° Je crois que l'ordre rustique dont il est question en 2) et 3) était à l'intérieur.

2° Les émaux rapportés en 3) et 4) devaient faire l'intervalle. C'était probablement des carreaux de faïence comme ceux que fabriqua l'atelier d'Abaquesne de Rouen.

3° Les grotesques de 3) paraissent être la même chose que les stucs, coquilles, etc. de 1). Quelle place ils tenaient près des émaux, je ne sais. Peut-être s'étalaient-ils principalement à la voûte, dont 1) fournit une mention spéciale. Mais il faut bien que les murailles les aient reçus aussi.

4° Le pavé était de mosaïque, 2).

5° Des fontaines ornaient les murailles, 1) 2).

6° Enfin des figures de ronde bosse, les unes de stuc 1), les autres, certainement détachées de la muraille, de marbre. Parmi ces dernières l'Automne de Jacques d'Angoulême, 5). Deux autres statues ornaient l'entrée à l'extérieur : c'était Pallas et Bacchus, 3).

Une inscription en l'honneur de Henri II, 7) accompagnait cette décoration.

DATE. — Selon Lebeuf, *ouv. cit.* t. III, pp. 234-235, la duchesse d'Étampes vendit Meudon au cardinal de Lorraine, le 19 décembre 1552. Une des quittances mentionnées p. 339, montre le sculpteur Leroux dit Picart à Meudon en date du 29 décembre suivant. Comme il n'y pouvait être que pour des ouvrages de son métier, c'est une preuve qu'on y mit les ouvriers aussitôt. Je ne saurais dire combien l'ouvrage dura, mais il est probable qu'un pareil empressement et la constante opulence du cardinal en assurèrent le prompt achèvement.

ATTRIBUTION. — Elle est garantie au Primatice par le texte 1). Dominique Florentin et Ponce figurent au même texte comme collaborateurs du Primatice. Il faut y joindre Leroux dit Picart, mentionné dans la quittance ci-dessus rappelée.

DESTINÉE DE L'OUVRAGE.— La Grotte de Meudon fut détruite par le Dauphin, fils de Louis XIV (Dargenville, *Environs de Paris*, p. 25-26), pour édifier le château qui seul aujourd'hui subsiste, à demi démoli, des magnificences de Meudon.


## ARTICLE XVI. — LA CHAPELLE DE GUISE

### après 1560.

Cette chapelle se trouvait à Paris dans l'hôtel de Guise, devenu depuis hôtel de Soubise, et qui sert aujourd'hui aux Archives Nationales.

DATE. — Les Guises commencèrent de s'établir dans l'hôtel de Clisson, rue du Chaume, sous le règne de Henri II. Le terrain occupé maintenant par les Archives et par l'Imprimerie Nationale fut réuni par eux de trois hôtels différents, où le cardinal de Lorraine et son frère, le duc François, s'étaient logés à peu d'intervalle. Cette réunion, selon Piganiol de la Force, t. IV, p. 335, survint après 1560. Il y a tout lieu de croire que la chapelle ne fut pas élevée avant ce terme.

DÉTAIL DE L'OUVRAGE. — On le connaîtrait mal par la description succincte que Dargenville en donne, p. 235 de son Voyage de Paris, si Lebas de Courmont n'en avait heureusement fourni t. I, p. 9-13 de sa traduction de Vasari, un détail des plus minutieux. C'est d'après lui que je dresse le tableau suivant, où le plafond se trouve divisé selon les principaux groupes qui le composaient.

| | LIEU | FORME | SUJETS | DESSINS | ÉTUDES | GRAVURES | COPIES |
|---|---|---|---|---|---|---|---|
| 1 | Plafond milieu | | Le Père Éternel sous un dais porté par les Anges. | 2 | | | |
| | » vers l'ent. | | Un Ange annonçant Noël à deux Bergers. | | | | |
| | » vers l'aut. | | Trois jeunes Filles symbolisant la Trinité. | | | 113 | |
| | » au-dessus de l'aut. | | Les Anges soutenant l'étoile des Mages. | 127 | | | |
| 2 | Sur l'autel | car.long | L'Adoration des Mages. | 141 | | 87 | |
| 3 | Vouss. à dte | frise | Cortège des Mages. | | | | |
| 4 | » à gche | » | Cortège des Mages. | | | | 12-18 |
| 1 | Aux murailles à | | David. | | | | |
| 2 | côt. de la p. | | Un Prophète. | | | | |
| 3 | » à droite | | Les Pèlerins d'Emmaüs. | | | | |
| 4 | » | | La Résurrection. | | | | |
| 5 | » à gauche | | Jésus marchant sur les eaux. | | | | |
| 6 | » | | Le Sauveur en jardinier et la Madeleine. | | | | |

ATTRIBUTION. — Les auteurs ci-dessus cités n'ont nommé que Niccolo pour auteur de cette chapelle. Il est possible qu'il l'ait exécutée, mais sur les dessins du Primatice. Je n'en ai eu d'abord pour garant que Mariette, qui déclare, *ouv. cit..* t. IV, p. 209, avoir connu des dessins de ce maître pour la chapelle de Guise dans la collection Crozat. Enfin, j'ai pu moi-même identifier trois de ces dessins et fournir de ce fait une preuve incontestable.

DESTINÉE DE L'OUVRAGE. — Il existait encore en 1803, que Lebas de Courmont l'a décrit. M. de Chennevières rapporte (Mariette, *Abéc.* t. IV, p. 218, note 2) un bruit selon lequel, en 1855, quelques restes de peinture présumés de cette chapelle, subsistaient aux Archives derrière les casiers. M. Guiffrey (*Inventaire des richesses d'art,* Paris. Civils, t. I, p. 32) déclare en 1885 qu'il ne reste plus trace de cette décoration.

## XVII. — LA CHAMBRE DES STUCS AU PALAIS DU TÉ
### 1530.

DATE. — Cette chambre vient après le portique de David et l'avant dernière avant la salle des Géants, qui fut peinte en 1533 (v. p. 12). On doit donc croire qu'elle précéda de peu le départ du Primatice pour la France (*Ibid.* note 4), de sorte qu'on ne peut la mettre avant 1530.

DÉTAIL DE L'OUVRAGE.— Comme Vasari n'a attribué nommément au Primatice que les frises, je ne décrirai que cette partie, qui forme un double étage de stucs. Cette description ne saurait être mieux faite qu'en relevant le principal des légendes inscrites aux planches du recueil qui a pour titre :

*Sigismundi Augusti Mantuam adeuntis profectio ac triumphus,*
*cum notis Io. Petri Bellorii,*
*a Petro Sancti Bartoli ex veteri exemplari traductum ærique*
*incisum cum sumptibus Io. Jacobi de Rubeis,*
*Romæ 1680.*

1. 2. Les deux premières planches occupées par le titre et par le frontispice.
3. *Plaustra et milites cum conjugibus.*
4. *Plaustra et levis armaturæ eques.*
5. *Ferentarii.*
6. *Fronditores et milites sarcinas hastæ alligatas bajulantes.*
7. *Cohors cetrata et alia cohors.*
8. *Signiferi.*
9. *Flumen transeuntes milites.*
10. *Gravis armaturæ milites et pueri regii galeas gestantes.*
11. *Pedestris sagittariorum ala et simulacrum fluvii jacentis.*
12. *Signiferi et arcus triumphalis pompa Mantua erectus.*
13. *Sagittarii equites levis armaturæ.*
14. *Contati equites.*
15. *Turma libratorum equitum.*
16. *Equestris turmæ centurio cursum sistere equitatum jubet.*
17. *Regiorum equitum custodes.*
18. *Sigismundus Augustus imperator.*

19. *Liticines, tibicines, cornicines.*
20. *Senatores.*
21. *Sacrificii pompa.*
22. *Signifer clypeum duplici aguila incorporata insignem tenet.*
23. *Equitum turma flumen vado trajiciens; vexillarius et draco-*
    *narius signifer.*
24. *Colones et carpentarii.*
25. *Muliones Afri.*
26. *Equitatus barbororum.*

Quoique vêtu à la romaine, ce cortège représente celui de l'empereur d'Allemagne Sigismond, qui fit François de Gonzague marquis de Mantoue et vint en cette ville l'année 1432.

ATTRIBUTION. — Le témoignage deux fois répété de Vasari, Op., t. VII, p. 406, et t. V, p. 540, garantit l'attribution de cet ouvrage au Primatice travaillant sur les dessins de Jules Romain. Selon le même Vasari il y fut aidé, par un certain Jean-Baptiste Mantouan que, suivant une erreur longtemps accréditée, le comte d'Arco (*Giulio Romano*, p. 37) a nommé Jean-Baptiste Briziano, mais qui doit se nommer Scultor, car il fut père d'Adam et Diane Mantouans qui ont porté ce nom (v. pour l'identité et la paternité de cet artiste Vasari, Op., t. V, p. 426, 550; t. VI, p. 490). Le même comte d'Arco a reconnu son erreur et rétabli la vérité, *Cinque incisori*, p. 12-14.

## ARTICLE XVII bis. — AUTRES PEINTURES DU PRIMATICE

Les deux numéros qui suivent sont garantis, le premier parce qu'il existe d'une figure de la composition une étude particulière, ce qui signifie qu'elle fut exécutée, le second par la copie en couleur à l'huile que Rubens en a tirée.
Je ne puis dire le lieu ni de l'une ni de l'autre.

| LIEU | FORME | SUJETS | DESSINS | ÉTUDES | GRAVURES | COPIES |
|---|---|---|---|---|---|---|
| 1 | En hauteur | L'Enlèvement d'Europe. | 120 | 100ᵏ | 15 | |
| 2 | Rect. cintré | Le char de Diane cédant devant le Soleil. | 9 | | | •5 |

# BRONZE ET MARBRE

## ART. XVIII. — LES FONTES DE FONTAINEBLEAU
### 1541 à 1543.

C'est ici le seul de ces chapitres, dont une partie notable soit traitée ailleurs de façon suffisante. Je crois inutile de recopier les arguments par lesquels Barbet de Jouy (*Les Fontes du Primatice*) établit la liste rigoureuse des bronzes dont le Bolonais rapporta les moules de Rome. C'étaient :

Le Laocoon,
La Vénus de Gnide,
L'Hercule Commode,
L'Apollon du Belvédère,
L'Ariane du Vatican ou Cléopâtre,
Le Nil du Bras-Neuf au Vatican,
Deux Sphinx,
Deux Satyres maintenant au Capitole.

La provenance des deux derniers, que Barbet de Jouy n'a pas connue, est établie par M. Bourges dans ses Satyres de la Galerie d'Henri II. Les morceaux qui suivent ne furent jetés qu'en plâtre :

Le cheval de Marc-Aurèle,
Les bas-reliefs de la Colonne Trajane.

Comme il n'est pas mention de ces bas-reliefs aux Comptes des Bâtiments, et que Vasari seul en a parlé, Barbet de Jouy met en doute si les moules en avaient été rapportés, et propose seulement un texte de Sauval (*ouv. cit.*, t. II, p. 58) lequel décri_vant au palais des Tuileries le magasin des Antiques parle de « plusieurs jets de basse taille », parmi lesquels se trouvaient, dit-il, « une bonne partie des bas-reliefs de la colonne Trajane ». Il se pourrait que ce fût ceux que l'on cherche, et que le Primatice avait fait jeter dans les creux rapportés de Rome.

Date. — Sur ce point Barbet de Jouy veut être complété.

Les témoignages contemporains diffèrent sur la date du voyage dans lequel le Primatice, chargé par François I<sup>er</sup> d'acheter des œuvres d'art en Italie, fit prendre les creux des fontes dont il s'agit. Vasari le place de façon formelle en 1540. « *Lo mandò*, dit-il, *l'anno 1540 a Roma a procacciare d'avere alcuni marmi antichi, nel chè lo servì con tanta diligenza il Primaticcio che fra teste, torsi e figure ne comperò in poco tempo cento venticinque pezzi. E in quel medesimo tempo fece formare da Barozzi da Vignola e altri* (suit le détail des pièces plus haut citées) *per gittarle tutte di bronzo* (*Op.*, t. VII, p. 407). Au contraire Cellini rapporte ce voyage au milieu de circonstances qui fournissent une date différente. « *In questo tempo* (tel est ce passage) *il Bologna pittore sopradetto dette ad intendere al re, chè gli era bene chè sua Maestà lasciassi andare a Roma e gli facessi lettere di favori per li quali lui potessi formare di quelle belle prime anticaglie* (suit le même détail). *Vita*, p. 351. Au commencement du paragraphe suivant le même auteur écrit : « *Noi non eramo ancora passati il 1543.* » (Ibid., p. 352). Il n'y a donc nul moyen de dater selon lui l'événement hors de l'année 1543.

Il ne faudrait plus que demander lequel est le plus croyable de Vasari ou de Cellini, si un troisième document n'intervenait, celui-là parfaitement incontestable. C'est une charte publiée par Miller (*Charte concernant le Primatice*, p. 213), par laquelle somme est ordonnée au Primatice « étant à présent en la ville de Rome, pour achat et paiement de certaines effigies, médailles et tableaux, et autres choses antiques, que nous désirons, dit le roi, recouvrer à Rome ». Le document est du 31 octobre 1540.

Un point certain, c'est donc qu'il y eut un voyage du Primatice à Rome l'année 1540, duquel Vasari fait mention. Y en eut-il un autre en 1543, dont Cellini doive être tenu garant. J'avoue qu'on pourrait être tenté d'accorder Cellini et le document de Miller, au détriment de Vasari. On admettrait pour cela que les creux pour la fonte ont été rapportés dans le second de ces voyages. De ces creux le document de 1540 ne fait en effet nulle mention. Rien donc jusqu'ici n'empêcherait que les marbres dont parle Vasari, aient été les seules acquisitions de l'année 1540, et que cet auteur, confondant les deux voyages en un, y eût joint par erreur le butin de 1543. Le Primatice fut de nouveau à Rome en 1546, preuve que ces voyages n'étaient point une affaire, en sorte que la vraisemblance en souffre assez bien un troisième dans cet espace de sept ans. Le rapport qu'en fait Cellini, vient après mention d'un séjour du roi à Paris que j'ai daté ailleurs (*Benvenuto Cellini à la cour de France*, supplément, p. 46) du 5 avril au 30 mai. Le roi partit au commencement de juin pour le Cambrésis, où l'Empereur portait la guerre. C'est dans cet intervalle que le départ de 1543 serait placé. Mais voici qui ne permet de retenir qu'une partie de cette solution. C'est un passage des Comptes des Bâtiments, t. I, p. 193.

« A Jean Le Febvre charretier (somme ordonnée) pour avoir charrié et amené du port de Valvins audit lieu de Fontainebleau cent trente-trois caisses, esquelles étaient toutes les *médailles et figures de marbre antique*, et aussi *plusieurs moules en plâtre moulés à Rome sur autres figures antiques*, que maître Francisque Primadicis de Boulogne, peintre ordinaire du roi, a été quérir à Rome et fait amener audit Fontainebleau » (années 1541-1550).

Ce texte est des plus importants dans la question qui nous occupe. En effet, il établit que les moules des célèbres fontes ont été apportés en même temps que les figures antiques dont parle la pièce de Miller, partant, si l'on ne veut supposer que les achats d'un premier voyage aient attendu pour arriver ceux d'un second, que le tout fut recherché en 1540. Sur ce point donc le rapport de Cellini est faux. J'incline à croire que le fait d'un nouveau voyage, auquel il ne donne que ce point pour matière, ne doit pas même être retenu. Mais si l'on voulait le maintenir, l'origine des fontes n'en demeure pas moins datée d'accord avec le témoignage de Vasari.

L'exécution de ces fontes paraît aux Comptes, dans la période de 1541-1550, t. I, p. 191-202. Une lettre publiée par M. Venturi (*Visita artistica*, p. 377) contient ce qui suit écrit par Calcagnino au duc de Ferrare : « *Io essendo già espedito di quanto aveva a fare per all' ora a Fontanableo, prima di partimi volsi vedere certe bellissime statue di bronzo chè ivi in una camera S. M^tà Chr^ma faceva fare. E quali sono presso che finite.* » Il n'y a pas de doute qu'il s'agit de nos antiques, entre lesquelles la Vénus est même remarquée dans ce qui vient ensuite. La lettre est du 23 décembre 1543. *Presque finies* alors, l'achèvement n'en a pas dû passer les premiers jours de 1544. De 1541 à 1543 courent donc les travaux afférents à ces fontes. La mention des pancartes du Louvre, *vers 1540*, est inexacte.

ATTRIBUTION.— Les quatre premiers textes que j'ai cités, garantissent au Primatice la direction de cet ouvrage. Ce qui suit n'a pas été assez distingué par Barbet de Jouy.

1º *Aux travaux d'assemblage des moules*, pour les satyres et le cheval de Marc Aurèle a vaqué Leroux dit Picart (*Comptes*, t. I, p. 193);

2º *A la réparation des cires*, pour le Tibre Pierre Bontemps et Picart (p. 191), pour les bas-reliefs de sa base Bontemps (p. 193); pour l'un des Sphinx et pour l'Hercule Commode encore Picart (p. 201) ;

3º *A la retouche du bronze*, pour le Laocoon Bontemps, Picart (p. 191) et Renaudin (p. 202), pour l'Apollon Bontemps, Picart (p. 191) et Guillaume Durant (p. 201), pour la Vénus Durant et Jean Challuau (p. 201), pour l'Ariane Cardin Dumoûtier (p. 202);

4º *A la fonte proprement dite*, pour toutes ces pièces et nommément pour la Vénus Pierre Beauchesne (p. 200), et avec lui Benoît Leboucher (p. 201).

Mais le plus important de tout est fourni par ce que voici :

« A Jacques Vignole peintre et Francisque Ribon fondeur (somme ordonnée) pour avoir vaqué à faire les moules de plâtre et terre pour servir à jeter en fonte les anticailles que l'on a amenées de Rome pour le roi », p. 198.

Nous tenons ici le nom des principaux ouvriers de l'affaire dirigeant effectivement sous la surveillance du Primatice la partie matérielle de l'œuvre. Le témoignage de Vasari est formel. *Op.*, t. VII, p. 106 : « *Della qual cosa speditosi il Primaticcio, nell' andare in Francia condusse seco il Vignola per servirsene nelle cose di architettura e perchè gli ajutasse gettare di bronzo le dette statue chè avevano formate siccome nell' una e nell' altra cosa fece con molta diligenza e giudizio.* » Que Ribon soit aussi venu d'Italie je n'en veux pour preuve que ces deux faits : qu'on ne le revoit plus nulle part ailleurs, et le nom de Francisque que les Comptes lui donnent. Cette forme n'appartient qu'aux Italiens : Francisque Primadicis, Francisque Cachenemis, Francisque Scibec, Francisque Rustici, Francisque Pellegrin. Il est assez évident que le roi n'avait pas tiré ces ouvriers de Rome pour une simple besogne auxiliaire. De là vient qu'on n'a jamais hésité dans les anciennes descriptions de ces fontes à les appeler les fontes de Vignole. Quand M. Barbet de

Jouy donc, ayant rapporté les éloges que Vasari en fait, produit comme noms des fondeurs à qui ces éloges s'adressent le nom des seuls ouvriers français (*ouv. cit.*, p. 16-17 note, et p. 5), il commet une erreur assez grosse, puisque Beauchesne et Leboucher n'ont travaillé à la fonte de ces morceaux que sous Vignole et Ribon, à qui revient le principal de la louange. Il est à noter que Barbet de Jouy dans une étude aussi complète de ces ouvrages, n'a pas seulement nommé Vignole, si ce n'est sans y prendre garde, et en citant Vasari.

DESTINÉE DE CES OUVRAGES.—Vasari dit qu'ils furent placés dans le jardin de la Reine. Il est au moins certain que trente ans après les Sphinx figurèrent sur les piédestaux au bas des escaliers de l'aile de la Belle Cheminée, où Ducerceau les a gravés. Thomas Coryate les y a vus en 1608 (p. 45). L'Hercule et l'Apollon paraissent aussi sur cette façade en 1642 dans la description du P. Dan (p. 35). Pareillement la Vénus dans une des niches au-dessus. Les Satyres furent pris vers 1555 pour l'ornement de la cheminée de la salle de Bal. Le Cheval fut placé par Catherine de Médicis au milieu de la cour du Cheval Blanc. L'Ariane est décrite sous le nom d'Hersilie au jardin du Roi en 1608 par Th. Coryate (p. 48) en même temps que le Tibre sous le nom de Romulus, pareillement en 1631 par Goelnitz (p. 173) et Dan (p. 160). Les deux derniers décrivent aussi le Tibre, que Goelnitz appelle Neptune. Enfin le Laocoon est mentionné par C. del Pozzo en 1625 au jardin de la Reine (p. 166), et aussi par Dan (p. 176). Au temps de Guilbert tous ces bronzes hors le Tibre, soit le Laocoon, l'Apollon, le Commode, la Vénus et l'Ariane, étaient retirés au jardin de la Reine (p. 215-216). Ces cinq sont justement ceux qui subsistent. Le Tibre, les Satyres et les Sphinx furent fondus à la Révolution ; le Cheval fut détruit en 1626 (Dan, *Trésor*, p. 31).

## ARTICLE XIX. — LE PLATRE DE LA NOTRE-DAME DE MICHEL-ANGE

### 1546.

Une lettre de François Ier publiée par M. de Chennevières et dont l'original est conservé dans les collections Wicar à Lille, mentionne que le roi a donné charge au Primatice d'acheter à Michel-Ange des ouvrages de sa main, et de mouler le Christ de la Minerve et la Notre-Dame de la Fièvre « afin, dit le roi, que j'en puisse orner l'une de mes chapelles ». Cette lettre est du 9 février 1546 (1545 anc. st.). Du Christ de la Minerve je ne puis rien dire. Quant à la Notre-Dame voici ce qu'on trouve dans les Comptes :

« A Jean Leroux dit Picard, imager (somme ordonnée) pour avoir vaqué à jeter en plâtre sur moules apportés de Rome à Fontaine-bleau une grande figure et image de Notre-Dame de Pitié dans la Haute Chapelle du Donjon dudit château » t. I, p, 193-194.

Conformément à ce texte, le P. Dan a décrit ce moulage dans la chapelle Haute de la cour du Donjon « dans une arcade à main droite de l'autel » (*ouv. cit.*, p. 60).

Elle a disparu sans laisser de traces, comme le plâtre du Cheval de Marc Aurèle.

Les moules apportés de Rome pour cette figure avaient été faits sous le Primatice, et je suppose que l'exécution, aussi bien que des fontes ci-dessus rapportées, en fut surveillée par lui.


## ART. XX. — UNE FIGURE DE FEMME DE BRONZE
### entre 1541 et 1550.


Voici le témoignage unique de ce morceau :

« A Francisque Primadicis dit de Boulogne (somme ordonnée) pour avoir vaqué à la façon du moule en stuc d'une grande figure de femme qui sera fondue en cuivre pour mettre sur l'une des portes dudit château. » *Comptes*, t. I, p. 204.

Cette figure était-elle de bas-relief ou de ronde bosse? S'agit-il de la porte Dorée ou de quelque autre entrée que nous ne soupçonnons pas? Je ne saurais le dire.

## ARTICLE XXI. — LE TOMBEAU DES GUISES
### 1550 à 1552.

Ce tombeau, élevé pour le duc Claude, tige de la maison de Guise, figurait avant la Révolution dans la chapelle Saint-Laurent au château de Joinville en Vallage, domaine de la famille. Chapelle et château ont péri. Le monument, dont il ne reste plus que des débris nous est connu : 1° par une description du poète Belleau dans la Bergerie (*Œuvres*, t. II, p. 58), 2° par un rapport du peintre Benoît, que Fériel a publié (*Notice des monuments*, etc., p. 187 à 189).

Les débris conservés sont les suivants :

|  |  |  |
|---|---|---|
|  | A Joinville dans l'Hôtel de Ville, |  |
| 1. | Deux statues de marbre : | La Justice, |
| 2. |  | La Tempérance. |
|  | Dans le cimetière, |  |
| 3. | La dalle du sarcophage. |  |
|  | A Chaumont au musée, |  |
| 4. | Quatre figures de bas-relief | La Foi, |
| 5. | assises sur un cintre, | La Religion, |
| 6. |  | La Charité, |
| 7. |  | L'Abondance. |
| 8. | Deux bas-reliefs en hauteur : | La Justice du duc Claude, |
| 9. |  | Les Aumônes du même. |
|  | Au Louvre, |  |
| 10. | Un écusson en losange aux armes de Lorraine, |  |
| 11-12. | Deux Génies funèbres éteignant leurs flambeaux contre les débris d'un œil-de-bœuf. |  |
|  | Chez M. Peyre, architecte à Paris, |  |
| 13. | Quatre bas-reliefs et fragments | Un Triomphe, |
| 14. | de bas reliefs, | Un Assaut, |
| 15. |  | Un Combat, |
| 16. |  | Fragment. |

V. chez M. Roserot, *Le Mausolée de Claude de Lorraine*, l'histoire exacte de ces différents fragments.

A ces pièces il convient de joindre les dessins 66 et 67 de mon catalogue, qui sont des projets du monument.

Deux restaurations de ce tombeau ont été essayées, l'une par Dauzats, dans les Voyages pittoresques de Taylor (*Champagne*, atlas, t. I), l'autre par M. Guiot (Fériel, *Tombeau de Claude de Lorraine*, p. 12). La première reproduite par M. Bonaffé dans son Mausolée de Claude de Lorraine, est quelque chose de si mauvais, qu'il n'y a pas lieu de s'y arrêter. La seconde est prise presque textuellement d'un dessin ancien que M. Lemoyne, horloger à Joinville, possède. Des personnes averties de l'existence de ce dessin, qu'elles n'avaient pu voir de leurs yeux, à cause d'un certain mystère qu'on en faisait, en attendaient d'importants renseignements. Je croirais même assez que certains croquis de M. Paillette, avant la Révolution doyen du chapitre de Saint-Laurent de Joinville, dont M. Bonaffé a parlé sur la foi de qui je l'ignore, ne sont autre chose que ce dessin. S'il est d'un homme qui avait connu le monument dans son entier, je ne doute pas au moins qu'il n'ait été tracé de souvenir, et après la destruction. Encore n'y voit-on que la disposition de la façade, sans rien de l'intérieur, où se rencontrent plusieurs difficultés.

Voici ce que je propose pour ma part.

La façade de ce monument était, comme porte le dessin de Joinville et d'accord avec le rapport de Benoît, « divisée en trois portiques, celui du milieu large pour laisser apercevoir le tombeau qui est dans le fond. Les quatre vertus cardinales, continue le même auteur, ornent cette façade et sont adossées aux trumeaux qui séparent les portiques ». Deux de ces cariatides étaient celles qui portent ci-dessus les nᵒˢ 1 et 2. Comme on les retrouve dans le dessin 67, il n'y a guère moyen de douter que les deux cariatides détruites aient été conformes à ce qui se voit en outre dans le même dessin, soit une figure en partie cachée, et une autre, dont on n'aperçoit que le bras. Selon Belleau, les têtes de ces figures étaient « enrichies de feuille d'acanthe et de brancheursine », ce qui ne laisse pas clairement démêler de quel ordre étaient les chapiteaux.

« Claude de Lorraine, continue Benoît, à genoux devant un prie-Dieu dans l'attitude d'un homme qui prie avec ferveur, est couvert d'un manteau ducal doublé d'hermine. Derrière lui Antoinette de Bourbon aussi à genoux est vêtue de même ayant une couronne de cuivre doré sur la tête. » Ces figures étaient disposées, comme on les voit dans le dessin 66, dans une niche carrée en façade et au-dessus de l'entrée du monument, partant au-dessus des susdites cariatides. « La galerie au-dessus de l'entablement, les pilastres et les corniches sont de la même pierre que le reste du monument. » J'interprète ces pilastres des massifs qui, à droite et à gauche de la niche que j'ai dite, portent dans le même dessin les armoiries des défunts ; et la galerie au-dessus de l'entablement, d'un socle assez élevé qui dut porter les figures priantes, et dont je dirai plus loin l'utilité. Le dessin de Joinville, que j'abandonne ici, montre ces priants à l'air libre et sans rien qui les environne, ce qui ne s'accorde pas au détail de ce qui suit.

« Une autre galerie, posée au-dessus de celle que je viens de décrire en amortissement, est coupée au milieu par une espèce de niche, dans laquelle sont en relief les armes de Lorraine. » Cette galerie venait au-dessus des priants, et n'est pas figurée dans le dessin 66 précisément terminé en cet endroit. « Dans les compartiments dont les deux côtés sont composés, il y a aussi deux écussons en marbre blanc, des armes en bas-relief et des écussons des chiffres de Claude et d'Antoinette. » J'entends ce passage, qui n'est pas sans obscurité, des deux écussons en losange, figurés à droite et à gauche de la niche dans le dessin, et dont un, apparemment celui de gauche (l'autre étant appelé armoiries de Madame) porte ci-dessus le n° 10.

Entrons maintenant dans l'intérieur. « Le monument, dans lequel on entre par une des arcades qui est entre les cariatides, se termine en voûte. » C'est ici que se voit la nécessité du socle ou galerie que j'ai marqué, sur lequel les figures priantes reposèrent. Comme les retombées de cette voûte, qui n'a pu se développer que d'avant en arrière, venaient au niveau de l'entablement supporté par les cariatides, un pareil socle ménagé à propos, donne à la voûte l'espace de s'arrondir et de laisser en fuyant, la place à l'enfoncement que les statues réclament. Tout le reste, ci-dessus décrit, de la façade au-dessus de l'entablement, sert ainsi à masquer la voûte. Le dessin 66, qui ne montre aucun socle semblable, n'était point, aussi bien, disposé pour une voûte, et il faut bien que cette modification ait été de pair avec le projet de celle-ci. Ce qu'il y a, au premier abord, d'extraordinaire dans le système que je propose, fournit en réalité des convenances qui seront expliquées tout à l'heure. « Dans les tympans sont représentées la Foi, la Religion et de l'autre côté la Charité et l'Abondance. Ces figures sont posées au-dessus d'une corniche qui termine l'architecture. » Il s'agit des tympans de la voûte. Ces figures sont les pièces marquées 4, 5, 6, 7. On reconnaît à l'examen qu'elles étaient assises sur une saillie cintrée, qui dut figurer aux deux bouts de la chambre sépulcrale au-dessus de l'entablement dans les tympans de la voûte. Je remarque que la Religion porte un globe terrestre, et la Foi une hostie dans un ciboire, qui sont précisément les attributs donnés dans le dessin 67, aux figures qui sont devenues la Justice et la Tempérance. Il est probable que les allégories des tympans furent d'abord imaginées par le Primatice pour les cariatides, et que celles-ci devenant des Vertus cardinales, les ont fait reléguer dans cette place secondaire.

« Les intervalles des pilastres sont divisés en compartiments de stuc; aux deux extrémités sont deux espèces de niches dans lesquelles il y a des bas-reliefs incrustés. Deux autres bas-reliefs sont posés sous deux petits vitraux qui sont aux extrémités du sarcophage. » Ces vitraux ont fermé les fenêtres qui, dans le dessin 66, se voient à droite et à gauche au fond de la chambre sépulcrale, et qui sans doute furent diminuées à l'exécution. Les bas-reliefs qui se trouvaient au-dessous ont péri. Les autres bas-reliefs, qui, selon Benoît, figuraient dans des espèces de niches, n'ont pu être qu'aux murs latéraux, et je les reconnais dans les pièces 8 et 9. Ces bas-reliefs, en effet, n'ont pu figurer que vis-à-vis l'un de l'autre en opposition, à cause que la partie la plus saillante et le personnage principal y vient dans tous les deux, du même côté. On ne peut donc les supposer se faisant pendant sur le même mur.

« Deux amours de marbre blanc servent de support à un œil-de-bœuf; ils sont en pleurs éteignant leurs flambeaux. » L'œil-de-bœuf est marqué dans le dessin 66, au milieu du mur du fond entre deux pilastres qui ne purent que répondre aux pieds droits des arcades de l'entrée. Ces pilastres divisent la muraille en trois parties égales. Cette disposition fut changée, puisque des arcades de l'entrée celle du milieu se trouva plus large que les deux autres. L'espace correspondant du fond fut élargi et fournit la place nécessaire aux Génies funèbres décrits par Benoît et mentionnés ci-dessus nos 11 et 12. « Une tête de mort ailée sert d'agrafe au bas de l'œil-de-bœuf. »

Cet œil-de-bœuf et ces vitraux montrent que la chambre sépulcrale confinait par le fond à la rue, partant que le monument occupait une chapelle entière, dont il était effectivement constitué. La façade plus haut décrite, fermait l'entrée de cette chapelle, sous le toit de laquelle on avait seulement appareillé une voûte en berceau transversalement. C'est par là que je puis comprendre ce que dit Belleau du monument : « Cette sépulture est en figure carrée. » Et voici la convenance que j'ai annoncée. C'est que, maçonné l'intervalle entre la voûte ainsi disposée et l'espèce de paravent de marbre qui portait les priants par devant, le dessus de cet édifice ne pouvait figurer, depuis le faîte de la façade jusqu'à la retombée postérieure de la voûte, qu'un toit en pente, parfaitement d'accord avec la forme ordinaire des chapelles en saillie sur les anciennes églises. Je crois par cette remarque, résoudre la question de la voûte et mettre d'accord tous les points de mon système.

Il ne reste plus à dire que le sarcophage, ainsi décrit par Benoît : « Une base de pierre de touche porte un massif revêtu de bas-reliefs sur les trois faces, qui, avec les quatre dont j'ai parlé, présentent les principales actions de Claude de Lorraine. Cette partie est couverte par une corniche aussi de pierre de touche. » Ces bas-reliefs du sarcophage sont ceux dont les débris figurent dans ma liste avec les nᵒˢ 13, 14, 15, 16. Le nᵒ 13 est le mieux conservé. On le voit représenté dans le dessin 67, et une étude pour une des figures, dans le dessin 75. M. Bonaffé n'a pas parlé du 16, et il a cru que 14 et 15 étaient des morceaux d'un même bas-relief. Mais comme les bas-reliefs latéraux durent être plus courts que celui de la face, je crois plus volontiers que 14 est l'un d'eux et que 15 est un fragment de l'autre, auquel je rappareille 16. Si je compare le bas-relief ainsi reconstitué, à l'autre bas-relief latéral, je trouve ici encore la plus grande saillie du même côté, comme il convient à des morceaux faits pour aller en opposition. La corniche de pierre de touche est portée ci-dessus sous le nᵒ 3. Les deux gisants y reposaient comme il se voit dans le dessin 66. Castellan (*Fontainebleau*, p. 272-279) parlant de ce tombeau, a imprimé une notice manuscrite où M. de la Salle, ancien préfet de la Haute-Marne, déclare détenir un fragment de ces figures, et je trouve chez M. Roserot (*ouv. cit.*, p. 207) que M. Jolibois de Chaumont, dans un mémoire manuscrit conservé à la bibliothèque de cette ville, mentionne en 1836 ces figures très mutilées comme retirées au collège de Chaumont. Aucune des personnes que j'ai pu consulter soit à Joinville, à Troyes ou à Chaumont, n'a connaissance du fragment de M. de la Salle, et M. Roserot considère comme perdues les pièces que le collège conservait. Le même

M. de la Salle ajoute « quatre figures d'enfants », qui n'étaient certainement pas de ce mausolée. Je crois que ce sont celles du musée de Chaumont, postérieures de plus d'un siècle par le style.

Il sera inutile de ramener ici une lettre de Grosley au peintre Pierre, que M. Bonaffé a citée (*ouv. cit.*, p. 324) et qui me paraît pleine de confusion et de fantaisie. L'antiquaire troyen prend l'œil-de-bœuf du fond pour une fausse arcade (il dit de-mi-arcade), et la tête de mort qu'il portait lui fait imaginer un masque prétendument détaché de cette tête et qui aurait été sculpté sur le sarcophage. Benoît, qui est parfois obscur, mais qui s'efforce partout d'être complet, n'a rien dit de cette invention poétique, très éloignée des pensées ordinaires des artistes d'alors.

DATE. — M. Bonaffé a republié (*ouv. cit.*, p. 326) d'après Grosley deux pièces comptables communiquées dans le temps par le duc d'Orléans, et où se trouve mentionnée partie du paiement de cette sépulture. L'une est datée du 30 janvier 1551, l'autre du 29 décembre 1552. Le duc Claude était mort le 12 avril 1550. C'est donc entre 1550 et 1552 qu'il faut placer les travaux en question.

ATTRIBUTION. — Les dessins 66 et 67, incontestablement de la main du Primatice, attestent que cet artiste est l'auteur de l'ouvrage, que les sculpteurs ont achevé sous lui. Le n° 75 témoigne qu'il fit des études particulières d'après nature pour quelques figures de ce monument, et le style des parties conservées 8, 9, 13, 14, 15, 16 me fait croire qu'ils ont été copiés sur des modèles de terre fournis par lui. Je les dirais de sa propre main, si le grand nombre de ses occupations et son rôle d'artiste directeur s'accommodait de cette supposition. Au reste rien ne permet d'assurer qu'il ait jamais travaillé le marbre.

Ce que j'ai dit a fait entendre dans quelle mesure les deux dessins d'ensemble ont servi à l'exécution. Le 67 paraît avoir été fait le premier. On n'en a gardé que les morceaux, soit le bas-relief et les cariatides. Le 66 a fourni le plan de la chambre sépulcrale et de la partie de dessus. On y a ajouté la voûte, quelques figures et les cariatides en façade au lieu des figures aux coins du sarcophage.

Voici maintenant ce qui concerne les ouvriers de ce tombeau. Les deux quittances que j'ai citées plus haut, nomment deux fois Dominique Florentin et Leroux dit Picart (appelé Picart dit Leroux par erreur). Voilà deux noms parfaitement certains. Pernot, attaché à la maison d'Orléans, et qui avait pu consulter les archives de Guise (v. Roserot, *ouv. cit.*, p. 214, n. 1) écrit d'autre part (chez Fériel, *Tombeau de Claude de Lorraine*, p. 15, n. 2) : « Trois sculpteurs y furent employés : Dominique Florentin, Jean Picard dit Leroux et Richiel. Le premier, connu sous le nom de Dominique del Barbiere, vint s'établir à Troyes. Richiel habitait Pont-à-Mousson. Des mémoires et des comptes assurent que les dépenses montèrent à 7000 livres. » M. Bonaffé a cru ce texte le propre de Fériel et méconnu son autorité. Cet auteur ne veut pas que Richiel, qui n'est autre que Léger Richier de Saint-Mihiel, ait travaillé au tombeau des Guises. Au contraire M. Léon Germain (*Ligier Richier et le tombeau de Claude de Lorraine*, p. 60-61) a remarqué dans ce témoignage entre autres marques d'authenticité, le fait que Richier y est logé à Pont-à-Mousson, où il est vérifié qu'il travaillait alors au tombeau de Philippe de Gueldres, mère du duc Claude. Fériel avait cité Pernot sans le nommer, plaçant seulement entre guillemets son témoignage. M. Roserot en retrouvant Pernot, a rendu à ce texte toute son autorité. Il vient d'un Mémoire imprimé dans le *Bulletin monumental* an. 1857, lequel reproduit une lecture faite en 1842 par le même à la Société des Beaux-Arts. Dominique, Picart et Richier, tels sont donc, avec d'autres qu'on ignore peut-être, les collaborateurs du Primatice dans cet ouvrage. Il faut essayer de distinguer leurs travaux.

M. Léon Germain veut que Richier ait sculpté les figures gisantes pour deux raisons : qu'il était apte à ce genre d'ouvrages et que dans les quittances de Grosley les gisants n'étant pas mentionnés, doivent être tenus pour l'œuvre de quelque autre que Picart et Dominique. La première raison est insuffisante, et ce qui fait que la seconde ne vaut pas, c'est qu'aucune partie du tombeau n'étant rapportée distinctement dans les pièces de Grosley, l'omission des gisants ne décide rien.

Venons à Dominique. M. Roserot lui attribue, avec les cariatides, les bas-reliefs du sarcophage et ceux de la Justice et des Aumônes. Je tiens pour assez évident que tous ces bas-reliefs sont de la même main, mais quant à conserver la même attribution pour les cariatides, cela ne se peut absolument pas. L'auteur de cette confusion est M. Bonaffé, qui, sans donner de raison aucune, tient indistinctement Dominique pour auteur des cariatides et des bas-reliefs du sarcophage. Or en cela M. Bonaffé ne saurait faire autorité, n'étant pas même allé à Joinville, et n'ayant jugé des cariatides que sur un dessin qu'on lui envoya. Ceci ne l'a pas empêché de donner une définition de la manière de Dominique, qu'il appelle « un élève du Rosso converti par Jean Goujon. » Des ouvrages certains de Dominique sont la Foi et la Charité de Saint-Pantaléon de Troyes et les bas-reliefs de Saint Étienne dans l'église de Bar-sur-Seine. Je ne vois pas ce que de tels morceaux ont en commun avec Goujon. En revanche j'y trouve un fracas, une fougue affectée, un défaut de finesse, avec des recherches florentines, qui éclatent dans les cariatides de Joinville, dont je ne saurais douter que Dominique est l'auteur.

Au contraire rien de pareil ne se découvre dans nos bas-reliefs, mais seulement une docilité incroyable aux enseignements du Primatice. Parce que M. Babeau a signalé dans les statues de Troyes, certains ornements du costume traités avec un fini précieux, M. Bonaffé, relevant des traits pareils dans les bas-reliefs en question, savoir les casques et les armures, les roues du char, l'écu de Guise, en trouve assez pour assurer la communauté d'origine. Je demande en quoi de pareils rapprochements peuvent établir la manière d'un artiste. Ce sont au contraire des traits fort peu particuliers, capables de se reproduire sous des mains entièrement différentes. Ainsi les bas-reliefs du sarcophage et ceux de la Justice et des Aumônes sont l'ouvrage d'un autre que de Dominique. Serait-ce de Leroux dit Picart ?

Pour les quatre figures assises de bas-relief du musée de Chaumont je les regarde comme l'œuvre d'un troisième.

---

ATELIER DE NESLE

# ARTICLE XXI ᵇⁱˢ. — ACHÈVEMENT DU TOMBEAU DE FRANÇOIS Iᵉʳ
## 1559.

C'est ici une faible partie de la carrière du Primatice, mais qu'il importe d'éclaircir pour bien comprendre ce qui suit.

Sa commission de surintendant des Bâtiments, datée du 12 juillet 1559, porte qu'il fera « parachever la sépulture dudit feu roi François notre aïeul »; et voici ce qu'on trouve à la période des Comptes allant de janvier 1559 (1558 anc. st.) à fin septembre suivant à l'article de cette sépulture :

« A maître François Primadicis de Boulogne abbé de Saint-Martin la somme de 300 livres pour ses gages d'avoir vaqué à ladite sépulture durant trois mois, qui est à raison de 1,200 livres par an. »

Je me demande si c'est ce texte mal entendu, qui fait dire à Villot que Henri II avait voulu que le Primatice donnât le dessin du tombeau de son père. Le fait est qu'on ne voit rien de pareil dans l'histoire de ce monument, bien et dûment rendu depuis assez longtemps à Philibert Delorme. Les trois mois dont il s'agit ci-dessus, sont exactement comptés depuis juillet jusqu'à fin septembre, et ce passage marque les débuts du Primatice dans cette charge.

Voici maintenant des textes dont la comparaison importe à ce que je vais dire sur le même sujet.

10 février 1558. « Germain Pilon sculpteur, confesse avoir fait marché avec maître Philibert Delorme de faire huit figures de fortune en bosse ronde sur marbre blanc pour appliquer à la sépulture et tombeau du feu roi, chacune desdites figures de trois pieds de hauteur ou environ accompagnées et armées selon leur ordre. » *Comptes,* t. I, p. 352.

1559-1560. « A Germain Pilon sculpteur (somme ordonnée) pour faire huit figures en bosse ronde sur marbre blanc pour appliquer au tombeau de la sépulture du feu roi François, chacune desdites figures de trois pieds de haut accompagnées et ornées selon leur ordre » t. II, p. 4.

1559-1560. « A Ponce Jacquio sculpteur (somme ordonnée) pour faire et parfaire huit figures en bosse ronde sur marbre blanc pour appliquer au tombeau de la sépulture du feu roi François, chacune desdites figures de trois pieds de haut accompagnées et ornées suivant leur ordre » t. II, p. 4.

1560. « A Ponce Jacquio sculpteur (somme ordonnée) pour ouvrages de sculpture de huit figures

1562. « A Germain Pilon sculpteur (somme ordonnée) pour avoir besogné tant à la sépulture du feu roi François premier de ce nom...» t. II, p. 70.

1563. « A Germain Pilon sculpteur (somme ordonnée) pour les ouvrages de sculpture par lui faits de l'ordonnance de l'abbé d'Ivry en huit figures de petits enfants de marbre blanc, faits pour servir au tombeau et sépulture du feu roi François premier. » t. II, p. 106.

1566. « A Germain Pilon (somme ordonnée) sur ce qui lui est dû des huit figures par lui faites pour servir à la sépulture du feu roi François premier. » t. II, p. 129.

de fortune de bosse ronde sur marbre blanc pour appliquer à la sépulture et tombeau du feu roi François. » t. II, p. 33.

1562. « A Ponce Jacquio sculpteur (somme ordonnée) pour la sépulture du feu roi François premier de ce nom. » t. II, p. 70.

Il ressort très évidemment de la comparaison de ces textes, que tous les articles, dans une même colonne, se réfèrent à un même ouvrage, et non moins évidemment que les deux commandes se font pendant. Huit figures *de fortune* de trois pieds de haut de ronde bosse en marbre blanc à Pilon d'une part, huit figures *de fortune* de trois pieds de haut de ronde bosse en marbre blanc à Ponce Jacquio de l'autre.

On ne trouve nulle part l'explication de cette expression figures de fortune. M. de Laborde, dans la table des Comptes, les enregistre sous le nom de « figures des huit Fortunes ». Lenoir (*Monuments français*, t. III, p. 77) et après lui M. de Mély (*François Marchand*, p. 225) expliquent *fortune* par *allégorie*. Autant de contresens, puisqu'il est certain par le quatrième texte de gauche, que ces figures représentaient des petits enfants, non pas des Fortunes ni aucune sorte d'allégorie. Au contraire le rapprochement avec un texte cité p. 355, où ce même terme est employé, me fait croire que figures de fortune a signifié figures de surcroît, figures d'ornement, figures accessoires.

Quoi qu'il en soit de ce point, huit figures d'enfant de trois pieds avaient été sculptées par Pilon pour le tombeau de François I<sup>er</sup>, et huit figures de même dimension apparemment faites pour aller avec celles-ci, sortirent des mains de Ponce pour le même tombeau. Une difficulté se présente, c'est de les retrouver dans le monument.

M. de Mély a écrit qu'elles « devaient orner la voûte ». Lenoir reconnaissait les figures de Pilon dans les enfants de bas-relief qui sont en effet sculptés à cette place, mais la contradiction de sa note et du texte suffit à réfuter une pareille opinion : « Huit figures de fortune *en bosse ronde* », disent les Comptes. « *Bas-reliefs* qui ornent la grande voûte du tombeau » : tel est l'explication de Lenoir. La vérité est que ce tombeau ne présente de figure de ronde bosse que celle des défunts gisants et priants. Une critique exacte et scrupuleuse n'aurait donc qu'à s'abstenir, si un texte publié par M. de Boislisle (*Sépulture des Valois*, p. 250-251), ne venait jeter sur cet article la lumière dont nous avons besoin. L'inventaire dressé en 1572 par le contrôleur Donon des ateliers des sépultures royales, porte une note finale où l'on relève ces mots :

« Est à noter que des seize petits enfants de marbre qui devaient servir à la sépulture du feu roi François I<sup>er</sup>, faits assavoir huit par Germain Pilon sculpteur et autres huit par Ponce Jacquio, en fut pris par Picart autre sculpteur trois pour mettre et servir d'ornement à la sépulture du cœur du feu roi Henri assise aux Célestins. N'en reste que treize, qu'a eus M. le m<sup>al</sup> de Retz par commandement du roi. »

On ne saurait douter que ces seize petits enfants ne soient les figures nommées plus haut. Les figures de fortune sculptées par Ponce, représentaient des enfants comme celles de Pilon, et les unes ni les autres ne furent jamais placées au tombeau de François I<sup>er</sup>, toutes seize ayant été employées comme porte la note qu'on vient de lire.

Si l'on demande en quelle place on avait dessein de les mettre, quoiqu'aucun témoignage ne confirme ce que je vais dire, les dimensions de ces statues et leur nombre les désignent indubitablement pour amortissement des seize colonnes du tombeau tout autour de l'impériale. Si ce projet ne fut pas suivi, comme ce changement survint sous le Primatice, il va de soi que celui-ci en fut cause. Aussi bien le fait est confirmé par une lettre de

Henri III au 2 mars 1579 pour la décharge du contrôleur Donon alors accusé de détournement de ces marbres (Boislisle, *ouv. cit.*, p. 259). « Quelques enfants de marbre, ainsi s'exprime cette lettre, qui autrefois avaient été faits pensant les faire servir à la sépulture du feu roi François notre grand-père, lesquels pour y avoir été changés de dessein par le feu abbé de Saint-Martin, qui en avait la charge, étaient demeurés inutiles. »

Deux auteurs ont connu et commenté le texte tiré de l'inventaire de Donon, M. Palustre d'une part (*Renaissance*, t. II, p. 108) et M. Molinier (*Les Della Robbia*, p. 177-180). Le premier a pris, je ne sais comment, ce texte pour une simple opinion exprimée par M. de Boislisle. « M. de Boislisle semble croire, dit-il... » ; et il conclut à rejeter des témoignages si authentiques : après quoi il affirme que les enfants de Pilon et de Ponce n'étaient que huit en tout. « Ils sont, dit-il, au nombre de huit et n'ont jamais changé de place. » Cette place est selon lui la voûte du tombeau. M. Molinier au contraire a tiré utilement parti du même texte, mais seulement à l'égard du monument du cœur de François II, ce qui fait que je remets au chapitre suivant à rapporter ses conclusions.

## ARTICLE XXII. — LE MONUMENT DU CŒUR DE FRANÇOIS II ET UN GÉNIE FUNÈBRE

### 1562 à 1567.

DÉTAIL DE L'OUVRAGE. — Voici les textes des Comptes des Bâtiments qui regardent ce morceau :

1) « A Frémin Roussel (somme ordonnée) pour faire tailler une figure d'ange dedans une pierre de marbre à la hauteur de trois pieds ou environ, laquelle figure tiendra un tableau faisant mention de la figure du feu roi François dernier décédé » t. II, p. 107.

2) « A Jean Leroux dit Picard, sculpteur et imager (somme ordonnée) pour trois modèles en plâtre par lui faits représentant trois figures de marbre, qu'il convient faire pour servir à la sépulture du cœur du feu roi François dernier pour icelle porter à Orléans, et de faire un piédestal de marbre et de cuivre au-dessus duquel doit être placée une colonne aussi de marbre servant à mettre le cœur du feu

roi François dernier, et sur un chapiteau faire aussi un enfant de cuivre tenant une couronne impériale, le tout suivant le pourtrait et modèle qui lui a été baillé par ledit abbé de Saint-Martin. » *Ibid.*

3) « A Jérôme de La Robia imager et sculpteur (somme ordonnée) sur la façon et ouvrage de deux petits enfants de marbre blanc de la hauteur de deux pieds, qui serviront à mettre aux coins du piédestal qui se dresse pour le cœur du feu roi François dernier t. II, p. 119.

4) « A maître Jean Leroux dit Picard sculpteur (somme ordonnée) pour ouvrages qu'il a faits tant de cuivre que de marbre pour servir à la sépulture du cœur du feu roi François dernier décédé, que le roi a ordonnée être faite pour être mise à Orléans. » *Ibid.*

5) « A Frémin Roussel (somme ordonnée) pour avoir tenu plus haut et de la grosseur de demi-pied ou environ une figure de marbre par lui faite courbée et tenant un livre en forme de tables de Moïse qui doit servir à l'un des angles de la colonne et piédestal fait de marbre et pierre mixte de la sépulture du cœur du feu roi François. » *Ibid.*

6) « A Jérôme de La Robia sculpteur (somme ordonnée) pour les ouvrages de sculpture par lui faits en deux petits enfants de marbre qui doivent servir à la sépulture du cœur du feu roi François dernier décédé... deux petits enfants assis sur une tête de mort tenant une trompe de renommée à flamme de feu renversée signifiant la vie éteinte, contenant deux pieds de haut, pour servir au tombeau du cœur du feu roi François dernier pour iceux porter à Orléans avec ledit tombeau. » *Ibid.*

Ces textes fournissent un détail complet du monument dont il s'agit. Tout serait donc dit si ce monument, qui subsiste à Saint-Denis dans son entier, ne présentait des parties qui ne répondent malheureusement pas à ce détail. La figure d'ange de Roussel est absente de ce monument, ainsi que les enfants au nom de Jérôme della Robbia, tels qu'ils sont décrits dans ce qui précède. Selon les textes, les trois coins du piédestal devaient être occupés l'un par une figure d'ange qui tenait des tablettes, les deux autres par des enfants assis sur des têtes de mort et tenant des torches renversées. Le monument que nous voyons, porte trois enfants aux trois coins, de stature pareille, tenant il est vrai des torches renversées, mais debout et sans nulle tête de mort. Il faut expliquer cette différence.

M. Palustre (*Renaissance*, t. II, p. 147-148) a passé outre et feint de croire que ces enfants tels quels étaient l'ouvrage de La Robbia. M. Molinier, au contraire, a reconnu que le projet avait été changé. C'est ici que ce qu'on a lu tout à l'heure, prend de l'importance. Des seize enfants sculptés par Pilon et Ponce pour le tombeau de François I⁰ʳ, et qui ne furent jamais placés, trois furent pris, selon la note que M. de Boislisle a publiée, « pour mettre et servir d'ornement à la sépulture du cœur du feu roi Henri ». M. Molinier (pass. cit.) substitue avec raison le roi François au roi Henri. La sépulture du cœur de Henri II, dont il sera parlé plus loin, n'eut jamais place pour de pareils enfants, qu'au contraire nous trouvons à celle de François II. Ainsi ni l'ange de Roussel, ni les enfants assis sur des têtes de mort de La Robbia ne furent placés, mais en leur lieu les trois enfants debout que nous voyons, empruntés à la suite des seize étudiés au précédent chapitre.

ATTRIBUTION.—On demandera aussitôt si ces enfants furent pris parmi ceux que Pilon avait sculptés ou s'ils ont eu Ponce pour auteur. M. Molinier n'hésite pas et nomme Ponce. J'ose dire qu'il le fait au hasard, car le texte dont il s'agit ne donne aucune lumière à cet égard. Par bonheur, si nous ignorons le style de Ponce, privés que nous sommes de tout ouvrage authentique de sa main, celui de Pilon est parfaitement connu. Une grande recherche dans les traits du visage, une élégance extrême dans les pieds et les mains, un goût de draperie large et étalée en sont les marques incontestables. Les pleureurs de Saint-Denis sont de complexion robuste, leur visage est sans élégance, leurs extrémités sont ramassées, leur draperie est de petits plis pressés. Ils ne sont certainement et absolument pas de Pilon. Il n'y a donc pas moyen de douter qu'ils soient de Ponce. Il est vrai que cette preuve négative manque encore de la force qui s'attache aux arguments directs. Il convient donc de la confirmer par ce témoignage tiré des Comptes :

7) « A Ponce Jacquio imager (somme ordonnée) sur et tant moins des ouvrages de son art, par lui faits aux sépultures du feu roi Henri et François second » t. II, p. 129.

Lenoir a publié ce texte, mais il manque chez lui de toute la force qui ressort de ce qui précède. Qu'on en pèse bien l'importance. C'est la seule fois qu'on trouve Ponce Jacquio mentionné pour ce monument. On ne voit pas ce qu'il y aurait pu faire selon le premier projet, dont toutes les parties sont rigoureusement distribuées. Davantage, on ne voit après cette mention reparaître ni l'ange de Roussel, ni les enfants de La Robbia. Je suis donc très assuré qu'elle se rapporte à la mise en place des trois enfants qui les suppléent. Et puisque Ponce les a mis en place, il est bien certain que c'étaient les siens.

Pour les autres parties, les texte 2) et 4) assurent à Picart l'exécution de la colonne, du piédestal, et de l'enfant de bronze portant la couronne, qui reposa sur le chapiteau.

La lettre même du 2) donne au Primatice le dessin de tout le morceau, de quoi M. Palustre n'a pas tenu compte.

DATE. — Les textes 1) et 2) sont de 1563; 3) 4) 5) 6) de 1565. Jusque là les mentions des mêmes parties indiquent que rien n'était changé. Le 7) est de 1567. C'est donc dans l'intervalle que le projet fut rompu. M. Molinier n'a pas connu la nature de cette rupture, mais seulement allégué une modification du monument déjà achevé, à une date indéterminée. On voit que la lettre des Comptes oblige de fixer cette date. Il est naturel de demander quel événement survint à cette époque. Or c'est la mort de La Robbia arrivée le 15 août 1566. Cette mort explique tout ce que j'ai rapporté. Les deux enfants dont il était chargé, n'étaient point achevés apparemment, ni peut-être même commencés. L'idée vint de mettre à la place des figures qu'on avait sous la main. Mais pourquoi, lorsqu'il n'en manquait que deux, en prit-on trois? ou est-ce que Roussel, qui ne mourut point, n'exécuta pas l'ange projeté?

Il est certain au contraire que cet ange fut exécuté. Mais qu'on se réfère aux proportions dont les Comptes font mention. Cet ange qui figure un adolescent, assis il est vrai, portait trois pieds ou trois pieds et demie, les figures de Ponce, qui ne sont que des enfants, avaient trois pieds. Ils étaient donc trop grands pour paraître auprès. La preuve c'est que les enfants de La Robbia n'étaient projetés que de deux pieds. Comme il était plus facile de requérir une troisième figure d'enfant parmi les seize qui se trouvaient en magasin, que d'en faire deux neuves suivant cette proportion. C'est ce parti que l'on prit et l'ange de Roussel fut supprimé du même coup qui fit remplacer les enfants de La Robbia par ceux de Ponce.

Au reste l'année 1567 ne marque pas même la date extrême de l'achèvement de ce monument. Il est parfaitement certain qu'au moins une des inscriptions qu'il porte est postérieure à 1587, date de la mort de Marie Stuart, car on y appelle cette princesse, épouse du roi dont ce monument dut conserver le cœur, « *generosam Christi martyrem* ». Cependant on doit croire que dès

1572 toutes les parties nécessaires à l'érection de cette sépulture, étaient finies, puisque la note de l'inventaire Donon, qui est de cette époque, la déclare « assise aux Célestins ».

## LE GÉNIE FUNÈBRE DE FRANÇOIS II.

Barbet de Jouy a reconnu (*Catalogue du Louvre*, p. 72) la figure d'ange ou génie funèbre de Roussel dans un marbre du musée du Louvre conservé sous le n° 272. La description contenue aux textes 1) et 5) ne laisse aucun doute sur cette identité, à laquelle les renseignements de provenance sont conformes. Quant à cette description, on remarquera seulement que les tablettes que tient cette figure y sont dites « en forme de tables de Moïse », et qu'elles n'ont point en effet cette forme. Mais ce point ne doit pas faire obstacle, parce que les mains et une partie des avant-bras ayant été refaits, il est évident qu'on a scié ces tablettes, pour les accommoder à un nouveau mouvement.

Quant à la provenance, Lenoir, qui recueillit ce morceau dans son musée des Monuments Français sous le n° 120, le dit « placé originairement dans le trésor de Saint-Denis (*Monuments Français*, t. IV, p. 107). En date du 22 ventôse an II, soit 12 mars 1794 (*Archives du musée des Monuments Français*, 2° partie, p. 130-131) on trouve de lui la note suivante : « J'ai reçu de Franciade, ci-devant Saint-Denis, une petite figure dans l'attitude d'écrire représentant un génie ailé sculpté en marbre blanc »; et à la même date de son Journal publié par M. Courajod (t. I, p. 39), cette autre note : « Reçu du c. Scellier de l'église Saint-Denis le génie de l'étude sculpté en marbre blanc par un artiste inconnu... Cette figure a été malheureusement mutilée. » La multiplicité de ces renseignements permet de regarder comme une erreur sans conséquence, la mention faite du même morceau dans son projet de catalogue pour 1794 (*Archives du Musée des Monuments Français*, 2° partie, p. 18), comme provenant de l'église Saint Benoît.

La présence de cette figure dans le trésor de Saint-Denis signifie qu'on la conservait comme un morceau dépareillé. Voici, pour la confirmation de ce fait, un texte que personne n'a relevé. Il est de Félibien (*Saint Denis*, p. 552) : « Le premier (tombeau) que l'on voit *près d'une petite figure d'ange de marbre blanc fort bien travaillée et qui avait été vraisemblablement destinée à quelque tombeau*, est des rois Eudes et Hugues Capet. » Il s'agit évidemment de notre figure, placée en ce temps-là dans le chœur de l'église.

Reste à dire comment elle a pu passer de l'atelier de Nesle à Saint-Denis. Je suppose qu'elle aura fait ce voyage en même temps que ce qui restait des enfants de Pilon et de Ponce, dont l'histoire sera achevée plus loin. Je retiens seulement ici que pour être complète, la mention du Louvre pour cette statue devrait porter : Ouvrage de Frémin Roussel sur un modèle de Picart, d'après les dessins du Primatice.

*Note générale.* M. Palustre a voulu que la mention d'Orléans répétée aux textes 2, 4 et 6, ne signifiât autre chose que la chapelle d'Orléans aux Célestins de Paris. Je ne sais comment on peut soutenir un tel mode d'interprétation. Le monument fut destiné à Orléans, apparemment parce que le jeune roi mourut dans cette ville. C'est de la sorte que le cœur de François Ier, mort à Rambouillet, alla à l'abbaye de Hautes-Bruyères qui est auprès, celui de Henri II mort au palais des Tournelles, aux Célestins, celui de Henri III, tué à Saint-Cloud, dans l'église de ce village. Des contretemps que l'on ignore ont empêché de porter à Orléans le monument de François II, et le fait est qu'en 1572, il était retiré aux Célestins. Je ne suis même pas certain que le cœur du roi y ait jamais été placé. Au moins Dargenville en parle de cette sorte : « Le cœur de François II *devait* y être renfermé » (*Paris,* p. 221). M. Molinier pense que le monument fut bien porté à Orléans, mais qu'on le fit ensuite revenir à Paris. Il faudrait que l'un et l'autre voyage eût été fait dans l'espace de cinq ans entre 1567 et 1572, ce qui me paraît tout à fait improbable. Transporté à la Révolution au Musée des Monuments Français, le monument a passé en 1816 à Saint-Denis, où on le voit aujourd'hui dans son entier, hors l'enfant de bronze qui portait une couronne au faîte de la colonne, et qui a été fondu.

Le musée de Cluny perpétue donc une erreur facile à corriger dans la pancarte jointe à un petit pleureur qu'il conserve. « Génie funèbre, ainsi s'exprime cette pancarte, provenant du monument de François II. Église des Célestins de Paris. » Ce monument n'eut jamais que trois pleureurs, qui sont en place. Il est donc très certain que celui-ci n'en vient pas. Il est vrai que le musée de Cluny l'a recueilli en 1881 de Saint-Denis, où je vois qu'il fut porté (Courajod, *Journal de Lenoir,* p. 185) avec la colonne qui, dans Saint-Cloud, soutint le cœur de Henri III. Lenoir avait recomposé un seul monument de ces deux pièces, gravées ensemble, t. III, p. 92 de son catalogue. J'ai relu plusieurs fois toutes les entrées du musée des Monuments Français sans parvenir à découvrir d'où Lenoir tira cette figure. Une chose seulement peut être retenue. C'est que son catalogue de l'an VIII en porte la première mention. Celui de l'an VI ne l'a point encore. Mais ce qui ne laisse pas d'être certain par ses dimensions et son dessin, c'est que nous avons dans ce morceau un des seize pleureurs jadis destinés au tombeau de François I<sup>er</sup> et que le Primatice écarta.

Celui-là est-il de Pilon ou de Ponce ? Le musée de Cluny hésite. A ne considérer que le morceau, le style de Pilon se déclarerait assez, mais on pourrait arguer encore d'une ressemblance possible du style de Ponce avec celui-là. L'existence des pleureurs de Saint-Denis ôte ce doute. On y trouve en effet une main très différente et la preuve qu'il ne faut pas craindre de confondre ces deux artistes. Il est donc parfaitement certain que le pleureur de Cluny est de Pilon.


## ARTICLE XXIII. — LE MONUMENT DU CŒUR DE HENRI II

### 1560 à 1563.

DÉTAIL DE L'OUVRAGE. — Voici les textes qui regardent ce monument :

1) « A Germain Pilon sculpteur (somme ordonnée) pour la sculpture et façon de trois figures de marbre blanc pour la construction de la sépulture du cœur du feu roi Henri. » *Comptes*, t. II, p. 55-56.

2) « A Jean Picard, maçon et sculpteur (somme ordonnée) pour les modèles en terre, cire, bois et autres matières du piédestal et vase, pareillement du cœur et couronne qu'il est besoin faire pour l'ornement du simulacre du cœur du feu roi Henri. » *Ibid*.

3) « A Dominique Florentin imager (somme ordonnée) pour avoir fait un piédestal en soubassement servant à trois figures de marbre pour le tabernacle et sépulture du cœur du feu roi Henri, et sous icelui piédestal mettre et asseoir une plinthe de pierre de marbre noir, et au-dessus une autre portant corniche, aussi avoir fait un vase de cire dedans lequel a été mis le cœur d'icelui défunt, réparé nettoyé et

poli le vase de cuivre qui a été fait sur le modèle dudit vase de cire. »
*Ibid.*

4) « A Benoît Boucher fondeur (somme ordonnée) pour avoir par
lui fait un grand moule en terre et fer pour jeter en cuivre le piédestal sur lequel se devait mettre un vase pour mettre le cœur du feu
roi Henri. » *Ibid.*, p. 56.

5) « A Germain Pilon sculpteur (somme ordonnée) pour trois
figures de marbre en une pièce, qui portent un vase dedans lequel est
assis le cœur du feu roi Henri dernier en l'église des Célestins. »
*Ibid.*, p. 107.

Comme au chapitre précédent, le rappareillage de ces textes
avec le monument lui-même, aujourd'hui conservé au Louvre,
ne va pas sans difficulté. Les trois figures mentionnées 1) et 5)
se reconnaissent assez dans les trois Grâces qui en font la partie principale. Je ne sais du tout ce que signifie le *cœur et couronne* du texte 2), mais comme il a tout l'air d'un barbouillage
de scribe, je ne m'en fais pas autrement de peine. Au contraire
4) déclare sans équivoque possible un piédestal projeté de
bronze, comme le vase porté sur la tête des trois Grâces. Or le
présent piédestal est de marbre. Il faut donc, quant à cela,
qu'on ait changé le projet. Les modèles de ces deux parties à
jeter en bronze furent exécutés par Dominique. Cela ressort
du texte 3) auquel celui du vase est clairement marqué comme
vase de cire, et celui du piédestal se fait assez entendre. Il faut
que les modèles dont il est question 2) ne soient proprement
qu'une maquette.

ATTRIBUTION.—Si dans le changement de projet qui survint, le
même modèle de piédestal fut conservé et si Dominique, auteur
du modèle à jeter en bronze, a été pareillement chargé du
marbre, c'est ce qu'on ne peut décider. Il n'est donc pas du tout
certain que le piédestal que nous voyons, soit, comme on le
répète, de Dominique Florentin. Le reste au contraire est certainement de Pilon. J'ajoute que le fondeur nommé en 4) est évidemment le même que Benoît Leboucher qui a paru p. 302 pour
les fontes de Vignole. C'est par erreur que M. de Boislisle a
ajouté (*Sépulture des Valois* p. 245) le nom de Roussel à cette
liste, ayant rapporté, comme il paraît, à ce monument une mention, *Comptes*, t. II, p. 56, qui regarde le tombeau de Henri II.

Quant au dessin d'ensemble, il ne faut pas hésiter à le donner
au Primatice. C'était l'opinion de M. Villot, que je prouve de

la manière suivante. Le Primatice était le maître en Nesle et sur toutes les sépultures royales, autant que sur les bâtiments de la couronne. Cette maîtrise s'est nécessairement exercée par l'ordonnance de tous ces ouvrages. Des textes exprès en portent le témoignage pour le monument de François II et pour le mausolée de Henri II, voire pour ce qui se fit sous lui au tombeau de François I<sup>er</sup>. Il n'y a donc pas moyen de douter qu'il en ait été de même ici.

Tout du reste s'accorde à cette conclusion. Premièrement le style du morceau, libre et dégagé de la routine à laquelle les Français n'échappaient point encore, et dont Philibert Delorme n'avait rien fait pour les tirer. En second lieu le texte 2) où Picart figure pour l'auteur d'une maquette dont il n'a certainement pas fourni le dessin. Cette terre, ce bois, cette cire furent assemblés par lui sur les indications du Primatice, comme nous le verrons faire à Ponce pour le tombeau de Henri II.

DATE. — Les textes 1) 2) 3) 4) sont de l'année 1561, et 5) de 1563. Telles sont les dates auxquelles il faut rapporter l'exécution de ce monument.

DESTINÉE DE L'OUVRAGE. — Ce monument resta jusqu'à la Révolution aux Célestins, pour lesquels on l'avait destiné. Après le musée des Monuments Français, il est entré au Louvre, où il ne lui manque rien que l'urne de bronze, fondue à la Révolution, et remplacée par une imitation de bois doré.

## ARTICLE XXIV. — LE MAUSOLÉE DE HENRI II
### 1563 à 1570.

DÉTAIL ET ATTRIBUTION. — Voici un résumé des mentions qu'on trouve aux Comptes des Bâtiments concernant ce fameux ouvrage :

1) Ponce Jacquio pour « deux figures de bronze encommencées » t. II, p. 119.

2) Frémin Roussel pour une « basse taille qui représente Charité en pierre de marbre » p. 119, et pour « un masque de marbre rouge » p. 128.

3) Dominique Florentin pour « le modèle de terre en forme de priant à genoux représentant l'effigie au vif du feu roi Henri pour ledit modèle fondre en cuivre » p. 120.

4) Jérôme della Robbia pour la « figure d'un gisant de marbre blanc de longueur de cinq pieds représentant la figure de la feue reine » p. 121.

5) Germain Pilon pour « deux figures qu'il doit faire de bronze », p. 119, pour « quelques basses tailles », *ibid*, « un gisant », p. 128, et « quelques masques en marbre blanc », p. 119.

6) Laurent Renaudin pour « des histoires qu'il fait de cire pour icelles mettre en bronze pour mettre à l'entour de la sépulture du feu roi Henri » p. 119.

7) Benoît Leboucher pour la fonte de « quatre figures » p. 121.

J'écarte premièrement la mention 6) et la dernière partie de 5) qui ne souffrent d'identification avec aucune partie du tombeau tel qu'il est. Il n'a de masques que de marbre rouge, et les bas-reliefs alentour sont de marbre, non de bronze. Ce sont là des traces d'un dessein modifié. En interprétant le reste au moyen du monument, on est naturellement amené à le répartir comme suit :

Figures gisantes de marbre. Le roi par Pilon. La reine par La Robbia.

Figures priantes de bronze. Le roi par Dominique. La reine anonyme.

Figures de Vertus de bronze. Deux par Ponce Jacquio. Deux par Pilon.

Bas reliefs de marbre. La Charité par Roussel. L'Espérance, la Foi, les Bonnes Œuvres par Pilon.

Masques de marbre rouge. Un par Roussel. Quinze anonymes.

La fonte des bronzes par Leboucher.

C'est à cet état du tombeau que la plupart des auteurs et M. Palustre se sont tenus. Il est pourtant parfaitement impossible de ne point faire céder tous les textes ci-dessus devant celui-ci, tiré de la Chambre des Comptes, dont l'original est perdu, mais que Lenoir nous a heureusement conservé (*Monuments français*, t. III, p. 88) :

« Sépulture du feu roi Henri dernier décédé, que Dieu absolve, de l'ordonnance du sieur Primadicis de Boulogne abbé de Saint-Martin.

« Sculpteurs. A Germain Pilon sculpteur du roi (somme ordonnée) pour ouvrages de sculpture tant de marbre que de bronze pour servir à la sépulture du feu roi Henri, savoir :

« Deux gisants en marbre blanc,

« Quatre tableaux en basse taille,

« Deux priants de bronze,

« Quatre figures de fortune aussi de bronze,

« Ainsi que les masques qui ornent ladite sépulture ;

« Le tout suivant le convènement fait avec ledit abbé de Saint-Martin. »

Contrairement à la conclusion que je veux tirer, M. de Boislisle maintient en face de ce texte, les précédents des Comptes des Bâtiments. Après l'avoir cité il ajoute : « Toutefois il faut faire observer qu'une partie de ces ouvrages n'étaient pas de Germain Pilon » (*Sépulture des Valois*, p. 283). A quoi je réponds : s'ils n'étaient pas de Pilon, comment Pilon en reçoit-il le salaire ?

La solution de pareilles difficultés est au prix d'une entière et absolue correction dans l'interprétation des textes. Celui de la Chambre des Comptes attribue sans hésitation possible à Pilon toutes les parties du monument. Ceux des Comptes publiés par M. de Laborde les répartissent entre plusieurs ouvriers. Quel parti prendre ? Évidemment le parti du texte le plus récent. En effet, rien n'empêche qu'une première attribution ait été changée ensuite, et que des ouvrages confiés d'abord à l'un, aient été exécutés par l'autre. Ainsi les contradictions se laissent accorder. Or le plus récent de ces textes est évidemment celui de la Chambre des Comptes, puisqu'il fait voir le tombeau achevé. Pilon a donc été l'auteur définitif de toutes les parties du mausolée, et ceux à qui dès l'origine on en avait confié plusieurs, n'ont eu que la commande sans effet. Seul il faut croire que le fondeur Leboucher est demeuré pour la fonte des bronzes.

Ceci est absolument confirmé par l'examen des parties du mausolée. Par exemple la manière de Dominique Florentin est parfaitement connue par les statues de la Foi et de la Charité de Saint-Pantaléon de Troyes, et il est impossible de reconnaître dans le Henri II priant, que les Comptes lui attribuent, le moindre trait de ressemblance à ces ouvrages. Au contraire, tout dans ce morceau révèle la main de Germain Pilon. Cette main n'est pas moins visible dans le reste, et ceux qui réclameront cette confirmation, auront de quoi se persuader du fait.

Si l'on demande comment ce transfert de commandes a pu se faire, j'alléguerai premièrement la mort de La Robbia survenue en 1566, de Renaudïn peu après et sans doute aussi de Dominique (v. p. 205). Pour les autres, d'autres causes que nous ignorons, auront amené ce résultat. Au reste, de ce côté même tout renseignement précis ne manque pas, et rien n'est plus propre à faire entendre ce point que la démonstration, achevée par M. Courajod, de la destinée de la reine gisante, sculptée par Jérôme della Robbia (*Journal de Lenoir*, t. II, p. 160-166). Cette statue, qui ne fut point employée, se voit encore à l'École des Beaux-Arts. Quoique aux trois quarts achevée, on la supprima, pour faire place à celle que Pilon a exécutée.

Il ne faut plus que nommer les sculpteurs d'ornement. Ce sont Jean Poinctart, Jean Lémerillon, Antoine Jacquet, Louis Bergeron, Marin Lemoyne, Pierre Mambreux (*Comptes*, t. II, p. 120), Michel Gautier (p. 120-121), les deux Louis Lerambert (p. 120, 128), Jean Destouches (p. 128), François Sallant, Philippe Moyneau et Léonard Giroux (p. 182).

Quant à la part du Primatice, à quoi M. de Boislisle n'a point su de garanties, et que M. Palustre a contestée, en voici la preuve dans ce texte formel de Vasari. On remarquera qu'il concerne, en même temps que le mausolée, l'édifice dans lequel il dut prendre place :

« *Di ordine del rè Francesco e della regina madre ha dato principio il Primaticcio alla sepoltura del detto rè Enrico, facendo nel meẓẓo di una capella a sei facce la sepoltura di esso re, e in quattro facce la sepoltura di quattro figluoli. In una dell' altre due facce della capella è l'altare e nell' altra la porta. E perchè vanno in queste opere moltissime statue di marmo e bronẓi e storie assai di basso rilievo, ella riuscerà opera degna di tanti e si gran rè e dell' eccellenẓa e ingegno di si raro artefice come a questo abbate di San Martino.* » Vasari, *Op.* t. VII, p. 414.

M. Palustre n'a donné ce tombeau à Lescot que parce qu'il a cru l'édifice lui-même où il dut être contenu, de cet architecte, je dirai plus loin sur quelles fausses références.

Ponce et Roussel avaient fait sous les ordres du Primatice, de terre, de cire et de plâtre, le modèle du monument. *Comptes*, t. II, p. 56, 107 :

« A Frémin Roussel (somme ordonnée) pour plusieurs figures en

cire par lui faites au modèle de la sépulture que l'on doit faire pour
le roi Henri. »

« A Ponce Jacquio sculpteur et imager (somme ordonnée) pour
ouvrages de modèles qu'il fera en terre ou plâtre représentant partie
de la sépulture du corps du feu roi Henri dernier. »

Quoique le premier de ces textes se trouve mêlé à ceux qui
regardent le monument du cœur de Henri II, la rédaction ne
laisse aucune équivoque.

Jusqu'où l'intervention du Primatice est allée dans le dessin
des parties, c'est ce qu'il n'est pas facile de dire. Je crois que Pilon
fut libre de régler le détail de ses attitudes. Aussi bien la comparaison de la figure sculptée par La Robbia et de la sienne, très
différentes de dessin, prouve que dans une assez large mesure
ce dessin dépendait des sculpteurs.

Davantage il ne faut pas omettre qu'outre la direction qui revenait au Bolonais, une espèce de sous-direction dut s'exercer
sur les ouvrages de ce tombeau par Louis Lerambert l'aîné. Ce
sculpteur, qui ne paraît avoir été employé lui-même que pour la
partie des ornements, est en effet appelé, t. II, p. 181-182 des
Comptes, « conducteur de ladite sépulture sous ledit commissaire (le Primatice) ». C'est à l'année 1570. S'il en fut ainsi du
commencement, je ne saurais le dire.

DATE. — Les premiers textes (*Comptes*, t. II, p. 107) sont de
1563; les derniers vont jusqu'à la période de 1568-1570. Le dernier de tous, qui, comme j'ai dit, est celui que Lenoir a cité, est
de 1570 au plus tard, puisqu'il mentionne comme surintendant
des Bâtiments le Primatice, mort en 1570. Comme on y trouve
achevées toutes les parties du monument, nous pourrons marquer de 1563 à 1570 l'exécution de tout l'ouvrage. Villot, qui le
prolonge jusqu'en 1587, a confondu le tombeau de Henri II
avec la chapelle qui dut le contenir.

DESTINÉE DE L'OUVRAGE. — Ce tombeau, après avoir figuré au
Musée des Monuments Français, est revenu à Saint-Denis,
privé seulement des prie-Dieu de bronze des priants, fondus à
la Révolution.

## ART. XXV. — LE MAITRE-AUTEL DE SAINT-DENIS

### vers 1570.

Dans son Histoire de l'Abbaye de Saint-Denis, p. 442, Félibien, contant comment la reine Marie de Médicis avait requis
pour son palais du Luxembourg, les marbres que les artistes
employés à la sépulture des Valois avaient laissés à Saint-Denis,
et comment les religieux voulurent s'opposer à cette réquisition,
rapporte qu'ils alléguèrent la raison suivante :

« Que l'intention du Catherine de Médicis avait été (outre la
sépulture des Valois) de faire travailler aussi au dedans de
l'église à un grand autel qui répondît mieux à la magnificence et
à la dignité du lieu que celui qu'on y voyait : que suivant les
dessins qui en avaient été faits pour lors, l'autel devait être
environné de colonnes de marbre, sur lesquelles auraient été
placés aux quatre coins les quatre Évangélistes, que déjà l'une
des figures était achevée, une autre commencée, et les blocs de
marbre préparés pour les deux qui restaient; que de plus la reine
avait encore destiné quantité d'autres pièces d'un très beau
marbre blanc pour les degrés de l'autel et les autres ornements. »

En concordance avec ce témoignage, évidemment extrait de
pièces authentiques qui n'existent plus, on trouve dans l'inventaire déjà cité du contrôleur Donon en 1572, mention d'un
« Saint Jean l'Évangéliste » (v. pp. 365, 367), lequel reparaît
en 1580, sous le nom d' « un Évangéliste de marbre blanc
taillé et parfait ». Voilà bien la figure dont il est question au
texte précédemment cité, l'une des quatre qui devaient prendre
place au-dessus des colonnes du maître-autel.

Nous tenons par là un point certain, savoir qu'en 1572, ce
maître-autel était en train, et que les plans en avaient été donnés.
En quel temps? Ce qui sera dit plus loin à l'article de la sépulture des Valois, nous permet de répondre avec certitude. En
effet ce ne fut point entre 1570 et 1572, puisqu'en ce temps là
les ouvrages de la sépulture ont entièrement vaqué d'homme de
l'art, n'ayant à leur tête qu'un courtisan, le baron de Retz. Au
reste, il paraît assez que la mort du Primatice avait suspendu
tous les travaux autres que de maçonnerie. Puisque le maître-
autel se trouvait commencé en 1572, c'est qu'il l'avait été avant

1570, partant sur les dessins du Primatice, et le Saint Jean n'a pu provenir que de l'atelier de Nesle dispersé, comme il est attesté de plusieurs sculptures mentionnées au même inventaire. En tout cas il faisait partie des ateliers de la sépulture, et c'est assez pour ce qu'on recherche ici. Par ce morceau, conservé dans un tel inventaire, nous sommes en mesure de rattacher le maître-autel projeté de Saint-Denis aux ouvrages de l'atelier de Nesle, dont Primatice eut la conduite.

Le texte de Félibien fait voir qu'il ne fut jamais achevé. Je ne sais du tout ce que le Saint Jean, dont on ignore l'auteur, est devenu.

# ARCHITECTURE

## ARTICLE XXVI. — LA SÉPULTURE DES VALOIS

### vers 1570

### *Avec l'histoire générale de l'Atelier de Nesle.*

Je ne prétends pas décider ici que l'édifice de la sépulture des Valois, tel qu'il parut à l'exécution, fut en effet l'œuvre du Primatice. Mais un point est certain, c'est que le Primatice avait donné des plans pour la sépulture des Valois.

Le fait, ignoré de M. de Boislisle, est garanti de deux manières : par la certitude où nous sommes que tous les bâtiments, tant de la Couronne que de la reine-mère, hors quelques exceptions désignées, ne s'élevaient alors que sur ses dessins (v. 1re partie, p. 181-184), et par le texte ci-dessus transcrit de Vasari (p. 358), dont je ne vois pas que personne se soit servi encore. Ce point de départ bien établi, je vais reprendre, après M. de Boislisle, l'histoire de cette sépulture et de l'atelier du Grand-Nesle. Je trouve dans le commentaire des pièces dont il a fourni l'analyse, plusieurs omissions à réparer, et plusieurs erreurs de conséquence, qu'il importe de rectifier.

Pour commencer, notons le titre officiel par où la charge de la sépulture de Henri II est jointe au reste des Bâtiments dans la commission du Primatice. Sa nomination ne porte, outre ces Bâtiments, que le tombeau de François I<sup>er</sup> (*Comptes* t. I, p. 334). C'était le 12 juillet 1559, deux jours après la mort du roi. Mais le 3 août suivant, au texte de certaines lettres, par où le contrôle est remis à François Sannat, le service des Bâtiments paraît en cette forme : « pour le fait de nosdits bâtiments commencés et à commencer en notre royaume, et la construction de la sépulture de notredit feu seigneur et père » t. I, p. 337. Depuis lors ces choses ne se séparent plus. Sous le titre de *Sépulture des rois et reines de France,* une série non interrompue d'articles sont insérés parmi ces comptes, portant ouvrages et sommes ordonnées par l'abbé de Saint-Martin.

Cette rubrique générale succède à la rubrique plus modeste de *Sépulture du feu roi François,* qu'on trouve sous le règne de Henri II, preuve que l'entreprise des sépultures prenait une importance sans précédent. Elle comprit, avec le mausolée de Henri II, ce qui restait à faire de celui de son père, celui du Cœur du même Henri II et celui du Cœur de François II. Les marbres du tombeau de François I<sup>er</sup> avaient été taillés sous la direction de Delorme dans l'hôtel d'Etampes, près du Logis des Tournelles, comme en font foi deux notes publiées par M. de Boislisle (*ouv. cit.* p. 243). Sous le Primatice, l'hôtel du Grand-Nesle, vis-à-vis du Louvre, servit d'atelier aux sépultures royales, comme il est démontré par ces deux mentions, inscrites aux comptes de ces sépultures :

« A André Soye maître maçon (somme ordonnée) pour ouvrages de maçonnerie par lui faits à l'hôtel de Nesle pour mettre à couvert les scieurs de marbre pour ladite sépulture » t. II, pp. 182-183.

« A Jean de la Hamée maître vitrier (somme ordonnée) pour ouvrages de verrerie à l'hôtel du Grand-Nesle » t. II, p. 183.

Jusqu'à la mort du Primatice on ne trouve trace aux Comptes des Bâtiments, de pas un seul ouvrage qui se puisse rapporter avec certitude à autre chose qu'aux monuments dont j'ai ci-dessus fourni le détail, et le texte de Vasari serait seul à nous instruire de ce projet d'une chapelle pour contenir le tombeau de Henri II, sans un inventaire fort précieux, que M. de Boislisle s'est borné à mentionner dans une note (Mss. concernant la sépulture des Valois n° 3¹²). Voici le titre de cet inventaire : « Contrôle et registre des pierres et colonnes de marbre mixte, noir, blanc et gris conduit et mené à Saint-Denis en France pour servir à la sépulture du feu roi Henri, en l'année 1569, de l'ordonnance de maître Francisque de Primadis de Boulogne. » Suit un détail de cent quatre-vingt six pièces, qu'on ne peut évidemment tenir pour autre chose que pour les matériaux en partie préparés et taillés de la chapelle qu'on projetait. Non seulement donc le Primatice avait donné des plans pour cette chapelle, mais ils étaient en cours d'exécution, quand entre le 2 mars et le 14 septembre 1570, ce fameux artiste mourut.

Qui le remplaça ? C'est ce que M. de Boislisle n'a pas su, et au sujet de quoi on le voit tomber dans plusieurs erreurs assez graves. « En 1570, dit-il, le Primatice meurt et la surintendance passe tout entière aux mains de Pierre Lescot, qui a partagé avec lui dès 1560 les fonctions multiples de cette charge. » (Ouv. cit., p. 248). J'ai cherché où cet auteur avait trouvé la preuve, non fournie par lui, d'un partage de la direction des Bâtiments entre le Primatice et Lescot. Ne l'ayant pas trouvée, je pense qu'il aura interprété de la sorte l'exception faite, dans la commission du Primatice, du château du Louvre comme suit : « Conduite et direction de tous ceux (bâtiments) que nous pourrions faire et construire par ci-après, hormis notre château du Louvre. » Le Louvre, il est vrai, formait à lui tout seul une administration spéciale, dont Lescot se trouvait pourvu depuis 1546 (Comptes, t. I, p. 249). Cette autonomie fut maintenue par Henri II et par ses successeurs. Le Louvre échappa donc au Primatice, comme il avait échappé à Delorme. Mais on ne peut dire que cela constitue un partage, pareil par exemple à celui où s'était trouvée la même charge au temps de Villeroy et de La Bourdaisière. Ces deux hommes sont nommés côte à côte dans les Comptes, en tous lieux où la surintendance intervient. Au contraire pas une fois on ne voit Lescot paraître en compagnie du Primatice, mais dans sa province seulement et tout seul, tandis que celui-ci figure seul pour le reste. Or il est visible que M. de Boislisle ne fait succéder Lescot au Primatice, que parce qu'il attribue au premier une espèce de coadjutorerie avec succession éventuelle. Puisque rien de pareil n'exista, il s'ensuit que cet avènement de Lescot à la surintendance est controuvé. On peut du reste se convaincre de ce point par une partie des comptes de 1570, où l'on voit paraître de nouveaux commissaires, évidemment nommés après la mort du Primatice. C'est Tristan de Rostaing, mentionné p. 193 et 194 avec le titre de commissaire général des bâtiments du roi, et Albert de Gondi baron de Retz sans titre

p. 129, l'un et l'autre intervenant au titre des marchés et des ordonnances en même façon que faisait avant eux le Primatice. Aussi bien pour assurer le sens exact de ces mentions, il ne faut que recourir à la table des Comptes perdus, t. I, p. xxxii du même ouvrage. On y voit Tristan de Rostaing commis « à la visitation des édifices de Fontainebleau et en faire les prix et marchés », et le baron de Retz à celle de « Boulogne, Saint-Germain, La Muette, Villers-Cotterets et la sépulture du feu roi Henri ». Et en effet les passages des Comptes où le premier est nommé, ne regardent que Fontainebleau ; le second l'est au chapitre du Bois de Boulogne.

Comme c'est ici la première fois que le lecteur trouvera le nom du vrai successeur du Primatice à la direction des Bâtiments, il est à propos d'insister. *Commis à la visitation*, en dépit de ce que ces termes semblent emporter de restreint, ne doit pas nous faire douter de l'identité de ces fonctions, je dis au seul point de vue administratif. Comme j'ai dit, Retz, aussi bien que Rostaing dans sa sphère, est porté, au détail des Comptes, en la même façon et dans les mêmes termes que Delorme après La Bourdaisière, et Primatice après Delorme, y avaient paru avant lui. Aussi bien M. de Boislisle a découvert dans un formulaire, un texte où le remplacement du Primatice à la tête des bâtiments du roi se trouve précisément rapporté. Le nom du Primatice et de son successeur y sont remplacés par *tel* et *tel*, mais par la date heureusement jointe, on voit qu'il ne peut s'agir que d'eux (*ouv. cit.*, p. 248-249). Cette date va nous servir à autre chose encore. « Comme par nos lettres patentes, dit ce texte, du premier jour d'octobre 1570, après le trépas de feu *tel*, surintendant de nos bâtiments, aurions donné la charge et intendance à *tel*. » Le premier *tel* est Primatice, surintendant des bâtiments du roi mort en 1570. Or le second *tel* est bien le baron de Retz puisque sa nomination *à la visitation* des édifices rapportés plus haut, porte justement aux tables citées la date du 1er octobre 1570. Il est certain que le baron de Retz doit être seul regardé comme le surintendant des Bâtiments ainsi pris absolument, après la mort du Primatice, puisque tous furent de son domaine, au lieu que Rostaing n'eut que Fontainebleau.

Par là tout l'édifice élevé par M. Palustre pour attribuer à Pierre Lescot la sépulture des Valois et partant le mausolée même de Henri II, manque par la base ; car cet auteur l'a fait reposer sur l'assertion de M. de Boislisle. J'ai assez établi qui doit prendre sa place.

Ainsi l'héritage du Primatice fut partagé, et Fontainebleau eut après lui, comme le Louvre, une administration particulière. Je remarque de plus qu'à un homme de l'art succédèrent de simples officiers de la couronne, et qu'après le système différent imaginé par Henri II (v. I⁰ partie pp. 151-152), Catherine revint à l'ancien style. Il fallut donc, auprès de ces officiers nommer des architectes, et c'est pourquoi Bullant paraît aux mêmes tables des Comptes perdus, pour « la conduite des édifices d'architecture et de sculpture de Fontainebleau ». Mais quant à la sépulture royale, on préféra bientôt lui donner un même homme pour architecte et surintendant, et ce fut Bullant qu'on choisit. Voici les dates de toutes ces commissions, dont M. de Boislisle n'a connu que la dernière et sans la date. Les dates sont consignées aux tables des Comptes perdus :

> ? Mort du Primatice.

> 14 septembre 1570. Tristan de Rostaing le remplace à Fontainebleau.

> 1ᵉʳ octobre 1570. Le baron de Retz le remplace dans ses autres charges, notamment de la Sépulture.

> 3 août 1571. Bullant architecte de Fontainebleau.

> 2 octobre 1572. Bullant reçoit la charge de la Sépulture.

M. de Boislisle a cru pouvoir placer la nomination de Bullant à côté et tout près de la mort du Primatice. On voit au contraire que deux ans s'écoulèrent, durant lesquels la Sépulture n'eut de commissaire qu'un courtisan. La table des Comptes perdus mentionne dans ces deux ans à l'article de cette Sépulture ce qui suit :

. 1571. Gages et pensions — salaires et taxations.

. 1572. Tailleurs de marbres, appareilleurs, sculpteurs, maçonnerie.

Preuve que sous la direction provisoire de l'un des ouvriers de Nesle, les travaux commencés par le Primatice continuaient. M. de Boislisle a donc tort de dire que sous Bullant seulement fut commencé l'édifice, par des entrepreneurs dont il donne la liste, p. 249.

Il se trompe encore avec plus de dommage quand il ajoute que « dans l'été de 1572 tous les travaux des sépultures de Saint-Denis s'interrompirent subitement » p. 250. En effet la table des Comptes perdus continue de porter après 1572 les mentions suivantes à l'article de la Sépulture :

1573. Maçonnerie, charpenterie, sculpture, serrurerie.
　　Maçonnerie, sculpture, serrurerie, plomberie, parties ino-
　　pinées.
1574. Maçonnerie.
1575. Maçonnerie, achat de marbres, gages.

Il est bien vrai que le 15 septembre 1572 un nouvel inventaire
des matériaux de la Sépulture fut dressé par le contrôleur Médéric de Donon. M. de Boislisle veut que cet inventaire ait été
fait en conséquence de la fermeture de l'atelier. J'incline à croire
qu'il fut causé par l'entrée en fonctions d'un nouveau commissaire. C'est le 2 octobre 1572, comme j'ai dit, que Bullant reçut
la charge de la Sépulture, et l'inventaire a précédé cet événement
d'une quinzaine. « L'atelier fut *rompu* » dit M. de Boislisle, en
soulignant le dernier mot, pour avertir qu'il cite quelque pièce
authentique. Or ce qu'il cite n'est rien qu'une déposition de plusieurs ouvriers du tombeau dans un procès dont je parlerai plus
loin. Voici comment s'expriment ces ouvriers :

1) Depuis que ledit atelier de ladite Sépulture a été rompu, y peut
avoir trois ou quatre ans » (mss. cit. n° 320, fol. xiv dr.).

2) « Puis deux ans en ça et depuis que ledit atelier fut rompu »
(*ibid.* fol. xviii rev.)

3) » Dès ledit temps que l'on y besognait, quatre ans sont environ
en ça » (*ibid.* fol. vi rev.)

Le texte 2) ne marque pas la date de la rupture, mais seulement qu'elle a précédé de plus de deux ans la déposition. 1)
et 3) portent cette rupture à trois ou quatre ans en arrière, soit
quatre ans deux fois répété. Comme la déposition est de 1580,
il faut donc, d'accord avec les textes d'où M. de Boislisle tire le
mot *rompu*, placer cet événement en 1576, non en 1572 comme
il fait. Au reste le dossier même que cet auteur a analysé
(n° 227), *État de la dépense faite pour la sépulture du feu roi
Henri second depuis son décès*, montre aux années 1573, 1574,
et 1575, d'accord avec nos tables, diverses dépenses pour cette
sépulture.
Ce qui n'a pas laissé d'induire M. de Boislisle en erreur, c'est
apparemment la mention suivante relevée sur l'inventaire de
Donon de 1572 : *Registre des marbres demeurés à Saint-Denis
après l'atelier cessé.* Mais il est sûr que cette mention est
fausse, ce qui s'explique si l'on considère qu'elle ne fait pas par-

tie du document, mais a été ajoutée au dos par une autre main quoique ancienne.

Voici maintenant les têtes de chapitre de l'inventaire dont il s'agit :

1) « Grand cimetière de Saint Denis.

2) « Loge des tailleurs de marbre audit cimetière.

3) « Besogne achevée et reçue.

4) « Etuve de maître Germain Pilon audit lieu.

5) « Chapelle Saint-Martin.

6) « Chapelle du Ladre en ladite église de Saint-Denis.

7) « Logis des Étuves du Palais entre les mains de maître Germain Pilon sculpteur.

Cette énumération donne à connaître que le logis de Nesle à cette époque avait cessé de servir aux marbres de la sépulture royale. Le fait est qu'il fut mis en vente peu après le 28 novembre de cette même année 1572, et acheté par le duc de Nevers, qui l'abattit (Alf. Franklin, *L'Hôtel de Nesle,* pp. 11 col. 1 et 12 col. 1). Le déménagement des marbres fut opéré fort avant cet événement, puisqu'à la date du 15 septembre il n'est plus question de cet atelier.

Il n'y avait plus alors que deux dépôts, l'un 4) et 7) chez Pilon au logis des Étuves, à la pointe de l'île du Palais, l'autre réparti dans Saint-Denis entre le cimetière 1) et 2), qui était proprement le lieu où l'on élevait la chapelle, et plusieurs chapelles de l'église 5) 6). Les sculpteurs besognaient, comme il paraît, en deux endroits : aux Étuves et dans cette loge des Tailleurs au cimetière de Saint-Denis.

M. de Boislisle a d'ailleurs publié tout ce que cet inventaire contient d'objets intéressants. Je ne transcris ici que les figures.

Aux Étuves se trouvaient :

Un Jésus-Christ ressuscité. Il est aujourd'hui à Saint-Paul de Paris et peut passer pour être de Pilon.

Deux Juifs couchés, qui sont les soldats gardiens du tombeau du Christ, aujourd'hui conservés au Louvre. Ils ne sont certainement pas de Pilon.

Un gisant, depuis identifié par M. Courajod (v. p. 356) et qui est la Catherine sculptée par La Robbia pour le tombeau de Henri II, aujourd'hui aux Beaux-Arts.

Sous la rubrique *Besogne achevée et reçue* 3) paraissent :

Un Saint Jean Évangéliste, aujourd'hui perdu.

« Plusieurs petits Pleureurs en marbre blanc. » Ainsi M. de
Boislisle résume une mention, dont voici le détail avec la tenue
manuscrite :

« Trois petits enfants de marbre blanc servant de pleureurs »,
Le scribe avait continué en ouvrant un nouveau chapitre, mais
le passage a été corrigé, et dans le blanc laissé avant ce nouveau
chapitre, on a rajouté ceci : « Treize autres petits enfants servant comme dessus pour la sépulture du feu roi François Iᵉʳ,
faisant partie de seize enfants faits par maître Germain Pilon et
maître Ponce Jacquio. » Le nombre treize de cette dernière
mention n'a pas été écrit sans hésitation, car au-dessus de ce
treize on trouve un *huit* barré. Au demeurant, dans un temps
postérieur à l'insertion de ce supplément (la mention *comme
dessus* démontre cette postériorité), on a rayé la première mention des trois pleureurs. Enfin, en marge de ces treize, se lit la
note suivante : « M. le maréchal de Retz les a eus par mande-
ment du roi. » Ces complications d'écriture ont donné lieu à la
note déjà citée, inscrite en queue de cet inventaire et que je me
borne à rappeler v. p. 344.

Voici comment j'explique tout ce grimoire. Les trois pleureurs
inscrits d'abord étaient alors aux Célestins, conformément aux
dates remarquées dans un chapitre précédent. Ils ne sont donc
couchés que pour mémoire, et parce que dans un des dépôts
inventoriés quelqu'un les aura rappelés, témoignant que leur
absence était chose régulière. Les treize autres, qu'on n'aura
trouvés peut-être pour commencer qu'au nombre de huit, ont
été rencontrés ailleurs. Ensuite vérifié l'usage des trois premiers, on les aura rayés de l'inventaire, où ils n'avaient pas plus
de raison d'être que le reste du monument placé aux Célestins.
Et si les treize autres continuent d'y paraître, c'est apparemment
qu'encore qu'attribués au maréchal de Retz, ils n'avaient point
quitté les dépôts.

De tout ceci donc il résulte qu'en 1572, deux ans après la mort
du Primatice, un marbre sculpté de son vivant dans l'atelier de
Nesle avant 1566, la Catherine de La Robbia, se trouvait au
logis des Étuves chez Pilon. C'est une preuve qu'une partie au
moins de l'atelier de Nesle avait été déménagée en cet endroit. Si
les Soldats couchés dont on ignore l'auteur, étaient également
antérieurs à ce déménagement je ne sais, mais il n'y a pas
d'apparence que les ouvriers de l'atelier de Nesle se soient transportés chez Pilon. Ces Soldats ne sont ni de La Robbia, ni de

Ponce, ni de Dominique. Je croirais volontiers qu'ils sont de Renaudin, qui mourut avant 1570. Sans doute le logis des Étuves ne recueillit que les œuvres et non les hommes, sauf, comme je crois, des sculpteurs d'ornement, et l'atelier fut dispersé en même temps que transportés les marbres.

Quant au Saint Jean et aux treize Pleureurs, je ne saurais dire où ils étaient. S'ils eussent été aux Étuves, on en eût fait mention. Il faut donc se résoudre à ignorer ce point.

Comme j'ai dit, les travaux continuèrent à Saint-Denis et sans doute aussi aux Étuves, soit d'une part dans la loge des Tailleurs, de l'autre chez Germain Pilon. Vint la rupture de l'atelier, que M. de Boislisle a avancée de trois ans. Après 1575, conformément aux dépositions que j'ai citées, la table des Comptes perdus devient muette au sujet de la Sépulture. Rien, en 1576, rien en 1577; en 1578, les seuls mots de *Sépulture de Saint-Denis en France,* mais sans indication de la nature des travaux, ce qui donne à croire que ce n'était presque rien. Bullant mourut cette année le 10 octobre.

Le silence des documents à l'égard de la Sépulture est entier jusqu'en 1580. A cette époque Catherine de Médicis, qui souhaitait de reprendre les travaux, réclame un nouvel inventaire du commissaire de la Sépulture, qui se trouve être le président Nicolaï (Boislisle, *ouv. cit.* pp. 254-255). Cet inventaire fut fait le 10 novembre par un nommé Jean de Verdun. M. de Boislisle a brouillé ses notes concernant cet inventaire, avec celles de 1572. Ce qu'il cite p. 251, à la suite de celles-ci, appartient à l'année où nous sommes. Saint-Denis seul paraît cette fois avec des morceaux d'architecture. Une seule figure y est remarquée : « Un Évangéliste ébauché en marbre gris », écrit fautivement mon auteur. La pièce originale dit : « Un Évangéliste de marbre blanc taillé et parfait. » C'est évidemment le même que celui de l'inventaire de 1572. A cette date le lieu n'en était pas marqué. Je crois pourtant qu'il ne passa à Saint-Denis qu'en même temps que les Pleureurs, désignés sous la même rubrique dans cet inventaire de 1572.

Un procès alors entamé contre Charles Bullant, gardien de la Sépulture durant la suspension des travaux, nous informe du sort de ces Pleureurs. Ce qu'on va lire sort des dépositions dont j'ai déjà parlé, et qui furent faites à ce propos. Savoir « qu'un nommé Pilon fit apporter en une maison appelée la Hache audit Saint-Denis neuf petits populos de marbre blanc, lesquels furent mis en une des chapelles dudit Saint-Denis à la grande église, lesquels depuis sept ou huit mois, et autrement plus certainement il ne peut coter, furent mis hors ladite chapelle et chargés en un coche pour les mener pour M. le maréchal de Retz. » Le contrôleur Donon fut mis en cause, et versa au procès une lettre dont j'ai cité quelques extraits, par laquelle le roi Henri III réitérait en date du 2 mars 1579 l'ordre de remettre les figures d'enfants en question au maréchal de Retz (*ouv. cit.* p. 259). Quoique Donon eût reçu la quittance de ce dernier, il n'avait pas encore livré les marbres à cette époque. Comme la déposition ci-dessus est du 28 novembre 1580, l'enlèvement en dut avoir lieu vers avril de la même année, après le reçu de cette lettre, comme il convient. De plus, c'est depuis la mort de Bullant que le déposant place l'arrivée de ces enfants à Saint-Denis. C'est donc entre le 10 octobre 1578 et avril 1580 que Pilon les y porta. Le maréchal avait sa campagne à Noisy (*ouv. cit.* ibid). Ce n'était pas le chemin, de les porter à Saint-Denis. Si donc Pilon fit cette démarche, ce ne put être pour les mettre plus à portée du maréchal, mais sans doute parce qu'ils lui causaient de l'embarras.

Selon la lettre de Henri III, c'est en 1560 que le maréchal eut les Pleureurs en don. Il faut remarquer que, retenus dans l'atelier, leur nombre fut une première fois réduit en 1566, des trois que Picart prit pour les Célestins, et de nouveau entre 1572 et 1580, de quatre qui manquent au compte, puisque la déposition n'en porte que neuf. Je croirais volontiers que ces Pleureurs vinrent à Saint-Denis avec d'autres pièces hors de service, qui ne devaient pas moins encombrer soit les Étuves, soit quelque autre dépôt qu'on aura supprimé alors. Je laisse le Saint Jean ; il ne serait pas impossible que l'ange de Roussel, autrefois destiné au monument du Cœur de François II, soit venu pareillement à Saint-Denis à cette époque.

L'inventaire et le procès achevés, les travaux de la sépulture royale recommencèrent. Je suis ici M. de Boislisle. Le 3 mai 1582, marché fut fait avec de nouveaux entrepreneurs, auquel paraît, avec le président Nicolaï, commissaire de la Sépulture, le nouvel architecte Baptiste Ducerceau. Comme mon auteur ne cite nulle part la table des Comptes perdus, en voici à partir de cette époque les extraits pour ce chapitre :

1582. Devis et marché des ouvrages de maçonnerie et taille. Achat de marbres. — Gages et états.

1583. Maçonnerie. — Sculpture. — Gages.
1584. Maçonnerie. — Sculpture. — Gages et états.
1585. Parties extraordinaires. — Gages et états.
1586. Maçonnerie. — Serrurerie. — Vitrerie. — Parties extraordinaires.
1587. Maçonnerie

Les travaux avaient repris en même temps aux Étuves. En date du 20 juillet 1583, une lettre de Nicolaï au grand prieur de Saint-Denis mentionne que Pilon s'apprête à faire deux figures gisantes du roi et de la reine. Un reçu sans date, mais que la concordance oblige de mettre à cette époque, mentionne un bloc dont ont été faits les portraits gisants du roi et de la reine, en même temps que d'autres ayant servi pour une Notre-Dame de Pitié et pour un Saint François. Une lettre au grand prieur d'avril 1586 ramène encore le bloc qui servit pour la Vierge. M. Courajod a mal à propos introduit ce reçu sans date, dans son histoire de la Catherine gisante de La Robbia (*Journal de Lenoir*, t. II, p. 166), comme signifiant les deux gisants nus du tombeau d'Henri II à la fin sculptés par Pilon. Ces gisants nus figurent comme achevés au dernier compte du mausolée. Ceux-ci sont de treize ans postérieurs et ne sont autres que les gisants vêtus qu'on conserve encore à Saint-Denis.

Depuis 1587 la sépulture des Valois cesse de figurer aux tables ci-dessus citées. Nicolaï mourut cette année même le 5 mai. En 1590 moururent Ducerceau et Pilon, et Catherine de Médicis en 1589. C'est ici la fin de cette histoire. On ne toucha plus dès lors aux chantiers de Saint-Denis que pour en recueillir les marbres et les employer ailleurs (*ouv. cit.* p. 284-286). Ceci se passait sous Henri IV. Le monument resta inachevé.

Nous en connaissons la figure par les petites estampes d'Israël Sylvestre, et plus anciennement par un dessin du frère Martellange, conservé au Cabinet des Estampes, et dont je dois la connaissance à M. Bouchot. Marot a gravé également cet édifice, mais comme achevé, en élévation, plan et coupe. Ce qui s'en peut voir dans la perspective du tombeau de Henri II placé au centre, figure dans l'estampe de ce tombeau gravée par Leblond au Saint-Denis de Félibien.

On le démolit en 1719 (Piganiol, *Paris et Environs*, t. IX, p. 415) et Philippe-Egalité, ayant racheté quelques débris de cet édifice en environna son étang du parc Monceau, où ils sont encore. Les Parisiens les nomment la Naumachie. Ces ruines se composent d'une partie des murs d'une chapelle ronde, et d'un grand nombre de colonnes corinthiennes, dont plusieurs ne sont point antiques, mais ont été rajoutées.

Je vais examiner maintenant l'attribution au Primatice du monument que Marot a gravé; après quoi je donnerai pour finir l'état des sculptures qu'on y dut joindre.

Retenons premièrement ce qui suit.

Jusqu'en 1570 le Primatice a été l'architecte de la Sépulture. L'état des travaux un an avant sa mort, est donné dans l'inventaire de 1569.

De 1570 à 1572 l'édifice se poursuit, et se poursuit sur ses dessins, puisqu'aucun architecte ne le remplace. L'état des travaux à la fin de cette période paraît dans l'inventaire de 1572.

De 1572 à 1575 Bullant prend à titre d'architecte la conduite de l'ouvrage, dont l'état au bout de ce temps-là est connu par l'inventaire de 1580, et par quelques pièces du procès d'alors.

De 1582 à 1587 un troisième architecte, Baptiste Ducerceau, dirige l'œuvre. Telle elle se montre aux planches d'Israël et dans le dessin de Martellange, telle elle fut en ce dernier moment.

Ainsi trois architectes seulement peuvent être proposés pour auteurs de cet édifice, l'un des plus beaux de la Renaissance : Primatice, Bullant et Ducerceau. Il faut examiner leurs titres d'après la quantité de travaux faits sous chacun d'eux.

La plus grande part de beaucoup revient au troisième. Quand il abandonna la place, la chapelle se trouvait plus d'aux trois quarts élevée : voici l'état dans lequel il l'avait trouvée. L'inventaire de 1580 mentionne en place une base de grande colonne, neuf bases de grands pilastres de marbre gris et pierre mixte, sept pièces de marbre noir taillées en angle pour servir à la première assise du pourtour par dedans œuvre, quatre pièces du *thaurus* de marbre gris au-dessus des quatre premières assises, et les bases des autels des petites chapelles entre les colonnes ; de même dans chacune des six chapelles. Un constat d'huissier du même temps (*ouv. cit.* p. 256-257) rapporte que les chapelles souterraines mêmes n'étaient pas encore couvertes et que l'eau pénétrait dans les caves. On peut donc dire que Ducerceau a élevé presque tout l'ouvrage. Le devis qu'il convint (p. 268-269) est un devis comme on en fait des édifices à commencer, et par ses soins fut fait des mains d'un menuisier nommé Levasseur un modèle du monument (p. 278). J'incline donc à croire que le bâtiment tel qu'il paraît dans les planches de Marot, était du dessin de Ducerceau.

Toutefois il n'est pas impossible qu'il ait suivi des plans antérieurement tracés, auxquels le menuisier Levasseur aurait conformé sa maquette. En ce cas je ne vois pas qu'il y ait de grandes vraisemblances pour Bullant, puisqu'à tant faire que de garder d'anciens projets, les premiers devaient plutôt survivre. L'œuvre de Bullant fut peu de chose. On vient de voir ce qu'il avait laissé : ce qu'il trouva n'était guère moindre. Sur un total de cent quatre-vingt-six pièces de marbre transportées à Saint-Denis par le Primatice, l'inventaire de 1569 mentionne quinze colonnes taillées, cinq ronds, qui sont probablement des tores, deux piédestaux et deux chapiteaux. Celui de 1572 mentionne en outre un autre chapiteau et quelques fragments de diverse sorte. Après Ducerceau donc, mais loin derrière lui, Primatice doit être tenu pour l'auteur possible de la sépulture des Valois, telle qu'elle fut enfin élevée. Les titres de Bullant sont presque nuls.

Si de plus nombreux fragments d'attente eussent été achevés avant 1572, on aurait des raisons de croire que Ducerceau, afin de ne les point perdre, eût conservé l'ancien dessin. Mais le nombre en était petit et, même en les employant, il pouvait encore changer tout le dessin de l'édifice. S'il en a modifié seulement quelques parties, c'est ce qui serait possible encore, mais on n'a point là-dessus de certitude.

Voici maintenant les sculptures qui furent destinées à décorer cette Sépulture :

1) Le mausolée de Henri II (v. ci-dessus) achevé en 1570, et qui prit place au milieu de la chapelle selon le projet du Primatice.

2) Les figures vêtues et gisantes de Henri II et de Catherine, exécutées 1583-1586, et qui décorèrent dans le même édifice la chapelle du côté du chevet comme on le voit au plan général de Saint-Denis dans Félibien.

3) Le Christ ressuscité et les deux soldats, achevés je crois avant 1570, et dont on ignore le lieu de destination. Il ne paraît pas qu'ils soient allés à Saint-Denis, et ils passèrent dans la salle des Antiques au Louvre, où Sauval les a décrits (*Antiquités*, t. III, p. 16-17).

4) La Mère de douleur sculptée de 1583 à 1586, dont on ignore aussi la destination. Elle suivit les précédents et est aujourd'hui à Saint-Paul.

5) Le Saint François agenouillé exécuté dans le même temps, probablement en mémoire du roi François II. Il eut le même destin que les marbres qui précèdent, et décore à présent l'église Saint-Jean Saint-François.

Les articles 1) 2) 4) 5) sont certainement de Pilon. Il faut y joindre trois terres originales du même artiste :

Celle du Henri II gisant du mausolée, de petites dimensions, au Louvre.

Celle de la Notre-Dame de Pitié, autrefois à la Sainte-Chapelle, puis à Saint-Cyr, maintenant au Louvre.

Celle du Saint-François, jadis aux Grands-Augustins, aujourd'hui à Saint-Cyr. Ces deux dernières de la grandeur du marbre.

## ARTICLE XXVII. — L'AILE SUR LA COUR DU CHEVAL BLANC et LE PAVILLON DES PEINTURES

### 1560 à 1565.

Voici les textes qui rapportent ces travaux :

1) « A Pierre Girard dit Castoret, maître maçon (somme ordonnée) pour ouvrages de maçonnerie par lui faits pour la construction du grand édifice commencé à bâtir et édifier de neuf entre la Grande Basse Cour et la cour où est la fontaine dudit château. » *Comptes*, t. II, p. 29-30.

2) « A Frémin Roussel sculpteur et imager (somme ordonnée) sur et tant moins de quatre petits enfants, une couronne et autres ouvrages de sculpture, qu'il a entrepris faire en pierre de Saint-Leu pour servir et mettre au grand pavillon étant près et attenant le grand escalier au corps de logis neuf audit Fontainebleau » t. II, p. 115.

3) « A Frémin Roussel sculpteur (somme ordonnée)... sur certains enfants qui lui ont été ordonnés pour apposer et mettre sur la façade du grand pavillon bâti de neuf dedans la grosse escalier du château de Fontainebleau » p. 120.

4) « A Frémin Roussel (somme ordonnée) pour avoir fait quatre enfants avec leur corniche et un grand ordre alentour d'une épitaphe de marbre le tout en pierre tendre appliqué sur la haute corniche du pavillon fait de neuf audit Fontainebleau » p. 125.

Le texte 1) est fort bien expliqué par M. Palustre comme de

l'aile jusque là formée d'un simple rez-de-chaussée couvert en terrasse, alors remplacée par le corps de logis d'un étage, qui s'y voit encore. Peut-être ne fit-on qu'élever un second étage, peut-être refit-on le tout.

2) 3) 4) signifient le pavillon des Peintures. Le grand escalier est le Fer-à-cheval, que Delorme avait édifié.

2) est de l'année 1565, 1) de 1560. L'aile fut donc faite en 1560, le pavillon peu avant 1565.

Pour l'attribution au Primatice v. Iʳᵉ partie, pp. 181-184.

Il ne reste aujourd'hui que peu de chose de l'ouvrage du Primatice. Le pavillon des Peintures a été refait dans ce siècle. « Le savant architecte Blouet, écrivent Pfnor et Champollion-Figeac (*ouv. cit.*, t. I, p. 17) a relevé depuis ses fondations le pavillon central de cette façade. » Seule la partie des sculptures est encore authentique : « Alors les pierres composant les ornements sculptés furent fidèlement numérotées et remises à leur place. » D'autre part ce qui s'étend entre le pavillon des Poêles et le voisin, remonte à Louis-Philippe. Il y avait avant lui de ce côté une terrasse de profondeur pareille à celle qui court devant le pavillon des Peintures. L'aile du Primatice passait alors derrière le second pavillon, auquel elle butte et se raccorde aujourd'hui. Entre autres preuves, ce texte du P. Dan : Tous lesquels cinq grands pavillons sur la cour du Cheval Blanc se communiquent par le moyen d'une grande terrasse bien voûtée et garnie de balustrades » (*ouv. cit.*, p. 32). On trouve aussi cette terrasse aux Comptes de Fontainebleau de M. Molinier (p. 291-292). C'est pour ouvrir la galerie des Assiettes que Louis-Philippe la fit couvrir.

## ARTICLE XXVIII. — L'AILE DE LA BELLE CHEMINÉE

### 1568.

Le texte qui rapporte la construction de cette aile, est transcrit p. 242. Ce texte, compris dans la période 1568-1570, la mentionne comme « corps de logis neuf ». Il faut donc la placer vers 1568.

Pour l'attribution au Primatice, proposée déjà par M. Molinier, *Architectes de Fontainebleau*, p. 137, v. Iʳᵉ partie, pp. 181-184.

Quant à la décoration, outre ce que le texte cité rapporte, et sans parler davantage de ce qu'elle reçut plus tard, elle eut sur les piédestaux au bas des rampes à droite et à gauche les Sphinx fondus d'après l'antique par les soins du Primatice (v. p. 328). L'Anglais Coryate en 1611, décrit en même temps que ces Sphinx « à côté dans un enfoncement pratiqué dans la muraille deux autres statues de bronze réprésentant des hommes sauvages » (*Voyage à Paris*, p. 47).

M. Plon dans son *Cellini* (p. 210-211) examinant l'hypothèse que c'eussent été certains Satyres dont Cellini avait laissé en partant les modèles (*Trattati*, p. 161) conclut à y reconnaître au contraire les Satyres des fontes du Primatice. Mais j'ai dit que ces derniers figuraient à la cheminée de la salle de Bal. L'identité des bronzes rapportés par Coryate, demeure donc à chercher. Ils avaient fait place en 1642, qu'écrit le P. Dan, à l'Apollon et à l'Hercule des fontes du Primatice (*ouv. cit.*, p. 35). Je ne sais si les « *duæ aliæ e cupro nudorum virorum* » de Goelnitz en 1631 (*Ulysses*, p. 174) sont ces dernières figures ou les Hommes sauvages. En tout cas je suis porté à croire que les Hommes sauvages ont figuré avec les Sphinx dans la décoration primitive.

## ARTICLE XXIX. — LA MI-VOIE

### OU LAITERIE DE LA REINE

#### vers 1562.

Cet édifice est mentionné t. II, p. 48, 49, 66, 67, 96 et 129 des Comptes. On y trouve, outre laiterie proprement dite, chambre, salle et corridor allant de la laiterie en la salle. Guilbert nous apprend, t. II, p. 117-118 que cette laiterie s'appelait aussi Mi-Voie. On la trouve sous ce nom au plan de 1682. Le même Guilbert marque sa destruction à l'année 1702. Tous les textes ci-dessus nous entretiennent de sa décoration. L'un p. 66, à l'année 1562, la mentionne comme « naguère édifiée de neuf. » Elle le fut donc au temps de la surintendance du Primatice, à qui partant elle doit être attribuée, v. Ire partie, pp. 181-184.

## ARTICLE XXX. — LE PORTAIL A LA TÊTE DU PONT

### SUR LE FOSSÉ DE LA COUR DU CHEVAL BLANC

### vers 1561.

Ce morceau n'est connu que par les vues de Ducerceau, et connue sa date que par un passage de la préface du même :

« Depuis quelque temps le principal du bâtiment (de Fontainebleau) a été par le roi Charles neuvième clos et fermé d'un fossé excepté la Basse Cour, à raison des guerres civiles. »

M. Palustre a relevé ce texte, et conclu que le pont, partant le portail, avait été bâti, en même temps que le fossé creusé, en 1561. Il faut au moins que ce soit peu après. M. Molinier conteste, je ne sais comment, que Ducerceau ait voulu parler de ce fossé (*Architectes de Fontainebleau*, p. 133). Mais le texte est des plus clairs qui soient, et l'opinion de M. Palustre est tout à fait incontestable. La Basse Cour fut tenue hors de l'enceinte, comme il est dit, et le fossé, conduit dans le sens de l'aile principale, passa devant et contre le Fer-à-cheval. Le pont et le portail furent placés à droite.

Castellan (*ouv. cit.*, p. 343-348) et M. Charvet (*Serlio*, p. 28-29) ont reconnu les débris de ce morceau dans le premier ordre de la porte dite Baptistère du côté des Cuisines, bâtie sous Henri IV en même temps qu'on ôta ce pont (Dan, *Trésor*, p. 33).

La date de ce morceau en assure l'attribution au Primatice. V. 1re partie, pp. 181-184.

## ARTICLE XXXI. — LA FONTAINE

### entre 1541 et 1550.

Cette fontaine, que Ducerceau a gravée au milieu par devant la cour qui en a reçu son nom, est décrite de souvenir par Dan. Cet auteur rapporte qu'elle « avait aux quatre coins quatre grands termes tous de grès qui portaient comme un berceau de même matière » (*ouv. cit.* p. 37-38). Le même auteur assure qu'elle fut détruite par Henri IV.

Voici les mentions des Comptes qui s'y rapportent :

1) « A Claude Luxembourg peintre doreur (somme ordonnée) pour avoir vaqué à dorer et étoffer ledit Hercule de marbre blanc étant sur ledit piedestal au-dessus dudit de ladite fontaine. »

2) « Audit Primadicis de Boulogne (somme ordonnée) pour avoir vaqué à la conduite et fait desdits patrons et ouvrages de peinture, piedestal et accoutrement dudit Hercule, et colonnes de grès en façon de termes à mode antique pour ledit perron de ladite fontaine. »

3) « A Antoine Morisseau (somme ordonnée) pour ouvrages de serrurerie qu'il a faits pour servir aux imagers et peintres qui ont travaillé à faire les grandes colonnes de pierre de taille de grès dur à personnages en façon de termes à mode antique pour servir et aider à porter le perron sur lequel est le grand Hercule de marbre blanc au-dessus de la fontaine étant en la première cour dudit château. » T. I, p. 198-199.

Ces textes complètent le détail de l'ouvrage. 2) assure l'attribution au Primatice. Quant à l'Hercule mentionné 1) 2) 3) il est assez évident que c'est celui de Michel-Ange, que Vasari rapporte (*Op.* t. VII, p. 145) avoir été fourni au roi par l'entremise de La Palla. Cet Hercule au temps du P. Dan (*Trésor*, p. 177) décorait le jardin qu'Henri IV éleva au milieu de l'étang. Il est aujourd'hui perdu.

Pour les contestations survenues au sujet de cette fontaine entre le Primatice et Cellini, v. 1re partie, pp. 64-66.

## ARTICLE XXXII. — LA TREILLE

### AU JARDIN DE LA REINE

### 1561 à 1562.

Cette treille est gravée dans les vues de Ducerceau et représentée dans ses plans. Ce qui suit est tiré des Comptes des Bâtiments :

1) « A Dominique Florentin imager (somme ordonnée) pour neuf figures de bois en déesses de Pallas, Mercure et autres, pour icelles

être appliquées en une salle de nouveau érigée de bois et de lattes au jardin de la Reine au château de Fontainebleau » t. II, p. 49.

2) *Rappel du même ouvrage*, p. 5o.

3) « A Germain Pilon sculpteur (somme ordonnée) pour les ouvrages de son art par lui faits audit jardin. »

4) « A Ambroise Perret menuisier (somme ordonnée) pour vingt-quatre grandes colonnes de bois qu'il a faites et qui ont été posées au jardin de la Reine. »

5) « A Frémin Roussel et Laurent Régnier (c'est Renaudin) sculpteurs (somme ordonnée) pour plusieurs figures de bois qu'ils ont faites pour la décoration du jardin. »

6) *Rappel du* 3).

7) *Rappel de partie du* 5).

8) « A François de Brie sculpteur (somme ordonnée) pour plusieurs modèles qu'il a faits. » ›

9) *Rappel d'autre partie du* 5).

10) « Audit Pilon (somme ordonnée) pour quatre figures de bois, l'une de Mars, l'autre de Mercure, l'autre de Junon, l'autre de Vénus pour la décoration d'icelui jardin » p. 5o.

11) « A Jean Cotillon et Nicolas Hachette (somme ordonnée) pour ouvrages à verdir une salle étant au jardin de la Reine » p. 66-67.

12) « A Charles Padouan mouleur en basse taille (somme ordonnée) pour plusieurs têtes de moules, de feuillages, de corniches et figures de basse taille de papier pilé couvert de poix résine et d'autres étoffes » p. 67.

Les textes 1) à 10) sont de 1561, 11) et 12) de 1562. Faite sous la surintendance et par ordonnance du Primatice, cette treille doit passer pour son ouvrage, v. Iʳᵉ partie, pp. 181-184.

## ARTICLE XXXIII. — UNE GALERIE ᴇᴛ LE PAVILLON DE LA CHANCELLERIE ᴀ SAINT-GERMAIN

### 1562 à 1563.

On lit aux Comptes des Bâtiments ce qui suit :

1) « A Jean François maître maçon (somme ordonnée) pour tous les ouvrages de maçonnerie qu'il a faits en une galerie naguère édifiée de neuf, pavillon de la Chancellerie et autres lieux du château de Saint-Germain-en-Laye » t. II, p. 68.

2) « A Jean François (somme ordonnée) pour tous les ouvrages de

maçonnerie qu'il a faits audit château de Saint-Germain et pareillement en la Chancellerie » p. 97.

Le texte 1) est de 1562, 2) de 1563. Je ne saurais désigner avec précision les deux bâtiments qu'ils mentionnent. Je laisse des travaux aux terrasses (p. 103) en 1563, et d'autres travaux sans désignation en 1565 et 1567 (anc. st. 1566). Sur l'attribution au Primatice, v. 1re partie, p. 181-184.

## ART. XXXIII bis. — A LA MUETTE DE SAINT-GERMAIN
### 1561 à 1563.

Plusieurs mentions de travaux sans désignation (t. II, p. 54, 99, 104) aux années 1561 et 1563.

## ARTICLE XXXIII ter. — A VINCENNES
### 1561 à 1565.

Travaux à la chapelle (p. 55) en 1561, qui durent être peu de chose, car nous savons que Philibert Delorme y avait « fait faire toutes les voûtes et achever. » *Instruction*, p. 59.

Au château (p. 70, 98, 104, 118) en 1563 et 1565. Ces travaux sont encore attestés par une lettre de Catherine de Médicis du 7 novembre 1562. « Je suis bien aise, écrit-elle à Gonnor, de la diligence avec laquelle vous faites besogner à raccoutrer le logis du Bois de Vincennes, et vous prie que vous en chargez bien expressément le contrôleur de faire tellement avancer ce que l'abbé de Saint-Martin y a fait encommencer, que je le trouve du tout parachevé à notre arrivée » La Ferrière, *Lettres de Catherine*, t. I, p. 433. L'éditeur de cette lettre n'a pas su qui était l'abbé de Saint-Martin.

Il n'existe, pour représenter l'état du château de Vincennes entre le xve et le xviie siècle, qu'une gravure anonyme, où paraît, contre le mur d'enceinte du côté de Saint-Mandé, une série de pignons, terminés vers la tour d'angle, par une petite tour ronde couverte en dôme. Quoique la pièce ne soit point datée, on ne peut guère douter que ce soit là le logis dont il s'agit, et qu'on regretterait de ne point voir reproduit dans Ducerceau, si ce dernier n'avait pris soin d'expliquer comme suit son omission. « D'autant, dit-il, que ces modernes édifices faits dedans l'enclos et outre le jarbe et masse du château, ne répondent en qualité d'étoffe et scruture audit jarbe, ains sont de matière commune *sans ordre et seulement pour la commodité du logis*, et qu'ils défigurent beaucoup la beauté de d'icelui, je ne les ai compris dans ce dessin ».

# DÉCORATIONS ET FÊTES PUBLIQUES

## ARTICLE XXXIV. — L'ENTRÉE DE L'EMPEREUR A FONTAINEBLEAU

### 1540.

Ces ouvrages sont rapportés comme suit par Vasari, *Op.*, t. V, p. 170 : « *Fece* (c'est le Rosso) *quando Carlo quinto imperadore andò l'anno 1540 in Francia a Fontanableo la metà di tutti gli ornamenti chè fece il re fare per onorare un tanto imperadore, e l'altra metà fece Francesco Primaticcio Bolognese.* » Le témoignage s'en trouve aux Comptes des Bâtiments, où plusieurs ouvriers, peintres et pouppetiers sont payés d'avoir « vaqué aux mêlées de terre, papier et plâtre pour la venue et réception du sieur empereur audit Fontainebleau » t. I, p. 136.

Le P. Dan rapporte, pp. 218-219 de son ouvrage, un détail de ces fêtes, que j'ai reproduit en même temps que d'autres parties fournies par la Chronique de François Iᵉʳ, p. 290. V. Iᵉ partie, p. 53. La Chronique a là-dessus l'autorité d'un document contemporain, et Dan déclare qu'il a pris ce qu'il publie « de divers mémoires de ce temps-là ».

Le texte de Vasari, qui mentionne conjointement Primatice et Rosso pour ces ouvrages, ne permet pas de démêler leur part dans le peu que ces descriptions contiennent. Je serais pourtant bien étonné si certains masques et costumes que nous avons, gravés par Boyvin d'après le Rosso, n'avaient figuré dans cette affaire.

## ART. XXXV. — LES TRIOMPHES DE CHENONCEAUX

### 1560.

Ils nous sont connus par une relation officielle dont voici le titre : « Les triomphes faits à l'entrée du roi à Chenonceaux le dimanche dernier jour de mars (année 1559) ». J'en ai retenu le principal dans mon récit I<sup>re</sup> partie p. 186. Je ne cite ici que le texte qui établit l'attribution au Primatice :

« Contre la face du pont-levis était une grande femme peinte en Renommée, ouvrage, comme lesdites Naïades et autres Victoires dont parlerai ci-après, du seigneur de Saint-Martin, personnage en son art très singulier. » *Ouv. cit.*, p. 14.

Quant à la date, le 31 mars 1559 doit se calculer à 1560 selon le nouveau style.

## ARTICLE XXXVI. — LA MASCARADE DE STOCKHOLM

### entre 1559 et 1570.

Je donne ce nom à la mascarade dont vingt-cinq dessins du Cabinet de Stockholm (n<sup>os</sup> 188 à 212 du suivant catalogue) nous conservent le témoignage. Mêlés par Mariette dans le catalogue Crozat (p. 43) à plusieurs autres qui n'y ont nul rapport, ils étaient mentionnés sous la rubrique suivante : « Trente-six dessins de mascarade pour des ballets et de figures pour un tournoi. » De son côté le comte de Sparre, neveu de Tessin qui les acheta, et depuis conservateur des collections de la couronne à Stockholm, a écrit sur la première feuille : « C'est une mascarade sous François I<sup>er</sup> donnée à Charles V. »

Cette dernière indication n'a évidemment pour tout fondement que le désir de rapprocher ces pièces subsistantes des seules fêtes de ce genre que Vasari ait rapportées. Au demeurant tout porte à croire qu'elles sont bien postérieures à l'année 1540, temps de la visite de Charles V. La première note ne parle de tournois que parce que deux cavaliers, qui sont de la main de Niccolo (n⁰ˢ 845 et 846), s'y trouvent mêlés. Ces cavaliers doivent être séparés du reste.

Les morceaux dont je parle, sont de deux sortes. Les uns, n⁰ˢ 193 et 207, représentent les pièces d'une décoration, les autres les différentes figures d'un cortège ou d'une représentation masquée. La plus grande obscurité règne sur l'ordre et la nature de cette représentation. Il est certain qu'il y eut un défilé. Les chars de Junon, de Pallas et de Vénus, n° 212, le char du Héros, n° 196, le pavois, n° 210, en sont un témoignage certain. Les figures montées, n⁰ˢ 188 et 200, se rapportent à la même chose. Au contraire les groupes de Mercure et de la veuve, n° 203, et d'Alexandre avec Thalestris, n° 189, paraissent appartenir à quelque autre sorte de figuration. Enfin l'expression de *pompa del giuoco d'Agone* inscrite sur le n° 211, désignerait une quatrième chose, savoir un combat (jeu d'agon), que ce cortège (*pompa*) aurait précédé.

Le style de ces dessins marque une époque assez avancée de la carrière du Primatice. De plus l'emblème de l'amour vainqueur de la mort, n° 190, celui de l'arc relaché, n° 206, l'allégorie de la veuve conduite par Mercure, n° 203, qui pourrait bien être Artémise, me semblent autant d'allusions au veuvage de Catherine de Médicis, ce qui mettrait cette mascarade entre 1559 et 1570. Rien n'empêcherait d'y reconnaître quelque partie des fêtes de Chenonceaux, mais il n'y pas de preuves à cela. Le seul point commun de cette suite et des triomphes de Chenonceaux, serait la figure de Renommée, n° 193. Mais celle que porta le pont-levis de Chenonceaux (v. p. 186), outre qu'elle tenait une inscription, dut regarder en face de soi le roi à qui elle était censée parler, et ces deux points manquent dans le dessin.

# APPLICATIONS A L'INDUSTRIE

## ARTICLE XXXVII. — LES ÉMAUX DE CHARTRES

### 1547.

L'époque et la condition de ces fameux ouvrages a été trop

bien étudiée pour qu'il soit besoin d'y revenir. M. de Laborde a le premier produit et comparé les textes qui s'y rapportent, et qu'on trouvera, l'un aux Comptes des Bâtiments, t. I, p. 193, l'autre dans le Catalogue des Émaux du Louvre, de M. Darcel, p. 136, note. Ils ont de plus fait l'objet d'une notice de M. Duplessis, avec des reproductions en couleur, d'ailleurs exécrables.

Je n'y veux revenir ici que pour corriger le nom de l'auteur. M. de Laborde a nommé Rochetel, que lui fournissaient les Comptes, et cette attribution est celle qui se répète universellement. En découvrant dans les n°ˢ 77 et 80 de mon catalogue de dessins, les études fournies par le Primatice pour deux de ces pièces, le Saint Paul et le Saint Thomas, j'établis que ces émaux doivent être rendus au Primatice, et que le rôle de Rochetel s'est borné à mettre les modèles au point pour l'émailleur, n'étant payé au demeurant que d'avoir fait « douze tableaux de peinture de couleur sur papier... pour servir de patron pour l'émailleur », on ne dit pas du dessin de qui.

L'ouvrage fut fait en 1547 par Léonard Limousin. On ne sait dans quel dessein François Iᵉʳ les commanda. Henri II les porta à Anet, d'où la Révolution les a tirés. Ils sont maintenant dans la chapelle du chevet de l'église Saint-Père de Chartres.

D'une seconde série, commencée sous Henri II et constituant quant aux visages une série de portraits des gens de cour, le Louvre conserve deux pièces : Saint Paul et Saint Thomas. Celui-ci porte les traits de François Iᵉʳ. L'autre, considéré jusqu'ici comme représentant l'amiral Chabot, est rétabli par MM. Bourdery et Lachenaud (*Léonard Limousin,* p. 70) en Galiot de Genouilhac.

## ARTICLE XXXVII bis. — A POLISY

### TRAVAUX INCERTAINS. 1544.

Voici en quels termes est datée la procuration donnée par le Primatice pour prendre possession de son abbaye de Saint-Martin-es-Aires de Troyes :

« *Actum et datum in loco de Pollisiaco Lingonensis diocesis anno Domini millesimo quingentesimo quadragesimo quarto, die decima quinta mensis decembris, præsentibus ad hoc honorabilibus viris Huberto Julliot et Dominico Florentin testibus ad præmissa vocatis atque rogatis.* » Babeau, *Dominique Florentin*, p. 129 note.

Ce texte prouve que le 15 décembre 1544, le Primatice était à Polisy, qui appartenait à François Dinteville, évêque d'Auxerre, l'un des plus fameux amateurs de ce temps. C'est qu'il y travaillait évidemment à quelque ouvrage de son métier, avec Hubert Juliot et Dominique Florentin présents au même lieu. On ne connaît des anciens travaux de Polisy, qu'un carrelage encore subsistant, vraisemblablement sorti de l'atelier d'Abaquesne de Rouen, et qui n'est assurément pas du dessin du Primatice.

----

OUVRAGES DONT L'ATTRIBUTION NE REPOSE

QUE SUR LA CONSIDÉRATION DU STYLE


PREMIÈRE CATÉGORIE

## ARTICLE XXXVIII. — LA CHAMBRE DES ARTS A ANCY-LE-FRANC

Trois chambres au château d'Ancy-le-Franc ont été plus ou moins attribuées au Primatice. Ce sont la chambre des Césars et celle de Diane au rez-de-chaussée, la chambre des Arts au premier étage.

Les deux premières sont couvertes d'une voûte à qui cette attribution ne peut être conservée, par la raison que chacune porte la date de 1578. Des peintures des murailles, en grande partie détruites, il ne reste plus dans la chambre des Césars que deux personnages en débris avec des instruments de musique, dans celle de Diane que deux compositions : Diane et Actéon et le Jugement de Paris, récemment restaurées, et vers la fenêtre une figure de femme, que la tenture, qui est mobile, recouvre. La voûte datée, tout déjà porte à croire que ces diverses peintures sont aussi de 1578, et le caractère de leur exécution ne permet pas du tout de les attribuer au Primatice. Le dessin n'en est pas bien bon, et l'on y voit une imitation plus superstitieuse qu'adroite des ouvrages authentiques du maître.

Au contraire je ne crois pas possible d'imaginer un autre auteur que le Primatice aux peintures de la chambre des Arts. Elles consistent en huit ovales couchés, au milieu d'arabesques grossièrement repeintes, et dont on ne saurait plus rien dire. Mais la restauration des histoires, déjà ancienne, a été assez discrètement conduite pour garder le caractère et le mérite du maître. Ces peintures représentent par différentes allégories, les sept Arts Libéraux, et dans une huitième composition les Muses.

Je ne saurais en assurer la date, mais il y a lieu de croire qu'elles ont été faites dans les années qui suivirent 1546, époque de la construction du château.


## ARTICLE XXXIX. — LA TENTURE DES DIEUX ARABESQUES

Je réunis sous ce nom quatre morceaux épars et dégradés dont voici la liste :

Cybèle aux Gobelins,
Flore          —          ,
Bacchus au musée des Tissus de Lyon,
Neptune          —          .

Les deux derniers ont appartenu jusqu'à ces derniers temps à M. Peyre, architecte.

Il semble raisonnable d'y reconnaître les différentes pièces d'une même tenture. Chacune porte en son centre la figure d'un des Dieux que je viens de dire, dans un ovale couché, et tout alentour des arabesques, dont le dessin il est vrai change de l'une à l'autre, mais cette variété est tout à fait dans les habitudes de la Renaissance.

Le style des arabesques et des figures fait universellement regarder ces pièces comme exécutées à Fontainebleau. Le fait est qu'on ne peut raisonnablement douter que ce ne soient là les échantillons de cette fabrique de tapisseries, dont Sauval a révélé l'existence, et pour laquelle il déclare en même temps que le Primatice a donné des dessins. Voici le passage, *Antiquités*, t. II, p. 5o5 :

« François Iᵉʳ ayant fait venir d'Italie François Primatiche abbé de Saint-Martin peintre célèbre, il lui fit faire des dessins de plusieurs tapisseries et établit à Fontainebleau une manufacture de tapisserie de haute lisse en broderie. Babou de la Bourdaisière, surintendant des bâtiments de cette maison royale, en eut la direction. Des tapissiers flamands et italiens venus exprès d'Italie et des Pays-Bas, firent avec succès celles que nous voyons quelquefois au Louvre et dans les autres palais royaux. »

La pente est aujourd'hui à attribuer les compositions dont je parle et les pareilles, à Ducerceau. Sous une autre pièce des Gobelins faite d'arabesques du même genre, la Mort de Joab, on a inscrit ces mots : *D'après un carton de Ducerceau.* L'opinion à Lyon est pareille.

Il est cependant un fait certain, c'est que Ducerceau non seulement ne fournit dans ses recueils aucun modèle exprès aux tapissiers, mais même qu'il n'a pas songé que ses estampes pussent jamais servir à eux. « Cette mienne petite œuvre de grotesques, dit-il dans sa préface aux Grands Arabesques, pourra servir aux orfèvres, peintres, tailleurs de pierre, menuisiers et autres artisans. » Geymuller, *les Ducerceau*, p. 335. L'omission des tapissiers est à retenir, principalement dans un morceau paru en 1566, quand la fabrique de Fontainebleau florissait depuis vingt-sept ans. Il est vrai qu'on croit s'appuyer sur des comparaisons de style. « Le type caractéristique des productions de Fontainebleau, écrit M. Guiffrey, consiste surtout dans des compositions arabesques qui rappellent les charmantes fantaisies de Ducerceau. Une récente découverte a mis en lumière d'autres pièces, où le goût bien français des arabesques de Ducerceau se reconnaît à première vue. » *La Tapisserie*, p. 207. Cet argument n'est qu'une illusion, comme il est aisé de le faire voir. En effet, c'est un fait très certain que la plupart des compositions de Ducerceau ne sont point à lui. Il y a dans ce qui précède deux erreurs : premièrement de regarder le style de ces compositions comme français, en second lieu de le tenir pour unique.

Voici des faits. Le recueil des Petits Arabesques, publié en 155o, contient treize planches copiées d'après Énée Vico, nᵒˢ 1o, 12, 11, 19, 24, 29, 31, 37, 4o, 41, 42, 46, 52, quatre d'après

Nicoletto de Modène, n⁰ˢ 21, 22, 26, 56, le 26 se trouve aussi
chez Antoine de Bresse, deux d'après Augustin Vénitien 8, 9,
une d'après un anonyme, 14, soit sur cinquante-six pièces, vingt
dont on peut marquer les vrais auteurs, puisque trois de ses graveurs italiens ont vécu et travaillé antérieurement à Ducerceau,
et que pour Énée Vico ses planches sont datées, et datées de
1541. Ducerceau n'a point avoué cet emprunt. Il déclare seulement dans sa préface que « si l'*antiquité* a part dans l'invention
de ces ornements, il en peut à bon droit revendiquer l'autre
part ». Dans la préface de ses Grands Arabesques au contraire il
avoue qu'il a pris des modèles dans les arabesques de Monceaux
et de Fontainebleau (v. ci-dessous, catalogue des estampes,
nʳ 142). Ces dernières étaient du Primatice.

Qu'est-ce à présent que le style français de Ducerceau? je ne
sais, mais quant aux tapisseries dont je parle, je suis bien assuré
que les sujets en sont du Primatice, ce qui m'aide à reconnaître
dans les ornements quelque chose de pareil à ceux de la voûte
de la galerie d'Ulysse, connus par le même Ducerceau, de sorte
que je n'hésite pas à donner les Dieux Arabesques au Primatice,
qui, selon Sauval, a précisément dessiné des tapisseries pour Fontainebleau. Je ne garde de doute que quant au sujet de Cybèle;
les autres médaillons sont très évidemment de son dessin.

Quant à la date, le croissant dans la tapisserie de Flore, comme
dans celle de Neptune, marque le règne de Henri II, et je crois
que ces deux doivent entraîner les autres.

J'ai découvert à Londres le poncif d'une figure mêlé aux arabesques de la tapisserie de Cybèle et qui représente la Fidélité
(v. ci-après Dessins faussement attribués au Primatice, musée Britannique). Ce dessin est de Niccolo. Ainsi selon mon opinion
Niccolo aurait tracé les poncifs de cette pièce, et peut-être des
autres sous la direction du Primatice.


## ARTICLE XL. — LE CORPORALIER DU MUSÉE
## DE CLUNY


C'est une boite plate et carrée non cataloguée encore, que
M. Saglio après M. Darcel tient pour un corporalier. Elle est
toute couverte de broderie. Sur les quatre côtés des anges

tiennent des écussons où figurent des instruments de la passion. Le dessus représente Jésus descendu de la Croix sur les genoux de sa Mère.

Cette composition révèle à mon avis la manière du Primatice jusque dans ses moindres détails, et je suis même surpris comment le brodeur a pu réussir à ne pas l'altérer davantage. On ne sait rien d'ailleurs de cette admirable pièce.


DEUXIÈME CATÉGORIE


## ARTICLE XLI. — LA CHAPELLE DE CHAALIS

### entre 1541 et 1547.

Cette chapelle est celle non pas de l'abbaye, mais de l'abbé en son particulier. Elle est de forme gothique, partant peu capable de contenir de grandes peintures, hors contre le mur de façade au-dessus de la porte. Cette partie est peinte d'une Annonciation avec le Père Éternel porté par des anges au-dessus.

Entre les nervures de la voûte, figurent en allant de l'entrée vers le fond :

Les quatre Évangélistes,
Quatre Pères de l'Église,
Les Apôtres au nombre de dix,
Dix Enfants ailés tenant les instruments de la Passion.

Toutes ces peintures, aujourd'hui repeintes par M. Balze, ont été connues par M. Reiset avant cette restauration, et décrites dans son Niccolo, p. 275 à 277. Il les croyait du Primatice et je me range à son sentiment, mais avec toute l'incertitude qu'une restauration peu discrète fait naître.

Abbé de Chaalis fut, de 1541 à 1572, le cardinal de Ferrare, dont les armes, Este écartelé de France, se trouvaient peintes au-dessus de l'entrée dès avant la restauration. Il est prouvé par là que c'est lui qui fit exécuter tout cet ouvrage, car je ne pense pas qu'il faille l'avancer jusqu'à Louis d'Este, abbé de la même abbaye de 1572 à 1586. M. Flammermont a publié, *Recherches sur les sources*, etc., p. 37, des notes de Dom Grenier sur l'abbaye de Chaalis, où il est dit formellement : « Les peintures de la chapelle de Chaalis faites aux frais du cardinal de Ferrare. » Le même moine ajoute que Restout connaissait ces peintures et les attribuait à quelque peintre de l'école de Rome. Une copie d'un Évangéliste de la voûte, me paraît être du xviiᵉ siècle, nᵒ 2 du catalogue des copies.

Quant à la date, étant permis de supposer que le cardinal orna sa chapelle peu après son entrée en charge, je propose de la placer dans les dernières années du règne de François Iᵉʳ.

---

OUVRAGES DONT L'ATTRIBUTION REPOSE

SUR QUELQUE TÉMOIGNAGE CONTESTABLE

## ARTICLE XLII. — LA SALLE DES BAINS DE L'HOTEL DE FERRARE

### 1545 à 1546.

Guilbert décrivant, *ouvr. cit.*, t. II, p. 140, l'hôtel de Ferrare à Fontainebleau, écrit :

« L'ancienne salle des Bains est ornée sur son plafond de quelques riches peintures de l'habile Saint-Martin dit le Primatice, pareilles à celles de la voûte de la galerie d'Ulysse. »

M. Venturi (*L'arti e gli Estensi*, p. 30) rapporte que l'hôtel de Ferrare fut fini en 1546, témoin une lettre d'Alvarotto du 5 mai de cette année, d'où il tire une courte description de la maison : « *Constava di una sala assai grande, di tre stanze pel cardinale, e due pe' forestieri, tutte apparate di nuove tapezzerie a figure. Sotto le stanze era* un bagno bellissimo dipinto a groteschi. »

Ainsi ces peintures présumées du Primatice, et qui représentaient des arabesques entremêlées peut-être de quelques histoires, étaient finies avant le 5 mai 1546. L'hôtel, toujours d'après M. Venturi, fut commencé en 1544. La date que nous cherchons est donc 1545 à 1546.

# ARTICLE XLIII. — LA GALERIE DE L'HOTEL DE MONTMORENCY

Voici le texte de Sauval déjà cité par M. Reiset :

« On y voyait (dans l'hôtel de Montmorency) une galerie peinte par Nicolo de Modène sur les dessins de François Primatiche, abbé de Saint-Martin. » *Ouv. cit.*, t. II, p. 143.

Les estampes 114 à 123 du catalogue ci-après sont loin de confirmer autant qu'il faudrait l'attribution ainsi rapportée. Toutefois je n'oserais pas dire que les originaux de pareilles estampes n'ont pas été du Primatice.

# ARTICLE XLIV. — LA CHAPELLE DE BEAUREGARD

Voici sur cette chapelle le texte de Félibien *Entretiens*, t. I, p. 523-254 :

« On voit encore plusieurs ouvrages de sa main (Niccolo) dans le château de Beauregard proche Blois... Les plus considérables sont dans la chapelle qu'il a peinte à fresque sur les dessins du Primatice ».

Suit le détail des peintures qui sont :
Sur l'autel une Descente de Croix.
Entre les nervures de la voûte six figures d'Anges tenant les instruments de la passion.
Aux murailles la Résurrection.
Les saintes Femmes au Tombeau.
*Noli me tangere*.
Les Pèlerins d'Emmaüs.
L'Incrédulité de saint Thomas.

« Celui, ajoute Félibien, à qui appartenait cette maison était Jean

Duthier. Il était secrétaire d'État sous Henri II... Tous ces différents ouvrages ont été commencés sous François Ier et continués sous Henri II, sous François II et sous Charles IX. »

---

OUVRAGES DONT L'ATTRIBUTION N'EST QUE PROPOSÉE

## ART. XLV. — ACHÈVEMENT DE LA SALLE HAUTE DU PAVILLON DES POÊLES

### 1541 à 1547.

Cette salle, commencée quand le Rosso vivait (*Comptes*, t. I, p. 134), et que je crois peinte sur ses dessins, continue après la mort de ce dernier, aux Comptes de 1541 à 1550 (p. 187, 195, 201). Qui dirigeait alors les travaux ? Je ne vois à Fontainebleau aucun ouvrage conduit par quelque autre que le Primatice ou le Rosso. Je propose donc d'admettre que le Primatice acheva celui-là, d'autant plus qu'on trouve Badouin, Lucas, Carmoy, Cachenemis et Bagnacavallo, lesquels l'aidaient ailleurs, mentionnés comme ayant vaqué à cet ouvrage.

## ARTICLE XLVI. — LA SALLE DE LA REINE

Il y avait une salle de la Reine, décorée de stucs et de peintures et connue seulement par une mention tardive (*Comptes*, t. II, p. 96). J'ai dit p. 266 où elle se trouva. Les Comptes y mentionnent des stucs qui certainement accompagnèrent des peintures. Qui en était l'auteur ? Peut-être le Primatice, qui décora la chambre de la Reine auprès.

## ARTICLE XLVII. — LA SALLE DES EMPEREURS AU PALAIS DU TÉ

vers 1531.

Il est attesté par Vasari que le Primatice n'a pas seulement manié le stuc, mais travaillé aux peintures du Palais du Té. Les anciens guides lui ont attribué, et aussi le comte d'Arco (*Giulio Romano*, p. 43), et la tradition se poursuit qu'il a peint, toujours sur les dessins de Jules, dans ce palais, la chambre des Empereurs, laquelle vient aussitôt après celle du Triomphe de Sigismond. Il n'y a là dedans rien que de croyable.

## ARTICLE XLVIII. — LES STUCS DE LA CHAMBRE DE PHÉBUS ET DIANE

Ces stucs sont attribués au Primatice. Il est permis de voir une vraisemblance de plus à cette autre attribution, dans ce fait qu'un dessin de Jules Romain qui a servi pour un de ces stucs, était en la possession du Primatice, qui s'en servit même à Fontainebleau, v. p. 263. Pour la description de cette salle v. 1re partie, p. 10.

## ARTICLE XLIX. — QUELQUES TABLEAUX PERDUS

M. Bonaffé signale dans son Dictionnaire des amateurs français les suivants tableaux autrefois attribués au Primatice.

A l'hôtel de Liancourt : Hélène.— Une femme nue présentée à Alexandre. — Cérès (p. 185).

Chez le conseiller de Mesmes : une Notre-Dame peinte sur ardoise (p. 217).

Roland Le Virlois, dans son Dictionnaire d'architecture (t. I,

p. 2) mentionne dans la bibliothèque du collège des Jésuites à Paris, la Mort d'Agamemnon assassiné dans un festin par Egisthe, peint par Niccolo d'après le Primatice.

Piganiol de la Force décrivant la salle à manger de l'hôtel de Toulouse (*ouv. cit.*, t. III, p. 259), écrit : « Le tableau qui est en face de la cheminée représente Orphée et Eurydice, et a été peint par Martin de Boulogne. » Martin de Boulogne n'y existe pas, et n'a pu être mis que pour Saint-Martin de Bologne, qui est le Primatice.

C. del Pozzo signale dans la collection royale à Fontainebleau « huit paysages à détrempe du Primatice très dégradés » (*ouv. cit.*, p. 269). Je crois que ce sont les mêmes que le P. Dan donne à Niccolo (*Trésor*, p. 138).

## ARTICLE L. — LE CHATEAU D'ANCY-LE-FRANC

Une tradition dont j'ignore l'origine, attribue l'architecture de ce château au Primatice. M. Palustre déclare qu'il n'y a pas de raison à cette attribution (*Architecture*, p. 224). En voilà pourtant qui ne sont pas sans force. La porte de derrière du château sur le jardin, porte la date de 1546, preuve que l'édifice fut entrepris avant 1546. A cette époque le mouvement qui renouvela en France l'architecture, n'était pas seulement commencé. C'est en 1546 au plus tôt que Delorme bâtit Saint-Maur. En 1546, les nouveaux bâtiments du Louvre furent décidés. Un des monuments où le style se déclare le plus avancé parmi les édifices d'alors et qui n'en demeure pas moins fort en retard sur Ancy-le-Franc, le Grand Jardin de Joinville, porte la date de 1546. Et ce n'est pas seulement une affaire de progrès. Ni Delorme, ni Lescot, ni Bullant plus tard, n'ont rien bâti de pareil à ce château. Tout en est italien, et le caractère, joint à l'âge, oblige à ne point lui chercher d'auteur parmi les Français.

Rien ne prouve qu'il soit du Primatice, mais la chose n'a rien que de croyable. Je suis assuré qu'une partie des peintures de l'intérieur sont de lui. De plus ce qu'il a fait à Fontainebleau de son métier d'architecte, est assez du même style que les façades d'Ancy-le-Franc. Enfin ce serait un des *divers bâtiments* auxquels le texte authentique de sa commission de surintendant rapporte qu'il avait, avant 155g, donné de *grandes preuves* de son *expérience en l'art d'architecture*, v. I<sup>re</sup> partie, p. 183.

## ARTICLE LI. — FAÇADE DE LA GROTTE DU JARDIN DES PINS

J'ai montré (p. 3og-310) que cette grotte, contrairement à ce que pensa M. Palustre, était fort postérieure à la venue du Rosso et du Primatice en France. Quand on l'édifia, le Rosso était mort, et je ne vois que Serlio, Primatice et Vignole, qui puissent en être les auteurs.

Voici les raisons qui militent en faveur du Primatice. Il en a peint l'intérieur, et rien ne serait plus naturel que de lui voir conduire le tout. La figure des atlas ne répugne pas du tout à cette attribution ; même ils prennent dans l'estampe que le maître au monogramme L. D. en a gravée, un air très conforme à la manière de notre artiste. J'ajoute que dans son ensemble, le projet me paraît d'un architecte peintre plutôt que d'hommes comme Vignole ou Serlio.

OUVRAGES FAUSSEMENT ATTRIBUÉS AU PRIMATICE

## ARTICLE LII. — LES STUCS DE LA GALERIE DE FRANÇOIS I<sup>er</sup>

Voir sur ce sujet ci-dessus, p. 3o1.

## ARTICLE LIII. — LA CHAPELLE DE FLEURY

Garnier a gravé la chapelle du château de Fleury-en-Bière en l'attribuant au Primatice. M. Lhuillier (*Antoine Garnier*, p. 75g) demande qu'on s'en rapporte à ce graveur, comme petit-fils d'un Guillaume·Garnier peintre, qui travailla au temps de Henri IV, et descendant d'une famille qui n'avait pas quitté Fontainebleau. Je le ferais, si tout d'ailleurs dans l'ouvrage lui-même ne protestait contre cette conclusion. Sur le seul examen des estampes, j'étais certain que les originaux n'étaient point de lui, et la vue de ceux-ci m'a confirmé dans cette opinion, et dans une autre, savoir qu'ils sont de Niccolo, dont tout le caractère de dessin s'y retrouve.

## ARTICLE LIV. — LE PORTRAIT DU CARDINAL DE CHATILLON a CHANTILLY

Ce portrait porte le nom du Primatice avec la date de 1548. M. Gruyer l'a maintenu à ce maître en exprimant des doutes (*La Peinture à Chantilly*, t. I, p. 109). Or cette attribution est certainement fausse. Premièrement l'inscription du nom du Primatice n'est pas contemporaine de la peinture, ce que M. Gruyer a remarqué, ne faisant pas corps avec la pâte originale. Même il n'est pas possible qu'elle remonte au xviᵉ siècle. Un contemporain du peintre eût sans nul doute écrit *Bologne*, et assurément jamais *Primatisse*. Ainsi orthographié ce nom se découvre dénaturé par un Français sur la forme française *Primatice*, qui n'est pas antérieure au xviiᵉ siècle, et même je crois à une époque assez avancée de ce siècle, car Sauval écrit encore *Primatiche*.

La preuve tirée de cette signature se réduit donc à rien, et du reste tout dans la peinture rend cette attribution impossible.

## ARTICLE LV. — LE PORTRAIT DE HENRI II

### AU MÊME LIEU.

Peinture faible à tous égards, et parfaitement indigne du Primatice, dont elle révèle il est vrai l'influence, jointe, chose remarquable et je crois unique, à celle des Clouet.

## ARTICLE LVI. — LA GALERIE DU PALAIS DE FLORENCE ᴀ ROME

La grande autorité de Nibby a répandu l'attribution de cette galerie au Primatice. « *L'appartamento nobile,* c'est ainsi qu'il s'exprime, *a cui si ascende per una commoda scala, è adorno con pregevoli pitture del Primaticcio* » (*Roma,* t. IV, p. 780). Ces peintures du premier étage ne portent aucunement le style du Primatice, mais il y en a d'autres au rez-de-chaussée qui, quoique inférieures à ses talents, ne sont pas, il est vrai, sans rappeler sa manière. Je ne sais comment cela se fait, car il est tout à fait incroyable que le Primatice ait jamais concouru à la décoration du palais de Florence. J'emprunte les éléments de ce qui suit, au livre de M. Tesoroni sur cet édifice.

Depuis 1516 jusqu'en 1550, le palais de Florence appartint à la famille Cardelli (*ouvr. cit.,* p. 7). On ne sait de voyages du Primatice à Rome qu'en 1540, en 1546, et peut-être en 1564. J'ajoute un voyage possible avant 1532, qu'il vint en France. Mais dans ces premiers temps il est certain que le Primatice ne fut point employé à conduire de pareils ouvrages, outre que le sac de Rome en 1527 fait une époque fort peu propice à ces commandes. Jacques Cardelli, le maître du lieu, mourut en novembre 1530 (*ouvr. cit.,* p. 22). Peu après, ses fils et héritiers louèrent le palais au cardinal de Santacroce (p. 23) et en 1537 au cardinal de Carpi (p. 27). Celui-ci le quitta en 1547 (p. 28), et trois ans après il fut vendu à la famille del Monte dans la personne du pape Jules III (p. 30). Ainsi, par une rencontre fort propre à nous instruire, les voyages du Primatice à Rome tombent dans le temps que, le palais étant en location, on peut être parfaitement certain qu'il n'a reçu aucun embellissement de peinture.

En novembre 1553 le pape donna le palais Cardelli à son frère Baudouin del Monte (p. 35) après l'avoir fait embellir. C'est alors que, sous le nom de Palais Monte, ce palais brilla de son plus vif éclat. Baudouin y éprouva les talents de Vignole, selon la tradition, et, selon le témoignage de Vasari, de Prosper Fontana pour les peintures. « *Fù già con sua molta lode adoperato in*

*Roma da Papa Giulio in palaꝫꝫo alla vigna Giulia e al palaꝫꝫo di Campo Marꝫio, chè allora era del signor Balduino Monti.* › *Op.*, t. VII, p. 415. Baudouin mourut bientôt en 1556 (Tesoroni, p. 44), deux ans après le pape son frère. Le nouveau pape ayant mis sous séquestre les biens des Monte (p. 45), le palais resta en cet état jusqu'en 1561, qu'il demeura au Saint-Siège (p. 51-52), lequel en fit don aux Médicis. C'est de ces derniers qu'il a pris le nom qu'il conserve aujourd'hui. Habité depuis ce temps par l'ambassade de Florence, on ne sache pas qu'aucuns travaux de choix y aient été faits depuis.

Telle est la brève histoire dont nous avions besoin pour assurer qu'en aucun temps le Primatice n'a pu se trouver à même de peindre le Palais de Florence. On demandera d'où Nibby l'a pris. Peut-être de Vasi, *Itinerario di Roma*, t. II, p. 387. Je crois que c'était alors un lieu commun des guides de Rome, dont l'origine remonte sans doute au texte que j'ai cité de Vasari touchant les peintures de Fontana. Ce texte est pris de la vie du Primatice, et on peut croire que la confusion vint de là. Nibby nomme Fontana en même temps que notre artiste. D'autres que lui auront cru aussi bien qu'ils allaient ensemble en cet endroit.

## ARTICLE LVII. — LA SALLE DES STUCS
### AU VIEUX PALAIS DE MANTOUE.

Seize figures de stuc décorent les parties hautes de cette salle, et rien n'empêcherait qu'elles fussent du Primatice, auquel les guides les attribuent. Même on leur trouve dans la disposition quelque ressemblance à ce qui paraît dans la chambre de la Duchesse d'Etampes à Fontainebleau, mais les dates ne semblent pas pouvoir s'accorder à cette conclusion.

En effet, les décorations modernes du vieux palais de Mantoue n'ont pas commencé avant le temps que le marquis de Gonzague fut fait marquis de Monferrat. Une cheminée d'une de ces salles, qu'il n'y a nulle raison de considérer comme postérieure au reste, porte l'inscription suivante : *Fed. dux Mant. p. et mar. Monfer.* Or ce prince n'eut le Monferrat qu'en 1535, époque à laquelle le Primatice avait quitté Mantoue.

Le comte d'Arco a remarqué, *Cinque insori*, p. 15-16, qu'à

Mantoue beaucoup de stucs, qui par la considération des dates doivent revenir à Jean-Baptiste Mantouan, étaient attribués au Primatice.

## ARTICLE LVIII. — LE CHATEAU DE MONCEAUX

Dans son article sur l'Ancien Château de Monceaux (p. 250-256) M. Lhuillier a fourni les preuves par lesquelles il pense établir que le Primatice en fut l'architecte. Elles consistent dans un marché de menuiserie pour ce château, passé avec Scibec en date du 9 mars 1559 avant Pâques (nouv. st. 1560) par Robert de Beauvais, procureur de la reine mère « stipulant en l'absence de M. l'abbé de Saint-Martin ». L'auteur infère d'un pareil texte que le Primatice, figurant dans l'acte comme architecte, doit être tenu pour l'auteur de Monceaux. Je vais montrer qu'il n'en est rien.

C'est en 1547, selon l'abbé Expilly (*Dictionnaire*, t. IV, p. 769-770) et d'autres auteurs, que se place la construction de Monceaux. On le construisit dès ce temps là pour Catherine. Une preuve certaine que ce château fut alors achevé, c'est que Philibert Delorme rapporte qu'on le consulta sur le Jeu de Paume de Monceaux avant que ne fut introduite l'invention des poutres de plusieurs pièces (*Architecture*, fol. 4 rev.), ce qui recule la chose aux premiers temps du règne de Henri II. C'est donc en 1547 qu'il faudrait faire voir que le Primatice fut l'architecte de Monceaux, pour établir qu'il en était auteur. Plus tard son rôle a dû se borner à l'entretien des bâtiments et à quelques travaux accessoires. Ce que M. Lhuillier n'a pas su, c'est qu'à la date du marché qu'il cite, le Primatice en passait de pareils pour tous les bâtiments de la reine mère et pour tous les bâtiments du roi, commis à la direction de ceux-ci le 12 juillet 1559, et le 21 janvier 1560 à la direction de ceux-là (1re partie, p. 176-184). Cette double commission est cause qu'on pourra retrouver quelque jour un pareil document concernant Chenonceaux par exemple, et partant conclure de même sorte que le Primatice l'avait bâti.

Il est vrai que M. Lhuillier ajoute en preuve un texte tiré des Comptes des Bâtiments, où le nom de Monceaux, laissé en blanc, se devine. Le Primatice y est payé, à ce qu'il dit, pour les

travaux du roi à Fontainebleau et « pour ceux de la reine à...
en Brie ». J'ai plusieurs fois cherché ce texte et à mainte reprise
relu les Comptes, sans l'y avoir jamais rencontré.

J'ajoute que les ruines actuelles de Monceaux, qui ont fourni
à M. Lhuillier et aussi à M. Palustre un thème à réflexion sur
l'architecture du xvi⁰ siècle, ne sont pourtant pas de cette
époque, et, quand le Primatice eût été ce qu'on veut, ne seraient
pas encore du Primatice. En effet, quoiqu'il soit très certain,
d'accord avec MM. Palustre et Lhuillier, qu'il y a eu dès ce
temps-là un château à Monceaux, rien n'en a subsisté depuis
Henri IV, qui le rebâtit entièrement. C'est la note que donne
Expilly (pass. cit.), confirmée par les monuments. J'appelle de
ce nom les ruines subsistantes et les gravures de Sylvestre. Les
ruines peuvent servir à dater toutes les parties que ces gravures
représentent, et qui n'ont pas un seul morceau dont quelque
échantillon ne demeure. Les ruines se composent en effet des
morceaux principaux des quatre ailes, d'un débris des pavillons
d'angle et des amortissements de la galerie en façade, joint un
portail et deux casemates. Or tout cela certainement n'est que de
Henri IV. Je dis que le style le déclare, aussi bien que des
preuves plus palpables. Car tout cela se tient et remonte au
même temps : or l'ancien pavillon d'entrée porte au-dessus des
niches entre les colonnes, le chiffre aisé à reconnaître de Marie
de Médicis.


## ARTICLE LIX. — LA TENTURE DE DIANE

### AU GÉNÉRAL BÉZARD.

Les preuves de M. le général Bézard présentées par M. del
Monte (*Tapisseries inédites*) sont les suivantes :

1⁰ Il est établi que le Primatice a fait des cartons de tapisserie,

2⁰ La date de celles-ci est fixée par le costume aux dernières
années de François Iᵉʳ,

3⁰ Le dessin n'en est pas français,

4⁰ Nul autre peintre italien n'a pu faire vers 1545, des cartons
de tapisserie pour Diane de Poitiers, puisque tous les maîtres
autres que lui qui étaient venus en France, appelés par François Iᵉʳ, étaient morts ou rentrés dans leur pays,

5° Le Primatice seul devait être tenu digne de servir la favorite du Dauphin,

6° Une nymphe assise dans une de ces pièces ressemble à une des figures du concert de la salle de Bal,

7° M. Charles Blanc attribuait ces tapisseries au Primatice. La première raison est sûre, mais ne préjuge rien. La deuxième ne me paraît pas certaine, mais je la suppose vraie. Je ne saurais dire ni oui ni non à la troisième, n'ayant que des notions très vagues sur le style propre (s'ils en eurent un, ce dont je doute) de nos peintres de style à cette époque. La quatrième raison n'est pas exacte. Il n'est pas certain que Lucas Penni, ni Cachenemis, ni Fantose eussent quitté la France ou fussent morts alors. Ils n'y étaient plus en 1552, cela est certain. Bagnacavallo partit sans doute vers 1545. Mais Miniato ne mourut qu'en 1548, pareillement Mathieu del Nassaro. La cinquième raison est vaine. La sixième insuffisante et fausse dans son principe, comme je dirai tout à l'heure. La force de la septième dépend de la compétence qu'on reconnaît à M. Charles Blanc soit en général sur ces matières, soit en particulier touchant le Primatice.

Je reviens à la cinquième raison, qui tend à établir une ressemblance entre le style de ces tapisseries et celui que pratiqua le Primatice. Cette ressemblance n'existe pas. Je ne vois pas dans ces figures le moindre rapport à celles que le Primatice a dessinées. Tout en est différent : les contours, les postures, les airs de tête, jusqu'aux caractères les plus extérieurs, comme le costume, toujours extrêmement simple chez le Bolonais, ici chargé et compliqué d'ornements. M. del Monte, qui aussi bien doute de la certitude des raisons qu'il transcrit, conclut à maintenir ces pièces dans l'école de Fontainebleau. J'y consens, pourvu qu'on se souvienne que ce mot ne signifiait point alors une unité de style, mais un lieu de provenance, de sorte qu'il faudrait fonder cette conclusion soit sur une connaissance précise de toutes les manières différentes qui se pratiquaient à Fontainebleau, soit sur des marques extérieures qui rattachent l'ouvrage à la cour de France.

FIN DE LA DEUXIÈME PARTIE.

# TROISIÈME PARTIE

---

## CATALOGUE RAISONNÉ
## DES DESSINS CONSERVÉS DU PRIMATICE
### ET DE SES COMPOSITIONS GRAVÉES

# ÉTUDE PRÉLIMINAIRE

---

Un catalogue de dessins du Primatice n'est pas une besogne entièrement nouvelle. Qui débrouille pour la première fois l'œuvre de quelque artiste oublié ou longtemps méconnu, ne peut du tout se croire dispensé de poser longuement et laborieusement les bases de sa critique. De grandes explications et des preuves scrupuleusement déduites sont les bases naturelles de ces constructions neuves. Au contraire rien n'empêche que celle-ci ne prît pied dans des ouvrages anciens et solides, qui ne sont pas moins rassurants par leur excellence que par leur masse.

Le cabinet de Mariette, en qui fut dispersée la dernière grande collection de dessins du Primatice, n'avait point reçu tous ces précieux ouvrages sans une espèce d'état civil. Ils provenaient de Crozat, lequel les avait recueillis en partie des fameuses collections de Jabach, qui lui-même les tenait de l'abbé Delanoue. Par là nous pouvons remonter jusqu'à la première moitié du xviie siècle, soit un demi-siècle après la mort de notre artiste. Les attributions de ce temps-là jouissent à bon droit, en ce qui regarde les ouvrages de la Renaissance, d'un crédit qui ne doit pas leur manquer ici. A cette ancienneté de tradition se joint le bon renom de ceux qui l'ont transmise. Je ne dirai rien de Jabach, mais les cabinets de Delanoue, de Crozat et de Mariette ont toujours été comptés parmi les plus choisis et d'attribution plus véridiques. Ce que le Louvre, Stockholm, Vienne, Florence et Francfort, ce que Destailleurs, His de la Salle ou Malcolm ont reçu d'une source si authentique, a donc pu être regardé par ces amateurs comme offrant un degré de garantie tel, qu'on n'en réclame pas de plus haut pour la plupart des œuvres d'art. Une famille aussi compacte de dessins anciens, portant la même empreinte uniforme dans le style, aussi régulièrement transmis depuis les origines sous le nom du Primatice, offrait, à défaut de preuve plus précise et plus mathématique, tout ce qu'il fallait aux gens de goût pour se faire une idée certaine de la manière de notre artiste, pour définir son style et déjà critiquer en particulier les pièces proposées sous son nom.

Je n'en ai pas moins voulu rechercher d'autres bases au catalogue qui va suivre. Quelque confiance en effet qu'excitent chez les familiers du Primatice les raisons que je viens de toucher, confiance si légitime que des hommes du mérite de M. Reiset et du feu marquis de Chennevières n'ont pas laissé de nos jours de s'en contenter, encore ne puis-je empêcher que mon lecteur n'en juge par des raisons plus générales, qui le rendent plus rebelle à la persuation.

Le Primatice fut chef d'école : de nombreux élèves autour de lui subirent son ascendant et se formèrent à ses doctrines : source naturelle de confusion entre leurs ouvrages possibles et les siens. Or la critique a depuis un demi-siècle ramené partout tant de pièces, qu'on regardait comme l'œuvre des plus grands maîtres, à des attributions plus modestes, ôté à Rubens, à Rembrandt, à Véronèse, pour les rendre à leurs imitateurs, tant de morceaux parfois illustres et choyés, qu'on a peine à ne pas soupçonner quelque chose de pareil ici. Dans la quantité de dessins attribués de tous côtés au Primatice, souvent sur des indices légers, qui sait ce qu'il pouvait y avoir d'ouvrages de ses élèves soit italiens soit français, et de ces morceaux de parenté anonyme, communément ramenés à la mention d'œuvres d'atelier ! Au premier mot d'une pareille entreprise, combien, loin de s'en rapporter aux attestations d'autrefois, entrevoient volontiers un vaste champ aux découvertes les plus imprévues. La foule des auxiliaires du maître cités par Vasari ou mentionnés aux Comptes dss Bâtiments, occupe l'esprit de vingt hypothèses. Ce sont autant d'artistes qui veulent vivre, et qu'il semble qu'on voie s'agiter pour s'enrichir des dépouilles du Primatice, enfin réduit par une recherche exacte à ses légitimes attributions. Cette sorte de sollicitations est partout trop bien venue de la critique moderne, pour que dans l'occasion présente on espérât d'y répondre utilement par un simple appel à la tradition. Il a fallu recourir à des preuves plus palpables, que les amateurs de l'ancienne école jugeront peut-être superflues. On sait maintenant pourquoi j'ai voulu les produire et ce qui me détermine à traiter comme étranger et inconnu un artiste dont huit générations de curieux se sont repassé sans interruption l'admiration et les ouvrages.

Je suppose que nous sommes pour la première fois en présence des dessins partout conservés sous le nom du Primatice. Un premier point va nous être acquis, par les résultats d'une recherche peu pratiquée encore, et que j'ai trouvée extrêmement féconde, c'est l'identification des différentes compositions que ces dessins nous présentent. Ces identifications, infiniment précieuses à qui s'efforce de reconstituer les ouvrages disparus du maître, ne se rendent pas moins utile dans la preuve d'authenticité de ses dessins. Réservée cette authenticité, nous sommes en possession de la preuve incontestable que de certaines compositions autrement connues que par les dessins, ont eu le Primatice pour auteur. Cette preuve s'obtient de deux manières.

1. *Le Primatice auteur attesté de quelque composition par la lettre d'une estampe contemporaine.* Je ne regarde ici que les estampes gravées du vivant même du maître. Comme elles étaient fort répandues et étudiées, il n'y a pas de doute que le témoignage qu'elles portent, ainsi rendu public au lendemain de l'exécution des ouvrages, ne doive être tenu pour certain. On le trouve sur les estampes au monogramme. L. D., sur celles qui portent le monogramme F. G., sur celles de Fantose, de Dominique Florentin, d'Étienne Delaune. Dans les premières le Primatice est désigné par le mot *Bologna*, parfois *Bol.* joint

rarement *inventor* ou *inventeur*. Fantose écrit *Bologna inventor*, Dominique Florentin *Bol.*, pareillement le maître au monogramme F. G. Étienne Delaune a mis *Bol. in.*

2. *Le Primatice auteur attesté de quelque composition par Vasari ou par les Comptes.* Les Comptes et Vasari contiennent l'attestation formelle que certaines chambres et galeries ont été décorées par le Primatice. Les débris des peintures restaurées font connaître une partie des compositions qui décoraient ces appartements. Quelques-unes de celles qui ont péri, revivent dans des descriptions anciennes, comme celles de Dan, de Guilbert et de Mariette. Ce dernier a désigné les estampes qui en reproduisent quelque partie. D'autres parties peuvent être reconnues d'une manière parfaitement certaine, dans plusieurs dessins qui demeurent sous le nom du Primatice. Ce sont autant de compositions dont il est avéré par là que le Primatice fut auteur.

Or pour toucher au but que nous cherchons, il ne faut plus que prouver que les dessins conformes soit aux estampes marquées *Bologne*, soit à celles que désigne Mariette comme ayant fait partie de quelque décoration dont le Primatice était auteur, soit aux descriptions des décorations et à leurs débris restaurés, sont des pièces originales. Par là sera établi, sans aucun doute possible, que ces dessins sont de la propre main du Primatice.

Comment les distinguer des copies possibles ?

Ces copies ne peuvent être que de deux sortes : celles des faussaires et celles des artistes, les unes fabriquées pour la vente, les autres employées à l'étude.

3. *L'originalité prouvée contre l'hypothèse des faussaires.* Les faussaires ne se mettent point en peine de copier l'œuvre elle-même, c'est-à-dire les peintures, ayant plus tôt fait de tirer leurs copies des estampes ou des dessins originaux.

Les copies faites sur les estampes se reconnaissent aisément en ce que, celles-ci répétant en contre-partie les sujets, tout dessin authentique doit être en contre-partie de l'estampe, ce qui n'arrive pas pour les supercheries dont je parle. Je ne sache d'exception que les estampes d'Étienne Delaune et les numéros 59-62 de Georges Mantouan, ayant découvert une étude pour une de ces compositions tournée dans le même sens que la gravure. Il faut réserver aussi les contre-épreuves, d'ailleurs reconnaissables au flou et à l'effacement.

Pour les copies faites sur les dessins, on ne sera guère exposé à s'y méprendre. Elles sont à la fois scrupuleuses et médiocres. Comme elles s'efforcent de rendre une sorte d'ouvrage où les allures sont naturellement hardies et libres, le contraste y est évident entre la liberté du trait qu'elles imitent, et les façons guindées qu'elles apportent à cette imitation ; maladroites au demeurant dans leur servilité, pleines d'incorrections et de difformités.

4. *L'originalité prouvée par les hésitations du dessin.* Reste à connaître les copies des artistes. Il est clair premièrement que ces dernières n'offrent aucun des signes qui trahissent la recherche de l'inventeur. Les parties refaites, les traits essayés et repris, les hésitations de divers genres qui peuvent se rencontrer dans un dessin original, ne se trouveront jamais dans ces copies. Les études proprement dites du maître échappent de ce fait à toute équivoque.

5. *L'originalité prouvée par la mise au carreau.* Un dessin n'est mis au carreau que s'il sert de modèle à quelque peinture. C'est donc un indice, qu'une copie ne saurait naturellement présenter. Il est vrai que les marchands du dernier siècle, dans le but de mieux tromper les amateurs, ont parfois ajouté le carreau à des copies, qu'ils vendaient pour les originaux. Mais, outre que cette supercherie ne paraît que sur les pièces des faussaires, il n'est pas impossible de discerner la fraude. En général ces imitations sont de traits beaucoup plus visibles et plus également conservés que ceux des dessins authentiques. L'effacement de ceux-ci ne vient pas seulement d'ancienneté. Les premiers amateurs et le Primatice lui-même, se sont efforcés je crois de les faire disparaître. Il n'y a pas de doute que le maître n'ait conservé assez de ses dessins pour en faire des

présents (c'est ainsi que Vasari en tenait un de sa main, v.
p. 228) et que, dans ce dessin même, il ait fait leur toilette. Le
n° 215 par exemple, d'abord découpé pour servir de modèle à
des artistes différents chargés d'exécuter la fresque, a été soigneusement recollé et tout le fond repeint à gouache très évidemment par le Primatice lui-même. Dans des pièces aussi net-
toyées et parfaites, le carreau a été entièrement effacé. Dans
d'autres on n'en retrouve que des traces, dont l'incertitude
même est une preuve d'originalité.

6. *L'originalité prouvée par le décalque à la pointe.* Plusieurs
des dessins dont il s'agit, portent la marque de la pointe qui a
servi à reporter le trait des études préalables au dessin arrêté.
Cette marque atteste absolument que le dessin n'est pas une
copie. Comme elle est difficile à voir, je crois qu'elle aura
échappé aux faussaires et je n'en ai pas trouvé de contrefaçons.

7. *L'originalité prouvée par le caractère du dessin.* Enfin des
raisons plus délicates, mais non moins certaines quand on les
veut bien pénétrer, ont de quoi établir d'ailleurs l'originalité
d'une pièce. Les copies dont je parle peuvent être de deux
sortes : ou le fait des élèves du maître, ou celui d'artistes plus
récents, qui ont étudié ses ouvrages. En général les copies des
élèves ou des imitateurs immédiats s'accuseront par quelque
faiblesse, celle des copistes postérieurs parce qu'ils auront dénaturé son style. Il est vrai que nous supposons que ce style original ne nous est pas encore connu. Mais pour éliminer ces copies
postérieures, c'est assez de l'idée qu'on en prend par l'ensemble
des dessins soumis à l'examen. Car il n'est pas douteux, d'une
part, qu'au milieu de ce grand nombre de pièces, où se retrouvent
les compositions dont le Primatice fut auteur, beaucoup d'originaux se rencontrent, et sans doute il les faut chercher parmi les
meilleurs. Et si parmi ces meilleurs risquent de se trouver de
ces copies postérieures, encore n'y seront-elles qu'en petit
nombre, que le style des plus nombreuses fera légitimement
rejeter. Par là se trouvent démasquées toutes les copies possibles
et mis au jour les originaux.

Tout ce qu'on vient de lire, repose sur la découverte préalable des compositions peintes par le Primatice. De cette manière il faut deux conditions pour établir l'authenticité. Voici maintenant quels indices permettent, à l'occasion, de la reconnaître d'un seul coup.

8. *L'authenticité établie par le nom du maître inscrit sur le dessin.* Ces inscriptions sont la plupart modernes. Je ne sais à qui remonte la marque si souvent répétée de *Bologne*, qui accompagne les plus belles pièces, mais elle ne doit pas être antérieure au xviie siècle. Celle de *Belloine Saint-Martin* du dessin 147 est plus ancienne. Une enfin de ces mentions remonte au xvie siècle, et doit être regardée comme presque contemporaine de l'artiste, c'est celle du no 144, que M. Wickhoff a lue *no consono,* et qu'il faut lire *me boulonne.* Une indication si ancienne est de la plus grande importance, et suffirait à assurer l'authenticité du morceau, dans lequel M. Wickhoff n'a voulu voir à tort qu'une copie.

9. *L'authenticité établie par l'écriture du Primatice.* Les mentions qu'on lit sur plusieurs dessins ci-dessous désignés, sont évidemment de l'auteur du dessin. Or on connaît l'écriture du Primatice par le testament conservé à Bologne. La conformité de ces mentions est donc une preuve extrêmement pressante de l'authenticité des pièces.

10. *L'authenticité confirmée par la comparaison des pièces.* Toutes ces règles appliquées avec intelligence suffisent à dégager une série de morceaux, dont le principal doit être au-dessus de tout soupçon. Toutefois je n'ose encore assurer qu'aucune pièce douteuse ne s'y rencontre, qu'il s'agit maintenant d'éliminer. Comment? Par les exigences que l'étude attentive de ces morceaux mêmes nous donnera. C'est d'eux qu'il faut maintenant apprendre à les trier. Si l'on dit qu'il y a là dedans une contradiction et un cercle, c'est qu'on fera plus attention aux mots qu'aux choses. Tous ceux qui auront la pratique de ces matières, avoueront que cette méthode est non seulement légitime, mais encore d'une absolue nécessité. Elle seule peut fon-

der les dernières certitudes, parce qu'il n'y en a point de telles qui ne reposent sur une idée complète et délicate de la manière des maîtres reconnue et sentie dans un ouvrage. Comme cette idée ne se forme que par degré, et que chaque progrès, en s'aidant des acquisitions précédentes, ne laisse pas de les détruire et de les remplacer, il n'y a nulle contradiction à ce qu'une pièce, qui dans les commencements aura contribué à former l'idée du style de quelque maître, ne soit ensuite rejetée comme différente de la notion achevée de ce style.

Ainsi terminé l'examen des différentes sortes de dessins que j'ai dits, voici ceux que je propose comme absolument authentiques selon les règles précédentes.

1. Originaux des compositions dont l'attribution au Primatice est garantie par la gravure : 16, 21, 23, 40, 41, 42, 4³, 44, 45, 46, 47, 48, 49, 54, 55, 57, 60, 100'', 120, 123, 130, 161, 162, 214, 235, 241.

2. Originaux des ouvrages exécutés dans les appartements dont Vasari et les Comptes garantissent l'attribution au Primatice :

Chambre du Roi. 1.

Galerie d'Ulysse. 7, 8, 10, 15, 19, 20, 24, 95, 115, 116, 117, 121, 122, 123, 129, 131, 132, 137, 138, 139, 144, 152, 153, 154, 155, 157, 158, 165, 167, 168, 169, 170, 171, 172, 173, 174, 175, 176, 177, 178, 179, 180, 181, 182, 183, 184, 185, 186, 215, 216, 217, 234.

Salle de Bal. 28, 29, 31, 32, 33, 34, 78, 88, 89, 92, 124, 125, 146, 147, 159, 163, 226.

3. Authenticité garantie par le nom du maître anciennement inscrit sur le dessin : 144.

4. Authenticité garantie par la présence de l'écriture du maître : 8, 82, 189, 194, 198, 203, 209, 210, 211, 212.

Soit en décomptant la répétition des n°⁸ 8 et 144, dont l'authenticité est établie de deux manières, une somme de cent-cinq morceaux qui peuvent servir de point de départ certain à l'étude des dessins du Primatice.

Il ne faut plus que mettre en ordre les observations qu'ils suggèrent.

1. Les dessins marqués ci-dessus sont exécutés de trois manières, soit à la sanguine, soit à la plume et au bistre, soit au crayon noir : 49 de la première sorte, 43 de la seconde, 4 de la troisième, joint 8 à la plume et coloriés, qui sont des pièces extraordinaires. Le crayon noir n'est donc qu'une exception, le bistre et la sanguine sont l'ordinaire, celle-ci le plus souvent en crayon, plus rarement en lavis, parfois l'un et l'autre. Presque partout des rehauts de blanc, le plus souvent à gouache, s'ajoutent à ce qui précède.

2. Ces mêmes dessins sont de trois sortes : premiers jets, études d'après nature, dessins arrêtés. Les premiers jets n'ont pas en général l'incertitude qu'on pourrait croire, preuve que le Primatice composait aisément. Les n⁰ˢ 136, 139, 170 et 175, par exemple, ne sont pas loin de ressembler à des dessins arrêtés et mis au net, et je ne suis pas bien sûr qu'ils n'aient servi comme tels. D'autre sorte ne s'en trouve guère. Les études d'après nature sont des façons de premiers jets, et quant à celles-là il est certain qu'elles ont servi parfois de dessins arrêtés, comme les n⁰ˢ 28, 29, 31, etc. Tous les dessins soit de premier jet, soit d'après nature, sont à la sanguine ou au crayon. La plume et le bistre ne sont guère employés qu'aux dessins arrêtés, pour lesquels la sanguine a servi également. Pour le carreau et le décalque à la pointe, v. ci-dessus.

3. Le plus grand nombre de ces dessins est dans une manière uniforme avec plus de liberté dans quelques-uns et moins de correction dans d'autres. Un seul dessin fait exception à l'uniformité de ce style, le n° 1, authentiquement daté des premiers temps du Primatice en France. Le modelé y est plus poli et luisant, le trait plus arrondi et moins libre : au total plus de soin et moins d'agrément. Cette manière est caractéristique, et veut être retenue comme la première de notre artiste.

4. Ce sont ici des remarques particulières sur quelques-uns de ces dessins.

Les nᵒˢ 189, 194, 198, 203, 209, 210, 211, 212, quoique conformes au fond de style et de manière, ne se distinguent pas seulement par le coloriage, mais aussi par un soin moins attentif du maître. Ceci ne doit pas faire autorité, à cause que, destinés seulement pour les costumes d'une mascarade, ils font une exception naturelle. Ils ont du reste un propre emploi, qui est de faire reconnaître les autres dessins du Primatice pour la même mascarade, conservés auprès et mêlés à des pièces d'une autre main.

Les nᵒˢ 17, 161 et 162 sont propres à étudier le maquillage que les marchands ont pratiqué pour remettre en état des pièces qui s'effaçaient. Dans les recherches d'authenticité, il est à noter que le maquillage travaille à l'envers des autres difficultés, portant à rejeter des dessins qui dans le fond sont authentiques. Comme l'encre est ce qui s'efface surtout, les dessins à la plume sont presque les seuls où cette cause d'erreur se rencontre. En général la différence de couleur de l'encre trahit des traits surajoutés. Les réparations du lavis sont plus malaisées à découvrir parce qu'elles font disparaître l'ancien aquarellage. Les nᵒˢ 17 et 162 sont des exemples de maquillage partiel, le 161 de maquillage renforcé. Voici quelques réflexions propres à découvrir cette dernière sorte : 1. Un trait intact près d'un aquarellage grossier découvre l'authenticité. 2. Autant du décalque à la pointe sous le trait cahoté et mal suivi. 3. De même les débris du trait décoloré, mal recouvert par le maquillage, et ordinairement visibles à la loupe. 4. Les accessoires et les parties les plus insignifiantes du dessin sont presque toujours laissées intactes, les soins du maquilleur allant à parer d'abord les figures.

Enfin, le nᵒ 214 offre l'exemple d'un maquillage d'une espèce supérieure. Il appartient à la catégorie des dessins dits retouchés par Rubens. On y reconnaît la superposition de deux talents du premier ordre, et, chose notable, il reste dans de pareils morceaux, où le bistre et le blanc repris et renforcés tendent à dénaturer le style primitif, plus de caractère de l'original que dans les raccommodages des maladroits. Telles sont les remarques qui, jointes à l'étude attentive du style de mes cent cinq modèles, m'ont permis d'y joindre à coup sûr le reste de mon catalogue.

Pourvu de quelques-uns de ces modèles, de ces remarques et de bons yeux, rien n'empêche qu'on refasse après moi sur l'un ou sur l'autre des dessins ajoutés, l'examen dont je donne les résultats. Je suis bien assuré de n'être pas contredit, si ce n'est peut-être sur une ou deux pièces douteuses et du reste insignifiantes, que j'ai cru sage de conserver, et dont je note en passant l'incertitude. Hors cette infime exception je présente tout ce qui va suivre comme authentique absolument. Peut-être voudra-t-on bien ne pas s'en étonner, si l'on songe que cent-cinq dessins types servent à établir cette authenticité pour cent trente-sept autres seulement, auxquels même ne manquent pas le plus souvent des preuves extérieures déduites des précédentes. Par exemple, les compositions 57 et 60, attestées du Primatice par la lettre d'une estampe, ont décoré la chambre d'Alexandre à Fontainebleau. Le Primatice avait donc peint cette chambre, pour laquelle il est d'ailleurs établi que les n° 56, 72 et 73 ont servi. De même le 118 n'est que le dessin arrêté du 82, attesté du Primatice par l'écriture de ce dernier. Puis ce 118 a servi pour une armoire du cabinet du Roi. Ces armoires donc étaient du Primatice, partant les 27 et 37, exécutés aussi pour leur décoration. Par là les n° 27, 37, 56, 72, 73 et 82 se trouvent à l'égard de la preuve dans des conditions pareilles à celles des cent cinq précédents. Ce sont autant de preuves et de confirmations qu'on trouvera à l'article de chaque dessin, qui, s'entremêlant de cent manières, forment à la fin un tissu si solide, qu'on a même peine à trouver le biais pour en faire voir la trame.

Quant à demander en général si des certitudes fondées sur des considérations de style et de manière, peuvent prétendre à s'imposer, je réponds oui en ce qui concerne les dessins. Dans le coup de plume ou de crayon d'un maître se révèle en effet ce qu'il y a de plus délicat et de plus inimitable dans sa manière. C'est sa main même que l'on y voit, et jamais il n'y eut deux mains d'artistes pareilles. Un dessin est autant qu'un autographe, mais c'est un autographe d'un genre supérieur, parce que la forme des traits n'est pas seulement ce qu'on y considère, mais encore le degré de talent dont il témoigne. J'ajoute cet autre avantage d'un dessin, que les maquillages et retouches ne peuvent jamais s'y dissimuler entièrement, et par là ne sauraient causer les confusions auxquelles de telles recherches sont exposées ailleurs.

Sur quelles analogies se fondent ces conclusions? Il est délicat de le définir, et je veux commencer par prévenir deux erreurs dans lesquelles on tombe trop souvent.

La première est de partir de quelque définition abstraite du style que l'on considère, tirée par exemple de la nation de l'artiste, comme que le Primatice, étant italien, a dû faire preuve d'abondance, de richesse et de grâce, au lieu qu'un français eût été clair, exact, etc.; ou de son genre de vie, comme qu'ayant vécu à la cour, il dut avoir des agréments frivoles, ou de son temps, comme qu'il n'a pu manquer de faire preuve dans tous ses ouvrages, de l'érudition alors à la mode. Ces considérations peuvent se défendre après qu'on s'est mis en possession des œuvres, mais elles sont inutiles pour les découvrir. Je ne me défie pas moins des remarques plus matérielles, quand elles tournent à la formule. Par exemple c'est n'avancer rien que de définir le style du Primatice en disant qu'il fut essentiellement ornemaniste, et que la figure humaine n'est pour lui qu'une arabesque. Le plus grand tort de ces définitions est que, comme elles n'ont point de soi d'applications précises, celles qu'on leur donne sont arbitraires, et conduisent ceux qui tiennent à s'en servir, à des conclusions extravagantes.

Une autre erreur est de composer son idée du style d'un maître d'une série de petites remarques matérielles, de détails qu'on exige de retrouver partout et dont l'absence ou la présence valent une décision sans appel. Quelqu'un voudra voir la signature d'un artiste dans une certaine mèche de cheveux ondoyante et souple, qu'il faudrait que celui-ci se fût astreint à répéter dans toutes ses figures ; un autre décidera que la présence d'une pièce d'orfèvrerie dans le vêtement est une attestation d'origine; un pli de draperie, une coiffure, une disposition d'architecture servira de repère à un troisième. Je demande comment on peut espérer de rien fonder quant à l'attribution sur des données aussi instables, qui non seulement ne sont pas de nature à pouvoir être répétées partout, mais davantage qu'il est si facile à des artistes différents de s'emprunter. En général on ne saurait trop se défier de ce qui se laisse définir en l'absence des pièces elles-mêmes et se transmet par correspondance. Il faut voir, et ce qu'on voit dépasse infiniment ce qu'on peut expliquer. Rien ne saurait remplacer l'œil aiguisé par une pratique convenable. Au demeurant qu'on ne croie pas même que je rejette cette méthode comme trop rigoureuse. En dépit de ce tatillonnage et de ce réseau pressé de petites règles, combien d'attributions fautives passent à la fin entre ses mailles inflexibles! Le savant M. Wickhoff, pour ne point s'être assez gardé de la confiance qu'elle engendre, après avoir ôté au Primatice dix dessins très authentiques de la galerie Albertine, n'a pas laissé de confirmer au Rosso deux pièces que je rends au Primatice, qui ne sont ni du Rosso ni d'après le Rosso, et dont il est matériellement prouvé que l'une n'a pu être exécutée qu'après sa mort.

Ce que je vais dire n'est donc pas proprement une définition de la manière du Primatice, mais un faisceau de remarques qui ne prennent un sens utile que si on les lit dessins en main, un fil conducteur dans l'étude des pièces elles-mêmes. Je ne retiens dans ce qui suit, que des caractères décisifs.

Le contour du Primatice est sinueux, avec des accents partout, sa touche est extrêmement spirituelle, dans ses nus les gras sont rebondis, les attaches fines, toutes les parties très détachées, son modelé découvre l'anatomie dans le détail, mais toujours bien liée, il procède volontiers par fossettes, mais sans affectation, ses pieds et ses mains sont dessinés avec le plus grand soin, ses visages ont peu d'expression et ne se recommandent que par un certain agrément général, la draperie est lâche avec de légères cassures aux plis, le tout donne l'impression d'une promptitude et d'une légèreté de main singulières. L'air maniéré entre dans la plupart de ces caractères, dans l'accent du dessin, dans l'esprit de la touche, dans l'aisance du tout, dans l'opposition des attaches aux rondeurs, dans la transparence des muscles et de l'ossature, dans l'agrément des mains et surtout des pieds, dont le pouce est ordinairement relevé et les deux doigts suivants joints et fort longs. L'allongement tout à fait outré des figures, effet du découpage des parties, ne s'y rencontre que par accident, et dans ce cas s'y rencontre aussi l'amaigrissement des bras et des jambes. Quant à la manière de composer, aux attitudes, à tout ce qui ne relève pas immédiatement de la main du maître, mais de sa pensée, je l'ai défini suffisamment I<sup>re</sup> partie, chap. VI.

Telles sont les remarques propres à justifier la composition de mon catalogue. J'ajouterai un mot des résultats.

Le plus souvent j'ai vu se confirmer les anciennes attributions. Au Louvre l'œil admirable de M. Reiset avait opéré un triage, auquel peu de chose restait à corriger. Les fiches du catalogue portent les traces d'une seconde revue, où l'on voit que des doutes lui étaient venus au sujet de quelques pièces retenues dans la première. Il est probable qu'un nouvel examen en eût fait rejeter plusieurs autres, que je n'ai pu conserver. Au contraire j'ai dû rétablir l'authenticité de deux morceaux égarés dans d'autres parties du classement. A Florence le nombre des pièces qui se sont trouvées fausses, dépasse celui des authentiques; l'Albertine de Vienne au contraire, injustement décimée par M. Wickhoff, retrouve ici ses titres méconnus.

En dépit du doute qui plane en général sur les attributions de Chatsworth, cette collection n'a exigé que peu de corrections en ce qui regarde le Primatice. L'Ermitage et Stockholm ne présentaient aussi qu'un petit nombre d'erreurs. Le dernier m'a fourni de plus vingt-cinq dessins dont l'authenticité avait échappé au catalogue Crozat. Au point de vue de l'attribution, c'est ce que le mien renferme de plus nouveau.

Quant aux dessins rejetés, le parti qui s'en peut tirer est peu de chose. La plupart ne sont que des contrefaçons entièrement dépourvues d'intérêt. Loin d'en tirer aucune lumière, comme il était permis de l'espérer, pour l'histoire des talents inconnus qui secondèrent le Primatice, on prend au contraire de ce néant la certitude que ce dernier faisait tout, et ne laissait à tous ces auxiliaires, dont les Comptes nous conservent le nom, que des besognes tout à fait secondaires. Voici du reste ce que l'expérience m'a fait trouver de positif là-dessus.

De dessins authentiques du Primatice j'en ai remarqué qu'on attribuait soit à Jules Romain, soit au Rosso, soit à Niccolo dell' Abbate. De dessins faussement donnés à lui, j'en ai dû rendre soit à Jules Romain, soit à Niccolo, soit à Lucas Penni, soit à un autre artiste dont j'ignore le nom. Comme Jules n'est de rien dans mon sujet, je ne parlerai que des trois autres.

Niccolo dell' Abbate n'est guère moins connu des amateurs de dessins que le Primatice. Une quantité considérable de pièces est de tous les côtés conservée sous son nom, auxquelles, entre plusieurs manières différentes, une se rencontre, très caractérisée, et sur laquelle j'ai réglé les restitutions que je fais à ce maître. Que cette manière soit celle de Niccolo, nous en avons du reste, outre la tradition, une preuve certaine et je crois du reste unique, dans une estampe d'Étienne Delaune attribuant à lui une composition du Parnasse dont il existe cinq répliques : une au Louvre, une chez M. Valton à Paris, une à l'Albertine, une à Windsor et une à l'Ermitage. Il est facile, à cause de l'uniformité du style des dessins dont je parle, d'assurer sur ce fondement certain leur attribution à tous.

Un tel fondement m'a longtemps fait défaut pour le classement des dessins qu'on donne à Lucas Penni. Ces dessins constituent une famille dont les parentés sont aussi claires et assurées que possibles, mais d'anciennes inscriptions portées sur les pièces étaient toute la preuve qu'on avait que Lucas Penni en fût le père. D'autre part un nombre assez considérable d'estampes portent son nom ou lui sont attribuées. Quelques-uns des dessins correspondent aux estampes, et pour assurer l'attribution de tous les dessins que j'ai dits à cet auteur, il ne fallait que trouver sur une telle estampe la mention de Lucas Penni. Longtemps je n'ai connu cette mention que sur des planches dont le dessin original n'existe pas. Enfin la comparaison d'un dessin du Louvre avec une estampe de l'École des Beaux-Arts qui le reproduit, m'a fourni la preuve que je cherchais. La composition représente une bataille. On lit sur la planche cette inscription : *L. Penne inven 1562 H Cock excu* (Coll. Lesoufaché, carton 2). Par là j'ai pu rendre les dessins du même style à Lucas Penni avec la même sécurité que je faisais les autres à Niccolo.

Une troisième famille de dessins qu'il convient de rattacher à l'influence du Primatice, anonyme celle-là, est de mon fait. Je la compose de trois pièces, l'une attribuée à Lucas Penni, à M. le marquis de Chennevières, l'autre au Rosso dans la collection Albertine, la troisième au Primatice dans celle de l'Institut Staedel à Francfort. Tels qu'ils sont, ces trois dessins trahissent évidemment la même main, qui fut sans doute celle d'un Italien. Les traits les plus frappants de sa manière sont, dans une formation romaine, une influence modérée du Primatice. Il a pris de celui-ci, comme Niccolo et Lucas, l'habitude de modeler par fossettes, mais il pousse cette affectation encore plus loin que Niccolo. Il tient un peu de Lucas, avec des proportions et des airs de tête plus agréables. Son habileté au demeurant est du même ordre, et cela ne fait pas un artiste méprisable. S'il est permis d'entrebâiller la porte aux suppositions, je proposerai de nommer cet artiste Roger de Rogery ou Jean-Baptiste Bagnacavallo, le second s'accordant mieux avec le caractère de ces dessins. En effet on peut croire qu'il fut élève de son père Barthélemy, lequel fut de formation romaine.

J'ai ajouté quelques pièces que je donne au Français Geoffroy Dumoûtier. Ma liste se compose d'anonymes et d'un dessin que le Louvre maintient sans apparence à Jean Cousin. Ce qui me fait attribuer à Dumoûtier la famille ainsi constituée, c'est la comparaison de vingt planches à l'eau-forte, de tout temps conservées sous son nom, qu'elles portent écrit de la main de l'abbé de Marolles. Il n'y a nulle différence entre le travail de la pointe dans ces eaux-fortes et celui de la plume dans les dessins.

Enfin une cinquième famille devra être au moins commencée par un dessin dont on a mal connu toute l'importance, parce qu'on l'attribuait au Rosso. Mais il ne peut être que d'un artiste qui travaillait sous le Primatice entre 1541 et 1544, peut-être Barthélemy de Miniato ou Laurent Renaudin. Je ne propose pas de Français à cause de la médiocrité où le peu de documents certains que nous avons, font voir que ceux-ci s'entretenaient. Comme ces trois dernières familles se trouvaient pour la première fois distinguées je les ai rangées à la suite de mon catalogue de dessins.

Ces remarques n'épuisent pas sans doute toute la matière, mais c'est à d'autres qu'il appartient à présent d'y glaner, je veux dire aux historiens de la peinture dans les Flandres. Car je ne puis m'empêcher de croire qu'un assez grand nombre de pièces actuellement attribuées au Primatice et qui ne le rappellent que de fort loin, doivent revenir aux italianisants de ce pays plus ou moins formés aux exemples de Fontainebleau, soit par le canal des estampes que cette école mettait en cours, soit par un séjour dans cette résidence, comme Frans Floris, Spranger et quantité d'autres. C'est un terrain peu exploré encore, et qui ne peut manquer de fournir des conclusions intéressantes.

Le catalogue qu'on va lire se rend utile de deux manières : par l'authenticité garantie des numéros qui le composent, par les compositions identifiées. J'ai terminé avec l'authenticité, il reste à parler des identifications. Voici sur quoi elles sont fondées.

1. Dans le cas où quelque ancien auteur signale une estampe existante de quelque peinture détruite, l'identification se fait aisément par la comparaison du dessin et de l'estampe.

2. Le détail d'anciennes descriptions peut assurer le même résultat. Mais il faut pour faire une certitude, ou que le sujet soit rare, ou que le détail soit précis. Il y a telle précision dans

la description d'un ouvrage, qui ne saurait laisser aucun doute sur l'identité du dessin.

3. Une circonstance très importante supplée heureusement dans l'occasion l'insuffisance des descriptions et permet de conclure absolument. C'est la forme dont on nous apprend que fut le compartiment où quelque composition était peinte. Comme il faut que le dessin original de cette composition reproduise cette forme soit exactement, soit par le moyen de quelques traits et pour mémoire, la concordance de pareilles indications est une preuve définitive des identifications cherchées. Cette ressource, peu considérée jusqu'ici, m'a fourni des résultats aussi importants que nombreux, particulièrement au chapitre de la galerie d'Ulysse.

Toute cette partie d'identification a servi à deux choses : premièrement à dresser le tableau préparatoire à l'examen d'authenticité ; en second lieu à fournir la description exacte des différents ouvrages du Primatice, dont la plupart ont disparu, v. II⁰ partie. Comme plusieurs preuves s'en réfèrent aux estampes, on n'a pas pu se dispenser de donner en supplément un catalogue des compositions gravées du Primatice, où sont consignées les observations nécessaires.

De la sorte cette troisième partie se divise comme suit : la liste des dessins du Primatice répartis suivant les collections auxquelles ils appartiennent, et dans chacune conservant l'ordre des inventaires ou des catalogues existants, sauf les vides laissés par les pièces rejetées. Afin d'assurer la durée d'une partie au moins de mon numérotage, je n'ai passé aux collections privées qu'après avoir épuisé les publiques, qui ne sont pas sujettes à changement.

Aux dessins du maître fait suite la liste des copies tirées de ses ouvrages, dans laquelle je n'ai fait figurer ni ce qui peut passer pour contrefaçon, ni ce qui de soi ne fournit point d'enseignement. J'entends cet enseignement de deux manières, ou parce que le mérite de la pièce, son style original oblige de retenir que quelque artiste, à l'aventure anonyme, a copié le

maître, ou parce que la copie est le seul document qui, en
l'absence de dessins préparatoires et d'estampes, nous fasse connaître l'ouvrage perdu. A cause du mérite du copiste, les préparations à la plume de Van Thulden pour les gravures de la
galerie d'Ulysse, eussent bien trouvé leur place dans ce catalogue, mais parce que le détail en eût tenu beaucoup de place
sans rendre d'autre service, je me borne à les mentionner ici.
Ces préparations sont nombreuses à Vienne. Stockholm en
conserve un numéro, et pareillement le cabinet de M. de Chennevières. Omis pareillement ont été plusieurs dessins au crayon
noir aussi conservés à l'Albertine, tirés des mêmes originaux et
que, sur le vu des numéros 12 à 18 de mon catalogue des copies,
je propose d'attribuer à Diepenbeek. Enfin le musée Britannique conserve une collection reliée de copies des Travaux
d'Ulysse, médiocre mais complète, et qui à ce titre mérite d'être
signalée. Pour le reste mes copies sont de deux sortes, ou
dessinées, ou peintes à l'huile, ainsi qu'on les trouvera réparties.

En supplément de ce qu'on vient de dire vient la liste des
dessins que j'ai dû rejeter dans les différentes collections par-
courues. Celles où rien ne se trouvait d'authentique, ne figurent
pas dans ce catalogue, hors le musée Teyler, pour quelques pièces
qui ne laissaient pas d'intéresser l'école de Fontainebleau en
général. Au surplus voici les noms de ces collections éliminées :
musée Wicar à Lille, musée de Rennesm, usée Brèra et bibliothèque Ambrosienne à Milan, musée de Hambourg, collection
Beckerath à Berlin, musée de Kensington à Londres, collection
Santarelli aux Offices de Florence.

. Après tout ceci, qui regarde le Primatice, prennent place les
familles de dessins que j'ai dites, rangées l'une sous le nom de
Geoffroy Dumoûtier, les deux autres, pour la commodité du
discours et sans rien décider d'ailleurs, sous les noms posés
interrogativement de J. B. Bagnacavallo et de Miniato.

Le catalogue des estampes vient ensuite. J'en ai ci-dessus
expliqué l'objet, qui me dispense de plusieurs soins que ces
sortes de catalogues exigent ordinairement. Je renvoie, pour ce

qu'on ne trouverait pas dans le mien, et qui ne sert point à mon dessein, à Bartsch, à Passavant, à R. Dumesnil et surtout à M. Herbet, qui résume et passe de loin tous les autres. Quant à moi je n'ai retenu que les planches originales, et parmi celles-ci les plus anciennes seulement, parce qu'il suffit sur chaque sujet d'une seule estampe pour mes conclusions, et que les postérieures ne sauraient rien m'apprendre, que les plus anciennes ne m'aient appris déjà. Je n'ai point énuméré les planches ni de Betou d'après la salle de Bal, ni de Van Thulden d'après les Travaux d'Ulysse, parce qu'elles ne sont un mystère pour personne, et que leur énumération se confond avec celles des peintures originales données dans la IIe partie à l'article de la salle de Bal et de la galerie d'Ulysse. Davantage je ne garantis pas que tout ce que je conserve au nom du Primatice soit en effet gravé d'après lui. Je ne puis ainsi juger absolument sur une estampe, où le style du graveur dérobe en partie celui de l'original. Mais pour ce que je rejette dans ce que les catalogues d'estampes rangent ordinairement sous le nom du Primatice, j'ose dire que je l'ai fait en connaissance de cause et parce que l'attribution n'était pas du tout recevable. Ainsi mon catalogue retranche plus qu'il n'ajoute. On n'y trouvera qu'une addition notable, celle d'une planche d'ornement de Ducerceau, n° 142, dont on n'avait pas jusqu'ici connu l'original.

Tel est l'ordre que j'ai voulu suivre, moins conforme à aucune méthode que réglé pour la commodité. Celui des dessins n'est ni par époques, quoique je l'eusse pu faire, ni par appartements, ni par sujets, ni par raison d'excellence ou d'authenticité, ce dernier impossible, puisque je les tiens tous pour également certains. J'ose espérer que les chercheurs, amateurs, conservateurs des divers musées et cabinets, trouveront plus de facilité dans ce classement par collections, et que les fruits d'une méthode plus rationnelle seront d'ailleurs assez assurés par la place différente que tiennent les mêmes pièces représentées par leur numéro, dans la seconde partie de cet ouvrage.

# CATALOGUE RAISONNÉ

# DESSINS CONSERVÉS DU PRIMATICE

————

## COLLECTIONS PUBLIQUES

## I. — LOUVRE

1. Dessin de peintures et d'ornements. Au milieu Vénus et l'Amour encadrés d'un guillochis. Dessous, dans un petit cartouche surmonté d'un masque grotesque, plusieurs figures, parmi lesquelles un homme tenant une lyre à genoux devant deux personnages assis, dont un pose son bras sur un mouton.

A gauche un terme canéphore représentant Pan, à droite un autre terme pareil représentant Cérès ou la Nature et un trophée d'armes pendant d'un masque de satyre.

> Plume bistre et blanc, papier rougeâtre, h. 273, l. 425.
> Cat. ms. n° 3677.

C'est un projet de la décoration qu'on voyait dans la chambre du Roi dite de Saint-Louis à Fontainebleau, comme il résulte de la comparaison avec le n° 143 du suivant catalogue des estampes. La figure à droite du dessin est reproduite en contrepartie dans l'estampe, le trophée est reproduit aussi. La figure à gauche du trophée dans l'estampe et qui représente la Terre et Cybèle, dut paraître à droite de ce trophée dans la décoration originale.

Les peintures qui paraissent parmi ces ornements, ne sont pas celles qui furent exécutées. La grande est ici copiée d'une composition de Jules Romain, que Pierre Biard a gravée.

Cette pièce était conservée aux copistes anonymes de Jules Romain.

L'identification que j'en donne, et le caractère du dessin, doivent la faire rendre au Primatice, à la première manière duquel il appartient. Ces rapprochements en font l'un des dessins les plus importants de son œuvre et le second en date de ce catalogue, v. n° 231. Il a suivi de près son arrivée en France et (v. II° partie, pp. 257-258) est certainement antérieur au 2 juillet 1533.

2. Le Père Éternel soutenu par les anges sous un pavillon flottant dont d'autres anges tiennent les extrémités.

> Sanguine et blanc, papier rougeâtre, tiré au carreau, h. 283, l. 369.
> Cat. ms. 8510, imp. 267. Coll. Mariette.

C'est le dessin arrêté du milieu de la voûte de la chapelle de Guise, où l'on voyait, suivant Lebas de Courmont, trad. de Vasari, « le Père Éternel, au-dessus duquel est une draperie bleue parsemée d'étoiles soutenue par des anges aux quatre angles. Trois autres l'environnent; il appuie le bras droit sur l'un et les jambes sur les deux autres. » V. catalogue des estampes, n° 113. La date de ce dessin doit être placée au plus tôt vers 1560.

Photographié par Braun.

3. Rébecca et Éliézer.

> Sanguine, lavis de même et blanc, papier rougeâtre, ovale couché, h. 266, l. 328.
> Cat. ms. 8511, imp. 268. Coll. Crozat.

Mariette décrit (*Abéc.*, t. IV, p. 219) deux copies à la plume de ce dessin et du suivant, qu'il attribue à Lucas Penni ou à quelqu'un des disciples du maître.

Photographié par Braun et par Giraudon.

4. Isaac bénissant Jacob.

> Sanguine, lavé de même et blanc, papier rougeâtre, ovale couché, h. 260, t. 311.
> Cat. ms. 8512, imp. 269.

Voir le numéro précédent. Photographié par Braun et par Giraudon.

5. Femme assise aux pieds de laquelle des enfants tiennent une couronne d'épines.

> Sanguine, h. 356, l. 338.
> Cat. ms. 8513. Coll. Jabach, n° 111 de l'École Florentine.

6. Saturne dévorant ses enfants, figures plafonnantes.

Sanguine et blanc, un paraphe, h. 180, l. 294.

Cat. ms. 8514.

### 7. Saturne ou l'hiver debout appuyé sur une faux.

Plume bistre et blanc, paraphé de Coypel, marqué *Bologne*. Sous les pieds l'indication d'un encadrement à pans coupés, h. 256, l. 150.

Cat. ms. 8515.

C'est le dessin arrêté de la composition gravée par Ferdinand, n° 102 du suivant catalogue, et peinte au xi° compartiment de la voûte de la galerie d'Ulysse. Entre 1547 et 1559.

### 8. Le globe de la terre accompagné de différentes figures parmi lesquelles le char de Diane et celui d'Apollon, l'un devant, l'autre derrière, figures plafonnantes.

Plume et bistre. De l'écriture du Primatice : *il tutto lungo 13 piedi. Ter*ʒ*a istoria. Juno chè disende per salvare Agamemnone.* Sur le globe : *Antipodi.* Forme de croix, tiré au carreau, h. 478, l. 356.

Cat. ms. 8517.

C'est le dessin arrêté du sujet principal du iii° compartiment de la voûte de la galerie d'Ulysse, où était, selon Mariette, « représenté le coucher et le lever de la Lune d'une façon tout à fait poétique », et que Guilbert appelle « les Antipodes ». Entre 1541 et 1547.

### 9. Apollon et Diane sur leurs chars environnés d'un grand nombre de figures, plafond.

Sanguine et blanc, forme carrée cintrée aux deux bouts. Le dessin est recollé de deux morceaux. La partie de droite décalquée à la pointe.

Cat. ms. 8518, imp. 270.

Ce dessin a servi pour un plafond dont j'ignore quelle était la place et dont il existe trois copies. V. ci-dessous n°ˢ °5, °6, °7.

Photographié par Braun et par Giraudon.

### 10. Les Heures environnant le char du Soleil, plafond.

Sanguine et blanc, forme carrée par les bouts, cintrée en haut et en bas, avec deux ressauts, h. 345, l. 461.

Cat. ms. 8519, imp. 271. Coll. Jabach, n° 162 de l'école Florentine.

C'est évidemment le dessin arrêté du morceau principal au x° compartiment de la voûte de la galerie d'Ulysse, ainsi décrit par Mariette : « Le char du Soleil accompagné des Heures et précédé de l'Aurore », et par Guilbert : « les Heures qui tiennent des cadrans et des horloges et sont accompagnées de la Justice ». Entre 1547 et 1559.

Photographié par Giraudon.

11. Diane au bain avec ses nymphes.

> Plume bistre et blanc, paraphé, tiré au carreau, h. 214, l. 346.
> Cat. ms. 8521.

En examinant de près ce dessin, on s'aperçoit que les contours d'une demi-lunette allongée enfermaient à gauche les figures. Les marchands ont barbouillé ce trait pour rendre le dessin carré. J'ai cherché l'autre moitié de cette lunette, et l'ai trouvée dans le n° 164 du présent catalogue. Ces deux parties s'adaptent parfaitement par le moyen d'une figure de nymphe répétée dans l'un et dans l'autre et qui tenait le milieu de la composition. Ainsi recomposé, le sujet représente Diane découvrant la grossesse de Calisto, et doit passer pour le dessin arrêté de la peinture exécutée dans une lunette de l'appartement des Bains ainsi décrite par Cassiano del Pozzo : « *Il bagno e la gravidança* ». Entre 1541 et 1547.

Photographié par Braun.

12. Une femme nue étendue dont deux enfants s'approchent en portant des fruits et une corne d'abondance ; dans le fond une tonnelle.

> Sanguine et blanc, h. 215, l. 291.
> Cat. ms. 8522, imp. 272. Coll. Mariette.

Photographié par Braun et par Giraudon.

13. Hylas retenu par les Nymphes.

> Sanguine et blanc, ovale couché, h. 155, l. 215.
> Cat. ms. 8523, imp. 273. Coll. Mariette.

Mariette a mentionné au revers de la monture que ce sujet était peint à Fontainebleau. Je ne sais en quelle place c'était.

Photographié par Braun et par Giraudon.

14. Diane sur un nuage avec une figure de femme qui s'enfuit.

> Plume et bistre, paraphé de Coypel et de Cotte, décalqué à la pointe et tiré au carreau, h. 254, l. 198.
> Cat. ms. 8524.

15. Bellone ou Pallas debout avec l'égide posée à droite.

> Plume bistre et blanc, forme carrée en hauteur avec un angle en perspective, h. 255, l. 137.
> Cat. ms. 8525. Coll. Delanoue et Jabach.

C'est évidemment le dessin arrêté d'un des quatre sujets accessoires du II° compartiment de la voûte de la galerie d'Ulysse, appelée par Mariette Pallas et Bellone par Guilbert. V. n° 19. Entre 1541 et 1547.

16. Bellone assise dans un demi cintre.

> Plume bistre et blanc, papier vert, paraphé de Coypel, h. 129, l. 185.
> Cat. ms. 8526. Coll. Delanoue et Jabach.

C'est le dessin pour la composition gravée au monogramme L. D. n° 28 du suivant catalogue.

17. Le bain de Vénus et de Mars.

> Plume bistre et blanc, lunette, h. 222, l. 387.
> Cat. ms. 8527. Coll. Jabach, sous le nom du Rosso, n° 182 de l'école
> Florentine.

C'est le dessin pour la composition gravée par Fantose, n° 55 du suivant catalogue. Il est fortement maquillé, surtout les jambes de la déesse.

18. Guerrier sur un trône, le pied reposant sur une sphère, le bras droit allongé tenant une statuette.

> Plume bistre et blanc, paraphé de Coypel, h. 260, l. 142.
> Cat. ms. 8528.

Dessin affreusement maquillé.

19. Mercure sonnant dans un double cornet.

> Plume bistre et blanc, paraphé de Coypel, forme carrée en hauteur
> avec un angle en perspective, h. 263, l. 143.
> Cat. ms. 8529.

C'est évidemment le dessin arrêté d'un des quatre sujets accessoires du II° compartiment de la voûte de la galerie d'Ulysse, appelé par Mariette Mercure et par Guilbert une Tempête, v. n° 15. Entre 1541 et 1547.

Il y en a une copie à la plume au musée de Rennes, où elle est attribuée à Baptiste Franco.

20. Un Fleuve avec des enfants et un chameau.

> Plume bistre et blanc, carré long avec deux ressauts, h. 162, l. 260.
> Cat. ms. 8530. Coll. de Modène.

C'est évidemment le dessin arrêté d'un des quatre fleuves qui faisaient les sujets accessoires du X° compartiment de la voûte de la galerie d'Ulysse. Le sujet est conforme, et la forme est pareille à celle du n° 123 dont l'identification est établie. Entre 1547 et 1559.

21. Les Cyclopes dans la forge de Vulcain.

> Plume et sanguine, h. 312, l. 438.
> Cat. ms. 8533. Coll. Jabach, n° 167 de l'école Florentine.

C'est le dessin arrêté de la composition gravée au monogramme F. G. n° 69 du suivant catalogue et peinte sur la cheminée du cabinet du Roi. Entre 1541 et 1545.

### 22. Une nymphe de Diane surprise au bain par un Satyre.

Plume et bistre, h. 550, l. 407.
Cat. ms. 8534. Coll. Jabach, n° 179 de l'école Florentine.
Photographié par Giraudon.

### 23. Calisto changée en ourse et placée entre les astres.

Plume bistre et blanc, triangle, h. 259, l. 428.
Cat. ms. 8536. Coll. Jabach, n° 121 de l'école Florentine.

C'est le dessin pour la composition gravée par le maître au monogramme F. G. n° 72 du suivant catalogue.

### 24. L'Olympe, plafond.

Plume bistre et blanc, marqué *Bologne*, h. 383, l. 338.
Cat. ms. 8537. Coll. Mariette.

C'est le dessin arrêté du morceau principal du 1er compartiment de la voûte de la galerie d'Ulysse, gravé chez Jérôme Cock n° 84 du suivant catalogue. Entre 1541 et 1547.

### 25. Mars et Vénus ou peut-être Junon.

Plume bistre et blanc, h. 164, l. 268.
Cat. ms. 8538. Coll. Jabach, n° 134 de l'école Florentine.

### 26. Des génies et des déesses les bras levés et paraissant soutenir une couronne de nuages.

Sanguine, h. 274, l. 319.
Cat. ms. 8539. Coll. Delanoue, Crozat et Mariette.

M. Reiset propose à tort d'y reconnaître le sujet principal du viii° compartiment de la voûte de la galerie d'Ulysse, v. n° 215.
Photographié par Braun et par Giraudon.

### 27. Un roi sur un trône montrant son œil crevé.

Plume jaune et blanc, marqué *Bologne,* forme carrée en hauteur avec l'encoignure d'un plafond et celle d'un plancher en perspective à gauche. Décalqué à la pointe et tiré au carreau, h. 221, l. 129.
Cat. ms. 8540. Coll. Mariette.

Mariette a marqué sur la monture que le sujet fut peint dans la voûte de la galerie d'Ulysse. C'est une erreur, démentie par la description que lui-même et Guilbert donnent de la voûte de cette galerie, où ne figure aucun pareil sujet. Au contraire on ne peut s'empêcher de reconnaître ce dessin pour le dessin arrêté du « Roi qui se fait tirer d'un œil » mentionné aux Comptes des Bâtiments, comme peint sur une armoire du cabinet du roi (t. I, p. 203). C'est évidemment Zaleucus, qui dans l'iconographie classique, servait à figurer la Justice, v. le nᵉ 37. Entre 1541 et 1545.

28. Cupidon endormi près d'une nymphe et d'un amour.

> Sanguine et blanc, h. 174, l. 294.
> Cat. ms. 8541, imp. 275.

Dessin arrêté, sauf les accessoires, de la composition que Betou a gravée, et qui fut peinte au 4ᵉ tableau de la ixᵉ fenêtre de la salle de Bal, décrite ainsi dans le P. Dan : « Deux cupidons couchés et une nymphe toute désolée. » (Reiset) Entre 1552 et 1556.
Photographié par Braun.

29. Une Naïade.

> Sanguine et blanc, h. 159, l. 211.
> Cat. ms. 8542, imp. 276. Coll. Delanoue.

Dessin arrêté, sauf les accessoires, pour la composition que Betou a gravée et qui fut peinte au 1ᵉʳ tableau de la viiᵉ fenêtre de la salle de Bal, décrite par Dan comme suit : « Une naïade parmi les eaux. » (Reiset) Entre 1552 et 1556.
Photographié par Braun et par Giraudon.

30. Figure drapée assise et tournée à droite, la tête de trois quarts et penchée en avant.

> Sanguine et blanc, h. 161, l. 189.
> Cat. ms. 8543, imp. 277. Coll. Delanoue.

M. Reiset écrit sans preuves que ce dessin fut pour la salle de Bal.
Photographié par Braun et Giraudon.

31. Vieillard sur un siège.

> Sanguine et blanc, h. 133, l. 106.
> Cat. ms. 8544, imp. 278.

Dessin arrêté, sauf les accessoires, de la composition que Betou a gravée et qui fut peinte au 3ᵉ compartiment de la xᵉ fenêtre de la salle de Bal, ainsi décrite dans le P. Dan : « Jupiter assis dans un trône. » (Reiset). Il a servi sans autre changement pour la figure principale d'une autre composition dont une contrépreuve est décrite ci-dessous, n° 166. Entre 1552 et 1556.
Photographié par Braun.

32. Caron et un autre nautonier.

> Sanguine et blanc, paraphé, h. 168, l. 195.
> Cat. ms. 8545, imp. 279.

Dessin arrêté, sauf les accessoires, de la composition que Betou a gravée, et qui fut peinte au 2ᵉ tableau de la IIᵉ fenêtre de la salle de Bal, décrite par le P. Dan comme suit : « Caron accompagné d'un autre nautonier » (Reiset). Entre 1552 et 1556.

Photographié par Braun et par Giraudon.

33. Deux vieillards demi-drapés assis.

> Sanguine et blanc, paraphé, h. 179, l. 207.
> Cat. ms. 8546, imp. 280.

Dessin arrêté sauf les accessoires de la composition que Betou a gravée et qui fut peinte au 2ᵉ tableau de la vᵉ fenêtre de la salle de Bal, ainsi décrite par Dan : « Deux vieillards qui sont couchés ». (Reiset). Entre 1552 et 1556.

Photographié par Braun et par Giraudon.

34. Caron et Cerbère.

> Sanguine et blanc, h. 138, l. 212.
> Cat. ms. 8547, imp. 281.

Dessin arrêté, sauf les accessoires, de la composition que Betou a gravée et qui fut peinte au 2ᵉ tableau de la ivᵉ fenêtre de la salle de Bal, ainsi décrite par Dan : « Caron, ayant à ses pieds Cerbère, son chien à trois têtes. » (Reiset). Entre 1552 et 1556.

35. Deux vieillards assis à terre et tournés à gauche ; la draperie de l'un lui recouvre la tête.

> Sanguine et blanc, paraphé, h. 172, l. 264.
> Cat. ms. 8548, imp. 282.

M. Reiset le dit sans preuve destiné à la salle de Bal.
Photographié par Braun et par Giraudon.

36. Figure d'homme assis le bas du corps drapé.

> Sanguine et blanc, h. 118, l. 169.
> Cat. ms. 8549, imp. 283.

M. Reiset le dit sans preuve destiné à la salle de Bal.
Photographié par Braun.

37. La Justice assise tenant le glaive et les balances.

> Plume, jaune et blanc, marqué *Bologne*, forme carrée en hauteur

avec une encoignure de plafond et une de plancher en perspective à droite. Décalqué à la pointe h. 319, l. 126.
Cat. ms. 8550.

Il est visible par la forme et par les dimensions de ce dessin, qu'il était fait pour aller en pendant avec le n° 27. Les Comptes des Bâtiments (pass. cit.) mentionnent « la figure de la Justice » peinte sur une armoire du cabinet du Roi vis-à-vis du sujet reconnu ci-dessus. J'en conclus que ce dessin fut fait pour cette armoire. Entre 1541 et 1545.

### 38. Junon assise sous une treille, figure plafonnante.

Plume bistre et blanc, rond, la figure décalquée à la pointe, tiré au carreau, 223.
Cat. ms. 8551. Coll. Mariette.

Je retrouve dans ce dessin avec une parfaite exactitude tous les traits d'un débris de fresque encore visible à la voûte de la grotte du Jardin des Pins à Fontainebleau. Cette fresque conserve une partie de la treille, qu'elle montre entremêlée de feuillages, et le genou drapé de la figure. Il est donc certain que ce dessin a été fait pour ce tableau, l'un des deux qui se faisaient pendant aux deux bouts de cette voûte. Vers 1543.
Photographié par Giraudon.

### 39. Minerve assise sous une treille, figure plafonnante.

Plume bistre et blanc, rond. La figure décalquée à la pointe, tiré au carreau, 223.
Cat. ms. 8552. Coll. Mariette.

Il est clair que ce dessin, visiblement destiné à servir de pendant au précédent, a figuré dans l'autre compartiment de la Grotte, lequel n'a rien gardé de la peinture. Vers 1543.
Photographié par Giraudon.

### 40. La muse Uranie.

Ce dessin et les neuf suivants à la plume et au bistre, formes d'écoinçon. Celui-ci marqué *Bologne* h. 183, l. 160.
Cat. ms. 8553 à 8562. Coll. Delanoue et Jabach.

### 41. La muse Terpsichore,

Marqué Bologne, paraphé de Coypel, h. 183, l. 173.

### 42. La muse Clio.

Tiré au carreau, h. 183, l. 170.

43. La muse Calliope.

Paraphé de Coypel et de Cotte, tiré au carreau, h. 185, l. 167.

44. La déesse Vénus.

Tiré au carreau, h. 207, l. 160.

45. La déesse Junon.

Paraphé de Coypel et de Cotte, tiré au carreau, h. 204, l. 156

46. La muse Polymnie.

Paraphé de Coypel, traces de carreau, h. 191, l. 164.

47. La muse Melpomène.

Paraphé de Cotte, h. 200, l. 168.

48. La muse Thalie.

Marqué *Bologne*, paraphé de Cotte, h. 186, l. 190.

49. La déesse Pallas.

H. 193, l. 167.

Ce sont les dessins arrêtés pour dix des compositions gravées au monogramme L. D. nᵒˢ 23, 20, 24, 19, 17, 16, 22, 27, 26, 18 du suivant catalogue, et qui se trouvaient peintes aux tympans des arcades dans la galerie Basse ou salle du Conseil à Fontainebleau. Vers 1540.

50. Pan porté sur des nuages, environné de quatre génies.

Sanguine et blanc, h. 165, l. 285.
Cat. ms. 8563, imp. 284. Coll. Vasari et Jabach, nᵒ 173 de l'école florentine.

Photographié par Braun.

51. Figure de femme dans un char tenant une rame de chaque main.

Sanguine, lavé de même et blanc, h. 173, l. 284.
Cat. ms. et imp. mêmes numéros que le précédent, étant porté dans la même monture. Mêmes collections.

Photographié par Braun.

52. Phèdre et Hippolyte,

Plume et bistre, à droite en bas à l'encre : *A Annet;* plus bas à la

sanguine *Ipolito Prima* (tice) : ces deux inscriptions postérieures au dessin, h. 521, l. 423.
Cat. ms. 8564. Coll. Jabach, n° 181 de l'école florentine.

Sans regarder même comme probable que ce dessin ait servi pour aucune décoration dans le château d'Anet, on ne peut se dispenser d'en remarquer l'inscription. Ce dessin a de nombreux maquillages.

### 53. Hippolyte accusé par Phèdre.

Plume et bistre ; en haut *Ypolitus* et un mot que je ne puis lire, h. 518, l. 415.
Cat. ms. 8565.

Quoiqu'un dessin du Primatice ait existé autrefois sur ce papier, on ne saurait plus présenter comme du maître celui qui s'y trouve à présent, le maquillage en ayant entièrement changé le caractère. Le trait effacé a été repris partout par une main extrêmement ignorante. Il faut beaucoup d'attention et de recherche pour surprendre quelque vestige du dessin disparu.
Photographié par Giraudon.

### 54. Un vieillard endormi à droite dont une femme à gauche paraît préserver le visage des rayons du soleil, de l'autre côté des tritons ; la scène se passe sur l'eau.

Plume bistre et blanc, paraphé, tiré au carreau, h. 238, l. 355.
Cat. ms. 8566. Coll. de Vasari.

C'est le dessin arrêté de la composition que Fantose a gravée, n° 48 du suivant catalogue, et qui fut peinte à la voûte du vestibule de la Porte Dorée. Entre 1541 et 1544.
Le comte de Caylus a gravé le dessin.

### 55. Paris blessé porté sous les murs de Troie.

Plume bistre et blanc, paraphé, tiré au carreau, h. 243, l. 376.
Cat. ms. 8567.

C'est le dessin arrêté de la composition gravée au monogramme F. G. n° 70 du suivant catalogue, et qui fut peinte à la voûte du vestibule de la Porte Dorée. Entre 1541 et 1544.

### 56. La Mascarade de Persépolis.

Crayon noir, plume et blanc, terminé au pinceau, papier gris. Tiré au carreau, h. 255, l. 304.
Cat. ms. 8568. Coll. Delanoue et Jabach, n° 169 de l'éc. florentine.

C'est le dessin arrêté de la composition gravée par un anonyme n° 137 du suivant catalogue, et peinte dans la chambre de M^me d'Étampes à Fontainebleau. Entre 1541 et 1544.
Photographié par Giraudon.

## 57. Le Banquet d'Alexandre.

> Plume et bistre, h. 257, l. 274.
> Cat. ms. 8569. Coll. Jabach, n° 142 de l'école florentine.

C'est le dessin arrêté d'une composition que Dominique Florentin a gravée, n° 56 du suivant catalogue, et qui fut peinte dans la chambre de la duchesse d'Étampes à Fontainebleau.

## 58. Jeune homme ailé sonnant dans un cornet ; près de lui un troupeau d'oies.

> Plume bistre et blanc, marqué *Franc° Primaticcio da Bologna*, enfermé à gauche dans le commencement d'un cintre, h. 254, l. 391.
> Cat. ms. 8570.

C'est le dessin de la composition gravée au monogramme L. D., n° 45 du suivant catalogue. Retouché par Rubens (Reiset).

## 59. Les jardins de Vertumne.

> Crayon noir. Deux traits en forme de guirlandes tombant d'en haut sur la composition. Ovale couché (le dessin a été coupé), il a servi pour un décalque à la pointe, h. 190, l. 257.
> Cat. ms. 8571. Coll. Baldinucci, dans laquelle il occupait la p. 200 du tome I.

C'est le premier crayon sans les draperies, pour la composition gravée au monogramme L. D. n° 14 du suivant catalogue, et qui fut peinte au pavillon de Pomone. Le style de ce dessin me le fait placer avant les n°ˢ 151 et 238, soit avant 1535.

## 60. Alexandre et Thalestris.

> Sanguine, paraphé, des traces de carreau, h. 243, l. 246.
> Cat. ms. 8572.

C'est le dessin arrêté de la composition gravée au monogramme F. G. n° 68 du suivant catalogue, et qui fut peinte sur la cheminée de la chambre d'Alexandre à Fontainebleau. Entre 1541 et 1544.

## 61. Deux hommes chargeant une voiture, deux mulets et un troisième personnage qui s'apprête à atteler.

> Plume et bistre, h. 185, l. 291.
> Cat. ms. 8574. Coll. Jabach.

C'est un premier projet.

## 62. Deux hommes dans un bateau.

> Plume et bistre, paraphé de Coypel et de Cotte, h. 196, l. 313.
> Cat. ms. 8575. Coll. Delanoue et Jabach.

C'est un premier projet.

63. Cinq hommes ramant sur des bateaux.

> Plume, h. 216, l. 550.
> Cat. ms. 8576. Coll. Dargenville.

C'est un premier projet.

64. François I<sup>er</sup> visitant la Nymphe de Fontainebleau.

> Plume et encre de chine, h. 368, l. 864.
> Cat. ms. 8577. Coll. Jabach, n° 176 de l'école florentine.

Je n'ai pas vu ce dessin, qui n'a pu être retrouvé, quoiqu'inscrit aux fiches du musée. Il est gravé dans l'atlas de Champollion Figeac, pl. X, et dans le Niccolo de M. Reiset, p. 270.

65. Enfants jouant avec les lettres du mot REX.

> Plume bistre et blanc, h. 137, l. 355.
> Cat. ms. 8578.

66. Projet de tombeau adossé avec enfeu. Autour des gisants, quatre Vertus assises. A droite et à gauche des priants deux losanges.

> Plume et bistre. Sur un des losanges *armoirie timbrée*, sur l'autre *armoiry de madame*, sur le sarcophage *basse-taille*, h. 411, l. 324.
> Cat. ms. 8579, imp. 1594.

M. de Tauzia a donné ce dessin comme ayant servi pour le tombeau de Henri II. En l'absence de tout autre renseignement cela ne se pouvait admettre, puisqu'il n'y a pas moyen de supposer qu'on eût jamais appelé la reine *madame*. Au contraire il est certain qu'il a été fait pour le tombeau des Guises à Joinville, dont quelques débris conservés au Louvre laissent en effet reconnaître l'œil-de-bœuf qui paraît au fond et l'un des losanges qui, selon la légende du dessin, ont porté les armoiries des défunts. Les armoiries sont celles de Lorraine. Aux débris subsistants de l'œil-de-bœuf sont appuyés deux enfants tenant des torches renversées. Davantage la description de ce tombeau laissée par le peintre Benoît nous apprend qu'il se composait d'une chambre funéraire où était placé le sarcophage, et au-dessus de laquelle le duc de Guise et sa femme étaient agenouillés l'un derrière l'autre, v. II<sup>e</sup> partie, p. 335-336. Ce dessin n'a été suivi qu'en partie dans l'exécution du monument. Sur son attribution à Dominique Florentin, v. ci-dessous. Date, 1550.

Photographié dans la Revue des Arts Décoratifs, mars 1889.

67. Projet de tombeau en plan carré, où quatre Vertus en cariatides portent un entablement, et reposent sur un socle orné d'un triomphe en bas-relief.

Plume bistre et blanc, h. 315, l. 313.
Cat. ms. 8580, imp. 1595.

C'est encore un dessin pour le tombeau des Guises, comme il est
prouvé par deux cariatides que l'hôtel de ville de Joinville a recueillies de ce tombeau, et qui reproduisent les deux de devant dans le
dessin. Pareillement un bas-relief mutilé provenant du même monument et conservé chez M. Peyre, architecte à Paris, reproduit le
triomphe figuré sur le socle. Pas plus que le précédent ce dessin n'a
été entièrement suivi dans l'érection du monument. Je remarque en
outre que les figures de Joinville n'ont pas les mêmes attributs que
celles-ci, qui représentent la Religion et la Foi, tandis que les premières représentaient, avant leur mutilation, la Tempérance et la Justice. Date 1550.

M. Molinier, à qui revient l'honneur d'avoir le premier reconnu
quelque partie du tombeau des Guises dans ces pièces, en a conclu
que Dominique Florentin, qui fut chargé de la sculpture du tombeau,
était l'auteur de ces deux dessins. (*Deux dessins de Dominique Florentin*, p. 267.) Pourtant cela ne peut se prouver par voie de conséquence, puisque rien n'empêche qu'un sculpteur travaille sur des
dessins fournis par un autre artiste que lui. Ici la conséquence est
certainement fausse, car les dessins reviennent indubitablement au
Primatice, à qui on les a toujours donnés. Quant à feindre que Dominique ait été un disciple si exact de ce maître, qu'on risque de confondre leur manière; outre que la ressemblance irait jusqu'au miracle,
la vérité est au contraire que le style de Dominique se distingue très
bien de celui du Primaticé. Dans le cas particulier ce sera assez de
comparer les cariatides de Joinville à leur modèle dans ce dessin
pour être certain que le sculpteur n'a pas été l'auteur des modèles,
tant l'exécution en a changé et on pourrait dire dénaturé le style.
Photographié dans la Revue des Arts décoratifs, mars 1889.

## 68. Enfant ailé, figure plafonnante.

Sanguine, paraphé de Coypel, h. 153, l. 80.
Cat. ms. 8582. Coll. Jabach.

## 69. Enfant ailé attachant une corde à un arc.

Crayon noir, paraphé de Coypel, compris à droite dans la naissance d'un cintre, h. 165, l. 85.
Cat. ms. 8583. Coll. Jabach.

## 70. Enfant qui pose une balance sur ses épaules.

Sanguine, h. 140, l. 90.
Cat. ms. 8584. Coll. Jabach.

71. Enfant assis.

> Sanguine, paraphé de Coypel, h. 78, l. 76.
> Cat. ms. 8585. Coll. Jabach.

M. Reiset doute de l'attribution, que je ne crois pas non plus certaine.

72. Buste de femme tourné de trois quarts à gauche.

> Sanguine. Ce morceau est recousu au suivant pour former une figure entière et comme un seul dessin, dont on n'a pas jusqu'ici distingué les parties. Dimensions du tout, h. 200, l. 125.
> Cat. ms. 8586. Coll. Delanoue.

C'est une étude d'après nature pour la composition gravée par le maître au monogramme J. V. no 86 du suivant catalogue et qui fut peinte dans la chambre de la Duchesse d'Étampes. Vers 1570.

73. Deux jambes d'une femme assise.

> Sanguine. Ce dessin est collé au précédent, v. ci-dessus.

C'est une étude pour la figure de Campaspe dans la composition de Campaspe couronnée, peinte dans la chambre de Mme d'Étampes à Fontainebleau. Je ne connais cette composition que par la peinture restaurée, mais cette peinture se trouve du côté où Jamin (Fontaine-bleau, p. 31-32) nous assure que le trait était conservé.

Le morceau de papier qui porte cette étude se rapporte exactement à la droite du no 87, duquel je ne doute pas qu'on ne l'ait détaché. La ligne du ventre, qui ne s'accorde pas au reste a été ajoutée pour l'accommoder avec le fragment no 72. Entre 1541 et 1544.

74. Femme nue assise tournée à droite.

> Sanguine, paraphé de Coypel, h. 185, l. 95.
> Cat. ms. 8587. Coll. Delanoue et Jabach.

75. Figure assise les jambes allongées le bras gauche sous la tête.

> Sanguine et blanc, paraphé de Coypel, h. 188, l. 242.
> Cat. ms. 8588.

C'est une étude d'après nature pour la figure de Fleuve au milieu du bas-relief du Triomphe au tombeau des Guises.

76. Figure drapée la tête couverte, tournée à gauche.

> Sanguine et blanc, paraphé de Coypel, h. 277, l. 149.
> Cat. ms. 8589. Coll. Delanoue.

Je trouve la même figure au fond à droite du dessin 156. Je ne puis cependant croire que cette étude a été faite pour une figure de si peu d'importance, et qui n'est pas même vue jusqu'aux pieds. Sans doute elle aura servi ailleurs et ne se trouve là que par occasion. Avant 1544.

### 77. Figure d'homme debout et drapé.

> Sanguine et blanc, paraphé de Coypel, h. 259, l. 121.
> Cat. ms. 8590. Coll. Delanoue.

C'est une étude d'après nature pour le Saint Paul des émaux de Chartres. Date, 1547.

### 78. Figure de femme drapée vue de dos.

> Sanguine, h. 336, l. 109.
> Cat. ms. 8591. Coll. Delanoue.

C'est une étude d'après nature pour la femme qui tient une mandoline au milieu et sur le devant du Concert que Betou a gravé, peint au-dessus de la tribune dans la salle de Bal. Entre 1552 et 1556.

### 79. Figure de femme marchant à droite.

> Sanguine et blanc, paraphé de Coypel, h. 235, l. 109.
> Cat. ms. 8592. Coll. Delanoue.

### 80. Figure d'homme debout de profil et drapé.

> Sanguine et blanc, paraphé de Coypel, h. 259, l. 105.
> Cat. ms. 8593. Coll. Delanoue.

C'est une étude d'après nature pour le Saint Thomas des émaux de Chartres. Date, 1547.

### 81. Homme assis les jambes croisées le bras gauche étendu.

> Sanguine et blanc, paraphé de Coypel, h. 177, l. 130.
> Cat. ms. 8594. Coll. Delanoue.

### 82. Un homme demi-nu assis, le bras droit sur la poitrine. Auprès, une reprise du même modèle les jambes tournées davantage à gauche et la draperie autrement disposée. Plus à droite la main d'une figure qui a été coupée.

> Crayon rouge et blanc. A droite en haut, de la main du Primatice, deux mots que je lis : *Ulisse Prudeça*, h. 264, l. 218.
> Cat. ms. 8595, Coll. Delanoue.

C'est une étude pour la figure dont le dessin arrêté est en 118 du présent catalogue. Il est vrai qu'il y a de grandes différences de l'un à l'autre, mais, outre que la position du corps est la même, il est certain que le bras droit a été rigoureusement copié de l'un en l'autre. D'accord avec cette identification, je considère le mot d'*Ulisse* comme s'appliquant aux deux croquis entiers et celui de *Prudeʒa* c'est-à-dire Prudence comme désignant la figure dont la main reste et qui fut tracée sur la même feuille. Il y avait en effet sur les armoires du cabinet du Roi une figure de la Prudence en pendant de celle d'Ulysse, v. IIᵉ partie, p. 262. Entre 1541 et 1545.

83. Vieillard nu enlacé par des serpents et couché à terre ; à droite une femme étendue et deux enfants.

> Sanguine et blanc, h. 138, l. 255.
> Cat. ms. 8596, imp. 285.

Photographié par Braun et par Giraudon.

84. Homme assis tourné à gauche le bras levé.

> Sanguine et blanc, paraphé de Coypel, h. 207. l. 185.
> Cat. ms. 8597. Coll. Delanoue.

85. Homme assis tourné à droite drapé à la romaine.

> Sanguine et blanc, paraphé de Coypel, h. 206, l. 153.
> Cat. ms. 8598. Coll. Delanoue.

89. Vieillard assis demi-drapé, le bras gauche levé.

> Sanguine et blanc, paraphé de Coypel, h. 159, l. 203.
> Cat. ms. 8599. Coll. Delanoue.

87. Femme assise de face les jambes réunies, drapée à la ceinture.

> Sanguine et blanc, paraphé de Coypel, h. 191, l. 111.
> Cat. ms. 8600. Coll. Delanoue.

C'est une étude pour la Campaspe du tableau de Campaspe couronnée dans la chambre d'Alexandre à Fontainebleau. Les jambes de cette figure ont été reconnues plus haut dans le dessin 73. Celui-ci a fourni le buste. L'artiste avait tracé auprès l'étude corrigée des jambes, qui s'en trouve maintenant détachée. Entre 1541 et 1544.

88. Figure d'homme couché.

> Sanguine et blanc, paraphé de Coypel, h. 157, l. 243.
> Cat. ms. 8601. Coll. Delanoue.

C'est le dessin arrêté sauf les accessoires pour la composition que Betou a gravée et qui fut peinte au 5ᵉ compartiment de la 1ʳᵉ croisée de la salle de Bal, ainsi décrite par Dan : « Vulcain couché auprès de la fournaise. » Entre 1552 et 1556.

### 89. Figure d'homme couché.

Sanguine et blanc, paraphé de Coypel, h. 127, l. 252.
Cat. ms. 8602.

C'est le dessin, arrêté sauf les accessoires, pour la composition que Betou a gravée, et qui fut peinte au 5e compartiment de la ixe croisée de la salle de Bal, ainsi décrite par Dan : « Une figure de Saturne couché ». Entre 1552 et 1556.

### 90. Figure d'homme endormi.

Sanguine et blanc, paraphé de Coypel, h. 128, l. 214.
Cat. ms. 8603. Coll. Delanoue.

C'est le dessin arrêté, sauf les accessoires, pour la composition que Betou a gravée, et qui fut peinte au 5e compartiment de la vie croisée de la salle de Bal, ainsi décrite par Dan : « Une figure de Mars couché et dormant. » Entre 1552 et 1556.

### 91. Homme cuirassé et botté à demi étendu.

Sanguine et blanc, paraphé de Coypel, h. 181, l. 212.
Cat. ms. 8604. Coll. Delanoue.

### 92. Figure d'homme couché.

Sanguine et blanc, paraphé de Coypel, h. 115, l. 262.
Cat. ms. 8605.

C'est le dessin arrêté, sauf les accessoires, de la composition que Betou a gravée, et qui fut peinte au 5e compartiment de la viie croisée de la salle de Bal, ainsi décrite par Dan : « Neptune appuyé sur un dauphin. » Entre 1552 et 1556.

### 93. Figure d'homme nu étendu et tourné à droite.

Sanguine et blanc, paraphé de Coypel, h. 150, l. 247.
Cat. ms. 8606. Coll. Delanoue.

### 94. Figure de femme assise les jambes allongées à droite.

Sanguine et blanc, paraphé de Coypel, h. 146, l. 225.
Cat. ms. 8607.

### 95. Figure assise et drapée.

Sanguine et blanc, paraphé de Coypel, h. 138, l. 120.
Cat. ms. 8608.

C'est une étude pour la figure de femme à gauche dans la composition gravée par Georges Mantouan, n° 59 du suivant catalogue, et qui fut peinte au ɪvᵉ compartiment de la voûte de la galerie d'Ulysse. Entre 1541 et 1547.

## 96. Un prophète avec un ange.

Sanguine, h. 170, l. 235.
Cat. ms. 8609. Marque de Jean Prionet.

## 97. Homme nu tourné de profil à gauche, bras et jambes tendus; une jambe est faite deux fois.

Sanguine et blanc, h. 230, l. 128.
Cat. ms. 8610. Coll. Jabach.

## 98. Figure nue assise tournée à droite.

Crayon rouge, paraphé de Coypel, h. 97, l. 150.
Cat. ms. 8611, imp. 283.

## 99. Homme nu étendu dans l'attitude de la mort.

Sanguine et blanc. Paraphé de Coypel, h. 120, l. 135.
Cat. ms. 8612, imp. 286. Coll. Jabach.

Probablement pour un tombeau (Reiset).
Photographié par Braun.

## 100. Deux dessins sur une feuille.

Sanguine et blanc, h. 199, l. 185.
Cat. ms. 8613, imp. 287. Coll. Delanoue.

I. Une femme nue sautant à terre.
C'est l'étude d'après nature pour la figure de Junon dans la composition gravée au monogramme J. V. nᵒ 85 du suivant catalogue, dont le dessin arrêté est catalogué ci-dessous nᵉ 134, et qui fut peinte dans le vestibule de la Porte Dorée. Entre 1541 et 1544.

II. Un buste d'homme nu levant les bras à gauche.
C'est une étude pour la figure du second plan au milieu de la composition dont le dessin est catalogué en 120. Il est remarquable que cette étude faite pour une figure de femme, l'ait été sur un modèle d'homme. Sans doute l'artiste n'étudiait que le mouvement. Même date, étant sur la même feuille.
Photographié par Braun.

## 101. Torse d'homme nu vu de trois-quarts et penché vers le spectateur.

Sanguine, h. 118, l. 170.
Cat. ms. 8614. Coll. Delanoue et Jabach.

102. Torse d'homme nu.

> Sanguine, h. 71, l. 60.
> Cat. ms. 8615. Coll. Delanoue et Jabach.

103. Torse d'homme nu.

> Sanguine, h. 75, l. 70.
> Cat. ms. même numéro. Mêmes collections.

104. Torse d'homme vêtu vu de dos.

> Sanguine, h. 162, l. 71.
> Cat. ms. même numéro. Mêmes collections.

105. Torse d'homme drapé.

> Sanguine, h. 95, l. 63.
> Cat. ms. même numéro. Mêmes collections.

Ce dessin est si gâté que je saurais ni assurer ni contester son authenticité. Le nom de Delanoue me l'a fait maintenir.

Ces quatre derniers dessins sont montés ensemble.

106. Torse d'homme nu.

> Sanguine, h. 64, l. 117.
> Cat. ms. 8617. Coll. Delanoue et Jabach.

107. Torse d'homme nu.

> Sanguine, h. 90, l. 92.
> Cat. ms. même numéro. Mêmes collections.

Ces deux dessins sont montés ensemble.

108. Torse d'homme nu.

> Sanguine, h. 73, l. 55.
> Cat. ms. 8618. Coll. Delanoue et Jabach.

109. Torse d'homme nu.

> Sanguine, h. 88, l. 123.
> Cat. ms. même numéro. Mêmes collections.

Ces deux dessins sont montés ensemble.

110. Torse d'homme nu.

> Sanguine, h. 71, l. 58.
> Cat. ms. 8619. Coll. Delanoue et Jabach.

111. Torse d'homme nu.

> Sanguine, h. 65, l. 55.
> Cat. ms. même numéro. Mêmes collections.

112. Torses d'hommes nus, deux dessins sur une feuille.

> Sanguine, h. 32, l. 161.
> Cat. ms. même numéro. Mêmes collections.

Ces trois morceaux sont montés ensemble.

113. Torse d'homme nu.

> Sanguine, h. 75, l. 75.
> Cat. ms. 8620. Coll. Delanoue et Jabach.

114. Calisto frappée par Junon et changée en ourse ; au fond un ours tué par un chasseur.

> Plume et bistre, lunette, h. 209, l. 393.
> Cat. ms. 8682. Coll. Jabach, sous le nom du Rosso, n° 184 de l'école Florentine.

J'y reconnais le dessin arrêté pour la composition jadis peinte dans une lunette de la salle principale de l'appartement des Bains à Fontainebleau, ainsi décrite par C. del Pozzo : *La fuga e persecuzione di Giunone e cambiamento in orsa, con la caccia in quella forma del proprio figlio cacciatore.* » M. Herbet (*Œuvre de L. D.* p. 97) explique à tort ce texte comme s'il contenait la description de deux tableaux.

Ce dessin était aux anonymes de l'école du Primatice. Il est vrai que malgré l'identification certaine, il pourrait encore n'être qu'une copie, et l'aquarellage est par endroits assez mauvais pour le faire croire ; mais un examen attentif m'a convaincu que ces taches venaient de maquillage, et que le dessin, excellent du reste, est bien de la main du maître. Entre 1541 et 1550.

115. Vénus et les trois Parques, au milieu le signe du Taureau ; plafond.

> Plume et bistre, octogone, h. 324, l. 364.
> Non inscrit à l'inventaire.

C'est très évidemment le dessin arrêté de la composition décrite en ces termes par Mariette : « Vénus et les trois Parques et au centre de ce tableau le signe du Taureau », qui faisait le sujet principal du IVᵉ compartiment de la voûte de la galerie d'Ulysse. Guilbert en a donné une description singulière. Il a pris une des Parques pour un homme, et voyant d'autre part l'Amour près de sa mère, il écrit : Hercule qui file près d'Omphale, pendant que l'Amour s'amuse à décocher ses traits. Entre 1541 et 1547.

## II. — LOUVRE. — COLLECTION HIS DE LA SALLE

116. Le repas des Dieux.

>Plume bistre et blanc, h. 340, l. 440.
>Cat. imp. 87. Coll. Mariette et Th. Lawrence.

C'est le dessin arrêté de la moitié de la composition dont copie est cataloguée n° 1, et qui fut peinte au compartiment du milieu de la voûte de la galerie d'Ulysse. Vers 1548.

Photographié par Giraudon.

117. Neptune entouré d'un grand nombre de figures.

>Plume bistre et blanc, octogone. h. 380, l. 340.
>Cat. imp. 88. Coll. Mariette et Th. Lawrence.

C'est le dessin arrêté de la composition qui fut peinte au 11ᵉ compartiment de la voûte de la galerie d'Ulysse, comme l'établit suffisamment ce passage de Mariette : « Au milieu du plafond, dans la seconde travée, était représenté, dans une forme octogone, Neptune apaisant la tempête ». Guilbert l'appelle « Neptune sur son char au milieu des eaux ». Entre 1541 et 1547.

118. Un guerrier assis, le bras gauche appuyé sur une hache avec un trophée d'armes à ses pieds.

>Sanguine, lavé de même et blanc, forme carrée en hauteur avec une encoignure de plafond vue en perspective à droite, tiré au carreau, h. 230, l. 130.
>Cat. imp. 89. Coll. de Modène.

Ce dessin est de même forme et distribution et de dimensions pareilles aux nᵒˢ 27 et 37. A cause de cela je n'hésite pas à y reconnaître le dessin arrêté d'une figure qui fut peinte sur les mêmes armoires du cabinet du Roi, et que les Comptes des Bâtiments appellent « le duc Ulyzes grec » (t. I, p. 203). L'inscription relevée sur le n° 82, qui est une étude pour celui-ci, confirme cette identification. Il faut donc changer en Ulysse le nom de Mars que M. de Tauzia lui donne. Entre 1541 et 1545.

119. Diane et Actéon.

>Plume bistre et blanc, h. 240, l. 290.
>Cat, imp. 90.

M. de Tauzia l'a dit gravé par un anonyme de Fontainebleau. Je n'ai jamais ouï parler de cette estampe.

### 120. L'Enlèvement d'Europe.

> Plume bistre et blanc, h. 230, l. 210.
> Cat. imp. 91. Coll. Mariette.

C'est le dessin arrêté de la composition gravée au monogramme L. D. n° 15 du suivant catalogue. Il y a en 100 [11] de celui-ci une étude pour ce tableau. Entre 1541 et 1544.

### 121. La Charité romaine.

> Sanguine et blanc, marqué *Bologne*, la forme cintrée en haut et en bas, indiquée en partie, h. 250 l. 150.
> Cat. imp. 92.

C'est le dessin arrêté d'un des sujets accessoires du xii° compartiment de la voûte de la galerie d'Ulysse. V. au n° 104 du suivant catalogue la preuve que ces sujets eurent la forme indiquée sur ce dessin. Quant au sujet Guilbert le dit presque effacé et n'y distingue qu' « une tête qui semble causer avec deux femmes », mais Mariette qui l'a su mieux voir, l'appelle une « Charité romaine ». Entre 1547 et 1559.

Photographié par Giraudon.

## III. — ÉCOLE DES BEAUX-ARTS.

### 122. Un dieu fleuve couché sur un lion, avec deux enfants qui tiennent un autre lion.

> Plume et bistre, forme d'un carré long avec deux ressauts, h. 173, l. 273.
> Exposé salle Schœlcher. Coll. Mariette et His de la Salle.

C'est le dessin arrêté d'un des quatre sujets accessoires du v° compartiment de la galerie d'Ulysse à Fontainebleau, qui représentaient des fleuves. V. le n° suivant. Entre 1547 et 1559.

### 123. Le Nil avec deux enfants et deux sphinx.

> Plume et bistre, forme d'un carré long avec deux ressauts, h. 188, l. 268.
> Exposé salle Schœlcher. Coll. Mariette et His de la Salle.

C'est le dessin arrêté pour la composition gravée par Ét. Delaune, n° 83 du suivant catalogue. Nous tenons ainsi par ce dessin une attestation rigoureuse de la forme qu'eurent les quatre tableaux dont Mariette assure qu'il fut l'un, et qui faisaient les sujets accessoires au x$^e$ compartiment de la voûte. Cette attestation a servi à reconnaître deux autres de ces quatre tableaux dans les n$^{os}$ 20 et 122, et un de la travée en symétrie dans le n° 217. Entre 1547 et 1559.

## IV. — CHATEAU DE CHANTILLY

124. Les travaux de l'été figurés par Cérès ayant autour d'elle de nombreux personnages.

> Sanguine et blanc, pendentif, h. 320, l. 400.
> Cat. ms. 135 G. D. Coll. Lagoy, Mariette, Lawrence et Destailleurs.

C'est le dessin arrêté pour une composition que Betou a gravée et qui fut peinte entre les arcades de la salle de Bal à Fontainebleau. Entre 1552 et 1556.

125. Bacchus, Hébé, des faunes, des Satyres, des lions et des léopards figurant l'Automne.

> Sanguine et blanc, marqué *Bologne*, h. 310, l. 400.
> Cat. ms. 135 A. Coll. Lagoy, Mariette, Lawrence et Destailleurs.

C'est le dessin arrêté d'une composition que Betou a gravée et qui fut peinte entre les arcades de la salle de Bal à Fontainebleau. Entre 1552 et 1556.

126. François I$^{er}$ en Mars.

> Plume et bistre, décalqué à la pointe, h. 244, l. 122.
> Cat. ms. 135 G. Coll. Lawrence et Destailleurs.

Ce dessin est extrêmement maquillé. Les jambes sont tout entières refaites ainsi qu'une partie de l'aquarellage.

127. Neuf figures volantes groupées en rond étendent leurs bras vers une étoile, au bas du dessin une dixième désigne quelque chose en bas.

> Sanguine et blanc, h. 234, l. 293.
> Cat. ms. 135 H. Coll. Mariette, Lawrence et Destailleurs.

C'est évidemment le dessin arrêté pour la partie de la voûte de la chapelle de Guise que Lebas de Courmont, trad. de Vasari, décrit comme suit : « Plus avant vers l'autel sont huit anges les bras tendus vers une gloire; un neuvième montre l'enfant Jésus qui vient de naître. » Et

Dargenville : « Des anges qui accompagnent l'étoile que virent les mages. » Le premier de ces auteurs compte huit figures pour neuf, ce qui ne doit point étonner, si l'on considère qu'une d'elles est plus qu'à demi cachée par les autres et que même dans le dessin on ne la distingue pas sans peine. Vers 1560.

128. Diane avec un homme vu de dos qui repose sur ses genoux et un amour.

> Plume, bistre et blanc, marqué *Bologne*, ovale couché, tiré au carreau, h. 174, l. 230.
> Cat. ms. 135 E. Coll. Mariette, Lawrence et Destailleurs.

Je le soupçonne d'être le dessin de la composition que Garnier a gravée n° 98 du suivant catalogue, mais je n'ai pu trouver cette estampe ni partant décider ce point. A cause de sa forme semblable au suivant, peint au ii° compartiment de la voûte de la galerie d'Ulysse, je propose de le placer dans cette voûte. Il est vrai qu'il n'y avait que deux sujets de cette forme dans ce compartiment, et que le second représentait Vénus et Cupidon, ce qui ne convient pas. Mais le xiv° placé en symétrie et partant distribué de même, dut avoir deux sujets pareils, dont celui-ci a pu être.

129. Vertumne en vieille et Pomone.

> Plume, bistre et blanc, marqué *Bologne*, ovale couché, tiré au carreau, h. 170, l. 225.
> Cat. ms. 135 F. Coll. Crozat, Mariette, Lawrence et Destailleurs.

Je ne doute pas que ce ne soit la composition que N. Hénin a gravée n° 124 du suivant catalogue, partant qu'il n'y faille reconnaître un des sujets accessoires du ii° compartiment de la voûte de la galerie d'Ulysse. Entre 1541 et 1547.

130. Danaé et Jupiter sous la forme d'une pluie d'or.

> Plume, bistre et blanc, marqué *Bologne*, ovale couché, tiré au carreau, h. 250, l. 330.
> Cat. ms. 135 D. Coll. Crozat, Lawrence et Destailleurs.

C'est le dessin arrêté pour la composition gravée au monogramme L. D. n° 4 du suivant catalogue, et peinte au milieu de la galerie de François I°r. Vers 1542.

131. Neptune soulevant la tempête contre les vaisseaux d'Ulysse.

> Sanguine, lavé de même et blanc, h. 245, l. 320,
> Cat. ms. 135 B. Coll. Reynolds, Lawrence et Destailleurs.

C'est le dessin arrêté de la composition que Thulden a gravée (n° 3 de son recueil) et qui fut peinte aux murailles de la galerie d'Ulysse.

## V. — MUSÉE DE DIJON. — COLLECTION HIS DE LA SALLE

132. Un grand prêtre et deux sacrificateurs debout près d'un autel sur lequel ils immolent un cheval.

Sanguine et blanc, marqué *Bologne* et n° *120*, h. 250, l. 140.
Cat. imp. 108. Coll. Lagoy.

Mariette dit qu'autour du sujet principal du vvi° compartiment de la voûte de la galerie d'Ulysse se voyaient « dans quatre tableaux de même forme et carrés longs quatre sujets de sacrifice » parmi lesquels Guilbert mentionne celui « d'un cheval ». Le présent dessin est évidemment le dessin arrêté de cette composition. Vers 1559.

## VI. — MUSÉE DES OFFICES A FLORENCE

133. Un peintre assis de profil occupé à peindre, près de lui deux figures, l'une de femme avec un paon représentant la couleur, l'autre d'homme figurant le dessin.

Plume, bistre et blanc, tiré au carreau, h. 261, l. 158.
Cat. ms. 694.

Ce dessin est attribué par erreur à Niccolo.

134. Junon chez le Sommeil.

Plume, lavé de sanguine et blanc, h. 223, l. 336.
Cat. ms. 695.

C'est le dessin arrêté pour la composition gravée au monogramme J. V. n° 85 du suivant catalogue, et qui fut peinte à la voûte du vestibule de la Porte Dorée à Fontainebleau.
Il est attribué par erreur à Niccolo.
Photographié par Braun.

135. Figure d'homme nu étendu à terre et dormant les jambes

croisées; avec trois études reprises : des jambes, de l'épaule et
du bras gauche, de l'union des mains.

> Sanguine et blanc, h. 165, l. 255.
> Cat. ms. 1483.

136. Plusieurs hommes autour d'un chameau qu'ils chargent
de bagage.

> Sanguine, h. 215, l. 305.
> Cat. ms. 1488.

C'est le premier crayon pour la composition gravée au monogramme L. D. n° 13 du suivant catalogue et qui fut peinte à Fontainebleau. La partie gauche du sujet manque.

137. Minerve visitant Jupiter et Junon, sous leurs pieds le zodiaque avec le signe des Poissons. La scène se présente dans une
architecture à deux étages, au-dessus de laquelle dans un baldaquin se lit le chiffre de Henri II.

> Sanguine et blanc, forme de croix, h. 313, l. 282.
> Cat. ms. 1502. Coll. Mariette.

C'est évidemment le dessin arrêté pour le sujet principal du
xiiiᵉ compartiment de la voûte de la galerie d'Ulysse ainsi décrit par
Mariette : « Jupiter assis dans son palais près de Junon et recevant la
visite de Minerve. » On peut voir que la forme de ce sujet est la même
que celui du n° 8, milieu du iiiᵉ compartiment, que selon la disposition générale, le xiiiᵉ répétait en symétrie. Entre 1547 et 1559.
Photographié par Braun et par Alinari.

138. Apollon et les Muses assis en rond; au-dessus d'eux dans
le ciel Jupiter et Junon.

> Sanguine et blanc, octogone, h. 337. l. 340.
> Cat. ms. 1503. Coll. Mariette.

C'est évidemment le dessin arrêté pour le sujet principal du
xivᵉ compartiment de la voûte de la galerie d'Ulysse ainsi décrit
par Mariette : « Apollon, les Grâces et les Muses assis dans l'Olympe »
et par Guilbert : Apollon sur le Parnasse avec les neuf Muses autour
de Jupiter et de Junon.» Il est de même forme que le n° 117, le
xivᵉ compartiment de cette voûte ayant été en symétrie avec le
iiᵉ. Vers 1559.
Photographié par Braun.

139. Une femme assise une lance à la main et un casque en
tête : à droite deux guerriers accroupis et des trophées, à gauche
un coq.

Crayon noir, papier blanc, ovale couché, h. 190, l. 270.
Cat. ms. 6341.

Je reconnais dans ce morceau une peinture que Guilbert décrit ainsi : « Un médaillon d'émail représentant la France victorieuse sous l'emblème d'un roi assis sur un trône près d'un monceau d'armes, ayant un coq à ses pieds et des hommes morts ou esclaves auprès de lui. » Que Guilbert ait pris une femme pour un homme c'est ce qui ne doit pas nous arrêter. Quant à l'émail dont il s'agit, ce n'était qu'une imitation, v. p. 71. Le morceau faisait un des sujets accessoires du IVᵉ compartiment de la voûte de la galerie d'Ulysse. Il portait écrit *Victoria Gallica*. Entre 1541 et 1547.

140. Figure d'homme assis de profil à droite le coude sur son genou, une jambe déployée.

Sanguine, h. 190, l. 120.
Cat. ms. 12142.

141. Huit études d'après nature pour diverses figures : deux corps drapés, quatre bustes et deux bras.

Sanguine et blanc, papier rougeâtre, h. 230, l. 330.
Cat. ms. 12143.

J'y reconnais les différentes parties du tableau de la Nativité peint au-dessus de l'autel de la chapelle de Guise, et que Garnier a gravé nᵒ 87 du suivant catalogue. Voici l'état de ces parties : une étude pour la Vierge, une pour le mage prosterné, une pour Saint Joseph, d'autres pour les deux personnages qui tiennent le coffret, pour la figure entre deux ; les deux bras sont pour deux autres figures. Vers 1560.

## VII. — MUSÉE DE PARME

142. Caïn tuant Abel.

Plume, bistre foncé et blanc, h. 200, l. 225.

Il est attribué à tort à Jules Romain.

## VIII. — COLLECTION ALBERTINE A VIENNE

143. Un portrait.

Sanguine et blanc, h. 163, l. 129.
Cat. imp. 6. Collection Lagoy et Mariette.

C'est le portrait du Primatice (Wickhoff). C'est en effet les mêmes traits que dans le portrait gravé en bois, que Vasari a placé en tête de la vie de ce peintre.

Photographié par Braun.

144. Le soleil dans le signe du Lion, représenté par Apollon.

> Plume, bistre et blanc, une inscription ancienne que M. Wickhoff lit *n° consono* et que je lis *m° boulonne*, hexagone, 218.
> Cat. imp. 8. Coll. Mariette.

« A la clef de la voûte de la septième travée (de la galerie d'Ulysse) écrit Mariette, était un tableau hexagone où l'on voyait Apollon ou le soleil au signe du lion. » Guilbert le dénomme Bacchus. Il n'y a pas de doute que le présent dessin ne soit le dessin arrêté de cette peinture.

M. Wickhoff le regarde comme une copie, mais il est original. Vers 1547.

Photographié par Braun.

145. Mars et Vénus surpris par Vulcain en présence du Soleil et des autres dieux. Au milieu en haut un cartouche soutenu par un amour.

> Plume bistre, foncé et blanc, h. 258, l. 288.
> Cat. imp. 11.

C'est un premier projet, peut être celui d'une composition que C. del Pozzo décrit ainsi : « *Gli amori di Marte e Venere scoperti dal Sole* », peinte dans une salle du palais de Fontainebleau que je ne puis identifier avec certitude, v. pp. 278-279. Le style de ce dessin me le fait reculer avant 1540.

Photographié par Braun.

146. Diane dans son char attelé de dragons.

> Sanguine et blanc, h. 200, l. 536.
> Cat. imp. 13. Coll. Mariette.

C'est le dessin arrêté, sauf les accessoires, de la composition que Betou a gravée et qui fut peinte à droite de la cheminée dans la salle de bal de Fontainebleau. Entre 1552 et 1556.

Photographié par Braun.

147. Diane-Hécate avec Cerbère et l'Amour. Le bas du sujet manque.

> Sanguine et blanc, marqué *de Belloine* (Boulogne) *Saint-Martin*, h. 129, l. 276.
> Cat. imp. 14.

C'est le dessin arrêté, sauf les accessoires, de la composition que Betou a gravée et qui fut peinte à gauche de la cheminée dans la salle de Bal de Fontainebleau. Entre 1552 et 1556.

Photographié par Braun.

### 148. Vénus et l'Amour endormi avec un petit Cupidon.

Sanguine et blanc, marqué *Bologne f.*, ovale couché, h. 147, l. 204.
Cat. imp. 15. Marque de Bourdage.

C'est le dessin arrêté de la composition que Garnier a gravée nᵒ 96 du suivant catalogue, et que je crois avoir été peinte au IIᵉ compartiment de la voûte de la galerie d'Ulysse. Entre 1541 et 1547.

M. Wickhoff le donne pour une copie, mais je le crois original.

Photographié par Braun.

### 149. Vénus et Mars surpris par Mercure, deux amours.

Sanguine et blanc, ovale couché, h. 136, l. 200.
Cat. imp. 16. Marque de Bourdage.

C'est le dessin arrêté pour la composition gravée nᵒ 78 du suivant catalogue. M. Wickhoff le croit une copie, mais il est original.

### 150. Une Nymphe mutilant un Satyre.

Plume bistre et rehauts d'or, h. 163, l. 366.
Cat. imp. 17.

C'est le dessin arrêté pour la composition gravée au monogramme L. D. nᵒ 7 du suivant catalogue. Le rideau et la clef de voûte qui se voient dans la gravure ont été omis dans le dessin. M. Wickhoff l'appelle une copie, mais il est original.

Photographié par Braun.

### 151. Hercule habillé en femme par Omphale.

Plume et bistre, h. 285, l. 447.
Cat. imp. 19.

C'est le dessin arrêté de la composition gravée au monogramme L. D. nᵒ 1 du suivant catalogue (Wickhoff), et qui fut peinte au portique de la Porte Dorée à Fontainebleau. C'est un des premiers en date parmi les dessins du Primatice, soit d'avant 1535. M. Wickhoff le croit une copie et se trompe.

Photographié par Braun.

### 152. Ulysse se préservant des séductions des Syrènes.

Sanguine et blanc, h. 247, l. 337.
Cat. imp. 22.

C'est le dessin arrêté de la composition que Van Thulden a gravée (n° 26 de son recueil) et qui fut peinte aux murailles de la galerie d'Ulysse (Wickhoff). Qualifié de copie par M. Wickhoff, qui se trompe.

Photographié par Braun.

153. Les compagnons d'Ulysse complotant d'enlever les bœufs du Soleil.

> Sanguine et blanc, h. 245, l. 325.
> Cat. imp. 23.

C'est le dessin arrêté pour la composition que Thulden a gravée (n° 27 de son recueil) et qui fut peinte aux murailles de la galerie d'Ulysse (Wickhoff). Qualifié à tort de copie par M. Wickhoff.

Photographié par Braun.

154. Ulysse met à mort les prétendants.

> Sanguine et blanc, h. 240, l. 339.
> Cat. imp. 24.

C'est le dessin arrêté de la composition que Van Thulden a gravée (n° 40 de son recueil) et qui fut peinte aux murailles de la galerie d'Ulysse (Wickhoff). Qualifié à tort de copie par M. Wickhoff.

Photographié par Braun.

155. Ulysse aux Enfers écartant les ombres du sang des victimes qu'il vient d'immoler. Le bas du sujet manque.

> Sanguine et blanc, marqué *Fr. Primaticcio*, h. 147, l. 312.
> Cat. imp. 25.

C'est le dessin arrêté pour la composition que Thulden a gravée (n° 22 de son recueil) et qui fut peinte aux murailles de la galerie d'Ulysse (Wickhoff). Qualifié de copie par M. Wickhoff, qui se trompe ; mais il est vrai qu'il y a des maquillages.

Photographié par Braun.

156. Un guerrier embrassant une femme en présence de plusieurs personnes.

> Sanguine et blanc, ovale debout, h. 285, l. 163.
> Cat. imp. 28.

Ce dessin à la forme et les dimensions précises qui convenaient aux médaillons peints dans la chambre de Mᵐᵉ d'Étampes à Fontainebleau. Ces médaillons étaient au nombre de quatre, dont trois seulement ont été connus jusqu'ici. Le quatrième avait disparu (Jamin, *ouvr. cit.* p. 51) quand Louis Philippe fit restaurer cette salle, et l'on n'en connaissait pas d'estampe. L'histoire du Nœud Gordien a été

peinte en place de l'invention d'Abel de Pujol. Je suis bien assuré de tenir dans la pièce ici décrite le dessin arrêté de ce tableau disparu, et qu'il convient de regarder le guerrier représenté comme Alexandre. Wickhoff l'appelle une copie et se trompe. Entre 1541 et 1544.
Photographié par Braun.

### 157. Mars et Vénus avec l'amour.

> Sanguine et blanc, marqué *61*, forme carrée en hauteur, cintrée en haut et en bas, h. 245, l. 163.
> Cat. imp. 29. Marque de Bourdage.

C'est le dessin arrêté d'un des quatre sujets accessoires autrefois peints au xiiᵉ compartiment de la voûte de la galerie d'Ulysse. Guilbert l'appelle « Mars et Vénus » et Mariette le décrit ainsi : « Un guerrier s'entretenant avec une femme nue accompagnés de l'amour. » La forme est pareille à celle du dessin nᵒ 121 et de l'estampe 104, reconnus pour deux autres de ces quatre sujets.
Photographié par Braun.

### 158. Ulysse ensevelit les prétendants.

> Sanguine et blanc, h. 236, l. 357.
> Cat. imp. 30.

C'est le dessin arrêté de la composition que Van Thulden a gravée (nᵒ 55 de son recueil) et qui fut peinte aux murailles de la galerie d'Ulysse (Wickhoff). M. Wickhoff le tient pour une copie, mais il est original.
Photographié par Braun.

### 159. Plusieurs figures de femmes assises avec un enfant nu.

> Sanguine et blanc, marqué *Bologne f.* cintré, h. 283, l. 249.
> Cat. imp. 31.

C'est le dessin arrêté de la partie de droite de la composition que Betou a gravée et qui figura un Concert au-dessus de la tribune de la salle de Bal à Fontainebleau. L'autre partie nᵒ 226. Qualifié de copie par M. Wickhoff, qui se trompe.
Photographié par Braun.

### 160. Jeune fille drapée marchant accompagnée de deux enfants nus.

> Plume bistre et blanc, décalqué à la pointe, h. 245, l. 149.
> Cat. imp. 35.

M. Wickhoff le croit une copie, mais il est original.
Photographié par Braun.

161. Hercule combattant de dessus le vaisseau des Argonautes.

> Plume bistre et blanc, décalqué à la pointe, h. 234, l. 35o.
> Cat. imp. 5o5.

C'est le dessin arrêté de la composition gravée au monogramme L. D. n° 3 du suivant catalogue et qui fut peinte à la voûte du vestibule de la Porte Dorée. M. Wickhoff l'attribue au Rosso par erreur. Ce dessin a subi de nombreux maquillages, et les accessoires seuls y conservent à peu près intact le trait du maître. Entre 1541 et 1544.

Photographié par Braun.

162. Jupiter et Antiope.

> Plume bistre et blanc, tiré au carreau, h. 161, l. 312.
> Cat. imp. 5o6.

C'est le dessin arrêté de la composition gravée par Georges Mantouan n° 67 du suivant catalogue, et qui fut peinte au château de Fontainebleau en pendant je crois du n° 15o. M. Wickhoff l'attribue au Rosso par erreur. Ce dessin a beaucoup souffert du temps et du maquillage, principalement la jambe étendue et le pied d'Antiope.

## IX. — MUSÉE BRITANNIQUE

163. Figure d'homme couché tourné à gauche.

> Sanguine et blanc,
> Coll. Lely, Reynolds, Edward et Payne-Knight.

C'est le dessin arrêté, sauf les accessoires, de la composition que Betou a gravée et qui fut peinte au 1er compartiment de la IIIe fenêtre de la salle de Bal à Fontainebleau. Entre 1552 et 1556.

## X. — MUSÉE BRITANNIQUE. — COLLECTION MALCOLM

164. Un dieu fleuve parmi des rochers sur la droite, à gauche deux chiens près d'une nymphe, au fond une nymphe qui s'enfuit.

> Plume, bistre et blanc, tiré au carreau, moitié d'un cintre allongé,
> h. 241, l. 356.
> Cat. imp. 234. Coll. Mariette et Lawrence.

C'est la partie de droite de la composition représentant Diane qui découvre la grossesse de Calisto, peinte dans une lunette de la salle principale de l'appartement des Bains à Fontainebleau, v. au n° 11 la preuve de cette identification. Entre 1541 et 1550.

165. Une déesse portée par trois génies; deux amours portent un casque et un bouclier.

> Sanguine et blanc, octogone, h. 229, l. 229.
> Cat. imp. 235. Coll. Mariette, Udney et Lawrence.

« Dans la douzième travée (de la galerie d'Ulysse), écrit Mariette, on voyait au milieu Pallas portée en l'air. » Guilbert décrit le même sujet : « Apothéose de Minerve qui est enlevée au ciel par les Grâces ». La convenance du sujet, joint celle de la forme, qui dut être octogone, venant en symétrie du IV° compartiment, dont le tableau principal est donné dans le n° 115, assure l'identification. C'est ici le dessin arrêté du tableau décrit par Mariette et Guilbert. Entre 1541 et 1547.

## XI. — CHATEAU DE WINDSOR

166. Un vieillard sur un trône à gauche assisté de deux autres personnages; une figure qui paraît être une Furie, tient devant lui par les cheveux un homme agenouillé. A droite un homme drapé entretient une femme nue.

> Crayon noir et blanc, h. 193, l. 416.

C'est la contrépreuve d'un dessin pour lequel le n° 31 du présent catalogue a servi. Je ne voudrais même pas assurer que cette étude n'a pas été faite pour la présente composition plutôt que pour le tableau de la salle de Bal. On est au moins tenté de le croire si l'on compare l'importance des sujets. Celui-ci dut tenir une première place dans l'œuvre du Primatice, et Niccolo s'en est inspiré dans un dessin représentant la même histoire au Louvre n° 5877. Cette pièce était cataloguée aux inconnus.

## XII. — MUSÉE NATIONAL D'AMSTERDAM

167. Mercure assis élevant son caducée; à sa droite une autre figure assise : plafond.

Plume et bistre, forme carrée longue avec un angle en perspective, h. 164, l. 220.

Coll. Goll van Frankenstein et Jacob De Vos.

Dans la première travée de la galerie d'Ulysse on voyait, selon Mariette, autour du sujet principal « quatre tableaux de forme carrée oblongue » dont l'un représentait « Mercure et Bacchus ». Guilbert mentionne le même sujet, pour lequel il me paraît évident que la présente pièce a servi de dessin arrêté. Entre 1541 et 1547.

# XIII. — MUSÉE NATIONAL DE STOCKHOLM

168. Embarquement des Grecs après la prise de Troie.

Sanguine et blanc, h. 200, l. 290.
Cat. ms. 818. Coll. Crozat.

C'est le dessin arrêté de la composition qu Van Thulden a gravée (n° 1 de son recueil) et qui fut peinte aux murailles de la galerie d'Ulysse.

169. Ulysse offrant des sacrifices aux Dieux.

Sanguine et blanc, h. 280, l. 250.
Cat. ms. 819. Coll. Crozat.

C'est le dessin arrêté de la composition gravée par Van Thulden (n° 2 de son recueil) et autrefois peinte aux murailles de la galerie d'Ulysse.

170. Ulysse au pays des Lotophages, ramenant de force ses compagnons.

Sanguine et blanc, h. 190, l. 180.
Cat. ms. 820. Coll. Crozat.

C'est le dessin du milieu (Ulysse et les deux hommes qu'il tient) de la composition gravée par Van Thulden (n° 5 de son recueil) et qui fut peinte aux murailles de la galerie d'Ulysse.

171. Ulysse et ses compagnons sortant de l'antre de Polyphème sous le ventre de ses moutons.

Sanguine et blanc, h. 245, l. 320.
Cat. ms. 821. Coll. Crozat.

C'est le dessin arrêté de la composition que Thulden a gravée (n° 11 de son recueil) et qui fut peinte aux murailles de la galerie d'Ulysse.

172. Ulysse et ses compagnons abordant dans l'Ile des Cyclopes.

> Sanguine et blanc, marqué *Bologne*, h. 320, l. 360.
> Cat. ms. 822. Coll. Crozat.

C'est le dessin arrêté de la composition gravée par Van Thulden (nᵒ 6 de son recueil) et qui fut peinte aux murailles de la galerie d'Ulysse.

173. Ulysse et ses compagnons s'approchent du lieu où Polyphème gardait ses troupeaux.

> Sanguine et blanc, marqué *Bologne*, h. 335, l. 360.
> Cat. ms. 823. Coll. Crozat.

C'est le dessin arrêté de la composition gravée par Thulden (nᵒ 9 de son recueil) autrefois peinte aux murs de la galerie d'Ulysse.

174. Egisthe massacrant Agamemnon.

> Sanguine et blanc, h. 280, l. 250.
> Cat. ms. 824. Coll. Crozat.

C'est le dessin arrêté de la moitié de gauche de la composition gravée par Van Thulden (nᵒ 8 de son recueil) et qui fut peinte aux murs de la galerie d'Ulysse.

175. Ulysse prend congé d'Alcinoüs.

> Crayon noir et blanc, papier gris, h. 260, l. 310.
> Cat. ms. 828. Coll. Crozat.

C'est le dessin arrêté de la composition que Van Thulden a gravée (nᵒ 29 de son recueil) peinte autrefois au mur de la galerie d'Ulysse.

176. Ulysse en mendiant à la porte de son palais.

> Sanguine et blanc, le haut raccommodé, h. 240, l. 330.
> Cat. ms. 829. Coll. Crozat.

C'est le dessin arrêté de la composition que Thulden a gravée (nᵒ 36 de son recueil) jadis peinte aux murailles de la galerie d'Ulysse.

177. Combat d'Ulysse et du mendiant Irus.

> Sanguine et blanc, le dessin a été coupé : un quart en haut suppléé, h. 260, l. 315.
> Cat. ms. 830. Coll. Crozat.

C'est le dessin arrêté de la composition gravée par Van Thulden (nᵒ 37 de son recueil) et qui fut peinte au mur de la galerie d'Ulysse.

178. Ulysse tirant l'arc en présence des prétendants.

> Sanguine et blanc, h. 275, l. 365.
> Cat. ms. 831. Coll. Crozat.

C'est le dessin arrêté de la composition que Thulden a gravée (n° 39 de son recueil) et qui fut peinte aux murailles de la galerie d'Ulysse.

179. Ulysse condamne les servantes de Pénélope à la mort.

> Sanguine et blanc, h. 245, l. 325.
> Cat. ms. 832. Coll. Crozat.

C'est le dessin arrêté de la composition gravée par Thulden (n° 42 de son recueil) peinte jadis aux murailles de la galerie d'Ulysse.

180. Ulysse lavant ses mains.

> Sanguine et blanc. h. 240, l. 330.
> Cat. ms. 833. Coll. Crozat.

C'est le dessin arrêté de la composition gravée par Van Thulden (n° 43 de son recueil) et qui fut peinte au mur de la galerie d'Ulysse.

181. Minerve embellit Ulysse.

> Sanguine et blanc. On l'avait coupé en trois morceaux ; au milieu, toute une bande de 5 mm. de largeur qui manquait, a été suppléée. H. 210, l. 360.
> Cat. ms. 834. Coll. Crozat.

C'est le dessin arrêté de la composition gravée par Van Thulden (n° 45 de son recueil) jadis peinte au mur de la galerie d'Ulysse.

182. Embrassements de Pénélope et d'Ulysse.

> Sanguine et blanc, h. 255, l. 330.
> Cat. ms. 835. Coll. Crozat.

C'est le dessin arrêté de la composition que Van Thulden a gravée (n° 46 du recueil) et qui se trouvait peinte aux murailles de la galerie d'Ulysse. Il a été rafraîchi en plusieurs endroits.

183. Ulysse donne ses armes à Eumée.

> Sanguine et blanc, h. 320, l. 232.
> Cat. ms. 836. Coll. Crozat.

C'est le dessin arrêté de la composition que Van Thulden a gravée (n° 52 du recueil) et qui fut peinte aux murailles de la galerie d'Ulysse.

184. Les parents d'Ulysse viennent le saluer.

> Sanguine et blanc, h. 235, l. 325.
> Cat. ms. 837. Coll. Crozat.

C'est le dessin arrêté, hors le fond, de la composition gravée par Thulden (n° 54 du recueil) et jadis peinte au mur de la galerie d'Ulysse.

185. Soulèvement du peuple d'Ithaque.

> Crayon noir et blanc, papier gris, h. 250, l. 335.
> Cat. ms. 838. Coll. Crozat.

C'est le dessin arrêté de la composition que Thulden a gravée (n° 56 de son recueil) et qui fut peinte aux murs de la galerie d'Ulysse.

186. Soumission des rebelles.

> Sanguine et blanc, marqué *Bologne*, h. 250, l. 340.
> Cat. ms. 839. Coll. Crozat.

C'est le dessin arrêté de la composition gravée par Van Thulden (n° 57 de son recueil) et qui fut peinte aux murailles de la galerie d'Ulysse.

187. Une figure drapée, qui paraît être un apôtre.

> Sanguine et blanc.
> Cat. ms. 1386.

188. Un guerrier barbare sur une licorne galopant à droite.

> Plume et rehauts de couleur, h. 300, l. 246.
> Cat. ms. 847. Coll. Crozat.

Ce dessin et les vingt-quatre suivants font évidemment partie d'une même suite exécutée la plupart pour un cortège masqué, dont ils représentent les costumes.

189. Alexandre tenant par la main Thalestris. Il a sur son casque une Victoire, elle un Amour tenant son arc ; de la droite elle tient une lance, lui met la gauche sur la poignée de son cimeterre.

> Plume et rehauts de couleur. En bas, de l'écriture du Primatice, sous la figure d'Alexandre: *Alesandre*, sous l'autre : *la regina de le* (Amazone), l. 335, l. 254.
> Cat. ms. 848. Coll. Crozat.

Figures de mascarade comme le précédent.

190. L'Amour vêtu d'une simple chemise, son carquois pen-

dant sur sa hanche et tenant des deux mains au-dessus de sa tête un phénix sur le bûcher.

> Plume et rehauts de couleur, h. 285, l. 159.
> Cat. ms. 849. Coll. Crozat.

Figure de mascarade comme les précédents. Le visage est masqué. C'est ici la représentation allégorique de l'amour vainqueur de la mort et donnant l'immortalité.

191. Un jeune homme vu de face, les jambes couvertes d'un caleçon, vêtu d'une tunique, et tenant une espèce de massue, une tête coupée à la ceinture : Hercule ou David.

> Plume et rehauts de couleur, h. 290, l. 158.
> Cat. ms. 850. Coll. Crozat.

Figure de mascarade comme les précédentes.

192. Personnage armé et casqué à cheval sur un cygne.

> Plume et rehauts de couleur, h. 281, l. 220
> Cat. ms. 851. Coll. Crozat.

Figure de mascarade comme les précédentes. Le cygne est disposé pour enfermer un homme.

193. Une Renommée ailée avec deux trompettes drapées dans la main gauche et une couronne de laurier dans la droite, un loup sur son casque, et reposant sur un socle.

> Plume et rehauts de couleur, h. 292, l. 171.
> Cat. ms. 852. Coll. Crozat.

C'est une figure pour quelque partie de décoration publique dressée à l'occasion des mêmes fêtes auxquelles la mascarade aura servi.

194. Figure vêtue à l'orientale une rosace derrière la tête, tenant à la main une espèce de sceptre.

> Plume et rehauts de couleur. A droite de la main du Primatice : *la de... in nel....* H. 353, l. 218.
> Cat. ms. 853. Coll. Crozat.

Figure de mascarade. Le visage est masqué.

195. Janus tenant une clef d'une main, de l'autre une torche, un petit temple à colonnes autour de son double visage.

> Plumes et rehauts de couleur. En bas à droite, de l'écriture du Primatice : *Jano per dimostrare pa... tranquillitade.* H. 310, l. 250.
> Cat. ms. 855. Coll. Crozat.

Figure de mascarade comme les précédentes.

196. Un héros vainqueur traîné à droite dans un chariot bas par deux captifs enchaînés.

> Plume et rehauts de couleur. Coupé dans le premier des prisonniers. D'une autre main que celle du Primatice et qui est celle du costumier, contre les jambes du triomphateur : *grandes chaussettes de satin incarnat une aulne et demie pour la paire ;* autour des captifs : *bonnetz de satin incarnat...... barré d'argent ;* au-dessous : *pourpoint de toile d'argent à la mousquette à soie incarnate ;* au-dessous : *satin bleu rayé d'argent pour bas et saye.* H. 241, l. 357.
> Cat. ms. 856. Coll. Crozat.

Figures de mascarade comme les précédentes.

197. Apollon, des lauriers dans la main gauche et sur la tête autour du visage un zodiaque,

> Plume et rehauts de couleur. A droite en haut, de la main du costumier : *le rond couvert en satin blanc et les signes par dessus,* H. 287, l. 195.
> Cat. ms. 857. Coll. Crozat.

Figures de mascarade comme les précédentes. Le visage est masqué.

Photographié dans *Ord och Bild,* Stockholm, novembre, 1899.

198. Saturne avec quatre yeux et quatre ailes, vêtu d'une robe et d'une tunique sur lesquelles vient encore une sorte de chasuble, sa faux à la main, des lauriers sur la tête.

> Plume et rehauts de couleur. A droite en bas, de la main du Primatice : *Saturno secundo che lo dipin(ge)vano i Fenici a quattro ochii dui aperti et dui chiusi et quattro ale due aperte et due basse per dinottare che quando....* H. 377, l. 267.
> Cat. ms. 858. Coll. Crozat.

Figure de mascarade comme les précédentes. Le visage est masqué.

199. Une vierge folle tenant sa lampe, portant dans un cartouche sur une coiffure conique : DATE NOBIS DE OLEO VESTRO.

> Plume et rehauts de couleur, h. 233, l. 181.
> Cat. ms. 859. Coll. Crozat.

Figure de mascarade comme les précédentes. Le visage est masqué.

200. Figure de femme assise sur une licorne, galopant à droite.

Plume et rehauts de couleur. De la main du costumier, contre la coiffure : *taffeta rayé d'or ;* aux épaulettes : *thoille d'or fauve ;* aux manches : *satin bleuf ;* au manteau qui drape les jambes : *damars incarnat,* contre la draperie de la selle : *taffe*(tas) *bleuf rayé d'or.* H. 212, l. 232.

Cat. ms. 860. Coll. Crozat.

Figure de mascarade comme les précédentes. Le visage est masqué.

201. Vieillard vêtu en prisonnier barbare dans une barque dont il manie les avirons ; la proue est décorée d'une figure d'enfant.

Plume et rehauts de couleur, h. 248, l. 350.

Cat. ms. 861. Coll. Crozat.

Figure de mascarade comme les précédentes.

202. La Parque assise sur une tortue allant vers la droite ; elle tient son fuseau et file, et porte une coiffure conique.

Plume et rehauts de couleur, h. 320, l. 234.

Cat. ms. 862. Coll. Crozat.

Figure de mascarade comme les précédentes. Le visage est masqué. Photographié dans *Ord och Bild*, Stockholm, novembre, 1899.

203. Mercure drapé d'un grand manteau, coiffé d'un casque ailé orné de plumes, conduit à droite une femme éplorée, il tient de l'autre main deux torches encerclées d'une couronne de cyprès.

Plume et rehauts de couleur. Sous la figure de Mercure, de la main du Primatice : *Mercurio.* H. 301, l. 251.

Cat. ms. 865. Coll. Crozat.

Figures de mascarade comme les précédentes. C'est ici la représentation allégorique d'un veuvage.

204. Héros casqué de profil à gauche, un coutelas pendant sur la hanche et levant son bâton de commandement.

Plume et rehauts de couleur, h. 293, l. 162.

Cat. ms. 866. Coll. Crozat.

Figure de mascarade comme les précédentes.

205. Une figure d'homme vêtu d'une robe et d'une tunique, qui porte sur sa tête un baldaquin où repose une tête d'homme et une de femme, de chaque côté d'une lampe antique.

Plume et rehauts de couleur. Au-dessous, d'une autre main que

celle du Primatice : *toute défense sureté et préservation de vie.*
H. 289, l. 134.

Cat. ms. 868. Coll. Crozat.

Figure de mascarade comme les précédentes. Une copie de ce morceau porte le n° 867.


206. Figure en forme de cariatide égyptienne portant sur sa tête un trépied où repose un arc détendu et une torche renversée, l'un et l'autre appuyés à une tige dont on ne voit pas bien la nature.

Plume et rehauts de couleur. De la main du Primatice, contre la table qui porte le trépied : *velur ;* contre les manches du personnage : *tela ;* contre la pélerine *toce*(?); contre l'espèce d'étole qui tombe par devant : *tela ;* contre la jupe : *tela dor* (o). H. 322, l. 164.

Cat. ms. 869. Coll. Crozat.

Figure de mascarade comme les précédentes.


207. Un pilastre cerclé et drapé à moitié de sa hauteur et terminé par des griffes de lion, porte une table également drapée sur laquelle repose un globe encerclé. Trois petites figures nues sont portées sur ce cercle et soutiennent une sorte de brûle-parfum.

Plume et rehauts de couleur, h. 349, l. 124.

Cat. ms. 870. Coll. Crozat.


208. Figure vêtue en sphinx debout sur ses pieds de derrière et marchant de profil à gauche, les deux pattes de devant tendues.

Plume et rehauts de couleur, h. 303, l. 219.

Cat. ms. 872. Coll. Crozat.

Figure de mascarade. Le visage est masqué.
Photographié dans *Ord och Bild*, Stockholm, novembre, 1899.


209. Un Satyre marchant vers la gauche, le torse habillé de pampre portant un plat d'une main, de l'autre une vaisselle creuse.

Plume et rehauts de couleur. Au dessous, de la main du Primatice : *Satiro.* H. 240, l. 125.

Figure de mascarade. On voit sur la gauche l'extrémité d'un brancard dont le reste est représenté dans le dessin suivant, ce qui prouve que les deux étaient sur la même feuille.
Photographié dans *Ord och Bild*, Stockholm, novembre, 1899.


210. Un guerrier casqué et cuirassé porte le brancard d'un

pavois terminé devant et derrière par un sphinx couché. Ce brancard et un sphinx sont repris plus bas.

> Plume et rehauts de couleur. Au dessous, de la main du Primatice :
> *Marte.* H. 231, l. 220.
> Cat. ms. 874. Coll. Crozat.

Figure de mascarade comme les précédentes.

211. Deux figures d'hommes debout se donnant la main et de l'autre tenant une torche, vêtus d'une tunique à frange lacée d'un ruban orné de houppes, et coiffés d'un casque.

> Plume et rehauts de couleur. Le Primatice a écrit au dessous :
> *Crederei che questi dui genii comenciaserro* la *pumpa del gioco d'Agone.* H. 364, l. 265.
> Cat. ms. 875. Coll. Crozat.

Figures de mascarade comme les précédentes.

212. L'avant d'un char tiré par deux paons avec trois musiciens assis, l'un jouant du cornet, un autre de la guitare, le troisième de la mandoline ; au milieu Junon assise tenant un anneau.

> Plume et rehauts de couleur. Le Primatice a écrit au dessous :
> *Questo carro va nella pumpa con dui altri, un di Pallas et l'altro de Diana o Venere, gli suonatori fuor et gli cantori drento e coperti.* H. 327, l. 269.
> Cat. ms. 876. Coll. Crozat.

Photographié dans *Ord och Bild*, Stockholm, novembre, 1899.

Les vingt-cinq dessins qui précèdent sont joints à dix autres avec lesquels on a cru qu'ils formaient une même suite et qui doivent en être séparés. Le catalogue Crozat (n° 43) attribuait le tout à Niccolo et le Cabinet de Stockholm avait gardé cette attribution. Le comte de Sparre avait seulement ajouté sur la première feuille n° 845 : « par Niccolo dell' Abbate *et un autre* ». Cet autre était le Primatice.


XIV. — MUSÉE DE BERLIN


213. L'Adoration des Mages.

> Plume bistre et blanc, marqué *Bologne*, décalqué à la pointe, h. 354, l. 444.
> Coll. Nagler.

Ce dessin est rendu presque méconnaissable par les retouches. Le trait même a été repris pour plus de la moitié à l'aide du calque, et les rehauts sont entièrement refaits.

## XV. — MUSÉE DE DRESDE

214. Un vieillard et une femme marchant à droite.

> Crayon, bistre et blanc, h. 205, l. 240.
> Carton I, n° 8 en haut.

C'est le dessin original de la composition gravée au monogramme L. D. n° 33 du suivant catalogue. Retouché par Rubens.

## XVI. — INSTITUT STAEDEL A FRANCFORT

215. Ronde formée par des femmes nues, qui dansent en se tenant la main, figures plafonnantes.

> Sanguine et blanc, papier rouge, ovale ramassé, h. 360, l. 340.
> Coll. Mariette, Saint-Maurice et Joubert.

Sur la monture Mariette a écrit : *Superiori parte fornicis deambula-cri Ulyssei Fontebellaqueo depinxerat.* C'est en effet le dessin arrêté du morceau principal du compartiment du milieu de la galerie d'Ulysse appelé par Dan et Guilbert « une danse de déesses » et par Mariette lui-même « un ciel où le peintre avait ingénieusement placé les heures. Les figures vues en raccourci faisaient un effet surprenant. » Vers 1548.

## XVII. — MUSÉE DE L'ERMITAGE A SAINT-PÉTERSBOURG

216. Jupiter sur un trône dont Neptune gravit les degrés ; un autre dieu, sans doute Pluton est assis au-dessous de lui sur un nuage, figures plafonnantes.

> Plume, bistre et blanc, forme carrée en hauteur, cintrée à droite et à gauche avec deux ressauts, h. 323, l. 344.
> Cat. ms. 7426, portefeuille 72. Cat. imp. 80.

C'est évidemment le dessin arrêté du morceau principal du vi° compartiment de la voûte de la galerie d'Ulysse, ainsi décrit par Guilbert : « Jupiter, dieu du ciel, accompagné de Neptune et d'Éole », et par Mariette : « Les trois frères Jupiter, Neptune et Pluton » La forme est pareille à celle du n° 10, qui lui faisait pendant de l'autre côté de la galerie dans le x° compartiment. Entre 1541 et 1547.

217. Diane accompagnée de plusieurs chiens.

> Plume, bistre et blanc, marqué *Bologne*, décalqué à la pointe, tiré au carreau, forme carrée longue avec deux ressauts, h. 165, l. 289.
> Cat. ms. 5161 portef. 36, imp. 81.

C'est évidemment le dessin arrêté d'un des sujets accessoires du vi° compartiment de la voûte de la galerie d'Ulysse ainsi décrit par Mariette et Guilbert : « Diane ». La forme est pareille à celle des n°° 20, 122 et 123 auxquels il répondait de l'autre côté de la galerie. Entre 1541 et 1547.

218. Une femme étendue à terre, la langue percée d'une flèche que Diane, qu'on aperçoit en haut sur un nuage, vient de lui décocher.

> Plume, bistre et blanc, décalqué à la pointe et tiré au carreau, h. 205, l. 195.
> Cat. ms. 5167, portef. 36, imp. 82.

La partie inférieure du corps de la figure couchée copiée sur celle du n° 75.

219. Un berger nu dormant au milieu de son troupeau.

> Plume, bistre et blanc, h. 133, l. 138.
> Cat. ms. 5161, portef. 10, imp. 84.

220. Une naïade avec un amour.

> Plume, bistre et blanc, h. 213, l. 270.
> Cat. ms. 5162, portef. 36, imp. 85. Coll. Delanoue.

C'est un premier projet.

221. Naïade couchée contemplant un héron volant.

> Plume, bistre et blanc, h. 140, l. 254.
> Cat. ms. 5168, portef. 63, imp. 86.

C'est le dessin de la composition gravée au monogramme L. D. n° 30 du suivant catalogue. Deux canards à droite ne figurent pas dans l'estampe.

222. Mercure et Argus avec deux bœufs. Argus porte sur un crâne chauve une multitude d'yeux ouverts.

>Plume, bistre et blanc, h. 135, l. 138.
>Cat. ms. 5159.

223. Mercure rendant Œnone à Pâris.

>Plume, bistre et blanc, décalqué à la pointe, restes de carreau, h. 230, l. 190.
>Cat. ms. 5164, portef. 36.

224. Satyre ivre porté par deux faunes.

>Plume et sanguine lavée. Décalqué à la pointe, h. 242, l. 264.
>Cat. ms. 5165, portef. 36.

Le dessin est coupé à droite où se voit encore un genou.

225. Fronton d'architecture, où se voit le buste de François I<sup>er</sup> couronné par la Foi et la Religion assises auprès. Par devant assises à terre la Charité ou Fécondité, et Diane figurant sans doute l'Abondance; à droite un groupe de cinq femmes, à gauche de quatre, occupées à lire et à converser. L'une d'elles reproduit une figure étendue sur le devant du concert de la salle de Bal, v. le dessin suivant.

>Plume bistre et blanc, h. 213, l, 690.
>Cat. ms. 5169, portef. 75.

COLLECTIONS PRIVÉES

## XVIII. — FEU M. LE MARQUIS DE CHENNEVIÈRES A PARIS

226. Un concert composé d'un fort grand nombre de personnes.

>Plume et bistre, marqué *Bologne*, lunette, h. 332, l. 522.
>Coll. Galichon.

C'est la partie de gauche de la composition que Betou a gravée, et qui fut peinte au-dessus de la tribune dans la salle de Bal. Entre 1552 et 1556.

227. La Vierge dans une gloire tenant l'enfant Jésus. Au dessous Saint Michel terrassant le démon; à droite et à gauche des anges debout, celui de droite tient un enfant par la main.

> Plume bistre et blanc, ovale debout, h. 390, l. 314.
> Coll. Crozat et Destailleurs.

228. Hermaphrodite sur des nuages enseigne à l'Amour à lancer un dard.

> Plume, bistre et blanc. Décalqué à la pointe et tiré au carreau, h. 195, l. 238.
> Coll. Lawrence, Woodburn et Destailleurs.

229. Jeune homme nu étendu à terre appuyé sur son bras droit.

> Sanguine et blanc, h. 114, l. 190.
> Coll. P. Lely et Th. Lawrence.

230. Diane debout au repos la main droite sur son arc, de la gauche prenant une flèche dans son carquois.

> Plume et bistre, h. 272, l. 100.

M. de Chennevières l'a donné comme douteux. Je le crois authentique, mais fortement maquillé. Il a dû être presque effacé. Le contour de la main gauche et toute l'ombre à gauche sont entièrement refaites.

231. Étude de trois statues antiques.

> Plume, bistre et blanc, h. 253, l. 334.
> Coll. Mario.

Je dois à la complaisance de M. Charles Ravaisson-Mollien l'identification des modèles qui ont servi au Primatice : ils sont reproduits dans le Répertoire de M. Reinach, pour la première t. II, vol. 2, p. 668, n° 9, pour la deuxième t. II, vol. 1, p, 299, n° 1, pour la troisième t. II, vol. 1, p. 332, n° 9. La première représentant Cérès ou Junon, est aujourd'hui dans la Tribune des Lances à Florence, où elle fut apportée en 1788 de la villa Médicis de Rome, la deuxième, une Hygie, est aux Offices, la troisième, peut-être une Vénus, est au musée de l'Ermitage, qui l'a recueillie de la collection Nani de Venise.

M. de Chennevières considérait ces études comme faites à Rome par le Primatice dans le voyage de 1540, entrepris pour rechercher des antiquités sur l'ordre de François Ier. Je les crois bien antérieures. Elles sont identiques par le style au n° 1 de ce catalogue, qui date au plus tard de 1533. Comme il n'y avait pas alors d'antiques en

France, que le Primatice pût copier, il a donc fallu que ce dessin fût exécuté avant l'arrivée de cet artiste dans notre pays, c'est-à-dire avant 1532. Il serait du plus grand intérêt de savoir où ces trois statues se trouvaient alors. On apprendrait par là quels voyages le Primatice avaient faits en Italie avant de partir pour la France.

232. Jeune martyr cloué à un arbre.

Plume et bistre, h. 212, l. 131.

M. de Chennevières l'a donné comme morceau d'atelier. Je le crois authentique du maitre, mais entièrement repris pour le trait et pour l'aquarelle. Le haut qui est le plus effacé est le plus intact.

233. Cinq études de jupes drapées sur des jambes pliées : une aux trois quarts de dos, une aux trois quarts de face jambes croisées, une de profil, une de dos un pied en arrière, une cinquième des plis seulement.

Sanguine et blanc, h. 214, l. 257.
Non décrit par M. de Chennevières.

## XIX. — M. VALTON A PARIS

234. Bacchus et deux panthères.

Plume, bistre et blanc. La forme carrée en hauteur à pans coupés indiquée sur la droite, h. 122, l. 128.
Coll. His de la Salle et Armand.

C'est le dessin arrêté de la composition gravée par Ferdinand n° 101 du suivant catalogue, et peinte au XI° compartiment de la voûte de la galerie d'Ulysse. Entre 1547 et 1559.
Photographié par Braun.

## XX. — M. BONNAT A PARIS

235. Euterpe une trompette à la main, dont elle sonne.

Plume bistre et blanc, écoincon.

C'est le dessin arrêté de la composition gravée au mongramme L. D. n° 25 du suivant catalogue et qui fut peinte avec onze autres semblables aux tympans des arcades de la galerie Basse ou salle du Conseil à Fontainebleau.

## XXI. — M. LOUIS MANNHEIM A PARIS

236. Diane assise à gauche une tête de cerf sur les genoux, près d'elle une nymphe de fontaine, derrière, trois nymphes dont une tient un javelot, fond d'arbres, au fond à droite une jeune nymphe en marche portant un javelot.

Plume et bistre, h. 533, l. 390.
Coll. Gavet.

## XXII. — LORD RONALD GOWER A LONDRES

237. Diane et Apollon assis côte à côte.

Sanguine lavée et blanc, rond.
Coll. Rogers et Lawrence.

C'est le dessin arrêté de la composition que Ferdinand a gravé n° 103 du suivant catalogue.

## XXIII. — LE DUC DE DEVONSHIRE A CHATSWORTH

238. Hercule tiré des bras d'Omphale par deux personnages, dont un porte un flambeau.

Plume et bistre, h. 225, l. 397.

C'est le dessin arrêté de la composition gravée au monogramme L. D. n° 2 du suivant catalogue, et qui fut peinte au portique de la porte Dorée. Avant 1535.
Photographié par Braun.

239. L'éducation de Mercure, allaité à gauche par une nymphe ; Minerve le soutient ; à droite Diane, l'Amour et Vénus, derrière, Jupiter sous les traits de François I<sup>er</sup>, Neptune et Pluton.

Plume, bistre et blanc, h. 397, l. 314.

Il y a dans le haut des traces du trident de Neptune et de la fourche de Pluton dessinés au crayon et autrement disposés. De nombreuses retouches, en particulier aux figures de Diane et de l'Amour.
Photographié par Braun.

240. Une figure de Fleuve appuyé sur son urne et de la main gauche tenant un gouvernail : figure plafonnante.

Sanguine et blanc, h. 124, l. 126.

241. Apelle peignant Campaspe et Alexandre, qui posent nus devant lui.

Plume, sanguine lavée et blanc, ovale debout, h. 352, l. 251.

C'est le dessin arrêté de la composition gravée au monogramme L. D. nº 12 du suivant catalogue, et qui fut peinte dans la chambre de Mᵐᵉ d'Estampes à Fontainebleau. Quelques retouches. Entre 1541 et 1544.

242. L'Aurore chassant les Songes funestes.

Plume, bistre et blanc, octogone, h. 295, l. 292.

C'est le dessin arrêté d'une composition peinte à la voûte du vestibule de la Porte Dorée. Pour la manière dont je l'identifie, v. le nº 3 du suivant catalogue des estampes. Ce dessin, parfaitement authentique, a été entièrement retouché et repris. En plusieurs endroits, en particulier dans la figure que le restaurateur a supprimé dans la peinture (v. p. 308) on découvre des traces évidentes d'un repassage sur des traits plus anciens. La figure de l'Aurore a été la mieux suivie. Les deux qui tombent sont affreuses. La petite figure adossée à celle du bas est capable d'ôter toute espèce de doute sur l'opération. Entre 1541 et 1544.

Photographié par Braun.

---

# DESSINS COPIÉS D'APRÈS LE PRIMATICE

### Louvre.

1. Le repas des Dieux.

Plume et bistre, h. 288, l. 587.
Cat. ms. 8535. Coll. Jabach, nº 164 de l'école florentine.

Ce dessin, catalogué comme original du Primatice, n'est qu'une copie assez mauvaise de la composition décrite par Mariette sous le nom de « Festin des Dieux », par Dan de « banquet des dieux et des déesses » et par Guilbert de « festin des dieux et des déesses ». La conformité du sujet et la forme signalée par Guilbert de cette composition comme « s'étendant par toute la voûte », fort longue par conséquent, assure cette identité.

## 2. L'Apôtre saint Mathieu, figure légèrement plafonnante.

Sanguine et blanc, h. 187, l. 137.
Cat. ms. 8645.

Copie très postérieure d'une figure peinte, je crois par le Primatice, à la voûte de la chapelle de Chaalis.

## 3. Ulysse tiré des bras de Calypso par Mercure.

Plume et bistre, h. 287, l. 405.
Cat. ms. 8698.

Copie de la 28ᵉ composition de la galerie d'Ulysse, que Van Thulden a gravée. Elle est du XVIᵉ siècle et d'un style assez particulier pour mériter qu'on la retienne.

## 4. Les neuf Muses avec Apollon et Pégase au fond.

Crayon noir, ovale couché, h. 231, l. 270.
Cat. ms. 5856. Coll. Mariette.

Il est attribué à Niccolo, mais je le crois d'une autre main et copié d'après le Primatice.

## COLLECTION ALBERTINE.

## 5. Junon chez le Sommeil.

Plume et couleur à gouache, h. 258, l. 366.
Cat. imp. 10.

Copie d'après la composition gravée nᵒ 85 du suivant catalogue et qui fut peinte au vestibule de la Porte Dorée.
Photographié par Braun.

## 6. Ulysse et ses compagnons au pays des Lotophages.

Plume, encre de chine et blanc, h. 274, l. 352.
Cat. imp. 21.

Copie d'après la 5ᵉ composition de la galerie d'Ulysse, que Van Thulden a gravée. Elle est du XVIIᵉ siècle et d'un bon style.

## 7. Les filles de Minée.

Sanguine, lavé de même et blanc, h. 260, l. 312.
Cat. imp. 26.

Copie d'après une composition gravée n° 53 du suivant catalogue. L'original m'est inconnu.

Photographié par Braun.

8. Un roi assis dans l'attitude de la douleur au milieu de nombreux personnages; en bas quelques ornements de stuc.

> Crayon noir et blanc avec des parties en rouge, h. 275, l. 135.
> Cat. ms. 9001.

Je reconnais dans ce dessin le sujet de la chambre de Saint-Louis à Fontainebleau ainsi décrit par Guilbert : « Ménélas dans les larmes et les regrets, ayant appris l'enlèvement d'Hélène sa femme. » V. ci-dessous le n° 10.

9. Un jeune homme maniant un bouclier au milieu de plusieurs jeunes filles. En bas quelques ornements de stuc.

> Crayon noir et blanc, des parties en rouge, h. 265, l. 160.
> Cat. ms. 9002.

Je reconnais dans ce dessin le sujet d'Achille chez les filles de Lycomède, peint dans la chambre de Saint-Louis, décrit par Guilbert comme suit : « Achille reconnu par Ulysse déguisé en marchand », et par Dan : « Achille quittant la fille de Lycomède. » V. le n° suivant.

10. Un homme saluant une femme debout au milieu de nombreuses figures. En bas quelques ornements de stuc.

> Crayon noir et blanc, des parties en rouge. Au-dessous la suivante inscription flamande : *Tot Fontaneboleau in de eet* (eerste) *camer van den coninck.* H. 265, l. 142.

L'inscription de ce dessin se traduit ainsi : « A Fontainebleau dans la première chambre du roi. » Cette indication permet, en y joignant les anciennes descriptions de la chambre de Saint-Louis, de reconnaître avec une certitude parfaite, non seulement dans ce dessin, mais dans les deux précédents, des compositions du Primatice qui ont passé jusqu'ici pour absolument disparues. Celle-ci est ainsi décrite par Guilbert : « Paris qui arrive chez Ménélas et visite Hélène avec toutes sortes de soumissions et de respects. »

Ces trois dessins sont conservés sous le nom de Van Thulden. Comme la manière m'en paraît plus conforme à celle des n°s 12 à 18 qu'aux dessins de cet artiste, je proposerais de les donner à Diepenbeek.

## Musée de Stockholm.

11. Agamemnon et Cassandre massacrés dans un festin.

> Sanguine, lavé de même et blanc, papier rouge, h. 240, l. 445.
> Cat. ms. 825. Coll. Crozat et Tessin.

Catalogué au Primatice, mais ce n'est qu'une copie, du reste excellente, et que je croirais volontiers de Lucas Penni, d'après le dessin du tout du 8e tableau de la galerie d'Ulysse, dont Stockholm ne conserve qu'une partie.

## Institut Staedel a Francfort.

12-18. Une frise en sept feuilles comprenant trois parties.

I. 12. La Sainte Famille avec un roi prosterné, deux pages et des valets qui portent des présents; à droite le bœuf et l'âne.

> Crayon noir, h. 228, l. 688.

Les deux extrémités ont été détachées et reportées aux premiers tronçons des compositions voisines.

II. 13, 14, 15. Un prince vêtu à la mode du xvie siècle et d'autres rois avec un cortège marchant à droite.

> Crayon noir, h. 228, l. 1019.

Il a été coupé en trois tronçons.

III. 16, 17, 18. Un roi maure suivi de son cortège marchant à gauche.

> Crayon noir, h. 228, l. 1130.

Il a été coupé en trois tronçons; le troisième porte un morceau rajouté.

A droite au bas se lit l'inscription suivante : *L'abate Primaticcio prinxit a° 1548 dans la chapelle du duc de Guise à Paris. Ab^m van Diepenbeck del^t a° 1650. N. B. Ladite chapelle a été démolie du depuis.*

Quoique cette inscription soit beaucoup plus récente que la date de 1650 qu'elle mentionne, encore n'y a-t-il guère moyen de supposer qu'on ait inventé cette attribution à Diepenbeek. Je retiens donc Diepenbeek pour l'auteur d'une copie qui est au demeurant ce que l'inscription rapporte.

La composition I est en effet conforme à l'estampe 87 du suivant catalogue, gravée d'après les peintures au-dessus de l'autel de la chapelle de Guise. Pour les compositions II et III on en reconnaît tout le détail dans les descriptions suivantes, fournies par Lebas de Courmont, trad. de Vasari : « En entrant, la partie de droite de ce même plafond (de la chapelle de Guise) en demi-voussure, représente une marche de chevaux, chameaux, éléphants, chargés de divers présents, à la tête de laquelle est un roi maure portant la myrrhe dans un vase de forme étrusque. Derrière lui est un jeune page qui porte sa couronne suspendue derrière le cou et qui tient son sabre. Vient ensuite une reine, qui par modestie semble ne vouloir approcher du Christ qu'entièrement couverte d'une draperie, et qui est accompagnée de sa suivante. Derrière un beau jeune homme offre les raccourcis les plus hardis en aidant un chameau à se relever. Plus loin un autre retient par la bride un cheval blanc et fougueux qui paraît être celui du roi, et dont les formes et le caractère donnent une juste idée des chevaux arabes.

« La partie gauche offre une autre marche d'hommes et de femmes de différentes nations, chevaux, mulets et chameaux chargés de ballots. A leur tête est, à ce que l'on prétend, la figure du duc de Guise, vêtu d'un petit manteau et d'un haut de chausses à la manière espagnole, portant l'encens dans un vase ressemblant à un ciboire. Il est suivi de son nain qui tient de la main gauche l'or dans une bourse (ce ne sont que ses gants) et qui a l'autre appuyée sur son côté. Parmi d'autres chevaux on remarque sur le premier plan celui du duc. Richement caparaçonné, il est retenu par un jeune homme au moment où il se cabre, et sa beauté, sa grâce, sa noblesse le mettent en opposition avec les formes de celui du roi maure. »

## FEU LE MARQUIS DE CHENNEVIÈRES A PARIS.

19. **Diane repousse les avances de trois Satyres groupés à gauche, trois autres satyres à droite.**

Plume et bistre, h. 263, l. 240.
Coll. Guichardot.

M. de Chennevières y voyait un original, je le crois une copie fort exactement suivie, une espèce de fac simile.

## M. HERBET A BARBISON.

20. **Deux femmes, l'une couchée, l'autre assise, à laquelle un enfant présente une corne d'abondance; à droite trois enfants,**

dont un porte une corbeille au-dessus de sa tête, à gauche deux génies, dont un porte un carquois, et deux enfants.

Cette composition est renfermée dans un cartouche de chaque côté duquel deux pieds de proportion beaucoup plus grande viennent en avant et coupent la composition.

>Plume et bistre, h. 225, l. 420.
>Coll. Destailleurs.

C'est évidemment la copie d'un dessin que le Primatice dut exécuter pour un cartouche au milieu d'une décoration de stuc. Les deux pieds appartiennent à des figures qui accompagnaient ce cartouche. On pourrait peut-être le reconnaître au bas d'une estampe du temps, où un cartouche de pareille forme est aveuglé à droite et à gauche par les pieds de deux enfants qui l'accompagnent.

## PEINTURES

### Louvre.

\*1. Une assemblée de plusieurs femmes et d'enfants.

>H. 1 m. 40, l. 1 m. 38.
>Cat. Villot, 315.

Ancienne copie de la partie de droite du Concert que Betou a gravé, et qui fut peint au-dessus de la tribune de la salle de Bal à Fontainebleau,
Photographié par Braun.

\*2. Pluton, Cerbère et la foule des morts.

>H. 407, l. 534.
>Papier, cat. Reiset n° 575.

M. Reiset, qui tenait peut-être de quelque ancien catalogue que cette peinture venait d'après le Primatice, n'a pas su dire de quel original. Il propose un sujet détruit de la chambre de Saint-Louis décrit par Guilbert comme suit : « Mercure conduit les mânes aux Enfers ». Mais cette supposition est fausse, car le morceau en question reproduit le milieu de la composition que Van Thulden a gravée, n° 24 de son recueil, et qui se trouva peinte aux murs de la galerie d'Ulysse.
Peint par Rubens. Photographié par Braun.

## Baron Oppenheim a Cologne.

**°3. Les Heures environnant le char du Soleil.**

H. 730, l. 990.

Copie de Rubens d'après le sujet principal du x° compartiment de la voûte de la galerie d'Ulysse, dont le dessin est décrit ci-dessus n° 10.

Décrit par M. Max Rooses, *Œuvre de Rubens*, n° 566, t. III, p. 45. Depuis son livre imprimé le savant auteur a connu que ce morceau était copié d'après le Primatice, et c'est de lui-même que je l'ai appris. Le copiste n'a pas gardé la forme de l'original.

## Musée de Berlin.

**°4. Même sujet.**

H. 600, l. 410.
N° 798 D. Non exposé.

Répétition du morceau précédent mentionné *ibid.* par M. Max Rooses.

## Prince Liechtenstein a Vienne.

**°5. Apollon sur son char chassant Diane.**

H. 550, l. 930.
N° 114.

Copie de Rubens d'après une composition dont le dessin est ci-dessus décrit n° 9.

Décrit par M. Max Rooses (*ouv. cit.*, t. III, p. 44-45, n° 565). C'est encore depuis l'impression de son ouvrage que cet auteur a su que ce morceau était une copie du Primatice, et c'est de lui que je l'ai appris.

Photographié par Miethke.

**°6. Peinture composée de plusieurs fragments.**

Papier, h. 424, l. 570.

Ce dessin est attribué à Jordaens, mais c'est une copie d'après le Primatice et que je crois de Rubens.

Les fragments sont de la galerie d'Ulysse, le principal de la composition 21 du recueil de Van Thulden : c'est toute la partie droite de

la peinture, qui occupe la gauche de l'original. A gauche, la gauche
du 27ᵉ tableau, au fond, le fond à droite du 25ᵉ.

## M. Sedelmeyer a Paris.

*7. Même sujet que le *5.

> H. 55o, l. 9oo.

Répétition de ce morceau. Mentionné par M. Max Rooses (pass.
cit.)

## Académie de Vienne.

*8. Même sujet.

Troisième répétition, en grisaille cette fois, de ce morceau. Mentionné (pass. cit.) par M. Rooses.

---

## LISTE DES DESSINS FAUSSEMENT ATTRIBUÉS AU PRIMATICE
### DANS LES COLLECTIONS PRÉCÉDENTES

*Louvre.*

8516. Le char du Soleil suivi de celui de la Lune. Ce morceau
d'ailleurs précieux me paraît original de Jules Romain. La composition peinte est de lui, au plafond d'une chambre du Palais du Té.
L'Apollon se retrouve encore dans un plafond à Sabionetta. Il y a de
ce dessin une estampe anonyme.

8531. Jeune homme debout portant sur ses épaules l'extrémité d'une
guirlande. M. Reiset avait écrit sur la fiche : « Originalité douteuse. »

8532. Femme nue portant des fruits dans une draperie. Même note
de M. Reiset.

8573. Tirésias humant le sang des victimes. Mauvaise copie de la
23ᵉ composition de la galerie d'Ulysse, que Thulden a gravée.

*Château de Chantilly.*

135 c. Ulysse et les Syrènes. Copie d'après le dessin original catalogué ci-dessus n° 152.

*Musée des Offices.*

650. Un prophète assis sur une console dans un pendentif. On l'a mis à présent au nom de Malosso. Je ne le consigne ici que parce que la photographie de Braun continue de porter le nom du Primatice.

994. Décoration en perspective pour une voûte.

1423. Une femme avec des fruits et des fleurs.

1424. Un ange prenant son vol.

1484. Un buste, une tête et une tête de cheval.

1485. Une femme nue assise.

1486. Suzanne au bain.

1487. La *Svinatura*. Je ne sais comment le dessin répond à ce titre.

1489. Cérès invite Phaéton à monter sur le char du Soleil.

1504. Une femme et plusieurs soldats ou brigands autour d'une table. Je ne sais où le catalogue a pris que ce sujet fut peint à Fontainebleau. M. Herbet en possède une gravure en fac-simile.

1505. Un général romain avec des soldats et des augures; au fond le Soleil et le zodiaque. Le catalogue l'appelle Alexandre faisant élever la ville d'Alexandrie et le dit, je ne sais comment, peint à Fontainebleau.

1653. La Forge de Vulcain.

12137. Une jeune fille et un homme tenant un encensoir.

12138. Saint Jean l'Évangéliste.

12139. Étude pour une déposition de la croix.

12140. Deux cariatides femelles.

12141. Femme nue.

13176. Figures d'homme et de femme.

13177. Homme nu regardant en l'air.

13332. L'Aurore représentée par le char du Soleil. Dénommé Phaéton.

13335. Le Crépuscule, par le char de Diane. Dénommé l'Aurore.

13570. Copie d'après l'estampe ci-après cataloguée n° 59.

17856. Tête de cheval tournée à gauche.

*Collection Albertine.*

7. Un prophète dans une lunette.

9. Le Parnasse. Ce dessin est de Niccolo. Il y en a une réplique chez M. Valton, une autre à Windsor, une autre à l'Ermitage et une au Louvre. Gravé par Étienne Delaune.

12. La Discorde aux noces de Thétis et de Pélée. Copie, je crois d'après le dessin, d'une composition peinte dans la salle de Bal de Fontainebleau, que Betou a gravée.

18. Le Centaure enlevant Déjanire. M. Wickhoff l'appelle une copie d'après le Primatice. C'est une réplique d'un dessin de Jules Romain qui est à Chatsworth et dit retouché par Rubens. La composition a été gravée par Baptiste Franco.

20. Cérès, Mercure, Pomone et des Amours.

32. La Continence de Scipion. Ce dessin est de Niccolo.

33. Une femme assise sur un trône et différentes figures.

34. Vierge avec deux enfants.

### Musée Britannique.

Vénus sur un char entre deux arcades.

Persée montrant la tête de Méduse à plusieurs hommes. C'est une répétition du dessin de Polydore n° 28 de la collection His de la Salle. au Louvre.

Clémence d'un général. Très beau dessin, dont il y a une copie au Louvre.

Enfant ailé appuyé à gauche à un ovale. Grand dessin piqué.

Une femme assise avec un enfant endormi et un chien. Dessin piqué. Il est de Niccolo, et c'est le poncif pour une figure de la Fidélité mêlée aux arabesques de la tapisserie de Cybèle aux Gobelins.

Pan et Apollon. Mauvaise copie de l'estampe cataloguée ci-après n° 62.

Un dieu fleuve couché. Dessin exécrable.

L'Aurore. Copie d'un caisson de la voûte de la chambre de Psyché peinte par Jules Romain au Palais du Té.

Scène militaire. Un soldat romain couvrant un homme de son manteau. Dans la manière de. Niccolo, de qui il n'est pas.

### Musée Teyler à Harlem.

73. Jupiter et Danaé. Je le crois un original de Niccolo, dont le dessin n° 5902 du Louvre ne serait qu'une réplique.

74. Vénus et Adonis. Ovale debout, entouré de guirlandes. Original de Lucas Penni pour une estampe : anonymes, n° 58 de Bartsch.

### Musée de Stockholm.

827. Tirésias humant le sang des victimes. Mauvaise copie d'après le 23ᵉ tableau de la galerie d'Ulysse, gravé par Van Thulden.

827. Plusieurs figures, dont une qui parait occupée à ramer. C'est peut-être une copie d'après le Primatice.

840. La Sainte Famille avec Saint Jean.

841. Quelques figures d'hommes conversant.

842. Vénus donnant le fouet à l'Amour.

843. Sainte Famille avec Saint Joseph rabotant.

844. Soldats romains couchés par terre. On a écrit dessous : *Peint à Fleury*. Il est certain que le dessin est de Niccolo, mais on ne le retrouve ni dans ce qui reste de peinture au château de Fleury, ni dans ce que Garnier en a gravé.

335. Apollon et les Muses qui dansent.

336. Pénélope embrassant Ulysse. Dénommé Hector et Andromaque. C'est la préparation de Van Thulden pour sa gravure du 46ᵉ tableau de la galerie d'Ulysse.

### Musée de Berlin.

Moïse et le peuple d'Israël.

La Vierge, l'enfant Jésus et saint Jean.

Gladiateurs combattants, dans un encadrement d'ornements. N'est pas plus de l'école de Fontainebleau que du Primatice.

Le Parnasse avec Apollon et les Muses et plusieurs personnages modernes, six poètes et deux jeunes gens. Le dessin est de Niccolo et fort curieux, par les personnages de la cour des Valois qu'ils représentent évidemment.

### Musée de Dresde.

Carton 5. Nymphe de Fontaine. Morelli y voit une copie, mais ce n'est pas plus une copie qu'un original. Je crois ce dessin de Frans Floris ou plutôt de quelqu'un de ses élèves sur les dessins desquels Van Mander rapporte que furent gravées les estampes qui viennent d'après ce maître (éd. Hymans, t. I, p. 334), comme Simon Kies (*ibid.* p. 345-346).

Carton 7. L'Abondance.

Ibid. en bas. L'Ensevelissement du Christ.

Carton 6. Les Compagnons d'Ulysse complotant de tuer les bœufs du Soleil. Copie du 27ᵉ tableau de la galerie d'Ulysse, gravé par Van Thulden.

Carton 4. Deux femmes marchant à gauche. On propose à tort d'y voir une copie d'après le Rosso.

### Institut Staedel à Francfort.

Allégorie à la Chasse. C'est la copie d'une estampe gravée je crois d'après le Rosso, Bartsch 20.

Le Char du Soleil.

Énée chez Didon. Dénommé retour d'Ulysse. Il est du supposé Bagnacavallo, v. p. 484.

### Ermitage de Saint-Pétersbourg.

5163, portefeuille 36, cat. imp. 83. Apollon assis jouant de la basse, les Muses par devant. Clément de Ris a vanté la beauté de cette pièce, qui n'est qu'une réplique d'une composition de Niccolo, v. ci-dessus, coll. Albertine nº 9.

5168, portefeuille 63, cat. imp. 87. Guerriers assiégeant un palais.

360, portefeuille 21, cat. imp. 88. Composition de sept jeunes filles dont une abreuve une brebis.

358, portefeuille 21, cat. imp. 89. Jeune femme allaitant un enfant, avec trois vieillards et trois jeunes gens.

Cat. imp. 90. Un bourg au bord d'un lac. Je n'ai pu voir ce dessin, mais on m'assure que non plus que les deux derniers, il n'a été donné au Primatice que par une confusion avec Grimaldi Bolognese, peintre de paysage.

### M. Bonnat.

Plusieurs divinités au bain; un dieu fleuve fait nager un jeune homme.

Vénus et Mars dont l'amour vient d'enlever la cuirasse.

### Duc de Devonshire.

Martyre de Sainte Catherine.

---

# SUPPLÉMENT AU CATALOGUE DES DESSINS
# DU PRIMATICE

## I. — DU SUPPOSÉ J.-B. BAGNACAVALLO.

1. Des princes grecs assis à table avec un chantre debout qui s'accompagne d'un violon; dans le fond des prêtres offrant un sacrifice ; sur le devant la mer agitée moutonne.

Plume et bistre, h. 242, l. 440.

Il appartenait au feu marquis de Chennevières qui l'attribuait à Geoffroy Dumoûtier sur la comparaison d'un dessin donné à cet artiste, que conserve le Louvre n° 26369. Je ne suis pas sûr de l'identité de la main, et du reste ne trouve pas de rapport entre ce prétendu Dumoûtier et ceux qui sont énumérés plus loin. Un amateur hollandais à qui celui-ci a appartenu, l'attribuait à Lucas Penni sur la foi d'une inscription ancienne, mais cette attribution n'est pas non plus exacte.

2. Divers combats et jeux antiques : à gauche des boxeurs, la lutte à main plate et le javelot, puis un joueur de luth ; à droite au fond la course, une galère; à droite devant, trois spectateurs.

Plume et bistre, h. 239, l. 438.
Coll. Albertine de Vienne.

Il est attribué au Rosso et M. Wickhoff maintient cette attribution, quoique évidemment fausse.
Photographié par Braun.

3. Un héros antique aux pieds d'une reine qui paraît l'accueillir. Il est suivi de sa maison, et la scène se passe sous un péristyle.

Plume, bistre et rehauts d'or, h. 240, l. 275.
Institut Staedel à Francfort.

Il est attribué au Primatice.

4. Un festin avec de nombreux convives dans une ordonnance symétrique par devant une architecture qui porte des musiciens.

Plume et bistre, h. 260, l. 360.
Institut Staedel à Francfort.

Je ne le joins qu'avec doute à la liste qui précède, quoiqu'il y ait assez de ressemblance. Il n'est certainement pas de Niccolo, à qui on l'attribue. Ce qu'il a de plus curieux est qu'il est gravé en bois dans le recueil Edg5 du Cabinet des Estampes (fol. 45), comme Festin d'Assuérus et de Vasthi. Quoique le dessin et l'estampe soient dans le même sens, on ne peut du tout douter par le caractère et les conditions du dessin, qu'il ne soit l'original de l'estampe. Comme on a tout ignoré jusqu'ici des pièces du recueil dont je parle, ce rapprochement ne laissera pas de se rendre utile.

## II. — Du supposé Miniato.

Deux femmes debout aux côtés d'un cartouche environné de divers ornements. La figure de droite est coupée.

Plume et bistre, h. 250, l. 170.
Coll. His de la Salle au Louvre, 100.

On l'attribue au Rosso, de qui il n'est certainement pas. Rien n'y rappelle le style du Florentin, et c'est de plus une copie libre d'un des cartouches de stuc de la chambre d'Alexandre à Fontainebleau, celui où est représenté Apelle peignant Alexandre et Campaspe. Or cette chambre ne fut commencée qu'après 1541 et sur les dessins du Primatice. Cette copie a servi pour la gravure de Mignon n° 140 du suivant catalogue. Il faut qu'elle ait été faite dans ce dessein par quelque auxiliaire italien du Primatice, sans doute de ceux qui avaient travaillé à l'ouvrage original. L'estampe porte la date de 1544, ce qui marque à quatre ans près l'époque de ce dessin.

### III. — De Geoffroy Dumoutier.

1. Dessin pour un vitrail. Sujets tirés de la vie de la Vierge.

> Plume et bistre, h. 468, l. 377.
> Louvre n° 26368.

Anciennement attribué à Geoffroy Dumoûtier (Reiset, *Catalogue*, 2e partie, p. 298). Je ne sais pourquoi M. de Tauzia a eu l'idée de l'attribuer à Jean Cousin, dont les pièces authentiques sont d'un tout autre style. Au contraire, la ressemblance est frappante avec les eaux-fortes de Geoffroy, parmi lesquelles on trouve l'Assomption du milieu de l'imposte gravée avec fort peu de variantes (Robert Dumesnil n° 9).

2. La Charité : femme debout tenant un enfant, une colombe vole près d'elle à droite.

> Plume et bistre, h. 250. l. 162.
> Coll. de M. de Chennevières.

Il est attribué au Rosso.

### 3. Le Déluge.

> Plume et bistre, ovale couché, h. 245, l. 362.
> Coll. de M. de Chennevières.

Il était conservé comme anonyme.

# CATALOGUE DES ESTAMPES

# GRAVÉES D'APRÈS LE PRIMATICE

---

## Au monogramme L. D.

1. Hercule amoureux d'Omphale se laissant habiller en femme.

> Marqué *L. D. A Fontenubleau*.
> H. 281, l. 434. Bartsch 55.

C'est une des deux compositions du portique de la porte Dorée. Elle était détruite quand Louis-Philippe la fit refaire; mais Mariette, qui en a connu les restes, affirme *(Abécédario*, t. IV, p. 212) qu'elle occupait ce portique, et une aquarelle du recueil de Percier le confirme.

2. Hercule couché auprès d'Omphale, se réveillant à la lumière d'un flambeau.

> Marqué *L. D.*
> H. 221, l. 410. Bartsch. 50.

C'est la seconde composition du portique de la Porte Dorée, comme en témoignent Mariette et Percier, allégués ci-dessus.

3. Hercule combattant de dessus le vaisseau des Argonautes.

> Marqué *Bologna inventor L. D.*
> H. 233, l. 343. Bartsch 44.

C'est une des compositions peintes aux voussures du vestibule de la Porte Dorée, comme on peut s'en convaincre par la comparaison de ce qui se voit encore en place. Quoique toutes ces peintures aient été refaites, Jamin, *Fontainebleau*, p. 28, nous assure que le trait ancien y avait été « retrouvé presque partout ». Des aquarelles de

Percier confirment cettte assurance, et montrent la composition dont il s'agit entièrement conforme à l'estampe.

### 4. Jupiter visitant Danaé.

Marqué *L. D.*
Ovale couché, h. 215, l. 290. Bartsch 40.

C'est la composition au milieu de la galerie de François I<sup>er</sup> du côté de la cour, ainsi que Mariette, *Abéc.*, t. IV, p. 216, en fait foi. Le tableau a été repeint.

### 5. Jupiter et Sémélé.

Marqué *L. D.*
Ovale couché, h. 210, l. 291. Bartsch 54 des anonymes.

C'est la composition qui fut peinte dans le cabinet au milieu de la galerie de François I<sup>er</sup> et que Dan appelle « la fable de Sémélé brulée du feu de Jupiter » (p. 92). Mariette, qui a connu ce texte, croit reconnaître ce tableau dans l'estampe suivante. Il ajoute qu'on l'avait effacé « parce qu'il était peint d'une manière peu honnête. » Ce dernier renseignement tout seul ferait préférer pour cette identification le présent numéro au suivant. Mais ce qui ôte le doute, c'est que Dan ajoute que ce tableau était ovale, qui est justement la forme de cette estampe tandis que la suivante est carrée.

### 6. Même sujet, traité d'une manière différente.

Marqué *Bologna L. D.*
H. 237, l. 276. Herbet 6.

### 7. Nymphe mutilant un Satyre.

Marqué *L. D.*
H. 160, l. 295. Bartsch 41.

Cette composition a dû faire le pendant de celle que l'estampe 67 représente.

### 8. Jupiter et Antiope.

Marqué *L. D.*
H. 166, l. 257. Passavant 71.

### 9. Jupiter pressant les nuées au milieu de plusieurs figures de fleuves.

Marqué *L. D.*
Lunette, h 240, l. 443. Bartsch 54.

« Je crois, dit Mariette, *Abéc.*, t. IV, p. 215, que ce morceau était dans un plafond de l'appartement des Bains, qui ne subsiste plus. »

L'appartement des Bains fut détruit en 1697 (Guilbert, t. I, p. 72). Je ne sais ce qu'il faut penser d'une telle note, et si elle est une supposition ou un ouï-dire. J'incline pour le premier, qui la rendrait sans importance.

### 10. Alexandre domptant Bucéphale.

> Marqué *Bol. L. D.*
> Ovale debout, h. 364, l. 238. Bartsch 12.

C'est une des compositions de la chambre d'Alexandre, peinte du côté de la salle des Gardes et restaurée. Jamin, *Fontainebleau* p. 31 affirme que le trait était resté de ce côté, ce qui garantit l'identification.

### 11. Timoclée devant Alexandre.

> Marqué *Bologna L. D.*
> Ovale debout, h. 318, l. 210. Bartsch 11.

M. Herbet n'a pas connu le sujet et l'appelle, d'accord avec Bartsch, une Continence de Scipion. Mais c'est une des compositions de la chambre d'Alexandre et peinte du même côté que la précédente, ce qui fait que le même témoignage de Jamin nous permet de l'identifier sur l'ouvrage des restaurateurs.

### 12. Apelle peignant Campaspe et Alexandre.

> Marqué *Bologna L. D.*
> Ovale debout, h. 341, l. 240. Herbet 13.

Le sujet est peint dans la chambre d'Alexandre, mais d'un côté où Jamin (pass. cit.) déclare que tout était détruit. Il a donc fallu que le restaurateur usât des anciennes estampes et rien ne garantirait la présence de cette composition dans cette chambre, sans Mariette, qui deux fois (*Abéc.*, t. IV, p. 213-214. t. VI, p. 297) en fournit le témoignage. Il la nomme dans le premier endroit « Apelle peignant Campaspe, maîtresse d'Alexandre, et en devenant amoureux » et en second « Alexandre cédant sa maîtresse à Apelle. » Le P. Dan décrit ainsi ce tableau : « Alexandre se dompte lui-même donnant en mariage à Apelle Campaspé, une de ses dames les plus favories » (p. 107). Guilbert en fait aussi mention, t. II, p. 54.

### 13. Des hommes rassemblés autour d'un chameau qu'ils chargent de bagage.

> Marqué *Bol. inventeur à Fontainebleau L. D.*
> H. 320, l. 435. Bartsch 63.

L'inscription marque que le sujet fut peint à fresque à Fontainebleau. Mariette, *Abéc.*, t. IV, p. 218, y a voulu reconnaître « les marchands israélites à qui Joseph fut vendu par ses frères. » M. Herbet prend texte d'un pareil sujet pour proposer l'identification avec un tableau du cabinet du Roi ainsi décrit par Dan : « Une histoire représentant Joseph, comme ses frères le sont venus visiter en Égypte » (p. 143). Mais je ne vois pas comment cet énoncé pourrait convenir au sujet représenté. Il me semble que c'est confondre Joseph visité et Joseph vendu, deux matières parfaitement différentes.

14. Les Jardins de Vertumne : des hommes et des femmes au pied d'un terme de Priape.

> Marqué *à Fontenûbleau L. D.*
> H. 334, 1. 335. Bartsch 43.

Mariette écrit à l'article de cette estampe : « Peint à fresque dans un cabinet dans le jardin de Fontainebleau, au bout de l'allée qui est bordée par la galerie d'Ulysse » (*Abéc.* t. IV, p. 216). On appelait ce cabinet le pavillon de Pomone. Il est décrit par Dan p. 178 et par Guilbert, t. II, p. 93, avec mention des tableaux qu'il contenait. Le second ajoute la réflexion suivante, qui regarde évidemment le sujet de notre estampe : « Il paraît que l'un de ces deux tableaux pourrait représenter un temple de Priape plutôt que le jardin de Vertumne, mais heureusement il est presque totalement effacé. »

15. L'enlèvement d'Europe.

> Marqué *Bologna L. D.*
> H. 234, 1. 215. Bartsch 29.

16. Junon.

> Cette pièce et les onze suivantes marquées *Bologna L. D.*
> En écoinçons, h. de 213 à 233, 1. 158 à 178. Bartsch 16-27.

17. Vénus.
18. Pallas.
19. Calliope.
20. Terpsichore.
21. Erato.
22. Polymnie.
23. Uranie.
24. Clio.
25. Euterpe.
26. Thalie.
27. Melpomène.

Un tirage du n° 25, connu par l'exemplaire du recueil Destailleurs (aujourd'hui à M. Herbet) porte, en outre des mentions susdites, *a*

*Fontenûbleau.* Cette mention jointe au nombre et à la forme de ces compositions permettent de les identifier. En effet, il ne s'agit que de trouver en quel endroit du château un ensemble de douze tympans d'arcades ont reclamé pareille décoration. Les conditions à tenir sont assez particulières pour qu'on regarde comme établie l'identification ainsi fournie. Or toutes les anciennes estampes montrent précisément le flan de la galerie Basse au devant du pavillon des Poêles, divisé en cinq travées que des pilastres accusent à l'extérieur. Les deux des extrémités sont aveugles ; celles du milieu, soit trois seulement, ont des fenêtres inscrites dans des cintres. C'est de ces cintres et arcades qu'il est question dans la description que le P. Dan a donnée de cette salle (p. 40). Il y en eut trois du côté de l'étang, partant trois en réplique vis-à-vis contre le pavillon des Poêles. C'est six arcades séparées par des colonnes, partant douze demi-tympans en écoinçons à décorer. J'en conclus que les douze figures ci-dessus ont décoré cette galerie Basse.

### 28. Bellone assise sur des trophées.

> Marqué *Bologna L. D.*
> Demi-cintre, h. 150, l. 206. Bartsch 34.

### 29. Mars de même.

> Marqué *Bologna L. D.*
> Demi-cintre, h. 153, l. 203. Bartsch 35.

C'est le pendant du précédent.

### 30. Une Nymphe de fontaine regardant un héron volant.

> H. 145, l, 258. Bartsch 33.

M. Herbet l'appelle la Nymphe de Fontainebleau et y reconnaît les traits de Diane de Poitiers.

### 31. Diane étendue au milieu de chiens et de bêtes sauvages.

> Marqué *L. D. a Fontainébleau.*
> H. 152, l. 283. Bartsch 39.

Je ne sais en quel lieu du château elle fut peinte.

### 32. Un jeune homme buvant l'eau qu'une femme lui présente, présumé Rébecca et Éliézer.

> Marqué *A Fontennebleau L. D.*
> Pièce cintrée, h. 295, l. 270. Bartsch 61.

Je ne sais en quel endroit du château elle fut peinte.

33. Deux vieillards couverts de manteaux paraissant sortir d'un temple, peut-être Philémon et Baucis.

> Marqué *Bologna L. D.*
> H. 248, l. 302. Bartsch 62.

34. Des chiens assaillant un cerf. Je crois que c'est la fable d'Actéon,

> Marqué *L. D.*
> H. 242, l. 348. Bartsch 64.

35. Le Sauveur aux Limbes.

> Marqué *L. D.*
> H. 356, l. 284. Bartsch 2.

36. Le nom de Jésus exprimé par les lettres I H S à rebours formées de colonnes enveloppées de vigne.

> H. 180, l. 293. Bartsch 5.

Je n'ai jamais vu cette estampe.

37. Deux femmes nues avec l'amour.

> Marqué *L. D.* joint un monogramme inexpliqué.
> H. 219, l. 116. Bartsch 28.

38. Vénus debout devant un siège.

> Marqué *L, D.*
> H. 275, l. 170. Bartsch 45.

39. Cinq nymphes au milieu d'un paysage.

> Marqué *L. D.*
> H. 194, l. 268. Bartsch 47.

Je n'ai jamais vu cette estampe.

40. Un héros combattant un dragon.

> Marqué *L. D.*
> H. 247, l. 313. Bartsch 42.

Bartsh et M. Herbet l'appellent Cadmus; n'est-ce pas Jason, dont le Primatice aurait peint quelque part l'histoire? V. n° 52.

41. Une femme offrant un sacrifice au dieu Terme, style de bas-relief.

> Marqué *L. D.*
> H. 220, l. 450. Bartsch 53.

42. Pygmalion et sa statue.

Marqué *L. D.*
H. 234, l. 127. Bartsch 59.

43. Éros et Antéros.

Marqué *L. D.*
H. 150, l. 255. Passavant 72.

Je n'ai jamais vu cette estampe.

44. Cinq amours qui se jettent des pommes.

H. 108, l. 140. Bartsch 63 des anonymes.

45. Jeune homme ailé sonnant dans un cornet.

H. 250, l. 152. Bartsch 101 des anonymes.

46. Deux prisonniers conduits par des soldats.

H. 231, l. 173. Herbet 56.

47. L'empereur Marc-Aurèle offrant un sacrifice, style de bas-relief.

Marqué *L. D. 74. 75.*
H. 270, l. 485. Bartsch 14.

## DE FANTOSE.

48. Un vieillard endormi sur l'eau et abrité des rayons du soleil par une femme; des tritons auprès.

Marqué *Bologna inventor,* du chiffre du graveur, et *1544.*
H. 242, l. 359. Bartsch 7.

C'est une des compositions du vestibule de la Porte Dorée à Fontainebleau. Pour la manière dont je l'identifie, v. n° 3 de ce catalogue. Mariette, *Abéc.* t. IV, p. 211, joint ici son témoignage. Il appelle cette estampe « l'Aurore quittant Tithon ».

49. Alexandre donnant Campaspe à Apelle, qui passe un anneau au doigt de celle-ci.

H. 219, l. 270. Bartsch 84 des anonymes.

Mariette écrit de cette estampe : « Gravé sans marque je crois par Fantuzzi d'après un tableau de la chambre d'Alexandre. » Manuscrit,

Primatice, n° 13. Je crois que c'est encore de cette estampe qu'il parle quand (*Abéc.* t. VI, p. 297), parmi les tableaux de la chambre d'Alexandre que des élèves du Primatice ont gravés, il cite un « Mariage d'Alexandre et de Campaspe ». V. II° partie, p. 274.

### 50. La chute de Phaéton.

> Marqué *Bologna inventor Ant° Fanȥⁱ fecit 1545.*
> H. 260, l. 380. Herbet 47.

M. Herbet croit cette estampe tirée d'un tableau de la salle de la Conférence qui fut au bout de l'appartement des Bains. Je ne voudrais pas rejeter comme lui le témoignage du P. Dan, qui assure que les tableaux de cette salle étaient du temps de Henri IV, p. 97. Mais ce qui rend son identification impossible, c'est que les figures de cette estampe plafonnent, et que la peinture que le P. Dan décrit, était appliquée contre la muraille.

### 51. Un jeune homme assis sur un lit près d'une femme également assise.

> Marqué du chiffre du graveur.
> Rond, 242. Bartsch 22.

M. Herbet propose d'y reconnaître un tableau de la chambre de Saint-Louis, décrit par Dan comme suit : « Achille, découvert par Ulysse fait ses adieux à la fille de Lycomède, » p. 83. Mais Guilbert l'a appelé « Achille reconnu par Ulysse déguisé en marchand », p. 111, qui ne convient pas à cette estampe, car on n'y voit pas la figure d'Ulysse. Il faut reconnaître ailleurs cette composition (v. n° 9 du catalogue des copies).

### 52. Un héros labourant un champ où les dents d'un dragon germent en hommes.

> Marqué du chiffre du graveur.
> H. 233, l. 255. Bartsch 15.

Bartsch l'appelle Hercule. N'est-ce pas Jason ? Je le rapproche du n° 40 avec lequel j'incline à croire qu'il a formé une même suite de peintures.

### 53. Les filles de Minée.

> Marqué *Bologne inventor Antonio Fantuȥi fecit. Alcytoe cum sororibus in vespertiliones. Mineïa proles.*
> H. 249, l. 305. Bartsch 16.

### 54. Une Sibylle assise.

> Marqué du chiffre de l'auteur.
> H. 228, l. 170. Bartsch 2.

Je n'ai jamais vu cette estampe.

## 55. Vénus et Mars au bain.

Marqué du chiffre du graveur.
Lunette, h. 215, l. 443. Bartsch 19.

## DE DOMINIQUE FLORENTIN.

## 56. Le banquet de Persépolis.

Marqué *Domenico Fiorentino, a Fontana Belo Bol.*
H. 147, l. 364. Bartsch 6.

Le sujet est peint dans la chambre d'Alexandre à Fontainebleau,
mais du côté où Jamin déclare que rien ne restait quand on le res-
taura. « Le tableau à gauche en descendant l'escalier, dit-il, n'existait
plus. L'enduit était tombé et remplacé par du mortier ordinaire »
(*Ouv. cit.*, p. 31). Rien donc ne prouverait que ce tableau a décoré
la chambre d'Alexandre, sans le témoignage réitéré de Mariette
(*Abéc.*, t. IV, p. 214; t. VI, p. 297), sur lequel aussi bien le restaurateur s'est fondé pour l'y repeindre.

## DE MIGNON.

## 57. Une femme couverte d'un voile et d'un long manteau offre
de l'argent à un prince assis sur son trône au milieu de ses
gardes.

H. 190, l. 244. Bartsch, pièce unique.

## DE GEORGES MANTOUAN.

## 58. Le mariage de Sainte Catherine.

Marqué *Franciscus Bologna inventor.*
H. 313, l. 253. Bartsch 12.

## 59. Trois Muses assises : au-dessus un Génie tient une lyre.

Cette pièce et les trois suivantes marquées *Fran. Bol. in.*
Forme carrée longue avec deux demi-ronds en haut et en bas,
h. 294, l. 162. Bartsch 36 à 39.

60. Trois autres Muses : le Génie paraît leur parler.

61. Trois autres Muses : le Génie joue des castagnettes,

62. Apollon jouant de la lyre et Pan du chalumeau.

Ces quatre estampes sont évidemment celles que Mariette (*Abéc.*, t. VI, p. 294) signale comme venant d'après les quatre compositions accessoires du ive compartiment de la galerie d'Ulysse.

### 63. Hercule, Bacchus et Pan avec une autre divinité.

Cette pièce et les trois suivantes marquées *Fran. Bol. in.*
Ovales couchés, h. 181, l. 240. Bartsch 48 à 51.

64. Vénus, deux Déesses et deux Amours.

65. Junon, deux Nymphes et un enfant.

66. Apollon, Neptune, Pluton, Pallas.

Ces quatre estampes sont celles que Mariette (pass. cit.) signale comme venant d'après les quatre compositions accessoires du iiie compartiment de la voûte de la galerie d'Ulysse.

### 67. Jupiter et Antiope.

Marqué *a Fontana Bleo Bol.* et du chiffre du graveur.
H. 170, l. 293. Bartsch 52.

Je ne sais en quel endroit du château de Fontainebleau cette composition fut peinte ; mais la clef de voûte qui se voit au-dessus et après laquelle pend un rideau se retrouve dans le n° 7 et prouve que les deux morceaux se sont fait pendant.

### AU MONOGRAMME F. G.

### 68. Alexandre et Thalestris.

Marqué *a Fontana Bleo Bol.* et du chiffre du graveur.
H. 245, l. 245. Bartsch 3.

Mariette signale cette estampe à deux reprises (*Abéc.*, t. V, p. 147 ; t. VI, p. 197). Il affirme dans la seconde de ces mentions qu'elle était placée sur la cheminée de la chambre d'Alexandre.

### 69. La Forge de Vulcain.

Marqué *a Fontana Bleo Bol.* et du chiffre du graveur.
H. 315, l. 415. Bartsch 4.

« Ce beau morceau de peinture, écrit Mariette, qui ne subsiste plus, était sur une cheminée du cabinet du roi à Fontainebleau » (*Abéc.*,

t. IV, p. 215). C'est celui que le P. Dan décrit « plusieurs Cyclopes et forgerons qui battent sur l'enclume avec Vulcain » (p. 143).

## 70. Pâris blessé porté devant les murs de Troie.

> Marqué *a Fontana Bleo Bol.* et d'un chiffre que M. Herbet tient pour celui de l'éditeur.
> H. 253, l. 380. Bartsch 1 des douteuses de Georges Mantouan.

C'est une des compositions pour le vestibule de la Porte Dorée. Pour la manière dont je l'identifie, v. n° 3 de ce catalogue.

## 71. Une Déesse couchée sur un char et regardant en bas.

> Ovale couché avec quatre écoincons, h. 170, l. 282. Bartsch 59 de Georges Mantouan.

## 72. Jupiter plaçant Calisto changée en ours dans le ciel.

> Marqué *a Fontana Bleo Bol. inventor.*
> Pendentif, h. 287, l. 436. Bartsch 59 de Georges Mantouan.

C'est peut-être l'estampe que Vasari a dite gravée par Lucas Penni d'après le Primatice. M. Reiset place cette composition à la voûte de la galerie d'Ulysse qui n'eut jamais de pareil sujet.

## 73. Pénélope entourée de ses femmes, faisant de la tapisserie.

> Marqué *a Fontana Bleo Bol. inventor.*
> H. 200, l. 424. Bartsch 2 des douteuses de Georges Mantouan.

Vasari fait encore mention d'un pareil sujet gravé par Lucas Penni d'après le Primatice.

## DE BOYVIN.

## 74. Jupiter sous la figure de Diane et Calisto.

> H. 184, l. 290. Robert Dumesnil 73.

M. Herbet y reconnaît avec raison une composition décrite comme suit par Cassiano del Pozzo dans la grande salle de l'appartement des Bains à Fontainebleau : « (*L'innamoramento di Giove e Calisto*). *Appare l'innamorato in forma di Diana, e per far accorger il pittor dell' inganno, da banda fa spuntar da piè della finta Diana l'aquila e sotto li piedi una maschera.* » (*Journal*, p. 270.) J'ajoute que cette peinture occupait une lunette, et les figures sont en effet disposées pour prendre place sous un cintre, qui commencerait à gauche. Le graveur n'a reproduit qu'un fragment minime de la composition, auquel il n'a même pas donné de fond.

Que le sujet reproduit fut bien du Primatice et non de Dupérac comme le dit Dan, v. II° partie, pp. 282-283.

## DE JEAN CHARTIER.

75. Retour d'Ulysse dans ses foyers.

> Marqué *Franc. Bologna invenit. Jo Chartier excudebat* et d'un quatrain latin dont le texte n'importe pas.
> H. 217, l. 292. Robert Dumesnil 6.

M. Herbet appelle cette estampe inspirée du 34° tableau des murailles de la galerie d'Ulysse. Nous connaissons ce tableau par Van Thulden : l'estampe de Chartier est parfaitement conforme.

## DE PHILIPPE GALLE.

76. Ulysse perce Antinoüs.

C'est le 40° tableau de l'histoire d'Ulysse, peint aux murailles de la galerie de ce nom et connu par Van Thulden.

77. Ulyssse endormi transporté dans son pays.

> H. 253, l. 335.

C'est le 30° tableau de l'histoire d'Ulysse, peint aux murailles de la galerie de ce nom et connu par Van Thulden.

## DE MARTINI PETRI ?

78. Mars et Vénus surpris par Mercure.

> Marqué *Fran. Bol. in. Martini Petri excud.*
> Ovale couché, h. 148, l. 198. Non décrit.

## AU MONOGRAMME G. R.

79. Jupiter dans l'Olympe et Mercure qui le quitte pour aller exécuter ses ordres.

> Marqué *Bol. inventor G. R. Verone*[nsis] f.
> H. 217, l. 320.

Mariette écrit que cette estampe est gravée « d'après une des peintures du Primatice dans l'appartement des Bains », t. VI, p. 145.
Mais Mariette qu'en savait-il, puisqu'il n'a pas connu cet appartement, détruit en 1697. Je crois que cette composition alla avec celle
du n° 133.

## Du Bonneione.

80. Diane dans un char attelé de deux dragons.

H. 160, l. 144. Andresen 2.

C'est la composition à droite de la cheminée dans la salle de Bal
de Fontainebleau, aujourd'hui repeinte et que Betou a gravée avec
le reste de cette salle, v. ci-dessous.

81. Une femme avec trois enfants, dont un verse l'eau d'une
urne, derrière elle une sphère céleste.

Marqué *F. Primatissio inven.*
H. 144, l. 197. Andresen 3.

## Du Bonasone.

82. Les Troyens poussant le cheval d'Ulysse dans leurs
murs.

Marqué *Bol. inventore 1545. J. V. Bonasonis F.*
H. 404, l. 633. Bartsch 85.

## D'Étienne Delaune.

83. Le Nil.

Marqué *Ste. f. Bol. in. 1569.*
H. 40, l. 55. Robert Dumesnil 101.

Mariette, dans sa description de la galerie d'Ulysse, venant au
x° compartiment de la voûte, écrit : « Quatre des plus grands fleuves
étaient représentés dans des tableaux qui accompagnaient celui du
milieu. Un de ces fleuves, celui du Nil, a été gravé en petit par
Étienne Delaune. » T. VI, p. 295. Il s'agit évidemment de cette pièce.

## De Corneille Cort ?

### 84. L'Olympe.

Marqué *Tommaso Vincidor de Bolonia inve. H. Cock excud.*
Rond, 453. Herbet, pièce unique de Jérome Cock.

Mariette écrit (t. VI, p. 84) à propos de cette pièce : « Mon grand-père avait écrit derrière cette estampe : *Saint-Martin à Fontainebleau.* Il est constant que c'est une composition qui appartient au Primatice, et qui même était peinte dans un des compartiments du plafond de la galerie d'Ulysse. J'en ai le dessin original du Primatice. » Il s'agit du morceau principal du 1er de ces compartiments, décrit par Guilbert comme suit : « L'Olympe, montagne de Thessalie, que Jupiter habitait avec toute sa cour ». Sur l'attribution que la lettre fait à T. Vincidor, v. Herbet, *Dominique Florentin*, pp. 52-53.

### Au monogramme J . V.

### 85. Junon chez le Sommeil.

Marqué du chiffre du graveur.
H. 231, l. 333. Non décrit.

C'est une des compositions autrefois peintes dans le vestibule de la Porte Dorée. Pour la manière dont je l'identifie v. n° 3 de ce catalogue. Elle a été faussement restaurée en Diane et Endymion, de sorte que l'estampe, conforme aux dessins anciens, a cessé de l'être tout à fait à la peinture. Le peintre a supprimé les paons de la déesse et les attributs du Sommeil, qui sont trois masques, un dragon à tête de cheval et un hibou. Un Fleuve endormi à droite et un Satyre à gauche ont également disparu. Enfin, la figure du Sommeil représentée par un vieillard est devenue un jeune homme en passant Endymion.

### 86. Une femme nue avec Alexandre.

Marqué du chiffre du graveur.
H. 266, l. 233. Non décrit.

C'est une des compositions peintes dans la chambre d'Alexandre. Je m'en fie pour l'identification à ce qui se voit en place, parce qu'elle occupe le mur du fond où Jamin (*ouv. cit.*, pp. 31-32) nous assure que le trait subsistait quand on a refait les peintures.

## De Garnier.

### 87. L'Adoration des Mages.

H. 248, l. 301. Robert Dumesnil 5.

**M.** Herbet veut bien m'assurer que Robert Dumesnil cataloguant une première fois cette composition à Garnier et une seconde fois à Dorigny 46, n'a catalogué qu'une seule et même pièce. Mariette l'attribuait à Dorigny. Je laisse à l'érudit historien des graveurs de Fontainebleau à décider son véritable auteur. Mariette écrit en outre de cette estampe : « C'est une portion du plafond de la chapelle de l'hôtel de Guise, à présent l'hôtel de Soubise à Paris (*Abéc.* t. IV, p. 218). Voici la description de cette partie, improprement nommée plafond. Je la tire de Lebas de Courmont, trad. de Vasari : « Au-dessus de l'ancien autel la Vierge est représentée assise tenant l'Enfant Jésus. Saint-Joseph à côté lui soutient la jambe droite, et derrière eux on voit la crèche, l'âne et le bœuf. Un roi Mage à genoux, les mains sur la poitrine, est en adoration ; derrière lui un page, vêtu de rouge à la manière espagnole, tient son sabre et sa couronne ; un autre, vêtu de blanc, tient son bouclier, et plus loin un enfant semble s'occuper de deux chiens, derrière lesquels sont deux coffres en partie couverts d'une draperie. Quatre autres figures occupent le fond. Trois sont coiffées à la phrygienne, une a la tête nue et deux d'entre elles portent un petit coffret » (t. I, p. 9, note). Dargenville a aussi mentionné ce morceau (*Paris*, p. 235).

### 88. La Foi.

Marqué *F. Bologna pinxit a Fontainebleau.*
H. de 172 à 177, l. de 105 à 109. Robert Dumesnil 58 à 64.

### 89. L'Espérance,
### 90. La Charité,
### 91. La Force,
### 92. La Tempérance,
### 93. La Justice,
### 94. La Prudence.

Mariette a demandé (*Abéc.* t. IV, p. 215) si ces Vertus n'étaient pas celles que le P. Dan a décrites comme peintes sur les armoires du cabinet du Roi. (v. IIᵉ partie, p. 262). Robert Dumesnil a reproduit comme certaine cette identification. M. Gatteaux l'a accueillie dans son recueil de Vues de Fontainebleau fol. 63, et M. Herbet lui-même ne l'a point écartée. Il n'y a pourtant nul doute qu'elle est fausse.

Les Vertus citées sommairement dans le P. Dan sont rapportées en détail aux Comptes des Bâtiments, et ce détail n'est pas conforme à ces estampes. Je prouve ailleurs qu'il faut les reconnaître dans d'autres pièces (v. nᵒˢ 27, 37 et 118 du catalogue des dessins).

## 95. Le Parnasse.

> H. 392, l. 634. Robert Dumesnil 57.

C'est l'estampe que Mariette rapporte avoir été gravée sur une composition peinte au compartiment du milieu de la voûte de la galerie d'Ulysse, et décrite par lui-même en ces termes : « Apollon et les Muses sur le Parnasse » et par Guilbert : « Le Mont Parnasse ou Apollon et les neuf Muses. » Dan remarque aussi cette composition.

## 96. Vénus, Cupidon et l'Amour.

> Cette estampe et les deux suivantes en forme de carré long à pans coupés. H. de celle-ci et de la suivante 150, de la troisième 157; l. de celle-ci et de la suivante 223, de la troisième 196.
> Robert Dumesnil, 51-53.

## 97. Vénus, l'Amour et Psyché.
## 98. Apollon et Diane.

Je n'ai jamais vu la troisième de ces estampes, qui venaient, selon Mariette (ms. cit. fol. avant dernier du Primatice), d'après des compositions peintes à la voûte de la galerie d'Ulysse. La première est, je crois, celle que Guilbert décrit « Vénus et Cupidon » au iiᵉ compartiment de cette voûte. Les deux autres ne sont décrites ni par Guilbert ni par Mariette lui-même dans son état général de la galerie. V. sur leur lieu probable pp. 296 et 447.

### DE FERDINAND.

## 99. Le Printemps ou Flore.

> Cette estampe et les trois suivantes marquées *P. F.*
> Forme de carré long, pans coupés en rond, h. 230, l. 142.

## 100. L'Été ou Cérès.
## 101. L'Automne ou Bacchus.
## 102. L'Hiver ou Saturne.

Mariette, décrivant ces estampes, y a joint la note suivante : Peint dans le plafond de la galerie d'Ulysse à Fontainebleau. » (*ouv. cit.* t. IV, p. 213). Lui-même décrivant la galerie les appelle « les divinités qui président aux quatre saisons », et Guilbert comme elles sont nommées ci-dessus; ces mentions placées à l'article du xɪᵉ compartiment de la voûte.

103. Diane et Apollon.

> Marqué *P. F.*
> Rond, 164. Non décrit.

104. Un roi sur un trône entouré de différentes figures.

> Marqué *P. F.*
> Forme de carré long terminé en haut et en bas par deux cintres.
> H. 242, l. 144. Non décrit.

C'est un des quatre tableaux accessoires du xɪɪᵉ compartiment de la voûte de la galerie d'Ulysse. En voici les preuves : 1° ce sujet répond à la description assez précise que Mariette donne, *ouvr. cit.* t. VI, p. 296, d'un de ces sujets : « Un roi dans un trône regardant avec frayeur ce que lui *fait voir un homme qui a les mains liées derrière le dos.* » Il y a dans les derniers mots une évidente faute d'écriture, de sorte qu'il faut entendre deux hommes au lieu d'un, l'un qui montre quelque chose, l'autre qui a les mains liées, et ceci ne doit pas nous embarrasser; 2° la forme qu'eut le sujet ainsi décrit nous est connue, parce que Mariette assure que ces formes des différents tableaux se répétaient en symétrie d'un compartiment à l'autre de chaque côté du compartiment du milieu. Comme il y en avait quinze en tout, le xɪɪᵉ faisait pendant au ɪᵛᵉ, et les quatre sujets accessoires de l'un eurent la même forme que les quatre sujets accessoires de l'autre. Or pour le ɪᵛᵉ cette forme nous est connue par les estampes 59 à 62 de ce catalogue. La forme de ces estampes rend donc exactement la forme que dut avoir le sujet décrit tout à l'heure, et justement cette forme est celle de notre gravure. Guilbert (t. II, p. 34) nomme ce sujet « Polymnestor, roi de Thrace, tue Polydore qui lui avait été confié et s'empare de ses richesses ».

105. Thalie en figure de statue.

> Marqué *Bologna invent. Ferdinand.*
> H. 225, l. 121. Non décrit.

106. Femme nue la jambe levée et plafonnant.

> Marqué *Bologna invent. F 28.*
> H. 212, l. 157. Non décrit.

C'est une figure de la Danse des Heures peinte au milieu de la voûte de la galerie d'Ulysse et connue par le dessin n° 215 du précédent catalogue.

107. Homme nu un genou en terre les mains sur la tête.

> Marqué *Bologna invent. F. 25.*
> H. 210, l. 16o. Non décrit.

108. Syrinx en figure de statue.

> Marqué *Bologna invent. 27.*
> H. 213, l. 158. Non décrit

## De Van Thulden.

109. Un prophète jouant de la harpe.

> Marqué *Boullogne pinxit. Van Thulden sculpsit,* joint une dédicace
> au P. Louis Petit, général des Trinitaires.
> H. 345, l. 229.

Pour les 58 pièces de Van Thulden d'après la galerie d'Ulysse,
v. en tête de cette troisième partie, l'étude préliminaire.

## De Betou.

Pour les 71 pièces de ce graveur d'après la salle de Bal, v. en tête
de cette troisième partie, l'étude préliminaire.

## De Zacharie Heince.

110. Une Notre-Dame de Pitié.

> Marqué *Bologna invent. Z . Heintʒ.*
> H. 200, l. 127; Robert Dumesnil 1.

111. Un mercier ambulant.

> Marqué en renversé *Boulogne in. Z. Heintʒ sc.* .
> H. 95, l. 55. Robert Dumesnil 3.

112. Groupe de cinq enfants jouant avec des grappes de
raisin.

> Marqué *François Primadis Bologne fecit a Fontainebleau Heintʒ 1631.*
> H. 140, l. 189. Bartsch pièce unique de Heuy.

### De J. A. Lepoutre.

113. Dieu le Père, et les Anges annonçant la naissance du Sauveur.

En deux feuilles, h. 474, l. 974.

Je ne connais l'existence de cette estampe que par le témoignage de Dargenville, *Paris*, p. 235, et par celui de Mariette, ms. cit., n° 4, à qui j'emprunte les dimensions. M. Max Rooses a bien voulu me faire connaître l'existence de l'artiste suivant, qui est évidemment notre Lepoutre. En effet Dargenville le nomme J. A. Lepoutre, graveur flamand. Ce ne peut être que l'adaptation française de Jean Antoine De Pooter, né à Anvers le 17 avril 1660, mort après 1713, qui fit cette année là au plus tôt le voyage de Rome et sans doute alors dut passer par Paris et exécuter l'estampe dont il s'agit.

Cette estampe représente, aux témoignages cités de Mariette et de Dargenville, le plafond de la chapelle de l'hôtel de Guise, Soubise au temps de ces auteurs. Il faut distinguer ce plafond des trois parties qui l'accompagnaient, l'une gravée n° 87 de ce catalogue, les deux autres copiées par Diepenbeek n° 12 à 18 du catalogue des copies. Le plafond proprement dit, que la présente estampe reproduit, est ainsi décrit par Lebas de Courmont, trad. de Vasari (pass. cit.) : « Le milieu du plafond représente le Père éternel, au-dessus duquel est une draperie bleue parsemée d'étoiles soutenue par des anges aux quatre angles. Trois autres l'environnent, il appuie le bras droit sur l'un et les jambes sur les deux autres. A l'extrémité de ce plafond du côté de l'entrée, un ange tenant une banderolle, sur laquelle est écrit *Gloria in Excelsis*, annonce à deux bergers couchés, dont un est éveillé, la naissance du Christ. Des moutons paissent devant eux. Ces deux dernières figures sont peintes au-dessus de l'entrée. A l'autre bout du côté de l'autel, trois jeunes filles, les bras élevés, se tiennent par les mains sous l'emblème du mystère de la Trinité. Plus avant vers l'autel sont huit anges, les bras tendus vers une gloire : un neuvième montre l'Enfant Jésus qui vient de naître. » La gloire dont il s'agit était une étoile, comme en témoigne Dargenville, ajoutant : « Le milieu est occupé par des anges qui accompagnent l'étoile que virent les mages » (p. 235-236). Cet auteur veut dire le milieu de la largeur sans doute, puisque le milieu pris absolument était occupé par d'autres figures. Quant à l'attribution qu'il fait de cet ouvrage à Niccolo, v. II° partie, p. 325.

De Guérineau.

114. La Foi.

Cette pièce et les neuf suivantes marquées *Saint-Martin de Boulogne inv. et pinx.*
Écoinçons, h. 234, l. 175.

115. L'Espérance.
116. La Charité.
117. La Prudence.
118. La Tempérance.
119. La Justice.
120. La Force.
121. Allégorie inconnue.
122. La Vérité.
123. La Libéralité.

Ces estampes forment un recueil dont voici le titre : « Plusieurs figures représentant les Vertus tirées de l'hôtel de Montmorency. Saint Martin de Bologne invent. et pinxit. » Les peintures ainsi gravées ont certainement fait partie de la galerie dont parle Sauval, t. II, p. 143, décrivant l'hôtel de Montmorency, rue Sainte-Avoie : « On y voyait, dit-il, il n'y a pas longtemps, une galerie peinte par Nicolo de Modène sur les dessins de François Primatice, abbé de Saint-Martin. »

De Nicolas Hénin.

124. Vertumne en vieille inspirant de l'amour à Pomone.

Marqué *N. H. F.*
Carré long à pans coupés.

Je n'ai jamais vu cette pièce, que Mariette signale, *ouv. cit.*, t. IV, p. 213, comme gravée d'après la voûte de la galerie d'Ulysse. C'est évidemment le morceau décrit par Guilbert sous le nom de « Vertumne et Pomone » au IIe compartiment de cette voûte. Le dessin original du Primatice n° 129 du précédent catalogue, est un ovale couché. Mariette appelle octogone la forme de cette estampe. Cet octogone n'a pu être qu'un carré long à pans coupés comme on voit aux n°s 96 et 97.

33

125. Une femme ayant les mains liées derrière le dos, assise auprès d'un homme couché vu par le dos et ayant pareillement les mains liées.

> Marqué *N. H. F.*
> Carré long à pans coupés.

Signalée par Mariette au même lieu, et tirée selon lui de la galerie d'Ulysse comme la précédente. Je ne la connais pas davantage, et ne vois aucun sujet de la voûte de la galerie d'Ulysse qui s'accorde à sa description.

## ANONYMES.

126. Romulus bâtissant Rome.

> H. 244, l. 271. Bartsch 40.

Mariette (*ouv. cit.*, t. IV, p. 214-215) présente cette composition comme peinte au vestibule de la Porte Dorée. Ce ne peut être qu'une erreur.

127. Un sacrifice. Un enfant reçoit dans un plat le sang d'une victime.

> H. 142, l. 128. Bartsch 80.

Je n'ai jamais vu cette estampe.

128. Deux gladiateurs combattant devant un prince assis sur un trône et ayant près de lui un jeune garçon.

> H. 355, l. 453. Bartsch 97.

Je n'ai jamais vu cette estampe.

129. Enfant tenant un aviron.

> Marqué *Bologna.*
> H. 112, l. 67.

130. Enfant tenant un gouvernail.

> Marqué *Bologna.*
> H. 112, l. 67.

C'est le pendant du précédent.

131. Un homme, une femme et des enfants surpris par les eaux du déluge.

> H. 219, l. 67.

132. Saturne dévorant un enfant.

> H. 195, l. 143.

133. Vénus et Mars.

> H. 214, l. 339.

Je ne puis m'empêcher de croire que ce sujet allait avec le n° 79.

134. Femme couchée vue de dos.

> Marqué *F. Bolo. f.*
> H. 132, l. 181. Non décrit. Cab. des Estampes.

135. Antiope.

> H. Marqué *F. Bolo. f.*
> H. 132, l. 181. Non décrit. Cab. de Berlin.

C'est la même main que la précédente, sans doute du xvɪɪ<sup>e</sup> siècle. Ces deux pièces semblent se faire pendant.

136. Le Sauveur aux Limbes.

> H. 352, l. 285.

137. Une mascarade ou ballet.

> H. 272, l. 305. Robert Dumesnil 4 de J. Chartier.

Mariette mentionne sous le nom d'un ballet cette estampe, *ouv. cit.*, t. IV, p. 214, et il y joint cette note : « Peint dans la chambre d'Alexandre. C'est la mascarade qui amena l'incendie de Persépolis. »

138. Les deux femmes romaines.

> H. 192, l. 112. Bartsch, pièce unique du Primatice.

———

ORNEMENT ET ARCHITECTURE

AU MONOGRAMME L. D.

139. Façade d'une grotte rustique, soutenue de quatre atlas et de deux termes.

> Marqué *L. D.*
> H. 240, l. 535. Bartsch 69.

C'est, avec quelques modifications, la grotte du Jardin des Pins à Fontainebleau. Quoique je ne veuille point assurer que ce morceau soit du Primatice, encore ne porte-t-il aucun caractère qui oblige de le bannir du présent catalogue.

## De Mignon.

140. Deux femmes aux côtés d'un cartouche environné de divers ornements et surmonté de trois enfants.

> Marqué *Jo. Mignon 1544*.
> H. 240, l. 271. Non décrit.

C'est une copie libre d'une partie de la décoration de stuc de la chambre d'Alexandre, celle qui environne le tableau d'Apelle peignant Campaspe et Alexandre. La coquille derrière l'enfant au-dessus du cartouche, à celui-ci des cuirs sur les côtés, et une chimère au-dessous ne sont pas dans l'original, où les femmes paraissent moins écartées.

## De Ducerceau.

141. Un cartouche environné de chèvrepieds et de chimères.

> H. 141, l. 188.

C'est une copie du manteau de la cheminée encore visible à Fontainebleau dans le salon dit de François Iᵉʳ, qui fut la chambre de la Reine. Les changements sont peu considérables hors que le rond pour la peinture est très diminué dans l'estampe et que le camée d'en bas est remplacé par un cartouche d'ornement.

142. Compartiment d'arabesques entremêlées de cinq tableaux, celui du milieu représentant le Nil.

> H. 162, l. 252.

J'ai pu réunir les preuves que la composition gravée dans cette estampe est du Primatice et fut exécutée au xᵉ compartiment de la voûte de la galerie d'Ulysse. Tout le fond de cette voûte était décoré d'arabesques comme en témoigne le texte de Guilbert cité p. 300. Or Ducerceau, dans la préface de ses Grands Arabesques, réimprimée par M. de Geymüller (*Les Ducerceau*, p. 355), déclare offrir au public « un livre de grotesques, partie desquelles, dit-il, j'ai tirées de Monceaux, lieu fort notable, *aucunes de Fontainebleau*, autres sont de mon invention ». Que les arabesques de la galerie d'Ulysse, qui étaient ce qu'il y eut à Fontainebleau de plus important en ce genre, aient été copiées par Ducerceau, voilà qui se rend vraisemblable, au seul vu d'un pareil témoignage. Voici par quel moyen, conformément à cette vraisemblance, je fournis l'identification du présent morceau.

Les compartiments vi⁰ et x⁰ de la voûte de la galerie d'Ulysse, placés en symétrie de chaque côté du viii⁰ qui fit le milieu, et partant distribués de même (II⁰ partie, p. 295) étaient décorés de cinq tableaux. Celui du milieu eut, comme nous le révèle l'identification des dessins nᵒˢ 10 et 216, la forme d'un carré en longueur à deux ressauts terminé au-dessus et au-dessous par des cintres. Les quatre accessoires, ainsi que je fais voir à l'article des dessins nᵒˢ 20, 122, 123 et 217, eurent la même forme de carré en longueur à deux ressauts mais terminé carrément. Ces formes sont assez particulières pour que, les trouvant reproduites dans une des compositions d'arabesques gravées au recueil de Ducerceau, nous soyons assurés qu'une telle composition reproduit soit le vi⁰ soit le x⁰ compartiment de la voûte de la galerie d'Ulysse. Or cette reproduction est parfaitement exacte dans l'estampe ici considérée.

Reste à décider entre le vi⁰ et le x⁰ compartiment. Le graveur s'est chargé de prévenir la confusion. N'ayant pas voulu, vu l'exiguité de la pièce, reproduire en place les tableaux de la voûte, dont les figures trop abondantes eussent étouffé dans ces petits cadres, il a mis partout des figures de fantaisie, hors au milieu, qui fournit un espace plus large, et qui a reçu non le sujet à lui appartenant, mais un des sujets accessoires, qui, destiné à un plus petit espace, tenait à l'aise en cet endroit. Or ce sujet est précisément le même que j'ai décrit sous le nᵒ 83 de ce catalogue, et qui se trouva peint dans le x⁰ compartiment. La présence de cette composition oblige de conclure que ce x⁰ compartiment a servi d'original à Ducerceau.

## DE GUÉRINEAU.

143. Deux canéphores termes ayant entre elles un trophée d'armes suspendu à un masque.

> Cette estampe et les trois suivantes marquées *saint Martin Bolon.*
> *pinxit.* Les suivantes numérotées 1, 2, 3, 4, 5.
> H. de celle-ci et des trois autres 190; l. de celle-ci 249, des trois
> autres 295.

144. Deux canéphores termes.

145. Deux canéphores termes.

146. Deux canéphores termes, celle de droite sans bras.

Voici au sujet de ces quatres pièces une note inédite de Mariette dont l'importance est considérable : « Deux termes représentant la Terre et la Nature, placés aux deux côtés d'un trophée d'armes, gravés à l'eau forte par Guérineau. Autres dessins de termes de femmes soutenant sur leurs têtes des corbeilles remplies de fruits, en trois planches, gravés à l'eau forte par le même. *Ce sont des figures de relief en stuc qui sont dans la chambre de Saint-Louis à Fontainebleau.* Huit termes en tout, deux sur chaque planche, ce qui fait quatre. » Ms. cit., 2ᵉ série, nᵒ 10-12. La collection est au complet au recueil Ha 2 du Cabinet des Estampes. Les nᵒˢ 144-146 y ont été coupés chacun en deux.

## De Betou.

### 147-158. Trophées et attributs divers.

Sur l'un *Franciˢ Priˢ 1541 Bologne in à Fontainebleau Betou fecit 1647.*

H. 115, l. 216.

### 159-162. Trophées et attributs divers.

Sur l'un *Bologne in à Fontainebleau Betou fecit 1647.*

H. 143, l. 115.

Mariette a signalé (*ouvr. cit.*, t. IV, p. 213) « divers dessins de trophées d'armes et d'instruments d'art et de science, exécutés à Fontainebleau au-dessus des lambris d'appui de la galerie d'Ulysse, gravés à l'eau forte par Alex. Betou, au nombre de 24 pièces de diverses formes et grandeurs ». Les seize pièces ci-dessus sont dans ces vingt-quatre et les seules qui aient été réellement peintes dans la galerie d'Ulysse. Les huit autres, pour lesquelles je renvoie au détail de la salle de Bal, appartenaient à cette dernière.

FIN DE LA TROISIÈME PARTIE.

# BIBLIOGRAPHIE

---

ANDRESEN. *Handbuch für Kupferstichsammler*, 2 vol. in-4°. Leipsic, 1870.

Archives du Musée des Monuments français, 3 vol. in-4°. Paris, depuis 1883.

ARCO (Comte d'). *Delle arti e degli artefici di Mantova*, figures, 2 vol. in-4°. Mantoue, 1857.

Le même. *Istoria della vita e delle opere di Giulio Romano*, figures, in-fol. Mantoue, 1838.

Le même. *Di cinque valenti incisori mantovani del secolo XVI*, in-8°. Mantoue, 1840.

BABEAU. Dominique Florentin, sculpteur du xvi⁰ siècle. *Réunion des Sociétés des Beaux-Arts des départements*, in-8°. Paris, année 1877, p. 108-141.

Le même. Jacques Julyot et les bas-reliefs de l'église Saint-Jean de Troyes. *Annuaire de l'Aube*, in-8°. Troyes, année 1886, p. 95-113.

BARBET DE JOUY. Études sur les Fontes du Primatice, in-8°. Paris, 1860.

Le même. La Diane de Fontainebleau. *Gazette des Beaux-Arts*, année 1861, t. II, p. 6-13.

Le même. Description des sculptures du moyen âge, etc. du Musée du Louvre, in-12. Paris, 1874.

BARTSCH. Le Peintre-Graveur, 20 vol. in-12. Vienne, depuis 1802.

BELLEAU. Œuvres complètes, 3 vol. in-4°. Paris et Nogent-le-Rotrou, 1867.

BERTOLOTTI. *Artisti in relazione coi Gonsaga*, in-8°. Modène, 1885.

Le même. *Artisti Lombardi a Roma*, 2 vol. in-12. Milan, 1881.

BERTY. Topographie du vieux Paris, 2 vol. in-4°. Paris, 1886. (D'autres volumes, œuvre d'autres auteurs, continuent l'ouvrage.)

BLANCHARD. Les Généalogies des Maîtres des Requêtes, in-4°. Paris, 1670.

BOISLISLE (DE). La Sépulture des Valois. *Mémoires de la Société de l'histoire de Paris et de l'Ile de France.* Paris, in-8°, année 1877, p. 241-292.

BONAFFÉ. Le Mausolée de Claude de Lorraine. *Gazette des Beaux-Arts.* Paris, petit in-4°, année 1884, t. II, p. 314-322.

Le même. Dictionnaire des Amateurs Français, in-8°. Paris, 1884.

BONNET. Un grand artiste protestant en Lorraine. *Bulletin de la Société de l'histoire du protestantisme français.* Paris, in-8°, année 1883, p. 173-181.

BOUCHOT. Les Clouet et Corneille de Lyon, figures, in-4°. Paris, Librairie de l'Art.

BOURDERY et LACHENAUD. Léonard Limousin, figures, in-8°. Paris, 1897.

BOURGES. Les Satyres de la Galerie de Henri II au Palais de Fontainebleau retrouvés à Rome. *Annales de la Société archéologique du Gâtinais,* in-8°. Fontainebleau, année 1892, p. 1-17.

BUMALDI. *Minervalia Bononiensium civium anademata,* in-32. Bologne, 1642.

BURY-PALLISER (Mme). Histoire de la dentelle, in-4°. Paris, 1890.

CAMPORI. *Notizie inedite delle relazioni tra il cardinale Ippolito d'Este e Benvenuto Cellini,* in-8°. Modène, 1862.

CASTAN. L'Architecteur Hugues Sambin. *Réunion des Sociétés des Beaux-Arts des départements,* in-8°. Paris, année 1890, p. 217-247.

Le même. Catalogue du Musée de Besançon, in-12. Besançon, 1886.

CASTELLAN. Fontainebleau, figures, in-8°. Paris et Fontainebleau, 1840.

Catalogue des Actes de François Ier, 7 vol. in-4°. Paris, depuis 1887.

Catalogue historique et descriptif du Musée de Dijon, in-12. Dijon, 1883.

Catalogue Crozat. V. Mariette.

*Catalogue of the pictures of the National Gallery,* in-8°. Londres, 1892.

CAVALUCCI et MOLINIER. *Les Della Robbia,* figures, in-4°. Paris, 1884.

CELLINI (Benvenuto). *La vita scritta da lui medesimo,* éd. Bianchi, in-12. Florence, 1891.

Le même. Même ouvrage, éd. Tassi, 3 vol. in-8°. Florence, 1829.

Le même. Mémoires, trad. Leclanché, in-12. Paris, 1843.

Le même. *Memoirs,* trad. Roscoe, in-12. Londres, 1847.

Le même. *Trattati*, in-12, Florence, 1857.

Champeaux (de). Histoire de la Peinture Décorative, figures, in-8°. Paris, 1890.

Champollion-Figeac. Le Palais de Fontainebleau, 1 vol. et atlas in-fol. Paris, 1866.
Le même. V. Pfnor.

Charvet. Jean Perréal, in-8°. Lyon, 1874.
Le même. Sébastien Serlio, in-8°. Lyon, 1869.
Le même. Les édifices de Brou. *Réunion des Sociétés des Beaux-Arts des départements*, in-8°. Paris, année 1897, p. 252-389.
Le même. L'Architecture au point de vue artistique et pratique pendant les xvie, xviie et xviiie siècles en France. *Réunion des Sociétés des Beaux-Arts des départements*, in-8°. Paris, année 1898, p. 286-314.

Chennevières (Mis Philippe de). Les dessins des Maîtres français exposés à l'École des Beaux-Arts. *Gazette des Beaux-Arts*, petit in-4°. Paris, année 1879, t. I, p. 505-535, etc.
Le même. Une collection de dessins d'artistes français (celle de l'auteur). *L'Artiste*, petit in-4°. Paris, année 1894, p. 81-98, 175-191, 252-273. (Le Primatice, p. 255-256.)
Le même. Une lettre de François Ier à Michel-Ange. *Archives de l'Art Français*, 6 vol. in-8°. Paris, depuis 1851, Documents, t. V, p. 38-39.

Chronique du roi François Ier, pub. par G. Guiffrey, in-8°. Paris, 1860,

Coryate (Thomas). Voyage à Paris. *Mémoires de la Société de l'histoire de Paris et de l'Ile-de-France*, in-8°. Paris, année 1880. p. 24-53.

Courajod. Alexandre Lenoir, son Journal et le Musée des Monuments Français, figures, 3 vol. in-8°. Paris, depuis 1878.

Dan (Le Père). Le Trésor des Merveilles de la maison royale de Fontainebleau, figures, pet. in-fol. Paris, 1642.

Darcel. Musée du Louvre. Notice des émaux et de l'orfèvrerie, in-12. Paris, 1891.

Dargenville. Voyage pittoresque de Paris, in-18. Paris, 1765.
Le même. Voyage pittoresque des Environs de Paris, in-18. Paris, 1768.

De la Tour. Matteo dal Nassaro. *Revue numismatique*, in-4°. Paris, année 1893, p. 516-561.

Del Monte. Tapisseries inédites de l'histoire de Diane. *L'Œuvre d'Art*, gr. in-fol. Paris, année 1898, p. 97-98.

Delorme (Philibert). Architecture, in-fol. Paris, 1626.

Le même. Instruction, publiée par Berty. *Les Grands architectes français de la Renaissance,* in-12. Paris, 1860, p. 49-59.

DE PILES. Cours de Peinture par principes, in-18. Paris, 1708.

DEVILLE. Comptes des dépenses du château de Gaillon, in-4°. Paris, 1850.

Le même. Les Tombeaux de la Cathédrale de Rouen, in-8°. Rouen, 1833.

DIMIER. Benvenuto Cellini à la Cour de France. *Revue archéologique,* in-8°. Paris, année 1898, fasc. I, p. 241-276. (Tiré à part avec un Supplément.)

Le même. Le Tireur d'épine, fonte italienne du XVIe siècle au musée du Louvre. *Chronique des Arts,* in-8°. Paris, année 1899, p. 71-72.

Le même. Les Logis royaux au château de Fontainebleau. *Annales de la Société archéologique du Gâtinais,* in-8°. Fontainebleau, année 1898.

DOUET D'ARCQ. Devis et marchés pour l'entrée solennelle de Charles IX en 1571. *Revue archéologique,* in-8°. Paris, année 1849, p. 572-589.

DUBREUIL. Le Théâtre des Antiquités de Paris, in-8°. Paris, édition de 1639.

DUCERCEAU. Les plus excellents Bâtiments de France, planches, 2 vol. in-fol. Paris, 1579.

DULAURE. Guide des amateurs aux Environs de Paris, in-18. Paris, 1788.

DUMESNIL (Robert). Le Peintre-graveur français, 11 vol. in-8°. Paris depuis 1835.

DUPLESSIS et ALLEAUME. Les douze Apôtres, émaux de Léonard Limousin, planches, in-4°. Paris, 1865.

DUSOMMERARD. Catalogue et description des objets d'art exposés au musée de Cluny, in-8°. Paris, 1883.

ENGERAND. Inventaire des tableaux du roi par Nicolas Bailly, in-8°. Paris, 1899.

EXPILLY. Dictionnaire géographique, 6 vol. fol. Amsterdam, 1766.

FEDERICI. *Memorie Trevigiane sulle opere di disegno,* 2 vol. pet. in-4°. Venise, 1803.

FÉLIBIEN. Entretiens sur la vie et les ouvrages des plus fameux peintres, 2 vol. in-4°. Paris, 1685.

FÉLIBIEN (Dom). Histoire de l'Abbaye de Saint-Denis, fol. Paris, 1706.

FÉRIEL. Notice des monuments de peinture, sculpture et autres existant dans la ci-devant collégiale de Joinville. *Bulletin du*

*Comité historique des Arts et des Monuments*, in-8°. Paris, année 1852, p. 184-192.

Le même. Joinville : Tombeau de Claude de Lorraine et Sépulture des ducs de Guise. *Mémoires de la Société historique et archéologique de Langres*, in-8°. Langres, année 1847 (tome I<sup>er</sup>).

FILLON (Benjamin). L'Art de terre chez les Poitevins, in-4°. Niort, 1864.

Le même et ROCHEBRUNE. Poitou et Vendée, 2 vol. in-4°. Fontenay-le-Comte et Niort 1865. (Repaginé à chaque article.)

FLAMMERMONT. Recherches sur les sources de l'histoire de l'Abbaye de Chaalis. *Comptes rendus du Comité archéologique de Senlis*, in-8°. Senlis, année 1896, p. 35-38.

FRANKLIN (Alfred). L'Hôtel de Nesle. *Paris à travers les âges*, in-fol. Paris, depuis 1875.

FRÉVILLE (DE). Renseignements sur les trois Clouet. *Archives de l'Art Français*, 6 vol. in-8°. Paris, depuis 1851. Documents, t. III, p. 97-104.

Le même. Lettres patentes de François I<sup>er</sup> en faveur du Rosso. Même recueil, Documents, t. III, p. 114.

GALEOTTI. *Trattato degli Uomini illustri di Bologna*, in-8°. Ferrare, 1590.

GAUTHIEZ. La Chapelle funéraire de Guillaume de Visemal. *Réunion des Sociétés des Beaux-Arts des Départements*, in-8°. Paris, année 1893, p. 395-406.

GAYE. *Carteggio inedito d'artisti dei secoli XIV, XV, XVI*, 3 vol., in-4°. Florence, 1840.

GERMAIN (Léon). De la collaboration de Ligier Richier au tombeau de Claude de Lorraine. *Journal de la Société d'archéologie Lorraine*, in-8°. Nancy, année 1885, p. 59-62.

GEYMÜLLER (Baron de). *Die Baukunst der Renaissance in Frankreich*, I<sup>er</sup> vol. paru, in-8°. Stuttgart, 1898.

Le même. Les Ducerceau, in-4°. Paris et Londres, 1887.

GOELNITZ. *Ulysses belgico-gallicus*, in-32. Leyde, 1631.

GOETHE. *Sämmtliche Werke*, 30 vol. in-8°. Stuttgart, 1851.

GRANDMAISON. Gages des peintres et des sculpteurs employés par François I<sup>er</sup>. *Nouvelles Archives de l'Art Français*, in-8°. Paris, année 1876, p. 90-92.

Le même. Documents inédits pour servir à l'histoire de l'art en Touraine, in-8°. Paris, 1870.

Le même. La Tapisserie à Tours en 1520. *Réunion des Sociétés des Beaux-Arts des départements*, in-8°. Paris, année 1888, p. 235-237.

Le même. Origines du Musée de Tours. *Réunion des Sociétés des Beaux-Arts des départements*, in-8°. Paris, année 1897, p. 559-586.

GRANDMAISON (Louis de). Les auteurs du tombeau des Poncher. *Réunion des Sociétés des Beaux-Arts des départements*, in-8°. Paris, année 1897, p. 87-96.

GRUYER. La Peinture à Chantilly, planches, 2 vol. in-4°. Paris, 1896.

GUICCIARDINI. Description de tout le Pays-Bas, in-4°. Amsterdam, 1625.

GUIFFREY. Histoire de la tapisserie, in-4°. Tours, 1886.

Le même. Artistes et tombiers parisiens du commencement du xvi° siècle. *Revue de l'art français ancien et moderne*, in-8°. Paris, année 1896, p. 5-23.

GUILBERT (l'abbé). Description des château, bourg et forêt de Fontainebleau, 2 vol. in-12, planches. Paris, 1731.

HERBET. Les Graveurs de l'École de Fontainebleau. *Annales de la Société archéologique du Gâtinais*, in-4°. Fontainebleau.
> Catalogue de l'Œuvre de L. D., année 1896, p. 56-102.
> Catalogue de l'Œuvre de Fantuzi, année 1896, p. 257-291.
> Dominique Florentin et les burinistes, année 1899, p. 1-53.

Le même. Les ouvrages de Philibert Delorme à Fontainebleau, même recueil, année 1894, p. 153-163.

Histoire de l'Art en France, in-8°. Paris, Sartorius.

Inventaire des Richesses d'Art de la France, in-4°. Paris, depuis 1877.

JAMIN. Fontainebleau sous le roi des Français Louis-Philippe Iᵉʳ, in-8°. Fontainebleau et Paris, 1836.

JARRY. Documents nouveaux sur la construction de Chambord. *Réunion des Sociétés des Beaux-Arts des départements*, in-8°. Paris, année 1888, p. 75-106.

KRAMM. *De levens en werken der hollandsche en vlaamsche Konstschilders*, etc. 7 vol. in-8°. Amsterdam depuis 1862.

LABORDE (comte de). Les Comptes des Bâtiments du roi (1528-1571), suivis de documents inédits sur les châteaux royaux et les Beaux-Arts au xvi° siècle, 2 vol. in-8°. Paris, 1877.

Le même. La Renaissance des Arts à la Cour de France, 1 vol. en 2 tomes, in-8°. Paris, 1855.

LA FERRIÈRE (Hector de). Lettres de Catherine de Médicis, 4 vol. grand in-4°. Paris depuis 1880.

LALANNE. Transport d'œuvres d'art de Naples au château d'Amboise. *Archives de l'Art français*, 6 vol. in-8°. Paris depuis 1851. Documents, t. II, p. 305-306.

LEBEUF. Histoire de la ville et de tout le diocèse de Paris, 7 vol. in-8°. Paris, depuis 1883.

LE BRETON. Un carrelage en faïence de Rouen. *Réunion des Sociétés des Beaux-Arts des départements*, in-8°. Paris, année 1884, p. 372-383.

LENOIR. Musée des Monuments français, 8 vol. in-8° av. planches. Paris depuis 1800.

Le même. Description des monuments de sculpture réunis au Musée des Monuments Français, in-8°. Paris, an VI.

Le même. Même titre, in-8°. Paris, an VIII.

LEROUX DE LINCY. Histoire de la reine Anne de Bretagne, 4 vol. in-12. Paris, 1860.

LE VIRLOIS (Roland). Dictionnaire d'architecture, 3 vol. in-4°. Paris, 1770.

LHUILLIER. L'ancien château royal de Montceaux en Brie. *Réunion des Sociétés des Beaux-Arts des Départements*, in-8°. Paris, année 1884, p. 245-284.

Le même. Antoine Garnier de Fontainebleau, Même recueil, année 1894, p. 742-762.

MALAGUZZI (Francesco), *Nuovi Documenti. Archivio storico dell' arte*, in-4°. Rome, année 1894, p. 365-371.

MALVASIA. *Felsina pittrice*, 2 vol. in-4°. Bologne, 1678.

MANTZ. La Peinture française, 1ʳᵉ partie, in-8°. Paris, 1897.

MARCEL. Un Vulgarisateur. Jean Martin, in-12. Paris, 1900.

MARIETTE. Abécédario et autres notes inédites de cet amateur, publiés par MM. de Chennevières et de Montaiglon, 6 vol. in-8°. Paris depuis 1851.

Le même. Description sommaire des dessins des grands maîtres du cabinet de M. Crozat. Paris, in-12, 1741.

MAZZUCCHELLI. *Scrittori d'Italia*, in-fol. Brescia, 1768 (un seul volume paru).

MÉLY (DE). François Marchand et le tombeau de François Iᵉʳ. *Réunion des Sociétés des Beaux-Arts des départements*, in-8°. Paris, année 1887.

MILLER. Une charte concernant le Primatice. *Gazette des Beaux-Arts*, pet. in-4°. Paris, année 1860, t. III, p. 212-214.

MOLINIER. Comptes des Bâtiments du Palais de Fontainebleau

pour les années 1639-1642. *Mémoires de la Société de l'histoire de Paris et de l'Ile-de-France*, in-8°. Paris, année 1886,
p. 279-358.

Le même. Les Architectes de Fontainebleau. *Gazette archéologique*,
in-4°. Paris, année 1886, p. 44-47 et 132-138.

Le même. Deux dessins de Dominique Florentin au musée du Louvre.
*Revue des Arts décoratifs*, in-4°. Paris, année 1889, p. 266-268.

Le même. V. Cavalucci.

MONTAIGLON (DE). État des gages des ouvriers italiens employés par
Charles VIII. *Archives de l'Art français*, 6 vol. in-8°. Paris,
depuis 1851. Documents, t. I, p. 94-128.

Le même. Statue de Vénus offerte à François I**er**, même recueil, t. II,
p. 77-78.

Le même. Le Testament de Léonard de Vinci. *Réunion des Sociétés
des Beaux-Arts des départements*, in-8°. Paris, année 1893,
p. 780-800.

MÜNTZ (Eugène). La Renaissance en Italie et en France à l'époque
de Charles VIII, in-4°, figures. Paris, 1885.

Le même. Le château de Fontainebleau en 1625, d'après le *Diarium*
de Cassiano del Pozzo. *Mémoires de la Société de l'histoire de
Paris et de l'Ile-de-France*, in-8°. Paris, année 1886, p. 255-278.

Le même. Guide de l'École nationale des Beaux-Arts, in-8°. Paris,
1889.

NIBBY. *Roma nell' anno 1838*, 4 vol. in-8°. Rome, 1838.

PALISSY (Bernard). Œuvres complètes, éd. Cap, in-12. Paris, 1844.

PALUSTRE. La Renaissance en France, 3 vol., in-fol. planches. Paris
depuis 1879 (l'article de Fontainebleau, t. I, p. 185-230).

Le même. Les Architectes de Fontainebleau. *Gazette archéologique*,
in-4°. Paris, année 1887, p. 50-54.

Le même. L'Architecture de la Renaissance, in-8°, figures. Paris, 1892.

Le même. Michel Colombe. *Gazette des Beaux-Arts*, pet. in-4°. Paris,
année 1884, t. I, p. 416-419 et 525-530.

PASSAVANT. Le Peintre-graveur, 3 vol. in-8°. Leipsic, 1860.

PFNOR et CHAMPOLLION-FIGEAC. Monographie du palais de Fontainebleau, 3 vol., in-fol., planches. Paris, 1863.

PIGANIOL DE LA FORCE. Description historique de la ville de Paris et
de ses environs, 10 vol. in-12, planches. Paris, 1765.

PLON. Benvenuto Cellini, in-fol. Paris, 1883.

POIRSON. Essai sur les anciennes écoles de peinture en France. Les
restaurations de Fontainebleau. *Revue française*, in-8°. Paris,
années 1838-1839, p. 32-57 et 233-256.

Pozzo (Cassiano del). V. Müntz.

Reinach. Répertoire de la statuaire grecque et romaine, 3 vol. in-18. Paris, 1897.

Reiset. Niccolo dell' Abbate. *Gazette des Beaux-Arts*, pet. in-4°. Paris, année 1859, t. III, p. 193-209 et 266-277.
Le même. Notice des dessins exposés au musée du Louvre, 2 vol. in-12. Paris, 1866.

Reymond (Marcel). Le Buste de Charles VIII au Bargello et le tombeau des enfants de Charles VIII. *Bulletin archéologique*, in-8°. Paris, année 1895, p. 245-252.

Reynolds (Josué). *Litterary Works*, 2 vol. in-12. Londres, 1886.

Robert (Ulysse). Quittances de peintres, sculpteurs et architectes français. *Nouvelles Archives de l'Art français*, in-8°. Paris, année 1879, p. 1-81.

Robinson. *Descriptive catalogue of drawings by the old masters forming the collection of John Malcolm esq.*, in-8°. Londres, 1876.

Ronsard. Œuvres, 2 vol. in-fol. Paris, 1623.

Rooses (Max). L'Œuvre de Rubens, 6 vol. in-4°, planches. Anvers, depuis 1886.

Roserot. Le Mausolée de Claude de Lorraine. *Gazette des Beaux-Arts*, petit in-4°. Paris, année 1899, t. I, p. 204-214.

Sauval. Histoire et recherches des antiquités de Paris, 3 vol. in-fol. Paris, 1724.

Serlio. *Tutte l'opere d'architettura*, in-4°, planches. Venise, 1600 (repaginé depuis le VI^e livre).
Le même. *Architecturæ liber septimus*, préface de Strada, in-4°, planches. Francfort-sur-le-Mein, 1575.

Simon (Denis). Supplément à l'histoire du Beauvaisis, in-12. Paris, 1714.

Tauzia (Vicomte Both de). Notice supplémentaire des dessins exposés au Louvre, in-12. Paris, 1879.
Le même. Notice des dessins de la Collection His de la Salle, in-12. Paris, 1881.

Taylor. Voyages pittoresques dans l'ancienne France, 17 vol. in-fol. Paris, depuis 1820.

Tesoroni. *Il palazzo di Firenze*, in-8°. Rome, 1889.

Tiraboschi. *Notizie de' pittori di Modena*, in-4°. Modène, 1786.

Triomphes (Les) faits à l'entrée du roi à Chenonceaux (réimpression), in-8º. Paris, 1857.

TSCHUDI (DE). Le tombeau des ducs d'Orléans à Saint-Denis. *Gazette archéologique*, in-4º. Paris, année 1885, p. 93-98.

TUETEY. Registres des délibérations de l'Hôtel de ville de Paris, 8 vol. in-4º. Paris, depuis 1883.

VACHON. Philibert Delorme, in-4º, figures. Paris, Librairie de l'Art.

VAN DEN BRANDEN. *Geschiedenis der Antwerpsche Schilderschool*, in-8º. Anvers, 1883.

VAN MANDER. *Het schilderboek*, in-4º. Amsterdam, 1618.
Le même. Le livre des peintres, trad. Hymans, 2 vol. gr. in-4º. Paris, 1884.

VASARI. *Opere*, éd. Milanesi, 9 vol. in-8º. Florence, depuis 1878.
Le même. *Le vite de' Pittori*, in-8º. Florence, 1550.
Le même. Les vies des peintres, traduites de l'italien (par Lebas de Courmont), in-8º. Paris, Boiste, 1803.
Le même. Vies des peintres, trad. Leclanché, 10 vol. in-8º. Paris, depuis 1839.

VASI (Joseph). *Itinerario di Roma*, in-12. Rome, 1763.

VENTURI. *L'Arte e gli Estensi. Ippolito II di Ferrara in Francia. Rivista Europea*, in-8º. Rome et Florence, année 1881, fasc. I, p. 22-37.
Le même. *Un disegno del Primaticcio e un altro di Serlio. Archivio storico dell' Arte*, in-4º. Rome, année 1889, p. 158-159.
Le même. *Il Primaticcio in Francia.* Même recueil, année 1889, p. 377.
Le même. *Ritratti di Girolamo da Carpi donati dal Primaticcio alla regina di Francia.* Même recueil, année 1889, p. 377.
Le même. *Una visita artistica di Francesco I di Francia.* Même recueil, année 1889, p. 377-378.

WICKHOFF. *Die italienischen Handzeichnungen der Albertina. Jahrbuch der Sammlungen der allerhöchsten Kaiserhauses*, in-4º, Vienne, depuis 1883, t. XII, CLXXV-CCLXXXIII et t. XIII, p. CCIV-CCCXIV (Primatice, t. XII, p. CCLXXIX).

VIGENÈRE (Blaise de). Images ou tableaux de plate peinture de Philostrate, in-fol., éd. de 1614.

VILLOT. Notice des tableaux exposés au musée impérial du Louvre, 3 vol. in-12. Paris, 1864.

VITRUVE. Architecture ou Art de bien bâtir, traduit par Martin, in-fol. Paris, 1572.

## MANUSCRITS.

BOUCHOT. Catalogue des Crayons français du xvıᵉ siècle au château de Chantilly. Château de Chantilly.

Fontainebleau (Vues de). Recueil d'estampes rangées par M. Gatteaux, 2 vol. in-fol. Bibliothèque des Beaux-Arts, H2 625.

Lettre de Naturalité aux neveux du Primatice. Bibliothèque nationale, ms. fr. 5128, p. 118.

MARIETTE. Notes sur les peintres et les graveurs, Cabinet des Estampes, Ya 14 e, t. VI. Le Primatice.

PERCIER. Croquis tirés de Fontainebleau, 3 vol. in-fol. Bibliothèque de l'Institut, N 125 F*.

Sépulture des Valois. Archives nationales, K 102, nᵒˢ 2 et 3.

# ADDITIONS ET CORRECTIONS

---

P. 32, en note de la l. 9, après *Barthélemy Guetty*.

C'est selon moi à l'un de ces Italiens qu'il conviendrait d'attribuer ce grand portrait de François I<sup>er</sup> au Louvre (Villot, n° 109), qu'on s'obstine, je ne sais pourquoi, à rapporter aux Clouet. L'exécution est tout le contraire du goût flamand : les étoffes et les mains sont italiennes, et même florentines. Il est vrai que le visage est d'un autre style. Mais je tiens aujourd'hui l'explication de ce fait. Chantilly conserve (Bouchot Cat. ms., n° 52) un portrait de ce roi, qu'il faut attribuer au même maître (présumé Jean Clouet) que les préparations pour les miniatures de la Guerre Gallique. M. Bouchot a déjà remarqué que ce crayon est copié dans le portrait à l'huile (n° 735) tiré de la collection Sauvageot, que Villot attribuait à Corneille de Lyon. Cette copie est très exacte, et je ne puis douter quant à moi que l'auteur du crayon ne soit celui de la peinture. Mais, ce que personne n'a remarqué, voici que le même crayon a servi pour le grand portrait dont il s'agit. C'est un point dont il sera facile de se convaincre par la comparaison des deux tableaux exposés au Louvre en face l'un de l'autre. Ainsi ce visage *clouétique* dans un tableau de façon florentine n'a rien qui doive surprendre davantage et embarrasser mes conclusions. S'il est vrai que les grands d'alors n'aimaient point à poser devant les peintres, s'il est vrai, ce que dit M. Bouchot, qu'autant de crayons hérités de ce siècle tenaient dans l'usage du temps la place d'autant de clichés photographiques, sujets à des copies innombrables et même à des agrandissements, il faudra que quelque Pellegrin, quelque Guetty ou quelque Nicolas de Modène, servi par le cliché du présumé Clouet, ait exécuté le portrait dont je parle, et que je ne tiens pas pour une merveille.

P. 38, dernière ligne et note 3.

Un examen nouveau de ce passage me fait revenir au sens moderne de *médailles*. Rien n'empêche après tout que ce mot soit pris différemment aux Comptes de Gaillon et dans le passage cité, soit que le sens eût changé entre deux, soit que le mot ait supporté l'un et l'autre. C'est trop forcer les mots que de tourner *médaillon* en *bas-relief;* or que serait-ce que ces médaillons ramenés de Rome ?

P. 81, note 2.

Je ne sais comment dans une première lecture le nom de l'auteur de ce livre m'avait échappé. Il se nomme lui-même dans la dédicace, Diégo de Sagrédo, chapelain de notre dame la reine.

M. Marcel, auteur d'un livre tout récent sur Jean Martin, signale (p. 59) une édition de 1530 de la *Raison d'Architecture*. La Bibliothèque Nationale déclare n'en point avoir d'avant 1555. J'ai trouvé celle de 1539 dans la bibliothèque de Valenciennes.

P. 120, note 5.

Mon raisonnement s'est trouvé faux. Il y a de ces dessins des estampes qui ne sont point en contre partie, quoiqu'elles remontent au xvi° siècle. Etienne Delaune en est l'auteur, et aussi bien j'avais remarqué chez lui (v. p. 407) cette pratique exceptionnelle. Mais je ne songeais point à ce maître, à cause qu'il vient assez tard dans le siècle. J'ai peine encore à croire que les dessins du Louvre aient été faits exprès pour ces gravures, et il faudrait donc après tout que Delaune les eût tirées de quelque ouvrage, peinture ou tapisserie, pour lequel ils auront servi. Mais pour l'émail du Louvre, tout porte à croire qu'il est pris de la gravure.

Cette suite d'estampes est fort intéressante. Elle comporte six sujets, soit quatre dont les dessins restent à retrouver. Le nom de L. Penni ne s'y trouve pas, et R. Dumesnil, qui les décrit, nᵒˢ 133-138 de l'œuvre d'Ét. Delaune, ne l'y a pas joint. Inutile d'ajouter qu'il n'a pas connu les dessins.

P. 139, ligne 5.

Supprimer *sa ville natale.*

P. 139, note 3.

La série que j'appelle des Seize Dieux, cataloguée telle par R. Dumesnil, est en réalité de vingt pièces, c'est M. Herbet qui l'affirme (*Dominique Florentin*, p. 36).

P. 153, note 5.

Cette lettre prouve autre chose encore, c'est qu'il était cette année là, sinon en Flandre, au moins en relations avec ce pays, car la gravure vient de Jérôme Cock.

P. 172, après la dernière ligne.

Il faut aussi placer vers le même temps le séjour de Georges Mantouan à Fontainebleau, attesté par huit planches de sa main tirées de la galerie

d'Ulysse, v. III⁰ partie, catalogue des estampes, 59-66. Il était à Anvers en
1550 et en 1551 (Van Mander, *Le Livre des Peintres*, éd. Hymans, t. I,
pp. 208 et 292 ; II, p. 36, n. 3). Mais rien ne permet de décider s'il s'arrêta
à l'aller ou au retour.

P. 197, l. 24. *Renou dit Fondet.*

C'est à tort que je l'appelle un nouveau venu, car il paraît déjà avant
1550 (v. p. 317). Mais il n'avait pas alors tant d'importance.

P. 219, l. 16.

Il faut ajouter à Thiry et Tiregent, Fouquet, nommé pp. 40 et 41.

Même page, n. 2.

Jérôme Franck s'établit à Paris (Van den Branden *Antwerpsche Schilderschool*, pp. 341-342). Son portrait gravé par Morin, rapporte qu'il fut
peintre de Henri III. Il porta le titre de peintre du roi jusqu'à sa mort,
survenue à Paris en 1620. L'église des Cordeliers y eut un tableau de sa
main, peint en 1585.

P. 314, au tableau.

7. En long. Pénélope au milieu de ses femmes faisant de la tapisserie.
Estampe n° 73.

P. 327. Article XVII *bis* :

La date de l'Enlèvement d'Europe doit être conclue de ce fait que l'étude
mentionnée n° 100'', est tracée sur la même feuille qu'une étude pour la
porte Dorée. Ces deux ouvrages sont donc contemporains, de sorte que l'Enlèvement d'Europe prend place entre 1541 et 1544.

P. 381, dernière ligne, après *de ces fameux ouvrages.*

Qui représentent en douze pièces les douze Apôtres.

P. 394. Article LV :

Ce portrait a servi de modèle au médaillon gravé dans le *Promptuarium
iconum* de Reverdi. Faut-il en conclure, ce qu'assure M. Bouchot des portraits copiés dans ce recueil, qu'il eut place chez Corneille de Lyon dans la
célèbre chambre des Peintures?

P. 428, après la ligne 3.

Photographié dans Mantz, *La Peinture française.*

P. 432, après la ligne 18.

Photographié dans Mantz, *La Peinture française.*

# TABLE ANALYTIQUE DES MATIÈRES

*Albi.* Fresques italiennes dans sa cathédrale, p. 24.

ALEMANI. Correspondant de B. Cellini; p. 69, n. 5.

*Alexandre.* Son histoire supposée par Vasari dans la galerie de François I<sup>er</sup>, pp. 277-278; peinte dans la chambre de M<sup>me</sup> d'Etampes à Fontainebleau, 73-74. *A. embrassant Campaspe*, tableau de cette suite, 73, 277; dessin de ce tableau, 453; étude, 437-438. *A. couronnant Campaspe*, même suite, 73, 273-277; études pour ce tableau, 437, 439. *A. mariant Campaspe à Apelle*, même suite, 73-74, 272-277; estampe d'après ce tableau, 492. *A. domptant Bucéphale*, même suite, 74, 272-277; estampe, 488. *A. épargnant Timoclée*, même suite, 74, 273-277; estampe, 488. *A. et une femme nue*, même suite, 209, 273-277; étude pour ce tableau, 437; estampe, 499. *A. faisant serrer les ouvrages d'Homère*, même suite, 209, 272-277. *A. visité par Thalestris*, même suite, 272-277; dessin de ce tableau, 434; estampe, 495. *A. et Campaspe peints par Apelle*, même suite, 272-277; dessin, 472, estampe, 488. *Festin d'A.* même suite, 272-277; dessin, 434; estampe, 494, *Mariage d'A. et de Campaspe*, sujet controuvé, 272, 274-275. *A. tranchant le nœud Gordien*, sujet ajouté, 275, 453. *A. faisant serrer les ouvrages d'Homère*, peint par Raphaël, 209. *A menant Thalestris*, sujet de mascarade, 381, 460. *Une femme nue présentée à A.*, tableau perdu, 391.

ALINARI de Florence. Dessin du Primatice photographié par lui, p. 449.

*Allemagne.* Qu'elle a reçu les influences de Fontainebleau, p. 220.

Allongement des figures. Mal expli-

qué par l'imitation du Parmesan, pp. 98-99; à quels artistes il est commun, *ibid.*; qu'il vient de Michel-Ange, *ibid.* ; répandu en France par les maîtres de Fontainebleau, 121; chez le Primatice, 416.

ALVAROTTO. Lettres de lui, p. 388 ; au duc de Ferrare, 166, n. 1.

AMBOISE (Premier cardinal d'). Constructeur de Gaillon, p. 17. Sa statue, 18. Ses tableaux, 24. Comparé à François I<sup>er</sup>, 25. Son tombeau, 28.

AMBOISE (Deuxième cardinal d'). Sa statue, p. 18. Son tombeau, 28.

AMBOISE (Louis d'), évêque d'Albi, p. 24.

AMMIEN MARCELLIN. Jules Romain instruit chez lui, p. 11.

*Amour (l').* Figure de Mascarade, pp. 188, 460. *Enseigné par Hermaphrodite*, dessin du Primatice, p. 469. *L'A., Diane, Apollon et Minerve*, peinture de la galerie d'Ulysse à Fontainebleau, 298. *L'A. et Psyché*, au même lieu, 296. V. Cupidon.

*Amours.* Un *A.* peint dans la salle de Bal à Fontainebleau, p. 286. Autre au même lieu, 287. *A. au casque*, peint dans la galerie d'Ulysse, 296. *A. au carquois*, au même lieu, *ibid. Amours et Nymphes* au même lieu, 297.

*Amphion.* Peint dans la salle de Bal à Fontainebleau, p. 287.

*Amsterdam (Cabinet d').* Son dessin du Primatice catalogué, pp. 456-457.

*Ancy-le-Franc (Château d').* Son bâtiment; qu'il n'est pas d'un français, p. 83 ; rapproché de l'hôtel de Ferrare et des ouvrages de Serlio, 83 et n.3, 84; de Bramante, *ibid.*, des constructions du Primatice à Fontainebleau, 211 ; modèle de

à Fontainebleau, pp. 59, 328, 331-332; conservé au Louvre, 62, 332. Dans la mascarade de Stockholm, 188, 462. *A. et Diane*, peinture de la galerie d'Ulysse, 296; estampe d'après cette peinture, 501. *A. et Pan* au même lieu, 297; estampe, 495. *A. Diane, Minerve et l'Amour*, au même l., 298. *A. et Pégase* au même l., *ibid. A. dans le Signe du Lion* au même l., 299; dessin de ce tableau, 451. *A. Diane et Latone*, au même l., 299. *A. tuant le Python*, au même l., *ibid. Le Char d'A. chassant celui de Diane*, peinture du Primatice, 317; dessin de cette peinture, 425; copies d'après la même, 478-479. *A. et Diane assis*, dessin du Primatice, 471; estampe du même sujet, 502.

*Apôtres.* Peints dans la chapelle de Chaalis, pp. 86, 387. Dessinés pour l'émail par le Primatice, 109-110, 381, *Un A.*, dessin du Primatice, 460.

Appartement. Ce qui le composait au XVI° siècle, p. 161.

APULÉE. Inspirateur de Jules Romain, p. 6. Comment celui-ci lui ajoute, 7.

Arabesques. Antiques, p. 8; copiées par les élèves de Raphaël, *ibid.*; par Jules Romain au Palais du Té, 8-9; comparées aux modernes, 223. Du Primatice, 113; qui fut avec Fantose l'introducteur du genre en France 113, 321; comparées à celles de Raphaël et de Jules, 113, 229; à celles du Bacchiacca, 114; dans la galerie d'Ulysse, 112-113, 198, 226, 229, 289, 290, 300, 386; dans les tapisseries de Fontainebleau, 111-113, 384; leur influence, 121; estampe d'après les arabesques du Primatice, 508-509. De Ducerceau, 112. De Dominique Florentin, 121. De Léonard Limousin, 215. Dans l'appartement des Bains à Fontai-

nebleau, 284. Au château d'Ancy-le-Franc, 384. Au château de Monceaux, 125 n. 7, 386. Florentines sur les pilastres, 16; imitées des Français, 18, 19; à Blois et à Chambord, 27. Sculptées dans la grotte de Meudon, 170, 321.

*Arabesques (Grands)*, recueil de Ducerceau, pp. 112, 215 n.1, 385, 386.

*Arabesques (Petits)*, recueil de Ducerceau, p. 112; d'après quels modèles il fut gravé, 156, 385-386.

ARAGON (JEANNE D'). V. Vice-reine de Naples.

*Arcs de Titus, d'Ancône* et *de Bénévent* décrits par Serlio, p. 82.

Archéologie. Science qu'en eut Jules Romain, pp. 11, 103; le Rosso, 47. Qu'elle manque au Primatice, 103.

Architectes. Venus après l'expédition d'Italie, p. 17. Qu'il n'y en a pas eu en France avant Delorme, 141. En quel sens Delorme fut A. 146-147. Comment ils triomphèrent des maçons par Delorme, v. ce nom; et par le Primatice, 181. A. italiens mis en fuite par Delorme, 154. Style de décoration des A. 214, 221, 222, 224.

ARCO (COMTE D'), auteur cité, pp. IV, 4 n.2, 5 n.1, 12 et n.4, 6, 327, 391, 396-397.

*Argentan.* Que Cellini y prit congé du roi, p. 69 n.5.

ARÉTIN (L'). Son portrait chez François I°, p. 57. Ses sonnets, 107.

*Argus et Io*, peinture de la galerie d'Ulysse, p. 299. *A. et Mercure* dessin du Primatice, 468.

ARIA (MICHEL D'), peintre p. 19.

*Ariane*, Statue du Vatican jetée en bronze à Fontainebleau, pp. 59, 328, 331-332; manquée à la fonte, 61; conservée au Louvre, 62, 332.

37, 122, 268; gravés à Fontainebleau, 122. De Geoffroy Dumoûtier, 125. D. d'ornement pour Fontainebleau rares, 239. V. crayons et pourtraits.

Destailleurs (collection), pp. 446, 447, 469, 477. Recueil D. 489.

Destouches (Jean), sculpteur, p. 356.

De Vezeleer. V. Vézelier.

Deville, auteur cité, 13 nn. 1, 2; 17-18 et nn. 1, 2, 4, 5, 6; 19 nn. 3, 4, 20 n. 2, 24 n. 4, 25 nn. 1, 2.

Devonshire (Collection du duc de). Dessins du Primatice qu'elle renferme, pp. 471-472. Dessin faussement donné à ce maître, 483.

De Vos (Jacob). Sa collection, 457.

D'Hoey (Jean), peintre flamand, pp. 220-221.

Diane. Ajoutée dans la galerie de François Ier, pp. 48-49, 302-304. Autre dans la galerie d'Ulysse, 298; dessin de ce tableau, 467. Figure dans un fronton. 468. D. chasseresse tableau du Louvre, 125. Autre peinte à Fontainebleau, p. 314; estampe d'après ce tableau, 490; copiée en émail, 316. D. debout, dessin du Primatice, 469. D. dans son char, peinte dans la salle de Bal à Fontainebleau, 288; dessin de ce tableau 451; estampe d'après le même, 498. D. Hécate au repos, peinte au même lieu, 288; dessin de ce tableau, 451-452. D. à la biche, statue antique, 59, 60 et n. 1. D. et Endymion, peinture de Jules Romain, 96. Même sujet, fausse restauration de Junon chez le Sommeil, à Fontainebleau, 308, 499. D. et l'Amour, tableau du Louvre, 125. D. et Pan dans la galerie d'Ulysse, 299; dessin possible de ce tableau, 476. D. et une femme qui s'enfuit, dessin du Primatice, 426. D. perçant la langue d'une femme, id. 476. D. et peut-être Apollon, id.

447. D. entourée de ses nymphes, id. 471. D. et Orion, dessins de Lucas Penni. Histoire de D. en tapisserie, 398-399. Char de D. pour une mascarade, 465. V. Apollon. Cérès, Calisto, Actéon.

Diepenberk. Copiste du Primatice, pp. 199, 226, 475-476, 504. Présumé tel, 421, 474.

Dieux. Leur figure dans l'Odyssée, pp. 104-106. Douze grands D. commandés d'argent à Cellini, 63. Festin des D. peint dans la galerie d'Ulysse à Fontainebleau, 98, 299; dessin de ce tableau, 444; copie du même, 472-473.

Dijon (musée de). Dessin du Primatice qu'il renferme p. 448.

Dinteville, évêque d'Auxerre, pp. 85, 383.

Diodore de Sicile, manuscrit de Chantilly, p. 29 et n.

Discorde (la) brouillant les Dieux, sujet peint dans la salle de Bal à Fontainebleau, pp. 164, 286.

Dol, p. 18.

Donela (Jean François) de Carpi, p. 24.

Donon (Médéric de), contrôleur des Bâtiments, pp. 344, 345, 364, 368.

Dorigny (Charles), aide du Rosso, 40, 41; du Primatice, 79.

Dorigny (Michel). A lui attribuée une gravure d'après le Primatice, p. 500.

Dortoir Bleu au château d'Ecouen, p. 126.

Dortoir des Isolements au château d'Ecouen, p. 126.

Douet d'Arcq, auteur cité, p. 215, n. 3.

Dresde (Cabinet de). Dessin du Primatice qu'il renferme, p. 466; faussement attribués à ce maître, 482.

Dubois (Ambroise), p. 220-221. Sa

## E

Autres *é.*, 133, 216 et n.2. É. exécutés d'après les crayons de l'école
de Clouet, 217. É. dans la Grotte
de Meudon, 170. V. Poterie émaillée.

*Émaux de Chartres (les).* Leur histoire, pp. 109-110. Chronologie et
description, 381-382.

*Empereurs romains.* En médaillons
au château de Gaillon, p. 18; à
l'hôtel d'Alluye, 19.

Empire (style de l'). Œuvre des architectes, p. 221. Ridicule, 224.

*Encelade foudroyé,* tableau de la
chambre du Roi à Fontainebleau,
p. 259.

*Énée (l'histoire d'),* dessins anonymes,
pp. 121, 483-484.

*Énéide* peinte au château d'Oiron,
p. 125.

*Enfants.* Sculptés par Ponce, 190,
203; par Pilon, 190-191; par
Roussel, 196-197, 372; commandés à La Robbia, 193, 202. Peints
dans la chambre de la Reine à
Fontainebleau, 267; dans la chapelle de Chaalis, 86, 387. Dessinés,
435. 436. Gravés, 492, 503, 506.

Engerand, auteur cité, pp. 258, 263,
319.

Entragues (Balzac d'), directeur des
bâtiments du roi, p. 150 et n. 6.

Entrées solennelles. De Charles V
à Fontainebleau, pp. 53-54, 187,
379-380. Du même à Mantoue, 13.
De Catherine de Médicis à Chenonceaux, 186. Imitées de celles
que le Primatice dessina, 215.

*Eole* peint dans la galerie d'Ulysse
à Fontainebleau, p. 296. Fausse
dénomination chez Guilbert, 467.

*Erato.* V. Muses.

*Eros et Antéros,* estampe, p. 492.

*Esaü à la chasse,* peinture d'Écouen,
p. 126.

Escalier. Emploi de ce mot, p. 249. Du

Donjon à Fontainebleau, pp. 246-
251. Du Fer-à-cheval au même
lieu, 194, 254, 373.

*Esculape* peint dans la salle de Bal
à Fontainebleau, p. 287. Dans la
galerie d'Ulysse, 299.

Espagnols, ont initié les Français à
Vitruve, p. 81 et n. 2.

*Espérance (l').* Bas-relief du tombeau
de Henri II, p. 354. Estampe, 500.
Autre, 505.

*Esquilines (grottes).* V. Thermes de
Titus.

Este (maison d'), alliée aux Guises
et aux Valois, p. 166. V. Ferrare.

Este (Anne d'), v. Anne.

Etampes (Duchesse d'). Son rôle
entre le Primatice et Cellini,
pp. 67, 68, 73; prétendu entre le
Primatice et le Rosso, 49, 303-304.
Représentée en Campaspe. 73. Sa
visite aux fontes de Fontainebleau,
62. Reçoit la Diane à la biche, 60.
Ses châteaux, 85. Vend Meudon,
323. Chambre de la D. d'E. à
Fontainebleau, v. Chambre.

Etampes (duc d') époux de la précé-
cédente, p. 74.

Etampes (Labarre d') directeur des
bâtiments du roi, p. 150.

Etang de Fontainebleau, p. 38.
Place vers l'E. 243, 255, 279; la
même que la cour de la Fontaine,
v. ce mot.

*Été (l').* Peint dans la galerie d'U-
lysse à Fontainebleau, p. 294.
Autre au même lieu, 298. V. Cérès.

*Étienne (saint).* Son histoire sculptée par Dominique Florentin,
pp. 136 et n. 4, 137, 341.

*Etuves (les)* à Fontainebleau, pp. 279,
280. Logis des E. à Germain Pilon,
365, 366, 367. V. Bains.

*Europe (Enlèvement d'),* tableau du
Primatice, pp. 90, 327, 525; dessin

*Flandre.* Que l'école de Bourgogne en est tirée, p. 22. Qu'elle emprunte de Fontainebleau plusieurs traits de son style d'ornement, 139. Réclame Clouet et la tradition des portraits français, 28, 217. F. et miniature composent toute la peinture française avant Fontainebleau, 29. Son influence supplantée sous Henri II, 124-125. Engendre la seconde école de Fontainebleau, 220. Défaut de ses architectes, 222.

FLAUBERT, auteur cité, 107.

*Fleury-en-Bière (château de),* pp. 173 et n.2, 481.

*Fleuve.* Inventé par Jules Romain, p. 7. Dessiné par le Primatice, 472. Quatre F. peints dans la galerie d'Ulysse à Fontainebleau, 498.

*Flore.* Peinte dans la Salle de Bal à Fontainebleau, p. 287. Dans la galerie d'Ulysse, 294. Autre au même lieu, 296 ; estampe de ce tableau, 501. Autre au même lieu, 298. Tapisserie, 111, 384, 386.

*Florence.* Pillée par les Français, p. 17. Dépouillée par François Iᵉʳ, 57. Lieu principal de la Renaissance italienne, 27. Mentionnée, 14, 17,43, 448, 469.

*Florence (Palais de)* à Rome, pp. 395-396.

Florentins. Leur épitaphe du Rosso, p. 50.

Florentins (artistes). Engagés les premiers par François Iᵉʳ, p. 31. Qu'ils primèrent d'abord à Fontainebleau, 43-44 ; dans l'atelier de Nesle, 190. Réduits plus tard dans l'un et l'autre, 70, 205. Prôneurs de Michel Ange, 50. Imitateurs du même, 46. Leur influence sur Pilon, 191. Mentionnés, 70, 200-201, 523.

FLORENTIN (DOMINIQUE) ou Ricoveri, ou Recouvre, ou Del Barbiere.

Établi à Troyes, pp. 80, 125-126. Ses compatriotes à Fontainebleau, 134. Maître de l'école de sculpture de cette ville, 135. Comparé à Jacques Juliot, 136 ; qu'il supplante, 137. Ses travaux dans Troyes, 135, 136, 137, 138. Au tombeau des Guises, 168, 340-341. A la Grotte de Meudon, 170, 320, 324. Aux sépultures royales, 189, 190, 191-192, 205, 351, 352, 354. A Fontainebleau, 196, 318, 376. A Polisy, 85, 383. Sa manière, 136 ; comparé à Goujon, 341 ; à Pilon, 255 ; au Primatice, 436. Graveur, 115, 272. Ses planches d'arabesques, 121. Son estampe d'après le Primatice, 434. Dessins faussement attribués à lui, 435-436. Mentionné, 79, 317, 405, 406.

FLORIS (Frans), peintre flamand, pp. 219, 220, 419, 482.

*Foi (la).* Sculptée par Dominique Florentin, pp. 136 et n. 4, 341. Au tombeau des Guises, 334, 336, 337, 436. Bas-relief au tombeau de Henri II, 354. Figure d'un fronton, 468. Estampe, 500. Autre de même, 505.

FOIX (GASTON DE), son portrait à Fontainebleau, p. 282.

FOLARTON, peintre, p. 23.

*Folleville (église de),* p. 27.

FONSÉCA (Alphonse de). Ouvrage à lui dédié, p. 81.

FONTAINE, architecte, inspirateur des arts sous l'Empire, 221.

Fontaine. Bleau, pp. 64, 66 n.1. Du château de Blois, 19. De Fontainebleau, ouvrage du Primatice : histoire, 64-65, 84-85 ; chronologie et description, 375-376. De Gaillon, 64. Des Innocents, 131. De Nantouillet, 64.

*Fontainebleau (château de).* Son plan sous François Iᵉʳ, pp. 241-256 ; sous Charles IX, 241, 242, 244-251, 262, 275, 283, 376 ; en 1682, 312 ; en

1726, 259, 275. Vues de ce château, 245, 251, 254, 291, 305, 312, 332, 375, 376. Sa construction, 27, 37-38, 52-53; devis, 241-256. Cru autrefois de Serlio, 148; lequel y eut le titre d'architecte, 82, 149, 151. Ouvrage de Lebreton, 142-143, 144, 145; de Delorme et du Primatice, 182-183. 193-195, 208-209; de Bullant, 363. Disjoint des Bâtiments sous Catherine de Médicis, 210, 362-363. Ce château sous Henri IV, 220, 319; sous Louis XIII, 220-221. Séjour préféré de François Iᵉʳ, 33, 106-107; négligé sous Henri II, 154-155, 158; délaissé depuis Charles IX, 185, 319. Médiocrité des premières constructions, 53, 147-148. Son aspect moderne, 33, 107. Ses décorations, v. le détail à Chambre, Cabinet, Salle, Porte, Pavillon, Galerie, Stucs. Ce qu'elles réclamaient, 30. Peintures non situées, 314. Leur état présent, 1, 238, 319. Ce château comparé à Gaillon, 17. Sa place dans l'histoire de l'architecture en France, 81. Lieu d'étude pour les artistes, 124, 226; en particulier pour les Flamands, 219 et n.1.

*Fontainebleau* (atelier de). Divisé en deux équipes, pp. 40, 44 n. 2, 301. Son apogée, 78, 79. Sa décroissance, 153, 155. Protégé par Henri II, 160. Son recrutement sous ce règne, 170. Ses productions multipliées par Niccolo, 173-174. Tributaire de l'atelier de Nesle, 196.

*Fontainebleau* (Manufacture de tapisseries de), pp. 111, 348-385.

*Fontainebleau* ( Fonderie de ), V. Fontes.

Fontainebleau (école de). Sens de ce mot, p. 119. Au regard des maîtres, 119-121, 399. Au regard des disciples, 121-122. Au regard de l'ornement, 133. Au temps de Niccolo, 173. Son influence dans la Renaissance française, vi-vii; sur Gou-

jon, 130-131, 132, 215; sur Bontemps, 132; sur Jean Cousin, 129; sur Geoffroy Dumoûtier, 127; sur les métiers, 133; en province, 133-135, 169; dans Troyes, 135-138; en Bourgogne, 138; en Franche-Comté, 138-139; en Flandre, 139, 219; à Venise, 139-140; dans la suite du siècle, 214-216; dans Prague, 220. Part du Rosso dans cette école, 48. Quelle partie de la Renaissance française lui échappe, 156. Qu'elle n a pas fondé d'école de peinture, 218; ni détruit en France d'école existante, 217-218. Peintures dites de cette école, 125 et n. 5. Seconde école de Fontainebleau, 214, 220. Sa descendance sous Louis XIII, 220-221. Que ces influences finissent avec Henri IV, 221.

Fontainebleau (Graveurs de). Qu'ils composent une école, 115-117. Leurs ouvrages portés en Italie, 115, 139. Leurs noms, 115. Qu'ils ont gravé des dessins de Jules Romain, 122. Leur fidélité à copier le Primatice, 238.

Fᴏɴᴛᴀɴᴀ (Prosper). Son voyage en France, 172. Ses travaux au Palais de Florence, 395-396. Mentionné, 176, 200 n. 1, 201.

Fontes de Fontainebleau. Histoire 59, 61-62, 68-69. Chronologie et description, 328-332.

*Force* (la), peinte dans le cabinet du Roi à Fontainebleau, pp. 262, 263, 264, 318. Estampe, 500. Autre estampe, 505.

Fortune (figures de). Sens de ce mot, 343.

*Fortune* (*Livre de*), p. 125 n. 2.

Fᴏᴜʟᴏɴ (Benjamin), peintre, pp. 124, n.3, 217.

Fᴏᴜʟᴏɴ (Pierre), peintre, p. 124, n.3.

Fᴏᴜᴄǫᴜᴇᴛ (Jean), peintre. Comparé aux Flamands, pp. 22, 23. Qu'il

dans un fronton, 468. Représenté visitant la Nymphe de Fontainebleau, 435; dans un arc de triomphe, 53; en Jupiter, 471; en Mars, 64, 446; en saint Thomas, 33 n. 2. Célébré dans un tableau de Marignan, 89. Allégories à son histoire, 278. Figuré dans Alexandre, 73-74. Sa mort, 90. Son tombeau, v. ce mot. Urne qui contint son cœur, v. Cœur.

FRANÇOIS II, roi de France. Mentionné, 172 n. 5, 175 n. 1, 177-185. Sa mort, 189.~Monument de son cœur, v. Cœur. Son buste au château de Villeroy, 191, n.

*François II, duc de Bretagne (tombeau de)*, v. Tombeau.

FRANÇOIS (Bastien), sculpteur, p. 20.

FRANÇOIS (Jean), maçon, 277.

FRANCUCCI, v. Imola.

FRANKLIN (Alfred), auteur cité, p. 365.

FRANSEN (Aper), peintre flamand, p. 219.

FRÉMINET (Martin), p. 220.

FRESNON (Gombard), peintre, p. 317.

FRÉVILLE (DE), auteur cité, p. 28 n. 6.

FROMENT (Nicolas), peintre, p. 23.


G


G. R. (maître au monogramme), véronais. Son estampe d'après Le Primatice, p. 497-498.

*Gaillon (château de)*. Sa construction, 17-19, 20. Qu'elle fut dirigée par les maîtres maçons, 20; auxquels Joconde fut peut-être mêlé, *ibid.*. Ouvrages des Italiens, 17-18 ; des Français, 19, 20. Peintures de Solario, 24-25. Rapproché de Fontainebleau, 17. Mentionné, 58, n. 3, 64. La Maison Blanche à G., 195.

GALEOTTI, auteur cité, pp. 176 et n. 2, 201 et nn. 2, 4, 202 n., 210 n. 6.

Galerie. A Saint-Germain, ouvrage du Primatice, pp. 197, 371-378. Au Palais de Florence, faussement attribuée au Primatice, 395-396.

*Galerie d'Apollon* au Louvre, comparée à la salle de Bal de Fontainebleau, p. 225.

*Galerie des Assiettes* à Fontainebleau, pp. 194, 273.

*Galerie Basse* à Fontainebleau. Sa construction, p. 254. Décorée par le Primatice, 52; chronologie et description, 305-306, 319, dessins pour ces peintures, 432, 470 ; estampes d'après les mêmes, 490.

*Galerie de Diane* à Fontainebleau, p. 220 et n. 2. Comparée à la salle de Bal, 225.

*Galerie de l'Énéide* à Oiron, p. 125.

*Galerie de François I<sup>er</sup>* ou des Réformés à Fontainebleau. Sa construction, 252-253. Décorée de stucs par le Rosso, 47-48, 393. Achevée de peindre par le Primatice, 70-71. Chronologie et description, 300-304, 319, 320. Dessin de ces peintures, 447. Estampes d'après les mêmes, 487. Ses boiseries, 121 n. 1. Mentionnée, 63, 147, 258, 276, 277-278.

*Galerie des Glaces* à Versailles, rapprochée de la salle de Bal de Fontainebleau, pp. 161, 225.

*Galerie Nationale* de Londres, p. 57.

*Galerie des Offices* à Fontainebleau, p. 251.

*Galerie d'Ulysse* à Fontainebleau, ouvrage du Primatice. Son histoire, pp. 78, 91-92, 101-106, 108, 112-113, 163 n. 2, 171, 198. Chronologie et description, 289-300, 318, 319. Dessins pour ses peintures, 425, 426, 427, 428, 440-441, 443, 444, 445, 446, 447, 448, 449, 450, 451,

452, 453, 454, 457, 458, 459, 460, 466, 467, 470. Copies d'après les mêmes, 472, 473, 475, 477, 478, 479. Estampes *id.* 226, 495, 497, 498, 499, 500, 502, 505, 506, 508-509, 511. Sujets proposés comme de cette galerie, 506. Sujets rejetés 428-429. Une travée de la voûte restituée, 239. Louée par Poussin et Lemoyne, 226, 229. Sa construction, 255, 309. Mentionnée, 198, 220, 230, 239, 388.

GALICHON (collection) p. 468.

GALIOT DE GENOUILHAC en saint Paul, p. 382.

GALLET (chanoine), auteur cité, p. 126 n. 1.

GALLE (Philippe). Ses estampes d'après le Primatice, p. 497.

GALLO (Augustin), traducteur de Vitruve, p. 81.

GANAY (Président DE), p. 24.

*Gange (le)* peint dans la galerie d'Ulysse à Fontainebleau, p. 298 ; dessin de ce tableau, 427.

*Ganymède (Enlèvement de)* peint dans la salle de Bal à Fontainebleau, p. 287.

*Garderobe de la Reine*, à Fontainebleau, p. 266.

GARNIER (Guillaume), peintre, pp. 220, 394.

GARNIER, graveur. Ses estampes d'après le Primatice, pp. 500-501. Mentionné 174 n., 221, 238, 447, 452. Auteur cité, 394.

GATTEAUX, auteur cité, pp. 303, 500.

GAUTHIEZ, auteur cité, p. 138 n. 3.

GAUTHIOT D'ANCIER (les), p. 139 et n. 2.

GAUTIER (Michel) sculpteur, p. 356.

GAVET (collection), p. 471.

GAYE, auteur cité, pp. 4 n. 4, 12 n. 4, 13 n.1, 184 n.2, 200 n.1, 201 n.1.

GÈNES (ANDRÉ DE), ingénieur, p. 32.

*Génie ailé sonnant dans un cornet*, dessin du Primatice, p. 465 ; estampe de ce morceau, 492. G. funèbre ou ange de François II, 193, 202, 349-350, 368. G. funèbres au tombeau des Guises, 167, 334, 337. G. figures de mascarade, 465.

GENTIL (François) sculpteur troyen, pp. 135, 137. Qu'il est peut-être le maître au monogramme F. G., 115.

*Géométrie (la)* peinte au château d'Ancy-le-Franc, pp. 87, 97.

*Georges (saint)* sculpté à Gaillon, p. 20.

GERMAIN (Léon) auteur cité, p. 340.

GEYMULLER (baron de) auteur cité, pp. VII, 20, 80 n.2, 141 n.1, 385, 508.

GHIRLANDAÏ ou Ghirlandaio (Benoît), p. 24.

GHIRLANDAÏ ou Ghirlandaio (David), p. 24.

GHISI (Georges). V. Mantouan.

GILLOT, peintre de costumes, rapproché du Primatice, p. 187.

GIFFART (René), ouvrier de Fontainebleau, p. 316.

GIRARDON, sculpteur, p. 225.

GIRAUDON. Ses photographies d'après les dessins du Primatice, pp. 424, 426, 428, 429-431, 433, 439, 444, 445.

GIROUX (Léonard), sculpteur, p. 356.

*Gladiateurs*, estampe, p. 516.

*Gobelins*, comparés à l'atelier de Fontainebleau, 119-120. Tapisseries du Primatice qu'ils conservent, 385.

GOBET, auteur cité, p. 169 n. 2.

GODARY (Pierre), sculpteur de Fontainebleau, gendre de Léger Richier, pp. 134 et n. 5, 168.

GODEFROID le Batave, peintre, p. 29.

GOELNITZ, auteur cité, pp. 279-280, 321, 332, 374.

# K

Kétel (Corneille), peintre flamand, p. 219.

Kes (Simon), peintre flamand, p. 482.

Kramm, auteur cité, p. 128.

# L

L. D. (maître au monogramme). Ses noms controuvés, p. 116. Son style, *ibid.* Sa ressemblance au Primatice, 116-117, 238. Qu'il a gravé d'après Lucas Penni, 120 ; d'après Jules Romain, 122 ; la Grotte, 393, 507. Ses estampes d'après le Primatice, 486-492. Mentionné, 405, 427, 434, 447, 449, 452, 455, 466, 467, 470, 471, 472.

Laborde (comte de), auteur cité, pp. iii, 26 n. 6, 28 n. 5, 31 n. 1, 32 nn. 6, 7, 8 ; 40 nn. 1, 2, 3 ; 41 n. 2, 45 n. 3, 4, 5, 6, 7, 8 ; 52 n. 3, 56 nn. 2, 3, 4, 5, 6, 7 ; 57 nn. 4, 9, 59 nn. 1, 2, 61 n. 1, 65, 80 n. 4. 123 n. 2, 124 n. 4, 127 n. 1, 132 n. 2, 134 nn. 2, 6, 7, 8 ; 142 nn. 2, 3, 146 n. 4, 150 nn. 4, 5, 6, 177 n., 183 n. 1, 184 n. 1, 189 n. 2, 195 n. 1, 197 nn. 5, 7, 200 n. 2, 201 n. 3, 205 n. 2, 210 nn. 1, 2, 3, 4, 215 n. 4, 216 n. 1, 219 n. 2, 343, 382. V. Comptes des Bâtiments.

La Bourdaisière (Babou de). Directeur de l'atelier royal de Tours, pp. 27-28. Des tapisseries de Fontainebleau, 111. Surintendant des Bâtiments, 151, 182-183, 361.

La Fa, comptable du Petit-Nesle, pp. 64, 67.

La Ferrière (de), auteur cité, p. 378.

Lagoy (collection), pp. 446, 448.

La Hamée, vitrier, p. 360.

*Laiterie.* De Catherine de Médicis, v. Mi-Voie. De la Malmaison, p. 195. De Rambouillet, *ibid.*

Lalanne, auteur cité, p. 24 n. 1.

Lambert (Claude), peintre, p. 318.

*Lances (tribune des)* à Florence, p. 467.

Lancillotto, auteur cité, p. 162 n.

Langlois (Jean), sculpteur, p. 318.

*Langres,* p. 135 n.

Lannoy (Raoul de), v. tombeau.

*Laocoon,* jeté en bronze à Fontainebleau, pp. 59, 62, 328, 331, 332.

Laporte, marchand de François I<sup>er</sup>, p. 56.

*Larrivour* (retable de), p. 136 et n. 2.

Lassus (Nicolas), ouvrier de Fontainebleau, p. 134.

*Latone,* v. Diane.

*Laubressel* (église de), p. 138.

Laurana (François), sculpteur italien, p. 16.

Lawrence (Thomas). Sa collection, pp. 444, 446, 447, 455, 469, 471.

Lebas de Courmont, auteur cité, pp. 169 n. 1, 324, 325, 424, 446, 476, 500, 504.

Lebeuf, auteur cité, pp. 322, 323.

Leblond, graveur, p. 369.

Leboucher ou Boucher (Benoît), fondeur. Aux Fontes de Fontainebleau, pp. 61, 331. Aux sépultures royales, 189, 352, 354.

Le Breton, auteur cité, pp. 134 n. 1.

Lebreton (Gilles). Mal nommé architecte, 141-145. Auteur de Fontainebleau, 144, 145. Son goût médiocre, 53. Poursuivi par Delorme, 146. Critiqué par lui, 147, 148 et n. Résiste à Serlio, 150. Soumis, 150. Sa mort, 181 et n. 3. Mentionné, 82, 145 n. 1, 149, 182, 183 n. 3, 194, 248, 288.

probablement le même que Pierre Dambry dit le Marbreux.

MANDEREAU (Denis), ouvrier de Fontainebleau, p. 79.

Maniérisme. Propre des élèves de Michel-Ange, pp. 99-100. Ce qui le tempère chez le Primatice, 100. Qu'il est plus grand chez le Rosso, 46. S'il fait un disparate avec Homère, 102. Dans les dessins du Primatice, 416. Chez Niccolo, 174. Absent des ouvrages des anciens, 8.

MANNHEIM (collection Louis). Dessin du Primatice qu'elle contient, p. 471.

*Mans (cathédrale du)*, p. 16.

MANTOUAN (Adam Scultor dit), pp. 10, 327.

MANTOUANE (Diane Scultor dite), pp. 10, 327.

MANTOUAN (Georges Ghisi dit). Son passage à Fontainebleau, p. 524; en Flandre, *ibid.* Estampes de sa main qui ne sont pas en contrepartie, 407. Graveur du Primatice, 116. Ses estampes d'après ce maître, 494-495. Mentionné, 440, 496.

MANTOUAN (Jean-Baptiste Scultor dit). Aide du Primatice au palais du Té, pp. 10, 327. Stucs de sa main donnés au Primatice, 397. Cru Briziano, 327.

*Mantoue.* Capitale de l'art sous Jules Romain, pp. 5, 12; dont elle renferme les chefs-d'œuvre, 6. Séjour du Primatice, 12.

MANTZ, auteur cité, p. 23 nn. 1, 2.

Maquillage des dessins. Erreurs qu'il engendre et moyens de les prévenir, pp. 412. Exemples, 427, 433, 446, 455, 465, 466, 472.

*Marc (saint)*, à Saint-Nizier de Troyes. p. 137.

MARC (Guillaume de la), auteur cité, p. 134 n. 1.

MARC-ANTOINE, pp. 116, 209.

*Marc-Aurèle.* Son cheval jeté en plâtre à Fontainebleau, pp. 59, 195, 328, 331-332. *Offrant un sacrifice*, estampe, 492.

*Marca Ferreria*, traduction italienne d'une baronnie française, p. 201 n. 5.

*Marguerite (sainte)*, peinte par Raphaël, pp. 61, 281.

MARGUERITE DE FRANCE, duchesse de Berry. Son mariage, p. 285.

MARIE DE MÉDICIS, pp. 358, 398.

MARIE STUART. Son épitaphe, p. 348.

MARIETTE, auteur cité, pp. 11, 111, 1v, 115, 203 n. 1, 226, 229, 230, 252, 261, 269, 270, 271, 272, 273, 274, 275, 276, 291, 295, 301, 312, 313, 314, 319, 325, 380, 406, 425, 426, 427, 428, 443, 444, 446, 449, 451, 454, 456, 457, 466, 467, 472, 486, 487, 488, 489, 492, 494, 495, 498, 499, 500, 501, 502, 504, 505, 510. Sa collection 403, 424, 426, 428, 431, 444, 445, 446, 447, 449, 450, 451, 455, 456, 466, 473.

MARIETTE (J.) marchand d'estampes, p. 320.

*Marignan (bataille de)*, p. 25. Dessinée par le Primatice, p. 89.

MARIO (collection), p. 469.

MARLIANI, p. 81.

MARMION de Valenciennes, p. 23.

MAROLLES (abbé de), auteur cité, p. 419.

MAROT, graveur du tombeau de Charles VIII, p. 18, n. 7; de la Grotte de Meudon, 322; de la sépulture des Valois, 369.

*Mars.* Peint à Écouen, p. 126. Dans la salle de Bal à Fontainebleau, 286. Sculpté pour la Treille, 377. Estampe d'après le Primatice, 490. *M. endormi* dans la salle de Bal, 287; dessin de ce morceau, 440. *M. et Vénus*, au même lieu, 287. Même sujet dans la galerie d'Ulysse, 297; dessin de ce morceau,

N

*Naïade*. Peinte dans la salle de Bal à Fontainebleau, p. 287; dessin de cette figure, 429. *N. avec un amour*, dessin du Primatice, p. 467. *N. contemplant un héros volant, id. ibid.* ; estampe de ce morceau, 490. *N. et Nymphes* dans la galerie d'Ulysse, 297. Aux Triomphes de Chenonceaux, 186, 380.

Naldini, v. Renaudin.

Nani (collection) de Venise, p. 469.

*Nantes*, p. 19.

*Naples*. Expédition de Charles VIII dans cette ville, pp. 16-17. Tableaux qu'on en rapporta, 24.

*Nantouillet (château de)*, p. 64.

*Narcisse*, peint dans la salle de Bal à Fontainebleau, p. 287.

Nassaro (Mathieu del), graveur en en pierres fines, p. 32, 123, 124 n. 2. Ses tapisseries, 123. Mentionné, 56, 399.

*Nature*. Etude de la nature chez le Primatice, pp. 46, 100, 174, 411. Gardée par Goujon. 131. Que son imitation trop exacte ne convient pas aux arabesques, 113.

*Nature (la)*, v. Cérès.

*Naumachie (la)* du Parc Monceau à Paris, pp. 369-370.

*Neptune*, peint dans l'appartement des Bains à Fontainebleau, pp. 282-283. Dans la salle de Bal, 286. Autre au même lieu, 287; dessin de ce morceau, 440. Tapisserie, 111, 384, 386, *N. créant le cheval*, dans la galerie d'Ulysse, 298. Fausse dénomination du Tibre 332. V. Jupiter.

*Néron* en buste à Meudon, p. 322.

Nesle (atelier du Grand). Son histoire, 202-211, 359-365. Son style, 224. Qu'il a mis fin à l'influence de Delorme sur la sculpture, 215. Son influence sur Pilon, 191. Mentionné, 190, 196, 211, 236, 341.

*Nesle* (atelier du Petit). Qu'il n'y en eut pas avant Cellini, p. 28 n. Occupé par ce dernier, 63.

Nevers (duc de), pp. 211, 365.

Nibby, auteur cité, 395, 396.

Niccolo dell' Abbate. A tort regardé comme l'auxiliaire universel et exclusif de Primatice, 163. Sa part dans la salle de Bal de Fontainebleau, 163-164. Employé à la galerie d'Ulysse, 163 n. 2, 171, 198, 289, 319. Dans la chambre de Mᵐᵉ d'Etampes, 209, 270-271. Aux tapisseries, 171-172, 386, 481. Ses émaux, 173. Ses peintures propres à Fontainebleau, *ibid.*, 197, 256. Dans la chapelle de Fleury, 173-174, 194. Ses tableaux, 174, 175, 392. L'entrée de Charles IX à Paris, 215. Ses talents et son rôle dans l'école, 173-175, 228, 230. Rapproché de Pilon, 191. Ses dessins reconnus et définie sa manière, 174 n. 1, 417-418. Dessins de sa main, 480, 481, 482; à lui ôtés, 417, 448, 473, 484. Son arrivée en France, 162. Sa mort, 211. Mentionné, 170, 190, 198, 199, 200 n. 1, 216 n. 2, 218, 237, 268, 320, 381, 389, 392, 417, 456, 465.

Nicolaï, commissaire de la Sépulture des Valois, pp. 367, 369.

*Nicolas (saint)*, statue à Saint-Pantaléon de Troyes, p. 137.

*Nil (le)* peint dans la galarie d'Ulysse à Fontainebleau, p. 298; dessin de ce morceau, 445; estampe du même, 498, 508.

*Niobé suppliant Diane*, sujet peint dans la galerie d'Ulysse à Fontainebleau, p. 299. *Les enfants de N. tués par Diane et Apollon*, au même lieu, *ibid.*

*Noisy*, maison du maréchal de Retz, p. 368.

Padouan (Charles), employé à la Treille de Fontainebleau, p. 196, 377.

Paguenin ou Paganino. V. Guido.

Paie d'artistes. De quoi elle se composait, p. 45. Du Primatice, 44-45, 184. Du Rosso, 44-45. Des artistes auxiliaires, 40, 45, 315.

Paillette. Dessins à lui attribués, p. 335.

*Paix* (*la*), peinte au plafond de la chambre du Roi à Fontainebleau, p. 259. Sur un arc de triomphe, 59.

*Palais Ducal* à Venise, pp. 140.

*Palais Royal*, v. Orléans (duc d').

Palissy. Reçoit l'influence de Fontainebleau, pp. 183, 215. Auteur cité, 169 n. 2, 178 et nn. 1, 2, 321. Mentionné, 171.

Palla (La), marchand de François I⁰ʳ, pp. 56-57. Présente Rustici au roi, 32. Fournit l'Hercule de Michel Ange, 376.

*Pallas*. Peinte dans la galerie Basse à Fontainebleau, 52, 305; dessin de cette figure, 432; estampe de la même, 489. Aussi dénommée *Bellone*, dans la galerie d'Ulysse, 426. Figure des Triomphes de Chenonceaux, 186. Autre figure de mascarade, 188, 381, 465. Statue à Meudon, 170. Dans la Treille de Fontainebleau, 376. Fausse dénomination de Bellone, 456. V. Minerve.

Palustre, auteur cité, pp. III, VII, 17, 19 n. 1, 31 n. 3, 45, 54 n. 1, 83, 141, 145, 149, 183, 191 n, 204 n. 2, 243, 245-251, 253, 254, 270, 277, 278, 309, 310, 345, 346, 348, 350, 362, 372, 373, 375, 392, 393, 398.

*Pan*, peint dans la salle de Bal à Fontainebleau, p, 287; dessin dé cette figure, 455. Terme de stuc dans la chambre du Roi, 423. *P. sur des nuages*, dessin du Pri-

matice, 432. V. Apollon, Diane, Hercule.

Pantaléon (Jean Michel de), p. 32,

*Paris* (entrée dans). De Henri II. 175. De Charles IX, 215. De Henri III, *ibid*.

Paris (Claude de), artiste de Fontainebleau, p. 41 n. 3.

Paris (Simon de), p. 41 n. 3.

*Páris blessé devant Troie*, sujet peint au vestibule de la Porte Dorée à Fontainebleau, pp. 77, 307; dessin de ce tableau, 433; estampe du même, 496. *Le jugement de P.* à Ancy - le - Franc, 383. V. Hélène, Mercure.

*Parme*. Les ouvrages du Corrège dans cette ville, 14. Son musée, dessin du Primatice qu'il renferme 450.

Parmesane (école). Son goût supérieur au romain et au florentin, p. 95. Son coloris, 14. Son élégance 39. Son influence dans les figures allongées, 121. Que Niccolo en fut avant de venir en France, 173. Sensible dans Goujon, 130, 131, 215. Sa présence chez Dominique Florentin, 137. V. Corrège.

Parmesan (le). Qu'il n'est pas l'auteur de l'allongement des figures, pp. 98-99. Gravé par les maîtres de Fontainebleau, 122.

*Parnasse* (*le*), peint dans la salle de Bal à Fontainebleau, pp. 164, 286. Dans la galerie d'Ulysse, 299; estampe de ce tableau, 501. Avec Jupiter et Junon, au même lieu, 94, 296; dessin de ce morceau, 449. Copie d'un *P.* p. 473. Dessiné par Niccolo, 480, 482-483. Autre du même avec des figures de la cour des Valois, 482.

*Parques* (*les*), figures du Rosso copiées dans les vitres d'Écouen, p. 156 n. 1. *La P.* sur une tortue, 463. V. Vénus.

## Q

## R

## S

Peinte sous François I<sup>er</sup>, pp. 52, 71, 390. Repeinte par Dubreuil, 319. Sa destruction, *ibid.*

*Salle de l'Intendante* au château d'Écouen, p. 126.

*Salle de Louise de Savoie* à Fontainebleau, pp. 245, 246.

*Salle de la Reine* à Fontainebleau, pp. 51, 266, 390.

*Salle du Roi* à Fontainebleau, ouvrage du Primatice. Chronologie et description, pp. 264-265. Mentionnée, 51, 237, 252, 259, 319.

*Salle des Stucs* au Vieux Palais de Mantoue, 396-397.

*Salle de la Tribune* aux Thermes de Titus, p. 9.

*Salon Louis XIII* ou Chambre Ovale au château de Fontainebleau, pp. 259, 264.

SALVIATI. Tableau de sa main chez François I<sup>er</sup>, p. 57. Son voyage en France, 172, 176. Ses travaux à Dampierre 172.

SAMBIN (Hugues). Né à Gray, p. 138 et n.3. Mentionné, 138 n. 2, 139 et n.1.

SAN-GALLO (Julien de), p. 21.

*San-Giovanni di due Gemelli*, traduction de Saint-Jean-les-deux-Jumeaux, p. 202 n.

SANNAT, contrôleur des Bâtiments, p. 360.

SANSON (Jean), peintre, p. 318.

SANSOVINO (Jacques). Sa fonte du Tireur d'Épine, p. 57.

SANTACROCE (Cardinal), hôte du Palais de Florence à Rome, p. 395.

SANTARELLI (Collection) aux Offices de Florence, p. 421.

SARTE (André DEL) en France, p. 26. Ses tableaux chez François I<sup>er</sup>, 60, 281, 282. Mentionné, 58.

*Saturne.* Peint dans la salle de Bal, à Fontainebleau, p. 287; dessin de ce morceau, 440. Dans la galerie d'Ulysse, 298; dessin, 425; estampe, 501. Autre au même lieu, 294. Figure de mascarade, 188, 462. *S. dévorant ses enfants*, dessin du Primatice, 424. Même sujet estampe, 507. Dénomination d'*Apollon, Neptune, Pluton, Pallas*, 495. V. Bacchus, Mars, Minerve.

*Satyres.* Jetés en bronze à Fontainebleau, pp. 59, 161, 328, 331, 332. Figures de mascarade, 187, 464. Aux fresques de Psyché, 7, 187. *S. ivre porté par deux Faunes*, dessin du Primatice, 468. Modèles de Cellini, 374. V. Nymphe, Sylvain.

*Saül sacrifiant avant la bataille*, peinture du château d'Écouen, p. 126.

SAUVAL, auteur cité, pp. 57, 60 n. 1, 111, 203 n.1, 205 n.1, 328, 371, 384, 385, 389, 394, 505.

SAVOIE (LOUISE DE). V. Louise.

SCAMOZZI. Imitateur des stucs de Fontainebleau, p. 140. Mentionné, 212.

SCELLIER (le citoyen), p. 349.

SCHIAVON (LE) contrefacteur de Fantose, p. 139.

SCHOREL (Jean), peintre flamand, p. 124 n. 3.

SCIBEC (François), sculpteur en bois, 32, 119, 121, 254, 397. Auteur des boiseries de la galerie de François I<sup>er</sup> à Fontainebleau, 121 n. 1.

*Scipion.* Peint peut-être à Fontainebleau, 318, 563, 564. *La Continence de Sc.* faux nom d'un tableau du Louvre, 174 et n. 1; faux nom d'une estampe, 488. *Grand Sc.* tapisseries, 57 et n.1, 122. *Petit Sc.*, id., 56 n., 122.

Sculpteurs. Que les Français de

# TABLE DES CHAPITRES

38

DEUXIÈME PARTIE

CHRONOLOGIE ET DESCRIPTION DES OUVRAGES DU PRIMATICE

OUVRAGES DONT L'ATTRIBUTION EST CERTAINE.

*Peinture et stuc.* A Fontainebleau.

TROISIÈME PARTIE

# CATALOGUE DES DESSINS DU PRIMATICE ET DE SES COMPOSITIONS GRAVÉES

FIN

Vu et lu
en Sorbonne, le 1er décembre 1899,
par le Doyen de la Faculté des Lettres
.de l'Université de Paris.

A. CROISET.

Vu
et permis d'imprimer,
Le Vice Recteur de
l'Académie de Paris,

GRÉARD.

# ERRATA

---

|  |  |  | *Texte* | *Correction* |
|---|---|---|---|---|
| Pages | 7 | l. 34 | retrouve, la | retrouve la |
|  | 8 | l. 4 | charmes | charme |
|  | 12 | l. 17 | celle | celles |
|  | 30 | l. 15 | fut | fût |
|  | 32 | l. 11 | Justes. Juste | Justes, Juste |
|  | 50 | l. 20 | cé | ce |
|  | 60 | l. 1 | Estampes | Etampes |
|  | 62 | l. 1 | Picard | Picart |
|  | 64 | l. 18 | ses | les |
|  | 66 | n. 1 l. 10 | royaume. | royaume. » |
|  | 70 | l. 3 | Fantose ' A | Fantose '. A |
|  | 71 | l. 25 | des travaux | de travaux |
|  | 73 | l. 18 | épisode ne | épisode, ne |
|  | 80 | l. 13 | arts, | arts. |
|  | 82 | l. 9 | toute | toutes |
|  | 86 | l. 5 | peintres | peintures |
|  | 87 | l. 1 | lss | les |
|  | 90 | l. 18 | pu | put |
|  | 103 | l. 10 | στειλείης | στειλειῆς |
|  | 104 | l. 1 | εἰών | εἰων |
|  |  | l. 2 | πύθεσθαι | πυθέσθαι |
|  |  | l. 6 | mennon | memnon |
|  |  | l. 11 | δυναμενοιο | δυναμένοιο |
|  |  | l. 15 | Κειμεθ' | Κειμεθ' |
|  |  | l. 21 | γαίη | γαίη |
|  | 105 | l. 8 | εἰπων | εἰπών |
|  | 110 | l. 30 | François n'aima | François 1er aima |
|  | 112 | note | estampes. | estampes, nº 142. |
|  | 113 | l. 18 | ces | ses |
|  |  | l. 25 | délicatesse, du | délicatesse du |
|  | 115 | n. 2 | estampes | estampes, nº 138. |
|  | 124 | n.1 l. 4 | brûle parfum | brûle-parfum |
|  | 132 | l. 8 | après l'après l'arrivée | après l'arrivée |
|  | 144 | l. 11 | put | pût |
|  | 148 | l. 8 | inventions ⁴ | inventions ⁴. » |
|  |  | note 3, l. 8 | ne | de |
|  | 150 | l. 21 | on vu | on a vu |
|  | 154 | l. 16 | n'eût | n'eut |

|  |  | *Texte* | *Correction* |
|---|---|---|---|
| Pages 164 | l. 27 | contragnait | contraignait |
| 166 | l. 15 | Picard | Picart |
| 169 | l. 1 | Picard | Picart |
| 169 | l. 28 | des | de |
| 191 | note l. 1 | Porzo | Pozzo |
| 193 | l. 8 | Picard | Picart |
|  | l. 27 | fut | fût |
| 195 | l. 4 | un | une |
| 213 | l. 6 | réflections | réfections |
| 229 | l. 14 | Poussin, Mariette | Poussin. Mariette |
|  | l. 29 | Lemoyne, Mariette | Lemoyne. Mariette |
| 238 | l. dernière | put | pût |
| 241 | l. 10 | 1570 | 1579 |
| 254 | ll. 12-13g | rande basse-cour | Grande Basse Cour |
| 271 | l. 21 | Nicolo | Niccolo |
| 272 | l. 36 | *ms.* | ms. |
| 277 | au tableau, sujet 5, col. des Études | | 76 |
| 285 | l. 7 | salle *Philibert* | salle, *Philibert* |
| 286 | l. 16 | qvi | qui |
| 293 | au tableau, sujet 58, col. des Estampes | | * |
| 296 | xive comp., sujet 3, col. des Dessins | | 132 |
| 297 | sujets 6 | » | ov. couché |
|  | 7 | ov. couché | » |
| 299 | viiie comp., sujet 1, col. des Estampes | | 106 |
| 306 | l. 11 | à | et |
|  |  | et | à |
| 307 | au tableau, sujet 3, col. des Dessins | | *rétablir 54 sur la ligne.* |
| 310 | l. 25 | qui elle est | qui est |
| 319 | l. 12 | dn | du |
| 328 | l. 14 | Nil | Tibre |
| 344 | l. 12 | tel | telle |
| 348 | l. 32 | proportion. C'est | proportion, c'est |
| 352 | l. 34 | 302 | 331 |
| 356 | ll. 24,25,30 | rè | re |
| 358 | l. 9 | du | de |
| 359 | l. 25 | 358 | 356 |
| 374 | l. 4 | 328 | 332 |
|  | l. 5 | 1611 | 1608 |
|  | l. 30 | dessus nous | dessus des Comptes nous |
| 379 | l. 5 | struture | structure |
| 381 | l. 19 | *pompa* | *pumpa* |
|  | l. 7 | beauté de d'icelui | beauté d'icelui |
| 386 | l. 4 | ses | ces |
| 403 | l. 2 | de | des |
|  | l. 24 | attribution | attributions |
| 421 | l. 24 | Rennesm, usée | Rennes, musée |
| 424 | l. 29 | t. | l. |
| 425 | l. 26 | pointe. | pointe. H. 293, l. 509. |
|  | l. 29 | *6, *7. | *7, *8. |

|  |  |  | *Texte* | *Correction* |
|---|---|---|---|---|
| Pages | 425 | l. 38 | Guibert | Guilbert |
|  | 425-445, 452 | | plume bistre | plume, bistre |
|  | 451 | l. 21 | plume bistre, foncé | plume, bistre foncé. |
|  | 449 | l. 32 | Guilbert : Apollon | Guilbert : « Apollon |
|  | 454 | l. 1 | place de | place, de |
|  | 470 | l. 5 | avaient | avait |
|  | 493 | l. 22 | déguisc | déguisé |
|  | 497 | l. 17 | Ulyssse | Ulysse |
|  | 500 | l. 10 | Paris. | Paris. » |
|  | 446 | l. 14 | Hébé | Ariane |

---

Le Puy-en-Velay. — Imprimerie R. Marchessou, boulevard Carnot, 23.

# ERNEST LEROUX, ÉDITEUR
### Rue Bonaparte, 28.

## F. ENGERAND

INVENTAIRE GÉNÉRAL DES TABLEAUX DU ROY, rédigé en 1709 et 1710, par Nicolas Bailly, publié pour la première fois avec des additions et des notes. Un fort volume in-8, avec planche.............................. 15 fr.

INVENTAIRE DES TABLEAUX commandés et achetés par la Direction des Bâtiments du Roy (1709-1792). Un fort volume in-8 (*Sous presse*).

## C. ENLART

L'ART GOTHIQUE ET LA RENAISSANCE EN CHYPRE, 2 beaux volumes in-8, illustrés de 34 planches et de 421 figures........................................... 30 fr.

## FEUILLET DE CONCHES

HISTOIRE DE L'ÉCOLE ANGLAISE DE PEINTURE jusques et y compris Sir Thomas Lawrence et ses émules. In-8 de 600 pages............................... 5 fr.

## J. GUIFFREY

INVENTAIRES DES COLLECTIONS DE JEAN, DUC DE BERRY (1401-1416), publiés et annotés. 2 vol. in-8, planches.............................................. 24 fr.

## L. MARCHEIX

UN PARISIEN A ROME ET A NAPLES, en 1632, d'après un manuscrit inédit de J.-J. Bouchard. In-8.......... 5 fr.

## R. DE MAULDE LA CLAVIÈRE

JEAN PERRÉAL, DIT JEAN DE PARIS, peintre de Charles VIII, de Louis XII et de François Ier. In-18, planches.............................. ........ 3 fr. 50

## EUG. MUNTZ, DE L'INSTITUT

LES ARTS A LA COUR DES PAPES Innocent VIII. Alexandre VI, PIE III (1484-1503). Recueil de documents inédits ou peu connus. Un beau volume in-8, orné de 10 planches et de 94 gravures..................... 20 fr.

## A. STORELLI

JEAN BAPTISTE NINI, sa vie, son œuvre (1717-1786). Un beau volume grand in-8, comprenant 72 reproductions de médaillons....................................... 40 fr.

Le Puy-en-Velay. — Imprimerie Régis Marchessou, boulevard Carnot, 23.

CPSIA information can be obtained at www.ICGtesting.com
Printed in the USA
LVOW131559080113

314887LV00004B/123/P